U0541329

教育部人文社会科学（高校思想政治工作）研究专项任务项目（项目编号：16JDSZ3020）研究成果

山东省高等学校人文社科项目（项目编号：J16YA30）研究成果

山东高校辅导员名师工作室"唐玉琴工作室"阶段性成果

聊城大学出版基金资助成果

中国高校学生资助
政策体系理论与实践研究

杨庆实 著

Zhongguo Gaoxiao Xuesheng Zizhu
Zhengce Tixi Lilun Yu Shijian Yanjiu

中国社会科学出版社

图书在版编目(CIP)数据

中国高校学生资助政策体系理论与实践研究/杨庆实著.—北京:中国社会科学出版社,2017.7
ISBN 978-7-5203-0208-1

Ⅰ.①中… Ⅱ.①杨… Ⅲ.①高等学校—助学金—教育政策—研究—中国 Ⅳ.①G649.20

中国版本图书馆CIP数据核字(2017)第086511号

出版人	赵剑英
责任编辑	田 文
特约编辑	丁 云
责任校对	张爱华
责任印制	王 超

出　　版	中国社会科学出版社
社　　址	北京鼓楼西大街甲158号
邮　　编	100720
网　　址	http://www.csspw.cn
发 行 部	010-84083685
门 市 部	010-84029450
经　　销	新华书店及其他书店
印　　刷	北京君升印刷有限公司
装　　订	廊坊市广阳区广增装订厂
版　　次	2017年7月第1版
印　　次	2017年7月第1次印刷
开　　本	710×1000 1/16
印　　张	38
插　　页	2
字　　数	621千字
定　　价	156.00元

凡购买中国社会科学出版社图书,如有质量问题请与本社营销中心联系调换
电话:010-84083683
版权所有　侵权必究

序 一

聊城大学是山东省属综合性大学，坐落在国家级历史文化名城——山东省聊城市。多年来，学校认真贯彻落实中央、省委和教育部一系列决策部署，深入学习贯彻习近平总书记系列重要讲话精神，先后制定了《关于进一步加强和改进大学生思想政治教育的实施意见》、《关于进一步完善大学生党建与思想政治教育的实施意见》等文件，2009年在全省高校率先实施了《聊城大学大学生思想政治教育实施大纲》，形成了大学生思想政治教育"一二三四五六"的工作思路，开创了具有聊大特点的大学生思想政治教育与管理工作新模式。学校被山东省委高校工委多次授予全省大学生思想政治教育工作先进集体、全省德育先进高校等荣誉称号，《人民日报》、《光明日报》、中央电视台等媒体多次报道了学校大学生思想政治教育的做法和成效。

为解决家庭经济困难学生帮扶问题，2006年学校在山东省高校率先成立"聊城大学学生资助管理中心"，十多年来，学校坚持走学生资助工作创新发展、精准发展、特色发展之路，切实确保每一位在校家庭经济困难学生应助尽助、应贷尽贷。学校探索创建的独具特色的精准资助"聊大资助模式"，在历年山东省高校学生资助工作督查考核及绩效评比中连续多年获得全省高校考评总分第一名的好成绩，先后荣获全国"第二届'助学政策，助我成才'征文活动优秀组织奖"、"'全国普通高等学校毕业生预征工作'先进集体"等多项国家级荣誉称号。在做好学生资助工作实践的同时，学校注重学生资助理论研究，2005年12月，聊城大学获批"山东省高校贫困生工作研究基地"，基地紧紧围绕做好"新时期高校德育工作问题研究"课题研究工作，特别是建立健全全省高校家庭经济困难学生资助政策体系研究，开展了一系列重要的课题研究、学术研讨和相关的调研活动，取得较好成绩。聊城大学专职辅导员杨庆实同志撰写的本书，结合多年的工作实践与理论研究，以构建全国高校"精准学生资助政策体系"为重点进行了系列的概述和评价，并提出进一步完善的对策建议，是目前全省高校思想政治工作研究的又一大成果。

建立健全家庭经济困难学生资助政策体系是党中央、国务院为实施科教兴国战略，加速人才培养，促进教育公平和社会公平，特别是使经济困难的优秀大学生得以继续深造的重大决策，是推进我国高等教育改革与发展的有力举措。"十二五"期间，特别是党的十八大以来，党中央、国务院不断加大财政投入，不断扩大受助学生比例，不断提高资助标准，从制度上基本解决了高校家庭经济困难学生的就学问题。"十三五"时期是全面建成小康社会、实现第一个百年奋斗目标的决胜阶段，也是我国打赢扶贫攻坚战的决胜阶段。2013 年，习近平总书记在湖南湘西考察时强调："扶贫要实事求是，因地制宜。要精准扶贫，切忌喊口号，也不要定好高骛远的目标。"在十八届三中、四中、五中、六中全会上，党中央对精准扶贫工作提出更新更高的要求，这为全国高校学生资助工作指明了方向，带来了更为广阔的理论视野和实践空间。本书即紧紧围绕"精准"二字，提出较多符合我国普通高校实际的学生资助政策完善设想，甚称一部集工作实践、理论研究与贯彻落实新发展理念于一体的力作，可供高校一线辅导员，以及各级教育资助工作者参考使用。

该书以我国高校家庭经济困难学生资助工作为主线，以构建精准学生资助政策体系为目的，较为系统地分析了各项资助政策的实施状况，主要体现以下三个特点：一是具有较强的理论性，本书对高校学生资助政策体系中的主体、对象、运动机制、资源等基本要素，以及助学贷款比率、占比、规模系数、额度指数等国家助学贷款评价指标的概念、属性，用简明扼要的基本理论进行了概括和分析，将进一步促进高校学生资助政策的理论研究。二是具有较强的创新性，本书在研究建立健全高校学生资助政策体系过程中，及时吸纳了党中央、国务院关于国家教育规划、教育脱贫攻坚等重大部署、重大决定，把构建高校精准学生资助政策体系列入"精准扶贫"具体任务范畴，通过推进学生个体资助资源均衡配置、改善资助资金管理方式、实施资助政策执行检测与评估等内容创新，切实将"提高学生资助水平"的落实过程真正成为教育扶贫工程的五大主要任务之一，从而确保国家对高校学生资助工作的定位不断深化。三是具有较强的前瞻性，本书能够站在深化高等教育改革、促进教育公平的高度，结合国家"十三五"规划纲要、习近平总书记治国理政新理念新思想新战略来推进高校资助政策体系研究，能够着眼于国内国际发展新视野，提出具有时代性、可持续性的科学发展新见解。希望杨庆实同志坚持对学生资助工作研究的执着，进一步提高理论研究的深度和广度，为推进大学生教育管理服务工作提供更多更好的鲜活经验。

  在全国喜迎十九大召开之际，希望聊城大学深入学习贯彻全国全省高校思想政治工作会议精神，坚持立德树人为根本任务，围绕学生、关照学生、服务学生、进一步解放思想、开拓创新，努力形成具有鲜明时代特点、独具聊大特色的大学生思想政治教育工作新亮点、新成效，不断开创大学生思想政治教育工作新局面。

  是为序！

刘欣堂
2017 年 5 月于济南

序　二

庆实同志是一名高校专职辅导员，我与他认识源于国家实施助学政策，源于由财政部教科文司、教育部新闻办、全国学生资助管理中心支持，中国青年报组织开展的"助学政策　助我成才"系列报道暨征文活动。当时，我在中国青年报社担任副社长，负责组织征文活动的宣传、评选及表彰等，他在聊城大学学生资助管理部门具体负责学生资助工作。我们第一次见面是2009年4月底，在陕西师范大学举行的第二届"助学政策　助我成才"颁奖仪式上，他作为征文活动优秀组织奖代表参加会议，由于时间关系，只进行了短暂的交流，并未留下深刻印象。真正认识并深入交流应该是自2010年5月底，在湖北师范学院举行的第三届"助学政策　助我成才"征文活动颁奖仪式上，他荣获全国"优秀助学教师"称号，并作为获奖教师代表作了题为《把学生资助工作当作一项事业来做》的典型发言。会后，他主动找我交流学校征文活动组织过程、体会以及多年从事资助工作的感受感想。从每届他编辑上报的近千份学生征文稿件中，能看到他细致、严谨；从他的发言中，能感受到他对资助工作的热情和激情、想象到他在工作中付出了大量艰辛的劳动和汗水；从他的举止中，能深深体会到他为人踏实执着、做事稳重务实。尤其是他那地道的家乡话，让我记忆深刻。从那至今，我们一直保持着联系，可以说也属老朋友了。当庆实同志结合自身多年的工作实践及理论研究撰写书稿并即将出版之际，提出让我作序时，我最初踌躇再三，担心缺少相关的理论素养、对国内外学生资助领域的文献与资料涉及不足，很难做出准确、实事求是的评价，但在学生资助政策从起步实施到现在的日臻健全完善的同时，我既是目击者也是参与者，对学生资助政策的实施过程及现状也可算比较清楚的，最终我还是欣然同意，为庆实同志作序。

教育公平是社会公平的重要基础，促进教育公平是国家基本教育政策，也是社会主义制度的本质要求。建立健全家庭经济困难学生资助政策体系，切实做好家庭经济困难学生资助工作，保证家庭经济困难学生顺利入学并顺利完成学业，是国家促进教育公平的一项重大举措。为确保高等院校每一位家庭经济困难学生不因家庭经济困难而辍学，自2007年制定实施《关于建立健全普通本科高校高等职业学校和中等职业学校家庭经济困难学生助政策体系的意见》至今10年间，党中央、国务院对高校学生资助工作越来越重视，并作出了一系列重大决策部署，不断改进和提升学生资助工作水平，使越来越多的家庭经济困难学生受益，使其充分感受到教育公平的阳光。时至今日，在普通高校中已逐步健全完善了涵盖国家奖学金、国家助学贷款、学费补偿贷款代偿、校内奖助学金、勤工助学、困难补助、伙食补贴、学费减免、"绿色通道"等多种方式并存互补的混合资助体系，是学生各个学习阶段中最多、最全的资助政策。从最初的健全高校学生资助制度，到实现经济困难学生资助全覆盖，充分体现了党中央、国务院对家庭经济困难学生的关怀，对学生资助工作的高度重视。在完善高校学生资助政策过程中，各级政府，教育、财政等职能部门，以及广大资助工作者不断增强使命感和责任感，自觉把促进教育公平这项国家基本教育政策，通过具体的行动实实在在地落实好，向广大家庭经济困难学生传递党和政府的亲切关怀，切实把资助工作做实、做细、做到位，确保了所有家庭经济困难学生"应助尽助"。受到资助的家庭经济困难学生，在学习生活中，自立自强、奋发向上、诚实守信、感恩奉献，毕业后在各自的工作岗位上，始终心怀感恩，以实际行动，努力报效国家、回馈社会、服务人民。

当前，伴随着全国上下在进一步深入学习贯彻习近平总书记扶贫开发战略思想，推进落实中央脱贫攻坚决策部署，坚决打赢脱贫攻坚战的同时，国家对学生资助工作的定位也不断深化，并提出从教育扶贫到教育脱贫，从扶助完成学业到阻断贫困代际传递的任务目标。本书即以促进高校学生资助资源科学配置与教育公平为目的，以进一步增强大学生资助政策执行的精准度和有效度为根本任务，对高校学生资助政策体系的创建过程及贯彻状况进行了系列的概述和评价，并提出进一步完善的对策建议。

该书以我国高校家庭经济困难学生资助工作为主线，较为系统地分析了各项资助政策的实施状况。与目前类同研究的其他论著相比,本书选题内容之广度、时间之跨度、研究之深度,在国内高校学生资助工作研究领域内尚属首次。更为可贵的是,本研究选题新颖,在收集大量国外高校学生资助政策研究文献资料并进行综述的基础上,以"人力资本投资""成本分担""促进教育公平""高等教育社会回报与个人回报"等理论角度,从宏观上提供了建立健全适应我国国情的大学生资助体系的有益启示与借鉴。

总体上看,本书对高校各项资助政策实施状况、完善建议的系统梳理和分析,既有重要的理论意义,又有重要的实践借鉴价值。除具有较强的理论性和创新性外,本书更具有较强的针对性,通过收集历年相关部门发布的实施数据、开展调查问卷、组织实地座谈调研等,庆实同志对全国高等院校的家庭经济困难学生资助政策进展情况进行了全面统计、整理,系统、准确地探讨了各项资助政策发展历程、实施进展等,并有针对性地提出完善建议。此外,本书还具有较强的实效性,在布局上,按各项资助政策类别分章节进行了研究,并结合每项资助具体措施,运用大量的真实数据和实例来阐明实践进展,并从高校、政府、社会、学生等不同主体提出较为符合实际、操作性强的解决方案及优化措施;在全书中,庆实同志注重理论与实践相结合,可直接运用于指导高校家庭经济困难学生资助工作实践,甚至社会困难家庭、困难群体等救助工作,对各级学生资助教育管理工作者、普通高校学生资助专职工作人员,以及高校大学生思想政治教育工作者等都具有较高的参考价值。更为难能可贵的是,庆实同志结合新形势、新要求,创新性地提出构建高校家庭经济困难学生"互联网+精准认定"新模式,这对于促进全社会精准扶贫、实现2020年全面建成小康社会的奋斗目标具有很好的启示意义和引导作用。

总的来讲,该书是一本颇具开拓性和探索性的研究成果,对于新时期构建高校精准学生资助政策体系这样一个极富挑战性的课题,从实证分析到理论总结,庆实同志成功地进行了深度探索和创新开拓,印证了他具有很强的理论勇气和担当精神。

庆实同志是从事高校大学生思想政治教育工作的一线辅导员,辅导员工作可以说千头万绪、千辛万苦,他能从烦琐、繁忙的工作中进行理论研究,坚持写作六年之久,且大部分利用夜晚、周末、假期等业余时间进行创作，难度可想而知。我在这本厚厚书稿的字里行间，看到了庆实同志对本职工作的坚守，更看到了他对学生资助工作研究的执着。说句实话，除了感叹，我更多地是佩服！

在庆实同志的书稿出版之际，是为序！

谢 湘

2017年5月于北京

目　录

绪　论 ···（1）

第一章　我国高校学生资助政策体系演变 ·································（4）
　　第一节　我国高校构建学生资助政策体系的意义 ·················（4）
　　第二节　国外高校学生资助政策体系的演变及启示 ············（12）
　　第三节　我国高校学生资助政策体系的发展历程及确立 ······（23）
　　第四节　高校学生资助政策体系的基本要素 ·····················（35）

第二章　国家奖助学金制度 ···（44）
　　第一节　国家奖助学金制度发展变革 ·······························（44）
　　第二节　国家奖助学金实施的基本要素和主要特征 ············（53）
　　第三节　国家奖助学金制度实施现状 ·······························（57）
　　第四节　现行国家奖助学金制度实施中存在的主要问题 ······（69）
　　第五节　完善国家奖助学金制度对策建议 ························（73）

第三章　国家助学贷款制度 ···（83）
　　第一节　国外高校国家助学贷款制度变革及其特性 ············（83）
　　第二节　我国高校国家助学贷款发展历程 ······················（112）
　　第三节　我国高校国家助学贷款模式及特点 ···················（117）
　　第四节　我国高校国家助学贷款制度实施要素及评价指标 ···（125）
　　第五节　我国高校国家助学贷款制度实施现状 ················（135）
　　第六节　我国高校国家助学贷款制度存在的主要问题 ········（168）
　　第七节　我国高校国家助学贷款可持续发展对策 ············（177）

第四章　学费补偿和国家助学贷款代偿制度 ……………… (233)
　　第一节　学费补偿和国家助学贷款代偿政策发展进程 ……… (233)
　　第二节　学费补偿和国家助学贷款代偿政策实施进展及存在的
　　　　　　问题 ……………………………………………………… (246)
　　第三节　学费补偿和国家助学贷款代偿政策完善建议 ……… (265)

第五章　师范生免费教育制度 …………………………………… (274)
　　第一节　师范生免费教育政策实施历程 ……………………… (275)
　　第二节　师范生免费教育政策实施状况 ……………………… (292)
　　第三节　地方院校师范生对免费师范教育政策的认知调查
　　　　　　情况 ……………………………………………………… (309)
　　第四节　师范生免费教育政策存在的主要问题及对策建议 … (320)

第六章　其他辅助资助政策与措施 ……………………………… (350)
　　第一节　我国高校辅助资助政策实施进程及状况 …………… (350)
　　第二节　我国高校辅助资助政策存在的主要问题 …………… (372)
　　第三节　我国高校辅助资助政策完善对策建议 ……………… (387)

第七章　我国高校精准学生资助政策体系的主要架构及可持续
　　　　　发展措施 …………………………………………………… (406)
　　第一节　我国高校精准学生资助政策体系构建的主要内容 … (407)
　　第二节　我国高校精准学生资助政策体系可持续发展构想及
　　　　　　措施 ……………………………………………………… (418)

第八章　我国高校家庭经济困难学生认定工作实践现状及未来
　　　　　发展构想 …………………………………………………… (452)
　　第一节　我国高校家庭经济困难学生认定工作实践及研究
　　　　　　现状 ……………………………………………………… (453)
　　第二节　聊城大学家庭经济困难学生认定工作实践探索 …… (466)
　　第三节　我国高校家庭经济困难学生"互联网＋精准认定"
　　　　　　新模式构建 ……………………………………………… (493)

附录　聊城大学家庭经济困难学生资助政策体系建设及实践 …… (525)
　　附录一　聊城大学家庭经济困难学生资助政策体系的创建
　　　　　　与发展历程 …………………………………………… (526)
　　附录二　聊城大学家庭经济困难学生资助政策贯彻
　　　　　　实施情况 ………………………………………………… (550)
　　附录三　聊城大学家庭经济困难学生资助政策体系建设的
　　　　　　主要做法及经验 ………………………………………… (562)

参考文献 ……………………………………………………………… (576)

后　记 ………………………………………………………………… (591)

绪　　论

"不让一个孩子因家庭经济困难而失学",高校家庭经济困难学生资助工作是促进教育公平的重要保障,也是高校德育工作的重要组成部分,特别是在 2013 年 11 月,国家主席习近平在湖南湘西考察时首次提出"精准扶贫",以及在 2015 年 11 月,在中央扶贫开发工作会议上发表重要讲话中把"教育扶贫"纳入实施脱贫"五个一批"工程之一,使"精准扶贫"思想成为当前和今后一个时期贫困治理的指导性思想后,大学生"精准资助"逐渐成为国家、社会、高校共同关注的一个重点和热点话题。通过开展构建高校精准学生资助政策体系理论与实践研究,对进一步完善创新我国高校学生资助政策措施,进一步促进大学生资助资源科学配置与教育公平,进一步增强大学生资助政策执行的精准度和有效度,有效促进我国中长期高校学生资助工作持续发展具有深远的理论意义,也对提升高校人才培养质量乃至打赢全社会脱贫攻坚战均具有十分重要的实践意义和现实意义。

构建高校精准学生资助政策体系的关键,首先是要弄清"精准资助"的内涵及其实施目标。根据我国高校已经建立健全的高校学生资助政策体系现状,以及新形势下做好高校家庭经济困难学生精准资助工作的新要求和新任务,"精准资助"即指运用科学有效程序对普通高校资助对象实施精确识别、精确帮扶、精确管理、精确评价的助学方式,是在我国普通高校已初步建立、较为完善的学生资助体系基础上,通过对资助政策的系统化、精细化,以及资助队伍的专业化、职业化等措施,对家庭经济困难学生认定实施精确量化、对奖助学评定进行流程细化、对资助培养目标评价实现标准化等,努力创建更加符合高等教育发展规律和高校资助工作特点的精准资助体系,以此推动高校学生资助工作管理精确、高效和持续改进,从而进一步促进教育公平。构建高校精准学生资助政策体系最终目标，是在资助政策覆盖范围内，以最少的物力、人力等资源消耗，以及最优化的经费变量投入，实现资助对象最准确、真实的认定，资助力度最公平、科学的帮扶，资助成效最合理、客观的评价，达到最佳的预期效果，使学生、家庭、学校、政府、社会多方协调，最终实现新常态下高校大学生资助工作的可持续发展。

为提高构建高校精准学生资助政策体系研究的针对性和实效性，本书研究对象为我国公办普通高校全日制本专科学生，并以国家制定实施的家庭经济困难学生资助政策措施为中心，围绕高校学生资助政策体系中的各项具体制度措施的发展历程、进展情况、实施现状，以及存在的问题，提出合理化发展对策与完善建议。全书分为两部分共八章，其中第一章至第七章为第一部分，主要内容为我国高校精准学生资助政策体系理论研究，第一章分析了我国高校构建精准学生资助政策体系的意义、发展历程等；第二章至第六章就国家奖助学金、国家助学贷款、学费补偿和国家助学贷款代偿、师范生免费教育及其他辅助资助政策与措施分别进行了全面分析研究，指出制度设计或实施过程中存在的问题或不足，并提出相应的对策和建议；第七章主要阐述了我国高校精准学生资助政策体系可持续发展构想及措施。第二部分即第八章，主要内容为我国普通高校精准学生资助政策体系实践探索，重点分析了我国高校家庭经济困难学生认定工作实践及研究现状，特别是聊城大学在家庭经济困难学生认定工作方面的实践探索，并提出构建家庭经济困难学生"互联网＋精准认定"新模式的基本框架与主要途径。附录主要内容为聊城大学家庭经济困难学生资助政策体系建设及实践，主要包含聊城大学家庭经济困难学生资助政策体系的创建与发展历程，以及创建学生资助政策体系过程中的主要做法及经验。

全书研究的重点主要是通过分析当前全国高校学生资助政策体系实施现状，阐释大学生资助工作的运行机制及实际效果，特别是构建高校精准学生资助政策体系的主要内容、预期执行力度与育人功效，以及对普通高校学生资助工作实践指导价值与借鉴意义。本书试图达到三个目标：在理论层面上，提出构建高校精准学生资助政策体系的新内涵、新思路、新方法；在实践层面上，结合各项资助具体措施，提出较为符合实际，有针对性、操作性和创新性的问题解决方案及完善建议；在应用层面上，将本书研究成果直接运用于指导高校家庭经济困难学生资助工作实践。因此，本书可以供各级学生资助教育管理工作者、普通高校学生资助专职工作人员，以及高校大学生思想政治教育工作者等参考使用。

由于笔者一直从事一线辅导员工作，许多具体事务占用了大部分工作时间，致使研究精力有限，尚有诸多课题无法展开更为深入的研究，关于构建高校精准学生资助政策体系的研究，笔者提出几个可以继续研究的方向，以供各位专家、学者参考，如拓宽资助经费筹集渠道，实现多元化资助资金来源机制；调整评优推优分配方式，健全一体化高校科学配置体制；加大资助经费监督力度，实行全过程经费约束报警制度；加快信息平台整合步伐，营造全社会资助协同发展氛围；以及更科学的、更灵活的、更符合我国国情的高校家庭经济困难学生精准资助与精准育人方式方法的探索，等等。

本书在编撰过程中，为确保信息全面准确、真实可靠，面向山东省部分高校学生资助管理部门、部分县市区学生资助教育管理部门、国家助学贷款等金融办理机构，以及在校学生编制印发调查问卷近5000份，力求信息全面准确、真实可靠；对于各项资助措施实施的各项数据，除进行实地调研、参考文献资料外，还对各种媒体公布的相关信息进行了收集整理，以尽可能地做到数据准确、全面。尽管如此，亦难免有错误或疏漏之处。同时，由于本书编撰起止时间距离较长，有些数据是几年之前做的统计，虽然笔者在出版之前已经进行了全面修正或多次补充，但也难免书中个别数据或结论仍存在相对的滞后性。在此，恳请广大读者朋友不吝批评，并提出宝贵意见，不胜感激。

杨庆实

2016年10月于聊城大学翰逸楼

第一章 我国高校学生资助政策体系演变

随着我国高等教育的不断发展，大学教育由精英教育向大众教育逐步转型，在校家庭经济困难学生比例不断增加，高校困难学生助学问题早已成为全社会普遍关注的热点问题。高校困难学生资助工作事关广大学生和家长的切身利益，事关党和政府的形象，更是保证我国高等教育持续、健康发展，维护学校乃至社会稳定大局的工作。为此，党中央、国务院高度重视家庭经济困难学生资助工作，为使家庭经济困难学生都能够顺利入学，"十二五"期间，特别是党的十八大以来，先后颁布实施了一系列学生资助政策制度，逐步建立健全了高校学生资助政策体系，使我国高等教育发展进入了一个追求公平的历史新阶段。

建立高校精准学生资助政策体系，是实践"三个代表"重要思想、落实科学发展观、构建社会主义和谐社会的重要举措；是实现科教兴国战略、人才强国战略，优化教育结构，促进教育公平和社会公正的有效手段；也是切实履行公共财政职能，推进基本公共服务均等化的必然要求；更是贯彻落实国家关于打赢脱贫攻坚战决定，从教育扶贫到教育脱贫，从扶助完成学业到阻断贫困代际传递，对学生资助工作定位的进一步深化。本章重点讨论了构建高校精准学生资助政策体系意义的同时，回顾了新中国成立后我国高校学生资助政策体系演变历程，并简要分析了高校学生资助政策体系的基本要素。

第一节 我国高校构建学生资助政策体系的意义

百年大计，教育为本。教育涉及千家万户，惠及子孙后代，关系国家前途命运，是民族振兴的基石，是构建社会主义和谐社会的重要内容。在教育事业加快发展过程中，一个非常重要的问题就是，如何保障家庭经济困难学生公平享受教育的权利和机会，使这些孩子不因家庭经济困难而辍学。2007年，党中央、国务院总揽全局、高瞻远瞩，作出建立健全高等学校家庭经济困难学生资助政策体系的重大决策，决定自2007年秋季学期开学实施新资助政策。

建立健全我国普通高校家庭经济困难学生资助政策体系是党中央、国务院根据新形势、新任务的要求，及时作出的一项造福当代、惠及子孙、影响深远的重大决策，是继农村义务教育经费保障机制改革之后，以科学发展观为统领，促进教育公平，确保高校和谐，实现社会发展的又一件大好事，具有重大的现实意义和深远的历史意义。

一 建立家庭经济困难学生资助政策体系，是当前形势下国家在教育领域保障和改善民生的重要举措

党和国家历来高度重视保障和改善民生问题，把不断改善民生作为社会建设的重点，作为实现以国家富强、民族振兴、人民幸福为主要内容的"中国梦"的题中之义和最终理想，坚持摆在更加突出的位置。从原中共中央总书记胡锦涛于2007年6月在中央党校"6·25"讲话中指出："科学发展观，第一要义是发展，核心是以人为本。要做到发展为了人民，发展依靠人民，发展成果由人民共享"，到2012年11月，中共中央总书记习近平在十八届一中全会后举行的首次媒体见面会上发表的重要讲话中详细阐述"把人民对民生问题的愿望和要求、对美好生活的向往，确立为新一届领导集体的奋斗目标"，以及习近平到基层调研时曾强调指出"关注民生、重视民生、保障民生、改善民生，是党和政府的神圣职责和终极目标"，标志着一个民生政治时代已悄悄到来。

"国以民为本，民以食为天"，是我国古代朴素的民本思想，也是对民生问题重要性的认识。民生问题，简单地说，就是与百姓生活密切相关的问题，最主要表现在吃穿住行、养老就医、子女教育等生活必需上面。民生连着民心，民心凝聚民力。关注民生、重视民生、保障民生、改善民生，同党的性质、宗旨和目标一脉相承。解决好民生问题，就是要加大改善民生工作的力度，采取扎实有效的措施，切实解决好人民群众最关心、最直接、最现实的利益问题。时任国务院总理温家宝于2008年3月在第十一届全国人民代表大会第一次会议上《政府工作报告》中指出，中国政府将更加注重社会建设，着力保障和改善民生，坚持优先发展教育，进一步提高高等教育质量，加大教育事业投入，其中中央财政专项教育投入由2007年的1076亿元增加到1562亿元；同时指出，进一步完善国家助学制度，加大对中等职业学校和高等学校家庭经济困难学生的资助，确保人人享有平等的受教育机会，不让任何一个孩子因家庭经济困难而失学。特别是自2012年后，以习近平为总书记的新一届中央领导集体上任后，国家更是进一步加大中央财政经费教育投入，国务院总理李克强在每年召开的全国"两会"政府工作报告上，将健全国家助学体系、提高学生资助水平纳入年度工作计划进行部署。

无论遇到多么大的困难，中央领导始终表示，党和国家促进教育公平的决心不会改变，扶助经济困难学生的政策措施不会改变，保障每一个孩子不因家庭经济困难而失学的承诺不会改变，并坚持切实把建立健全资助政策体系作为履行政府公共财政职能的重要内容，作为在当前形势下保障民生、保持经济平稳较快增长的重要措施，以百倍的信心和扎实的工作，抓重点、解难题、办实事，确保家庭经济困难学生"应助尽助"、"应补尽补"，把党和政府的温暖送到受资助同学的心坎上。通过建立健全资助政策体系，使中央提出的保障和改善民生的精神在教育战线得到实实在在的落实。

二 建立家庭经济困难学生资助政策体系，是党和国家为建设创新型国家和人力资源强国，落实教育公平而采取的重要保证

中华人民共和国成立近70年，特别是自改革开放至今，我国走过了极不平凡的历程，取得了举世瞩目的辉煌成就，成为一个对世界具有重要影响力的大国，教育在其中发挥了举足轻重、不可替代的重要作用。当前，我国现代化建设正站在一个新的起点上，在中国从大国走向强国的历史进程中，教育仍将发挥基础性、先导性、全局性作用。因此，中央把教育摆在优先发展的战略地位，并作为现代化建设必须始终坚持的重大方针。

教育公平是教育优先发展的前提。这是我党执政理念的鲜明体现，是社会主义制度的本质要求，是实现社会公平的重要基础，也是人民群众的要求和期盼。没有教育公平，就没有教育的科学发展，就没有人民满意的教育，就没有社会的和谐稳定。党和国家始终把坚持教育公益性和促进教

育公平作为基本教育政策，切实保障全体人民特别是困难群体的受教育权，保障每一个孩子不因家庭经济困难而失学。近年来，特别是自2007年以来，中央和地方各级政府采取一系列重大举措，在高等学校逐步建立了家庭经济困难学生资助政策体系，全国普通高校资助学生总金额从2008年的293.7亿元，增加到2015年的847.97亿元，增幅188.72%[1]，资助学生人数逐年增大，每年总体资助面持续超过20%，基本解决了家庭经济困难学生的就学难问题。这是维护教育公平的一个重要环节，充分体现了党和政府对大学生的殷切期望，对培养拔尖创新人才和各类优秀人才的高度重视，也充分证明了教育机会均等，已成为政府教育发展政策的基石。可以说，家庭经济困难学生资助政策体系是国家对困难学生资助强度最大、资助范围最广、财政投入最多的制度安排，是困难学生得到实惠最多、人民群众最满意的制度安排。

三 建立家庭经济困难学生资助政策体系，是促进我国教育事业持续协调健康发展的重大策略

立足于我国现代化建设的全局，为了满足国家对高级人才的需求和广大人民群众希望子女能更多地接受高等教育的愿望，提高全民族的整体素质，面对21世纪的激烈竞争和挑战，为我国实现第三步发展战略提供足够的人才支持，党中央、国务院于1999年作出了进一步扩大高等学校招生规模的重大决策，当年全国普通高校招生规模从1998年的108万人扩大到159万人。经过各方面多年的共同努力，2005年全国普通高校招生规模为504万人，之后由于我国决定稳定规模，重点提高教学质量，到2009年全国普通高校招生规模为629万人，是1999年的3.96倍，到2015年全国普通高校招生规模高达700万人[2]，是1999年的4.4倍，全国普通高校的高考录取率已由1998年的36%提高到74.3%。而在2007年，全国各类高等教育在学人数已达2700万，已居世界第一位。这样的发展速度，是我国正常情况下从来没有过的，在世界高教史上也极为罕见。通过扩招，使我国高等教育的规模发生了巨大变化，有效地缓解了高

---

[1] 教育部：《2015年中国学生资助发展报告》，http://www.gov.cn/xinwen/2016-09/01/content_5104356.html，2016-09-01。
[2] 中国新闻网：《1977—2015全国高考人数及录取率分析》，http://learning.sohu.com/20151130/n428864496.shtml，2015-11-30。

等教育长期形成的"供求"矛盾与压力,大大地提高了办学效益,充分发挥了高等学校的办学潜力,推动了各项相关高校改革的不断深化,也为 21 世纪实现中华民族的伟大复兴做了人才方面的必要准备。尽管扩招工作还存在不少矛盾和困难,但总体上进展健康平稳,受到了社会各界的一致欢迎与好评,也得到了党中央、国务院的肯定。

"百年大计,教育为本。"高等教育承担着培养高级专门人才、发展科学技术文化、促进社会主义现代化建设的重大任务。提高质量是高等教育发展的核心任务,是建设高等教育强国的基本要求。根据党的十七大关于"优先发展教育,建设人力资源强国"的战略部署,以及《国家中长期教育改革和发展规划纲要(2010—2020 年)》,未来几年,我国高等教育仍要继续保持着积极发展的势头,才能实现 2020 年我国高等教育大众化水平进一步提高、具有高等教育文化程度的人数比 2009 年翻一番、主要劳动年龄人口平均受高等教育年限比例达到 20% 的宏伟目标。根据我国的具体国情,积极发展我国高等教育的根本出路,一是靠改革;二是靠以政府为主、多渠道不断增加投入。而经过十余年来的实践与探索,逐步建立实施的普通高等学校家庭经济困难学生资助政策体系,在保证了每个被录取的大学生都不能因家庭困难而失学的同时,丰富健全了以政府投入为主、多渠道筹集教育经费的体制,进一步调整了高等教育财政投入的格局,促进了我国教育事业持续健康、更快更好地发展。

四 建立家庭经济困难学生资助政策体系,是贯彻落实科学发展观,构建社会主义和谐社会,维护学校和社会稳定的基本要求

构建社会主义和谐社会是党中央在新时期提出的治国理念和治国方针。《中共中央关于构建社会主义和谐社会若干重大问题的决定》全面深刻阐明了社会主义和谐社会的性质和定位,指出社会主义和谐社会是人与人、人与自然、人与社会之间的协调发展,是生产力与生产关系、经济基础与上层建筑之间的协调发展。但现阶段,受国家金融危机、消费物价指数 CPI 持续上涨等因素,以及国内城乡、区域经济社会发展不均衡等原因,导致了社会成员收入差距快速拉大,一些家庭难以负担子女接受高等教育的费用,造成高校家庭经济困难学生人数、比例不断增加。高校家庭经济困难学生群体已成为社会普遍关注的热点,并直接影响到社会和谐发展的大局,以及高校的稳定与发展。

和谐社会是以人为本的社会，构建和谐社会需要和谐发展的人。高校作为培养社会主义事业建设者和接班人的重要阵地，其最终目的就是促进人的全面发展，培养身心和谐的人。因此，在构建社会主义和谐社会建设中，高校肩负着培养全面和谐的大学生、建设和谐校园的重任。而家庭经济困难学生群体，由于经济上的压力极易导致自身产生自卑、焦虑、封闭、敏感等心理问题，容易滋生报复他人与社会的不良情绪，从而诱发各种潜在的不稳定因素。所以，家庭经济困难学生在学习、生活上的问题直接影响着高校的稳定和发展大局，并成为影响和谐校园构建的重要因素。通过建立高校资助政策体系，不断完善资助政策和措施，基本形成了以国家奖助学金、助学贷款、勤工助学、学费补偿贷款代偿、特殊困难补助和学费减免为主体的多元化的家庭经济困难学生资助政策体系，从政策、制度上根本解决了家庭经济困难学生学习和生活上的问题，在一定程度上有效缓解了高校家庭经济困难学生的生活困难，对于保证家庭困难学生享受高等教育的权利，维护校园的和谐稳定，构建和谐社会起到重要的作用。

五 建立家庭经济困难学生资助政策体系，是履行政府公共财政职能的重要体现

公共财政的核心是满足社会公共需要，实现经济社会的协调发展。教育是重要的社会公共事业，既是提高国民素质的重要手段，也是促进经济社会发展的原动力。由于教育对经济发展和社会进步具有举足轻重的促进作用，因此，加大教育投入，保障贫困学生顺利完成学业，是政府不可推卸的责任，是公共财政的重要职能。

早在20世纪90年代初，我国政府就提出要在20世纪末实现国家财政性教育经费支出占GDP的比重达到4%的目标。但进入21世纪后，财政性教育经费支出占GDP的比重始终徘徊在3%左右，且这一比例在2003年至2004年之间竟出现下滑，甚至无法达到3%，特别是2008年受国际金融危机和经济下滑等因素影响，全国财政收入尤其是税收收入下滑较快，导致各级财政收支矛盾，然而，党中央依然努力克服收入矛盾，优化存量、调整结构，最大限度整合财力，逐年加大教育经费投入总量，到了2010年，也就是21世纪第一个十年结束之际，国家财政性教育经费支出占国内生产总值的比重提高到3.66%，并于2012年，国家财政性教育经费支出增加到2.2万亿元，占GDP的比例达到4.28%，首次实现并超额完成4%的既定目标①。通过加大财政性教育经费支出比例，特别是家庭经济困难学生资助经费投入，千方百计保障了学生资助政策落到实处，逐步构建形成了国家公共财政教育投入体系，并本着公平的原则，完善实施一系列资助政策，为低收入家庭学生提供更多的受教育机会，以便共同分享经济增长的成果。于2010年5月，由国务院常务会议审议通过并发布实施的《国家中长期教育改革和发展规划纲要（2010—2020年）》指出，各级党委和政府要把优先发展教育作为贯彻科学发展观的基本要求，切实保证经济社会发展规划优先安排教育发展，财政资金优先保障教育投入，公共资源优先满足教育和人力资源开发需要；同时强调，教育投入是支撑国家长远发展的基础性、战略性投资，是教育事业的物质基础，是公共财政的重要职能；要健全以政府投入为主、多渠道筹集教育经费的体制，按增值税、营业税、消费税的3%足额征收教育费附加，专项用于教育事业；逐步提高国家财政性教育经费支出占国内生产总值比例；健全国家资助政策体系，完善家庭经济困难学生资助政策体系，推进生源地信用助学贷款，根据经济发展水平和财力状况，建立国家奖助学金标准动态调整机制。家庭经济困难学生资助政策体系的建立健全，充分体现了公共财政的职能作用，是政府实现公共服务的具体体现。

六 建立家庭经济困难学生资助政策体系，是加强和改进学生思想政治教育，达到教书育人目的的重要内容

培养什么人、如何培养人，是我国社会主义教育事业发展中必须解决好的根本问题。要使大学生成长为中国特色社会主义事业的合格建设者和可靠接班人，不仅要大力提高他们的科学文化素质，更要大力提高他们的思想政治素质。只有真正做好这项工作，才能确保党和人民的事业代代相传、长治久安。党中央、国务院在新形势下，充分认识到进一步加强和改进大学生思想政治教育工作的重要性和紧迫性，不断增强历史责任感和使命感，坚定信心，狠抓落实，切实把大学生思想政治教育工作提高到一个新的水平。

《中共中央、国务院关于进一步加强和改进大学生思想政治教育的意

---

① 21世纪网：《教育经费硬指标首次实现占GDP 4%目标》，http://learning.sohu.com/20130104/n362320912.shtml，2013-01-04。

见》（中发〔2004〕16号）明确指出，加强和改进大学生思想政治教育是一项重大而紧迫的战略任务，应坚持做到教书与育人相结合、坚持政治理论教育与社会实践相结合、坚持解决思想问题与解决实际问题相结合，并强调，要进一步加强经济困难大学生的资助工作，以政府投入为主，多方筹措资金，帮助经济困难大学生完成学业，为大学生成长成才创造条件。意见颁发实施十多年来，在开展大学生思想政治教育工作中，始终坚持"以育人为本，以学生为主体"，坚持与解决学生的实际困难相结合。家庭经济困难学生作为高校重要的学生群体，已成为大学生思想政治工作帮扶的重点对象。随着大学生思想政治教育工作的逐步深入，形成了以国家助学贷款为主体，包括奖助学金、勤工助学、学费补偿贷款代偿、特殊困难补助和学费减免在内的多元化困难学生资助政策助学体系，切实帮助他们解决生活困难和思想问题。

思想政治教育工作是为了育人，高校资助工作同样是具有育人功能的。高校坚持以为学生解决实际困难为出发点，把国家实施资助政策体系和学校的思想政治教育工作相结合，做到物质助人、精神育人，通过加强诚信感恩、自强自立、勤俭节约等主题教育内容，不但发挥资助与育人的双重功效，更能够发挥思想政治教育工作的内在功能，真正实现增强学生本人自主解决经济困难的能力和信心，最终促进学生全面、均衡发展，达到教育教书育人的目的。

七 建立家庭经济困难学生资助政策体系，是弘扬中华民族扶贫济困的优良传统，创新扶贫开发工作机制，打赢脱贫攻坚战的重要载体

缓解和消除贫困，最终实现全国人民的共同富裕，是社会主义的本质要求，是中国共产党和人民政府义不容辞的历史责任。改革开放以来，特别是实施《国家八七扶贫攻坚计划》以来，我国贫困现象明显缓解，贫困人口大幅度减少。到2000年底，在短短20多年时间里，解决了两亿多贫困人口的温饱问题，全国农村贫困人口的温饱问题已经基本解决。进入21世纪以来，由于社会发展成本的提高，以及边际效益的递减，扶贫减贫问题前所未有地受到国家和社会的广泛关注和重视，我国的反贫困战略也面临着新的机遇和挑战。2011年12月，国家印发实施的《中国农村扶贫开发纲要（2011—2020年）》明确提出要求，要逐步提高扶贫标准，加大扶贫开发投入和工作力度，以基本消除绝对贫困现象为首要任务，以更大的决心、更强的力度、更有效的举措，巩固温饱成果，提高贫困人口的生活质量和综合素质，逐步改变贫困地区经济、社会、文化的落后状况，为达到小康水平创造条件，特别是2014年初，中央办公厅根据2013年11月习近平总书记在湖南考察时首次提出"精准扶贫"指示后推动的"精准扶贫"思想落实，以及2015年11月底习近平在中央扶贫开发工作会议发表的重要讲话中，明确指出了"十三五"期间脱贫攻坚目标，并强调要坚持精准扶贫、精准脱贫，通过采取保障农村贫困人口义务教育等措施，做到因户施策、因人施策，坚持以更大的决心、更明确的思路、更精准的举措、超常规的力度，坚决打赢脱贫攻坚战，确保到2020年所有贫困地区和贫困人口一道迈入全面小康社会。而我国实现农村贫困人口脱贫，解决区域性整体贫困，特别是提高贫困人口的综合素质，改变贫困人口的社会、文化落后状况最主要的途径之一就是教育，因为提高教育是贫困人口摆脱贫困的最好出路，更是让处于社会最底层的人通过个人奋斗改变处境的上行通道。

受教育程度低，是贫困家庭难以摆脱贫困的根本原因。长期以来由于教育落后，农村贫困人口的文化素质一直偏低，文盲率较高，有些地方整体平均文化程度还不足小学水平，远远低于全国平均水平。由于劳动力文化程度低，致使就业创业能力差，导致家庭收入低，再次难以摆脱贫困。同时，这种状态具有明显的传递性。因此，扶贫开发机制的创新关键就是教育扶贫上的创新，重点加大对贫困家庭子女的扶贫助困，为家庭经济困难的孩子提供更多受教育的机会，提高就业创业技能，全面增强贫困家庭子女群体身体素质、文化素质和思想素质，实现减少贫困人口，逐步完成扶贫开发，特别是打赢"十三五"期间脱贫攻坚战的光荣历史使命。

第二节　国外高校学生资助政策体系的演变及启示

大学生资助是与近代大学教育一起出现的，开展大学生资助政策是一个各国都普遍存在的现象。在过去多个世纪里，各国对大学生的资助事业一直随着高等教育的发展而发展，资助方式及措施日趋完善。但由于受到本国政治、社会、经济和传统的制约，以及在"高等教育成本分担"的前提下，各国资助方案各有不同，逐步形成了自己的大学生资助政策体系。

一 大学生资助理念的发展过程

纵观西方国家大学生资助理念的发展过程，大致可分为三个阶段：慈善阶段（11—18世纪末）、教育公平阶段（19—20世纪70年代初）和教育成本分担阶段（20世纪80年代至今）。

（一）第一阶段：慈善阶段（11—18世纪末）

1087年，西方世界第一所大学博洛尼亚大学在意大利诞生，随后巴黎大学于12世纪初期在法国成立。这两所大学与意大利的萨莱诺大学并称为欧洲最早的3所大学，被誉为"欧洲大学之母"。之后受此影响，大学蓬勃发展，英国剑桥大学、美国的哈佛大学相继诞生。在它们形成过程中就建立了众多的、目的旨在向在校大学生提供帮助的学院，其主要功能就是为贫困学生提供寄宿和学习的场所，并为他们进行经济上的资助。据牛津大学校史记载，早在13世纪，牛津大学的一些学院就开始制定大学生资助章程，对资助"贫困学生"的数额、标准和办法进行了详细规定。

从11世纪欧洲大学诞生到18世纪末，慈善和宗教的理念一直是支撑欧美国家大学生资助事业的基石，因此，这个阶段中主要存在两种资助方式。一种是纯粹的慈善方式。一些富有的慈善者、教会和大学的创立者在学校设立资助金。有的资助者要求学校将资助金直接发放给指定范围的贫困生，如同乡、家族成员、亲友。另一种是有条件的资助方式。受助者是以神学专业或者与宗教神学有密切关系的学校或专业的学生。他们至少是虔诚的教徒，能够按时到教堂做祈祷、唱赞美诗。这些受益学生在完成学业后，担任教士、神职人员，或者受教会指派传播宗教。在英国的牛津、剑桥等大学以及教会大学中至今还有许多以承担宗教义务为前提条件的资助项目。

（二）第二阶段：教育公平阶段（19—20世纪70年代初）

被马克思誉为"第一部人权宣言"的美国《独立宣言》的起草者杰斐逊，在人类历史上第一次从"人生而平等"的视角上，阐述向贫困学生提供经济资助的政治意义以及资助理念。随着时间的推移，杰斐逊崭新的资助理念也传到法国和欧洲，到19世纪，"为国家利益资助英才"的教育公平理念已经在欧美各国盛行，并在种种外部条件和大学发展的刺激下，资本主义国家在19世纪开始发展由政府出资的大学生奖学金事业。

而人类历史上第一次在整个国家的范围内对全体大学生普遍提供资

助,是发生在十月革命后的苏联。1918年,也就是苏维埃政府成立后的第二年,列宁起草《人民委员会关于俄罗斯联邦高等学校招生问题的决定草案》[①],宣布废除一切高等学校的学费,即俄罗斯社会主义苏维埃联邦共和国为全体大学生提供免费的高等教育,向全体大学生提供助学金。此后,苏联经过新经济政策,以及最初的三个"五年计划"等多个历史时期的考验和锤炼,确立了完整的高等教育免费、大学生享受助学金的资助政策。它使苏联从欧洲最落后的国家一跃成为教育、经济、科技发达的世界强国作出了不可磨灭的贡献。

在苏联大学生资助理念的推动下,其他发达的资本主义国家,以及广大发展中国家开始注重大学生资助模式的探讨及研究。特别是在第二次世界大战以后,受"教育机会均等"与"人力资本投资"理念的影响,各国政府纷纷推进教育发展目标的制定与完善,实施了具有促进教育机会均等意义的资助措施,并在20世纪五六十年代得到迅速发展。欧洲各国,南、北美洲,以及非洲、亚洲的大部分国家都建立起自己的大学生资助体系,为促进教育公平,促进国民经济发展,促进人类的平等、尊严和发展发挥了重大作用。

(三)第三阶段:教育成本分担阶段(20世纪80年代至今)

20世纪70年代,中东阿拉伯石油生产国为了遏制以色列的扩张并收复失地,多次采取军事行动,发动震撼世界的"石油战争",由此引起的一系列连锁反应,酿成全球性的经济危机,并导致财政危机,政府提供的公共资助不断下降,高等教育经费出现短缺,使继续为全体大学生提供免费高等教育和助学金的政策丧失了现实的经济基础。受此影响,各国开始反思原有资助理念的合法性及持久性,积极选择新的资助理念与资助政策来适应经济发展和社会现实的需要。

"成本分担"作为一个基本概念,是由美国当代经济学家、时任纽约大学校长的布鲁斯·约翰斯通提出的。他提出从高等教育的成本构成的视角,来确定公平有效的大学生资助政策。20世纪80年代,随着约翰斯通的专著《高等教育成本分担》的出版,高等教育成本分担理论迅速在各国广泛传播。作为世界上高等教育较发达的美国、韩国率先确定了高等教育个人分担比例,西方很多国家也纷纷仿效,陆续实行了大学收费制度,

---

① 华东师范大学教育系编:《列宁论教育》,人民教育出版社1990年版,第172页。

随之也出现了贫困大学生问题。在此情况下，发达国家普遍采取多种方式资助困难大学生，防止他们因经济困难而停止学业，经过不断发展和完善，形成了各自不同特点的资助模式。

经过30多年实践证明，在市场经济条件下，高等教育成本分担政策是合理有效的教育财政政策。合理的教育成本分担机制是解决高等教育经费不足的重要途径，不但有助于弥补高等教育经费的不足，更有利于高等教育大众化的发展，有助于满足旺盛的个人教育需求。

二　国外大学生资助政策体系的演进及特征

西方各国大学生资助政策随着社会经济的发展而不断变革，特别是第二次世界大战结束后，各国政府意识到要发展经济就必须大力发展教育，让更多人接受高等教育，加强对高层次人才的培养，从此推动了高等教育的迅猛发展。同时，随着"高等教育机会平等"、"人力资本理论"理念的提出和推广，加快了各国对构建大学生资助体系的研究，并采取了不同的方法来应对。在这个过程中形成了自己独特的大学生资助模式。纵观世界各国，俄罗斯、美国、日本、英国、澳大利亚五国在实践中创建完善的大学生资助体系既有特色又有共性。笔者以上述五国战后资助政策体系的演进为主线，简要概述了资助政策发展过程，分析了各个阶段的特征及对本国的经济、社会发展等多方面的影响。

（一）俄罗斯——"高等教育券"模式

根据列宁的教育思想和苏维埃政府的教育方针，20世纪20年代苏联第一次在整个国家范围内提供免费的高等教育，向全体大学生开始提供助学金，又经过多年的调整和发展，形成了"免费高等教育加助学金"的资助模式。苏联的资助理念和资助政策，在保证了苏联国家建设对专业人才需要的同时，也使苏联从欧洲最落后的国家一跃成为世界强国，并直接影响了社会主义国家及大部分发达资本主义国家。战后，各国纷纷以苏联为师，借鉴其经验，推动本国资助理念的变革及资助政策的发展。

20世纪90年代初，欧洲剧变，苏联解体，俄罗斯社会步入转型时期，使俄罗斯一向享受"剩余原则"拨款待遇的高等教育更是捉襟见肘。面对这种状况，俄罗斯政府调整高等教育学费政策，改变苏联的"免费高等教育加助学金"的资助模式向"高等教育成本共同分担"的学费制度迅速过渡，允许高校招生自费生，并规定招生的自费生比例可以逐步增长。资助模式的变革，重新给俄罗斯高等教育带来巨大的活力，从而改变了俄罗斯高校的生存状态和经费来源渠道，促进了整个国家高等教育的快速发展，并给本国高校经费多元化奠定了市场基础。

1996年，俄罗斯政府在教育法中首次提出学生贷款的概念，提出向中低收入家庭的学生提供上限为70%学费的贷款，规定十年内还清。但由于不具备消费者信用传统和信用核实系统，以及个人收入透明度等因素的影响，致使贷款计划遭遇流产。2000年，总统普京批准《俄罗斯战略：教育》计划，开始进行"实名制国家财政券"试验，决定引入统一国家考试以取代传统大学入学考试。2002年，俄罗斯政府通过以实名制国家财政券形式向试点高校拨款的相关决议，标志着俄罗斯"实名制国家财政券"试点的正式开始。几经周折，2004年，俄罗斯政府正式推出了"高等教育券"系统，先由政府统一组织安排入学考试，根据考试成绩决定"高等教育券"的等级及其面值，如获得A+等级的，将全部免除学费，获得A、B或C等级的，可减免部分费用，而获得D等级的，则自己要承担全额费用[①]。最终以"高等教育券"的形式向通过国家统一考试的学生提供预算资金，教育券的具体货币价值每年由联邦预算法制定。自2006年起，俄罗斯政府将这一制度推行到所有高等教育机构，并延续至今。

俄罗斯"高等教育券"的实施，与以往教育资助理念相比，大大减少了获得全额学费拨款的学生人数及比例，在一定程度上缩小了当前公费生与自费生之间收费上的巨大差距，有效治理了在原资助模式下高等教育入学的腐败问题，缓解了学生的财政压力，基本满足了人民群众通过不同途径接受高等教育的需求，对促进整个俄罗斯国家高等教育公平发挥了较好效果。

（二）美国——"资助包"模式

美国是世界上高等教育最发达的国家之一，也是最早建立大学生资助体系的国家之一，其资助范围之广、数额之大是世界独一无二的。根据美国大学生资助目标发展情况，一般分为三个时期，即为国家经济服务时期（1945—1965年）、为大众入学服务时期（1965—1980年），以及"多目

[①] 王玺、李献斌：《国外学生资助体系比较及启示》，《国家教育行政学院学报》2007年第12期。

标"时期（1980年至今）[①]。

"二战"后，美国出现军人退伍高潮，由于大部分未接受过高等教育和拥有较好的生产技能，很难在社会就业，造成人力资源浪费，并影响社会治安，出于国家经济发展的考虑，1944年美国国会通过《退伍军人适应法》，批准联邦政府通过财政拨款为退伍军人提供学费和生活费资助，以帮助他们完成学业，此举开创了联邦政府对学生进行资助的先河[②]。1957年，美国颁布了《国防教育法》，明确规定了联邦政府对高等教育进行资助是履行国防义务的一部分，正式诞生了第一个联邦学生资助工程——"国防学生贷款工程"，为学习数学、外语、师范学位的大学生提供学生贷款，成为在世界上首开用贷款进行资助学生的先河。

20世纪60年代，美苏争霸让美国深深意识到高等教育对增加国防和发展经济的重要意义，1965年，美国颁布《高等教育法》，由政府为贫困家庭学生提供助学金和贷款，新设立了如"机会均等助学金"、"大学工读助学金"等一些联邦助学工程和校园资助工程。到了20世纪70年代，随着社区学院的大力发展，美国政府进一步扩展了学生资助体系的规范，明确将学生资助的目标转向个人，于1972年实施了"佩尔助学"工程，由原来的政府将资助资金拨给学校，再由高校负责实施资助方式，变为由政府给学生提供直接资助的方式。

进入20世纪80年代后，随着美国高等教育日益普及化、高科技的发展，并受"成本分担"理念的影响，美国政府完善资助理念和政策，调整了政府资助中助学金与贷学金的比例，逐步构建了以助学贷款为主，奖学金、助学金及勤工助学为辅的混合资助政策体系。进入21世纪后，随着美国财政状况的好转，联邦政府开始承担起更大的资助责任，在制定实施的《联邦学生资助：五年规划（2006—2010年）》中，采取新增"学术竞争助学金"、"国家科学、数学专业英才助学金"，以及增加助学贷款担保额度等措施，来满足学生对资助的需求。特别在21世纪第一个十年内，联邦政府坚持将贫困学生资助与国家人才需求相结合，通过加大大学生资助的财政投入力度来保障学生求学的强烈愿望。面对助学贷款的拖欠和坏账，采取由政府直接管理，教育部、财政部、税务局和社会保障部门

---

① 刘忠学：《美国高校学生资助体系的目标分析》，《比较教育研究》2002年第10期。
② 戴本博：《外国教育史》，人民教育出版社1998年版，第257页。

负责合作收回制度,提高了助学贷款效益,发挥了良好效果①。

在这种由数以千计的资助项目构成的"混合资助模式"下,为了保证学生所获资助的公平合理性,美国政府采取了"资助包"制度,即把所有联邦政府的、非联邦政府的提供的诸如奖学金、助学金、贷学金、校园工读混合成"包",提供给学生以便帮助不同层次的学生解决困难,其核心是大学通过规范合理的资助资源配置,使每个学生都能获得与其困难程度相称的经济帮助②。可以说,美国高等教育"资助包"制度的实施,使"多元混合"资助的理念转变为现实,不仅有助于保证资助的合理性与公平性,更有助于实现资助的教育性,既提供资助的最根本目的,也为世界其他各国解决经济困难学生上学问题提供了重要的参考模式。

(三) 日本——"收费加贷学金"模式

日本是一个高度重视教育的国家,政府尤其注重对高等教育事业的扶植,在"二战"前本国高等教育机构就有650余所。1939年"日本帝国议会"提议,由政府在全国范围内创建贷学金资助体制,1941年日本议员们组织"国民教育振兴议员联盟",具体研究规划大学生资助事宜。1943年日本正式成立学生资助管理机构"大日本育英会",开始在全国实行资助项目③。

第二次世界大战结束后,日本作为战败国,进入重建期,开始进行大规模的教育改革。1953年,日本将原来的"大日本育英会"改组成由文部大臣任命的公法人"日本育英基金会",并由该会发放"日本育英奖学金"。随后,经过对"日本育英奖学金"事业采取一系列的改革,设立了"一般借贷性奖学金"、"特殊借贷性奖学金",以及"教育特别奖学金"等多项奖学金。

进入20世纪80年代后,日本高等教育进入大众化时期,大学生资助政策受到新的挑战。1983年日本育英会修订了《日本育英会法》与《实施条例》,决定自1984年起,根据学生家庭经济困难情况发放借贷奖学

---

① 张民选:《关于大学生资助政策发展的比较研究》,《教育研究》2007年第4期。
② 余梦、周婷:《浅论美国大学生"资助包"制度及其启示》,《中国电子教育》2009年第4期。
③ 张民选:《理想与抉择——大学生资助政策的国际比较》,人民教育出版社1998年版,第252页。

金，如对出身贫寒、经济困难、最需要资助的学生采取无须归还利息的借贷奖学金，而对其他学生采取计付利息的借贷奖学金，同时取消"教育特别奖学金"的设立，规定凡是毕业后直接到中小学任教，或到公立科研机构从事一定年限的教学科研人员，可免除部分或全部贷学金。这一改革，日本把资助对象从"最需资助者"扩大到"其他需要资助的人"。根据高等教育的发展，以及经费来源渠道的变化，1993年日本"育英基金会"对"日本育英奖学金"的资金来源、发放措施、回收机制进行了修订完善。进入21世纪后，在沿用旧借贷奖学金做法的基础上，进一步增加了研究生的贷学金名额与学生借贷额度，提高了学生的受助强度，形成了比较完整而又严密的大学生资助体系，并成为世界各国收费加贷学金模式的成功典范。

日本的国家助学贷款——贷学金制度，之所以能够成为收费加贷学金模式的典范，主要在于政府始终担当了借贷奖学金从目标设定、资助筹措、风险分摊等各个环节的责任主体，特别是建立的高效的贷款回收机制，如长达二十年的还款期限、有条件的免还和缓还制度、设立"贷学金公司"等，在降低坏账率的同时，确保了贷款资金的良好周转。

综述可见，日本一直实行的"上大学缴费"、以贷学金为主要资助办法的大学生资助政策，充分体现了政策设计的人性化，最大程度地发挥了政府公共管理职能，促进了高等教育经费的合理分配，确保了教育公平，也使日本作为世界上第一个在全国范围内普遍推行贷学金资助模式的国家，实现了"穷国办高等教育"、"尽一切可能迅速发展高等教育"的强烈愿望。

(四) 英国——"助学贷款加助学金"模式

在第二次世界大战中，英国经济受到重大损失，使英国与其他发达国家一样，也很快意识到要发展经济就必须大力发展教育，在"教育机会均等"的原则下，为了使更多的青年人获得接受高等教育的机会，1944年，英国政府通过《巴特勒法案》（又称《1944年教育法》），规定以设立大学生奖学金的办法，帮助有才华的学生考入大学、专科学校或其他高教机构就读，其中奖学金包括学费和生活费，数目依照学生家庭收入不同而有所区别。从此，英国政府开始为所有大学提供财政拨款、为所有全日制大学生支付学费，并为贫困学生提供解决生活费问题的助学金。随着英国经济的发展，英国政府在20世纪60年代初先后出台了《安德逊报告》

《罗宾斯报告》[①]，加大了大学生资助政策的力度。

20世纪70年代由于中东石油战争爆发，引起包含英国在内的全球性经济和财政危机。同时，原制定实施的"免费加助学金"资助办法也给英国的经济发展带来巨大压力。因此英国政府不得不面对现实，对国家资助大学生的政策进行改革。在这种背景下，1983年发表了《雷弗休姆报告》，首次提出以贷款和助学金相结合的方式来代替原来的助学金资助方式，到1988年英国又发表了改革免费加助学金政策、启用贷学金资助办法的白皮书《有限贷学金》，决定从1990年起设立贷学金对大学生实施资助。为了减轻政府负担，20世纪90年代，英国政府几次削减助学金标准，增加贷款比例，逐步完成由助学金和贷学金并存资助向贷学金资助的转变。

在"高等教育成本分担"理念的推动下，1998年英国政府宣布，开始实施以"先上学，后付费"和"差异收费"为核心的高校学费政策，允许所有学生可以先贷款上大学，待学生毕业、工作、赚钱，并获得一定的个人回报后，再进行偿还助学贷款。2004年，英国政府制定的《高等教育法案》又推出了新的高等教育学费政策和资助制度，在总结以往研究成果的基础上，对"分期等额还款"办法进行了改革，自2006年起，根据大学的收费标准决定学费贷款金额，而根据家庭贫困程度决定生活费贷款金额，同时，助学贷款还款实施按收入比例进行偿还的办法。为了保证贷学金资助的良好循环，并引进了税收系统来回收贷学金借款，学生毕业后，可以根据个人收入的多少归还贷学金。建立了更为完善的大学生"收费加贷学金"资助体系。

经过半个世纪的改革和演进，英国从"免费上大学、贫困生发放助学金"的资助体系，慢慢转变为"先上学，后付费"与"助学贷款与奖助学金并行"的"混合资助体系"，最终形成了当前"助学贷款加助学金"资助模式，显示了当今世界大学生资助政策的发展趋势。英国创造出的诸如实施税务系统参与贷款回收、结合收入水平确定还款方式，以及增加贷款种类和贷款额度等做法，是其他国家未尝试过的、行之有效的、推迟付费性资助的新方法，很值得其他各国进行研究借鉴。

（五）澳大利亚——"多元化资助"模式

澳大利亚的高等教育起始于1850年创建的第一所大学——悉尼大学。

---

① 庞辉、兰文巧：《英国大学生资助政策的发展研究》，《教育评论》2006年第8期。

"二战"后，随着人口的增加、移民的涌入和政府对人力资源的需要，高等教育迅速发展，大学生资助政策也随之出现，《澳大利亚宪法》授权联邦政府负责学生的资助。1954年，澳大利亚在校大学生迅速增加，面对大学办学经费出现入不敷出的局面，联邦政府于1957年实行"配合款制度"，由联邦政府与各州政府对等分摊大学经费。

受人才短缺、人力资本投资等理念的影响，1964年，澳大利亚联邦政府出台首个全国性大学生资助政策，提出降低学生学费和缴费学生比例，并向大学生提供竞争性的奖学金，使越来越多的大学生获得政府提供的联邦政府奖学金等资助。1974年，作为高等教育经费的主要提供者，澳大利亚政府实施更为慷慨的资助措施：废止"配合款制度"；对所有大学生取消学费制度，让其享受"免费高等教育"；把原来竞争性的"联邦政府奖学金"改为非竞争性的助学金，即"第三级教育补助"。至20世纪80年代初，在巨大的经济压力和纳税人的指责下，1982年将助学金名字改为"澳学助学金"，开始严格助学金的申请条件，并降低了受助学生比例。

随着经济结构变化，以及实现教育公平理想的需要，1988年澳大利亚政府制定"高等教育贡献方案"，提出了依据各专业实际教学成本高低、社会实际分担能力等相关方面，以所学专业教学成本的20%为基准收取学费；对贷学金按收入比例进行还款；向接受过"家庭经济状况调查"，家庭经济最贫困的学生提供性质实属"无偿津贴"的生活费补助等资助措施，并自1989年起生效实施。可以说，澳大利亚实施的按各专业成本20%确定学费和按收入比例还款的贷学金资助方法，对世界高等教育财政改革作出了重大贡献，引起了其他各国的研究和思考。

进入21世纪后，澳大利亚政府几经讨论，就大学生资助办法进行了完善，实施了富有特色、高效的"多元化"资助新变革：推出了"高等教育贷款计划"，给予高校更多的自主权，允许各高校根据其学科优势和成本结构制定学费标准，对于学习期间的贷款以毕业后将来的收入为支撑，在学生收入未达到一定水平的情况下，可以不必偿还贷款；建立基于因特网的"高等教育信息管理系统"，引入"学生学习权利"概念，对每个学生授予唯一的"联邦高等教育学生支持号"，以便学生通过系统，了解自身学习权利的相关信息，及时获取贷款资助的细节等；实行"联邦学习奖学金计划"，增设"联邦教育成本奖学金"，以及"联邦住宿奖学金"，重点考虑来自低社会经济背景，或农村及偏僻地区全日制计划内本科生学费、住宿费资助等，从而基本排除了学生在校期间的资金障碍，成为资助模式中不可或缺的部分。

三　国外大学生资助政策对我国的启示

在"人力资本投资"、"成本分担"、"促进教育公平"、"高等教育的社会回报与个人回报"等理论的推动下，自20世纪90年代后期，特别是21世纪以来，各国对大学生资助政策都有了重要发展，其学生资助体系的管理模式和工作经验，对我国构建符合中国国情的大学生资助体系具有较强的借鉴价值。

（1）我国是一个处在"社会主义初级阶段"的发展中大国，高等教育作为非义务教育，应按照"成本分担"的原则，探索完善合理科学的收费体制，让大学生作为高等教育的受益者，坚持按一定比例承担高等教育成本，以便扩展我国未来高等教育发展的空间，不仅符合中国国情，也符合国际惯例。

（2）积极创建以政府为主导，银行、社会、企业、个人等多方参与的多元化大学生资助体系。坚持政府主体作用，不断加大国家的教育投入，逐步提高教育经费占GDP的比重，在国家财政预算中实施教育经费倾斜政策；充分发挥政府和市场的双重作用，积极引导企业、社会团体及个人参与大学生资助体系建设，如依据企业在高校设立奖助学金的额度给予其税收减免、用人政策倾斜或信贷优惠制度等；鼓励民间力量参与大学生资助体系建设，以便在高校设立更多的奖助学金，增强高校救助帮扶力量。

（3）深化改革现行单一的国家助学贷款政策。我国城乡经济发展程度极不平衡，学生之间贫困程度差异较大，单一的助学贷款政策无法应对满足千差万别贫困学生群体的需求，在一定程度上削弱了助学贷款使用效力，应结合家庭经济困难程度，视助学贷款申请学生范围实施不同层次、不同形式的助学贷款，如家庭特别困难的特困生实施特别贷款，贷款利息全部由政府负责；中等收入家庭的普困生实施优惠贷款，贷款利息实行毕业前政府承担、毕业后学生自付政策；而对其他所有在校大学生实施普通贷款，贷款利息全部由学生自付方式。

（4）创建高效的国家助学贷款还款方式和资金回收机制。由国家负责对贷款统一进行宏观调整，建立固定的贷款资金管理机构，创建或委托一个专门的助学贷款经办商业银行，单独办理所有助学贷款业务，逐步实施贷款偿还从"限期定额偿还"方式到"根据收入比例还款"方式的转变,探索由"税务部门、养老保险系统、社会保险机构或者其他社会保障部门回收贷款"有效的贷款回收体制,降低贷款拖欠率,充分发挥助学贷款在高校大学生资助体系中的主体作用。

(5) 加大贫困生群体思想教育工作力度,竭力培养大学生诚信意识。我国作为一个历史发展悠久的社会主义国家,与西方高等教育模式相比,更加注重对大学生思想品德的教育和引导。贫困生德育问题也成为党、国家及社会各界高度关注的一个社会问题。在任何国家、任何时候,以经济资助取代思想教育是绝不可取的。为此,开展大学生资助工作,必须处理好经济资助和思想教育的关系,通过提供经济资助,解决大学生实际困难;而通过开展思想教育,提高他们的自我调控能力、人际关系协调能力,以及环境适应能力。同时,竭力加强大学生诚信教育,提高他们对"讲诚信是做人最基本的道德修养"概念的认识,积极创建"讲诚信、共和谐"的良好风尚。

(6) 加强执法手段,推动资助立法。对我国现行的高等教育法进行修订,进一步明确大学生资助目与资助措施;完善家庭经济困难学生认定、国家奖助学金评选、国家助学贷款立法工作,依法规范资助工作中,银行、学校、学生、相关机构各自的权利和义务,从法制上加大对提供虚假证明、骗取资助资源、恶意拖欠贷款本息行为"违法者"的惩罚力度,提高个人"违法"成本。通过立法促进我国高校学生资助制度的法制化,使资助行为有法可依。通过加强大学生的法律约束,确保各项资助工作良性运转,使资助政策得以正确地贯彻和实施,并切实保障国家、社会及个人资助者和受资助者的合法权益。

关于各国大学生资助政策体系中资助模式、具体做法的比较及借鉴,本节不再赘述,将在相关章节进行详细论述。

第三节 我国高校学生资助政策体系的发展历程及确立

大学生资助工作是高等教育的重要内容,直接影响和制约着高等教育的发展。我国历来重视大学生资助工作,始终关心大学生的成长成才,积极为大学生的全面发展创造条件。自1949年中华人民共和国成立以来,随着社会主义经济政治文化的不断发展，广大人民群众对高等教育需求的增多，教育成本不断增加，大学生资助理念几经变化，大学生资助政策多次进行调整，高校学生资助制度经历了从单一化逐步向多元化发展的历程，并逐步形成了目前国家奖助学金、国家助学贷款、师范生免费教育、学费补偿贷款代偿、新生入学资助项目、勤工助学、特殊困难补助、学费减免和"绿色通道"等多种资助措施有机结合的较为完善的高校学生资助政策体系。

一 我国高校学生资助体系发展历程阶段划分的学术概述

中华人民共和国成立后，我国高等教育逐渐从精英教育转变为大众化教育，大学生资助政策也发生多次变革，并引起诸多专家、学者对大学生资助政策演变历程研究的广泛关注。根据奖助学金、国家助学贷款的改革变化，学术界将新中国成立后大学生资助政策演变划分了不同的阶段，其中具有代表性的有两段式、三段式及四段式划分法。

（一）两段式划分法

上海师范大学的张民选将我国大学生资助的演变分为两个阶段：第一阶段从1952年至20世纪80年代初，实施的是"免费上大学"和"人民助学金"的资助政策，其中历经1955年和1964年的两次重要调整；第二阶段从1983年至今，以1983年教育部和财政部联合发出的《关于颁发〈普通高等学校本、专科学生人民助学金暂行办法〉和〈普通高等学校本、专科学生人民奖学金试行办法〉的通知》为标志。其后经历了1989年、1999年、2007年多次重大变革[①]。

（二）三段式划分法

一是华东师范大学的赵中建将中华人民共和国成立后至1994年之间的大学生资助政策发展分为三个阶段：人民助学金阶段（20世纪50年代初至1983年）；人民助学金与人民奖学金并存阶段（1983年至1986年）；奖学金与贷学金并存阶段（1986年至今）[②]。二是北华大学的刘和忠、赵贵臣以成本分担为标志，将大学生资助政策的发展分为以下三阶段：第一

---

① 张民选：《理想与抉择——大学生资助政策的国际比较》，人民教育出版社1998年版，第366页。
② 赵中建：《试论我国高校学生资助制度的改革》，《电力高等教育》1994年第4期，第18页。

阶段是 1949 年至 1985 年免交学杂费阶段；第二阶段是 1985 年至 1997 年"免费"制度向"收费"制度过渡阶段，或者说"免费"与"收费"并存阶段或双轨制阶段；第三阶段是 1997 年至现在"收费"制度全面实施与其他资助措施完善阶段。高校学生资助政策发展趋势是逐步从无偿资助向有偿资助转变、以奖助学金为主向以学生贷款为主的转变[①]。三是江汉大学的张晓松按照国家经济教育改革的不断深化，分为新中国成立到改革开放前资助政策阶段（1949 年至 1978 年）、20 世纪 80 年代资助政策阶段（1978 年至 1989 年），以及 1989 年免费上大学政策改革至今学生资助政策[②]。

（三）四段式划分法

一是湖南农业大学的陈有春将中华人民共和国成立后高校学生资助制度发展的历史嬗变分为：从供给制和公费制向人民助学金制度为主发生转变；人民助学金制度走向式微，奖学金制度产生；奖学金制度与贷学金制度并存的新型高校学生资助模式的确立；以及"奖、贷、补、助、减"等形式的现行高校学生混合资助制度的形成与完善等四个阶段[③]。二是沈阳师范大学的杨克瑞认为，中华人民共和国成立至今，大学生资助政策经历了以下四个阶段：第一阶段是"免费+人民助学金"阶段，从 1950 年召开的"全国第一次高等教育会议"至 1983 年；第二阶段是 1983 年至 1999 年期间的新时期下人民助学金改革探索阶段；第三阶段是国家助学贷款全面启动阶段，从 1999 年至 2004 年；第四阶段从 2004 年国家助学贷款机制创新至今，即大学生资助政策体系创建完善阶段[④]。三是河海大学的杨亚军、胡元林等分为以下四个阶段：形成期，即免费加助学金阶段（1952 年至 1982 年）；改革期，即以奖代助阶段（1983 年至 1991 年）；调整期，即奖、勤、贷、助、免混合资助阶段（1992 年至 1998 年）；成熟期，即以国家助学贷款为重点的奖、减、贷、助、免一体的资助体系阶

[①] 刘和忠、赵贵臣：《我国大学生资助政策的历史演变》，《东北师范大学学报》2010 年第 5 期，第 185 页。

[②] 张晓松：《新中国建国 60 年视角下高校学生资助政策沿革研究》，《新西部》2009 年第 22 期，第 169 页。

[③] 陈有春、奉艳云：《新中国高校学生资助制度的历史嬗变》，《湖南农业大学学报》2006 年第 2 期，第 69—72 页。

[④] 杨克瑞：《战后美国联邦政府大学生资助政策研究》，北京师范大学出版社 2008 年版，第 275—280 页。

段（1999年至今）①。而湖南师范大学的任初明将学生资助政策发展历程分为人民助学金制度为主阶段、人民助学金制度与奖学金制度并存阶段、奖学金和贷学金制度并存阶段，以及建立与完善"奖、贷、补、助、减"五位一体的混合资助阶段②。

通过以上资料研究证明，无论学术界对资助政策的演变阶段如何划分，其主要目的之一就是通过总结高校学生资助改革发展进程，梳理、分析我国大学生资助政策改革路径，积极加快我国资助体系的发展和完善，不仅有助于正确认识和科学把握国家资助政策体系，更有助于发挥资助体系在促进教育公平公正、推进社会经济发展的重要作用。

二 我国高校学生资助制度发展历程及资助体系的确立

我国是一个具有大学生资助传统的国家，早在春秋战国时期就有"有教无类"吸收平民入学之说，中华民国建立后，政府开始实行公费、贷学金与奖学金制度。1949年中华人民共和国成立后，高校学生资助制度随着形势的发展走向嬗变并日益完善。可以说，现代的高校学生资助制度是从传统书院向现代大学制度的变迁过程中逐步确立和发展起来的。

纵观我国大学生资助制度的改革与完善，根据"高等教育成本分担"承担者的转移，可将中华人民共和国成立后我国学生资助发展历程分为两大时期：高等教育免费时期的学生资助政策，以及适应高等教育收费改革的学生资助政策。每个时期又根据资助政策的内涵及发展分为几个分阶段。

（一）高等教育免费时期学生资助政策

中华人民共和国成立至1986年7月，高等教育实行免费制，这一时期的高校学生资助政策，根据资助形式的变化可分为以下三个阶段。

第一阶段：实施完全的供给制或公费制阶段（1949年至1952年）

从抗日战争到新中国成立前期，中国共产党曾在根据地内一度实行大范围的学生生活供给制或公费制，从而解决了高校大学生的生活困境，维系了各革命根据地高等教育事业的发展。这种完全的供给制或公费制造成

---

① 杨亚军、胡元林：《我国高校学生资助的历史考察》，《商场现代化》2008年第3期，第368—369页。
② 任初明：《我国大学生资助制度探究》，湖南师范大学硕士论文，2003年。

社会财富的较大浪费，也减少了高等教育上必要的经费，使有限的经费难以投入到高等教育所必需的部门中去。随着社会生产力的发展，在人民群众对高等教育具有一定的负担能力后，个别边区政府发布条令或决定废除或取消部分高校学生一律实行的供给制或公费制，如晋察冀边区在1941年7月起对本区高校学生在校所需伙食、书籍等改由学生自费（自备），但其他大部分解放区或没有废除或只是部分地取消。为此，中华人民共和国成立后，全国大多地区一直沿袭原有的军事供给制或干部公费培养制，具有地方性、临时性、革命性和共产性的特点，并一直延续到1952年。这一阶段，高校学生资助处于酝酿期，没有明确的政策规定，也未形成统一的资助模式。

第二阶段：实施单一的人民助学金制度阶段（1952年至1982年）

中华人民共和国成立初期，我国高等教育服务对象开始逐渐以广大工农群众及其子女为主体，开始帮助解决他们入学后的生活困难，曾制定了个别区域性的资助办法，如华北作为最早实施人民助学金制度的地区，1950年，由华北人民政府出台了《华北区国立高等学校学生人民助学金暂行条例及各校人民助学金暂行定额的规定》[①]。1952年，政务院发布了《关于调整全国高等学校及中等学校人民助学金的通知》，同年，教育部发布了《关于调整全国各级各类学校教职工工资及人民助学金标准的通知》，明确规定"废除学费，实行人民助学金制度"，并对助学金的调整原则、标准和使用原则进行了详细说明，这是我国在全国范围内确立"免费上大学"加"人民助学金"高校学生资助政策的标志。1955年，高等教育部和教育部联合发布了《关于制定1955年高等学校一般人民助学金分地区标准的通知》，根据各地区生活水平的差异，将全国分为10个地区，发放不同标准的助学金。同年，高等教育部出台了《全国高等学校一般学生人民助学金实施办法》，规定除高等师范院校学生全部享受助学金外，其他院校人民助学金只针对完全无力负担的学生，家庭富裕能够全部自费伙食的学生不发放助学金，能够自费半数或1/3伙食的学生，发放所缺部分的助学金，非师范类高校学生享受人民助学金资助的比例达到70%，并改革调干生的助学金标准。调干生在新中国成立初期我国高校学生中曾一度占有相当的比例，他们享受的助学金标准往往高于普通大

[①] 中央教育科学研究所编：《中华人民共和国教育大事记》，教育科学出版社1983年版。

学生。1957年5月，高等教育部和教育部将《国务院关于调干助学金给高等教育部的补充批复》通知各地，批复规定从1957年取消入学新生中的调干助学金待遇。1964年，中共中央批转了高等教育部《关于提高高等学校学生伙食标准和相应提高助学金补助比例的请示报告》，非师范类高校学生享受人民助学金资助的比例由70%提高到75%，全国高校大学生享受人民助学金的比例接近80%。至此，经过重大调整或变革后，我国高等学校人民助学金框架基本形成，即全国按学校所在地区的类别而将助学金分成相应的层次；按在校一定比例的学生享受人民助学金；仅设立单一的人民助学金，对于特殊困难者可另行申请困难补助。它涵盖了高校学生资助的各个领域，为以后在此基础上所形成的高校学生资助制度提供了理论指南和实践上的工具性指导。

1966年，"文化大革命"开始，高等教育的正常秩序被打乱，高校停止招生，大批知识青年被送到农村参加农业劳动。随着1970年中共中央批转《北京大学、清华大学关于招生（试点）的请示报告》，当年8月高校开始招收第一届工农兵大学生，不论文化程度、年龄大小，只要被组织推荐，就可以免费上大学。"文革"期间，国家一方面向尚未离校的1966—1970级大学生继续发放"人民助学金"；另一方面向工农兵学员发放"津贴"，补助生活费用（以当时北京六类地区计，每人每月为19.5元）。

1976年十年浩劫结束，"恢复正常的教育秩序"成为我国的当务之急。1977年高等院校恢复高考和大学生招生工作，当年12月，教育部、财政部出台了"文化大革命"后第一个大学生资助方案，即《关于普通高等学校、中等专业学校和技工学校实行人民助学金制度的办法》，规定工龄满5年的国家职工考入高校后，原单位照发工资；其他学生实行人民助学金制度，除高等师范、体育、民族学院学生全部享受人民助学金外，其他学生的人民助学金享受面按75%计算。1979年，国家出台规定，连续工龄满5年以上的国家职工考入高校，一律实行职工助学金制度，由学校按月发放助学金，不再由原单位发给工资和享受原单位其他待遇，基本恢复了"文革"前的人民助学金制度。此后，这个制度一直贯彻实施到1982年，其间没有较大的变动。

第三阶段：人民助学金和奖学金并存阶段（1983年至1986年）

1983年7月，教育部、财政部联合出台了《普通高校本、专科学生人民助学金暂行办法》《普通高校本、专科学生人民奖学金试行办法》，对原有人民助学金制度进行了改革,缩小了人民助学金的发放范围,将非师范学生享受人民助学金的比例由75%降低到60%,并设立了人民奖学金制度。至此,我国高校学生资助制度从单一的助学金变革为人民助学金和奖学金并存的模式,并逐步过渡到以奖学金为主。这一变革意味着我国高校学生资助政策的内涵发生了重大改变,从对大部分学生提供经济资助转变为对少部分学生提供经济资助并对学习成绩优良的学生进行奖励和引导学生选择国家急需的专业。这种模式持续到1986年7月,教育部与财政部发文取消了实施30多年的人民助学金制度,代之以奖学金与学生贷款制度,人民助学金制度完成了其历史使命,最后走向沉寂[①]。

纵观我国"免费时期"的高等教育,其实施的"人民助学金"为主体的资助模式在一定程度上体现了社会主义制度的优越性,推动了高等教育的发展,对特殊时期的国家建设起到了十分积极的作用。但由于规模大、范围广,不可避免地增大了政府财政拨款额度,给政府带来巨大的财政压力,使政府务必加大在高等教育方面的资金投入,导致教育财政出现结构失衡现象,并加大了纳税人的负担。同时,它逐步演变成了人人均沾的平均主义,即"一刀切"的资助惯例,不仅因不具有表彰、奖励先进功能,无法彰显对优秀学生的奖励作用,而且会造成家庭经济困难学生受到的资助仅占到很少一部分,致使最需要资助的贫困学生无法得到真正的资助,无法达到资助目的。因此,"免费加助学金"资助模式存在的问题与不足,迫切需要建立起一种能够弥补其不足、立足于社会经济教育发展需求基础上的可操作的高校学生资助新制度。从而引起资助政策的一系列改革,直至最终形成了目前多元化的、较为完善的高校学生资助政策体系。

(二)适应高等教育收费改革的学生资助政策

1986年至今,国家打破高校免费教育的模式,进行收费制度改革,开始对大学生按照生均培养成本的一定比例缴纳学费。随着高校招生、收费制度改革的深入,高校资助政策体系逐步建立完善,资助力度逐步加强。根据资助政策的发展,以及资助体系的完善情况,可将这一时期的学生资助政策分为以下五个发展阶段。

第一阶段:奖学金与校内无息贷款并存阶段(1986年至1988年)

---

① 李国均、王炳照:《中国教育制度通史》(第八卷),山东教育出版社2000年版。

1985年公布的《中共中央关于教育体制改革的决定》中指出，提高民族素质必须从教育体制改革入手，高等学校除实行国家计划招生和用人单位委托招生以外，还可以在国家计划外招收少数自费生。文件规定了"委培生"和"自费生"的具体缴费标准，其中"委培生"由委托单位向学校缴纳一定数量的培养费和基建费，"自费生"不享受人民助学金，需缴纳培养费以及医疗费等。1986年7月，国务院批转了原国家教委和财政部《关于改革现行普通高校人民助学金制度的报告》，取消了人民助学金制度，在全国85所高校中实行奖学金和学生贷款制度（即校内无息贷款，也常称"贷学金"）的改革试点。1987年7月，原国家教委、财政部出台了《普通高校本、专科学生实行奖学金制度的办法》《普通高校本、专科学生实行贷款制度的办法》，决定自1987年起对入学的本科普通高等院校新生全面实行奖学金和学生贷款，两者合称奖贷基金，其来源是从主管部门按原助学金标准计算总额的80%—85%核发到高等院校"奖贷基金账户"上，专门用于各项奖贷经费使用。校内无息贷款制度的实施，是高校学生资助历史上的重大改革。至此，国家奖励学习优秀的学生，并向家庭经济确有困难、无力解决在校期间生活费用的学生提供无息贷款，学校负责贷款的发放和催还等全部管理工作。可以说，奖学金与助学贷款的并存，突破了高校学生资助制度"扶贫济困"的单一功能模式，实现了新中国高校学生资助制度的一个质的转变，为以后逐步形成现行的高校学生资助政策体系打下坚实的基础。

第二阶段：奖、贷、勤、补、免"五位一体"资助制度体系初步形成阶段（1989年至1996年）

1989年，国家教委、财政部和国家物价局联合颁发文件，宣布对"按国家计划招收的学生（除师范生等）收取学杂费和住宿费"。当年的学杂费每学年生均100元，住宿费每学年生均20元，导致高校生活困难的学生急剧增多。1993年，原国家教委、财政部发布《关于对高等学校生活特别困难学生进行资助的通知》，要求各高校从"奖贷基金"或"专业奖学金"总金额中提取困难补助经费，补助生活特别困难的学生。为保证高校招生收费制度的顺利实施，解决家庭经济困难学生的就学问题，国家采取了进一步的资助措施。1994年，原国家教委、财政部发布《关于在普通高校设立勤工助学基金的通知》，要求高校设立"勤工助学基金"，用于家庭经济困难学生勤工助学活动的支出。同年，原国家教委发布了《关于核定委属高校办学收费标准的通知》，从1994年开始对教育部部属37所高校试行"招生并轨"，开始把"国家计划生"与"委培生"、"自费生"的招生计划、录取标准和收费标准统一起来，对同校、同专业的学生按照一个标准收费。与此同时，中央财政向"招生并轨"的部属高校，中央各部委与各省市自治区向下属高校相应地划拨专款设立勤工助学启动经费，各高校也为贫困生提供了助学岗位。1995年，原国家教委印发《关于对普通高校经济困难学生减免学杂费有关事项的通知》，实施对困难学生，尤其是孤残学生、少数民族学生以及烈士子女、优抚家庭子女实行减免学杂费的一项重要措施。至此，经过一个阶段的调整，集奖、贷、勤、补、免"五位一体"资助模式初步形成。

第三阶段："收费"制度全面实施及资助政策强化时期（1996年至1999年）

1996年，原国家教委、国家计委、财政部联合发布了《高等学校收费管理暂行办法》，规定除了农林、师范、体育、航海、民族专业等享受国家专业奖学金的高校学生免缴学费外，学校依据国家有关规定，可以向学生收取学费。同时规定"高等学校学费占年生均教育培养成本的比例最高不得超过25%。具体比例必须根据经济发展状况和群众承受能力分步调整到位"。1997年，全国所有高校招生"并轨"工作完成，收费制度在我国高等学校中全面推行，所有大学生均需按照生均培养成本的一定比例缴纳学费，全面收费制度取代了部分学生免费、部分学生收费的"双规"制度，完全改变了过去单一的政府办学的高等教育体制，高校的收费标准随之骤然高涨。随着高校招生、收费制度改革的深入，高校资助制度在实践中不断进行完善，资助力度逐步加强，资助政策体系得到强化。

第四阶段：以国家助学贷款为主体，其他资助制度相结合的高校混合资助政策体系调整时期（1999年至2007年）

1999年，改革开放后第三次全国教育工作会议提出"积极发展高等教育，扩大招生规模"，国家招生规模逐年扩大，高等教育规模空前扩张，根据《一九九九年全国教育事业发展统计公报》统计，1999年高等教育本、专科在校生人数达718.91万人，比1998年增加95.82万人[①]，

---

① 《2011年社会工作者考试：社会政策的基本要素》，http://www.msjyedu.cn/html/2416.html，2010-12-29。

引起在校贫困生比例不断提高。为帮助家庭经济困难学生顺利入学，1999年8月，教育部根据《国务院办公厅转发〈中国人民银行等部门关于国家助学贷款管理规定（试行）〉的通知》精神，制定下发了《教育部关于下达1999年国家助学贷款额度及有关工作事项的通知》，决定自1999年9月1日起，对北京、上海、天津、重庆、武汉、沈阳、西安、南京8个城市的中央部委所属高等学校进行国家助学贷款试点工作，解决高校家庭经济困难学生的学费、住宿费和生活费问题，同时，制定了《国家助学贷款管理操作规程（试行）》和《中国工商银行国家助学贷款管理试行办法》等相关规定，这是我国在市场经济体制下运用金融手段创新高校资助制度的重要尝试。2000年，国家助学贷款扩大到全国所有的公办全日制普通高校。2004年6月，国务院对国家助学贷款政策、实施机制、风险防范、组织领导等方面进行重大调整和完善，建立以风险补偿机制为核心的国家助学贷款新政策、新机制。同年8月31日，国务院新闻办召开新闻发布会，发布新的助学贷款办法，开始实施新的规定。从新机制实施到2006年底，全国审批贷款学生205.9万人，审批合同金额182.5亿元，国家助学贷款的资助金额和资助人数超过新机制实施前五年的总和，国家助学贷款逐步成为资助高校家庭经济困难学生的主要措施之一。

为保证考入大学的贫困家庭学生顺利入学，2000年起，教育部、原国家计委、财政部要求，各公办全日制普通高等学校都必须建立"绿色通道"制度，即对被录取入学、家庭贫困的新生，一律先办理入学手续，然后再根据核实后的情况，分别采取上述措施予以资助。2002年，财政部、教育部出台《国家奖学金管理办法》，加大了对品学兼优的高校贫困学生的资助力度，在普通高校设立国家奖学金，中央财政每年安排2亿元，按照每人每年6000元或4000元的标准，资助和奖励4.5万名家庭经济困难、品学兼优的高校本、专科学生，同时还减免这些学生当年的全部学费。这是中华人民共和国成立以来第一次冠以"国家"名称的奖学金，受到家庭经济困难学生和家长的普遍欢迎。为进一步加大资助力度，从2005年开始，国家奖学金改名为国家助学奖学金，包括国家奖学金和国家助学金两种形式。至此，在中央与各级政府的督促下，经过多次制度调整，我国初步形成了以国家助学贷款为主体，"奖、贷、助、补、减及'绿色通道'"集一体的高校家庭经济困难学生混合资助政策体系，进一步缓解了家庭经济困难学生的学习和生活困难问题，形成了良好的社会效应与和谐的社会环境。

第五阶段：建立国家奖学金、国家励志奖学金、国家助学金、国家助学贷款、师范生免费教育、学费补偿贷款代偿、新生入学资助项目、勤工助学、特殊困难补助和学费减免等多种措施并举的高校学生资助政策体系，即学生资助政策体系完善时期（2007年至今）

2007年5月，国务院发布《关于建立健全普通本科高校、高等职业学校和中等职业学校家庭经济困难学生资助政策体系的意见》，我国高校家庭经济困难学生资助工作跨入一个重大的发展阶段。当年6月，教育部、财政部联合出台《关于认真做好高等学校家庭经济困难学生认定工作的指导意见》，首次提出要认真做好高等学校家庭经济困难学生认定工作，做到公平、公正、合理地分配资助资源，切实保证国家制定的各项高等学校资助政策和措施真正落实到家庭经济困难学生身上。同时，分别印发了普通高校国家奖学金等管理暂行办法，就国家助学奖学金进行改革：一是改革原国家奖学金制度，设立国家奖学金和国家励志奖学金。二是完善国家助学金制度，自2010年秋季学期起，平均每生每年从原来的2000元提高到3000元。并明确提出，高校要按照国家有关规定，从事业收入中足额提取4%—6%的经费用于家庭经济困难学生的资助。

进一步完善和落实国家助学贷款政策。2007年8月，财政部、教育部、国家开发银行联合下发《关于在部分地区开展生源地信用助学贷款试点的通知》，在江苏、湖北、重庆、陕西、甘肃5省市开展生源地信用助学贷款试点，经过各方共同努力，生源地信用助学贷款试点工作进展顺利，取得了良好的效果，受到了试点省份学生、家长及社会有关方面的普遍欢迎。2008年9月，财政部、教育部、银监会联合下发《关于大力开展生源地信用助学贷款的通知》，决定从当年起进一步扩大生源地信用助学贷款覆盖范围，大力推进生源地信用助学贷款工作。并根据困难学生资助实际需求，自2014年起，将生源地信用助学贷款等国家助学贷款最高资助标准由原来的每人每年6000元，调整为本专科学生、研究生学生每人每年最高资助标准分别为8000元、12000元；自2016年起，贷款期限由原来的按学制加10年确定，偿还本息宽期限、最长期限分别为2年、14年，调整为按学制加13年确定，偿还本息宽期限、最长期限分别为3年、20年。生源地信用助学贷款成为国家助学贷款的重要组成部分，是进一步完善国家助学贷款运行机制、推动国家助学贷款工作的重要步骤，是利用财政、金融手段，创新金融服务体系，解决家庭经济困难学生就学问题的重要探索和实践，与校园地国家助学贷款形成了互为补充、共同发展的局面，对进一步完善我国家庭经济困难学生资助政策体系、充分发挥政策整体效应、确保实现国家资助政策既定目标等具有十分重要的意义。

实施师范生免费教育及学费补偿贷款代偿工作。2007年5月，国务院办公厅转发《教育部等部门关于教育部直属师范大学师范生免费教育实施办法》，自2007年秋季入学新生起，在北京师范大学、华东师范大学等6所部属师范大学实行师范生免费教育，鼓励更多的优秀青年终身做教育工作者，为培养造就大批优秀教师和教育家奠定基础。同时，国家进一步落实、完善鼓励学生资助的相关优惠政策措施，2009年、2011年先后出台了《高等教育毕业生学费和国家助学贷款代偿暂行办法》《应征入伍服义务兵役高等学校毕业生学费补偿国家助学贷款代偿暂行办法》，以及《应征入伍服义务兵役高等学校在校生学费补偿国家助学贷款代偿及退役复学后学费资助暂行办法》，对中央部门所属全日制普通高等学校应届毕业生，自愿到中西部地区和艰苦边远地区县以下基层单位工作、服务期达到3年以上（含3年）的，实施相应的学费补偿和国家助学贷款代偿，并对应征入伍服义务兵役的全国普通高等学校毕业生，以及退役一年以上、考入普通高校就读的自主就业退役士兵等，同样实施学费补偿和国家助学贷款代偿教育资助。2013年，财政部、教育部、总参谋部联合印发实施《高等学校学生应征入伍服义务兵役国家资助办法》，对应征入伍服义务兵役的高校学生，以及服役期间按国家有关规定保留学籍或入学资格、退役后自愿复学或入学的资助措施进一步调整，从而使普通高校学费补偿贷款代偿资助政策更加健全完善。

实行高校家庭经济困难新生入学资助项目。自2012年5月，全国学生资助管理中心联合中国教育发展基金会制定实施《普通高校家庭经济困难新生入学资助项目暂行管理办法》，决定利用中央专项彩票公益金润雨计划部分专项资金，设立普通高校家庭经济困难新生入学资助项目，用于资助中西部地区每年高考考入全日制普通高等院校的家庭经济困难新生到校报到，并自当年秋季学期起，以省内院校录取新生每人500元、省外院校录取新生每人1000元标准进行一次性资助，主要用于补助相关学生入校报到的交通费及入学后短期生活费，其中资助对象优先考虑孤残学生、父母丧失劳动能力学生、少数民族学生、烈士子女及单亲家庭经济困难学生等。

此外，教育部等相关部委又先后印发实施、修订完善《高等学校学生勤工助学管理办法》等单项资助政策，有效促进勤工助学、"绿色通道"及学费减免等资助措施的有序、高效开展。根据上级文件规定，各高校、各级财政及所属教育部门、财政部门纷纷制定相应的配套文件及实施方案。至此，标志着我国基本建立起较为完善的高校家庭经济困难学生资助政策体系，从制度上基本解决了高校家庭经济困难学生的就学难题。

中华人民共和国成立后，经过近70年的探索与发展，我国基本形成了国家奖助学金、国家助学贷款、师范生免费教育、学费补偿贷款代偿、勤工助学、特殊困难补助和学费减免等多种措施并举的、完善的、制度设计趋于系统科学的高校学生资助政策体系。它通过金融手段扩大了国家对高校学生助学政策的执行力度，并注重扶困奖优结合，既能帮助家庭经济困难学生，又能奖励优秀学生；在资金投入方面，坚持以政府投入为主、坚持中央和地方共同分担，既有政策的统一要求，又兼顾地区差别。同时，通过政策倾斜和引导，进一步优化了学科专业结构、提高了办学质量，促进了人才资源合理分布。可以说，现在的学生资助政策，不仅适应我国现行的社会经济发展水平，也适应我国高等教育事业的改革与发展，体现了与时俱进的时代精神。

第四节 高校学生资助政策体系的基本要素

社会政策是政府和社会为满足民众的需要和解决社会问题而采取的公共行动。政府的社会政策行动不是一种随意的行动，而是在一定的政治、经济和社会制度框架中采取的制度化的行动。要完成一项政府政策行动，须首先确定由谁（什么机构）来提供社会服务，为谁提供服务，从哪里获得必要的财政和人力资源，以及以什么方式来提供必要的服务，以上几方面构成了社会政策行动的基本要素，即社会政策的主体、对象、资源和运行方式。当代各国社会政策的制定、实施和改革，以及对社会政策的理论研究都主要围绕这几方面而展开。因此，了解我国高校学生资助政策体系的基本要素是理解中国学生资助政策改革与发展的基础，也是进一步分析现行高校学生资助政策理论的基础①。

一 高校学生资助政策体系的含义

学生资助（aid financially；subsidize；support），狭义上指用物质上的财物资助学生完成学业，广义上还包括从精神上对学生的支持、鼓励和嘉勉等。现行的高校学生资助政策体系，是指国家在高等教育阶段颁布实施的国家奖学金、国家励志奖学金、国家助学金、师范生免费教育、国家助学贷款、勤工助学、学费减免等一系列有关政策、规定②，是随着高等教育的大改革、大发展，随着社会主义市场经济体制的建立，经过多年的实践和探索不断发展、完善起来的。在长期的变革中，高校学生资助政策体系不仅保留了原有的资助模式，同时也引入了国际惯例，是符合中国国情、具有中国社会主义特色的一系列大学生资助制度。

高校学生资助政策体系，狭义上仅包括贯彻实施的各项资助规章制度，而广义上的高校学生资助政策体系，作为政府实施的一系列社会政策制度，应包括资助政策的主体（即资助者）、资助政策的对象（即受资助者）、资助政策的运行机制（即资助制度及其实施）、资助政策的资源（即资助内容），以及资助政策的传递模式（即资助方式）等五大基本要素，从延伸意义上还有主要目标、基本原则、资助效果、教育手段、教育方法及教育载体等。本书仅从五大基本要素进行概述。

二 高校学生资助政策体系基本要素

（一）资助政策体系的主体——资助者

1. 资助政策体系主体的基本含义

学生资助政策体系的主体是指发起或参与高校学生资助政策行动过程的行动者。就我国国情而言，资助政策行动的发起者、参与者有国家有关部委、省市地方政府及有关主管部门、高校、金融机构（助学贷款经办银行）、捐资助学的社会组织及个人，其中作为投入主体的国家中央政府和地方省市政府，以及作为主要出资人的普通高等学校，即资助政策体系

---

① 《2011年社会工作者考试：社会政策的基本要素》，http://www.msjyedu.cn/html/2416.html，2010-12-29。

② 国务院：《国务院关于建立健全普通本科高校高等职业学校和中等职业学校家庭经济困难学生资助政策体系的意见》（国发〔2007〕13号），2007-05-13。

中的提供资助者，构成了资助政策体系中的主体。

2. 资助政策体系主体的角色定位

在现行的资助政策实践中，政府、高校作为高校学生资助政策体系中的主体，以多种方式参与资助政策行动中，形成了一个制度化的行动者体系，并被要求按照一定的制度规范而担负一定的责任，担当着不同的角色，同时具有与其责任和角色相适应的权利地位。

第一，政府在资助政策体系中具有主体角色与主导地位"双重作用"。首先，政府在资助政策体系中的主体角色主要表现为政府是投入主体，是整个政策行动的首位责任者，即为满足高等教育发展的基本需要，对家庭经济困难学生提供必要的帮助。资助政策体系是高等教育收费体系必不可少的补充，是高等教育投入体制改革的有机组成部分，而我国普通高校（不含民办高校）的投资主体是国家中央政府和地方省市政府，因此资助政策体系的投资主体也理应是国家政府。同时，根据高校所属关系，投资主体呈现出中央政府—省级政府—地方政府等层次梯次结构。其次，政府在助学政策体系中的主导地位主要表现为政府是资助政策法规的制定者。资助政策体系中的有关国家奖助学金、国家助学贷款、师范生免费教育、学费补偿贷款代偿等政策制度都是由政府制定的。资助政策体系的完善和提升，完全依赖政府对原有政策的不断调整而实现的。

第二，高校在资助政策体系中具有"多重角色"。首先，高校作为资助政策体系中仅次于政府的第二位出资者，与政府一同具有资助政策体系主体角色。按照国家有关规定，高校每年从事业收入中足额提取4%—6%的经费用于资助家庭经济困难学生，如学费减免、国家助学贷款风险补偿、勤工助学、校内奖助学金和特殊困难补助等。其次，高校在资助政策体系中具有中介角色。政府制定资助政策制度后的执行任务基本都由高校承担实施，如国家助学奖学金发放、国家助学贷款申请前学生的筛选核查工作，以及各类困难学生信息的汇集报送等工作，都由高校依托专兼职工作队伍负责完成。高校既不是出资方主体，也不是受资助对象，而是中介方或兼出资方受托人的角色。最后，高校是资助政策体系的间接受益者。随着高校投入体制的改革，以及高等教育收费制度的深化，困难学生学费拖欠问题日益突出，部分高校每学年学生拖欠学杂费高达数千万，严重影响了高校经费的正常运转。伴随着资助政策体系的不断建立健全，学费拖欠问题得到有效解决，减轻了学生欠费压力，增强了高校经费运转能力，提升了高校办学水平。

(二) 资助政策体系的对象——受资助者

所谓"对象"，一般是指一个行动所指向的客体，即行动的接受者。学生资助政策的对象就是资助政策行动的接受者，即我国高校学生资助政策体系的对象为受奖励、受资助的学生。体系中的每一项资助政策适用于中华人民共和国（不含香港特别行政区、澳门特别行政区和台湾地区）普通高等学校中经济确实困难的全日制本、专科生（含高职生）、研究生和第二学位学生，本书中资助政策体系对象仅指我国公办普通高校全日制本、专科学生。

与其他公共政策相比，学生资助政策的突出特色之一是它完全直接面向社会成员个体，即困难学生个人。一般说来，政府公共政策行动都是为了社会公共利益，如经济政策是为了促进经济良性发展，城市基础设施建设是为了城市的生产与生活条件等，它们最终会使社会成员个体受益，但很少直接面对个人。而学生资助政策大部分的是直接面向个人和群体，其直接的目标就是为了解决困难学生个人和群体所面临的各种实际困难，通过解决个人和群体的问题而促进高等教育的发展与社会的进步。

(三) 资助政策体系的运行机制——资助制度及其实施

所谓社会政策的运行机制，是指社会政策行动各个环节运行的基本方式。就高校学生资助政策体系而言，其运行机制即指政府为达到资助目的和预期的社会效果而制定的一系列资助规章制度，以及相应的配套文件办法、实施条例等。

资助规章制度是贯彻落实学生资助政策的制度保障。中华人民共和国成立至今，随着大学生资助政策的变革，国家逐步制定完善了各项资助制度措施，如《国家助学奖学金管理办法》《普通高等学校本、专科学生实行贷款制度办法》《高等学校勤工助学管理办法》《关于对普通高等学校经济困难学生减免学杂费有关事项的通知》，以及《关于印发〈应征入伍服义务兵役高等学校毕业生学费补偿国家助学贷款代偿暂行办法〉的通知》等。正是这些政策制度才构架了目前的助学政策体系，并随着资助政策体系运行的不断深入，资助制度将不断得到完善。

为确保资助政策体系的正常运行，在中央政府制定的一系列资助政策制度的基础上，各省地市政府、普通高校也相应地加强资助工作管理制度建设，在职责定位、资助程序、资金管理、使用监督、考核评优等方面形成了一套较规范的工作流程，初步建立起了配套较为完整、操作性较强的资助工作制度，如奖助学金申请审批制度、资助资金管理制度、贷款信息定期报送制度，以及投诉受理制度等，推动了高校整体学生资助工作不断精准化、规范化、科学化。但高校学生资助政策体系作为一个庞大的社会系统工程，由于地区间经济发展不平衡等，致使学生资助政策体系在具体的运行中存在着一些问题，如资助资源供给总量不足、贷款履约诚信缺失、资助育人功能欠缺等现象，要解决这些问题，还需健全贷款担保机制、加大违约惩罚力度、强化助学资助的教育功能等方面入手，使我国高校学生资助政策朝着与我国社会主义经济体制相一致的方向发展。通过建立协调、灵活、高效的资助政策体系运行机制，促进大学生资助工作得到可持续发展，为促进教育公平、构建社会主义和谐社会提供扎实的基础。

（四）资助政策体系的资源——资助内容

1. 资助政策体系资源概述

所谓"资源"，一般是指维持某种社会过程所必需的物质条件，所谓"资助政策体系的资源"即指开展、维持资助政策行动所需要的各种物质条件。在现行的高校学生资助政策体系中，政府、高校在贯彻落实各项资助政策中需要投入大量的人力、物力和财力，本书中资助政策资源仅指发生的资金性资源，即资助内容为各类奖助学金、助学贷款、困难补助等资金。

2. 资助政策体系资源的调入渠道

依据我国目前的高校教育经费投入机制，高校学生资助政策体系资源主要来源于政府拨款、高校提取、商业银行贷款及社会捐赠四个方面。

（1）政府拨款

从法律规定来看，在当代各国，发展教育事业、资助困难学生受教育是国家的义务。在"成本分担"理念的推动下，普遍实行了高等教育收费制度，并辅之实施了完善的学生资助政策体系，这是世界各国高等教育大众化的普遍经验。资助政策体系是高等教育收费体系必不可少的补充，也是高等教育投入体制改革的有机组成部分。中央政府在1993年公布的《中国教育改革和发展纲要》中提出，到20世纪末，财政性教育经费占GDP的比例达到4%。1998年颁发的《中华人民共和国高等教育法》第五十五条第二款规定:"国家设立高等学校学生勤工助学基金和贷学金,并鼓励高等学校、企业事业组织、社会团体以及其他社会组织和个人设立各种形式的助学金,对家庭经济困难的学生提供帮助。"并在第六十条强调指出:"国家建立以财政拨款为主、其他多种渠道筹措高等教育经费为辅的体制,使高等教育事业的发展同经济、社会发展的水平相适应。"为此,通过政府专项教育经费投入,为大学生资助政策体系贯彻落实提供资金保障,国家作为资助体系的第一大出资人,彰显了其在资助政策体系资源中的主体角色。

(2) 高校提取

根据国家有关规定,普通高校(不含民办高校)每年从学费收入或事业收入中足额提取一定比例的经费,用于资助家庭经济困难学生,如学费减免、勤工助学、校内奖助学金和特殊困难补助等。随着资助政策体系的发展与完善,国家对高校提取比例进行了适当调整,以减少高校提取资金总额,但由于规模扩招、校园建设,以及政府财政投入不足,引起高校经费紧张,使高校负债比例居高不下,为此,从长远来说,高校在提取自有资金来加大对资助政策体系的投入潜力不大,但作为助学体系的第二位出资人的地位,是其他方面都无法替代的。

(3) 商业银行贷款

国家助学贷款是促进我国高等教育事业发展的金融手段和政策,是我国高等教育大众化发展的重要支撑,自1999年开始国家助学贷款试点至今,在市场经济环境的影响下,国家助学贷款在高校学生资助政策体系中发挥了主渠道作用。根据我国金融、教育体制特征,国家助学贷款是由银行自筹,政府担保并提供贷款利息,主要用于解决困难学生学费及住宿费,具有"商业性"与"政策性"双重特征的商业贷款,其承办主体是由政府按高校隶属关系委托相应的资助管理部门通过招投标方式确定的商业银行及其他金融机构。有关助学贷款模式、运行机制及解决措施,将在国家助学贷款章节中单独论述。

(4) 社会捐赠

社会捐赠指直接向高校或困难学生提供的资金性资助,其行动主体主要包括有热心公益、支持教育、具有高度社会责任感的企事业、社会组织,以及海外华侨、社会名人、知名校友、爱心人士等,在资助对象上讲,还包含受资助学生的亲属、邻居、朋友等,其捐赠性质都是直接的无偿资助，基本通过设立基金或直接捐赠的方式资助贫困生。同时，高校积极探索校企无缝链接式联合培养资助模式，即企事业单位与高校、贫困生个人三方签订联合培养协议，由单位负责向贫困生提供一定的助学金，学生毕业后直接受聘于出资单位，达到高校、学生、企业三方共赢。随着慈善事业的发展，越来越多的爱心人士加入慈善行列，使社会资助成为高校学生资助工作中的重要组成部分。

（五）资助政策的传递模式——资助方式

1. 资助方式的划分

资助方式即指资助主体将资助资源进行分配的形式，是高校学生资助政策体系中一个关键环节。资助方式的取舍，将影响资助资金使用效率的高低，以及资助资源分配的科学性、公平性。目前，学术界较多见的有六种分类法、七种分类法两大模式，其中前者一般包含奖学金、助学贷款、勤工助学、困难补助、减免学费、"绿色通道"等；而后者一般包含政府奖学金、政府助学金、社会奖学金、生活补助、减免学费、勤工俭学及助学贷款。根据国家资助政策完善进程及实施现状，本书将资助方式分为五大类：国家奖助学金、国家助学贷款、学费补偿贷款代偿、师范生免费教育、其他辅助措施等，其中其他辅助措施包含中央财政利用中央专项彩票公益金设立的高校家庭经济困难新生入学资助项目，学校从事业收入或学费收入中自主提取资金设立开展的勤工助学、学费减免、"绿色通道"资助项目，各级地方政府利用财政性资金设立的各种奖助学项目，以及由社会组织和个人出资开展的捐助活动项目等四小类，并按照资助方式的分类在第一部分第二章至第六章节中分别进行论述。

2. 资助方式的再分类

为了准确了解学生资助政策，很多专家学者研究探讨高校学生资助方式时，又进行了再分类。

（1）按照资助途径再分类

按照资助途径再分类，资助方式可划分为两种类型：直接资助和间接资助。直接资助指明确授予学生的资助资金，如奖助学金、国家助学贷款、学费补偿贷款代偿、新生入学资助项目、勤工助学、学费减免，以及困难补助、"绿色通道"、社会资助等；间接资助是指政府或社会通过向大学生群体、向高校或有关方面提供资助、优惠或提出经济要求，从而使大学生个人收益的经济资助，如国家对学校拨款、建造学生公寓、配备医疗服务，等等①。本书中探讨的只是直接资助方式。

(2) 按照资助用途再分类

按照资助用途再分类，资助方式可划分为学费性资助、生活费资助两种类型。其中学费性资助即指主要用于支付学生学费用途的资助资金，如国家助学贷款、学费减免，及"绿色通道"。而生活费资助主要指资助资金用于缓解学生生活经济压力，如新生入学资助项目、勤工助学、困难补助、社会资助，以及各类助学金。对于各类奖学金，由于金额较大，受奖励的学生大部分用于支付学费，因此从这个意义上来说，奖学金应归属于学费性资助。

(3) 按照资助目的再分类

按照资助目的再分类，资助方式可划分为奖励型资助、帮扶型资助。如设立的各类奖学金属于奖励型资助，而各类助学金、国家助学贷款、新生入学资助项目、勤工助学、学费减免，以及困难补助、"绿色通道"、社会资助都属于帮扶型资助。

(4) 按照贫困生获得资助的性质再分类

按照贫困生获得资助的性质进行再分类，资助方式可划分为三种类型：赠予型资助、劳务报酬型资助和"延迟付费型资助"。赠予型资助是指资助金以福利的方式"无偿"资助给贫困生，如各类奖助学金、新生入学资助项目、困难补助、学费减免，以及社会资助；劳务报酬型资助是指贫困生通过自己的劳动换取劳动报酬，主要指勤工助学；而"延迟付费型资助"是指为贫困生支付学费等申请办法的助学贷款或学校无息借款，待学生毕业后再还本付息，主要指助学贷款。在某种意义上，对应征入伍服义务兵役高等学校毕业生等实施的学费补偿国家助学贷款代偿应属于"劳务报酬型资助"，而"绿色通道"应属于"延迟付费型资助"。

(5) 按照资金来源（出资主体）再分类

按照资金来源再分类，资助方式可划分为四种类型：政府性资助、学校性资助、金融机构性资助，以及社会性资助。政府性资助指中央政府、各省地市政府出资的各类资助资金，具体来讲如国家奖助学金、新生入学资助项目、国家划拨专项困难补助等；学校性资助指由高校提取专项资

---

① 张民选：《理想与抉择——大学生资助政策的国际比较》，人民教育出版社 1998 年版，第 395 页。

金，单独用于学生的奖助学金，如勤工助学、学费减免、学校临时困难补助，以及"绿色通道"等；金融机构性资助即指各商业银行或其他金融机构为困难学生发放的低息贷款，主要有国家助学贷款；社会性资助指企事业团体或个人在高校向学生提供的各类奖助学金。

第二章　国家奖助学金制度

国家奖助学金制度是高校学生资助政策体系中的重要组成部分。国家奖学金是向优秀学生颁发的奖金，用以表彰和鼓励先进，为优秀学生完成学业提供经济保障，其颁发的首要标准是自身学习优异程度，而国家助学金是向家庭经济困难学生发放的救助金，用于减轻学生经济压力，帮助困难学生不因家庭经济原因而辍学，其发放的首要标准是家庭经济困难程度。政府作为学生资助政策体系中的出资主体，实施的国家奖助学金评选制度，随着教育收费制度改革的不断深入，其运行机制、评选标准等诸多方面发生了显著变化。在现行的高校学生资助政策体系下，贯彻落实国家奖助学金制度，是政府和高校面临的一项重要课题。本章所阐述的国家奖助学金仅指国家奖学金、国家励志奖学金，以及国家助学金。地方政府设立的各类奖助学金将在第六章节进行论述。

第一节　国家奖助学金制度发展变革

国家奖助学金制度是在中华人民共和国成立初期人民助学金制度基础上提出并经过几次重大变革而形成的，现已成为我国高校学生资助政策体系中的重要组成部分，对激发高校大学生积极进取、奋发学习，解决家庭经济困难学生上学难问题起到十分重要的作用。

一　国家奖助学金制度发展变革进程

近70年来，资助政策从最初的人民助学金制度发展到现行的国家奖助学金制度，资助力度不断加大，资助工作不断创新，有力促进了新时期大学生全面发展、健康成长。根据国家对奖助学金制度的调整，我国国家奖助学金制度发展变革可分为以下六个阶段。

（一）第一阶段：从1952年开始执行人民助学金制度至1982年

1952年7月，在三年国民经济恢复时期即将结束，国家经济状况稍有好转的情况下，为改进青年学生的健康状况，逐步统一学生待遇的标准，中央人民政府政务院颁布由周恩来总理签署的《关于调整全国高等学校及中等学校人民助学金的通知》，开始执行人民助学金制度，主要用于贫困生生活费资助问题。其后，高等教育部和教育部分别于1955年、1957年、1964年三次对人民助学金资助比例、资助标准进行了重大调整或变革，全国高校非师范类大学生享受人民助学金资助的比例由70%提高到75%，其他高校大学生享受人民助学金的比例接近80%，资助标准按学校所在地区的类别而将助学金分成相应的层次。"文革"结束后，1977年12月，教育部、财政部印发了《关于普通高等学校、中等专业学校和技工学校实行人民助学金制度的办法》，规定：高等师范、体育和民族学院学生，一律享受人民助学金，享受比例按100%计算，其他高等院校的学生，其助学金的享受比例按75%计算。1979年，国家对考入高校国家职工的助学金进行了调整，基本恢复了"文革"前的人民助学金制度。

（二）第二阶段：自1983年开始设立人民奖学金制度至1986年

1983年7月，教育部、财政部对原有人民助学金制度进行改革，联合颁发了《普通高校本、专科学生人民奖学金试行办法》，规定：人民助学金分为职工人民助学金和一般人民助学金。连续工龄满5年以上国家职工被录取为普通学校本、专科生后，全部享受职工学生人民助学金。煤炭、矿业、地质、石油院校学生按80%比例享受一般人民助学金，其他各类院校学生按60%比例享受一般人民助学金。在缩小人民助学金发放范围的同时，开始设立人民奖学金制度。这一变革意味着我国高校学生资助政策的内涵发生了重大改变，从对大部分学生提供经济资助转变为对少部分学生提供经济资助并对学习成绩优良的学生进行奖励和引导学生选择国家急需的专业。这种制度持续到1986年7月，国务院批准将普通高等学校人民助学金制度改为奖学金制度和学生贷款制度。

（三）第三阶段：从1987年实行奖学金制度至2002年

为贯彻落实《中共中央关于教育体制改革的决定》，1986年7月，国务院批转了原国家教委和财政部《关于改革现行普通高校人民助学金制度的报告》，取消了人民助学金制度，在全国85所高校中实行奖学金制度的改革试点，并将奖学金分为优秀奖学金、专业奖学金和定向奖学金三种。1987年7月，原国家教委、财政部重新印发了《普通高校本、专科学生实行奖学金制度的办法》，决定自1987年起对入学的本科普通高等院校新生全面实行奖学金制度（奖学金和学生贷款合称奖"贷基金"），其来源是从主管部门按原助学金标准计算总额的80%—85%核发到高等院校"奖贷基金账户"上，专门用于各项奖贷经费使用。其实施的奖学金标准、等级和评定比例主要概括为以下三点。

1. 优秀学生奖学金，主要用于鼓励德、智、体、美、劳全面发展，品学兼优的学生。其标准、等级和评定比例：一等奖学金，每人每年350元，按本、专科学生人数的5%评定；二等级学金，每人每年250元，按本、专科学生人数的10%评定；三等级学金，每人每年150元，按本、专科学生人数的10%评定。学校可在经费总额内，适当降低一、二等奖学金的比例和标准，增加三等奖学金比例和增设单项奖。但获得一、二、三等奖学金和单项奖的人数比例应控制在本、专科学生人数的35%以内。其中，获得单项奖的应控制在本、专科学生人数的5%以内。

2. 专业奖学金，主要用于师范、农林、民族、体育、航海专业的学生。其标准、等级和评定比例：一等专业奖学金，每人每年400元，按学生人数的5%评定；二等专业奖学金，每人每年350元，按学生人数的10%评定；三等专业奖学金占学生人数的85%，一律按原助学金的标准发给。学校可在总额内适当降低一、二等专业奖学金的比例增设单项奖。但获得一、二等奖学金和单项奖的人数比例应严格控制在本、专科学生人数的20%以内。其中，获得单项奖的控制在本、专科学生人数的5%以内。

3. 定向奖学金，主要用于毕业后立志到边疆地区、经济贫困地区和自愿从事煤炭、矿业、石油、地质、水利等艰苦行业的学生。定向奖学金的标准：一等每人每年500元；二等每人每年450元；三等每人每年400元。其款额每年一次性拨付给学校。凡领取定向奖学金的学生，一律不再享受优秀学生奖学金或专业奖学金。

其后，为鼓励学生报考师范、农林、民族、体育、航海等专业，原国家教委、财政部于1994年下发通知就高校专业奖学金进行了调整，规定民族专业奖学金提高到每生每年 700 元、其他类专业奖学金提高到每生每年 500 元。

奖学金制度是在原人民助学金制度基础上提出的,目的是为了解决人民助学金制度在推行过程中出现的问题。评选奖学金最重要的标准是学生学习成绩,所指向的仅是奖优,并不是扶贫帮困,不论家庭背景如何,经济状况怎样,只要成绩达到要求,皆能够获得。相对于贫困生而言,由于学习基础差等问题,在获得奖学金资助时往往呈现出劣势,这种劣势在那些来自教育条件落后地区的学生身上变现得更为明显。因此从真正意义上,这些奖学金并不能算是帮困助学体系的组成部分,不应该纳入高校学生资助政策体系[1]。但这期间实施的奖学金制度,作为国家奖学金政策实施的基础,在我国高等教育历史上曾发挥过重要的作用,解决了许多大学生的后顾之忧,在某种程度上促进了高等教育的进一步发展,也值得我们进行深入研究探索。

(四) 第四阶段:从 2002 年首次设立国家奖学金制度至 2005 年

2002 年,财政部、教育部出台《国家奖学金管理办法》,加大了对品学兼优的高校贫困学生的资助力度,在普通高校首次设立国家奖学金。中央财政每年安排 2 亿元设立国家奖学金,定额发放给 4.5 万名家庭经济困难、品学兼优的高校本、专科学生,其中 1 万名特别优秀的学生享受一等奖学金,标准每人每年 6000 元;3.5 万名学生享受二等奖学金,标准每人每年 4000 元,同时还减免这些学生当年的全部学费。这是新中国成立以来第一次冠以"国家"名称的奖学金,受到家庭经济困难学生和家长的普遍欢迎。

(五) 第五阶段:从 2005 年设立国家助学奖学金制度至 2007 年

为进一步做好资助高校贫困家庭学生工作,2005 年,财政部、教育部联合发布《国家助学奖学金管理办法》,将国家奖学金改名为国家助学奖学金,包括国家奖学金和国家助学金两种形式,中央财政每年出资 10 亿元,其中,国家奖学金每年资助奖励 5 万名家庭经济困难、品学兼优的高校学生,每人每年 4000 元;国家助学金每年资助 53.3 万名家庭经济特别困难的高校学生,每人每年 1500 元。这不仅为更多的家

---

[1] 周海蓉:《简论高校帮困助学体系中的奖学金制度》,《中国成人教育》2007 年第 12 期。

庭经济困难学生解除了后顾之忧,而且激励了广大学生刻苦学习、努力成才。

(六) 第六阶段:从2007年完善国家奖助学金制度至今

为切实解决家庭经济困难学生的就学问题,2007年国家进一步完善奖助学金制度,分别印发了普通高校国家奖学金、国家励志奖学金、国家助学金管理暂行办法,就国家助学奖学金进行改革:一是设立国家奖学金和国家励志奖学金。国家奖学金奖励高校中特别优秀的本专科学生,不再以家庭经济困难为必要条件。这一奖项是国家在高校本专科阶段设立的最高荣誉奖,每年奖励5万人,每生每年8000元。国家励志奖学金主要奖励资助品学兼优的家庭经济困难学生,每年奖励资助学生约51万人,每生每年5000元,人数占在校生总数的3%;二是提高国家助学金资助标准与资助比例,2007年最初平均每生每年2000元,具体标准分为2—3档,可在每生每年1000—3000元范围内确定。按照《国家中长期教育改革和发展规划纲要(2010—2020年)》精神,及财政部、教育部要求,自2010年秋季学期起,平均每生每年从2000元提高到3000元,资助学生占在校生总数的20%。于2012年9月1日起,财政部、教育部两部委联合下发研究生国家奖学金管理暂行办法,决定设立研究生国家奖学金,每年奖励1万名在读博士研究生、3.5万名在读硕士研究生,其中博士研究生每生每年3万元、硕士研究生每生每年2万元。

至此,在党中央、国务院的高度重视和关心下,经过60余年的探索和努力,迄今建立起较为完善的国家奖助学金制度,在学生资助工作中发挥了积极作用,起到了资助学生和奖励学生奋发向上的双重作用,成为高校学生资助政策体系中对学生实施一种最快、最根本的激励机制。

二 奖助学金制度变革比较

国家奖助学金是由政府负责出资,以福利的方式"无偿"奖励或资助给大学生,是典型的赠予型资助。为全面了解各阶段奖助学金制度实施情况,我们对中华人民共和国成立后人民助学金制度开始至现行的国家奖助学金制度发生的变化进行了对比,其差异见表2—1至表2—4。

表 2—1　　我国普通高校国家奖助学金制度变革比较一览表

年份	奖励资助方式		对象界定	奖励资助比例（或数量）	奖励资助标准	学校数量及学生规模
1952	人民助学金		高等学校学生、高等师范学校本专科学生、干部升入高等学校者	实行占总人数的100%	干部升入高等学校者每人每月32万元（旧币1万元相当于新币值1元）；高等师范学校本科生每人每月14万元、专修科生每人每月16万元；高等学校学生每人每月12万元①（1955年将全国划分为十个区，执行不同标准的助学金，详见表2—2）	201所高校（调整前211所），本、专科学生19.11万人②
1983	人民助学金		普通高等学校本、专科学生	工龄五年以上职工升入学校者100%享受；煤炭、矿业、地质、石油院校学生按80%比例享受；其他各类学生按60%比例享受	分为"一般人民助学金"和两种不同工龄的"国家职工学生人民助学金"（发放标准详见表2—3）	805所高校（不含批准筹建），本专科学生120.68万人④
	人民奖学金		本、专科学生总数的10%—15%	分为几个等级，每年最高金额为150元③		
1987	奖学金	优秀学生奖学金	普通高等学校品学兼优的本专科学生	一等按人数5%评定；二等按人数10%评定；三等按人数10%评定	一、二、三等优秀学生奖学金，每人每年分别发放350元、250元、150元	1054所高校，本、专科学生188万人⑤
		专业奖学金	普通高等学校中被录取师范、农林、民族、体育、航海专业的学生	一等按人数5%评定；二等按人数10%评定；三等按人数85%评定	一、二等优秀学生奖学金，每人每年分别发放400元、350元；三等专业奖学金按原助学金标准发放	

---

① 中央人民政府：《关于调整全国各级各类学校教职工工资及学生人民助学金标准的通知》，1952年。

② 刘光：《新中国高等教育大事记》，东北师范大学出版社1990年版，第37—42页。

③ 张民选：《理想与抉择——大学生资助政策的国际比较》，人民教育出版社1998年版，第382页。

④ 孟明义等：《高等教育发展战略简论》，社会科学文献出版社1987年版，第31页。

⑤ 同上。

续表

年份	奖励资助方式		对象界定	奖励资助比例（或数量）	奖励资助标准	学校数量及学生规模
1987	奖学金	定向奖学金	毕业后到边疆、经济贫困地区和从事煤炭、矿业、石油、地质、水利等艰苦行业的普通高校学生	根据学生本人申请，学校批准确定人数	一、二、三等优秀学生奖学金，每人每年分别发放500元、450元、400元	
2002	国家奖学金		全国普通高等学校家庭经济困难、品学兼优的全日制本专科学生（含新生、老生）	每年定额4.5万名学生。获得者，减免当年全部学费，并可每年连续申请	一等奖学金奖励1万名特别优秀学生，每人每年6000元；二等奖学金奖励3.5万名特别优秀学生，每人每年4000元	1396所高校，903万人
2005	国家助学奖学金	国家奖学金	高校中家庭经济困难、品学兼优的全日制本专科学生	每年资助5万名学生	每人每年4000元	
2005	国家助学奖学金	国家助学金	高校中家庭经济特别困难的全日制本专科学生	每年资助约53.3万名学生	每人每月150元，每年按10个月发放。以资助生活费为目的	1539所高校，在校大学生1562万人
2007	国家奖助学金	国家奖学金	用于奖励普通本科高校和高职职业学校全日制本专科在校生中特别优秀的学生	每年奖励5万名学生	每生每年8000元，资金由中央负担	1851所高校，在校大学生1885万人
			用于奖励普通高等学校优异的全日制在读研究生	每年奖励1万名在读博士研究生、3.5万名在读硕士研究生	自2012年9月1日起。博士研究生每生每年3万元、硕士研究生每生每年2万元。资金由中央负担	
		国家励志奖学金	用于奖励资助普通本科高校和高职职业学校全日制本专科在校生中品学兼优的家庭经济困难学生	资助面平均约占全国高校在校生的3%。适当向国家最需要的农林水地矿油核等专业倾斜	每生每年5000元，资助由中央与地方根据属地关系及各地财力、生源状况按比例分担	

续表

年份	奖励资助方式	对象界定	奖励资助比例（或数量）	奖励资助标准	学校数量及学生规模
2007	国家奖助学金	国家助学金	用于资助普通本科高校、高等职业学校全日制本专科在校生中家庭经济困难学生，以及中等职业学校所有全日制在校农村学生及城市家庭经济困难学生	资助面平均约占全国普通本科高校和高等职业学校在校生总数的20%	每生每年平均资助标准2000元（各地根据实际情况在每生每年1000—3000元范围内确定，可分为2—3档）	
					自2010年秋季学期起，平均每生每年提高到3000元	

表2—2　　　　1955年全国高校人民助学金按地区划分发放标准一览表①　　　（单位：万元，旧币）

地区	高等师范院校 本科	高等师范院校 专科	其他普通高等院校本专科	体育系补贴
四川（重庆以外）	11	13	9	4.5
重庆	11.5	13.5	9.5	4.8
贵州	12	14	10	5
江西、湖南、安徽、西康、广西（南宁以外）	13	15	11	5.5
江苏、浙江、湖北、山东（青岛以外）、河南（郑州以外）、南宁	13.5	15.5	11.5	5.8
上海、青岛、郑州、山西、河北、福建（厦门以外）、云南	14	16	12	6
北京、天津、厦门	14.5	16.5	12.5	6.3
内蒙古、吉林、黑龙江、广东（海南岛以外）	15	17	13	6.5
热河、辽宁、陕西、海南岛	15.5	17.5	13.5	6.8
甘肃、青海	19	21	17	8.5

---

① 《中国教育年鉴》编辑部：《中国教育年鉴（1949—1981）》，中国大百科全书出版社1984年版，第100页。

表2—3　　　　1983年普通高等院校本、专科学生人民
　　　　　　　助学金金额标准一览表① 　　　　　　（单位：元）

助学金标准分类 \ 工资地区类别	4	5	6	7	8	9	10	11
一般人民助学金	21	21.5	22	22.5	23.5	24.5	25.5	27.5
工龄满五年不满七年	32.5	34	35	36	37.5	39	40	41
工龄满七年以上	37.5	39	40	41	42.5	44	45	46

表2—4　　2013年普通高等院校奖助学金发放标准一览表　　（单位：元）

奖助学金分类 \ 发放标准	标准（每生每年）	范围
国家奖学金	30000	全日制在读博士研究生
	20000	全日制在读硕士研究生
	8000	全日制本专科在校生（含高职职业学校）
国家励志奖学金	5000	全日制本专科在校生（含高职职业学校）
国家助学金	3000（生均）	（各地根据实际情况在每生每年2000—4000元范围内确定）

完善实施的国家奖助学金制度，与以前资助政策相比，主要有以下四大显著特点：第一，奖励资助范围不断扩大，从最初的普通高等学校中的本专科学生，扩大到研究生，以及高职高专学校学生。第二，奖励资助比例进一步增大，仅国家励志奖学金、国家助学金两项评选发放人数占在校生总数的比例高达23%。第三，奖励资助额度逐年提高，从最初实施的每人每月几十元，提高到每生每年几千元，其中博士研究生国家奖学金高达3万元。第四，奖励资助功能不断丰富，国家奖学金主要用于奖励成绩优异的学生，国家助学金则帮助解决家庭经济困难学生的生活问题，使国家奖励资助政策更具有针对性和实效性，充分发挥其奖优助困的作用。

---

① 国家教委高校学生司：《高等学校学籍学历管理规定选编》，北京师范大学出版社1994年版，第117页。

第二节 国家奖助学金实施的基本要素和主要特征

2002年起，我国正式实行国家奖学金制度，充分体现中央政府对广大群众，特别是家庭经济困难学生的关怀。2005年，财政部、教育部联合制定下发国家助学奖学金管理办法，在形式上明确分为国家奖学金和国家助学金两部分。2007年，为激励家庭经济困难学生勤奋学习，国家决定制定实施国家励志奖学金制度。随着高校奖学金设置体系的不断发展和完善，国家奖助学金制度逐步成为我国政府办好让人民满意教育的重要措施。

一 国家奖助学金评选工作基本要素

（一）实施"三坚持"原则

1. 坚持"三公"原则

在国家奖学金、国家励志奖学金、国家助学金评选中，坚持公开、公平、公正的原则，实行等额评审，择优评定。

2. 坚持"不得同时享有"原则

同一学年内，获得国家奖学金的家庭经济困难学生可以同时申请并获得国家助学金，但不能同时获得国家励志奖学金；申请国家励志奖学金的学生可以同时申请并获得国家助学金，但不能同时获得国家奖学金。其中，试行免费教育的教育部直属师范院校师范类专业学生不再同时获得国家励志奖学金。

3. 坚持"两个倾斜"原则

在分配国家奖学金、国家励志奖学金名额时，对办学水平较高的高校、以农林水地矿油核等国家需要的特殊学科专业为主的高校予以适当倾斜；在国家助学金发放过程中，对贫困地区、设置有艰苦行业的院校，以及民族院校予以适当倾斜。

（二）评审目的鲜明

为贯彻落实科学发展观，积极构建社会主义和谐社会，促进教育公平和社会公正，根据《国务院关于建立健全普通本科高校、高等职业学校和中等职业学校家庭经济困难学生资助政策体系的意见》（国发〔2007〕13号），先后实施国家奖学助学金制度是实施科教兴国和人才强国战略，推进基本公共服务均等化的必然要求，其中国家奖学金是激励学生勤奋学习、努力进取,在德、智、体、美等方面得到全面发展,国家励志奖学金用于奖励勤奋学习、努力进取的家庭经济困难学生,而国家助学金是为了帮助家庭经济困难的学生顺利完成学业,主要用于其生活费开支。充分发挥了在高校教育管理中的激励、导向和助学三大功能。

(三)评选条件导向性强

主要体现学生德、智、体、美,以及家庭经济状况等方面,易于学生申请、学校评定。评审条件详见表2—5。

表2—5　　　　　　　国家奖助学金评选条件一览表

奖助学金类别＼评选方面	德、智、体、美	经济状况
研究生国家奖学金	1. 热爱社会主义祖国,拥护中国共产党的领导 2. 遵守宪法和法律,遵守学校规章制度 3. 诚实守信,道德品质优良 4. 勤奋学习,积极上进	学习成绩优异,科研能力显著,发展潜力突出	
国家奖学金		在校期间学习成绩优异,社会实践、创新能力、综合素质等方面特别突出	
国家励志奖学金		在校期间学习成绩优秀	家庭经济困难,生活俭朴
国家助学金			

(四)出资主体明晰

国家奖学金(含研究生)由中央政府出资设立;国家励志奖学金、国家助学金由中央和地方政府共同出资设立,按比例分担,其中,西部地区,不分生源,中央与地方分担比例为8∶2;中部地区,生源为西部地区的,中央与地方分担比例为8∶2,生源为其他地区的,中央与地方分担比例为6∶4;东部地区,生源为西部地区和中部地区的,中央与地方分担比例分别为8∶2和6∶4[1],生源为东部地区的,中央与地方分担比例根据财力及生源状况等因素分省确定。人口较少民族家庭经济困难学生资助资金全部由中央负担。同时,国家鼓励各地加大家庭经济困难学生资助力度,超出中央核定总额部分的国家助学金所需资金由中央财政给予适当补助。

---

[1] 人民网:《国家奖学金年奖励5万学生,每人每年8000元》,http://cache.baiducontent.com/c?m=9d78d513cf54e186b79c5a77569d,2007-05-18。

（五）评选对象针对性强

国家奖学金用于奖励普通本科高校和高职职业学校全日制本专科在校生中特别优秀的二年级以上（含二年级）学生，国家励志奖学金用于奖励资助普通本科高校和高职职业学校全日制本专科在校生中品学兼优的二年级以上（含二年级）的家庭经济困难学生，而国家助学金用于资助普通本科高校、高等职业学校全日制本专科在校生中家庭经济困难学生，以及中等职业学校所有全日制在校农村学生及城市家庭经济困难学生（本书不含中职学校资助制度）。所有的国家奖助学金皆为一年评审一次，其中国家奖学金颁发国家统一印制的荣誉证书，同时规定国家奖学金及国家励志奖学金获奖记录记入学生学籍档案。

（六）评选名额及奖励标准明确

国家奖学金每年奖励5万名本专科学生，每年每生8000元；国家励志奖学金名额由财政部门确定，其资助面平均约占全国高校在校生的3%，资助标准为每生每年5000元；国家助学金名额由同级财政部门确定，其资助面平均约占全国普通本科高校和高等职业学校在校生总数的20%[①]，资助标准自2010年秋季学期起，由原来的每年每生平均2000元调整到每年每生平均3000元。而对于研究生国家奖学金，每年奖励4.5万名研究生（含1万名在读博士研究生、3.5万名在读硕士研究生），其中博士研究生每生每年3万元、硕士研究生每生每年2万元。除国家助学金按月发放到受助学生外，其他奖学金一律一次性发放给获奖学生。

二　国家奖助学金实施的主要特征

我国是发展中国家，其实施的社会救助体系代表了经济发展水平的模式，而实施的国家奖助学金制度作为社会救助体系的一部分，由于级别最高、奖励资助幅度最大、影响最广泛，逐步形成了以国家奖助学金为基本形式的政府投入为主、高校专项救助为辅助、社会互助为补偿的高校学生资助体系。

（一）政策法规逐步健全完善

2002年至今，国家坚持政策法规先行的原则，陆续制定出台了一系

---

① 人民网：《国家奖学金年奖励5万学生，每人每年8000元》，http://cache.baiducontent.com/c? m =9d78d513cf54e186b79c5a77569d，2007-05-18。

列政府规范性制度办法,包括了国家奖学金(含研究生国家奖学金)、国家励志奖学金、国家助学金等三大类别,基本涵盖了评选标准、申请条件、名额分配、预算下达、申请与评审,以及资金发放、管理与监督等十多个方面,各地各高校也都结合实际出台相对应的文件,从组织实施、评审程序、评选公示,以及系统开发、信息录入报送等都实现了规范化、制度化、信息化。从上向下,不断健全完善的规章、制度,构成了较为完整的制度框架和政策体系,使国家奖助学金评审工作有章可循、规范化运作。

(二)组织执行扎实推进

强有力的组织领导是国家奖助学金制度有效运转的保障。国家高度重视国家奖助学金评审工作的组织实施。为进一步做好奖助学金等各类经济困难学生资助工作,2006年中央机构编制委员会办公室将"全国学生贷款管理中心"更名为"全国学生资助管理中心",负责国家奖助学金评审与发放等各项工作。教育部、财政部成立由有关领导组成的国家级评审领导小组,全面领导评审工作,并聘用具有代表性、权威性的领导、专家和学者组成国家奖学金评审委员会,同时,根据评审工作需要,下设若干个评审工作组,具体实施评审工作。各省级(自治区、直辖市)参照国家级组织机构建设情况,也纷纷成立以省级领导为主要负责人的省级国家奖学金评审领导小组等组织机构,每年定期召开由教育部门、财政部门参加的推进会、研讨会,及时协调处理评选工作中的问题。各校认真落实上级精神,全部建立了以校学生资助管理中心为纽带,以相关部门、机构为辅助,以基层院系学生工作为基础的国家奖助学金评审工作体系。每年评审期间,各级推行"热线举报"制度,做到"一口上下",保证了国家奖助学金评审工作的公平、公正。

(三)主体承担职责清晰明了

政府是高校学生资助体系实施的主体责任承担者,公共财政是奖励资助资金来源的主渠道,高校与社会则起辅助和补充作用。中央通过整合教育部、财政部等不同政府部门建立的学生资助管理组织机构(全国学生资助管理中心及下属各单位),制定相应目标工作责任制(职责),初步形成了教育、财政、民政、慈善等资助参与部门各司其职、协作实施国家奖助学金制度的联动工作机制。其鲜明特点就是政府总揽、教育牵头、财政等部门明确职责,协调配合,运作高效。

（四）评审发放标准科学合理

奖励资助标准是高校学生资助体系中的核心问题，是由政府根据学生学费缴纳，以及在校基本生活费用等开支，不断进行动态调整而合理确定的。在多年的发展完善中，坚持做到国家奖助学金奖励资助标准和我国经济社会发展水平相一致，与各地人民群众基本生活水平相一致，并综合国家综合财力等各种因素，确定了相对科学合理的评审发放标准。同时，奖励资助标准随国家财力的增长、物价上涨而适时调整，如本专科学生国家奖学金、国家助学金每年生均标准原来分别为 4000 元、1500 元，而 2007 年、2012 年先后对国家奖学金、国家助学金奖励资助标准进行调整后，国家奖学金、国家助学金每年生均分别为 8000 元、3000 元，奖励资助标准涨幅分别高达 100%。

第三节　国家奖助学金制度实施现状

国家奖学金作为高校学生资助政策体系的重要组成部分，是中央政府设立的奖金额度最大的国家级奖学金项目。国家奖学金作为高校本、专科学生奖学项目的最高荣誉品牌，对于激发广大学生勤奋学习、努力进取的热情，坚定报效祖国、服务社会的信念起到了重要作用。为此，国家采用加大财政投入等各种措施不断规范国家奖助学金评审工作流程，确保国家奖助学金制度的贯彻落实。

一　国家奖助学金制度财政投入状况

党的十七大明确提出着力保障和改善民生，优先发展教育，不断健全学生资助制度，逐步加大财政对教育的投入，从 2007 年秋季学期起开始实施。按照中央部署，国家加大奖助学金财政投入力度，扩大奖励资助范围，将国家奖助学金制度推向深入。因此，可将 2007 年为界前后年度实施的国家奖助学金情况，以及"十一五"至"十二五"十年期间实施的国家奖助学金情况进行比较。同时，山东省作为教育大省，自党的十七大后，至今九年，正处于全省教育发展史上最好最快的发展时期，可以以山东省为例（代表省级单位）解读其国家奖助学金财政投入情况。

(一) 全国普通高校国家奖助学金实施情况

1. 国家奖助学金制度调整前后各年度实施对比情况

2006年全国普通高校在校生总人数1738.8万人[①]。国家奖学金奖励人数近5万人,奖励金额近2亿元,人均4000元;国家助学金资助人数是53.46万人,资助金额7.96亿元,人均1500元。年度国家奖助学金发放金额9.96亿元,受资助人数58.46万人次,占在校生总人数比例的3.36%。国家奖助学金发放金额情况见图2—1。

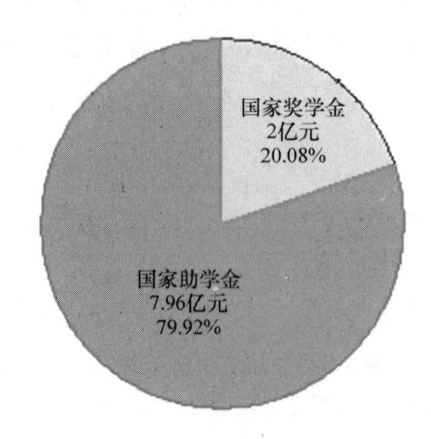

图2—1 2006年度国家奖助学金发放金额分布

2008年全国普通高校在校生总人数2103.27万人。国家奖学金奖励人数49983人,奖励金额39986.4万元,人均8000元;国家励志奖学金奖励人数56.49万人,奖励金额28.24亿元,人均5000元;国家助学金资助443.75万人,资金金额72.43亿元,人均1632元。年度国家奖助学金发放金额104.67亿元[②],受资助人数505.24人次,占在校生总人数比例的24.4%。国家奖助学金发放金额情况见图2—2。

两年度相比,2008年国家奖学金、国家励志奖学金奖励人数是2006年国家奖学金人数的12.3倍;奖励人数占在校生人数的比例由2006年的0.28%增加至2.92%;人均奖励金额由2006年的4000元增加至5244元。

---

① 何海芳:《中国国内生产总值与高校学生规模关系的实证研究》,《南阳理工学院学报》2010年第3期。

② 全国学生资助管理中心:《中国学生资助发展报告(2008年)》,2009-12。

国家奖学金
39986.4万元
3.82%

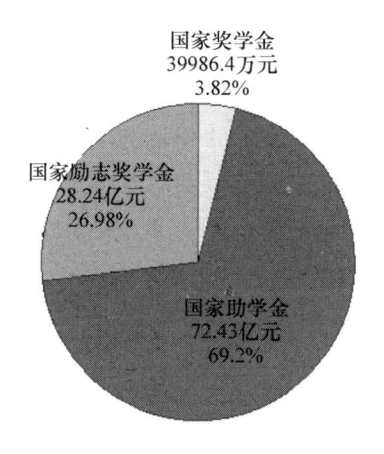

国家励志奖学金
28.24亿元
26.98%

国家助学金
72.43亿元
69.2%

图2—2 2008年度国家奖助学金发放金额分布

2008年国家助学金资助人数是2006年国家助学金人数的8.3倍；资助金额是2006年的9.1倍；资助人数占在校生人数的比例由2006年的3.01%增加至21.1%；人均资助金额由2006年的1500元增加至1632元。全年度发放金额是2006年奖励资助金额的10.51倍，年度奖励资助人数占在校生总人数的比例由2006年的3.36%提高至24.4%。两年度国家奖助学金发放额度情况比较见图2—3。

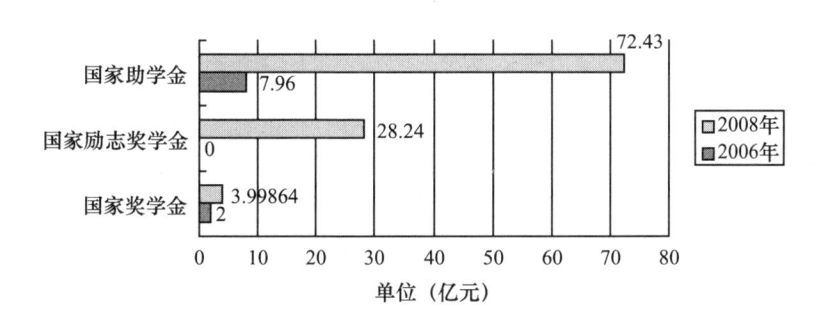

图2—3 2006年度、2008年度国家奖助学金发放额度情况比较

2. "十一五"至"十二五"十年期间国家奖助学金实施情况

2006—2015年期间，全国普通高校国家奖助学金累计奖励资助学生4964.45万人次，发放总金额1381.98亿元，自2007年起，国家奖助学金奖励资助学生人数比例一直保持在20%以上，其中，"十一五"这五年中，发放学生人数1902.55万人次、发放金额466.8亿元，分别占十年奖

励资助学生总人数、发放总金额的 38.32%、33.78%;"十二五"这五年中,发放学生人数 3061.9 万人次、发放金额 915.18 亿元,分别占十年奖励资助学生总人数、发放总金额的 61.68%、66.22%,分别为"十一五"期间奖励资助学生人数、发放金额的 1.61 倍、1.96 倍。十年间,国家奖学金奖励学生 50 万人次,奖励金额 38 亿元;国家励志奖学金奖励学生 583.71 万人次,奖励金额 292.11 亿元;国家助学金资助学生 4330.74 万人次,资助金额 1051.87 亿元。年度奖励资助学生人数由 2006 年的 58.46 万人次增长至 2015 年的 624.77 万人次,增长 9.69 倍;年度奖励资助金额由 2006 年的 9.96 亿元增长至 2015 年的 194.74 亿元,增长 18.55 倍。在发放的国家奖助学金中,国家助学金发放人数及金额最多,资助学生人数共 4330.74 万人次,资助发放金额累计 1051.87 亿元,分别占奖励资助总人数、总金额的 87.24%、76.11%,而国家奖学金、国家励志奖学金奖励资助学生人数及金额仅占总数的 12.76%、23.89%。2006—2015 年各年度全国高校国家奖助学金奖励资助人数及发放金额见表 2—6。

表 2—6　　2006—2015 年全国普通高校各年度国家奖助学金实施情况

(单位:万人、亿元、万人次、%)

年度	在校学生总人数	国家奖学金 金额	国家奖学金 人数	国家励志奖学金 金额	国家励志奖学金 人数	国家助学金 金额	国家助学金 人数	奖励资助人数占在校学生总人数比例
2006	1738.8	2	5	0	0	7.96	53.46	3.36
2007	1884.9	4	5	26.49	52.98	34.82	213.34	14.39
2008	2103.27	4	5	28.24	56.49	72.43	443.75	24.02
2009	2285.15	4	5	30.23	60.29	78.06	471.9	23.51
2010	2231.79	4	5	32.41	64.82	138.16	460.52	23.76
2011	2308.51	4	5	32.33	64.82	97.7	552.92	26.98
2012	2391.32	4	5	32.82	65.13	161.26	536.08	25.35
2013	2468.1	4	5	34.47	68.94	158.92	529.72	24.46
2014	2547.7	4	5	36.96	73.92	149.98	525.6	23.73
2015	2625.3	4	5	38.16	76.32	152.58	543.45	23.80
小计		38	50	292.11	583.71	1051.87	4330.74	

注:1. "在校学生总人数"来源于教育部公布的各年全国教育事业发展统计公报,为普通高校、高职(专科)院校在校本专科人数,不含成人本专科在校生。

2. 国家奖助学金奖励资助人数及金额,来源于各年学生资助发展报告。

（二）十七大后至今山东省普通高校国家奖助学金评选情况

按照中央要求和部署，山东省全面贯彻落实国家奖助学金制度，不断加大省级政府财政投入力度，进一步扩大资助覆盖面。党的十七大至今九年期间（2007—2015年），全省普通高校国家奖助学金累计奖励资助学生380.72万人次，发放金额663117.35万元。其中国家奖学金奖励学生1.87万人次，奖励金额14987.6万元；国家励志奖学金奖励资助学生38.33万人次，奖励资助金额191621.5万元；国家助学金资助学生340.52万人次，资助金额456508.25万元。资助学生人数逐年增多，由2007年的20.46万人次增长至2015年的48.81万人次，增长1.39倍；资助金额由2007年的36324万元增长至2015年的89446.35万元，增长1.46倍。2007—2015年各年度全省高校国家奖助学金奖励资助人数及发放金额见表2—7。

表2—7　　　　　2007—2015年山东省普通高校国家奖助学金发放情况[①]　　　　（单位：万元、万人）

年度	国家奖学金 金额	国家奖学金 人数	国家励志奖学金 金额	国家励志奖学金 人数	国家助学金 金额	国家助学金 人数	合计 总金额	合计 总人数
2007	1812	0.23	17852	3.57	16660	16.66	36324	20.46
2008	1766	0.22	19410	3.88	34788	34.79	55964	38.89
2009	1719	0.21	20847	4.17	37590	37.59	60156	41.97
2010	1679	0.21	21723	4.34	49873	39.74	73275	44.29
2011	1646	0.21	22288	4.46	61615	41.08	85549	45.75
2012	1632	0.2	22163	4.43	61910	41.27	85705	45.9
2013	1632	0.2	22688	4.54	62997	42	87317	46.74
2014	1580	0.2	23229	4.66	64572	43.05	89381	47.91
2015	1521.6	0.19	21421.5	4.28	66503.25	44.34	89446.35	48.81
小计	14987.6	1.87	191621.5	38.33	456508.25	340.52	663117.35	380.72

二　国家奖助学金制度评选实施现状

据2015年教育部门统计，全国普通高等学校2560所（含独立学院275所），其中中央部属高校110余所，地方高校2450余所，地方高校在

---

① 山东学生资助管理中心：《山东省学生资助工作发展报告及政策文件汇编》，2012-11。

校生人数占全国普通高校在校生人数的比例达90%以上。笔者以不同驻地的山东师范大学、青岛科技大学、曲阜师范大学、山东理工大学、聊城大学等五所山东省省属地方高校为例，通过对比2012年国家奖助学金发放情况来解读国家奖助学金评选实施现状。

(一) 五所高校2012年国家奖助学金名额分配基本情况

五所高校2012年在校生为144522人，下达2011—2012学年国家奖助学金名额24905人，其中国家奖学金275人、国家励志奖学金4333人、国家助学金20297人。所奖励资助学生人数占在校生总人数的比例为17.23%，其中国家奖学金、国家励志奖学金奖励人数占奖励资助总人数的比例为18.5%；国家助学金资助人数占奖励资助总人数的比例为81.5%。各高校在校生人数及具体名额分配详见表2—8。

表2—8　　　山东师范大学等五所高校2012年国家奖助学金名额分配情况① 　　　　（单位：人）

项目 学校	驻地	在校生人数（本专科）	国家奖学金	国家励志奖学金	国家助学金	小计
山东师范大学	山东济南市	28091	55	834	3916	4805
青岛科技大学	山东青岛市	25784	47	765	3594	4406
曲阜师范大学	山东曲阜市	28513	57	869	4082	5008
山东理工大学	山东淄博市	33468	63	1003	4685	5751
聊城大学	山东聊城市	28666	53	862	4020	4935
合计		144522	275	4333	20297	24905

注：本表仅含本专科学生，不含研究生。

(二) 五所高校2012年国家奖助学金学生评选情况

根据国家奖助学金评选结果，分别对受奖励资助学生的性别、年级、民族、政治面貌、户籍性质、受助档次以及生源地等各方面进行了分析。

1. 国家奖学金评选情况

在275名国家奖学金获得者中，男性学生仅占24.73%，而女性学生比

---

① 山东省学生资助管理中心：《关于下达2012年省属高校奖助学金经费的通知（鲁学助〔2012〕28号)》，2012-09-11。

例高达75.27%；大四学生（2009级）占38.18%，大三学生（2010级）占49.45%，大二学生（2011级）占12.37%；中共党员（含中共预备党员）占56%，其他占44%；主要学生干部（班委班长、团支书，院系学生会各部部长及以上级别学生干部）占50.18%，非主要学生干部（主要学生干部以外的其他学生干部）占37.45%，而非学生干部仅占12.37%。所评选的学生基本信息及基本情况对照详见表2—9，以及图2—4。

表2—9　　五所高校2012年国家奖学金评选学生基本信息　　（单位：人）

项目	学校	山东师范大学	青岛科技大学	曲阜师范大学	山东理工大学	聊城大学	小计
性别	男	8	8	12	27	13	68
	女	47	39	45	36	40	207
年级	大四（2009）	18	15	12	45	15	105
	大三（2010）	31	28	33	18	26	136
	大二（2011）	5	6	10	1	12	34
民族	汉族	55	47	57	63	52	274
	其他	0	0	0	0	1	1
面貌	中共党员	42	28	13	48	23	154
	其他	13	19	44	15	30	121
职务	主要学生干部	28	22	31	31	26	138
	非主要干部	23	17	19	21	23	103
	非学生干部	4	8	7	11	4	34
合计		55	47	57	63	53	275

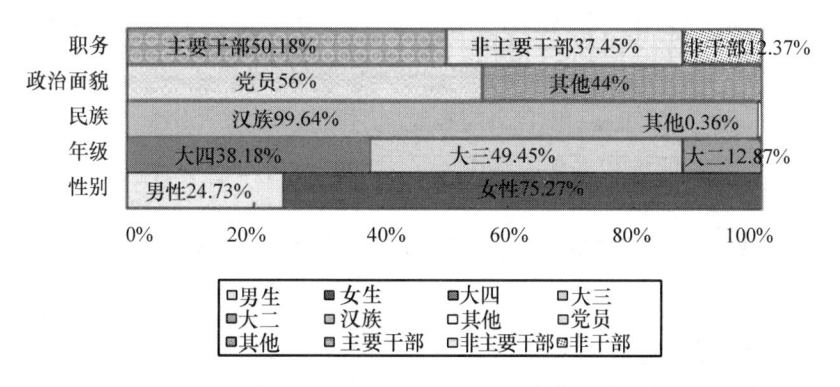

图2—4　五所高校2012年国家奖学金评选学生基本情况对照

2. 国家励志奖学金评选情况

在所有受到国家励志奖学金奖励的学生中，男性占 32.86%，女性占 67.14%；大四学生（2009 级）占 27.9%，大三学生（2010 级）占 34.92%，大二学生（2011 级）占 37.18%；汉族学生占 99.45%，其他民族学生占 0.55%。所评选的学生基本信息及基本情况对照详见表 2—10，以及图 2—5。

表 2—10　五所高校 2012 年国家励志奖学金评选学生基本信息　（单位：人）

项目	学校	山东师范大学	青岛科技大学	曲阜师范大学	山东理工大学	聊城大学	小计
性别	男	184	293	181	471	295	1424
	女	650	472	688	532	567	2909
年级	大四（2009）	214	203	258	304	230	1209
	大三（2010）	305	262	298	340	308	1513
	大二（2011）	315	300	313	359	324	1611
民族	汉族	833	761	864	994	857	4309
	其他	1	4	5	9	5	24
合计		834	765	869	1003	862	4333

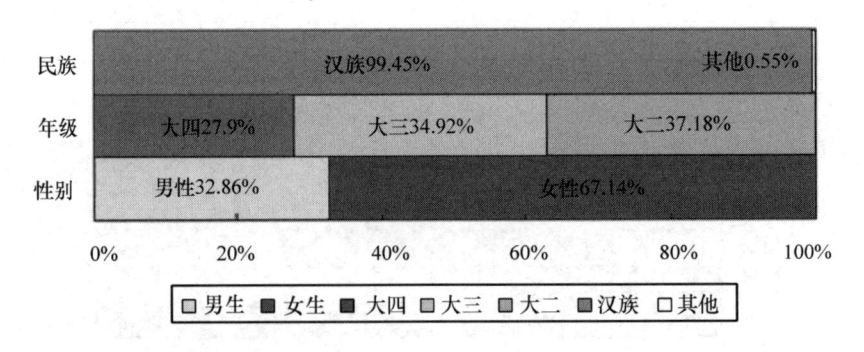

图 2—5　五所高校 2012 年国家励志奖学金评选学生基本情况对照

3. 国家助学金评选情况

五所高校中，有 20297 名在校家庭经济困难学生受到国家助学金资助。其中男性占43.15%，女性占56.85%；大四（2009级）、大三（2010级）、大二（2011级）、大一（2012级）学生所占比例分别为20.87%、24.62%、27.21%、27.3%；汉族学生占98.2%，其他民族学生占1.8%；农村户籍学生占90.93%，城镇户籍学生占9.07%；受资助档次从一档到三档，所占比例分别为24.73%、50.5%、24.77%；而从生源地划分，来自东部地区、中部地区、西部地区的学生比例分别为89.02%、5.74%、5.24%。所评选的学生基本信息及基本情况对照详见表2—11，以及图2—6。

表2—11　　五所高校2012年国家助学金评选学生基本信息　　（单位：人）

项目	学校	山东师范大学	青岛科技大学	曲阜师范大学	山东理工大学	聊城大学	小计
性别	男	1095	2036	1201	2641	1786	8759
	女	2821	1558	2881	2044	2234	11538
年级	大四（2009）	812	662	956	1072	735	4237
	大三（2010）	960	780	1047	1146	1064	4997
	大二（2011）	1109	919	1128	1271	1096	5523
	大一（2012）	1035	1233	951	1196	1125	5540
民族	汉族	3835	3514	4030	4592	3961	19932
	其他	81	80	52	93	59	365
户籍	农村	3054	3399	3843	4370	3791	18457
	城镇	862	195	239	315	229	1840
受助档次	一档	1117	1000	0	1561	1341	5019
	二档	1672	1594	4082	1563	1339	10250
	三档	1127	1000	0	1561	1340	5028
生源地	东部	3531	2928	3997	3887	3724	18067
	中部	223	306	49	427	161	1166
	西部	162	360	36	371	135	1064
合计		3916	3594	4082	4685	4020	20297

生源地	东部89.02%		中部5.74%	西部5.24%
档次	一档24.73%	二档50.5%	三档24.77%	
户籍	农村户籍90.93%		城镇户籍9.07%	
民族	汉族98.2%		其他1.8%	
年级	大四20.87%	大三24.62%	大二27.21%	大一27.3%
性别	男性43.15%		女性56.85%	

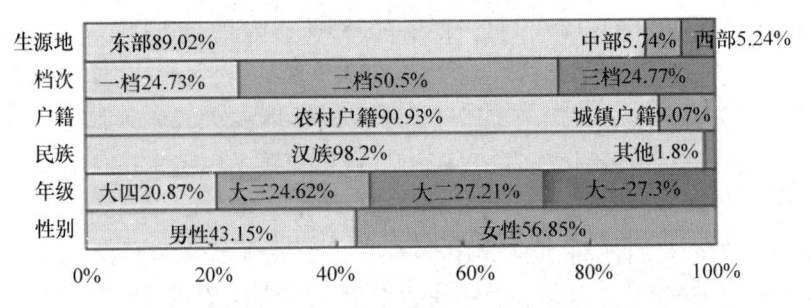

图2—6　五所高校2012年国家助学金评选学生基本情况对照

综上所述，在国家奖助学金评选的学生中，女性学生所占比例都高于男性学生。其中，国家奖学金获得者中，高年级学生（大三、大四）比例高于低年级学生（大二），且学生党员、主要学生干部所占比例都不低于50%；国家助学金资助学生中，各年级受资助学生比例基本持平，农村户籍学生所占比例高达90%，远远高于农村籍学生占高校所有在校生61%的比例[①]。

（三）五所高校2012年国家奖助学金学生（受）补助总次数（年度）情况

在受到国家奖学金、国家励志奖学金奖励的学生中，受到三次奖励的学生比例占5.97%，受到两次奖励的学生比例占19.97%，而受到一次奖励的学生比例占74.06%。在受到国家助学金资助的学生中，受到一、二、三、四次资助学生比例分别为29.96%、34.39%、23.3%、12.35%。所评选的学生受补助总次数及比例详见表2—12，以及图2—7和图2—8。

表2—12　　五所高校2012年国家助学金学生受补助总次数情况　　（单位：人）

补助总次数\项目	国家奖学金	国家励志奖学金	国家助学金	小计
1次（一年度）	212	3201	4048	7461
2次（两年度）	52	868	7645	8565
3次（三年度）	11	264	5528	5803
4次（四年度）	0	0	3076	3076
合计	275	4333	20297	24905

---

① 中国教育在线：《2012年高招调查报告》，2012-05。

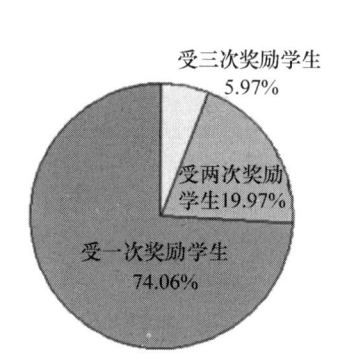

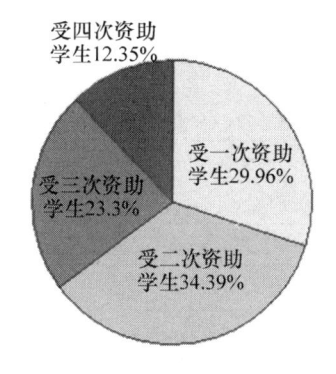

图2—7 五所高校2012年国家奖学金、国家励志奖学金学生补助次数比例情况

图2—8 五所高校2012年国家助学金学生补助次数比例情况

（四）五所高校2012年国家奖助学金学生评选调研情况

笔者于2013年2—4月，对上述五所高校共发放国家奖学金评选工作调研问卷650份，其中参与教师（主要是一线辅导员）150人，学生500人。收回有效问卷618份（其中教师问卷137份，学生问卷481份），回收率95.08%。

1. 国家奖助学金评选工作整体评价

对本班级（专业、学院等）国家奖助学金评选工作整体评价上，主要包含政策宣传、评选结果（评选对象）等，74.6%的师生认为比较满意，22.3%的师生认为一般，而其他的有3.1%的师生认为不满意。

2. 国家奖助学金评选名额（比例）及补助标准方面

国家奖助学金所分配的名额及发放标准涉及学生的根本利益，是师生较关注的内容。对于国家奖学金、国家励志奖学金，大多数认为名额较低或比较合适，且应该提高补助标准；而对于国家助学金，大多数认为名额较高或比较合适，补助标准应该降低。调研情况见表2—13和表2—14。

表2—13 国家奖助学金分配名额（比例）调研情况

项目\调研内容	太高	较高	比较合适	较低	太低
国家奖学金	5.2%	10.6%	22.8%	42.5%	18.9%
国家励志奖学金	6.5%	13.3%	39.1%	27.5%	13.6%
国家助学金	9.8%	38.5%	30.9%	17.3%	3.5%

表2—14　　　　　　　**国家奖助学金发放标准调研情况**

项目＼调研内容	较高，应该降低	比较合适	较低，应该提高
国家奖学金	19%	34.2%	46.8%
国家励志奖学金	22.3%	57.6%	20.1%
国家助学金	46.7%	35.6%	17.7%

3. 国家奖助学金评选条件方面

国家奖助学金评选条件中，主要涉及学生德、智、体、美，以及家庭经济状况等方面。一大部分师生认为国家奖学金太注重学习成绩，国家励志奖学金评选难度较大，国家助学金资助对象难以准确认定等，且容易受到辅导员、学生干部等主观因素的影响。调研情况见表2—15。

表2—15　　　　　　　**国家奖助学金评选条件调研情况**

调研内容	比例
国家奖学金评选太注重学习成绩	52.3%
国家奖学金评选应更加注重科研、创新等方面的综合能力	43.9%
国家励志奖学金评选难度较大	40.6%
国家奖助学金评选受辅导员及学生干部主管因素影响较大	36.1%
国家奖助学金评选条件应进一步细化（具体化）	60.7%
挂科学生不能参与国家奖学金、国家励志奖学金评选	71.2%

4. 国家奖助学金发放与监督方面

对国家奖助学金发放到位情况，以及学生使用及监督情况，大多数人认为资金能及时到位，但缺少资金使用管理与监督。调研情况见表2—16。

表2—16　　　　　　　**国家奖助学金发放与监督调研情况**

调研内容	比例
国家奖助学金资金能够及时发放到位	82.3%
所在班级（年级、院系）有私自扣发挪用现象	18.6%
学生能够正确合理使用国家奖助学金补助资金	60.8%
学校（院系）应进一步加大国家奖助学金资金使用管理与监督	59.2%
对滥用国家奖助学金资金现象建议收回并取消资格	75.2%

第四节 现行国家奖助学金制度实施中存在的主要问题

自国家奖助学金制度实施以来，不少专家、学者对其评选工作存在的困境进行了研究。尤其是高校一线辅导员，作为国家奖助学金评选工作的具体贯彻者、落实者，更是将国家奖助学金评选工作作为年度工作中的重点与难点，对评选过程中常见的问题进行了较多的分析与探讨。笔者结合多年工作实践，主要从以下三大方面进行阐述。

一 国家奖助学金制度设置上存在的主要问题

（一）国家奖助学金投资体制单体化

我国实施的国家奖助学金投资体制是单一的国家财政投资模式，即国家奖学金、国家励志奖学金、国家助学金出资主体都是国家政府，是单一的国家财政强力支持下的扶贫济困政策，是建立在国家经济持续快速发展、各级政府如期足额拨付配套资金款项，以及现行评选政策保持连续与稳定的前提下的国家财政投资模式。这样单体化的投资体制，如果其中一方发生变化，则国家奖助学金评选都将出现"无米下锅"的尴尬局面，从而导致国家奖助学金评选制度因资金断链而瓦解。

（二）国家奖助学金评选标准还不够细化

在财政部、教育部制定实施的国家奖助学金评选条件中，主要涉及学生德、智、体、美，以及家庭经济状况等方面。但在具体实际评选工作中，由于评选标准还不够细化，对国家奖学金候选人的学习成绩、综合素质（大部分高校为综合测评）两项中更侧重哪一项，对国家励志奖学金候选人的家庭经济困难等级与学习成绩优异情况两方面中如何权重，以及在推荐同一贫困等级，但来自不同地区的国家助学金资助对象如何取舍问题时，都存在类似定性与定量的难题。

（三）国家奖助学金评选方式较单一

现行的国家奖助学金制度主要包含国家奖学金、国家励志奖学金、国家助学金三种评选方式，实施目的是为了激励在校学生勤奋学习、努力进取，在德、智、体、美等方面得到全面发展，其评选条件主要含学习成绩、综合素质两大方面，但在评选工作中，往往从学习排名上、校内表现等进行考察。由于评选方式单一,大大限制了学生创新意识和创造能力的培养,并易陷入"重知识,轻能力"的怪圈,不能激励学生在学科竞赛、科学研究、发明创造、自主创业、社团活动、自主学习、科技文体竞赛等其他方面发展,无法促使学生在自身喜欢或擅长的领域尽情施展才能,不利于为社会培养技术应用型、适合社会现代化需要的复合型人才。

(四)国家奖助学金评选名额及补助标准仍需调整

国家奖助学金所评选的名额及发放标准涉及学生的根本利益,是广大学生最为关注的内容。从整体评选名额及比例来看,自2012年秋季学期实施的研究生国家奖学金奖励人数为4.5万人,国家奖学金奖励人数为5万人,国家励志奖学金资助人数比例占在校生的3%,国家助学金资助人数比例占在校生总数的20%。按照高校班级规模(指在高校课堂教学中影响学生学和教师教的实际学生人数,即高校教学班的学生人数)为54人设置计算[①],每个标准班级所分配国家奖学金名额为0.14人(评选比例为1/350—1/400之间)、国家励志奖学金名额为1.62人、国家助学金名额为10.8人。由于国家奖学金、国家励志奖学金评选比例太低,无法满足学习成绩、综合素质兼优的优秀学生,使落选学生情绪波动较大。而国家助学金由于名额充裕,使得家庭经济不真正贫困且并不特别需要帮扶的学生取得入选资格,进而影响整个贫困生资助工作的有效开展。从山东师范大学等五所高校学生调研来看,对待评选名额分配问题上,认为国家奖学金、国家励志奖学金评选名额较低或太低的比例分别为61.4%、41.1%,而有48.3%的师生认为国家助学金资助比例较高或太高;在发放标准方面,认为国家奖学金发放标准较低、应该提高的比例为46.8%,而有46.7%的师生认为国家助学金资助标准较高,应该降低发放标准。

二 国家奖助学金制度实施过程中存在的主要问题

(一)家庭经济困难学生认定工作准确度不高

国家励志奖学金和国家助学金资助的主体是家庭经济困难学生。因

---

① 和学新:《班级规模与学校规模对学校教育成效的影响》,《教育发展研究》2001年第1期,第18—22页;杨静、姚利民:《关于高校班级规模的调查分析》,《高等教育研究》2012年第7期,第48—49页。

此，国家奖助学金评选的基础和前提是家庭经济贫困认定，认定的科学与否直接影响评定结果的真实性。然而，贫困认定普遍存在证明把关不严、贫困等级划分不清、信息完善滞后等问题。同时，同一高校的学生来自全国不同地区，各来源地生活水平参差不齐，贫困划分标准不一，使家庭经济贫困级别认定标尺难以衡量，直接影响到国家励志奖学金、国家助学金评选的科学性和资助的及时性、有效性。

(二) 国家奖助学金名额校内分配尚欠公平

按照高校基本做法，国家奖助学金名额一般先由上级教育主管部门一次性分配到各高校后，由学校根据各院系学生人数比例再次进行分配到各院系。这将出现学生人数较少的院系分不到名额或分到特少的名额，极易打击学生的积极性；一些重点、热点专业因人数有限而分配名额较少，但该专业优秀学生更多，造成竞争激励，使得一些符合评选条件、综合素质比其他专业所评选对象更优秀的学生落选。通过不同院系评选出的学生之间横向比较，实际上确实存在较多综合素质相对较弱的学生因所在院系学生整体水平不高而被评选的现象。不但不利于树立学生学习标兵形象，更无法体现学生享有评选机会均等的公平性。

(三) 国家奖助学金评选过程中存在太多的主观臆断性

按照评选程序，国家奖助学金具体评审由学校各院系学生主管部门组织实施，根据学校学生主管部门通知要求，对学生提出申请材料进行形式审查后拟上报名单并公示，公示结束后由学校学生主管部门负责汇总、审查，以及形式上的公示后上报至上一级教育主管部门。因此在国家奖助学金评选过程中，学校院系学生工作主管部门发挥着关键作用，其审查和意见是后续部门进行审查评选的直接依据，加之后续部门一般仅对上报材料进行形式审查，只要上报材料符合规定的形式要求，一般都会得到批准，极易导致院系级学生主管部门评审过程工作的形式化。同时，院系一线辅导员作为评审工作的具体实施者，由于繁忙的工作，以及较为"繁杂"的评审程序，很难对评审推荐工作投入更多的精力，继而在评选工作中，往往采取"筛选—陈述—评议"后，由辅导员或班主任及学生干部、个别学生代表组成的班级评议小组对进入评议圈内的对象凭主观臆断确定推荐对象。因此，由于受到辅导员、学生干部等主管因素的影响，与优秀学生相比，那些与辅导员、班主任关系较好的学生干部、平时印象较好的学生更容易获得评选推荐资格。

(四) 国家奖助学金评审报送材料不够严谨

高校各院系报送的国家奖助学金申请审批材料，是后续各级教育主管部门审批的重要参考依据，其报送方式从最初单纯的纸质稿逐步完善成通过办公自动化系统与书面形式两种互补上报模式，在很大程度上大大提高了工作效率，但由于学生申请资料填写不认真、院系经办人员初审信息审查不严，以及即便使用办公自动化报送但不具有自动检测功能、全国系统不统一等诸多因素，致使评选材料从最初报送至最终审批，频频出现较多问题，如申请审批表中的学生姓名、学号、身份证号码与学校汇总表不一致；学生学习成绩、综合测评排名情况未在评选范围比例内；申请及推荐理由字数太少，无法全面反映学生德、智、体、美情况；同一班级学生人数不一；学生申请时间、院系推荐时间、学校审批时间出现倒挂；相关栏目签章和正式行文时间颠来倒去；申请年度与入学年限不符合逻辑；未严格执行校内五个工作日公示要求等，导致院系、学校及上级主管部门之间来回修正。由于报送材料不严谨，直接影响了国家奖助学金评选进展。

(五) 国家奖助学金政策宣传力度缺乏

高校作为国家奖助学金政策贯彻者，在思想上高度重视国家奖助学金政策的宣传。然而，在实际评选过程中，由于种种原因，却始终未能将国家奖助学金政策的评选实质真正及时迅速地宣传到学生群体中，造成很多学生对国家奖助学金制度不清楚，对奖励资助范围的认识存在肤浅或偏差现象，致使即使符合条件的学生也错过申请机会。同时，高校一线学生工作管理者大部分精力都忙于事务性的处理，也易忽视评选后续工作的宣传和跟进，无法让国家奖助学金作用得以真正发挥。

三 国家奖助学金发放过程中存在的主要问题

(一) 国家奖助学金发放及使用监督力度不够

国家奖助学金资金发放是国家奖助学金评选工作中一项重要的环节。为此，国家明确规定要切实加强国家奖助学金资金管理，确保及时发放、专款专用。但由于种种原因，部分高校，特别是非部属高校（主要是地级市属学校），由于上级政府财政部门应当分担的资金到位不按时致使延缓国家奖助学金发放时间，继而出现高年级学生毕业离校后仍无法拿到资金现象。在发放过程中，由于缺少资金发放监督管理，频繁出现班级全体同学平均分配、一人申请多人均分、院系直接截留充当活动经费或班费、勒令学生"自愿"捐款等现象，以及部分受奖励资助者拿到资金后急于购买名牌手机、名牌服饰等奢侈品，严重背离国家奖助学金政策的初衷。更有甚者，个别学校出现弄虚作假套取资金、挤占挪用资金等重大违法违规行为，在社会上引起较坏影响。

（二）国家奖助学金激励作用发挥不明显

现行的国家奖助学金制度下，受奖励资助者不需要承担任何义务。在学习方面、综合素质方面只要达到要求即可申请，特别是国家助学金只要能够提供家庭经济困难证明基本就可获得资助。这对每位大学生来说都是一种潜在的诱惑，促使众多非贫困生使尽浑身解数，想方设法弄到符合要求的贫困生证明，争当"贫困生"，养成"等、要、靠"的习惯，甚至产生对国家政策的依赖。同时，在评定国家奖学金、国家励志奖学金、国家助学金各个方面，对品学兼优学生和品质行为不端甚至存在违纪行为学生并无太大区别，这样做不但不利于优秀学生自身的进步，更不利于带动整个学校学风校风的发展，很大程度上失去了国家奖助学金的激励作用，违背了国家设立奖助学金的初衷。

第五节　完善国家奖助学金制度对策建议

国家奖助学金制度事关广大学生的切身利益，在鼓励学生积极进取及帮助经济困难学生方面起到了重要作用。结合当前国家奖助学金制度实施过程中的不足之处，为使这一惠及数以千万大学生的政策取得实效，仍需进一步细化评选标准、完善评审制度等，积极构建更加科学合理的国家奖助学金评选机制。

一　加快构建我国高等教育多元化投资体制步伐

（一）依法加大国家对高等教育的投入

国家奖助学金出资主体是政府，资金来源于国家对教育的投入。而教育投入不足一直是制约我国教育事业发展的"软肋"。2010年发布的《国家中长期教育改革和发展规划纲要（2010—2020年）》明确要求，逐年提高国家财政性教育经费支出占国内生产总值的比例，并据2013年全国教育工作会议证实，2012年全年财政性教育经费支出达2万亿左右，占国内生产总值的比重首次达到4%，不过距离最初提出的日程推迟了整整12年。虽然达到世界衡量教育水平的基础线，但仍低于4.9%的世界平均水平，更低于5.1%的发达国家水平[1]，因此国家应以4%为新起点，继续加大教育经费投入保持持续增长，保障国家奖助学金等各项教育经费的支付。

(二) 加快捐赠立法等高等教育多元筹资渠道步伐

我国高等教育经费相当一大部分需要自行筹措，向社会筹款早已成为高校面对的新课题。在全国2500余所（2015年教育部数据统计）普通高等学校中，近200所高校先后成立教育基金会或类似机构，但除清华大学、北京大学、浙江大学等少数几个高校外，都由于资金数量有限尚未形成广泛的社会影响，更难以成为支撑我国高等教育发展的重要经费来源。与国内相比，国外对高等教育的募捐，特别是高等教育基金会已有上百年的历史，且形成了较为完善的法律法规，公益捐赠者不仅在舆论上得到颂扬，而且还能享受相应的减免税政策。如在美国、日本等国家，全社会作为教育的受益者，社会捐赠之风一直贯穿并伴随着高等教育的发展过程，使社会捐赠已经成为高等教育成本分担的主要渠道。美国政府通过制定法律等激励措施，规定无论是公司还是个人，对教育或其他社会福利事业的捐赠款可以免税，并提高遗产税率，以鼓励并引导高收入和高资产的富豪捐赠部分财产以支持教育等方面的事业。据"捐赠美国"统计，2010年美国全社会慈善捐赠总额约为2910亿美元，占GDP比重为2%，其中14%的比例（400余亿美元）用在捐助教育发展上[2]。2012年哈佛大学捐赠基金累计总额已达369亿美元，来自社会捐赠基金的收入占学校总经费的35%；日本公立高校的社会捐赠约占学校总收入的15%，而私立学校高达50%以上[3]。在美国、日本、英国等国，对教育事业的赞助、捐赠早已形成一种传统，长期沿袭下来。同样，在我国经济平稳高速发展，物质基础不断雄厚，慈善资源更加丰富的背景下，应大力弘扬中华民族传统美德，积极推动我国慈善事业持续、健康、快速发展。2008年汶川地震，

---

[1] 新民网：《2012年教育经费投入首次占国内生产总值4%》，http://news.xinmin.cn/domestic/2013/01/11/18107362.html，2013-01-11。

[2] 新浪财经焦点新闻网：《美国98%的高净值家庭做慈善》，http://c.360webcache.com/c?m=67813714b0c1e5e74dc2804ecace，2012-06-22。

[3] 吴惠、张彦通：《加快高校教育基金会发展初探》，《中国高等教育》2006年第11期。

以及2009年南方洪涝灾害更是激发了举国上下的慈善热情，对于弘扬全社会慈善理念产生了深远影响。我国政府及各级政府部门应向社会发出政府支持慈善、支持企事业单位（或个人）与高校组织开展慈善活动的强烈信号，依托各级慈善机构，号召企事业团体或个人在高校设立基金，举办各类奖助学金评选活动。并通过采取立法等激励措施，对贡献特别大的企业团体或个人，由所属税务部门对其实施税收优惠政策，对慈善作出贡献的先进典型进行表彰，从而在弘扬全社会慈善观念的同时，增强、提高企事业团体或个人对慈善事业的热情与积极参与性。通过政府促动、企业驱动，慈善部门活动的组织，以及榜样的带动，积极推动我国高等教育投资多元化体制的构建，逐步提高社会筹资在高等教育资金中的比重，借此解决国家奖助学金等各类教育投资单体化问题。

二 实施规范统一的国家奖助学金评审系统

针对国家奖助学金评审工作量大、信息多、申请程序严密等现状，并基于国家教育主管部门对部属高校，以及部分省级（地级）教育主管部门对所下属高校已经创建实施的国家奖助学金评审办公（在线）系统，在全国范围内创建实施规范统一的国家奖助学金评审系统，从院系国家奖助学金名额分配、学生申请、学校审查，到上级教育主管部门组织专家进行网评、审批，直至国家教育主管部门最终批复，以及相关信息的统计、汇总、对比等数据分析，均可通过网上实现。同时，结合评选条件，系统可对推荐对象的姓名、学号、身份证号码与高考录取信息进行准确验证，对学习成绩、综合素质排名名次不达标，以及申请、推荐理由字数太少，学生申请时间、院系推荐时间、学校审批时间存在倒挂；申请年度与入学年限不符合逻辑等错误现象（问题）进行自动修改提示，并作出不接受处理，待修改正确后自动上报。通过创建规范统一的国家奖助学金评审信息平台，不仅改变工作量大、任务重等局面，提高全国各级教育主管部门，以及下属高校国家奖助学金评审工作整体效率，也将进一步缓解各级教育部门、各高校专职人员配备不足等压力。

三 完善贫困生认定体系，制定困难学生精准认定量化标准

如何科学、合理、精准认定困难学生，一直是高校学生资助工作的重点与难点，学生家庭经济困难程度的认定，直接决定着国家励志奖学

金、国家助学金的分配与发放。为此，要解决在家庭经济困难学生认定过程中所存在的问题，就一定要建立科学合理的精准认定制度，"要从制度层面入手，因地制宜，建立符合校情的认定经济困难学生的多环节、多因素的支撑体制，这些环节和因素包括个人申请、诚信承诺、界定标准、贫困证明、动态建档、班级评议、公示审批、跟踪调查、违规惩戒等"[1]。只有从制度入手，才能保证家庭经济困难学生认定的准确性、精准度。结合目前贫困生认定工作现状，从贫困生定性认定的基础上，进一步规范贫困生认定制度，健全完善贫困生精准认定体系，即根据全国不同省份、不同地市最低生活保障标准、各高校学生生活消费平均指数（学生在校每月平均基本生活消费费用），以及学生家庭可支配的人均收入等，制定动态的困难学生精准认定量化标准，从而可对来自全国不同地区的学生进行家庭经济困难程度准确衡量。通过"定性与定量"相结合原则，提高贫困生认定方式的规范性和公平性，让国家奖助学金资源得到更科学、更合理的分配。有关贫困生精准量化认定体系，将在第七章专门进行论述。

四　创建多元化的国家奖助学金评定制度

为激励学生在德、智、体、美等方面全面发展，实施多元化的国家奖助学金评定制度，对文体、科研等方面成绩优异的学生进行奖励，以体现奖励的均等性和公平性。像英国现今最著名的全国性学生奖学金"英国皇家学会奖学金"、"英国皇家工程科学奖学金"，以及美国的全国性高校学生奖学金"罗伯特·C. 伯德荣誉奖学会"、"全国科学奖学金"和"保尔·道格拉斯教师奖学金"等，其旨主要为国家造就优异的各类人才[2]。为适应我国建设发展需要，可由政府设立主题鲜明的各类全国性奖学金，如对在社会主义精神文明建设中表现突出，在全国产生较大影响的，设立"精神文明国家奖学金"；对在国际性或全国性组织的科研、学术研究，以及课外创新发明等活动中取得优异成绩的，设立"研究与创新国家奖学金"；对参加体育竞赛为国家争得荣誉的，设立"体育特别

---

[1] 梁金霞：《大学生思想政治教育热点问题研究》，山东大学出版社2006年版。
[2] 张国忠：《国外大学的学生奖学金及其制度》，《研究生教育研究》1995年第4期，第114—115页。

贡献国家奖学金",等等。可由高校进行初审推荐,最终由国家组织专门评审委员会统一进行评选表彰,其评定名额可为普通国家奖学金名额的0.1%—1%,奖励标准可为普通国家奖学金标准的2—6倍,具体实施根据全国在校大学生申请情况进行确定。通过建立多元化的国家奖助学金制度,设立多元化的国家奖学金,使在校大学生都能找到适合自己的发展空间,并激励其在自己爱好和擅长的领域尽情施展才能,对其他同龄同学发挥鲜明的旗帜作用,以及较强的感召力,也使国家奖学金激励机制达到效率最大化。

五 健全国家奖助学金评选制度

(一)建立国家奖助学金补助标准自然增长机制

我国作为世界上最具有发展潜力的经济大国之一,随着经济稳步高速增长,不断加大国家奖助学金评选力度。自 2010 年秋季学期起,国家助学金资助标准由 2000 元上调到 3000 元,时任教育部部长的袁贵仁表示,国家奖助学金将会随政府财力状况动态调整。在制定实施的《教育部 2013 年工作要点》中首次明确提出"进一步完善学生资助政策,建立国家奖助学金补助标准动态调整机制"。结合《国家中长期教育改革和发展规划纲要(2010—2020 年)》《国家中长期人才发展规划纲要(2010—2020 年)》,根据我国高校在校学生规模,以及目前高校班级实际规模、国家奖助学金评选比例与标准,在建立国家奖助学金补助标准动态调整机制过程中,适当提高国家奖学金、国家励志奖学金评选比例,以及奖励标准,如将国家奖学金评选比例扩大至 1/100,奖励标准提高至每年 1.2 万—1.6 万元,从而满足学习成绩、综合素质兼优的优秀学生。而国家助学金的评选可根据家庭困难学生实际比例,以及高校所在地最低生活保障标准或当地平均生活水平,确定其资助比例及补助标准,并将家庭经济不真正贫困且并不特别需要帮扶的学生拒之门外。同时,根据国家经济发展水平和财力状况,以每 3—5 年为一周期进行自然调整。通过建立国家奖助学金补助标准自然增长机制,进而推动国家奖助学金评选工作的有效开展。

(二)实施国家奖助学金评审量化办法

为体现学生的德、智、体、美等全面发展,对学习成绩、综合素质(综合测评)、社会实践、创新能力等各因素进行量化,并根据国家奖学金、国家励志奖学金、国家助学金评审条件，调整各自所占的比重，如国家奖学金要充分考虑学生的学习成绩及较强的综合素质，国家励志奖学金要综合权衡学习成绩及生活的客观情况，而国家助学金要重点考虑学生的家庭经济困难程度。根据学生在校学习、生活实情，笔者在调查的基础上，利用因素比重法，设计了包括学生的学习成绩、综合测评、综合素质等多项指标体系。其中，国家奖学金评审指标量化情况见表2—17。国家励志奖学金评审指标量化情况，将根据学生家庭经济困难认定等级量化情况，以及学习成绩、综合测评等相关指标量化情况进行评定，而国家助学金申请推荐指标量化情况，将根据学生家庭经济困难认定量化标准进行确定，本节不再赘述。

表2—17 国家奖学金评审指标量化表

指标分类	因素比重系数	指标量化分项得分	备注
学习成绩	X (20%—70%)	G1 =（学习成绩得分/同比范围内最高分）×学习成绩得分×X	考评范围内前10%
综合测（考）评	K (20%—70%)	G2 =（综合测评得分/同比范围内最高分）×综合测评得分×K	
综合素质 道德风尚 学术研究 学科竞赛 创新发明 体育竞赛 文艺比赛 社会实践 社会工作等	Z (5%—15%) (100% - X - K)	G3 =（综合素质总得分/同比范围内最高分）×综合素质总得分×Z（其中：符合一项附加分5—15分。以全国性为基数，省级比重系数为0.6—0.8、国际比重系数为1.2—1.4）	考评范围内前30%
国家奖学金评审指标量化得分		G = G1 + G2 + G3	

注：国家奖学金评审指标量化因素比重法，即对评审条件中的学习成绩、综合测（考）评，以及综合素质（突出表现）等因素都进行定性和定量（其中指标量化因素比重系数分别用X、K、Z表示）两方面考虑。结合各相关因素的影响程度，通过量化方式（即因素比重系数，限定最高、最低比重系数临界值）来权衡其孰轻孰重，从而使评选结果更接近客观现实。

笔者以聊城大学计算机学院2011级本科班计算机科学与技术专业学生（皆为化名）为例（编有三个自然班级，评选范围总人数为98人），

2012—2013学年中学习成绩、综合考评、综合素质等方面符合国家奖学金评审资格对象为12人，各项实际得分见表2—18。

表2—18　聊城大学计算机学院2011级本科班计算机科学与技术专业本科班
　　　　　2012—2013学年符合国家奖学金申请资格学生分项成绩列表

姓名	班级	学习成绩 得分	名次	综合考评 得分	名次	综合素质 突出业绩	得分
荣庆飞	10.2	96.12	1	97.08	9	国际大学生软件操作竞赛金奖	12
谷红静	10.1	96.03	2	99.46	1		
王美丽	10.1	95.24	3	99.25	2	第一作者发表论文被SCI全文收录	10
刘羽凯	10.3	95.01	4	97.64	7		
袁冲	10.3	94.98	5	99.12	3	双腿残疾，自立自强	10
李洁华	10.2	94.7	6	99.02	4		
杨俊燕	10.2	94.63	7	93.12	14	国家专利一项 第二作者出版专著	20
郝伟	10.3	92.67	9	98.25	5		
赵雅楠	10.3	92.34	11	88.89	19	全国大学生跆拳道比赛个人第二名	10
艾丽	10.1	91.54	13	97.87	6	全国软件开发大赛一等奖	10
林举科	10.2	90.58	15	87.13	23	全国皮划艇个人赛第三名 全国大学生实践先进个人	20
郭丽荣	10.2	89.6	17	91.02	17	全省大学生民族舞大赛第一名	8

在评选2013年国家奖学金过程中，采用因素比重法，对该班符合条件范围内学生的学习成绩、综合考评、综合素质等指标一一进行量化，其中因素比重系数X、K、Z分别定为55%、35%、10%；综合素质能力测算中，国家级基础分统一为10制，省级、国际级测算系数分别为0.8、1.2。然后按候选人量化最终得分高低排序，根据全班级享受国家奖学金名额从高到低选取即可。该班国家奖学金评选指标量化情况见表2—19。

表2—19　聊城大学计算机学院2011级本科班计算机科学与技术专业本科班
2012—2013学年国家奖学金评选指标量化表

姓名	学习成绩（X=55%）原始分	学习成绩（X=55%）量化分（G1）	综合考评（K=35%）原始分	综合考评（K=35%）量化分（G2）	综合素质（Z=10%）原始分	综合素质（Z=10%）量化分（G3）	量化总分（G）	量化名次
王美丽	95.24	52.38	99.25	33.91	10	0.60	86.89	1
谷红静	96.03	52.82	99.46	33.98	0	0.00	86.79	2
荣庆飞	96.12	52.87	97.08	33.16	12	0.72	86.75	3
袁冲	94.98	52.24	99.12	33.86	10	0.60	86.70	4
李洁华	94.7	52.09	99.02	33.83	0	0.00	85.91	5
刘羽凯	95.01	52.26	97.64	33.36	0	0.00	85.61	6
杨俊燕	94.63	52.05	93.12	31.81	20	1.20	85.06	7
郝伟	92.67	50.97	98.25	33.56	0	0.00	84.53	8
艾丽	91.54	50.35	97.87	33.43	10	0.60	84.38	9
赵雅楠	92.34	50.79	88.89	30.37	10	0.60	81.75	10
郭丽荣	89.6	49.28	91.02	31.09	8	0.48	80.85	11
林举科	90.58	49.82	87.13	29.77	20	1.20	80.78	12

根据对比量化结果，即可看出2011级1班的王美丽即是国家奖学金推荐首选对象，其次为谷红静、荣庆飞等。通过实施国家奖助学金量化办法，可克服国家奖助学金评选过程中评定人员主观臆断的偏差，评选出比较准确、合理、科学的推荐人员。

（三）优化国家奖助学金评选机制

进一步规范国家奖助学金评审制度。一是明确评审范围，针对评审对象之间的可比性，以同年级、同专业、同学历为评选范围进行申请推荐，避免由于评选范围不统一，将同等条件下更优秀的学生"拒之门外"。二是细化评选条件，对于国家奖助学金申请条件过于笼统、不具有现实的可操作性等，对学习成绩、综合测评等考核指标进行细化，如申请国家奖助学金学习成绩、综合测评量化标准为8%—12%，申请国家励志奖学金学习成绩、综合测评量化标准为40%—50%，且无不及格、违纪现象等；申请国家助学金者无奢侈、高消费、家庭困难认定无作假行为等。三是限制评审次数，提高奖励资助覆盖面，如对学制四年本科学生，国家奖学金、国家励志奖学金评审次数不得超过两次，国家助学金申请次数不得超过三次；而对三年专科学生，国家奖学金、国家励志奖学金评审次数仅限于一次，国家助学金申请次数不得超过两次，当然，对家庭经济特别困难的孤儿、自身患有重大疾病等少数群体要根据实际情况区别对待。四是实施校内差额推荐评审办法，实行差额匿名评审，对国家奖学金、国家励志奖学金由院系按照学校分配名额120%—200%的比例进行推荐，后经学校根据被推荐对象的积分进行排名公布，并按照量化等综合情况择优评审，让学生全程参与评审过程，做到评审工作阳光、透明。通过不同院系学生之间横向比较，切实让综合素质更高的优秀学生入选，进一步体现国家奖助学金评选工作的公平性、合理性。五是规范公示程序和公示时间，须在校内公开宣传（公示）栏、学校网站分别公示，并在学校网站首页下发评选公示通知，以便提高公示过程的实效性。对于公示时间，应在合理时间内进行，而不得将周末等非工作日时间计算公示期内。同时公示时须告知申请人的权利与申请人利益有关的信息等。六是规范发放时间和发放方式，按照法律规定国家奖学金应一次性发给学生，国家助学金按月发放，而相当一部分高校却对此进行了"变通"，没有按照规定时间进行发放，针对现状，应统一规定资金下达学校到账后一定时间内（一周内或十天内）须下发到学生手中，并创建实施独立的高校资助保障卡制度，做到"一人一卡，专人专用"，方便资金核查的同时，也将避免资金截扣，或挪用等违规行为。对于实施高校资助保障卡制度，将在以后章节中专门论述。通过优化国家奖助学金评选机制，增强国家奖助学金评审工作的可操作性，避免学校、学生对评审过程和结果的异议与争执，促进和谐校园的建设。

六　加大国家奖助学金评选监督惩罚力度

（一）健全校内监督举报制度

健全公开透明的监督机制，充分发挥学生的主体作用，培养学生的维权意识，进一步拓展举报渠道，通过实施校内学生申诉制度，设置专门电子邮箱、服务电话专线等，广泛听取学生的举报诉求，注重保障举报人的人身安全，让国家奖助学金评选工作真正做到公平、公正、公开。通过不断完善监督举报制度，防止错评或漏评，避免奖助学金乱用滥用的同时，也更好地保障了国家奖助学金真正地惠及需要奖励资助的优秀学生。

(二) 加大对高校国家奖助学金评选工作的审计与奖惩力度

上级教育、财政、审计主管部门，加大对所属高校国家奖助学金评选工作的检查与监督，定期对学校是否按条件组织学生进行评审、是否按程序进行推荐，以及资金是否及时抵达学校、是否按时全额发放到学生手中等进行专项审计，特别对拨款发放日期、金额等进行严格审核，并与次年下达的国家奖助学金计划挂钩。对违规评选发放、截留挪用国家奖助学金等高校一律实施"一票否决"制度，除收回违规发放资金、降低次年国家奖助学金下达计划外，取消当年上级主管部门组织开展的先进单位或先进个人评选推优资格。特别对近年来，个别地方学校出现弄虚作假套取资金、挤占挪用资金等重大违法违规行为，应取消三年的国家奖助学金评优推荐资格，对负有责任的单位主要领导或相关责任人，交上级纪检部门按法律法规进行处理。

国家奖助学金制度，是一项政府指令性政策，其目的主要是为了激励大学生勤奋学习，在德、智、体、美等方面得到全面发展和提高，同时使家庭经济困难学生的学费和生活费得到很大程度的解决。针对目前实施的国家奖助学金评选工作中，仍然存在的宣传工作不到位、育人功能不突出等问题，更需要加大宣传力度，增强育人效果。有关宣传、教育措施，将在第七章中单独论述。

第三章　国家助学贷款制度

国家助学贷款是由政府主导、财政贴息、财政和高校共同给予银行一定风险补偿金，银行、教育行政部门与高校共同操作的，帮助高校家庭经济困难学生支付在校学习期间所需的学费、住宿费及生活费的银行信用贷款，是我国政府实施科技兴国战略，落实教育公平，加快人才培养，通过财政、金融手段，对普通高校经济困难学生予以资助的一项重大措施。

党和政府高度重视国家助学贷款工作，自实施至今，国务院、教育部、财政部、中国人民银行等部门相继制定下发了多个指导性文件，为推进国家助学贷款工作提供了强有力的政策支持。国家助学贷款不但推动了我国高等教育事业的健康发展，有利于银行系统不断拓展消费信贷等业务领域，更重要的是帮助家庭经济困难学生顺利完成学业，并培养学生的自立自强精神。国家助学贷款制度已成为高校学生资助政策体系中的主要组成部分，对切实解决家庭经济困难学生资助发挥了决定性的作用。

第一节　国外高校国家助学贷款制度变革及其特性

由国家政府为在校大学生提供助学贷款，让贫寒学生求学深造，是在20世纪初开始的。据贷学金政策研究专家伍德霍尔的著作记载，最早采用贷学金资助办法的国家丹麦和瑞典，分别于1913年和1918年在本国建立了专司贷学金的管理机构"丹麦学习基金会"、"中央学习组织委员会"。哥伦比亚、日本等国也先后筹建贷学金资助体制。特别是20世纪50年代美国贷学金资助项目的兴起，对欧洲发达国家和许多发展中国家产生巨大影响。据不完全统计，截至1990年设立贷学金资助方案的国家已达 59 个[①]。20 世纪末，随着东欧剧变和苏联解体，一批国家也开始酝酿和筹建各自的贷学金资助机制。时至今日，助学贷款已成为国家政府向高校学生进行财政资助的最主要形式。各国助学贷款制度既有共性又有特色，笔者通过对比发达国家（或发达经济体）中的美国、英国、澳大利亚、日本、韩国五个国家，发展中国家中的印度、泰国两个国家，以及中国香港、台湾地区助学贷款制度演变，简要分析了各国（地区）学生贷款管理模式、特性和经验，以期能够对我国助学贷款机制提供有益借鉴和启示。

一 发达国家助学贷款制度变革

（一）美国：助学贷款种类繁多的国家代表

1. 美国助学贷款概述

美国是一个经济发达、高等教育规模庞大的国家。1957 年，美国颁布了《国防教育法》，从巩固国防的战略高度，为学习数学、科学、外语和师范学位的大学生提供学生贷款（Pekins Student Loan），于 1958 年设立"国防教育贷学金"，明确第一年度（1958—1959 年度）拨款数额为 4750 万美元，在世界上首开用贷款资助学生的先河。1965 年，美国颁布《高等教育法》，由政府为贫困家庭子女提供"斯泰福贷款"（Stanford Loans）[②]。此后，按照《国防教育法》规定，1965 年、1972 年、1980 年、1986 年、1992 年，国会分别对"国防教育贷学金"进行了修订或确认，每次都再投入以后几年的资金，该项贷学金至今仍然有效，其中 1972 年此项贷学金被改称为"国家直接出资贷学金"，1980 年又改称为现在的"帕金斯贷学金"。据统计，1996—1999 年期间，参与助学贷款工程 4100 所大学和学院，2700 所商业、贸易和技术学校，3900 家银行和其他贷款人，为美国 5000 万名学生发放各类助学贷款超过 1.15 万亿美元，其中，美国联邦助学贷款工程总金额已达 3350 多亿美元，助学贷款每年增量为 500 多亿美元[③]。进入 21 世纪以来，美国助学贷款政策没有发生根本性变化，但注入新的重要内容，主要体现在 2005 年、2006 年联邦教育部分别

[①] 张民选：《理想与抉择——大学生资助政策的国际比较》，人民教育出版社 1998 年版。
[②] 张民选：《关于大学生资助政策发展的比较研究》，《教育研究》2007 年第 4 期。
[③] 马经：《助学贷款国际比较与中国实践》，中国金融出版社 2003 年版，第 64 页。

制定的《联邦学生资助：2006—2010 年五年规划》《高等教育行动计划：方便入学、控制负担、推进问责》，以及一系列学生资助指南中。仅 2006 年，联邦政府提供和担保的新助学贷款总数高达 620 亿美元，比 2005 年增加 40 亿美元[①]。进入 21 世纪后，美国随着大学学费上涨，以及同期消费指数的增长，加速了助学贷款的发展，目前学生贷款已成为美国学生上学的第一选择，有 2/3 的大学生上大学要靠助学贷款才能完成。

2. 美国政府实施的助学贷款种类

美国高等教育的助学贷款是世界上最复杂的，不仅贷款主体多元，且贷款形式多样，贷款计划繁多，并都有一定的法律依据。目前，联邦政府为学生提供的贷款种类主要有以下五种：联邦帕金斯贷款、联邦斯坦福贷款、联邦学生父母贷款、联邦学生补充贷款，以及联邦合并贷款[②]。其中联邦帕金斯贷款和联邦斯坦福贷款是美国最重要的两种助学贷款。

（1）联邦帕金斯贷款。该项助学贷款计划最早由 1958 年《国防教育法》确定，原名为"国防贷学金"，于 20 世纪 80 年代后开始使用现名。贷学金由政府出资，即由联邦政府将贷款基金拨给学校，为特殊经济需要的本科生或研究生提供的低利息贷款，贷款的发放和归还均由学校管理控制，并由学校决定学生是否符合贷款的申请条件。本科生中，优先考虑已获得佩尔助学金（该助学金是基于学生经济需要的一种奖励形式，资金由联邦财政援助提供，一般提供给那些没有获得学士学位或职业学位的本科生）的学生，每学年提供额度一般在 1000—1500 美元之间，最大数额是 4000 美元。学生毕业后 9 个月内为宽限期，其利息为零，宽限期后贷款人开始偿还贷款，还款期限一般为 10 年，其利息为 5%。如果学生毕业后继续攻读研究生或成为失业人员或在其期票交易活动中符合相关条文所规定的条件可提出延期请求。

（2）联邦斯坦福贷款。该项助学贷款计划是根据《1965 年高等教育法》设立的，原名为"国家担保助学贷款"，20 世纪 80 年代后期改为现

[①] Department of Education, USA. Action Plan for Higher Education: Improving Accessibility, Affordability and Accountability, Washington DC: USDE, 2006.1、1、1.

[②] 潘建军、谢革利：《美国大学生多元化资助方式评析》，《北京教育学院学报》2006 年第 3 期，第 25—27 页；黄春华、梁新潮：《政府资助型助学贷款模式的国际比较及借鉴》，《福建论坛（人文社会科学版）》2006 年第 12 期，第 30—33 页。

名。贷学金由私人贷方即银行和信用合作社建立、由各州教育担保机构代表政府担保的一种大学生资助方式，是美国目前最盛行的贷款项目。贷出金额约占联邦助学贷款总额的75%。自1993—1994年度起，本科生期间可贷款总额不得超过23000美元，其中大学一、二年级学生可分别借款2625美元、3500美元，三年级或四年级学生可借款5500美元，如再加上研究生年贷款最高额为8500美元，贷款总额可高达65500美元，而当时（1994—1995年度）的公立四年制大学、私立四年制大学平均学费分别为2968美元、12938美元[①]。年贷款利率不得超过8.25%，对于在读学生或贷款宽期限内年利率为4.7%，还款期间为5.3%，同时采用浮动利率即每年的7月1日进行一次调整，1998年7月1日以来该贷款利率为4.06%——联邦助学贷款计划实行36年来的最低水平。学生就读期间不需要偿还贷款，毕业6个月后才需要开始偿还，还款期限一般为10年，最长可以延长到30年。如同帕金斯贷款，斯坦福贷款对于学生毕业后继续攻读研究生或成为失业人员或满足所规定的某些条件同样可具有延期付款资格。但与帕金斯贷款不同的是，斯坦福贷款需要支付包括3%的创始费（也可称为"开办费"）和1%的担保费（也可称为"保险费"）在内的手续费，该费用从每次支付贷款的过程中扣除，其中一部分上交联邦政府，另一部分付给发放贷款的金融机构用于降低贷款成本。按照规定，斯坦福贷款分为贴息贷款与非贴息贷款两种形式。对在校期间或毕业后6个月宽期限内或符合延期付款条件的学生，实行贴息贷款，即贷款利息为零，由联邦政府通过为学生支付利息方式补贴其贷款。而所谓的非贴息贷款，即由学生必须为非贴息贷款支付其贷款偿还期内的所有利息，学生在校期间可以按月支付或利息累加的方式缴纳利息。如果采用利息累加的方式，其偿还贷款本金数额也将增加。对于非贴息贷款即使学生在校期间所借款或在宽期限内，学生也必须支付利息。如果学生暂时不能履行其偿还期限且不符合延期的条件，承贷方可批准学生拥有一个有限的或指定的延期期限。

(3) 联邦学生父母贷款。该贷款项目是根据《高等教育法1980年修正案》而设立的，是面向有良好银行信贷记录的大学生父母用于支付其

[①] 马经：《助学贷款国际比较与中国实践》，中国金融出版社2003年版，第64、94、127页。

子女教育费用的贷款形式，学生父母须以自己的名字申请贷款。如果学校是直接借出方，则承贷方是联邦政府；如果父母通过联邦家庭教育贷款项目得到贷款则需要选择一个贷方。本科生学生父母贷款额度目前无具体规定，年最高款额为"教育成本"减去借款人的子女所得到的任何资助款额之差。该贷款实行浮动利率，利息在贷款发放后开始计算，在新学年年利率为6.1%，最高利率不得超过9.0%，仍然低于普通商业银行贷款利率。如同斯坦福贷款，联邦学生父母贷款同样需要支付包括3%的贷款创始费和1%的担保费在内的手续费，该费用在每次支付贷款过程中直接被扣除。关于偿还期限，开始于父母获得第一次或第二次贷款支付的60天之后，还款期限为10年。部分学校提供一个浮动的还款计划，时间在2个月至12个月之间。对于因有不良信用报告而被拒绝贷款的学生父母，其子女可请求财政援助办公室考虑其申请额外的斯坦福非贴息贷款资格。

（4）联邦学生补充贷款。该贷款是根据《高等教育法1986年修正案》设立的，资金来源主要是联邦政府。贷款对象主要是面向经济独立于父母的学生，贷款数额为高等教育的个人成本减去学生本人获得的其他经济资助，实施弹性利率，最高年利率不得超过11%。本科生贷款总额度最高为23000美元，如同斯坦福贷款、学生父母贷款，该贷款申请者必须缴纳贷款创始费和担保费，需从每一笔贷款额中扣除。

（5）联邦合并贷款。该贷款项目是专门为借款人设计的还款计划，分为联邦家庭教育合并贷款和直接合并贷款，皆采用固定利率，并要求学生按月偿还贷款本金。联邦合并贷款不但可以降低学生的还款压力，且延长了学生的还款时间（最长达30年），此外与学生所拥有的一种或多种贷款相比，其利率较低。如果学生父母已为其申请了联邦学生父母贷款，其父母也可以获得直接或联邦家庭教育合并贷款。如果学生未能如期履行联邦学生贷款，仍可以申请贷款合并。一旦贷款进入了还款期或在延期时间内，在宽期限内学生可申请贷款合并。学生得到合并贷款也有一些不利之处，比如合并贷款增加了学生偿还贷款的总数额，因为学生延长了自己的还款期限，为此需要支付更多的利息。因此，学生需要在非合并贷款的偿还数额和合并贷款的偿还数额之间进行比较，以便作出有利于自己的选择。

1998年，联邦政府决定把"斯坦福贷款"和"学生父母贷款"合并，正式设立"联邦直接贷款"。截至2005年，"联邦直接贷款"的发放金额已达到 128 亿美元，接受学生申请 1900 万名学生[①]。另据国际评级机构穆迪统计，在 21 世纪初发生金融危机后，美国联邦政府在学生贷款领域变得更加活跃，2013 年 8 月末，1 万亿美元未偿付学生贷款余额中，85%的份额都出自联邦政府，而商业银行和其他私营贷款商仅占 15%的份额。此外，美国还有收入部分贷款，以及教育机会银行贷款等多种形式贷款作为补充。

3. 美国助学贷款制度特性

（1）资金来源上，主要为政府直接拨款和政府担保信用贷款。其中政府直接拨款包括联邦政府资金和州政府资金，如联邦帕金斯贷款、联邦学生补充贷款，由于政府较大的投入，资金来源比较有保障；政府担保信用贷款，即由金融机构提供贷款，先由州政府进行担保，后由联邦政府进行再担保，如联邦斯坦福贷款、联邦学生父母贷款，但联邦政府给予贷款机构一定的补偿，以此作为银行对学生收取较低贷款利率的补偿。

（2）申请对象上，不同的贷款项目针对不同的学生群体。其中联邦帕金斯贷款接受对象是"家庭经济状况最低下的学生"；联邦斯坦福贷款接受对象是"有经济资助需要的学生"；联邦学生父母贷款接受对象是供养大学生的家长；而联邦学生补充贷款主要是面向经济独立于父母的学生。

（3）发放程序上，由政府负责审核贷款。学生首先填写联邦学生资助申请表；联邦政府根据学生提供的信息资料判断学生家庭能够承受的成本；高校学生资助办公室算出学生个人资金需求；学校资助办公室根据学生获得的其他奖学金和总的资金需求情况，确定学生能够借贷的数额。之后，由学校将学生的信息资料转给银行，待学生签署保证履行还款义务的承诺书后，银行将把贷款以支票形式直接寄给学校用于缴纳学杂费、住宿费等，剩余部分转给借款学生用作生活费。所有的助学贷款都是根据学生上学成本、家庭能够承受的成本和能够获得的其他资助额来计算不同学生具体能够获得的贷款金额，程序虽然比较复杂，但能清楚了解每个学生真正需要的贷款金额，能更好地满足学生需求。

（4）贷款回收上，学生离开学校过了还款宽限期，借款学生就开始

---

① Federal Student Aid, USA. Five-year Plan：2006-2010, Washington DC：USDE, 2005. 9、7、7、7.

还款，联邦助学贷款还款期限一般为10年（最长也可延长至30年，如联邦斯坦福贷款），每月最低还款金额为50美元。贷款偿还方式灵活多样，学生和家长可根据贷款种类、毕业后就业及收入状况的预测进行选择。1998年，考虑到"按收入比例还贷"等方式有利于提高还贷比例，也有利于学生提高还款能力，联邦政府决定把助学贷款还款方式从单一的"标准分期还贷"方式改为可供学生选择的"标准分期还贷"、"逐年递增还贷"、"延长年限还贷"、"按收入比例还贷"，以及毕业后通过从事一定时间的特定的工作来偿还贷款等五种还贷方式[1]。贷款回收由商业银行负责，主要通过电话和信件等方式进行催促。美国各州都设立助学贷款专门的担保机构，一般按照贷款数额的一定比例收取担保费，主要职责就是回收被拖欠的贷款。对于6个月后仍然未能成功回收贷款的，银行将把被拖欠的贷款转给政府的担保机构，并从担保机构得到全部补偿。担保机构如果能将拖欠的贷款成功回收，就可将回收额的30%留归己用。如果拖欠9个月后仍然不能回收贷款，则担保机构就可向教育部申请补偿，由联邦政府履行最后的担保职责。如果州担保机构最终拖欠率低于5%，联邦政府将给予其全部补偿；如果拖欠率高于5%，则担保机构就只能得到部分补偿。但对于学生由于死亡、疾病等原因无法还贷，以及对超过60岁的人剩余欠款，州政府和联邦政府将向银行赔付95%的拖欠贷款。这将解除了银行的后顾之忧。

（5）违约处罚上，联邦政府给予拖欠者较为严厉的处罚。目前，联邦政府公布的处罚规定包括：将拖欠情况报告列上国家资信局黑名单七年，记入学生信用记录，并将拖欠者名字在媒体上曝光；取消"暂缓还贷"资格，取消再借助学贷款权利，并将账户转入债务追款机构进行追讨，拖欠者除需要缴纳滞纳金、罚息以外，也需承担追讨过程所发生的相关费用；国家税务局从个人所得税返还款中强制扣款，授权用人单位扣除一定比例工资充抵拖欠款，取消开业从事某些专业活动的资格等；将恶意拖欠者诉诸法律，由法院强制执行，并由拖欠者负责审判费、律师费等[2]。同时，高校也要对学生拖欠贷款行为负责。美国教育部门每年统计各高校助学贷款的还款情况，如果学校助学贷款拖欠率达到40%或连续

---

[1] Federal Student Aid, USA. Repaying You Student Loans, Washington DC：USDE, 2006.11.
[2] Ibid., p. 27.

三年的拖欠率达到25%，那么该学校学生将失去获得贷款的资格。对没有助学贷款的高校是很难招生和生存的。截至2002年底，美国已有近800所高校或培训机构被取消联邦助学贷款资格。上述措施在美国已产生明显效果，在助学贷款总量不断增长的情况下，美国学生助学贷款的拖欠率已从最高时期的17%下降到6%[1]。但由于美国经济泡沫，以及年轻人连续多年较低的就业率，美国拖欠助学贷款数额居高不下，据美国消费者金融保护局披露，2011年第三季度，未偿学生贷款中被拖欠部分约有850亿美元，美国学生贷款的债务总额已达1万亿美元[2]。

（6）还贷减免上，美国政府为了鼓励学生从事社会需要的事业，实施相对稳定的减免还贷制度，其中分为全免还贷项目和部分减免还贷项目。全免还贷项目主要有：全职从事边远地区和低收入地区中小学的贫困学生教育工作；全职从事公立特殊学校和非谋利特殊学校的教育工作；全职从事残疾人员早期干预的各种专业工作；全职从事政府规定的紧缺专业教师工作；全职从事对高风险学生和低收入家庭学生的教育辅导工作和全职从事护士和医疗辅助技术工作，等等。而部分减免还贷项目主要为参加和平队海外志愿者工作，以及参军服役等[3]。无论在贷款回收上，还是贷款减免，都充分体现了政策制定的人性化。

（7）贷款管理上，由多部门共同管理。美国学生贷款管理机构包括联邦政府、州政府，以及金融机构、各州设立的担保机构等。政府在整个助学贷款实施过程中都起着重要的作用，其职能均为间接管理，在宏观上进行调控，具体贷款业务由政府委托给其授权的资助机构完成。参与的各部门均有自己明确的责任和义务，工作的协调和配合上具有较高的效率。

（二）英国：通过税收部门回收贷款的国家代表

英国是一个有着800多年高等教育发展历史的国家，助学贷款制度是首先出现于1988年英国教科部发表的《学生生活费差额贷款》白皮书，

---

[1] Federal Student Aid, USA. Five-year Plan: 2006-2010, Washington DC: USDE, 2005.9、7、7、7.

[2] 财经网：《美国助学贷款泡沫》，http://finance.caijing.com.cn/2012-05-02/111835110.html, 2012-05-02。

[3] Federal Student Aid, USA. Repaying You Student Loans, Washington DC: USDE, 2006.22-23.

于1990年通过贷学金资助方案，决定由政府专门设立"公营贷学金有限公司"负责操作管理，公司发放的贷学金属"无实息贷学金"，所有大学生都可以向"贷学金公司"申请借贷。1995—1996年伦敦地区每个学生每年借贷最高额为1695英镑，而其他地区为1065英镑，学生毕业后必须在五年内分60期还清[1]。1998年，由于"分期定额还贷"和"由银行或专业公司回收贷款"等缺陷，无法继续，政府开始实施新贷款政策，规定向所有大学生每年收取1000英镑的学费；家庭分担教育成本、贫困学生可以贷款支付；学生毕业后年收入达到15000英镑时必须还贷等[2]。2004年，英国政府又通过《高等教育法案》，对贷款政策进行了调整，规定从2006年9月开始，英格兰地区的大学学费进一步提高；学生贷款还贷期可推迟到毕业且年收入高于15000英镑之后再开始偿还，25年之后所有贷款债务将不再追究等[3]。2010年11月，英国政府又宣布，决定将毕业后开始偿还贷款的收入阈限提高到21000英镑。同时，对贷款额度也随之改变，经过多次改革，英国逐渐形成了目前由教育与技能部和财政部共同决策、大学生贷款公司借款申请和发放贷款、学生借贷学费贷款和生活费贷款、大学获得应收学费、毕业生收入超过还款门槛后在纳税的同时偿还贷款、税务部门收取还贷，并继续为学生贷款公司提供贷款资金的比较成熟、比较完整的助学贷款系统。

1. 确立"先上学，后付费"的贷款制度

"二战"后，英国一直为所有全日制大学生支付大学学费，并为贫困学生提供解决生活费的助学金。由于20世纪70年代经济和财政危机，1990年英国政府决定实施"缴学费上大学，贫困学生贷款加补助"资助政策。进入21世纪后，随着财政形势好转，英国也可恢复政府为学生支付学费的传统做法，但在社会和众多学者的支持下，英国还是确立了高等教育应该收费、大学生应该付费的理念，并提出了"先上学，后付费"具有创举意义的收费办法，即"先帮助你上学，赚钱后你再缴学费"，详

---

[1] 张民选：《理想与抉择——大学生资助政策的国际比较》，人民教育出版社1998年版，第146页。

[2] 张民选：《英国大学生资助政策的演进与启示》，《比较教育研究》2007年第5期，第1—5页。

[3] 王玺、李献斌：《国外学生资助体系比较及启示》，《国家教育行政学院学报》2007年第12期，第85页。

细地说，就是先允许所有学生贷款上大学，待学生毕业、工作、赚钱后获得了一定的个人回报后，再偿还助学贷款①。对于贷款对象仅有居住和年龄两方面要求，一是学生应在其学业开始学年之前在英国常住 3 年以上；二是学生应在学业开始之前年龄低于 50 岁（不含研究生）；资格申请由学校负责，先进行贷款资格审查，再填写《贷款申请表》，签订《贷款协议书》，从申请、审核到协议的签订都较规范，效率较高。

2. 实施"按收入比例还款"助学贷款

英国助学贷款本金由政府财政预算拨款，由助学贷款公司来经办，分为学费贷款和生活费贷款两种。学费贷款用于学生支付当年学费，生活费贷款用于住宿和其他生活花费。自 2006 年起，英国取消国家统一学费标准，由学校根据自己所处地区、招生供求关系，以及本校不同专业学科等自由定价学费，但 2010 年前最高为 3000 英镑。2010 年 11 月初，英国政府宣布大幅上调各大学学费上限，决定自 2012 年秋季开学起，英国当地本科生年学费由目前的最高 3290 英镑提至 9000 英镑②。因此学费贷款随着学校规定的学费同比调整。每个在读全日制学生都有权借"学费贷款"，数额直接划拨给学生所在大学。生活费贷款是按学生贫困程度测定提供的贷款，并不是所有人都可以全额获得，所能贷款的最大额度主要与居住地、家庭收入、专业课程、其他财政资助获得情况等因素有关。以 2006—2007 年为例，根据学生的家庭年收入 17500—37426 英镑，英国伦敦以外、住校学生可申请最高生活费贷款 3205—4405 英镑；伦敦地区、住校学生可申请最高生活费贷款 4970—6170 英镑；与家长同住的走读生可申请最高生活费贷款 2515—3415 英镑③。通过对比，还应注意到，家庭年收入越少、越贫困的学生"生活费贷款"的最高贷款金额越低，这是因为除了助学贷款，贫困学生还能获得奖助学金等其他资助。所得到的资助与助学贷款是系统相关的，申请助学金的贫困学生同时要申请学费贷款。

---

① 薛宏春：《英国大学资助制度对我国高校资助体系改革的启示》，《新西部》2010 年第 6 期。

② 张峥：《英国本土大学生学费上涨，留学生学费涨幅有望压低》，《华西都市报》，2010 - 11 - 16。

③ 张民选：《英国大学生资助政策的演进与启示》，《比较教育研究》2007 年第 5 期，第 1—5 页。

英国政府在总结以前的经验和教训的基础上，改革了"分期定额还款"办法，从 2006 年起，对贷款偿还政策进行调整，规定借款学生在完成学业的次年 4 月开始偿还贷款，也可根据自己的情况提起还贷。学生毕业后，当其年收入超过 15000 英镑后开始还贷，2010 年 11 月政府决定将偿还贷款的收入阈限提高到 21000 英镑，每年偿还额度是超过 21000 英镑部分的 9%（如年收入为 27000 英镑，则当年所要偿还的部分是 6000 英镑的 9%，即 540 英镑，每月约为 45 英镑）。若贷款学生 25 年后仍不能还清，则剩余部分全部由国家代偿[①]。对于毕业后年收入不满 21000 英镑的学生，允许其推迟一年还款。如果一个大学毕业生经常处于失业状态，或者年收入经常低于 21000 英镑，那么当这名毕业生达到 65 岁时，政府将为其核销，并支付剩余的债务。需要说明的一点就是，英国助学贷款名义利率实际上是一种贷款调整率，与每年零售物价指数及年通货膨胀率相关，其助学贷款是一种利率实际为零的贷款。

3. 实行税务部门参与管理的贷款政策

为了保证贷学金资助的良好循环，英国政府引进税务局作为学生助学贷款的回收机构，通过全国的税收网络来跟踪贷款学生、计算毕业生年收入是否达到还款阈限和应该偿还的贷款数额。整个还款过程完全不需要学生自己经手，而是由学生贷款公司通过英国完整的税收系统，直接从学生当年的工作薪水中扣除应该还款的部分，由于学生贷款公司属于自治的公立机构，在财政和管理上都是独立的，有较大的自主性和实效性。每年一月，皇家税务海关总署向每位贷款学生所在的工作部门发送一份关于如何计算学生当年贷款扣除额度的简要文件，内容包含有工作部门扣除工资的开始和截止日期；工作部门在每个债务预期偿还期到来时，按照学生当年工资，对年收入超过 21000 英镑的部分依据 9% 进行计算并扣除；皇家税务海关总署通过所得税系统从各学生相关工作部门将贷款回收[②]。其间，工作部门如有问题可拨打皇家税务海关总署专门热线服务电话咨询；学生贷款公司则是向皇家税务海关总署提供学生贷款到期时间等信息，以便准时、有序地进行贷款回收；学生可向当地税务部门寻求解答关于税收回收

---

① Dfe. ES. 2006 New Srrangement for Student Loans in UK. 2005. www.dfes.gov.uk.
② 冯涛、吴玥：《英国大学生资助政策及启示》，《教育评论》2009 年第 4 期，第 163—165 页。

贷款的问题等。

英国通过税收系统回收贷款有三个优势：第一，是税收系统能够将所有毕业生纳入系统，使所有毕业生的收入与还贷信息处于同一系统之内，确保信息完全、贷款回收和新贷款资金来源；第二，税收系统覆盖全国，无须再建立其他系统，就能够容易便捷地查找在任何地方工作的毕业生，节约了贷款回收工作的运行成本；第三，由于贷款偿还与学生工资挂钩，且工资打入学生银行账户前已被税务部门直接扣除，学生根本无法接触这笔还款，因此在机制设计上使学生无法逃避贷款偿还责任，确保了助学贷款能够持续发展。英国通过税收系统回收助学贷款资金、结合收入水平确定还款方式等做法，是其他国家未尝试过的、行之有效的、推迟付费性资助的新方法，很值得其他各国进行研究借鉴；也成为目前各国学者和世界银行等国际组织公认的有效机制。

4. 国家对私立高校学生同样提供"助学贷款"

对于到私立高校就读的贫困学生也有经济困难问题和接受资助的平等权利，为此，英国政府对私立学校的学生每年同样提供最高 3000 英镑的学费贷款，且贷款数额可随着学费的增长而调整。对学费与贷款的差额部分由学生自己支付，或通过其他渠道的资助来支付学费。英国政府不对私立学校强制实行"先上学，后付费"的政策，只是提醒私立学校学生受资助的学校和课程须经过质量保障部门的审核注册，目的就是加强对私立学校的财政监管。

（三）澳大利亚：按收入比例偿还贷款的国家代表

20 世纪 80 年代前，高等教育费用一直由政府全部包揽，对学生实施免费政策。随着高等教育由精英型教育向大众型教育转变，高等教育就学率持续上升。澳大利亚政府决定实行高等教育学费分摊计划，于 1989 年改革并实施"高等教育贡献方案"（HECS），学生须缴纳部分学费，其收取方式可以提前支付，也可申请贷款。经过多年实践和完善，目前 HECS 计划更加完善精致、更加具有法律权威。

HECS 是一个以收入为支撑的贷款系统，又称收入权变贷款制度，是消费平整效益、还款与收入成正向的一种助学贷款制度，此项贷款来自联邦政府的免息贷款，但随着消费者价格指数的通货膨胀率而调整，且需要支付 20% 的贷款费用。在这种制度下，学生助学贷款在未来需要还款时，还贷压力主要由其收入决定。申请贷款学生，只要是澳大利亚公民或澳大利亚签证永久持有者，符合一定的税务档案要求，没有逃税漏税记录，所有学习的课程是被评估为合格的课程，申请最高贷款限额从最初的 5 万澳元提高至 10 万澳元（根据 2013 年的标准，澳大利亚普通学生一生的贷款限额是 93204 元，而医学院的学生是 116507 元）[1]。学生毕业后，如不能获得工作并取得收入，或者取得收入未达到一定的标准，学生无须归还贷款；学生获得工作，且所取得收入超过一定标准，学生需要按照约定还款，收入越高，归还贷款额越高[2]。HECS 最初设定：一个全日制学生，一年供款 1800 澳元，而且只有一个付费层级。1996 年，民主党联合政府就任后，认为："在设定 HECS 学费时，必须同时考虑课程的成本以及学生个人因为接受高等教育在未来可能增加的收入"，决定降低开始偿还学费的收入门槛，增加所有学生必须分担的 HECS 费用，并从 1997 年起，分设了"医学类学科学费"、"实验室类学科学费"、"非实验室类学科学费"三个付费层级，进入不同类别学科专业学习的学生按不同的标准缴费[3]。决定 HECS 偿还的收入是"个人的收入"，跟父母或配偶的收入不相关。贷款偿还由澳大利亚税务署管理。当毕业生的收入达到最低还款门槛线（一般为社会平均收入）的时候，税务部门按毕业生的收入确定当年度应还的贷款本息，并通过税收系统开始回收贷款。毕业生的收入越高，偿还贷款的速度越快，其贷款偿还率也就越高；如果收入低于政府确定的标准，当年暂停还款；而一个毕业生的收入总是低于还款门槛线，则终生不用偿还此项贷款。毕业生也有义务在缴纳所得税时，一并向税务局偿还贷款。2003 年，澳大利亚政府通过《高等教育贡献法》，明确规定毕业生按收入比例还贷是法定义务，对自愿多还款、加速还款的学生，政府给予减免部分还贷的奖励，如毕业生自愿提前偿还 500 澳元以上的 HECS 债务，则可享受 15% 的奖励（后期改为享受 25%）。每年还款门槛线因平均周薪的波动而波动，偿还率随工资的变化而变化，但最高止于 7.0%。以 2006—2007 年澳大利亚助学贷款义务还贷标准为例，收入还款门槛线

---

[1] 中国广播网：《助学贷款程序繁琐难倒学生 – 澳大利亚：空手报到常见》，http://edu.cyol.com/content/2013-08/05/content_8829748.htm，2013-08-05。

[2] 龙素英、刘勇：《中澳高校学生助学贷款之比较与启示——基于澳大利亚 HECS – HELP 制度分析》，《中国科技纵横》2012 年第 21 期，第 216—217 页。

[3] 教育经济研究网：《关于大学生资助政策发展的比较研究》，http://jyjjyj.e21.cn/content.php?content_id=668，2008-09-05。

是38149澳元，对年收入38149—42494澳元、42494—46838澳元的偿还率分别为4.0%、4.5%；年收入46838—49300澳元、49300—52994澳元的偿还率分别为5.0%、5.5%；年收入52994—57394澳元、57394—60414澳元的偿还率分别为6.0%、6.5%；而年收入在60414澳元以上的偿还率为7.0%[①]。2002年，澳大利亚联邦政府为了满足研究生提前支付学费之需，引入"研究生教育贷款计划"（PELS）。该贷款项目的还款门槛线、偿还贷款率和HECS相同。跟HECS不同，PELS不享受提前付费的折扣，但自愿提前偿还贷款则可享受同等比例的奖励。两者区别主要在于交付学费的实际内涵不同，HECS中学生支付的学费只是培养成本的25%，而PELS中学生支付的则是全部的培养成本。PELS发生的债务，会被加到已有的HECS中，合成单一的债务。不管HECS还是PELS都是联邦政府直接拨给大学的，两者采用相同的管理体系，从而降低管理成本[②]。

澳大利亚实施按收入比例偿还贷款做法是一个设计严谨、运行有效率的助学贷款计划，不但有效地满足了学生的高等教育资助需求，而且毕业生的偿付率也比期望的高。特别是毕业生个人税收系统介入助学贷款的做法基本杜绝了高校毕业生抱有侥幸心理逃贷的可能性，降低了商业银行的贷款风险，绝大多数的毕业生可在毕业10年内还清助学贷款。但由于澳大利亚无上限的大学需求促使大量学生进入大学教育，以及政府设定目标要在2025年前，将25岁至34岁拥有学士学位的澳大利亚人数比例升至40%，致使近年来澳大利亚大学学生助学贷款计划的总支出激增，提供给学生的免息贷款已超过300亿澳元（约合人民币1500亿元），其中有超过70亿澳元被列为"不良贷款"，2011—2013年三年内的新增不良贷款相对而言较为稳定，但比例已达16%—17%。据澳大利亚联邦预算案数据显示，预计2020年不良助学贷款的比例预计将增至20%—25%[③]。

（四）日本：由独立于政府之外的社会性服务事业机构作为全权负责贷款事务的国家代表

日本是世界上最早在全国范围内推行贷学金资助的国家，并始终坚持

[①] 张民选：《关于大学生资助政策发展的比较研究》，《教育研究》2007年第4期。
[②] D. 布鲁斯·约翰斯通：《按收入比例还款型学生贷款在发展中和转型国家的适用性》，《北京大学教育评论》2004年第1期，第20—27页。
[③] 中国行业研究网：《澳大利亚助学贷款总开支超千亿元》，http://www.chinairn.com/news/20140117/143835658.html，2014-01-17。

把贷学金作为政府资助的基本方式。日本助学贷款管理机构为独立于政府之外、具备法人团体地位、属于社会性服务事业机构的"日本育英基金会"。该机构首创于1943年，最初命名为"大日本育英基金会"，资助主要由财团法人提供，资助机构性质为育英财团特殊法人，资助资金性质为"贷放性的贷学金"[①]。1953年，该基金会被改组为以大藏省拨款为主的公法人"日本育英基金会"，发放的借贷性奖学金称为"日本育英奖学金"或"日本育英贷学金"。1964年，"日本育英基金会"设立"教育特别奖学金"，对毕业后到中小学任教的学生的奖学金全部赠予，无须归还；毕业后如从事其他职业，则与其他借贷学生一样，需按规定归还奖学金。20世纪80年代，日本高等教育进入大众化时期，1983年修订《日本育英会法》，决定从1984年起，将贷学金分为两种"第一种借贷奖学金"（也有的称为"无息贷款"）、"第二种借贷奖学金"（也有的称为"有息贷款"）。"第一种借贷奖学金"是不计利息的贷学金，主要供传统的出身贫寒、经济困难、最需要资助的学生借贷，学生无须归还利息，每年可借贷52万—76万日元；"第二种借贷奖学金"是计利息的贷学金，利息变动，年利率最高可为3%，供其他需要的学生借贷，每年可借贷36万—120万日元。同时决定取消1964年设立的"教育特别奖学金"，规定凡是大学毕业后直接到中小学任教，到公立大学、公立科研机构从事一定年限的教学科研的人，都可以免除一部分，直至全部的贷学金[②]。实施至今，又几经修改，主要大大增加了研究生的贷学金比例，以及学生借贷数额，目前日本仍然实施着1984年的改革方案。

作为为国家掌管育英奖学金事业的"日本育英基金会"，有着完善组织机制的独立机构。该基金会下设理事会和评议会，并制定了《日本育英会法》，理事会、评议会下设本部办事机构（指业务总部，负责管理运作）、地方办事机构（又称支所或支部，其中三大支所是东京支所、大阪支所和名古屋支所）及各种专门职能委员会。各职能部门分工明确，人员配备齐全。理事会设理事长一人、理事四人、监事两人，其职责是制定方针，监督业务运作；评议会设会长一名、评议员十四人，会长和会员均由学识丰硕、经验丰富的人担任，其职能是对育英会制定的重大方针政

[①] 刘昆辉：《日本现行教育制度》，商务印书馆1971年版，第623—628页。
[②] 张民选：《关于大学生资助政策发展的比较研究》，《教育研究》2007年第4期。

策，以及业务运行情况进行评议、审议和评估。基金会的会长、理事长、理事、监事均为国家公务员，在任期内不允许兼职或从事其他营利性活动，限制官僚的利益，确保了行政管理效度，从而实现贷学金制度的有效运行①。

日本育英会资金，在创办之初由财团法人捐款资助，1953年开始完全由政府支付，由大藏省根据会议和育英会的预测要求，直接按年度拨给育英会，由其全权管理操作。1984年改革后，日本育英会的贷学金资金来源主要包括三部分：一是日本政府的财政拨款，每年政府财政拨款约占资金总额的40%左右；二是大学生贷款的偿还款，回收的资金在总资金中占较大比例，21世纪后，每年回收的资金约占总资金数额的40%左右，这是日本贷学金运行中的特色；三是向其他机构借贷，由育英会向大藏省"财务投资与信贷基金"贷款，后再转贷给学生，日本育英会本身也成了借贷风险承担者。此外，育英会还接受社会和个人的捐赠。

日本育英会贷学金的申请与发放有完整的程序和制度，一般包括财政预算、预约申请或直接申请、院校调查与审核、育英会调查、批准并设立学生账户等程序，其中最为重要的是贷学金的审核标准。日本育英基金会对贷学金申请标准在各方面都作出了具体规定，由各高校根据其标准对申请学生先进行调查和审核，后再由育英会作出批准决定。具体审核标准有：第一，学生的家庭经济状况，主要考虑居住地和求学地消费水平、家庭收入、家庭人口和特殊情况等四大类因素。第二，学生品行，要求学生行为及态度符合学生身份，富有学习进取心、意志坚定、富有责任感等，具有良知的社会成员，毕业后主动负责归还所贷奖学金，学校要把日常品行记录档案，以备审核时作为推荐依据。根据这些标准，把学生品行分为不同档次，确定是否符合受奖资格。第三，学生学业成绩。学习不努力、所修课程或学分过少、学业成绩在班级平均以下，都将受到育英会的相关处理；从"警告"、"期间缩短"、"停发一年"直至"完全停止发放育英奖学金"。第四，学生的身体健康②。严格而合理的审核标准使日本贷学

---

① 郭少华：《国家透视：大学生教育资助模式的变革与发展》，《成都大学学报》2008年第9期，第25—27页。

② 张民选：《理想与抉择——大学生资助政策的国际比较》，人民教育出版社1998年版。

金的发放富有成效,保证了最需要资助群体能够获得主要的资助。日本文部省1994年的《全日本学生生活调查报告》显示,接受高等教育各阶层学生平均有20%的学生获得育英贷学金资助,相对来讲,500万日元以下收入家庭的学生获得的比例达到50%—60%之间①。20年后的今天,日本有半数以上的大学生依靠贷学金来交付学费,致使育英基金会成为日本最大的贷学金提供机构②。

对于贷学金回收,日本育英会从创立之初就十分重视建立有效的相应机制,每年的奖学金按时回收率都在90%以上,在基金来源三条主要渠道中,回收资金占了资助总额的40%,甚至超过了政府的拨款资金,回收资金在资金总额中占如此大的份额,这在世界上是独一无二的。育英会规定贷款还款期限为10—20年,一般短期大学生的归还期限为10年,公立院校毕业生一般11年还清,私立院校一般15年还清,医科、研究生等资助较多者一般最长可以20年还清。偿还贷款可以一次还清,也可以以"一月"、"半年"、"一年"为单位分期付款。还实施一系列的减免或缓还政策,如一次还清时的打折优惠还款、毕业后到规定部门从事教育和研究工作的、严重伤残或长期病休以及死亡者都可以进行贷学金的减免,长期看来有助于降低坏账率。此外,建立一套有效的法律保障制度,对所有受贷学生毕业前都要签署还款保证人、还贷连带保证人证明书。自2004年起在担保人制度之外,又增设担保机关制度,统一由日本国际教育支援协会担任担保机关,申请贷款者需向担保机关支付一定的担保手续费,相关费用每月直接从贷款中扣除,当贷款人无力还款时,由协会替其还款,之后由协会负责向贷款学生追缴③。这样不但减少了承办者的放贷风险,还提高了其发放贷款的积极性。同时,学生还需自己编写还贷明细计划书,毕业后按计划归还贷款,逾期将按欠款的金额加收利息,征收罚款,由日本地方法院负责相关法律仲裁。相对之下,日本的贷学金的回收在世界上是最有效率的,总的归还率平均高达95%④。

---

① 杨会良、任双利:《日本高校贷学金资助模式与运作及其启示》,《日本问题研究》2008年第3期,第31—35页。
② 日本新华侨报网:《助学贷款新规能让多少学生还得起钱》,http://www.jnocnews.jp/news/show.aspx?id=65015,2013-05-27。
③ 马晶:《日本高校学生资助体系研究》,《世界教育信息》2007年第9期。
④ 王翠兰:《日本育英奖学金政策及其启示》,《日本问题研究》2005年第4期。

日本"育英会制度"不提倡无偿资助,"以奖代补",兼具奖励英才、促进教育机会均等的双重目标。其成功的关键在于,在贷学金资助运行中,从目标设定、资金筹借到发放回收、风险防范等各个环节,政府参与其中并始终担当了责任主体,充分发挥政府的公共管理职能,避免了多职能部门参与的边界不清和职责推诿,有效地弥补市场失灵,实现了教育机会均等,为日本促进高等教育的发展提供了有利的支撑和保障。因而可以说,日本是世界上助学贷款做得最成功的国家[①]。

(五) 韩国:贷款风险防范机制较为严格的国家代表

韩国助学贷款起始于1975年,是较早实行助学贷款国家之一。随着1984年文教部实施"大学特色化政策"调整,1987年教育改革审议会提出"创造主导21世纪的韩国人"口号,1995年5月公布"建立主导全球化、信息化时代的新教育体制的教育改革方案",以及2003年以卢武铉为首的"参与政府"上台等大背景主导下,国家多次对教育政策进行了修改调整。特别是21世纪初,韩国随着大学特色化政策开始由政府掌控走向政府主导,由精英主义向大众主义过渡,大学学费不断加重,助学贷款制度也随之完善,逐步形成一套完善的助学贷款机制,成为推行助学贷款比较成功的国家之一。

韩国主要推行国家优惠贷款,另有民间贷款互为补充,各有侧重。国家优惠贷款是由政府制定十几家金融机构向城市和农村学生提供低息贷款,每年提供两次。贷款人必须是年满20岁至30岁取得大学本科或专科学籍的新生或在校生;贷款人的父母或担保人必须在贷款银行所在地居住,事先要向其父母确认同意;学生所在学校校长必须出具推荐、证明材料;本人父母及连带担保人不存在信用不良记录。学生可携带录取通知书或学籍证明、户口本、居民证、印章等在指定银行申请办理。贷款数额控制在学费范围内,而不包括生活费、住宿费等,申请阈限约在100万—900万韩元之间,贷款年利率在4%—5.75%;偿还期分一至两年的短期贷款和两年以上的长期贷款,最长期限可达11年。短期贷款必须在学期内按月平均本息分期偿还,不能逾期;长期贷款在休学或服兵役期间可暂缓偿还,如把暂缓期包括在内,偿还期可设为7年至10年;如毕业后未能就业,偿还期还可延长3年。该项贷款很受大学生欢迎,成为他们的首选,但优惠贷款的利

---

① 甘剑锋:《和谐社会构建中高校贫困生问题研究》,黄河水利出版社2010年版。

息补贴需要国家财政负担，因此贷款额有限，仅有15%的申请者能够成功获得①。对于民间助学贷款，由于没有国家利息补贴，因而利息相对较高，且利息随行就市，完全由金融机构自行确定，一般年利息在7%—17.5%和36%—48%之间，甚至高达65.7%。其优势在于贷款额度较大，当日一次最多可贷600万韩元；偿付也较灵活，可采用多种方式；无须校长推荐，更不需担保。但民间助学贷款对贷款者信用条件要求较为严格，除禁止信用不良、负债超过500万韩元、近期有大笔信用卡消费者贷款外，须缴纳贷款额5%的信用调查费。拖延偿贷时，还要征收高利率的滞纳金。据韩国求职网站"2014年第一学期学费计划"调查统计，由于韩国大学生学费负担加重，82.2%的学生将报到并交纳学费，其中65.1%的学生计划申请助学贷款，96.4%的学生选择向政府申请贷款。此外，所有学生中有70.1%此前已经申请过助学贷款，平均贷款次数为4次。平均贷款总额为1270万韩元，其中贷款300万—600万韩元的学生最多，占到20.9%，以下依次是300万韩元以下（13.6%）、1200万—1500万韩元（12.7%）、600万—900万韩元（11.8%）、900万—1200万韩元（11.8%）等②。

  韩国助学贷款最大的一个特点就是建立了较为严格的贷款风险防范机制。在加强贷款发放和到期收回管理的同时，主要是建设一套高效有力的追债系统。政府规定，在服兵役、升学、出国留学、身体致残、家庭破产、拘留收监等情况下，只要提供相关证明，可酌情延长偿贷③。对无正当理由拖延或拒绝偿贷者，则采取相应措施。首先，根据拖延偿贷时间长短，分6个阶段进行督促：电话通知（拖延偿贷1—2个月）、向本人寄送督促函（3—5个月）、向本人和法庭代理人同时寄送督促函（6—8个月）、向本人和法庭代理人寄送信用不良者登记预告通知（9个月）、向本人寄送信用不良登记处理申请书（10个月）、向本人和法庭代理人作出偿债劝告。其次对断绝联系的还债人或法庭代理人，通过教育部、地方行政部门或银行、信用卡公司等，查出其现住址或搬迁住址，取得联系后督促其偿贷。对长期

---

① 澳际教育网：《助学贷款在国外：韩国严把申贷关，重罚拖贷人》，http://www.globe-edu.com/News/2004/11/19/26450.htm，2004-11-19。
② 中国台湾网：《调查称近七成韩国大学生计划申请助学贷款》，http://ocm.wenweipo.com/newsdb/news/2014-01-21/15165.html，2014-01-21。
③ 闫屹、程晓娜：《美日韩三国助学贷款比较及对我国的启示》，《国际金融研究》2006年第12期。

拖延偿贷者，将依法将其信用不良信息提供给信用管理机构——银行联合会，继续督促、劝告。再次，判断当事人无偿贷意向的情况下，在掌握当事人财产状况后，提起法律诉讼，实行强制偿贷。同时，实施较为严厉的惩罚措施，对拖欠部分取消优惠条件，从而变为全额偿贷，并需要缴纳高额滞纳金，且对贷款人在就业、转职及从事经济活动等方面都非常不利。由此，韩国助学贷款返还率是相当高的[①]。

二 发展中国家助学贷款制度变革

（一）印度：由商业银行主导贷款管理事务的国家代表

自1947年印度独立后，高等教育经费主要由中央政府、邦政府通过财政拨款以及受教育者缴纳学杂费的方式提供。高等教育发展近70年中，印度高校学费水平经历了一个由高到低又逐步提高的过程，20世纪80年代处于历史最低点，之后十年开始学费水平又快速提升[②]。

为了在不增加政府财政负责的情况下提高大学入学率，印度于1963年开始实行国家贷学金计划，贷学金由中央政府拨款提供，邦政府负责实施，通过学校发放。中央政府首先确定贷款名额后根据人口分配到各邦，各邦按照比例将贷款名额分配到不同层次、不同类别的学校；贷款额度根据学校的类型和性质自行确定，但有最高限制额，生均贷款数额在720—1750卢比之间[③]。申请对象对于本、专科生而言，主要采取"平等标准"，根据家庭收入状况确定获贷资格，贷款主要针对父母年收入不超过2.5万卢比且未获得任何其他奖学金的学生，同时要求申请者50%以上的课程成绩要合格。贷款偿还上，要求借贷学生参加工作一年或毕业三年后，按月分期开始偿还，数额相当于其月收入的1/10—1/6，同时鼓励提前还贷；贷款是免息的，对毕业后从事教师职业或参军等部分学生还可进行减免还款的优惠。在计划实施近三十年过程中，虽高等教育入学人数由130万人上升到近600万人，但贷款名额一直实行并控制在当初确定的两万个名额，贷款资助面随着在校学生人数增加而相对变小；虽生活消费价

[①] 任辉：《韩国开展助学贷款对我国的启示》，《经济师》2006年第2期；周文华：《国外大学生资助政策分析及对我国的启示》，《江西农业大学学报》2011年第2期。

[②] Pawan Agarwal. Higher Education in India: The Need for Change, New Delhi: Indian Council for Research on International Economic Relations, 2006. 21、13、31、31.

[③] 赵中建：《高等学校的学生贷款——国际比较研究》，四川教育出版社1996年版。

格指数从原来的 100 增至 803，通货膨胀使得物价水平上涨了 8 倍，但每笔贷款最高额也始终保持在原确定的贷款水平，导致贷款可使用价值大大降低。又由于贷款回收工作是由中央政府委托邦政府进行，但邦政府本身不是贷款的所有者，借出的贷款能否收回及收回数额与邦政府并无直接的利害关系，致使贷款偿还拖欠严重，平均回收率仅有 5.9%。鉴于以上诸多问题，印度国家贷学金计划实施 28 年后，于 1991 年废止，使贷学金计划以失败告终[①]。

为了弥补学费的增长，给经济需求以及学业优秀的学生提供贷款，印度政府总结原国家贷学金计划经验，对贷学金政策进行了改革，于 2001 年颁布实施新教育贷款计划。最大的改革特点在于贷款本金提供、发放、管理和回收皆由商业银行负责，而政府部门只为教育贷款的操作银行提供一个较为宽泛的指导方针。如此一来，政府节省大量贷款资金，特别是在贷款设立初期省却大量的政府难以负担的财政开支，商业银行也凭借完善的金融管理体制及其严格、规范的操作制度，有效地降低贷款的管理成本，显著提高了贷款的回收率。

与 20 世纪实施的国家贷学金计划相比，新教育贷款计划，一是放宽了借贷资格，将贷款对象扩大至所有的公立、私立教育机构；主要提供给在工程、医学、农业、法律、管理、计算机领域等就读的本科教育与研究生教育两个阶段，申请贷款范围除了学费外，还可以申请住宿费、交通费、考试费，以及购买图书等学习性物品和出差、论文写作等非学费性支出。二是为有效降低贷款风险，采取分散贷款风险措施，建立风险保证金机制，并实施风险担保制度。对于低于 40 万卢比的借贷学生都不需要支付保证金，也无须提供担保。对在国内、国外就读的学生，如借贷金额超过 40 万卢比，需分别支付相当于贷款总额 5%、15% 的风险保证金，同时需提供担保，其中贷款额度在 40 万—75 万卢比之间的，则须由其父母、监护人或第三方以共同借贷者的方式提供信用担保；对于超过 75 万卢比的贷款学生，须由其父母提供适当价值的有形资产作为抵押担保。如果贷款被用于购买计算机等贵重学习物品，则该物品须同时抵押给银行，

---

① 马经：《助学贷款国际比较与中国实践》，中国金融出版社 2003 年版，第 94 页。

以此约束借贷者的还款拖欠行为①。三是实行差异利率制度，即利息随着学生借贷数额的不同而有所差异，借款数额越大，利息越高。贷款数额低于40万卢比的利率等同于银行贷款的基准利率；对贷款数额超过40万卢比的，则在贷款基准利率的基础上再加1%。贷款偿还期限为5—7年，由借贷学生按月或按季分期支付，学生获贷后即开始分期支付利息，在校期间享受1%—2%的利息补贴；对于毕业后一年或就业后六个月的宽限期内，以及申请延期支付的情况下，利息不变。但对于贷款数额超过40万卢比且超过期限而未支付利息的，则要计收2%的罚息②。与原实施的国家贷学金计划相比，新教育贷款计划有了明显改善，特别是贷款回收状况得到实质性提高。虽然存在由于银行需要承担较高的贷款交易成本，导致银行惜贷，致使贷款获贷率偏低等情况，但在运作上仍可使之成为典型的银行管理模式③。

(二) 泰国：通过立法确立贷款合法地位的国家代表

泰国的助学贷款起始于1996年，如同印度助学贷款发展经历，助学贷款改革也历经两个阶段：1996年实施的传统助学贷款计划，以及2006年实施的"按收入比例还款型"贷款方案。《1998年泰国教育贷款基金法》颁布，确立了泰国助学贷款计划的合法地位，其目标为"借款给学生交学费、教育费用以及学习期间必须的其他费用"，因此贷款条件十分优惠。负责管理和运作机构主要有国家助学贷款委员会及其办公室——泰国Krung银行，教育部和大学事务部，以及大学教育机构，贷款计划控制权在于助学贷款委员会，每年将助学贷款预算在教育部和大学事务部之间进行分配，再按不同程序分配至各自管辖的教育机构，最终，大学负责将贷款具体发放到学生手中，而泰国银行负责银行方面事务④。

在实施的传统助学贷款计划中，助学贷款委员会将家庭收入作为学生申请贷款的唯一重要标准，对教育部所属学校的学生借贷条件为家庭年收入低于15万泰铢（按2014年1月2日外汇牌价计算，约合人民币2.7645

---

① Indian Banks'Association. Revised Model Educational Loan Scheme for Pursuing Higher Studies in India and Abroad, http：//www. iba. org. in/educational - loan. asp, 2008 - 03 - 26.

② Datmabase Stidemt - Parent Cost By Country, http：//www. gsc. buffalo. euu/org/inthinghered-finance/region - asia - India, 2007 - 12 - 18.

③ 孙涛、沈红：《印度高等教育助学贷款的改革与启示》，《教育研究》2009年第7期。

④ 马经：《助学贷款国际比较与中国实践》，中国金融出版社2003年版，第127页。

万元）；而大学事务部所属学校的学生贷款条件为家庭年收入不高于30万泰铢，但同时要求所属大学对家庭年收入低于15万泰铢的学生给予优先支持。贷款具体数额由学校贷款委员会负责发放，年最高可贷款数额因学生所处的不同教育层次而异，其中大学生为10万泰铢，覆盖比例达在校大学生的1/3[①]。贷款偿还在毕业后两年为宽限期，且有四次延期还款机会，但总延期时间不得超过两年，还款期限最长15年，按名义价值计算还款额，利息按1%计；每年按原有借款额的一定比例偿还，还款比例随时间的延长而逐年递增，最高也不到4%，如此低的助学贷款还款负担率，以至于有国外专家学者提出泰国实施的还款期限和还款利率过于慷慨，建议缩短还款期限，提高还款利率，将还款负担率提高到世界平均的10%左右[②]。

2006年9月，泰国政府开始实施新的助学贷款——"按收入比例还款型"贷款计划，与传统助学贷款计划相比，"按收入比例还款型"贷款资金来源泰国政府，贷款用途只能用于支付学费，并对私立院校和公立院校学生一视同仁；对贷款额度因学科不同而有较大差异，其中对人文社会科学、艺术和建筑学科的学生年最高贷款数额达6万泰铢，工程类、农学类学生年最高贷款数额达7万泰铢，医学类学生最高贷款数额为15万泰铢[③]。贷款同样采用的是利息为零的名义利率，但还款额随物价消费指数而调整（最高不超过5%）。对于贷款偿还，由国家税务部门负责对贷款进行回收，学生还款开始起薪月收入为1.6万泰铢，当贷款学生收入低于规定的门槛值时，还款工作将自动停止。现行的贷款计划，虽然存在助学贷款补贴成分太高，极易导致政府财政负担加重，以及由于国家税务体系不健全且缺乏收入申报和监控制度以及自愿纳税文化背景等因素，影响了泰国高等教育助学贷款计划可持续、健康发展，但泰国政府通过正式的法律支持、保障助学贷款的运行，以及实施的按收入比例还款等合理设计，仍有很大的借鉴价值[④]。

---

① Adrian Ziderman Fiancing student loans in Thailand: revolving fund or open ended commitment?, Economics of Education Review, 2002, 371-373.
② 沈华、沈红、黄维：《学生贷款偿还负担的国家比较及我国的实证研究》，《比较教育研究》2004年第10期。
③ 孙涛、沈红：《泰国高等教育助学贷款改革》，《高教探索》2008年第1期。
④ 冯涛：《泰国学生贷款计划对我国国家助学贷款制度的启示》，《外国教育研究》2007年第9期。

三 中国港台地区高等教育助学贷款制度变革

（一）香港地区：具有较为成熟和多元化的政府助学贷款体系

香港地区助学贷款起始于20世纪60年代，其助学贷款制度发展可分为两个阶段。第一阶段从1969年政府批准的"本地专上学生资助计划"至20世纪80年代中期；第二阶段从1987年由"无息"贷学金改为利率为2.5%的"无实利"贷学金制度至今①。前期由香港骑师俱乐部助学基金负责管理，后移交给政府教育与人力资源部负责。在区域面积小、学生来源较为单一且便于管理的情况下，香港政府实施贷款资金来源于政府拨付专款做法，且拨款方式为开放性拨款，即根据学生的实际需求来确定政府助学贷款拨款的数额，只要符合借贷条件的学生皆可按照规定借贷，而不是先有政府提出预算，确切地说，学生的贷款数额不受预算总量的制约，但香港地区的学生贷款制度是统一纳入到一个包括贷款和助学金在内的学生资助计划之中，其中助学金用来支付学费、学习支出以及必须缴付的学生会会费；贷款则用以支付学生的生活费，贷款标准和额度与获得助学金标准和额度是包含在一起，只要符合标准就可以通过一个较为复杂的衡量体系同时计算出所获得助学金和贷款额度的②。

香港地区助学贷款，根据政府对资本市场干预程度，分为政府补贴性贷款、成本回收型教育贷款，以及营利性教育贷款，针对不同贷款类型，限定了不同的申请资格。政府补贴性贷款，又称"入息审查贷款"，即政府以低于市场的平均利率向家庭经济不好的学生发放的教育贷款，办理机构为代表政府的学生资助处，或得到政府补贴的商业银行；贷款利率上，按向学生收入的利息比例比较，政府承担了近一半的入息审查贷款利息；贷款资格审查上，主要面向拥有香港行政区居留权，或在课程开始前已连续在香港居住或家在香港已居住满三年的经济困难学生，重点综合考虑学生家庭的人均收入与支出水平，特别是1998年后，政府主要采用两个方面计算贷款数额，首先计算调整后家庭收入｛公式表达为：（父母及祖父母年收入之和＋未婚的兄弟姊妹年收入×30% －家中终身残疾或慢性病患

---

① 范冬清、唐安国：《香港与上海助学贷款的比较研究》，《理工高教研究》2007年第4期。

② 冯涛：《助学贷款发放标准和额度的模式比较》，《外国教育研究》2008年第4期。

者医疗费用)/〔父母+子女数(含未婚子女)+需要赡养的祖父母+1〕}，然后计算家庭人均资产额，并根据归类于特定的资产组别予以调减，如家庭人均资产高于50万港币的学生不能申请入息审查贷款，而家庭人均资产低于18万港币的学生可以获得100%的教育贷款（即对学生应得的款项不做任何调减）；就贷款比例上，成功申请贷款人数一般占申请学生总人数的比例在80%以上，与国际同类指标相比，贷款成功比例是较高的。成本回收型教育贷款，又称"免入息审查贷款"，是1998年随着高教扩张和大学学费提升开始实施的，运作以收回全部放贷成本为基础，利率以"无所损益"为原则，"定在比发钞银行的平均最优惠贷款利率低2厘的水平，再加1.5%用来抵销政府为学生提供无抵押贷款风险，而且利率每月及时调整"；贷款对象主要是面向入息审查贷款计划以外的其他学生，并无家庭经济条件要求，因此免入息审查贷款覆盖面非常广泛，成功贷款率接近100%，成本回收率达71.4%[①]。营利性教育贷款，即由商业银行，作为银行盈利业务的一部分，为学生办理的商业银行学生贷款业务；贷款对象主要是面向18周岁以上有经济来源的兼读生或全日制学生及家长，对其收入水平、就业状况等都有一定要求；由于银行商业利益的追究，商业银行教育贷款利率高于入息审查贷款与免入息审查贷款，还贷期限也远远短于其他两种贷款计划还款期，因此商业银行学生贷款规模一直较小。

经过40多年的发展，香港地区已形成了比较完善的多元化助学贷款体系，无论是提供贷款经费，还是鼓励银行参与学生贷款，政府都从制度、政策和立法等各方面给予了很大支持，不仅有专业化的教育资助部门从事贷款业务，而且通过互联网等现代化技术手段向社会各界公布贷款信息，政府、高校以及银行等部门也建立了贷款信息沟通的有效渠道，使学生在教育贷款决策中的行为更趋理性，促进香港地区高等教育的发展较为顺利地从精英化走向大众化，实现了扩展式发展。

（二）台湾地区：通过助学贷款立法，发放范围广泛、主管机关承担更大风险，以及满足学生在校全部支出

台湾地区助学贷款起始于1976年实施的《高中以上学校学生助学贷

---

① 钟宇平、孔繁盛、雷万鹏、占盛丽：《香港地区学生贷款：贷款机构的视角》，《高等教育研究》2003年第1期。

款办法》，之后历经修改，通过助学贷款立法，直至目前实施的《就学贷款办法》《贷款作业要点》等，其定位为一种不以盈利为目的的政策性贷款，即助学贷款为了培育人才，贫困学生在学校期间不用考虑学费等负担。贷款资金由台湾"教育部门"拨付专款，委托财团法人"中小企业信用保证基金"代办助学贷款的信用保证及理赔作业，同时为了在还款意愿上督促借款学生及时还款，采用直系亲属信用保证方式担保，如申请对象为未成年人的，由法定代理人或监护人担任保证人；而对于成年人的，则需要另外找一名成年人担任保证人，以确保助学贷款保持较好的还贷率[1]。

与其他国家与地区不同的是，台湾地区助学贷款适用于高中、高职、专科、大学、进修补习学校等高级中等以上学校中具有学籍的学生；贷款金额可满足学生在校的全部支出，如学杂费、实习费、书籍费、住宿费、保险费、海外研修费等。申请资格以及利息补贴程度，主要根据学生家庭年收入来确定，目前申贷资格分为三种，包括学生家庭年收入114万台币以下者，就学及服役期间的利息由政府负担；逾114万台币至120万台币者，就学及服役期间的利息由借款人负担半额；逾120万台币以上且同时有2名以上兄弟姊妹就读高中以上学校者，利息须自行负担，但对家庭年收入120万台币以上且家中有1名子女以上就读高中以上学校者不能申请助学贷款[2]。在申请过程中，起关键作用的家庭收入情况，不用学生自己提出证明，而由所在读学校利用网络传送申贷学生本人及父母或法定代理人（学生已婚者，为配偶）的相关资料到台湾地区教育部门的"就学贷款汇报系统"，经汇总后送台湾财政部门"财税数据中心"审查其家庭年度综合所得总额资料，再由教育部门将审查结果通知就读学校，通过审核该生上年度家庭年度包括薪资收入、银行利息、营利、股利等在内的综合所得总额情况，确定当年学生申请助学贷款资格。对于贷款利率，采用浮动形式，由中华邮政股份有限公司一年期定期储蓄存款利率变动而调整，目前由主管机关负担的贷款利率，以中华邮政股份有限公司一年期定期储蓄存款机动利率为基准利率增加1.4%，由学生负担的贷款利率，为主管

---

[1] 冯涛：《台湾助学贷款立法及启示》，《教育评论》2011年第5期。
[2] 中国新闻网：《台湾政策就学贷款申办至2月底，年息1.83%》，http://www.chinanews.com/tw/2012/02-02/3639668.shtml，2012-02-02。

机关负担利率减去 0.85%，以 2012 年中华邮政股份有限公司确定的一年期定期储蓄存款机动利率 1.83% 为例，当年台湾"教育部门"负担的助学贷款利率为 1.83% + 1.4% 之和，即为 3.23%，而学生还款负担贷款利率为 3.23% - 0.85% 之差，即为 2.38%。在贷款风险分担上，由主管机关和学校以信用保证机制分担，其中主管机关委托财团法人"中小企业信用保证基金"办理信用保证及代为清偿等事宜，分担比例自 2003 年 2 月 1 日起为发生贷款风险的 80%，对于大专院校部分，主管机关与学校各分担 75%、5%；对于高中（职）部分，主管机关全部分担。

近几年，除政府主导实施的助学贷款外，台湾地区不少银行推出自办的低利就学贷款项目，提供就学贷款渠道，如华南银行针对符合华银评定的一般上班族群，开办的最高金额可申请 200 万新台币、利率最低 2.88% 起、最长可分 7 年摊还的贷款计划；以及台湾第一银行推出自办的免保人就学贷款，贷款利率 2.72% 起，贴近政策性学贷利率，且资金用途更具弹性，对回馈房信贷客户及其子女办理的学生贷款，还可再享手续费及利率双重优惠，成为政府开办助学贷款的有效补充。

四　国外高校助学贷款对我国的启示

（一）加快助学贷款立法进度与修法速度

助学贷款制度是否完善健全，是否能与时俱进，关系到整个国家或地区助学贷款计划能否继续保持健康、稳步发展。随着高等教育理念、金融市场秩序及经营行为的变化，要求助学贷款立法及修法工作具有一定的紧迫性和实效性。通过助学贷款立法、修法，提高整个国家或地区助学贷款工作的专业性、严肃性，保障国家助学贷款在全社会范围内的规范性，发挥助学贷款在本国或本地区高等教育持续、稳定、健康发展的重要作用。最为典型的诸如英国通过的《高等教育法案》、日本修订的《日本育英会法》、泰国颁布的《1998 年教育贷款基金法》，以及中国台湾地区实施的《就学贷款办法》等助学贷款法律法规。

（二）组建政府性助学贷款管理专职机构

通过商业银行运作和管理助学贷款，虽比政府机构管理更专业、更有效，但由于政府需要以贷款利息补贴、其他各项补偿等形式支付给商业银行，致使政府开办助学贷款成本大大提高。如由政府成立社会服务性助学贷款管理专门机构，不但进一步提高助学贷款运作效率、大大降低助学贷款运作成本,也将减少商业银行经营的商业性目标和国家助学贷款政策性目标的矛盾。最为典型的是日本助学贷款管理机构为独立于政府之外、具备法人团体地位、属于社会性服务事业机构的"日本育英基金会"做法。

(三) 加大政府对高等教育的投入

随着"高等教育成本共同分担"学费制度的实施,政府对高等教育的投资不仅不能降低,而且要不断增加,以确保教育公平和教育质量的提高。特别是助学贷款所需资金,由政府划拨专项教育助学贷款本金或由政府提供担保的助学贷款体制,是确保助学贷款良性循环,以及最能体现公平和效率兼顾的助学形式。最为典型的有美国政府直接拨款的联邦帕金斯助学贷款、联邦学生补充贷款,而由美国政府担保的联邦斯坦福贷款、联邦学生父母贷款,以及中国香港地区助学贷款资金全部来源于政府拨付专款做法等。

(四) 拓展多元化助学贷款方案,适度扩大申请范围

在任何国家和地区,单一类型的助学贷款很难满足不同层次学校、不同家庭情况学生的需求。应由政府主导实施多元化的助学贷款制度,为不同层次学校的学生,根据需求提供不同类型、不同用途的助学贷款。同时,对于在公立全日制普通高校办理的助学贷款业务,应同样拓展到其他各类形式的私立高校及成人高校等,甚至高中等各学习阶段。诸如印度实施的新教育贷款计划,将贷款对象扩大至所有的公立、私立教育机构,且贷款范围可包括学费、住宿费、交通费、考试费,学习性物品和非学费性支出,以及中国台湾地区助学贷款适用于高中、高职、专科、大学、进修补习学校等高级中等以上学校学生,而贷款金额可满足学生在校的全部支出。

(五) 创建按收入比例回收贷款体系

提高贷款学生偿还贷款效能,确定科学合理的还款负担率(世界平均负担率为10%左右)或同期社会平均收入标准。对低于社会平均收入水平、超过还款负担率的,暂停还款或延长还贷期限;当高于社会平均收入水平,按不超过还款负担率的收入比例进行贷款偿还,收入越高,当年应还贷比例越高,并对提前付清给予减免部分还贷的奖励;偿还贷款期限与金额随收入和工资的变化而变化,让收入和还贷进行线性挂钩。促使高收入学生缩短偿还期限,而减轻低收入者还款压力。英国、澳大利亚、泰国实施的"按收入比例还贷"制度,促进了助学贷款制度的良

性发展。

（六）实施助学贷款还款减免优惠政策

为了体现国家对教育、科研事业的重视，鼓励毕业生到国家最需要的地方或艰苦地区工作，并照顾特殊群体，政府对毕业后服务指定行业、区域，并达到一定期限或条件的进行减免优惠政策。诸如英国对进入还贷期已偿还债务 25 年或 50 岁仍未还清贷款的学生，以及 40 岁以上开始学业的借贷者至 60 岁时，尚未归还贷款等，所欠贷款剩余部分全部免除；日本对教育机构或公立科研机构从事非营利工作的免还部分贷款；以及印度对毕业后从事教师职业或参军的毕业生，每服务一年减免 10% 的贷款等。而对于减免贷款对象，不分国立学校，还是私立学校，更不分国家（联邦）政府所属学校，或地方（州）政府所属学校。

（七）健全助学贷款风险防范及补偿机制

建立严格的贷款风险防范机制，避免无正当理由拖延或拒绝偿贷行为，对拖欠现象实施严厉的惩罚措施，甚至通过法律诉讼，实行强制偿贷；引入贷款担保补偿机制，由商业保险部门提供保险，科学合理转嫁以及规避贷款难回收风险。最为典型的是韩国建立的较为严格的贷款风险防范机制，通过高效有力的追债系统，以及惩罚措施，确保贷款的高回收率。

（八）完善政府、经办机构、就读学校、就业部门、学生之间信息资源共享体制

学生从申请至贷款偿还，对于资金管理等环节信息共享尤为重要。通过各参与主体间信息共享载体（平台），实现政府、经办机构、就读学校、就业部门、学生等助学贷款信息资源的有效链接与共享，不但大大降低贷款运作交易、管理成本，还将提高贷款政策实施的整体效率，以及保障贷款资金的有效回收。诸如英国通过税务局，利用税收系统直接从学生当年的工作薪水中扣除应还款部分，而完全不需要学生自己经手；澳大利亚实施毕业生个人税收系统介入助学贷款做法，杜绝了毕业生抱有侥幸心理逃贷的可能性，降低了银行贷款风险；以及印度的新教育贷款计划要求，银行定期将学生借贷情况进展报告发送给学校，其银行之间也注重加强联系以保证信息的畅通。

除此之外，各国或地区严密的贷款学生资格审查制度、灵活的贷款期限及还款方式，以及完善的社会信用体系建设、对私立高校全面放开助学

贷款政策等，对我国助学贷款政策都具有较好的研究、借鉴价值。

第二节 我国高校国家助学贷款发展历程

我国高校国家助学贷款工作始于1987年，由起初的额度小且受益面窄，到目前成为大多数家庭经济困难学生完成学业的主要途径。根据政策变化，以及进展情况，共经历了五个阶段：萌芽阶段（1987—1997年）、拓展阶段（1997—1998年）、试点阶段（1999—2004年6月）、调整阶段（2004年6月—2007年8月）和深化阶段（2007年8月至今）。随着我国高等教育体制和财政金融体制改革，国家助学贷款制度在调整中不断得到完善并逐渐走向成熟。

一 第一阶段：萌芽阶段（1987—1997年）

我国向大学生发放助学贷款工作起始于1987年，以1986年7月由原国家教育委员会和财政部联合颁布，1987年9月正式实行的《普通高等学校本、专科学生实行贷款制度的办法》为标志[①]，按照"有借必有还"的原则，是由国家负责向学生提供、学校负责发放和催还等管理工作的无息贷款，申请范围不包含师范、农林、民族、体育、航海等专业的学生；申请额度每人每年最高不得超过300元，按月发放；贷款人数严格控制在本、专科学生人数的30%以内；本金偿还可在毕业前一次或分次还清，也可毕业后由其所在的工作单位将全部贷款一次垫还，或者毕业生见习期满后，在两到五年内由所在单位从其工资中逐月扣还。据此，部分地方政府结合当地实际，也出台了地域性的助学贷款办法。1993年、1995年原国家教委分别两次对助学贷款实施方案进行了部分调整。那时助学贷款额度小且收益面很窄，难以解决资助广大在校贫困生顺利完成学业的难题，只是高校对经济困难学生资助的一项补充措施。

二 第二阶段：拓展阶段（1997—1998年）

开始于1997年，由上海浦东发展银行首先开办的一般助学贷款，又

---

① 濮岚澜：《我国学生贷款政策变迁研究》，《教育发展研究》2007年第5期，第9—14页。

称商业性贷款,它是以上海地区普通高校在读的中国籍学生及在异地在读的上海户籍学生为对象,分为学费贷款和生活费贷款。特殊困难学生不能按时偿还贷款的,可以办理展期,但展期年限不能超过毕业后两年,特别优秀的学生可申请贴息,贴息比例为20%—50%[①]。此后中国农业银行开办的"金钥匙"助学贷款、建设银行开办的"圆梦"助学贷款以及中国银行开办的出国留学贷款等都是商业性的助学贷款。它由于有抵押和担保、回收有保证,开办银行积极性较高,但是大部分学生家庭、特别是广大农村的贫困生家庭由于缺少可以担保或抵押的财产,使申贷学生很难获得这种助学贷款。

三 第三阶段:试点阶段(1999—2004年6月)

作为资助体系主体部分的国家助学贷款起始于1999年。1999年6月,为推动助学贷款工作的顺利开展,国务院办公厅批转了中国人民银行、教育部、财政部等部门拟订的《关于国家助学贷款的管理规定(试行)》,从1999年9月起指定中国工商银行独家在北京、上海、天津、重庆、武汉、沈阳、西安、南京等8个城市开办国家助学贷款业务,进行正式试点,并相继下发了多个指导性文件,规定面向在校的全日制高等学校中经济确实困难的本、专科学生,还贷期限为毕业后四年内还清;教育部门设立"助学贷款专户资金"进行财政贴息,其中财政贴息、学生承担利息各占50%;助学贷款金额由经办银行确定,其中用于学费的金额最高不得超过学校学费收取标准、用于生活费的金额最高不得超过学校所在地区的基本生活费标准。2000年2月和8月,国家对助学贷款政策进行了两次调整,将贷款范围扩大到全国高校,承办银行扩大到中国工商银行、中国农业银行、中国银行、中国建设银行4家国有独资商业银行,贷款对象扩大到研究生和攻读双学位的全日制学生,2000年9月在全国全面推开,将国家助学贷款变为无担保贷款,中国人民银行同时要求有条件的地方要开展一般商业性助学贷款。

为进一步推进国家助学贷款工作,2001年6月,国家召开全国国家助学贷款工作会议,决定取消"一校一行"的规定和免征金融机构开展

---

① 王丽萍、刘润芬:《高校学生助学贷款制度的实施与探索》,《高等农业教育》1999年第2期。

国家助学贷款业务利息收入营业税。同时，中国人民银行、教育部和财政部出台了"四定"（定学校、定范围、定额度、定银行）和"三考核"（按月考核经办银行申请国家助学贷款的人数和金额、考核已审批的贷款人数和贷款合同金额、考核实际发放贷款人数和贷款金额）[①]。2002年2月，教育部、财政部等部门又联合下发了《关于切实推进国家助学贷款工作有关问题的通知》，进一步明确了推进国家助学贷款工作的有关具体措施，但由于多种原因，尚未从建立机制的层面提出和解决国家助学贷款问题。同时，由于政府没有建立合理的风险补偿机制，商业银行很难承担国家助学贷款的重大任务和难以预料的风险，使助学贷款实施情况一直不很理想，出现了下滑现象，面临停顿的危险。据央行统计，截至2004年6月底，全国金融机构助学贷款总额仅为52亿元[②]，远远低于我国高校贫困生的贷款需求。

四　第四阶段：调整阶段（2004年6月—2007年8月）

2004年6月，教育部、财政部、人民银行、银监会四部门联合下发了《关于进一步完善国家助学贷款工作的若干意见》，对助学贷款政策进行了一系列重大调整，将招标选择贷款经办银行，而不限于国有商业银行；学生在校期间贷款利息全部由财政补贴，毕业后开始计付利息，并由学生本人全部承担支付；贷款期限由原来的毕业后4年还清改变为视学生毕业后就业情况，在1至2年后开始还贷、延长至6年内还清；助学贷款总额根据学校符合学生在校总人数的20%比例、每人每年6000元标准确定；加大学生还款监管力度，对违约学生名单实施曝光。其中核心的且最具有实质意义的是按照"风险分担"的原则，建立国家助学贷款风险补偿机制，设立风险补偿专项资金，并让财政和高校各承担50%，进一步理顺了国家、高校、学生、银行之间的经济关系，健全国家助学贷款管理体制，改革贷款审批和发放办法，强化普通高校和银行的管理职责，确保了助学贷款工作持续、健康发展。其中，中国银行作为全国116所中央部门所属高校国家助学贷款独家中标银行，迅速与全国学生贷款管理中心及

---

① 黄维、沈红：《国家助学贷款制度：绩效、缺陷与可持续发展》，《教育研究》2007年第4期。

② 董建英、梁彦：《关于进一步完善我国国家助学贷款的思考》，《生产力研究》2005年第3期。

教育部分别签署了国家助学贷款业务合作协议和配合国家助学贷款工作的全面合作协议，全面推动国家助学贷款工作的全面展开。各省（区、市）级政府也按照国家助学贷款有关政策和要求，通过招标，组织地方高校开展办理助学贷款业务。截至2007年6月底，全国金融机构助学贷款总额达192.9亿元①。但是，我国家庭经济困难学生助学贷款体系还不够完善，助学贷款相关机制还没有把存在的主要问题解决好。把15%的风险补偿金直接拨付给银行，并没有发挥出它应有的作用。对商业银行来说，相对于15%的风险补偿金而言，高校学生的助学贷款可能产生的违约率要高得多，何况助学贷款工作成本高、工作量大。所以，一些商业银行由于怕风险、怕麻烦，而不愿意承担国家助学贷款业务，致使新的国家助学贷款政策出台后，一些地方商业银行态度冷淡，个别商业银行虽然态度比较积极，但具体工作比较困难。全国国家助学贷款工作进展仍然相对比较缓慢，尤其是省市普通本科高校、高等职业学校和中等职业学校家庭经济困难学生获得助学贷款的面偏窄、手续比较繁杂的问题比较突出。

五　第五阶段：深化阶段（2007年8月至今）

2007年5月，国务院下发《关于建立健全普通本科高校高等职业学校和中等职业学校家庭经济困难学生资助政策体系的意见》（国发〔2007〕13号），对进一步完善和落实国家助学贷款政策作出了全面的部署和规定，这一措施促使助学贷款工作具有更广泛的发展空间。时隔3个月后，即2007年8月，财政部、教育部、国家开发银行联合下发通知，决定自2007年秋季开学起，在江苏、湖北、重庆、陕西和甘肃等5省市开展由国家开发银行向符合条件的家庭经济困难的学生发放、在学生入学前户籍所在地办理的生源地信用助学贷款试点工作，明确规定：贷款按年度申请、审批和发放，每人每年贷款额度最高6000元；贷款期限按全日制本专科学制加10年确定，最长不超过14年，学生在校及毕业后两年期间为宽限期，宽限期后再按年度分期偿还贷款本金；贷款利息按年计收，在校期间利息由财政全部贴息，毕业后利息由学生和家长共同承担，其中

---

①　中国新闻网：《央行要求同时推进国家助学贷款和生源地助学贷款》，http://www.chinanews.com/edu/kong/news/2007/07-29/989633.shtml，2007-07-29。

的风险补偿金比例仍按当年贷款发生额的15%确定,但由全国和各省级学生资助管理部门归集后,定期足额划拨至各具体贷款经办银行,并实施专户管理,作为用于防范和弥补贷款损失的专项风险拨备。同时,中国人民银行也下发通知,明确指出大力开展与国家助学贷款享有同等优惠政策的生源地信用助学贷款,是解决家庭经济困难学生就学问题的重要途径,并要求各银行业金融机构要加大政策宣传,加强诚信教育,积极营造有利于助学贷款业务可持续发展的舆论环境和社会信用体系。

经过一年试点,取得了良好效果。2008年7月,时任中共中央政治局委员、国务委员刘延东同志专门作出重要批示:"生源地助学贷款工作是一项惠民工程,对于推进教育公平具有重要意义。请在总结经验的基础上继续推进、全面落实。"同年9月,财政部、教育部、银监会下发关于大力开展生源地信用助学贷款的通知,决定自2008年起进一步扩大生源地信用助学贷款覆盖范围,大力推进生源地信用助学贷款工作,承办机构继续以国家开发银行为主,同时鼓励其他银行类金融机构开展该项业务。随后,各省(区、市)按照自愿原则,陆续开始开展办理生源地信用助学贷款业务,实行生源地信用助学贷款的省份由2009年5月的20个[①],扩大到2013年的30个行政区,其中11个省市开办生源地信用助学贷款业务、19个省市同时开办生源地信用助学贷款与校园地国家助学贷款两种业务,另有6个省市仅开办校园地国家助学贷款业务,从而实现了国家助学贷款业务覆盖了除港、澳、台外的全国36个省、自治区、直辖市和计划单列市[②]。另据统计,自1999年实施国家助学贷款至2015年底,全国普通高校国家助学贷款累计资助学生1609.28万人次,累计发放金额1418.93亿元,仅2015年一年,全国高校实际发放学生332.57万人,发放金额高达219.86亿元,其中生源地信用助学贷款发放人数299.45万人、发放金额198.23亿元,生源地信用助学贷款业务资助学生人数及金额占当年贷款总人数、贷款总金额比例均在90%以上[③]。

---

① 财经网:《2009年生源地助学贷款推向全国》,http://www.caijing.com.cn/2009-05-27/110172326.html,2009-05-27。

② 教育部:《国家助学贷款发展报告(1999—2013)》,http://edu.sina.com.cn/gaokao/2014-08-27/1715432033.shtml,2014-08-27。

③ 教育部:《2015年中国学生资助发展报告》,http://www.gov.cn/xinwen/2016-09/01/content_5104356.html,2016-09-01。

为进一步完善助学贷款体制机制，推进生源地信用助学贷款工作，2012年7月，教育部、国家开发银行联合下发关于加强生源地信用助学贷款管理工作的通知，从加强贷款学生资格认定、加强贷款办理组织，以及贷后管理工作进行了规范，促进了生源地信用助学贷款工作的持续健康发展，同时，又分别于2014年、2016年对国家助学贷款资助标准及期限进行调整，将生源地信用助学贷款等国家助学贷款最高资助标准由原来的每人每年6000元，调整为本专科学生、研究生学生每人每年最高资助标准分别为8000元、12000元；将贷款期限由原来的按学制加10年确定，偿还本息宽限期、最长期限分别为2年、14年，调整为按学制加13年确定，偿还本息宽限期、最长期限分别为3年、20年。

实践证明，生源地信用助学贷款作为国家助学贷款重要组成部分，是利用财政、金融手段，创新金融服务体系，是解决高校家庭经济困难学生学费和住宿费的主要途径，对进一步完善我国家庭经济困难学生资助政策体系、充分发挥政策整体效应、确保实现国家资助政策既定目标等具有十分重要的意义。随着还贷约束机制和风险防范机制不断健全，国家助学贷款将在促进更广泛的费用分摊，减轻高等教育面临的财务压力，扩大新的高等教育机会和减少经济困难学生家庭负担等方面真正起到重要作用。

第三节 我国高校国家助学贷款模式及特点

根据资助方式的再分类，从资助途径上，国家助学贷款属于直接资助；从资助用途上，国家助学贷款属于学费性资助；从资助目的上，国家助学贷款属于帮扶型资助；从贫困生获得资助性质上，国家助学贷款属于"延迟付费型资助"；从资金来源上，国家助学贷款又属于金融机构性资助。而按照学生申办地点及工作流程，国家助学贷款分为校园地助学贷款与生源地助学贷款两种模式。结合当前我国普通高校实施的国家助学贷款政策覆盖面，根据贷款资金来源，以及承贷主体，笔者将目前已实施的国家助学贷款分为政府助学贷款、银行助学贷款和学校助学贷款三种模式。

一 政府助学贷款模式

主要是教育行政部门设立并主管的助学贷款。广东省高教厅设立的贷学金，是于1994年开始在广东商学院等4所普通高校试点，于1996年在全省实施的，以广东省行政区域内普通高等学校在学的计划内的本、专科学生为对象的政府贷款①。高教厅下设广东省高等教育奖贷学金管理委员会为贷学金的最高管理机构，各高校及各市教育行政部门为分支管理机构。高教厅按学年将贷款按各校申请的总额划拨到校，或按各校贷款回收情况为"补差"形式拨款到位，学生在学校按月领取，其最高限额每生每年不超过2000元。毕业时一次偿还的减免10%并免付利息；不能一次偿还的，可申请延缓偿还，但不能超过两年。毕业后两年内偿还的加收利息，毕业两年后仍不能偿还的加倍付息。到指定单位或地区就业的可免还贷款②。由于教育行政部门财力不足，难以划拨足够专项资金设立助学贷款，使这种形式的助学贷款无法在较大范围内开展。

二 银行助学贷款模式

银行助学贷款作为目前助学贷款工作中的主要模式，其中有校园地助学贷款、生源地助学贷款、商业助学贷款、助学贷款"河南模式"四种形式。

（一）校园地助学贷款

校园地助学贷款是以国有独资商业银行为主，在高校集中办理，并通过学校向银行提出贷款申请，且无须担保的国家助学贷款，由中国工商银行、中国农业银行、中国银行、中国建设银行等四大商业银行作为中国人民银行批准的国家助学贷款经办行，负责办理贷款的审核、发放和回收等项工作，先于1999年在北京等八大城市进行试点后，于2000年扩展到全国高校。其贷款性质仍属于商业性贷款，纳入正常的银行贷款业务管理。最初国家助学贷款的贷款范围限于本科生的学费及生活费，还款期限一般不超过8年，即学生须在毕业后4年内还清贷款本息，国家财政贴息50%，部属院校由中央财政贴息，地方院校由地方财政贴息，坏账由学校偿还60%，学生贷款管理中心偿还40%，后来贷款对象扩大到研究生。申请总金额的上限为每生每年6000元，申请人数的比例不能超过学生总人数的20%，毕业后如继续攻读学位，财政部门继续按在校学生实施贴

---

① 王丽萍、刘润芬：《高校学生助学贷款制度的实施与探索》，《高等农业教育》1999年第2期。

② 110法律法规网：《广东省人民政府办公厅关于我省普通高校专科实行招生并轨改革的意见》，http://www.110.com/fagui/law_266063.html，1996-05-24。

息，如终止学业，开始就业，则与承贷银行确认还款计划。在高校集中办理校园地助学贷款模式下，高校与其开户银行自主协商办理助学贷款业务，银校合作关系较为紧密。国家助学贷款的实施，是国家利用金融手段支持高等教育体制深化改革，促进我国教育事业发展的重要举措，但由于贷款风险较大，小额贷款成本相对较高，贷款学生的信息真实度无法确认等缺点，银行一直不很积极。试行五年后，即截至2004年6月底，全国金融机构办理的包含校园地助学贷款在内的各类国家助学贷款总额仅为52亿元，远远低于我国高校贫困生的贷款资助需求。时隔十年后，即2013年在全国36个省、自治区、直辖市和计划单列市行政区中，虽然校园地助学贷款业务扩大到25个省市（其中天津、广东等6个省市仅开办校园地助学贷款业务，北京、河北等19个省市同时开办校园地助学贷款与生源地助学贷款业务），但开办校园地助学贷款高校个数仅有979所（其中中央部属院校122所、地方院校857所，不含独立学院），占全国高校总数的37.34%，且开办校园地助学贷款的高校以公办学校为主，共计866所，占全国开办校园地助学贷款高校的88.45%；就历年发放贷款人数及额度上也相对较少，在2015年全国高校发放国家助学贷款332.57万人、发放金额219.86亿元中，除生源地助学贷款外，校园地助学贷款等其他国家助学贷款发放人数及金额分别为33.12万人、21.63亿元，占当年国家助学贷款发放总人数及总金额的比例仅为9.96%、9.84%。实施至今，我国普通高校办理的校园地助学贷款主要为由中国银行负责发放贷款资金，并由银行和高校共同管理的"中行——公办高校"校园地助学贷款。

（二）生源地助学贷款

生源地助学贷款是符合贷款条件的贫困学生（全日制专、本科学生，研究生）在其入学前户口所在地的县级学生资助管理部门具体办理，由国家开发银行、农村信用社或其他金融机构负责提供贷款的一种信用助学贷款，是国家助学贷款有机组成部分，完善了国家助学贷款资助体系，强化了贷款资金的使用和监督，弱化了银行的风险顾虑，具有风险性低、办理程序简单、批复率高、真实可信等优点，与原就学地助学贷款相比具有明显的优越性[1]。

---

[1] 李志霞：《生源地助学贷款存在问题及其对策分析》，《陕西教育（理论版）》2006年第Z2期。

生源地助学贷款是建立健全家庭经济困难学生资助政策体系的重要举措，与国家助学贷款享有同等优惠政策。它的主要特点是：在大学生户口所在地县级学生资助管理部门办理贷款手续；由大学生父母或金融机构认可的其他个人申请；由国家开发银行或学生户口所在地的农村信用社及其他商业银行提供贷款资金；贷款期限由最初的一般不超过8年，要求学生毕业后4年内还清贷款，调整为最长不超过20年，其中学生在校及毕业后3年期间为偿还本金宽限期；申请总金额的上限由最初的每生每年6000元，调整为本专科生每人每年最高不超过8000元、研究生每人每年最高不超过12000元；贷款利率与校园地助学贷款利率一致，同样执行中国人民银行同期公布的同档次基准利率，且大学生就读期间的贷款利息100%由财政补贴，毕业后的利息由借款学生本人全额支付。自2001年8月，浙江省在全国率先推出生源地财政贴息助学贷款，其他省市陆续推出生源地助学贷款业务。据统计，截至2007年3月末，全国有24个省（市）开展了生源地助学贷款业务，其中有13个省市出台了生源地助学贷款管理办法；而到2013年，全国36个省市中，已有30个省市开办生源地信用助学贷款业务。

生源地助学贷款是近年来探索出的比较符合金融属性，具有商业可持续发展的一个国家助学贷款品种。按照启动时间、承办银行，以及办理程序的不同，生源地助学贷款又分为生源地国家助学贷款、生源地信用助学贷款和生源地信用助学贷款"宜宾模式"三种类型。往往在农村信用社办理的助学贷款称为生源地国家助学贷款，而由国家开发银行负责放贷的助学贷款称为生源地信用助学贷款，两者政策虽没有本质区别，但具体措施的制定几乎都根据各省级教育、财政、金融部门特点确定，以山东省省属高校为例，两者区别主要有以下四点：第一，生源地国家助学贷款经办银行是农村信用社，而生源地信用助学贷款经办银行是国家开发银行；第二，生源地国家助学贷款是在学生到校后，由学校负责审查，学校开具证明后回所在地农村信用社办理贷款手续，自2004年底开始实施，而生源地信用助学贷款是学生在到校前，由县级学生资助管理中心负责审查，学生通过审查后拿相关手续到当地金融机构办理贷款（先由通过邮政储蓄银行代理承办，后改为由县级学生资助管理中心负责管理、采用"支付宝"方式办理），这一做法减轻了高校的负担，自2008年开始实施；第三，生源地国家助学贷款最长期限最初为10年，原则上按全日制本专科学制加 6 年确定，最长不超过 10 年，而生源地信用助学贷款最长期限最初为 14 年，原则上按全日制本专科学制加 10 年确定，最长不超过 14 年，后期调整后最长贷款期限统一为 20 年；第四，生源地国家助学贷款风险补偿金比例占当年学校贷款发放额的 10%，由省财政、学校各承担 50%，而生源地信用助学贷款风险补偿金比例要占当年学校贷款发放额的 15%，由省财政承担。其他省份地方高校开办生源地国家助学贷款、生源地信用助学贷款政策也是各有差异。而所谓的生源地信用助学贷款"宜宾模式"，是由四川宜宾县为了方便广大学子和家长，减少往返县城的开支，减轻本已贫困的家庭负担，在政策许可的情况下，自 2010 年起自行创新生源地信用助学贷款办法，贷款申请下放到乡镇中心学校审核、县学生资助管理中心把关、乡镇信用社发放贷款[1]，此举受到学生、家长及社会各界的高度评价。实施至今，全县每年贷款学生人数及金额均居全省前列。仅 2013 年，全县各乡镇中心学校审核生源地信用助学贷款申请 1226 份，县学生资助管理中心发放放款通知 1190 份，信用社实际发放贷款人数 1166 人，发放贷款金额 636.2 万元，生源地信用助学贷款已成为宜宾县贫困大学生完成学业的"绿色屏障"，让更多的贫困学生圆了大学梦[2]。宜宾县助学贷款工作方式，在四川省及至全国创造了生源地信用助学贷款的"宜宾模式"，真正为贫困大学生搭起了求学的桥梁。

自 2007 年，国家大力推进生源地助学贷款工作以来，许多地区逐步实现了国家助学贷款工作由校园地向生源地的重心转移，生源地助学贷款已经成为全国高校国家助学贷款的主要途径。据全国学生资助管理中心统计，2015 年全国高校发放生源地信用助学贷款 299.45 万人，发放金额 198.23 亿元，分别占当年高校办理国家助学贷款学生总人数、贷款总金额的 90.04%、90.16%。然而，由于生源地助学贷款自身的特殊性（特别是农村信用社作为非银行类金融机构）和限制性（往往仅限于本省内就读学生申请贷款），缺少全国性的统筹规划与宏观管理，缺乏强制性的制约体系与机制，致使生源地助学贷款总体上仍存在比较

---

[1] 中国教育网：《生源地助学贷款"宜宾模式"为全国提供经验》，http://www.edu.cn/zong_he_news_465/20120110/t20120110_730126.shtml，2012-01-10。
[2] 四川新闻网：《宜宾县生源地助学贷款铺就贫困大学生圆梦的"绿色屏障"》，http://yb.newssc.org/system/20131114/001275444.html，2013-11-14。

混乱的状态。

(三) 商业助学贷款

商业助学贷款是商业银行和城乡信用社等金融机构对正在接受非义务教育学习、年满 18 周岁具有完全民事行为能力的在校大学生、研究生发放的商业性贷款,只能用于学生的学杂费、生活费以及其他与学习有关的费用。它的主要特点是:以法人或自然人为担保人,采用保证担保、抵押担保、质押担保等形式进行贷款申请;学校一般只负责证明借款学生的学生身份及其在校表现;贷款额度较大,一般在 2000—20000 元;贷款不享受财政贴息,在校期间和毕业后的贷款利息均由借款学生自己负担[①]。全国部分商业银行从落实科教兴国战略的大局出发,积极采取各种形式发放商业助学贷款。2001 年上海市各商业银行在全国助学贷款发放中起了先锋队和主力军作用。2006 年,华安保险公司率先在云南省推出国家助学贷款信用保险(即"学贷险"),投保人(银行)只要向保险公司交纳一定保费,就能获得保险公司相应贷款风险的保障。即在借款学生不能按期还贷时,由保险公司先向银行赔付损失,保险公司再向违约学生进行追偿[②]。2007 年 7 月,天津银行和华安保险公司正式签署合作协议,对本市高校在读大学生中首推新模式商业助学贷款,它的主要特点是:不受国家发放比例限制;不受家庭经济条件限制,只要属于申请国家助学贷款未成功的学子都可以申请,只需提供一名担保人即可;借款学生最迟可在大学毕业后两年内的任意一个月份开始还款,最长还贷年限可长达 10 年。同时,申请该种贷款的学生不仅要归还银行的相关贷款,还要按时交纳保费。保险费可由学生每年交付给保险公司,也可作为贷款本金的一部分,由银行通过贷款方式提供,申请"就学贷款保证保险"的费率是 6.38%,以年贷款 6000 元为例,学生在四年中分四次共获得 24000 元贷款,其中年保费为 407.22 元[③]。据悉,华安保险公司推出的国家助学贷款信用保险是目前我国保险市场上为助学贷款提供保险保障的唯一产品。在国家助学贷款体系中,引入商业保险机制,通过国家助学贷款信用保险降低了银

---

① 中华人民共和国教育部财务司:《高等学校学生资助政策问答》,2003 年。
② 新华网:《华安保险与银行合作为助学贷款"上"保险》,http://www.cq.xinhuanet.com/news/2008-01/11/content_12192286.htm,2008-01-11。
③ 中国会计网:《天津银行与保险公司合作首推新式商业助学贷款》,http://www.chinaacc.com/new/403/425/2007/7/lu50743833271527700214288-0.htm,2007-07-25。

行信贷风险,提高了银行发放助学贷款的积极性,从而确保了国家助学贷款政策的落实,能够形成政府、教育部门、学生、银行与保险公司多方共赢局面。同时,为了进一步规范商业助学贷款管理,防范商业助学贷款风险,加大教育事业发展支持力度,银监会于 2008 年 7 月制定实施《关于印发〈商业助学贷款管理办法〉的通知》,就贷款对象条件、贷款期限与利率、贷款担保与处理程序等进行了明确规定,有力推动了商业助学贷款业务有序发展,从而也扩大了助学贷款覆盖面,让民办、公办学校更多的家庭经济困难学生都能够在助学贷款的支持下完成学业。

(四) 助学贷款"河南模式"

助学贷款"河南模式"是河南省教育厅与国家开发银行在国家现行的政策基础上,通过一系列的探索和创新,提出并合作开创的"责权利相统一、奖惩激励机制健全、违约约束机制功能强大"的有望实现多赢格局的国家助学贷款管理模式[1],即助学贷款由国家开发银行开办,高校负责管理。它的主要内容是"两个平台、一个代理行"管理架构,即以河南省教育贷款管理中心为国家开发银行的受托管理平台,统一管理全省助学贷款业务;各高校助学贷款管理中心作为国家开发银行的受托操作平台,全面管理学生的贷款受理、审核、汇总、合同签订、贷款本息回收、贷款信息管理等具体事宜;由代理行——中国农业银行负责办理学生存折、银行卡,发放助学贷款,结算利息,扣划贷款本息,同时,国家开发银行全面支持高校和学生的贷款需求,拥有贷款的最终审批权和对"两个平台、一个代理行"的业务指导、监督权。助学贷款"河南模式"的贷款风险补偿金比例为贷款发放额的 14%,其中财政和高校各承担 50%,专门用于贷款违约本息的补偿,补偿后剩余部分对高校进行奖励性返还,当风险补偿金不足以补偿相应的违约贷款本息时,超过部分由高校、开发银行和教贷中心按照 50%、40% 和 10% 的比例共同负担。自 2004 年底,河南省与国家开发银行合作推出新的国家助学贷款项目后,仅在 2005 年,开行河南分行就向全省 83 所高校 12.3 万人次贫困生发放国家助学贷款 5.69 亿元,发放金额位居全国第一。截至 2010 年,全省按照"河南模式"累计发放助学贷款 32.7 亿元,资助贫困生 70 万人次,6 年贷款发放

---

[1] 李东阳:《国家助学贷款"河南模式"的探索与创新》,《河南教育(高校版)》2007 年第 2 期。

总金额和资助贫困生数量居全国各省市首位，覆盖了全省109所高校中的108所（另一所是部队院校办有地方班）。以2010年为例，河南全省高校国家助学贷款平均覆盖率为8.3%，其中公办高校平均覆盖率为9.4%；省属高校平均覆盖率为11.2%。全省6年间资助总金额53.1亿元，其中国家助学贷款金额32.7亿元，占高校学生资助总金额的61.6%，国家助学贷款成为高校贫困生资助体系中的主渠道①。另对同期间的5届毕业生的贷款回收进行了统计，其利息违约率平均在4%以下，远低于14%的风险补偿金。"河南模式"引起中央领导和教育部等有关部门的高度关注与充分肯定，2007年教育部向全国推广这一模式，中央主要媒体也曾多次报道该模式②。青海、山西、广东、湖南等省份到河南考察后，也陆续实行"河南模式"。"河南模式"助学贷款示意图如图3—1所示③。

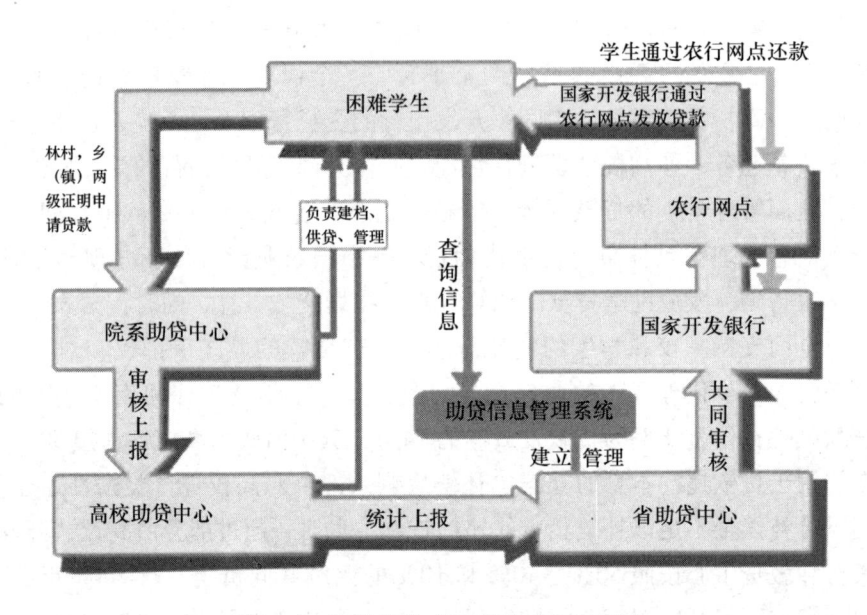

图3—1 助学贷款"河南模式"示意图

---

① 宋飞琼：《国家助学贷款"河南模式"：进展、问题及对策》，《教育发展研究》2011年第23期。
② 自2004年以来，被国家教育部认可、推广的"河南模式"国家助学贷款累计发放贷款16.6亿元，资助贫困大学生35.3万人，《河南日报（农村版）》2007-10-29。
③ 《助学贷款河南模式获温家宝批示，将全国推广》，《河南商报》2007-03-08。

三　学校助学贷款模式

学校助学贷款一般是由学校自行设立并直接管理的贷学金，实质上就是高校利用国家财政资金对学生办理的无息借款。它的主要特点是：由于是学校自行设立，贷款总额度小，受益面较窄；一般是无息贷款；贷款期限短；贷款金额上限一般不超过学费。部分高校如山东的聊城大学及山东理工大学、广东的中山大学、华南理工大学等都设立了学生贷学金，实施了学校助学贷款。以聊城大学为例，自2004年初对学院划拨专项困难资助经费起，由学院自行从专项经费中划出一定的比例来设立贷学金基金，回收的贷学金滚入基金。学生申请贷学金最高限额每年每生不得超过4000元，毕业前一次偿清的可减免10%，到指定单位就业或考取本校研究生的可进一步优惠减免，原则上要求毕业后一年内偿清，并免付利息。否则，学校将加收利息进行催交。据不完全统计，截至2015年底，十二年期间全校发放学校贷学金260余万元，受资助学生达1550人次。就全国高校而言，相当一部分学校也尝试大范围实施校内无息助学贷款，但由于贷款本金经费无保障、受学校主要领导主观影响较大、办理贷款手续不规范、资金回收率不高等因素，致使学校助学贷款工作一直未取得较大进展，个别起始较好的学校到最后出现萎缩甚至停贷现象。

第四节　我国高校国家助学贷款制度实施要素及评价指标

国家助学贷款是党中央、国务院为实施科教兴国战略，加速人才培养，在社会主义市场经济条件下，利用金融手段，由商业银行或其他金融机构发放，用于支付高等学校在校学生学费或生活费等个人费用，以学生的未来收入为第一还款源的金融产品。

一　助学贷款制度实施主体

通过分析助学贷款实施过程，政府、银行、高校、学生为助学贷款制度中必不可少的四大实施主体。作为助学贷款投资的受益者，各个主体在教育投资中同样要负有各自的责任和义务。

(一) 政府——责任主体

国家助学贷款与商业性贷款本质区别在于，商业性贷款是由金融机构（商业银行）用其信贷资金，在保证投入资金安全性和流动性的前提下，对企事业单位或个人所发放的自营性贷款，以获取利润为目的；而助学贷款是由政府主导，借助政府的行政能力及行为，使不同收入家庭的学生能平等地拥有接受高等教育的权利，促进人才知识结构的调整，使科教兴国战略真正落到实处。作为助学贷款的发起者和组织者，国家政府承担着政策化运作责任，通过充分利用自身资源优势，组织教育、财政等职能部门，以及地方政府直接参与到助学贷款实施各过程，保护其他三大主体在助学贷款中的利益。从人力资本投资理论来看，政府作为助学贷款责任主体，有利于弥补和消除市场调节在人力资本投资中带来的缺陷，弥补居民家庭在人力资本投资中的不足，实现人力资本形成和积累中的机会均等，最终实现经济社会的和谐发展。

(二) 银行——投资主体

我国助学贷款基本是由商业银行经办。从最初的工商银行独家承办，到四大国有独资商业银行办理，后又扩展到通过招投标方式确定的其他一些商业银行。贷款资金由银行自身提供，贷款本金均有各商业银行自筹，其性质仍属于商业性贷款，因此纳入正常的银行贷款业务管理，在银行账目上表现为资产项目。通过发放贷款帮助学生完成学业的同时，经办银行将获得一部分来源于国家财政贴息、一部分来源于借款人直接支付，相当业务收入的贷款利息。助学贷款的长期性、利润小、成本大、风险大的信用贷款性质与商业银行的营利性、追求风险最小化、利润最大化的本质虽相矛盾，但从发展的历史必然性来看，助学贷款也是银行获取营业收入的投资，不但有利于自身拓展业务领域，改善信贷结构，提高经济效益，同时也具有培养优质客户，树立行业形象，推销金融品牌，扩大市场份额的战略意义。所以，作为助学贷款的投资主体——经办商业银行，不应过高估计助学贷款风险，不应过多设置供给障碍，而应顺应经济发展潮流，洞悉市场需要，积极而稳妥地开发助学贷款市场，以便在市场经济竞争中更好地立于不败之地。

(三) 学校——实施主体

高等院校在国家助学贷款业务中，虽不承担责任，但由于助学贷款本身具有较强的"外部性"等特征，助学贷款的顺利实施能够优化高校的财务状况，确保正常的教学秩序和学生管理，因此，高校应积极参与到助学贷款实施中，主动承担助学贷款实施过程中的相关职责。根据我国国家助学贷款实施模式，其主要职责是对申请贷款学生进行资格初审，按期向上级所属政府资助管理部门报送申贷信息；根据上级核准的贷款额度，将初审学生申请报送贷款经办机构；协助经办机构组织做好贷款的发放和回收；以及将贷款实施情况、学生的变动情况等，及时提供至上级资助管理部门与经办机构。同时，由于信用缺失是助学贷款业务面临的最大难题，为了保证学生毕业后按时还款，提高贷款回收率，高校职责之一就是加大学生诚信教育，提高大学生的诚信意识，让学生从思想上正确认识自己的权利和义务，确保助学贷款良性循环发展。

（四）学生——援助主体

国家助学贷款实施目的就是利用金融手段使经济困难学生得以深造，帮助学生树立自立自强观念，鞭策学生勤奋学习、努力上进，为贫困家庭学子获得公平、公正的教育机会提供社会保障机制。其根本出发点就是消除或减轻经济困难对不利群体学生在入学、选择学校及专业方面的影响，让经济困难的学生能够继续入学。从人力资本投资回报来说，在当今知识经济时代，接受教育的层次越高，个人所获取的收益就越大，学生凭借助学贷款顺利完成学业，以知识服务社会的同时，也将得到巨大的经济性与非经济性的回报。因此，作为助学贷款的援助主体学生而言，助学贷款也是个体人力资本的投资，是助学贷款体系中的最大受益者。

除上述四大主体外，对于参与助学贷款业务中，实施担保的保险业等服务机构或组织部门，也是助学贷款体系中不可或缺的主体，但由于其参与程度不深，本书不再阐述。

二 助学贷款制度实施要素

从助学贷款运作程序上所分析，我国普通高校助学贷款构成要素主要包括8个方面：贷款资格、贷款额度、贷款利率、贷款期限、贷款贴息、还款方式、担保形式，以及贷款回收率。

（一）贷款资格

我国实施的国家助学贷款面向于中华人民共和国境内（不含香港特别行政区和澳门特别行政区、台湾地区）普通高等学校中经济确实困难的全日制本专科学生（含高职学生）、研究生以及第二学士学位学生。1999年先在北京等8个城市所在的普通高校试点，2001年9月起推广到全国公办普通高等学校,后延伸到一部分民办普通高校也陆续开展国家助学贷款工作。对于借款人贷款资格,即申请条件,主要在品行、学业等进行了规定,如具有完全民事行为能力;家庭经济确实困难,无法支付正常完成学业所需的基本费用(包括学费、住宿费和基本生活费);学习刻苦,成绩较好,能够正常完成学业;诚实信用,遵纪守法,无违规违纪行为;以及贷款经办银行规定的其他条件。

(二)贷款额度

学生贷款金额主要根据以下公式确定:学生贷款金额=所在学校收取学费+所在地区规定基本生活费-个人可得收入(包括家庭提供的收入、学校奖励资助收入、社会等其他方面资助的收入)。其中,学费贷款金额最高不超过借款学生所在学校的学费收取标准,生活费的贷款金额最高不超过学校所在地区的基本生活费标准。在实施过程中,学生贷款额度从最初的每人每学年不超过6000元,调整为后期的本专科学生每人每学年不超过8000元、研究生学生每人每学年不超过12000元,总额度按正常完成学业所需年度乘以学年所需金额确定。

但由于各学校学费和各地区基本生活费标准不同,学生贷款需求的最高数额也不完全相同,在贷款初期来讲,贷款额度基本满足本专科学生需求,但随着物价指数上涨及学费收取标准的整体调整与普遍提高,国家规定的贷款额度已无法满足所有学生需求,特别对于艺术类专业本专科学生,以及特殊专业硕士、博士研究生而言仍然显得过低。对于高校申请贷款学生比例,即贷款办理规模上,中央部属高校国家助学贷款发放规模由教育部按照国家财政贴息经费确定,而地方普通高校的国家助学贷款发放规模由各地区根据地方财政贴息情况制定实施。

(三)贷款利率

国家助学贷款利率执行中国人民银行规定的同期贷款基准利率,不上浮。对学生毕业后实际偿还的利息,按照当年同期利率执行。如遇中国人民银行调整贷款利率,执行中国人民银行的有关规定。如果学生贷款期限在一年以内(含一年),按合同约定利率计息,遇法定利率调整时,合同利率不变;而贷款期限在一年以上的,利率一年一定,遇法定利率调整,则在下一个利率确定日执行新调整后的利率;贷款逾期又未批准展期的部分,按逾期贷款利率收取利息。以中国人民银行2016年初最新规定,公布的同期贷款现行年利率为:(1)六个月(含)以内:4.35%;(2)六个月至一年（含）：4.35%；（3）一年至三年（含）：4.75%；（4）三年至五年（含）：4.75%；（5）五年以上：4.90%。

（四）贷款期限

我国助学贷款期限由最初的学生所借贷款本息必须在毕业后四年内还清，变更为借款学生毕业后视就业情况，在一至两年后开始还贷，六年内还清，后随着生源地信用助学贷款的实施，将贷款期限两次进行了延长调整，第一次于2008年，将贷款期限规定为按全日制本专科学制加十年确定，最长不超过十四年；第二次于2016年，将贷款期限延长为按学制加13年确定，最长不超过20年，且将学生在校及毕业后宽限期由原来的两年延长为三年，宽限期后由学生和家长（或其他法定监护人）按借款合同约定，按年度分期偿还贷款本金和利息。学制超过四年或继续攻读研究生学位、第二学士学位的，相应缩短学生毕业后的还贷期限。

（五）贷款贴息

国家助学贷款作为政府主导开展的政策性资助贷款，政府财政部门对接受国家助学贷款的学生给予还款利息补贴。最初，学生所贷款利息的50%由学校所属政府贴息，其余50%由学生个人负担，经2004年对助学贷款的财政贴息方式调整，实行借款学生在校期间的贷款利息全部由财政补贴、毕业后全部自付的办法，借款学生毕业后开始计付利息。

（六）还款方式

助学贷款还款方式包括等额本金还款法、等额本息还款法两种，并采用灵活的还本付息方式，可提前还贷，或利随本清，或分次偿还（按年、按季或按月），具体方式由贷款人或借款人在"借款合同"中约定还款方法，以及还款时间，并载入合同。

对于等额本金还款法、等额本息还款法主要区别在于，等额本金还款法由借款学生每月等额偿还助学贷款本金，贷款利息逐月递减，本息合计逐月递减，这种还款方式前期还款压力较大，适合收入较高或想提前还款毕业生群体；而等额本息还款法由借款学生每月以相等的金额偿还助学贷款本息，每期还款额中的本金都不相同，前期还款金额较少，本息合计每月相等。这种还款方式由于本金归还速度相对较慢，占用资金时间较长，还款总利息较相同期限的等额本金还款法高。

（七）担保形式

助学贷款的担保形式主要有保证担保、抵押担保、质押担保和信用助学贷款四种。而保证担保贷款需要提供保证人担保；抵押担保和质押担保贷款需要以房产或有价证券作为抵押物进行担保；信用助学贷款则不需要担保，只需要提供贷款介绍人和见证人，以个人信用向银行申请助学贷款，且介绍人和见证人不承担连带责任。目前我国普通高等院校实施的国家助学贷款的担保形式采用的是个人信用担保的方式，也就是不需要提供任何的抵押、质押或者保证人担保。

（八）贷款回收率

助学贷款回收率为贷款毕业生应偿还全部贷款的现值扣除拖欠和管理成本所流失的金额，即经办银行后期实际收回的贷款现值与最初贷款发放现值的比率[①]。如计算学生贷款回收率，考虑还款期间的银行利率和通货膨胀率，可计算出每次还款的贴现值。假设所有获贷学生都能履约按时还款，则还款额贴现值和所获贷款贴现值的比率即为贷款回收率。所以说，影响助学贷款回收率的两个主要因素为通货膨胀率和贷款的利息。通过对比分析贷款回收率，可能够更加真实地反映助学贷款项目的效率。

除上述8个贷款要素外，也有的学者将贷款拖欠和管理成本归结为其中要素。其中贷款拖欠指获贷学生应该偿还而没有偿还的贷款数额，拖欠资金部分由政府、银行、学校三方承担；管理成本指因实施学生贷款申请、发放、回收和追缴过程中人力、物力和财力的支出，由于助学贷款的社会公益性及政策引导性，其管理成本高，绝大部分由政府承担。就助学贷款管理总成本而言，通过管理成本与贷款回收情况对比，贷款的回收率越低，管理成本越高，政府投入贷款的资金损失会越大。在我国以及其他发展中国家，由于缺乏对流动学生的有效追踪，学生贷款管理成本还难以估算。根据英国的伍德霍尔博士对拉丁美洲国家研究表明，贷款管理成本约占贷款数额的12%—23%；而以色列的齐德曼教授认为，"在不确定的情况下，每年贷款管理成本是当年还款余额的2%。按此折算，意味着贷款管理总体成本大约占整个贷款数额的10%左右，这是对贷款方案最保守的估计"[②]。同时，齐德曼教授还认为大多数发展中国家学生贷款的管

[①] Adrian Ziderman & Douglas Albrechet. (1995). Financing Universities in Developing Countries. The Falmer press, 72.

[②] Ibid.

理总成本为当年还款余额的1%或2%左右[1]。在我国，由于国家助学贷款运行中管理成本没有精确的统计数据，一般采用国际上常用的估算方法，即假定国家助学贷款管理成本是1%或2%[2]。

三 助学贷款评价指标

国家助学贷款作为国家贴息的个人信用贷款，除与普通商业性贷款有共性的评价指标外，还需有以下指标进行评价，以便了解掌握、统计分析助学贷款实施进展等综合状况。

（一）助学贷款比率

助学贷款比率是指国家助学贷款发放金额在同期学生资助政策体系中各项资助政策实施所发生总额度的百分比。通过分析助学贷款比率，即能体现国家助学贷款是学生资助体系的一部分，又能显现助学贷款制度执行情况在整个资助体系中的比重。由于国家助学贷款是普通高校学生资助政策体系中最主要资助形式，所以，助学贷款比率在所有助学贷款评价指标中占有比较重要的地位。助学贷款比率计算公式：

助学贷款比率＝助学贷款发放金额/同期实施学生资助政策体系所发生总额度×100%

据全国学生资助管理中心统计，2007年至2011年，全国普通高等学校资助在校学生1.79亿人次，累计资助金额1817.18亿元，其中，国家助学贷款累计发放学生889.67万人，发放贷款金额488.62亿元[3]，在发放国家助学贷款人数及金额中，生源地信用助学贷款发放人数410.48万人，发放贷款金额232.21亿元。则2007年至2011年期间，国家助学贷款比率为26.89%，生源地信用助学贷款比率为12.78%。足以证明国家助学贷款政策在整个学生资助政策体系中的主体地位。

（二）助学贷款占比

助学贷款占比是指每种助学贷款模式下办理的贷款数额在同期内助学

---

[1] Adrian Ziderman. (2003). Student Loans in Thailand: Are they effective, equitable, sustainable?. UNESCO – Bangkok/IEEP, 127.

[2] 沈华、沈红：《国家助学贷款偿还和回收效率的计量分析》，《北京大学教育评论》2008年第4期，第146—155页。

[3] 教育部：《中国学生资助发展报告（2007—2011年）摘编》，http://www.gov.cn/gzdt/2012-10/23/content_2249681.htm，2012-10-23。

贷款办理总数额的百分比。通过助学贷款占比，能够比较各个助学贷款模式在整个助学贷款体系中的实施状况。助学贷款占比计算公式：

助学贷款占比＝某种助学贷款模式下发放贷款数额／同期内助学贷款发放总数额×100%

根据全国实施助学贷款状况，一般分为校园地国家助学贷款与生源地信用助学贷款。以2012年为例，全国普通高校实际办理助学贷款263.45万人，实际发放贷款数额149.03亿元，其中校园地国家助学贷款、生源地信用助学贷款发放数额分别为22.06亿元、126.97亿元[1]，校园地国家助学贷款、生源地信用助学贷款占比分别为14.8%、85.2%。生源地信用助学贷款成为我国普通高校国家助学贷款的主要模式。

（三）助学贷款规模系数

助学贷款规模系数（也可称为助学贷款覆盖率）指办理贷款学生人数占学生总人数的百分比，是反映学生贷款比重的指标。助学贷款规模系数计算公式：

助学贷款规模系数＝办理助学贷款学生人数／学生总人数×100%

据统计，2008年，全国普通高校（包括公办和民办的全日制本专科学生、研究生和第二学士学位学生）在校生总数为2103.27万人，发放贷款金额65.96亿元，办理助学贷款125.9万人（含当年新增发放人数和2008年以前年度已签订合同当年续放人数)[2]。当年助学贷款规模系数为5.99%。

（四）助学贷款额度指数

助学贷款额度指数指学生办理助学贷款人均数额，又分为相对助学贷款额度指数和绝对助学贷款额度指数。相对助学贷款额度指数为在校学生的人均助学贷款数额，而绝对助学贷款额度指数为申请办理助学贷款学生的人均数额。两者都是反映学生办理助学贷款数额大小的指标。计算公式：

相对助学贷款额度指数＝发放贷款总数额／在校学生总人数

绝对助学贷款额度指数＝发放贷款总数额／申请办理贷款学生总人数

以全国学生资助管理中心统计的2008年助学贷款为例，相对助学贷款额度指数为313.61元，而绝对助学贷款额度指数为5239.08元。

---

[1] 全国学生资助管理中心：《2012年国家助学贷款再创历史新高》，http://www.xszz.cee.edu.cn/jianbao/gongzuojianbao/2013-03-27/1596.html，2013-03-27。

[2] 全国学生资助管理中心：《2008年全国普通高校家庭经济困难学生资助政策执行情况》，http://www.fjedu.gov.cn/html/2009/08/266068_53427.html，2009-08-07。

（五）助学贷款指标利用率

助学贷款指标利用率又称助学贷款指标运用率，指高校助学贷款实际到账数额与计划期内上级教育、财政部门下达的助学贷款额度的百分比，是反映上级主管部门对所属高校下达计划期内助学贷款控制额度实际运用程度的指标。对于贷款控制额度，部属高校一般根据学校助学贷款需求以及贫困生认定比例，经全国学生资助管理部门下达至助学贷款经办银行；而地方高校，原则上由上级归属学生资助管理部门、金融管理机构负责分别下达至学校和下级教育部门，以及助学贷款经办银行或代办部门，其中对参加高考学生的控制额度根据上年高考录取人数的一定比例确定，对高校在校学生的控制额度根据各高校学生数扣除当年毕业生以外的在校生人数的一定比例确定。助学贷款指标利用率计算公式：

助学贷款指标利用率＝计划期内学校助学贷款实际到账数额/同期上级主管部门下达的助学贷款额度×100%

（六）助学贷款偿还率

助学贷款偿还率指学生助学贷款的还款额与借款额两现值的比率[①]。助学贷款由于政府主导以及财政贴息等，使贷款学生享受到更多的优惠，特别是无须偿还所获贷款的全部本息，即借款学生的最终还款现值将低于当初借款额的现值。助学贷款偿还率与助学贷款回收率的区别就在于，助学贷款回收率计算中学生还款额的现值扣除拖欠和管理成本所流失的金额，而助学贷款偿还率计算中的学生还款额的现值未去除拖欠和管理成本所流失的金额。以色列的齐德曼教授研究表明，发达国家与发展中国家的学生贷款偿还率未有明显差别，学生贷款偿还率的高低主要由各国的还款条件确定，而与国家自身的经济基础没有太大关系，贷款利率低、还款期限长的贷款偿还率将会低一些，反之贷款偿还率将会高一些。

（七）助学贷款相对效率指数

助学贷款相对效率指数为助学贷款回收率和偿还率之比。如果拖欠减少和管理成本能够得到有效控制，贷款的回收率就会提高，相应的其与贷款偿还率之间的差距会减少，助学贷款相对效率指数就会变大（越来越接近于1）。因此，相对效率指数是反映助学贷款运作的整体效率，指数

---

① Adrian Ziderman & Douglas Albrechet. (1995). Financing Universities in Developing Countries. The Falmer press, 72.

越大，说明助学贷款项目的总体运行效率就越高，反之亦然①。

(八) 助学贷款违约率

助学贷款违约率如同助学贷款回收率、助学贷款偿还率，在一定程度上都是反映助学贷款效率的指标，但助学贷款违约率更能直接反映不良贷款在整个助学贷款总额的比重，因此如何准确、有效地计算、预测助学贷款违约率对助学贷款经办银行的信用风险管理具有十分重要的作用。

助学贷款，与普通商业贷款一样，也是经办银行主要资产的一部分，因此也可分为正常助学贷款和不良助学贷款，其中不良助学贷款指逾期助学贷款、呆滞助学贷款、呆账助学贷款，即国家银行界所谓的"一逾两呆"。逾期助学贷款为借款学生拖欠贷款本息超过三个月、一年以内的贷款；呆滞助学贷款为借款学生拖欠贷款本息逾期一年以上、三年以内的贷款；而呆账助学贷款为拖欠贷款本息逾期三年以上的贷款。对于所有的助学贷款，只要超过约定还款日期就可认定为逾期，就属于不良助学贷款。

结合我国普通商业金融机构违约率计算方法，可将助学贷款违约率分为两种方式，即数量法、数额法，其中数量法又分为违约学生户数法、违约贷款笔数法。相关违约率计算公式：

1. 助学贷款违约户数法：反映助学贷款违约学生户数比重（按每人一户）

助学贷款违约率 = 本期内助学贷款违约学生户数/同期内助学贷款学生总户数 × 100%

2. 助学贷款违约笔数法：反映助学贷款违约次数比重（违约频率）

助学贷款违约率 = 本期内助学贷款违约笔数/同期内助学贷款应偿还总笔数 × 100%

3. 助学贷款违约数额法：反映助学贷款违约金额比重

助学贷款违约率 = 本期内助学贷款违约金额/同期内助学贷款总金额 × 100%

上述助学贷款违约率的度量方法，主要是针对目前助学贷款制度完善阶段所提出的比较简单的计算方法。随着我国金融环境的不断完善，特别是信用评价等级行业的进一步发展，有关助学贷款风险及信用等级方面的

---

① 沈华、沈红：《国家助学贷款偿还和回收效率的计量分析》，《北京大学教育评论》2008年第4期，第146—155页。

数据不断积累，助学贷款违约率度量方法也将会不断得到完善和发展。对于更复杂、更系统的助学贷款违约率理论框架、操作，仍需要国内学者和专家们进行更深入的研究。

第五节　我国高校国家助学贷款制度实施现状

国家助学贷款是我国普通高等学校学生资助政策体系中的重要内容。自1999年试运行以来，国务院、教育部、财政部等部门相继下发多个指导性文件，几经修改和完善。特别自2007年推行生源地信用助学贷款试点工作至今，随着生源地信用助学贷款的快速发展，国家助学贷款规模连续多年稳步增长，成为解决普通高校家庭经济困难学生学费和住宿费的主要途径。本书对全国普通高校、各省（市、区），以及山东省、山东省个别省属代表高校国家助学贷款进展情况分别进行了阐述。

一　全国普通高校国家助学贷款实施进展状况

以2007年国务院下发《关于建立健全普通本科高校高等职业学校和中等职业学校家庭经济困难学生资助政策体系的意见》（国发〔2007〕13号）为界点，可将我国高校国家助学贷款政策实施分为两大阶段。

（一）1999—2006年全国高校助学贷款进展情况

自1999年开展国家助学贷款工作至2006年12月底，全国累计审批普通高校国家助学贷款学生292万人，审批金额253亿元，全国金融机构发放助学贷款总额达192.9亿元[1]，办理方式以校园地国家助学贷款为主。其中：

自1999年开始试点至2004年6月，全国普通高校申请贷款学生总人数184.1万人，银行审批人数86.2万人，申请贷款总金额133.8亿元，银行审批金额69.7亿元，全国金融机构发放助学贷款总额52亿元。

自2004年6月实施助学贷款新政策至2006年底，全国审批普通高校国家助学贷款学生205.8万人，银行审批贷款金额183.3亿元，全国金融机构发放助学贷款总额140.9亿元。

（二）2007—2012年全国高校助学贷款进展情况

自2007年8月，国家决定在江苏等5省市开展生源地信用助学贷款试

---

[1]　田筱鸿：《中央财政加大贫困生资助力度的博弈解读》，《当代经济》2008年第2期。

点工作,至2012年底全国共有29个省(自治区、直辖市和计划单列市)的2294个区县开展了生源地信用助学贷款工作,全国区县覆盖率达到79.2%,办理方式以在学生户籍所在地办理的生源地信用助学贷款为主。

1. 2007—2012年普通高校助学贷款总体办理情况

据统计,2007—2012年全国普通高校国家助学贷款发放人数1153.12万人次,其中生源地信用助学贷款发放人数590.46万人次,校园地国家助学贷款发放人数562.66万人次;发放贷款金额637.66亿元,其中生源地信用助学贷款发放金额359.18亿元,校园地国家助学贷款发放金额278.48亿元。各年度全国普通高校国家助学贷款发放人数及发放金额分别见表3—1、表3—2。

表3—1　全国普通高校2007—2012年国家助学贷款发放人数情况

(单位:万人;万人次)

年度	普通高校在校学生总人数	生源地信用助学贷款发放人数	校园地国家助学贷款发放人数	助学贷款发放总人数
2007	1738.8	10.66	130.54	141.2
2008	2103.27	15.33	110.57	125.9
2009	2285.2	86.37	84.57	170.94
2010	2385.63	128.44	80.66	209.1
2011	2473.09	169.67	72.86	242.53
2012	2536.56	179.99	83.46	263.45
小计	13522.55	590.46	562.66	1153.12

注:普通高校在校学生为全国公办和民办全日制普通高等学校本专科学生、研究生和第二学士学位学生,每年在校人数根据教育部公布的各年教育统计数据测算

表3—2　全国普通高校2007—2012年度国家助学贷款发放金额情况(单位:亿元)

年度	普通高校学生资助总金额	生源地信用助学贷款发放金额	校园地国家助学贷款发放金额	助学贷款发放总金额
2007	272.92	6.02	73.06	79.07
2008	293.7	8.6	57.36	65.96
2009	347.2	48.86	44.71	93.57
2010	407.9	71.7	41.86	113.57
2011	514.68	97.03	39.43	136.46

续表

年度	普通高校学生资助总金额	生源地信用助学贷款发放金额	校园地国家助学贷款发放金额	助学贷款发放总金额
2012	547.84	126.97	22.06	149.03
小计	2384.24	359.18	278.48	637.66

注：1. 普通高校学生资助总金额指全国公办和民办全日制普通高等学校下发的各类奖助学金、助学贷款、勤工助学、学费减免、贷款代偿、伙食补贴等各类资金，包含各级政府、高校、企事业单位、社会团体、个人等资助金额，不含支付国家助学贷款贴息和风险补偿金资金，其中2008年含汶川地震特别资助政策下发资金。

2. 各项统计数据皆来源于全国学生资助管理中心发布的各年《中国学生资助发展报告》，以及教育部有关学生资助工作新闻发布会等。

3. 本章统计数据除注明外，均未包括香港特别行政区、澳门特别行政区和台湾省。部分数据因四舍五入、统计范围有所不同等原因，可能存在分项与合计不等的情况。

在开展国家助学贷款业务中，2007—2012年中央财政及地方财政支付普通高校国家助学贷款风险补偿金和贴息经费高达118.44亿元（其中2007—2011年支付国家助学贷款风险补偿金和贴息经费98.85亿元；2012年支付贴息经费19.59亿元，不含2012年支付助学贷款风险补偿金部分），占同期发放助学贷款总数额的18.57%。

2. 2007—2012年普通高校助学贷款评价指标对照情况

通过对比2007—2012年助学贷款进展情况，各年度助学贷款比率、助学贷款占比、助学贷款规模系数，以及助学贷款额度指数等指标对照情况，分别见图3—1、图3—2、图3—3、表3—3。

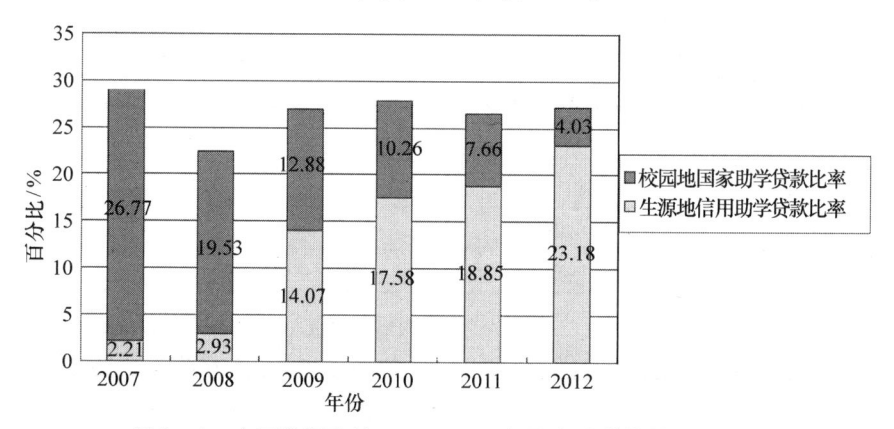

图3—1 全国普通高校2007—2012年国家助学贷款比率对照

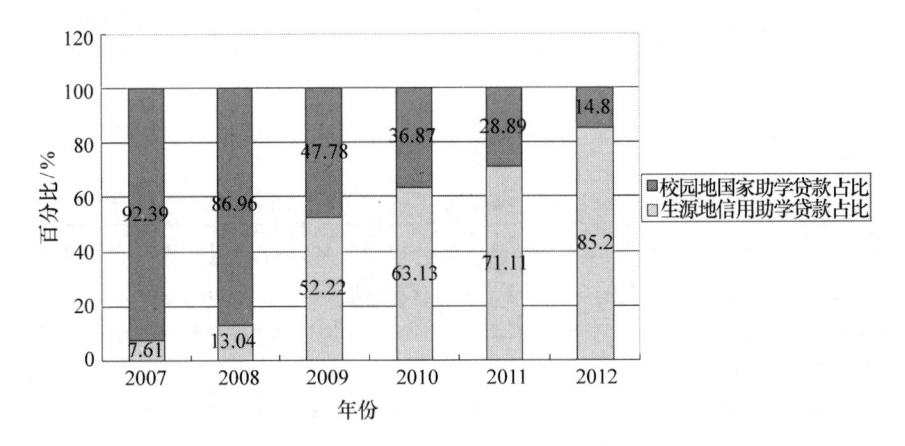

图 3—2 全国普通高校 2007—2012 年国家助学贷款占比对照

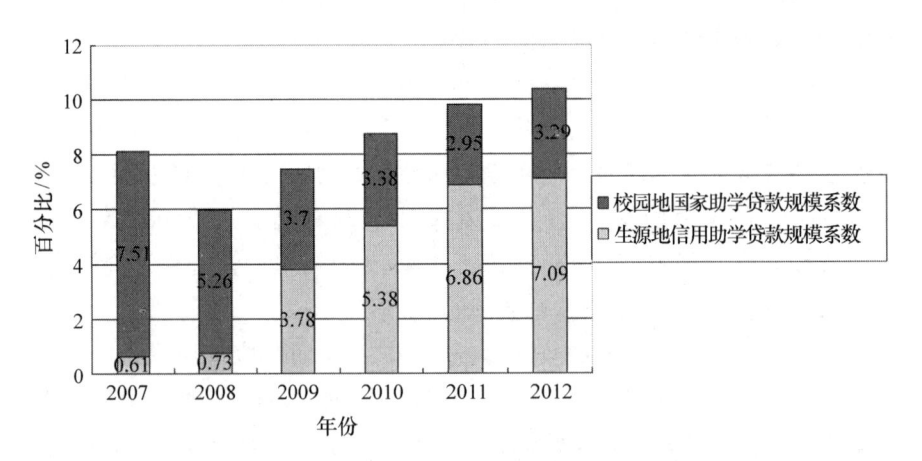

图 3—3 全国普通高校 2007—2012 年国家助学贷款规模系数对照

表 3—3　全国普通高校 2007—2012 年国家助学贷款额度指数对照　（单位：元）

年度	助学贷款相对额度指数	助学贷款绝对额度指数
2007	454.74	5599.86
2008	313.61	5239.08
2009	409.46	5473.85
2010	476.06	5431.37
2011	551.78	5626.52
2012	587.53	5656.86

二 各省（市、区）生源地助学贷款实施状况

自 2004 年国家助学贷款经过拐点后，逐年得到较快增长，特别自 2007 年在江苏等 5 省市开展生源地信用助学贷款试点后，2008 年全国 20 个省市启动生源地信用助学贷款工作；2009 年 5 月，教育部、财政部、银监会、国家开发银行联合召开的全国学生资助工作会议上，提出在全国所有的省（自治区、直辖市）全面推开生源地助学贷款，力争覆盖所有的市、县；2011 年，全国开展生源地信用助学贷款已达 25 个省份；根据全国学生资助管理中心 2013 年 3 月统计公布，全国 31 个省市（香港特别行政区、澳门特别行政区、台湾省除外）、2856 个区县中，29 个省市的 2294 个区县开展了生源地信用助学贷款工作。除中央部属高校由中国银行承办助学贷款外，在开展生源地信用助学贷款的省市中，大大缓解了省（市）属等地方普通高校学生的助学贷款需求压力。

由于生源地信用助学贷款开展的广泛性、多样化，以及各省市重视程度、政策执行力度、金融机构参与积极性等诸多方面的差异，各省市生源地助学贷款政策实施力度差别较大，助学贷款发放金额及获贷人数地区差异十分明显。据统计，2012 年全国普通高校获贷学生占在校生总数的平均比例达到 12.88%，其中，中央部属高校获贷学生人数比例 12.02%，地方所属高校获贷学生人数比例 12.98%。广西、贵州、青海、甘肃等部分西部省份助学贷款平均获贷比例高达 30%，而个别省市助学贷款平均获贷比例还不到 10%，甚至更低。全国各省市生源地助学贷款实施现状，根据各省市分区情况，分别见表 3—4、表 3—5、表 3—6、表 3—7、表 3—8、表 3—9。

表 3—4　　　　华北地区 5 省市生源地助学贷款实施情况

省市	开办年份	承办机构	生源地助学贷款开展情况
北京市	2009 年 8 月	北京银行	面向北京籍考入京外高校的家庭经济困难学生；每生每学年贷款不超过6000元，为1000元到6000元之间的千元整数；学生和其父母（或其他监护人）为共同借款人，强调共同承担还款责任；贷款申请到审批原则上只需 15 个工作日，贷款实行一次申请，按学制确立最高贷款额度，一次审批并签订借款合同；学生在校期间利息全部由中央财政补贴，毕业后利息全部由学生和家长（或其他法定监护人）共同负担；受理时间原则上为每年7月至8月，学生及家长（或其他监护人或受托人）必须共同向区县学生资助管理中心提出申请。考入在京高校（含中央院校）学生仍然实行高校国家助学贷款政策。同一学年内生源地信用助学贷款和高校国家助学贷款不能重复申请

续表

省市	开办年份	承办机构	生源地助学贷款开展情况
天津市	2010年8月	国家开发银行天津分行	贷款期限为不短于5年，不超过14年，且毕业后年限不超过10年；贷款额度不低于1000元，且不超过6000元，整数；用途主要为学费和住宿费，剩余部分可做生活费；父母或其他法定监护人为共同借款人，户籍在本区县，年龄在25—60岁之间，共同向区县学生资助管理中心申请；在校学生只能办理生源地助学贷款或校园地国家助学贷款其中的一种。（2004年，先在南开大学、天津大学和中国民用航空学院由中国银行天津地方支行办理国家助学贷款，2005年扩大到所有市属普通高校）
河北省	2008年11月	省农信社	县级资助中心负责收集、整理、汇总高校新生和在校生的家庭经济状况、贷款需求等信息并提供给农信社，并跟踪了解贷款学生的家庭经济状况变化，定期报送贷款学生的有关信息；当出现不符合贷款申请条件者，由农信社将终止并提前收回贷款；考入中央高校和省外地方高校学生，风险补偿金由中央财政承担，在省属高校学生风险补偿金由中央财政和省财政各承担50%。（2007年，省教育厅与国家开发银行河北省分行签订合作协议，确定河北大学等6所高校为首批发放助学贷款试点学校，2008年扩大到29所贷款高校）
山西省	2005年	国家开发银行山西省分行	作为教育部确定的生源地信用助学贷款重点推进的六个省份之一，经2004年在9所省属高校试行后，2005年推广到25所高校实施；2008年全省7个县（市、区）开始试点生源地信用助学贷款；2009年全省119个县（市、区）签订县级合作协议签字仪式，实现助学贷款全覆盖；县级教育行政部门和高校分别负责新生和在校学生申请资格的认定，各县级教育行政部门督促所属高中成立相应机构，定期对毕业班学生家庭经济状况进行调查摸底；发放对象限省属普通高校；高校助学贷款仅面向未开展生源地信用助学贷款的外省学生。仅2013年一次性发放生源地信用助学贷款9.4亿元，发放学生17.5万人，贷款满足率已经超过99.2%，连续五年实现全省全覆盖和稳增长
内蒙古自治区	2006年	省农信社	2006年开始，先由农信社办理的财政贴息助学贷款；2008年国家开发银行在赤峰市翁牛特旗开展生源地信用助学贷款试点后，于2009年推广到所有落实财政贴息和风险补偿金的盟市；对考取和就读盟市所属高校和区属及区外高校的家庭经济困难学生，都可以户籍地教育部门申请生源地助学贷款，国家开发银行成为自治区开展助学贷款的主力银行。截至2011年底，国开行内蒙古分行累计发放助学贷款11.42亿元，惠及学生21万余人，其中发放生源地助学贷款10.51亿元，覆盖全区101个旗（县）；发放高校助学贷款9030万元，覆盖全区35所公办高校

表3—5　　　　　　　东北地区三省市生源地助学贷款实施情况

省市	开办年份	承办机构	生源地助学贷款开展情况
辽宁省	2008年	省农信社	（2003年，出台《辽宁省生源地国家助学贷款实施办法》，面向全省农村正式实施生源地国家助学贷款） 2007年，由省农信社在阜新蒙古族自治县和彰武县试点，2008年扩大到康平等17个县、市开展生源地助学贷款业务试点，采取信用或担保贷款方式；符合条件的学生可向入学前户籍所在县（市、区）学生资助管理中心或金融机构申请办理，额度和还款期限和国家助学贷款基本一致。2011年秋季学期起，在全省开办生源地信用助学贷款，面向所有具有辽宁省户籍的全日制普通高校在校学生，由国家开发银行辽宁省分行和辽宁省农村信用联社承办；2012年，国家开发银行开办的生源地助学贷款范围更加广泛，除了确保灾区学生应贷尽贷外，只要被国内经国家批准的普通高校正式录取，不论公办、民办、高职、专科，还是省内、省外高校，一律给予办理生源地助学贷款。仅2011年，全省发放生源地信用助学贷款5000万元，资助学生7000余名；发放校园地国家助学贷款9000余万元，资助学生1.4万名
吉林省	2010年	国家开发银行吉林省分行	申请对象为吉林省籍符合条件的家庭经济困难的普通高校新生和在校生；在学生家庭户籍所在地办理，以借款人信用做担保；高校在读学生当年在高校已获得国家助学贷款的，不得同时申请生源地贷款；本省考入外省地方高校和民办大学的学生，首次可在生源地办理助学贷款。2012年，首次实现生源地信用助学贷款全覆盖工作。截至2013年初，全省累计发放高校助学贷款8.72亿元，余额5.71亿元；发放生源地贷款1.3亿元，余额1.3亿元。贷款投放范围覆盖全省10个市（州）、54个县（区），被称为"民心工程、德政工程和圆梦工程"
黑龙江省	2010年	哈尔滨银行	（2007年，哈尔滨银行承办全省60余所省属高校、高职、高专的校园地国家助学贷款业务，并与华安保险黑龙江分公司合作，为每位贷款学生投保信用险，被称为"黑龙江省新模式国家助学贷款"，至2009年三年中资助全省60余所高校的学生9.2万人，发放助学贷款达8.5亿元） 自2010年，开始仅面向考入部属高校、外省地方高校及本省民办高校的学生办理生源地信用助学贷款，按一次申请、分年度审批和发放，每年最高额度为5000元；与其他省市不同的是，引入保险模式，签署《银行、保险、地市教育局三方合作协议》，由华安保险公司继续承保（此保险是以借款学生的履约风险作为保险责任的一种保险，当借款学生不能按期履行借款合同约定的还款义务时，保险公司按保险合同的约定负责赔偿，主要特点有：全球首创；风险可控；期限长。保险费作为贷款本金的一部分，由银行通过贷款方式提供，每年发放贷款的同时划至保险公司账户。学生贷款保险的保障范围原则上有三方面：一是借款学生身故；二是借款学生全部或大部分丧失劳动能力；三是连续12个月未完全履行还款义务。如上述情况发生，保险公司履行保险责任）。自2013年开始，对考入公办或民办的省内、省外高校学生，都可通过县（市）学生资助管理中心申请贷款，且贷款额度为6000元，贷款期限最长不超过14年

表3—6　　　　　华东地区七省市生源地助学贷款实施情况

省市	开办年份	承办机构	生源地助学贷款开展情况
上海市	2004年	农业银行上海市分行	鼓励学生报考外地院校,贷款期限10年,由市学生事务中心负责受理;在大学就读期间,每年可获得最高6000元的国家全额贴息贷款,学生毕业后6年内还清;对借款学生违约,不按时偿还贷款,使承办银行形成风险的,由银行依法追索借款人全部债务,并上报市个人征信系统;对市征信系统中有不良记录的借款学生,规定七年内不得在任何银行贷款
江苏省	2001年	省农信社	2001年,由省农信社首先着手在生源地开办省财政贴息的助学贷款业务;自2007年,由国家开发银行开始在全省施行生源地信用助学贷款试点,覆盖范围由原来的乡村贫困生,扩大到城镇贫困生,同时取消担保,贷款期限由原来的6年延长到14年;对违约行为,直接给学生和家长发催收公告,且贷款记录和还贷记录被记入中国人民银行个人征信系统;2008年,对考入外省或本省高校学生,都可到入学前户籍所在县(市、区)教育局学生资助管理部门办理"江苏省生源地信用助学贷款",每人每学年最多可贷6000元;所有高中均成立"学生信用和生源地贷款资格评议小组",由评议小组确定可以贷款学生的名单,由邮储银行办理结算(代理)。仅2011年,国开行江苏分行发放"生源地信用助学贷款"5.8亿元,覆盖全省99个县区,贷款总额累计突破20亿元
浙江省	2001年7月	当地农村信用社和商业银行并行	在全国首创开展实施以"生源地"命名的财政贴息助学贷款政策,农村生源在当地农信社办理,城市居民向工、农、中、建等商业银行申请;贷款采用无担保的信用贷款和担保贷款两种方式,年贷款金额不超过1学年的学费和生活费用,贷款上限6000元;期限一般为6年,国家优惠政策与就学地助学贷款相同,即借款人只负担一半贷款利息,其余由生源所在地的市县级财政部门贴息;同时,就学地助学贷款仍将继续实施,符合条件的学生可在两者间任选一种形式申请,但不得重复贷款。2005年,经过招投标确定中国工商银行浙江省分行经办全省助学贷款,而风险补偿金比例仅为4.9%。仅2008年全省生源地助学贷款发放金额达10.75亿,资助大学生约73.15万人次,总资助面覆盖全省贫困学生
安徽省	2007年	农信社和国开行并行	为农信社坚持承办生源地助学贷款的少数省份之一。国开行模式受理考入省外高校和中央部属高校的学生;考上本省全日制普通本专科高校(含高职、硕士研究生、第二学士学位)的学生既可以就近在家门口的农村信用社办理助学贷款,也可以办理国开行助学贷款;借款人一次申请,一次性签订借款合同,分学年发放。高校国家助学贷款因合作银行于2008年合同期满,不再受理新的申请;从2008年开始学生只能申请生源地助学贷款。仅2013年,全年累计发放生源地信用贷款15.8万人、合同金额9.3亿元

续表

省市	开办年份	承办机构	生源地助学贷款开展情况
福建省	2005年6月	省农信社	2005年在宁德市柘荣县率先启动生源地贴息助学贷款,标志全省生源地贴息助学贷款实现零的突破;最初贷款限额每年最高为5000元,采用担保方式,贷款期限一般不超过5年,贷款利率参照农户小额信用贷款,执行基准利率。2009年全省规范办理生源地助学贷款程序,遵循"应贷尽贷、简化程序、方便群众、防范风险"原则,实行"一次申请、一次授信、一次签约、分年发放、专款专用、按期偿还"办法,由生源所在地的农村信用合作联社(包括农村商业银行、农村合作银行)向学生,在其户籍所在的县(市、区)办理发放贷款;申请贷款后,次年起借款学生所就读高校要出具借款学生品行证明材料,作为次年贷款发放的依据;实行"执行国家基准利率和按年计收贷款利息"的贷款利率,让贷款学生享受30%以上的利息优惠。自2010年起,实施"生学互补、双轨并行"贷款模式,从未获得国家助学贷款的学生,可选择申请生源地信用助学贷款或就学地国家助学贷款,但二者不能同时申请获得
江西省	2005年	农信社和国开行并行	首批确定九江、上饶、景德镇三市区农村信用社为办理生源地国家助学贷款承办社;每人每学年最高不超过6000元,具体贷款金额由高校根据学费、住宿费和生活费标准以及学生的困难程度确定;对违约较多的高校,经办社有权视情况核减该学校的国家助学贷款人数和贷款额度;后经办社扩大到吉安、萍乡、鹰潭市等6地。2009年国开行开始承办赣州、宜春、新余、抚州和南昌5个辖区市、50多个县(市)的生源地信用助学贷款;并在全国首创开发了生源地助学贷款网上申请系统,以便学生网上申请;为推动贷款工作,由省学生资助管理中心统一招募选派高校志愿服务者,帮助各县级管理中心启动贷款工作。截至2013年9月,国家开发银行江西分行发放贷款6.84亿元,惠及学生11.5万人次,贷款余额6.25亿元
山东省	2004年	先期由省农信社承办;后期由国开行承办	2004年,全省率先实施由省农信社承办的生源地国家助学贷款,贷款期限最长为10年,面向山东省籍全日制在校大学生,到户口所在农村信用社办理生源地国家助学贷款,截至2012年12月底,农信社发放生源地国家助学贷款14.892亿元,发放学生18.77万人次。 2008年12月推行国开行模式,实施生源地信用助学贷款,每年最多可以申请6000元贷款,最长还款期限可达14年;由县级资助中心审查,学生通过审查后到当地金融机构办理贷款;先由邮政储蓄银行办理,后改为到当地县(市、区)学生资助管理中心负责,资金拨付采用"支付宝"方式;自2010年全部实行网上申请;贷款贴息和风险补偿金,由省财政和生源地市级财政按比例分担,按照"先支付、后核实"的原则,统一由省学生资助中心负责归集,不再由省、市学生资助中心分别归集

表 3—7　　　　中南地区六省市生源地助学贷款实施情况

省市	开办年份	承办机构	生源地助学贷款开展情况
河南省	2005 年	（△国开行，助学贷款"河南模式"）	国家开发银行主动介入河南省国家助学贷款业务，开创了"责权利相统一、奖惩激励机制健全、违约约束机制功能强大"的国家助学贷款管理模式；以省教育贷款管理中心为国家开发银行的受托管理平台，统一管理全省助学贷款业务；各高校助学贷款管理中心作为国家开发银行的受托操作平台，全面管理学生的贷款受理、审核、汇总、合同签订、贷款本息回收、贷款信息管理等具体事宜；由代理行（中国农业银行）负责办理学生存折、银行卡，发放助学贷款，结算利息，扣划贷款本息；同时，国家开发银行全面支持高校和学生的贷款需求，拥有贷款的最终审批权和对"两个平台、一个代理行"的业务指导、监督权；贷款风险补偿金比例为贷款发放额的14%，其中财政和高校各承担50%，专门用于贷款违约本息的补偿，补偿后剩余部分对高校进行奖励性返还，当风险补偿金不足以补偿相应的违约贷款本息时，超出部分由高校、开发银行和教贷中心按照50%、40%和10%的比例共同负担。截至2013年4月底，全省累计发放国家助学贷款42.6亿元，资助高校困难学生90.7万人次；累计到期贷款本金7.4亿元，违约仅3.96%。"河南模式"引起中央领导和教育部等有关部门的高度关注与充分肯定
湖北省	2007 年	国开行湖北分行	全国首批试行生源地助学贷款5省市之一。2009年起，贷款额度统一为6000元，采用"一年一签"方式进行；为防止发生"骗贷"行为，规定以下7种情况不得办理贷款：1. 家庭拥有小车、装修豪华楼房、拥有或使用高档通信工具的；2. 购买或长期租用高配置、高价格电脑（特殊专业除外）的；3. 购买高档娱乐电器、高档时装、首饰或高档化妆品等奢侈品的；4. 经常出入酒店进餐，节假日经常外出旅游的；5. 在校期间校外租房或经常出入营业性网吧的；6. 有其他高消费行为或奢侈消费行为的；7. 家庭经济年收入明显能供给学生缴纳学费的。同时，国开行以省、县学生资助管理中心为实施主体，以借款学生为中心建立三段信用联结的模式，联结生源地、就学地和就业地，实现了从贷款申请到贷后回收的电子化管理，学生在家乡、在高校都可以方便地通过网络申请贷款，在全国任何地方都可通过网络偿还贷款。截至2012年8月，国开行湖北分行已累计发放生源地助学贷款22.24亿元，资助学生38万人次
湖南省	2008 年	国开行湖南分行	首批在14个县试点生源地信用助学贷款，省财政给每试点县安排20万元工作经费；自2009年全省全面推开生源地助学贷款；在机制建设上，建立业务准入制度，把各级资助中心的机构建设作为开展生源地助学贷款业务的基本条件摆在第一位，制订了"六个有"（机构、编制、经费、办公场所、设备、承诺函）的贷款条件；确定每年5月份为全省诚信教育月，在开展生源地助学贷款业务的各县市区开办宣传栏和诚信讲座。自2012年起，全省高校除了对没有开展生源地助学贷款的外省籍学生办理高校助学贷款外，全面停止高校助学贷款，全部转为生源地信用助学贷款。仅2011年，全省发放生源地信用助学贷款5147万元，贷款学生8685名

续表

省市	开办年份	承办机构	生源地助学贷款开展情况
广东省	2005年	当地商业银行	(2004年，广东省在全国首个开通助学贷款官方网站"奖学助学工作网"。2007年，原来由中国工商银行发放的高校助学贷款合作期满，改由国家开发银行首批在3所试点高校办理贷款。贷款审批时间由以前5~6个工作日缩短为20个工作日以内；国开行广东省分行与省教育厅构建风险补偿金返还与分担机制，由财政部门与高校各出资，出资额为每年助学贷款发放总额的10.9%。截至2013年4月末，国家开发银行累计发放高校助学贷款23.6亿元，超过了全省高校助学贷款总量的90%，覆盖全省普通高校122所，涉及贫困学生43万人次。同时，由于助学贷款金额违约率仅为1.21%，违约率大大低于风险补偿金率，国家开发银行于2013年在广东103所高校首次返还风险补偿金1958.47万元） 首先在部分市、县进行局部试点办理生源地助学贷款： 2005年，中山市扶困助学专项资金管理委员会推出生源地助学贴息贷款优惠政策；申请对象仅面向具有《广东省城乡居（村）民最低生活保障金领取证》或《中山市低收入家庭救助证》证件的家庭，如申请人无"两证"，市助学办将委托志愿者进行入户调查，如果被调查家庭人均月收入低于430元，也可被认定为困难家庭而获得助学贷款资格；每人每年可在指定银行申请总额不超过10000元的贴息贷款，毕业后自付本息；学生毕业后第三年开始偿还贷款；对于在大学申请办理国家助学贷款的，不可同时申请本市生源地助学贷款；凡办理生源地助学贷款的，其信息将录入全市扶困助学管理系统。截至2012年8月，已累计发放生源地助学贷款1002万元，在库资助大学生4586名，覆盖全市各镇区。 自2010年秋季学期起，在东莞市的当地户籍、家庭人均月收入低于1000元者可申请；无宽限期；担保人应是本地村股份经济联合社或具有本市户籍、有一定偿还能力的当地村（居）民；贷款上限每年为15000元，一次签订借款合同，承办银行会将贷款直接划入贷款学生个人账号，以后银行每年会发放一次贷款资金；利率按法定利率下调10%；毕业后6年内还清；贷款损失由市财政部门和承办银行（东莞银行或农村商业银行）按5:5的比例分担，财政部分损失由市、镇（街）按7:3的比例分担
海南省	2008年	国开行海南省分行和各商业银行（含省农信社）	申请生源地信用助学贷款的学生根据申请的次数分为续贷学生和新贷学生，曾经申请生源地信用助学贷款且至少一次贷款成功的为续贷学生，学生未申请过生源地信用助学贷款或申请过生源地信用助学贷款但未贷款成功的为新贷学生，根据类别不同，申请贷款流程和所需材料也不尽相同；明确贷款对象条件为家庭年现金总收入低于8000元人民币，或农村特困户或城镇低保户（提供特困或低保证），或孤儿及残疾人家庭（提供孤儿证或残疾人证），或家庭主要收入创造者因故丧失劳动能力，或家庭成员患有重大疾病（提供相关疾病证明），或父母双方或一方失业的家庭，或所在地区遭受重大自然灾害，或无稳定收入的单亲家庭等；贷款期限不得低于5年，不得高于相应年级对应期限；预科班学生就读预科班当年不在贷款申请范围；生源地信用助学贷款利息按年计收，学生在校期间的利息由财政全额贴息，毕业后的利息由学生和其父母（或其他法定监护人）共同负担；学生在校及毕业后两年期间为宽限期，宽限期后由学生和其父母（或其他法定监护人）按借款合同约定，按年度分期偿还贷款本息。截至2010年11月，全省18市县累计为2.9万名学生发放生源地信用助学贷款1.7亿元，支付贴息200.79万元，支付风险补偿金451.41万元

续表

省市	开办年份	承办机构	生源地助学贷款开展情况
广西壮族自治区	2008年	国开行广西分行	贷款资金由国开行提供，初期由中国农业银行代理结算业务，后期国开行委托广西各级资助办受理申请；自2010年起，省内全部110个行政县均可办理生源地信用助学贷款，开始实行网上申请，贷款发放采用第三方支付平台（支付宝）方式办理，简化资金划拨流程，缩短资金到账时间。截至2012年底，广西生源地信用助学贷款累计受理借款学生57.56万人次，贷款总金额34.12亿元，其中2009年发放贷款数额2.3亿元、2010年6.7亿元、2011年10.8亿元、2012年发放贷款学生达24.09万人，发放贷款金额14.32亿元，贷款人数及金额居全国第一位。同时，学生自付利息回收率达100%，无违约金额，未使用风险补偿金，生源地信用助学贷款资产质量保持良好

表3—8　　　　　西南地区五省市生源地助学贷款实施情况

省市	开办年份	承办机构	生源地助学贷款开展情况
重庆市	2007年	国开行重庆市分行	全国首批试行生源地助学贷款5省市之一。2007年8月20日，在重庆开县举行重庆首批生源地国家助学贷款签字仪式，与重庆市40个区县政府签订《生源地信用助学贷款合作协议》，实现了对重庆所有区县的覆盖；开发的生源地助学贷款信息系统实现与人民银行征信系统连接，学生毕业后如果未按期还款，将直接记录到征信系统形成信用污点。截至2012年6月，国开行重庆分行已累计为重庆籍大学生发放生源地信用助学贷款13.32亿元，资助大学生11.23万人
四川省	2008年	国开行和农信社并行	既有国开行模式又有农信社模式。 2008年底，国家开发银行四川省分行与省教育厅签署合作协议，在全省启动大学生生源地信用助学贷款体系；国开行按照"应贷尽贷"原则，不计成本和利润，成为四川省两家助学贷款承贷银行机构之一。截至2012年底，四年累计发放生源地助学贷款3.345亿元，资助学生4.86万名。 2009年8月，成都市农村信用合作联社股份有限公司与成都市教育局共同在全市各区（市）县普及生源地信用助学贷款，由学生入学前户籍所在地的农村信用社向刚刚考上大学或正在就读的困难大学生提供学费和住宿费贷款资助。其中，成都市除成华区、锦江区、金堂县和郫县由国家开发银行四川省分行提供外，其余区（市）县均由当地农村信用社提供。自2010年起，农信社生源地助学贷款下放到乡镇中心学校进行审核，县学生资助管理中心负责把关，乡镇信用社发放贷款，截至2010年底，全省农村信用社的助学贷款余额1.12亿元，其中生源地助学贷款0.53亿元，各项贷款规模居全省第一位，以占全省同业14%的资金来源，发放了占全省71%以上的生源地助学贷款，约4万名学生。 无论是国开行，还是信用社办理的生源地信用助学贷款，每年贷款额度一般不超过就读学校收取的学费和住宿费的总和，最高不超过6000元。贷款程序为：贷款申请→学生资助中心初审→经办机构调查、审查、审批→签订借款合同→普通高校确认→学生资助中心通知放款→贷款发放和汇款→备案登记

续表

省市	开办年份	承办机构	生源地助学贷款开展情况
贵州省	2004 年	农信社和国开行并行	既有农信社模式又有国开行模式。 2004 年，贵州省首次设立生源地国家助学贷款制度，凡当年被省外普通高校录取或边远地区被省内高校录取的本专科学生，其家庭人均月收入不高于 150 元的，每年都可向当地农村信用社申请不超过 6000 元的贷款；采用灵活的还款方式和期限，只需在 6 年内还清即可；在校期间，由省级财政全部贴息，毕业后利息则由借款人全部承担；借款学生如果毕业后继续攻读学位，财政还将继续贴息至其完成学位。2005 年调整政策，规定家庭所在地距就读学校 200 公里以上边远山区（县以下地区）、考取本省普通高校的贫困家庭学生可以申请本省生源地国家助学贷款；放贷比例为每年获贷学生不超过当年被省外全日制普通高校录取学生总数的 10%；考取省外高校学生每生贷款金额不超过 6000 元，省内高校学生不超过 2000 元；助学贷款放贷方式为农户小额信用贷款，办理时间为每年的 7 月 15 日至 9 月 30 日。截至 2011 年 10 月，仅安顺市农信社累计为 1000 余名农村贫困学生发放生源地助学贷款 480 万元。 自 2008 年，国家开发银行贵州省分行开始在贵州省进行生源地信用助学贷款业务试行，2009 年在全省推行；建立省、市、县三级学生资助管理机构，保障生源地信用助学贷款工作层层落实到位。发放 2012 年度生源地助学贷款 8.55 亿元，资助学生 16.06 万人；累计发放助学贷款额度 25.6 亿元，资助学生达 50.3 万人次
云南省	2009 年 6 月	国开行云南省分行	国家开发银行云南省分行作为云南唯一开展生源地信用助学贷款的金融机构。2009 年，审批贷款 3.34 万人，发放贷款金额 1.79 亿元；2010 年发放生源地信用助学贷款 3.47 亿元，资助 6.25 万人；2011 年，又以 8.96 万家庭经济困难学生办理生源地信用助学贷款 5.1 亿元，占到云南全省高等教育资助金额的近 50%，成为云南高校学生资助的主渠道。2012 年，进一步扩大生源地贷款的影响力，通过利用报纸等媒体刊登国家开发银行生源地信用助学贷款办理指南、学生在线申请指南、相关政策答疑、温馨提示（注意事项）等，为学生答疑解难，2012 年生源地助学贷款金额高达 6.03 亿元，资助全省贫困学生 10.44 万人，圆了社会各界"让每一个孩子考得上就读得起大学"的夙愿
西藏自治区	2010 年	（△国开行西藏分行）	主要承办区内高校助学贷款业务（非生源地助学贷款），每年为提交申请的学生提供最高额度达 6000 元。申请程序为：学校资助管理中心负责引导学生进行申请，经院系、班级核实后，登陆国家开发银行官方网站助学贷款专区提交申请并提供个人信息，同时学生需出具户籍所在地的街道办事处或村委会，以及民政部门开具的家庭经济困难书面证明、监护人同意其申请助学贷款的书面文字等必要材料；学校经汇总并核实信息后，将名单报予银行；银行将进行再次核实信息，保证贷款用于需要的学生身上；申请结束后，经过信息审核，银行于 11 月份将贷款一次性发放给符合申请贷款条件的学生，所有的贷款发放和返还将通过支付宝的形式来完成。截至 2012 年 7 月，累计向西藏大学、西藏民族学院、西藏农牧学院等 5 所高校的 1385 名学生发放 939.056 万元助学贷款

表3—9　　　　　西北地区五省市生源地助学贷款实施情况

省市	开办年份	承办机构	生源地助学贷款开展情况
陕西省	2007年	国开行和农信社并行	全国首批试行生源地助学贷款5省市之一。对于申请贷款资格认定机构，省内在校大学生由所在高校学生资助管理中心负责，当年高考新生由所在中学负责，在外省就读的在校大学生由户籍所在县（区）学生资助管理中心负责。资格认定通过后，学生登录国家开发银行在线服务系统在线申请，填写个人基本信息和申请信息，导出并打印《生源地信用助学贷款申请表》，到县（区）学生资助管理中心办理相关手续。截至2012年底，贷款发放总额逾41亿元，惠及困难学生达69万人次。 位于陕西省东北的吴堡县属国家级贫困县，县联社全力支持地方三农经济发展，基于信用社资金有限，积极向人行申请支农再贷款，制定《吴堡县农村信用社支农再贷款管理办法》和《吴堡县农村信用社助学贷款管理试行办法》，就生源地助学贷款的性质、发放方式、利率、发放程序、日常管理以及违约责任等作了明确规定，做到贷款范围扩大、条件放宽、办理快捷。助学贷款采用小额信贷管理，以及"一次核定，余额控制，随用随贷"的便民模式，生源地学生凭入学通知书和学费证明可在当地农村信用社直接获得5000至6000元助学贷款，期限一般为一年，最长不超2年；采用灵活多样的支付方式，获得助学贷款学生可以领取现金，也可以由信用社汇划到学校指定的账户；助学贷款利率执行基准利率上浮1.74倍。同时，联社向县政府定期专题汇报开展情况，多沟通，研究解决资金及开展工作中存在的问题，促进生源地助学贷款在全县农村信用社深入有效开展。截至2010年底，自1999年办理助学贷款以来，县联社累计发放助学贷款8900万元。据2013年底统计，经过采取印制宣传单、制作宣传展板、创建生源地贷款交流群，以及充分发挥知情联系人、乡镇学区基层组织作用，全县贷款学生全部按时履行合同，实现助学贷款回收率达100%
甘肃省	2007年	农信社和国开行并行	全国首批试行生源地信用助学贷款5省市之一。 自2007年1月，甘肃省在原来实施的校园地国家助学贷款的基础上，正式启动生源地国家助学贷款，凡符合条件的学生可到当地的农村信用社申请贷款，贷款期限为10年，在校期间的利息由财政全部贴息。 自2007年8月起，国家开发银行在甘肃省会宁县率先启动全国生源地信用助学贷款工作试点。逐步形成了适合甘肃省情的生源地助学贷款长效工作机制，在全省86个县（区）成立了具有独立法人资格的学生资助管理中心，面向所有家庭贫困学生开展助学贷款受理和贷后管理工作；省财政从中央财政助学贷款奖补资金中专门为各级资助中心安排经费，实行"多点一站式"服务，建立起省、市、县和学校四级管理体系和领导工作机制，形成省级统筹领导，市（州）积极配合，县（区）认真实施，学校全面落实的生源地信用助学贷款工作管理模式和运行机制；每年生源地助学贷款学生人数已占到当年全省高考新生录取人数的30%以上，成为省内涉及群众最多、力度最大的惠民政策之一。截至2012年底，国开行甘肃分行累计发放贷款31.4亿元，受益学生超过30万人，覆盖甘肃全省86个县区，被群众形象地称为民心工程、德政工程和圆梦工程

续表

省市	开办年份	承办机构	生源地助学贷款开展情况
青海省	2008年	国开行青海省分行	2008年，为全国开办生源地信用助学贷款业务24个省市之一，首批贷款的申请对象分布在25个县市区，为省内院校669名学生、赴外省院校就读的570名学生发放贷款；2009年，生源地信用助学贷款已覆盖全省46个县，并通过宣传材料进校园、组织举办专题讲座等形式，使生源地信用助学贷款工作家喻户晓。同时，国开行青海省分行与省教育厅制订了应急预案，预防和妥善处置突发性事件，确保贷款受理工作顺利进行。截至2012年初，已累计为5.77万名学生发放生源地信用助学贷款2.8亿元
宁夏回族自治区	2008年	国开行宁夏分行	以"应贷尽贷，防范风险"为原则，着力推进资助中心机制建设，努力提升资助人员管理水平，不断加强学生诚信教育工作。自2011年，国开行宁夏分行在助学贷款申请流程中新增了录入电子回执功能，不仅提高了办贷效率，还有效规避了风险。截至2014年4月，全区累计发放生源地信用助学贷款近7.33亿元，资助学生14万余名，仅2013年发放贷款金额达2.46亿元，贷款人数和贷款额度同比均增加22%，均创历史新高；自付本息的贷款生达到1.27万人，贷款本息回收率高达99.8%
新疆维吾尔自治区	2009年	多家商业银行并行	2009年初，在新疆昌吉回族自治州玛纳斯县和呼图壁县作为全区首批生源地信用助学贷款试行点开办贷款。 2012年8月，中国人民银行巴州中心支行、伊犁州中心支行分别在巴州、伊犁州各县市首次推行新疆生源地国家助学贷款项目，贷款最高限额每人每学年6000元，贷款直接进入学校账户，确保专款专用，学生毕业1至2年以后开始归还贷款。同年，拜城县启动生源地国家助学贷款业务，金融机构（工商银行拜城县支行、农业银行拜城县支行、建设银行拜城县支行、拜城县农村信用联社、邮政储蓄银行拜城县支行等）面向拜城县籍考入普通高校全日制普通本专科生（含预科）、研究生以及第二学士学位学生（不含成人夜大、函授、自学考试学员）在其户籍所在地发放贷款；考入疆内大学的，由自治区财政给予贴息和风险补偿；考入疆外（含境外）大学的，利息由本人自行承担。 2013年，新疆尼勒克县农信社为全辖13个乡镇（场）学生办理生源地助学贷款业务，并在各乡镇（场）信用社分别设置助学贷款发放专柜，提高办贷效率。 2014年，国开行新疆维吾尔自治区分行在昌吉州奇台和阜康两地启动了生源地助学贷款试点工作，共同做好家庭经济困难学生资助工作

注：各表中注"△"为非生源地助学贷款模式；各省市生源地助学贷款实施政策及相关数据统计，来源于各省（市）政府（资助部门）网站、报告、发布会、报纸等媒体，在此未一一注明。

三 山东省国家助学贷款实施状况

山东省作为全国教育大省，随着"科教兴鲁"战略的全面实施，高等教育已成为全省经济发展、社会进步和科技创新的重要支撑。自国家实施助学贷款政策以来，全省各地、各高校，以及各经办机构积极贯彻落实国家助学贷款有关政策，采取积极有效措施推动国家助学贷款工作的顺利开展。笔者以所处的山东省国家助学贷款为样本，简要阐述了全省，以及省内各地市、各高校国家助学贷款实施进展情况。

（一）全省国家助学贷款实施历程

根据助学贷款办理模式，以及承办机构的不同，可将山东省普通高校国家助学贷款分为三阶段：老机制校园地国家助学贷款阶段、新机制生源地国家助学贷款阶段、新机制生源地信用助学贷款阶段。

1. 老机制校园地国家助学贷款阶段

老机制校园地国家助学贷款指自2001年至2004年由四大商业银行直接向高校全日制本、专科学生实施发放的助学贷款。2001年，山东省人民政府下发《山东省人民政府办公厅关于转发山东省省属高校国家助学贷款实施暂行办法的通知》，以及《关于下达国家助学贷款财政贴息控制数的通知》等文件，在全省普通高校正式启动国家助学贷款工作。经办银行由各高校与地方合作金融机构自行协商决定，在贷款合同期间的学生贷款利息由国家财政贴息50%；实行灵活的还本付息方式，一般毕业之日起开始偿还贷款本金，4年内还清，也可以在学习期间偿还助学贷款本金和利息，也可以在毕业后第一年开始4年内偿还；原则上大学期间只允许一次申请助学贷款，实行一次签订合同，分年发放学费、住宿费，分学期发放基本生活费贷款办法，其中学费、住宿费由经办银行按学年直接划入高校指定账户。同时，实施定学校、定范围、定额度、定银行"四定"政策，确保经济困难学生能够及时得到国家助学贷款。

据不完全统计，截至2003年3月底，全省42所普通全日制高校中有40所高校签订国家助学贷款银校合作协议，其中，32所高校开办国家助学贷款业务，累计申请贷款学生52492名，申请贷款金额4.344亿元，全省获得助学贷款的学生人数仅占全部在校生人数的4.23%。经办银行审批贷款学生20695人，审批贷款合同金额1.5512亿元，为19076名学生发放助学贷款9106万元，其中中国银行各地支行在山东财政学院等4所高校为424名学生发放贷款175万元;中国建设银行各地支行在山东师范大学等19所高校(含部属高校山东大学)为8234名学生发放贷款3949万元;中国工商银行各地支行在青岛科技大学等12所高校(含部属高校中国石油大学、中国海洋大学、山东大学)为6669名学生发放贷款3350万元;而中国农业银行各地支行在聊城大学等11所高校为3749名学生发放贷款1632万元。全省各地、各高校、各商业银行之间国家助学贷款工作进展极不平衡。

2. 新机制生源地国家助学贷款阶段

新机制生源地国家助学贷款指自2004年开始启动实施,由山东省确定农村信用社为助学贷款经办银行,由政府贴息,对山东省籍的普通高校在校学生回生源地农村信用社办理支付在校期间学费、住宿费的助学贷款。根据教育部、财政部、中国人民银行和银监会共同制定的《关于进一步完善国家助学贷款工作的若干意见》,2004年10月,山东省人民政府办公厅转发省教育厅等部门关于切实做好国家助学贷款工作的意见的通知,由省国家助学贷款管理中心与省农村信用社联合社签订《山东省生源地国家助学贷款业务合作协议》和《山东省高校国家助学贷款业务合作协议》,将纳入全省国家助学贷款范围的高校国家助学贷款和生源地国家助学贷款业务一并交由农村信用社办理,对山东省籍学生全部回生源地农村信用社办理助学贷款,非山东省籍学生由高校集中为其办理国家助学贷款。调整后政策规定:申请学生范围扩大到研究生和第二学士学位学生;须有学生家长或近亲属作为连带责任保证人,且不少于2人;贷款金额每人每学年最高不得超过6000元,每个学生具体贷款金额由学校按本校总贷款额度,根据学费、住宿费和生活费标准以及学生本人困难程度确定;按照风险分担原则,生源地国家助学贷款与高校办理的校园地国家助学贷款均按当年实际发放贷款额度的8%对经办银行进行补偿,其中财政和高校分别承担4%的风险补偿,实施贷款学生在校期间的贷款利息全部由财政补贴,毕业后全部由贷款学生负担;贷款学生毕业后一至两年内开始还款,毕业后六年内还清;如毕业后考取研究生或升本,可向原就读学校申请还款展期,展期期间的利息继续由财政补贴。对于办理时间,实行每年寒假和暑假集中办理,其中寒假期间主要集中办理新生贷款,暑假期间主要集中办理往届在校生下年度贷款。

全省各高校、各级农村信用社积极落实新机制生源地国家助学贷款政策，为广大贫困学生解了燃眉之急。启动一年后，即 2005 年 5 月，全省 66 所高校 707031 名在校学生中，已有 58 所高校的 64102 名贫困学生获得学校贷款批准，占学生总人数的 9.07%，申请贷款金额 42679 万元；各级信用社为 18828 名申请贷款的学生审批贷款金额 12884 万元，有 16210 名学生获得贷款 7966 万元，获得贷款人数占高校学生审批人数的 25.29%，占信用社审批人数的 86.1%；获得贷款金额占高校学生审批金额的 18.66%，占信用社审批金额的 61.83%。到 2006 年 5 月，全省纳入助学贷款范围的已达 70 所高校，累计为 11.44 万名学生办理贷款审批手续，占学生总人数的 13.4%，申请贷款金额 9.34 亿元；各级信用社和有关金融机构累计为 6.69 万名学生审批贷款金额 5.65 亿元，全省高校累计有 6.19 万名学生实际获得贷款 3.11 亿元，在高校在校生人数的 7.15%，较好地解决了贫困学生的困难问题，但高校之间开展极不平衡，本科院校好于高职院校，省直院校好于市地院校。截至 2008 年 7 月底，即全省实施由国家开发银行开始承办生源地信用助学贷款之初，全省信用社累计向包括 58 所省属院校、32 所市属院校的 15.45 万名在校生发放生源地国家助学贷款 10.06 亿元。同时，由于生源地信用助学贷款的覆盖面逐年扩大，信用社办理的生源地国家助学贷款随之逐年减少。截至 2012 年 12 月底，全省 109 所地方高校中，农信社累计发放生源地国家助学贷款 14.892 亿元，累计发放学生 18.77 万人次，为经济困难学生顺利就学、完成学业提供了资金支持。

3. 新机制生源地信用助学贷款阶段

新机制生源地信用助学贷款指自 2008 年底正式启动，由国家开发银行山东省分行作为承办银行，向符合条件的家庭经济困难的普通高校新生和在校生发放的、在学生入学前户籍所在县市区办理的助学贷款。2008 年 8 月，山东省按照《财政部教育部银监会关于大力开展生源地信用助学贷款的通知》要求，在全省范围内全面推行生源地信用助学贷款工作。山东省教育厅、省财政厅和山东银监局联合制定了《关于做好山东省生源地信用助学贷款工作的意见》《山东省生源地信用助学贷款资助对象资格审核暂行办法》及相关实施细则。各市县和学校也结合自己的实际制定了具体实施办法。2009 年 4 月，全省开始办理第一批生源地信用助学贷款并实现成功放款。生源地信用助学贷款，与原来实施的国家助学贷款相比，新政策呈现以下特点：一是覆盖范围更广泛，山东省籍的家庭经济困难学生，无论在省内、省外，公办、民办高校，都可以申请贷款，实现了助学贷款政策全覆盖；二是贷款程序更方便，学生收到入学通知书后，可直接向县学生资助管理中心申请，批准后就可以在当地办理贷款，贷款的最长期限由10年延长到14年，更加方便学生还款；三是办理方式更科学，通过开发生源地信用助学贷款管理系统，实现学生通过在线服务系统进行申请信息的录入、提交，就读高校通过管理系统进行贷款回执填写等办理工作，并首次通过"支付宝"完成贷款的发放与回收工作；四是财政政策更完善，贷款学生在校期间的利息由财政全额补贴；五是风险补偿更合理，将风险补偿金比例提高到15%，由财政和高校平均分担调整为全部由财政负担，并由省财政和生源地市级财政按比例分担（按东、中、西部三类地区，省财政、市财政分担比例分别为4:6；6:4；8:2），按照"先支付、后核实"的原则，统一由省学生资助中心负责归集，不再由省、市学生资助中心分别归集，进一步弥补贷款损失，减轻高校压力。

在生源地信用助学贷款业务开展过程中，国开行山东分行坚持把助学贷款作为支持民生金融的重要内容，发挥开发性金融优势，运用制度建设、市场建设等方法，把自身的融资优势与地方政府的组织优势相结合，充分利用社会力量，提高工作效率与质量；同时建立起与助学贷款模式匹配的、覆盖业务全流程的信息系统，逐步实现助学贷款授信业务的电子化、标准化和自动化，推动全省生源地信用助学贷款业务得到快速发展。截至2014年2月底，国开行山东分行累计发放生源地信用助学信用贷款学生66.25万人次，累计发放贷款金额37.16亿元，惠及全省16个市（不含青岛市），144个县（市、区）约37.47万名家庭经济困难学生，实现了助学贷款业务的"全省覆盖"和"应贷尽贷"；累计回收助学贷款约35万笔，回收贷款本息7.67亿元，累计回收率达到99.75%，实现了每一名贷款学生账务清楚的目标，确保全省生源地信用助学贷款的良性发展。

（二）十七大以来（2007—2013年）全省国家助学贷款进展状况

党的十七大以来，山东省按照上级要求和部署，不断完善国家助学贷款管理制度，积极扩大学生贷款覆盖面，充分发挥国家助学贷款在学生资助体系中的主体作用。据统计，2007—2013年全省普通高校生源地助学贷款发放人数76.9万人次，发放贷款金额42.49亿元（含2007—2010年部分信用社续放的生源地国家助学贷款）。各年度全省普通高校国家助学贷款发放情况，以及有关主要指标对照情况分别见表3—10、图3—4、表3—11。

表3—10　　山东省普通高校2007—2013年国家助学贷款
发放人数及金额情况　　（单位：所；万人；万人；亿元）

年度	全省普通高校数量	全省普通高校在校学生人数	全省助学贷款发放人数	全省助学贷款发放金额
2007	111	189.3	3.6	1.884
2008	126	209.4	4.8	2.364
2009	128	214	7.93	4.03
2010	133	208.52	12.5	6.852
2011	139	210.11	16.1	9.099
2012	137	215.7	16.04	9.102
2013	140	222.7	15.93	9.159
小计	—	—	76.9	42.49

注：全省普通高校数量、在校学生人数来源于每年山东省统计局公布的《全省国民经济和社会发展统计公报》；普通高校为高等教育公办本科院校、高职（专科）院校；每年助学贷款发放人数及金额等数据来源于省教育厅、省学生资助管理中心年度工作总结、工作简报、资助工作发展报告等（其中2012年、2013年为全省16地市与青岛市相关部门统计合计），在此不再一一注明。

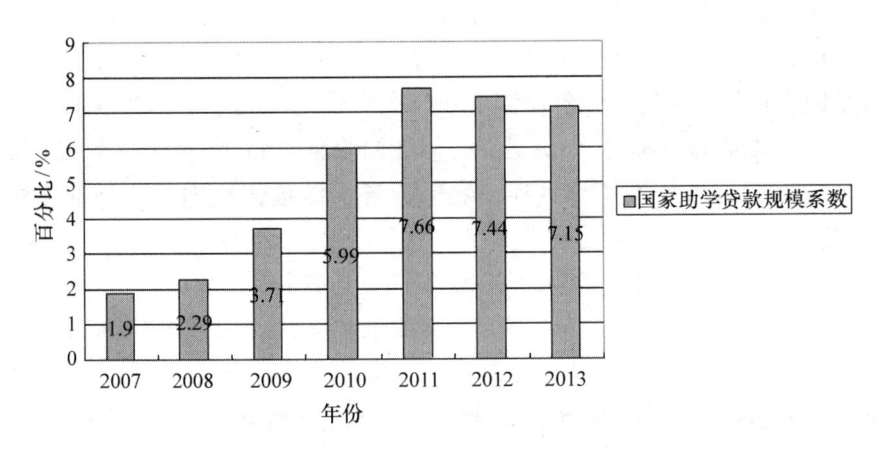

图3—4　山东省普通高校2007—2013年国家助学贷款规模系数对照

表3—11 山东省普通高校2007—2013年国家助学贷款额度指数对照 （单位：元）

年度	助学贷款相对额度指数	助学贷款绝对额度指数
2007	99.52	5233.33
2008	112.89	4925
2009	188.32	5081.97
2010	328.6	5481.6
2011	433.06	5651.55
2012	421.97	5674.56
2013	411.27	5749.53

在全省普通高校开展国家助学贷款业务中，2007—2013年全省财政累计支付国家助学贷款风险补偿金和贴息经费7.827亿元，占同期发放助学贷款总数额的18.42%。

（三）省内17地市国家助学贷款实施情况

截至2014年4月，山东省共有17地市（含青岛市）165个行政县（区、市）（含20个省政府直管县）。笔者分别以全省17地市，以及助学贷款工作较为扎实的淄博市，人口大县、连续多年高考成绩全市第一的聊城市莘县为样本，通过对比2013年国家助学贷款发放情况来阐述各地生源地助学贷款实施现状。

1. 山东省17地市2013年生源地信用助学贷款发放情况

2013年，全省17地市146个县（市、区）（含青岛市11个县区）开展办理生源地信用助学贷款业务。各地市发放生源地助学贷款人数及金额分别见表3—12、表3—13。

表3—12 山东省17地市2013年生源地助学贷款发放人数情况 （单位：人）

地市	中央部署院校就读贷款学生	跨省院校就读贷款学生	省属院校就读贷款学生	地市院校就读贷款学生	合计
济南市	207	493	3342	591	4633
青岛市	95	270	1220	233	1818
淄博市	450	1424	4384	1169	7427
枣庄市	705	2002	6182	1269	10158
东营市	57	179	832	250	1318

续表

地市	中央部署院校就读贷款学生	跨省院校就读贷款学生	省属院校就读贷款学生	地市院校就读贷款学生	合计
烟台市	71	166	727	118	1082
德州市	469	1688	5998	1413	9568
济宁市	622	2626	9521	3175	15944
莱芜市	92	226	1024	192	1534
临沂市	1025	3291	13390	2584	20290
日照市	304	1007	3294	733	5338
泰安市	327	1137	4414	1172	7050
威海市	45	119	344	56	564
潍坊市	718	1654	6593	1126	10091
聊城市	981	3444	12089	2541	19055
滨州市	487	1731	6748	1367	10333
菏泽市	1266	6670	17590	7610	33136
小计	7921	28127	97692	25599	159339

表3—13　山东省17地市2013年生源地助学贷款发放金额情况　　（单位：万元）

地市	中央部署院校就读贷款学生	跨省院校就读贷款学生	省属院校就读贷款学生	地市院校就读贷款学生	合计
济南市	123.65	293.627	1888.906	344.824	2651.007
青岛市	56.48	160.015	688	136.17	1040.665
淄博市	268.04	850.02	2518.158	687.424	4323.642
枣庄市	418.37	1188.964	3431.52	732.647	5771.501
东营市	34.14	106.39	465.965	146.99	753.485
烟台市	41.66	97.32	403.262	68.64	610.882
德州市	278.508	1000.729	3365.431	825.834	5470.502
济宁市	370.16	1557.627	5394.242	1861.281	9183.31
莱芜市	54.11	133.859	579.078	112.85	879.897
临沂市	609.54	1948.119	7491.566	1503.617	11552.842
日照市	180.65	598.307	1875.87	431.36	3086.187
泰安市	193.59	673.015	2466.598	683.364	4016.567
威海市	26.63	70.077	192.88	32.27	321.857

续表

地市	中央部署院校就读贷款学生	跨省院校就读贷款学生	省属院校就读贷款学生	地市院校就读贷款学生	合计
潍坊市	424.517	979.343	3707.846	659.5	5771.206
聊城市	581.769	2040.543	6834.605	1487.135	10944.052
滨州市	287.87	1028.716	3809.721	805.183	5931.49
菏泽市	752.01	3962.589	10108.251	4456.949	19279.799
小计	4701.694	16689.26	55221.9	14976.038	91588.891

注：各地市助学贷款统计数据含省政府直管县部分；贷款金额因四舍五入，可能与实际发放金额存在不等现象。

从全省17地市助学贷款获贷人数分析，地区差异十分明显（见图3—5）。在17地市中，获贷人数在0—5000人区间的地市有6个，占总地市数量的35.29%；5001—10000人区间的有4个，占23.53%；10001—15000人区间的有3个，占17.65%；15001—20000人区间的有2个，占11.76%；20001—25000人、30001—35000人区间的各有1个，分别占5.885%。88.24%的地市获得生源地助学贷款人数不超过20000人；29.41%的地市获贷人数少于2000人（见图3—6）；获贷最多地市人数与获贷最少地市人数"极差"高达32572人，"极差"值为获贷最少地市人数的57倍。

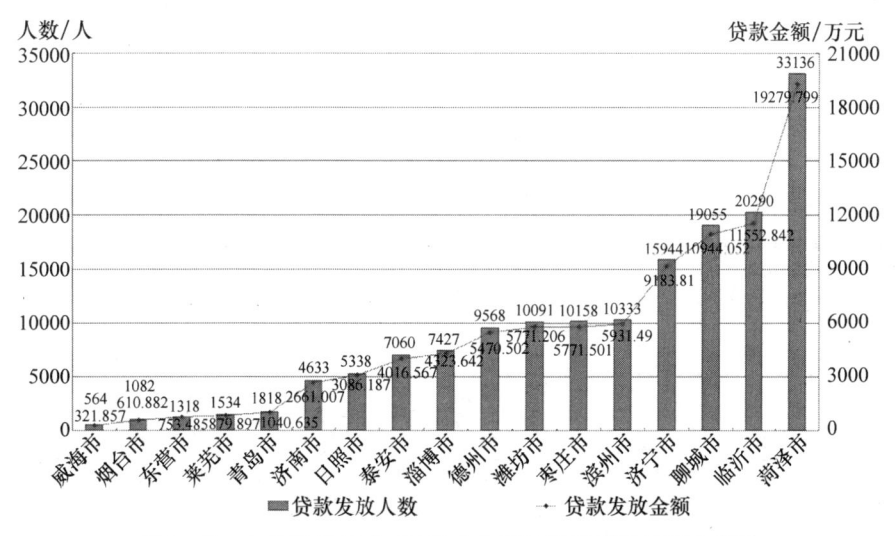

图3—5 山东省2013年17地市生源地助学贷款获贷人数及发放金额分布比较

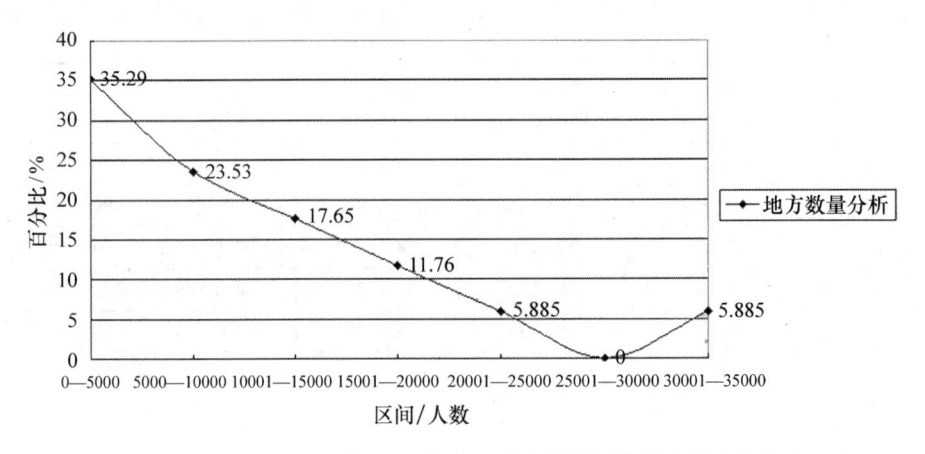

图3—6 山东省各地市2013年生源地助学贷款获贷人数区间分布

2. 山东省淄博市2013年生源地信用助学贷款发放情况

淄博市地处山东中部,是国务院批准的山东半岛经济开放区城市和具有地方立法权的"较大的市",总人口459.26万人,全市有普通高等教育院校8所,其中本科院校2所;成人高等教育院校2所。自实施生源地助学贷款政策以来,积极落实上级要求和部署,不断完善资助机构建设,健全政策宣传机制、制度管理机制、监督检查机制、助学贷款业务交流和培训机制等,积极推动全市生源地助学贷款业务快速发展。2013年,全市6区3县(含省政府直管县——高青县)全部开展办理生源地信用助学贷款业务,发放生源地助学贷款人数7427人,发放贷款金额4323.642万元。各县区发放人数及金额见表3—14。

表3—14 山东省淄博市2013年各县(市、区)助学贷款发放人数及金额情况 (单位:人;万元)

县(市、区)	助学贷款发放人数	助学贷款发放金额
高新区	70	40.39
周村区	406	234.741
张店区	446	261.318
临淄区	448	261.101
高青县	766	450.06

续表

县（市、区）	助学贷款发放人数	助学贷款发放金额
桓台县	1118	649.544
淄川区	1242	722.666
博山区	1386	818.368
沂源县	1545	885.454
小计	7427	4323.642

注：助学贷款发放人数及金额含中央部属院校、跨省院校、省属院校，以及市属院校就读学生。

从全市各县（区）助学贷款获贷人数分析，地区差异同样也较明显（见图3—7）。在9县（区）中，获贷人数在500人以下有4个，占总县（区）数量的44.44%；66.67%的县（区）获贷人数少于1200人。获贷最多县（区）人数与获贷最少县（区）人数"极差"达1475人，"极差"值为获贷最少县（区）人数的21倍。

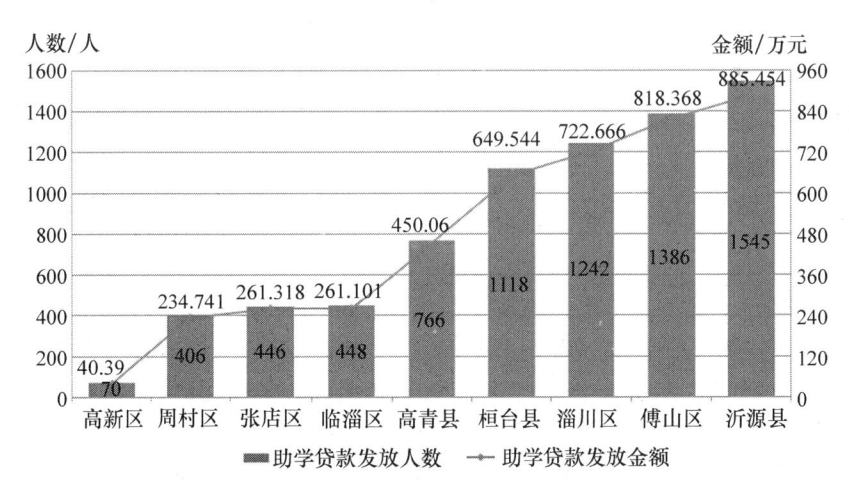

图3—7 山东省淄博市2013年各县（区）生源地助学贷款获贷人数及发放金额分布比较

3. 山东省聊城市莘县2013年生源地信用助学贷款发放情况

莘县地处山东聊城市西部，现辖24个乡镇（街道）、1153个行政村，104万人，是聊城市9县（市、区）中面积最大、人口最多的县，是2009

年全省第一批实行省直接管理县财政体制改革试点县之一。2013年，全市2区（东昌府区、经济开发区）、1市（临清市）、6县（阳谷县、茌平县、高唐县、东阿县、莘县、冠县）办理生源地助学贷款学生19055人，发放生源地助学贷款金额10944.052万元，其中莘县办理贷款学生4668人，占全市办理贷款总人数的24.5%；发放贷款金额2692.759万元，占全市发放贷款总金额的24.61%。全县各乡镇（街道）办理生源地助学贷款人数见表3—15。

表3—15 **山东省莘县2013年各乡镇（街道）生源地助学贷款发放人数情况** （单位：人）

乡镇（街道）	贷款发放学生人数	乡镇（街道）	贷款发放学生人数
莘亭街道	168	莘州街道	62
燕塔街道	56	东鲁街道	36
朝城镇	245	观城镇	193
古城镇	189	古云镇	196
妹冢镇	275	张寨镇	185
魏庄镇	204	徐庄镇	164
燕店镇	193	河店镇	139
王奉镇	199	董杜庄镇	185
大张家镇	225	樱桃园镇	286
大王寨镇	222	王庄集镇	241
十八里铺镇	271	张鲁回族镇	371
俎店乡	152	柿子园乡	211

注：由于家庭地址信息不完成，个别统计根据申请学生毕业中学划片统计，可能存在部分人数与实际不符现象。

从全县24乡镇（街道）获贷人数分析，乡镇地区差异与地市地区、县（市、区）地区差异相比，倒不是特别明显（见图3—8）。

（四）省内普通高校国家助学贷款实施情况

截至2014年4月，山东省共有140所普通高等学校（含本科院校64所、高职高专院校76所，其中本科院校中含12所独立学院；普通高等学校中，共有中央部属高校3所，省属高校69所，市属高校30所，民办高校38所）。笔者以不同类别（按公办高校中的归属不同）的烟台大学、

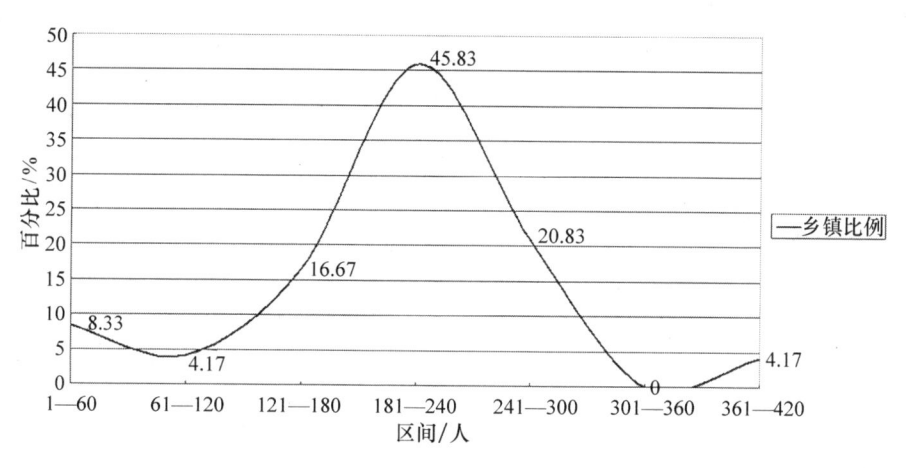

图3—8　山东省莘县各乡镇（街道）2013年生源地
助学贷款获贷人数区间分布

聊城大学、曲阜师范大学3所省属高校，青岛理工大学琴岛学院、聊城大学东昌学院两所独立学院，以及潍坊科技职业学院、聊城职业技术学院两所市属高校为样本，对比分析了各普通高校生源地助学贷款实施现状。

1. 各高校国家助学贷款总体状况

截至2014年初，根据烟台大学等高校学生资助管理部门统计，各高校生源地助学贷款发放人数、金额，以及助学贷款占比对照情况分别见表3—16、图3—9。

表3—16　烟台大学等7所高校国家助学贷款发放情况与全省比较

（单位：人次；万元）

学校名称	驻地	学校类别	农信社生源地国家助学贷款 累计发放人数	农信社生源地国家助学贷款 累计发放金额	国开行生源地信用助学贷款 累计发放人数	国开行生源地信用助学贷款 累计发放金额
烟台大学	山东烟台市	省属	5437	5349.67	13754	6794.96
聊城大学	山东聊城市	省属	9395	6989.93	19716	9770.83
曲阜师范大学	山东曲阜市	省属	4226	2807.77	10086	5229.03
青岛理工大学琴岛学院	山东青岛市	独立学院	0	0	2097	1595.52
聊城大学东昌学院	山东聊城市	独立学院	0	0	2108	1135.12

续表

学校名称	驻地	学校类别	农信社生源地国家助学贷款 累计发放人数	农信社生源地国家助学贷款 累计发放金额	国开行生源地信用助学贷款 累计发放人数	国开行生源地信用助学贷款 累计发放金额
潍坊科技职业学院	山东寿光市	市属	0	0	4862	2882.71
聊城职业技术学院	山东聊城市	市属	792	549.67	1957	291.11
全省高校	—	—	187751	148919.1	454464	300754.4

注：1. 全省高校仅含 109 所公办地方高校，其中省属 71 所（含 12 所独立学院）、市属 38 所，不含其他民办普通高校。

2. 助学贷款发放人数及金额，仅含农信社和国开行办理的生源地助学贷款，不含其他金融机构在高校办理的校园地国家助学贷款，也不含 2004 年前老机制办理的国家助学贷款。

3. 相关数据统计仅含高校本专科学生，不含研究生。

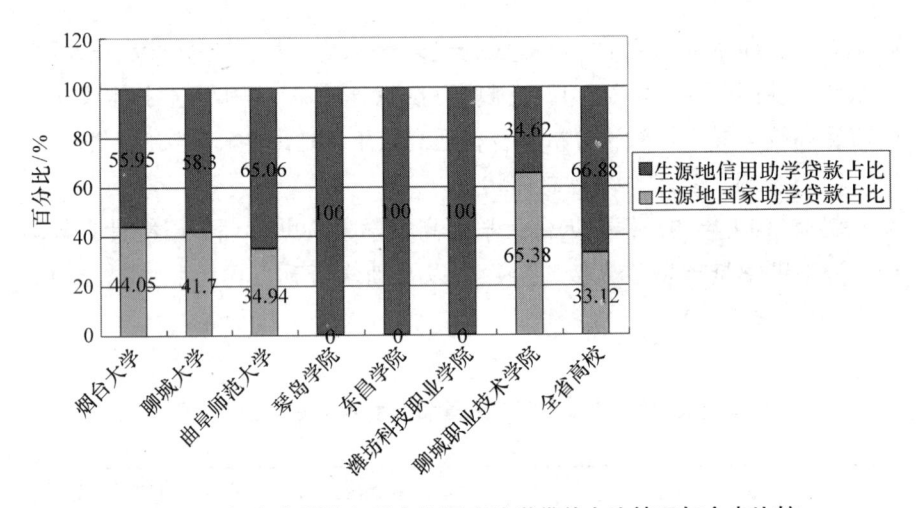

图 3—9　烟台大学等七所高校国家助学贷款占比情况与全省比较

从上图可以看出，就全省公办普通高校而言，国家开发银行承办的生源地助学贷款占比接近 70%，生源地信用助学贷款已成为高校国家助学贷款主要方式。

2. 各高校 2013 年生源地助学贷款实施状况

2013 年，全省各高校都是由国家开发银行承担贷款本金的生源地信用助学贷款。烟台大学等高校发放助学贷款人数与金额，贷款学生年级人数与分布，以及贷款规模系数、贷款额度指数等指标对照分别见表 3—17、

表3—18、图3—10、图3—11、表3—19。

表3—17　**烟台大学等7所高校2013年生源地信用助学贷款实施情况与全省比较**　（单位：人；万元）

学校名称	在校生人数	贫困学生人数	贷款发放人数 小计	贷款发放人数 其中新增	贷款发放金额 小计	贷款发放金额 其中新增
烟台大学	26666	6942	3849	945	1759.44	439.96
聊城大学	30372	9209	4953	1270	2643.73	728.96
曲阜师范大学	31608	8850	3580	977	2134.85	573.05
青岛理工大学琴岛学院	15987	2872	854	253	510.8	151
聊城大学东昌学院	6415	1537	485	233	290.6	139.5
潍坊科技职业学院	18780	4551	2103	673	1261.8	403.8
聊城职业技术学院	9026	2707	507	365	290.11	213.52
全省高校	1978100	331618	149662	62133	85963.55	36189.78

注：1. 全省高校在校生人数根据当年全省教育事业发展统计公报统计人数（222.7万人）减去当年民办高校在校生人数（24.89万人）推算。

2. 贫困学生指经学校根据家庭经济困难学生认定办法，符合被认定条件的家庭经济困难学生。

3. 各高校在校生人数仅含在校本专科学生，不含研究生。

4. 发放人数、发放金额中的新增统计指当年首次受理成功部分，不含续放部分。

表3—18　**烟台大学等7所高校2013年生源地信用助学贷款各年级学生人数情况与全省比较**　（单位：人）

学校名称	贷款人数	一年级	二年级	三年级	四年级	五年级
烟台大学	3849	945	1077	1069	754	4
聊城大学	4953	1305	938	1504	1206	0
曲阜师范大学	3580	977	993	969	641	0
青岛理工大学琴岛学院	854	263	228	212	141	10
聊城大学东昌学院	485	136	151	103	95	0
潍坊科技职业学院	2103	673	716	615	99	0
聊城职业技术学院	507	335	111	61	0	0
全省高校	149662	37738	42203	46767	21092	1862

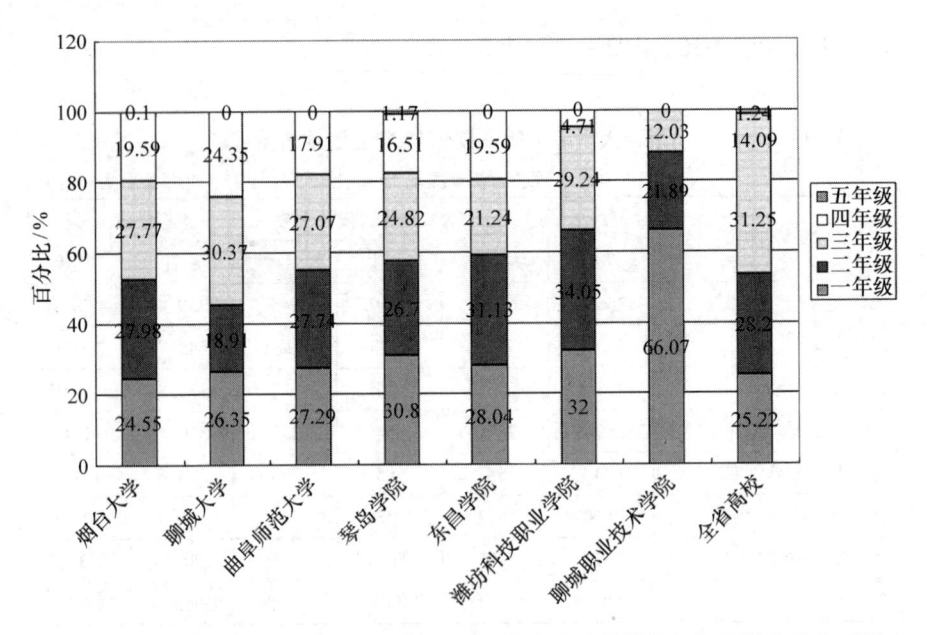

图 3—10　烟台大学等 7 所高校 2013 年生源地信用助学贷款各年级学生分布对照

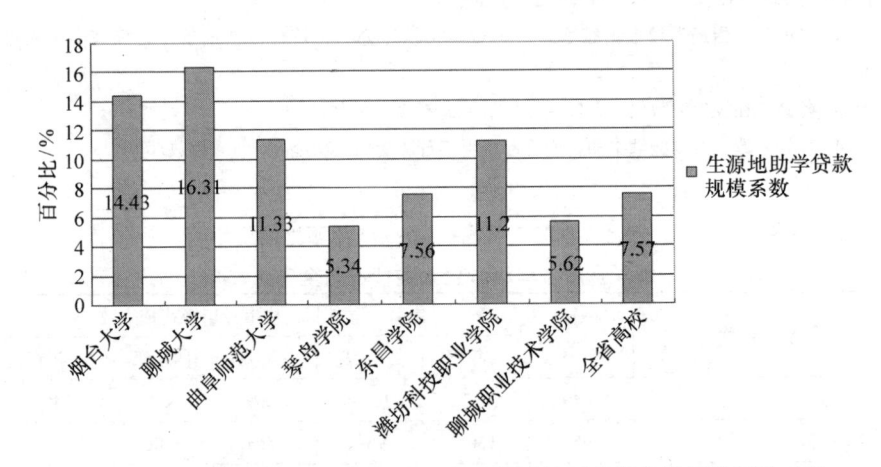

图 3—11　烟台大学等 7 所高校 2013 年生源地信用助学贷款规模系数对照

表 3—19　烟台大学等 7 所高校 2013 年生源地信用
助学贷款额度指数对照与全省比较　　　　（单位：元）

学校名称	生源地助学贷款相对额度指数	生源地助学贷款绝对额度指数
烟台大学	659.81	4571.16
聊城大学	870.45	5337.63

续表

学校名称	生源地助学贷款相对额度指数	生源地助学贷款绝对额度指数
曲阜师范大学	675.41	5963.27
青岛理工大学琴岛学院	319.51	5981.26
聊城大学东昌学院	453.00	5991.75
潍坊科技职业学院	671.88	6000.00
聊城职业技术学院	321.42	5722.09
全省高校	434.58	5743.85

通过对照地方各高校助学贷款实施情况，一般情况下，省属高校获贷学生人数比例高于独立学院、市属高校等其他院校；低年级学生获贷人数比例远远高于高年级获贷人数比例；由于独立学院、市属院校学费高于省属高校等因素，独立学院及市属院校的生源地助学贷款绝对额度指数也高于省属高校，甚至与贷款最高限额持平。除个别院校外，由国家开发银行承担贷款本金的生源地信用助学贷款发放额度超过学校发放助学贷款累计总额度的50%以上，甚至达到100%，充分发挥了生源地信用助学贷款在国家助学贷款中的主体作用。

四 国家助学贷款制度实施对比

无论在山东省普通高校，还是在全国普通高校，实施的生源地国家助学贷款，以及生源地信用助学贷款，都属于国家助学贷款制度中的一种助学贷款新产品，都是学生在户籍所在地办理的信用助学贷款，与最初实施的高校校园地助学贷款，以及一般商业性助学贷款，在制度上都有较多的创新之处。三者差异对比情况见表3—20。

表3—20　　　　生源地助学贷款与校园地助学贷款及
一般商业性助学贷款制度差异情况对比

项目	生源地助学贷款	校园地国家助学贷款	一般商业性助学贷款
承办银行	国家开发银行（国开行为主，辅助其他金融机构，如信用社等）	中国工商银行、中国农业银行、中国银行、中国建设银行四大国有银行。一般由政府按隶属关系委托同级学生资助管理中心通过招标方式确定	各商业银行、城市信用社、农村信用社等金融机构均可开办

续表

项目	生源地助学贷款	校园地国家助学贷款	一般商业性助学贷款
受理机构	生源地县级学生资助管理部门	高校学生资助管理部门	承办银行各营业网点（所、分行、支行）
贷款属性	国开行作为国务院批准设立、政府全资拥有的政策性、开发性金融机构，具有执行政府政策属性	贷款性质属于商业性人民币信誉贷款，纳入正常的贷款业务管理	金融机构用其信贷资金所发放的自营性贷款，属于商业性贷款
高校范围	所有全日制普通高校	与银行签约的公办高校	所有非义务教育的普通院校等学校
贷款主体	学生和家长（或共同借款人）	普通高等学校中家庭经济困难的全日制在校本专科生、研究生。以中央部属高校为主	年满18周岁具有完全民事行为能力的在校大学生、研究生，或学生直系亲属、法定监护人
贷前认定	比较容易对学生家庭经济状况、信用情况等进行准确判断	在较短时间内对学生家庭经济状况、信用情况难以作出准确判断	对借款人及受教育人身份、还款能力和信誉、借款人资信等级和贷款的担保情况进行调查核实，并送交信贷经营部门复核审批
贷款额度	每人每学年不超过6000元，为1000到6000之间的整数	每人每学年最高不超过人民币6000元	最低额度为人民币2000元（含2000元），最高额度为人民币20000元（不同银行，最高额度不同）
贷款用途	主要用于学生缴纳在校期间的学费和住宿费	支付学生在校学习期间学费、住宿费等	只能用于学生的学杂费、生活费以及其他与学习有关的费用
贷款比例	申请学生比例原则上不限制	不超过在校生（含本专科生、研究生）的20%	无限制
贷款利率	执行贷款发放时中国人民银行公布的人民币贷款基准利率，自贷款发放日起每年12月21日调整一次，调整后的利率为调整日中国人民银行公布的同期同档次贷款基准利率。不上浮	执行中国人民银行同期公布的同档次基准利率。不上浮	按中国人民银行规定的同期限贷款利率执行，贷款行可根据业务发展的需要，在权限范围内进行浮动
贷款贴息	在校期间，利息由财政全额贴息；毕业后利息由借款人自行承担	由国家财政给予在校期间（正常学制）100%贴息，毕业后自付利息	财政不贴息。按法定贷款利率执行

续表

项目	生源地助学贷款	校园地国家助学贷款	一般商业性助学贷款
贷款期限	按全日制本专科学制年限（在校生按学制剩余年限）最长加10年确定，最长不超过14年	毕业后6年内还清贷款。最长10年	最短为6个月，最长不超过5年（含5年），其中采用信用方式或保证方式的，最长不超过2年（含2年）
贷款方式	按年申请、签订合同	一次申请，一次签订数年合同	每次申请，每次签订合同
担保方式	采用信用担保的形式。由学生家长担保	采用信用助学贷款等形式；担保人可以为法人也可以为自然人	采取抵押、质押、保证、信用四种方式。担保人可以为法人也可以为自然人
贷款偿还	通过支付宝账户还款，每年正常还款日是12月20日，最后一年还款日为9月20日	毕业离校后开始自付利息，在正常学制毕业后六年内还清全部贷款本金、利息	按照与贷款行约定的还款账户定期扣款或到贷款行营业网点、通过电话银行、网上银行、异地转账等形式偿还
风险补偿金	考入中央高校或跨省就读的学生由中央财政承担；在本省就读的由中央和地方分担	财政和普通高校各承担50%	无
学校介入程度	负责协助经办银行办理	完全由学校负责	一般只负责证明借款学生的学生身份及其在校表现认定
贷款减免偿还	有	无	无
贷款展期	学生在校及毕业后两年期间为宽限期	对不就业而继续考研或攻读第二学位，可以办理贷款展期	不得展期
贷后管理	经办机构与家庭距离较近，便于联系，有利于催缴贷款，不易违约	学生毕业后难以联系，信息难以准确掌握，不利于贷款催缴	在学生户籍所在地办理，放贷机构易于与家庭联系，便于催缴贷款
正式开始年限	2007年五省市试点，2008年全面推广	1999年	1997年
总体办理状况	入学前，在生源地即可办理，比较简便，周期较短。总体比较容易获得贷款	入学后方可申请，需经学校考察、审批，办理过程、周期较长，且与学校属性、家庭信用状况等有很大关系	根据放贷机构信贷资金总体情况决定；完全取决于家庭经济、信用状况

在目前实施的生源地助学贷款、校园地助学贷款，还是一般商业性助学贷款过程中，由于各经办金融机构、各高校、各地域规定不同，贷款申请程序、资金发放、本息回收等也有其他不同之处，在此不再一一表述。

第六节 我国高校国家助学贷款制度存在的主要问题

国家助学贷款自1999年试行至今，已走过了17个年头。作为一项国家政策性惠民助学贷款，经过多年的变革逐渐成熟，规模、范围不断扩大，基本实现"应贷尽贷"，有力地推动了我国高等教育大众化的进程。针对专家、学者在国家助学贷款体制运行中的提出的问题及意见，财政部、教育部、中国人民银行等有关部门多次进行了调整，使之成为高等学校学生资助体系中的主要方式。然而，作为一项长期助学保障政策，助学贷款的实施仍面临政府决策力度不够、承办银行意愿不强、学生履约能力不高等现实问题，妨碍了我国高等教育国家助学贷款的可持续发展。结合国家助学贷款四大实施主体，本书从政府、银行、高校、学生，以及政策自身等五方面分析了当前助学贷款体制中存在的问题。

一 政府方面

国家助学贷款属于一种"准公共物品"，是国家立足可持续发展、保障教育机会平等的一项公共福利，因此政府不仅是实施主体，更是整个助学贷款政策中的组织主体，应当发挥其主导作用。其主要职责是在社会主义市场经济条件下，负责政策设计、宏观调整、管理监督、贷款贴息、风险补偿等，并用行政手段调动其他各参与方的积极性。纵观我国助学贷款历程，以及与其他助学贷款政策比较成功国家和地区相比，仍有很多不足之处。

（一）政府财政投入不足

包括部分发展中国家在内的许多国家，助学贷款实施全部由政府贴息，或者收取的贷款利息不同于一般商业贷款，而低于普通商业利率，对于美国、英国、日本，以及中国香港地区等发达国家和地区的助学贷款本金均有政府财政支付，充分体现出助学性质。而我国普通高校助学贷款本金全部来自承办的商业银行，政府仅承担财政贴息和风险补偿基金，且对于非部属的地方高校的风险补偿还安排地方政府按比例分担。在助学贷款利率上等同于普通商业贷款按法定贷款利率执行,政府财政仅给予50%贴息或在校期间的全额贴息,完全没有体现其低息或市场最惠利率的特点及其助学性质。同时,由于政府投入不足,助学贷款配套实施的贷款豁免制度也随之缺失,造成毕业后偿还贷款能力低下的借款人对还款问题的回避,甚至恶意逃避,降低了助学贷款救助功能。在2007—2011年,全国普通高校累计资助总金额1817.18亿元中,政府财政资金投入仅为817.8亿元,其中中央政府财政、地方政府财政分别为494.83亿元、322.97亿元,各级财政投入占全国高校资助总金额的占比仅为45%,其中真正用于国家助学贷款风险补偿金和贴息经费为98.85亿元,外加中央财政安排国家助学贷款专项奖补资金30.25亿元,占财政总支出的15.79%,占全国普通高校学生资助总金额的6.94%,后期中央政府及地方政府财政投入虽有些增加,但政府财政资助经费投入总体仍然不足,无法真正体现助学贷款的政府财政职责,从而无法确保助学贷款政策的有效执行。

(二) 政府决策力不强

决策力是政府行政能力建设的重要内容。国家助学贷款是由政府发起并主导,利用行政手段协调银行、高校和学生三方共同贯彻执行建立起的一种公共治理行为。政府对执行国家助学贷款决策力不强主要表现在以下四个方面:一是政府缺乏有效的引导措施和监督手段,未有明晰的法律可依。仅对贷款申请程序、发放机构、偿还补偿,以及风险补偿等基本运行过程进行了制度约束,而对于恶意拖欠、违规操作等行为与责任,由于立法的滞后,缺少经济制裁、法律制裁等强制性约束,致使助学贷款贯彻落实的公平性大打折扣,存在学生需求面大与银行放贷面小、学生违约率高与银行收益小但成本高、学校积极指导学生申贷与银行惜贷等矛盾,使以公平为目标的助学贷款政策产生的实际效益受到制约与发展;二是政府缺乏贷款信息的整合与共享,信息传递载体建设薄弱。政府、银行、高校三者作为贷款发放与管理主体,贷款信息严重不对称,从贷款申请到本息偿还整个过程,信息的真实性、及时性、流动性、安全性、全面性较差,未建立共享体制,难以确保贷款信息在严格的程序约束下有层次、有步骤、有重点、有主次展开,无法实现信息能够通达各目标群体;特别作为政策性的信用贷款,贷款数据信息与全国个人资信征询系统未实现资源有效链接,无法发挥互联网快捷、准确、省时、省力的优势,对于公安、税收、教育、财政等政府职能部门,以及保险、就业等社会服务机构进行贷款拖欠催缴、学生完善信息跟踪，以及违约借款人身份核查等更是无能为力，从而失去贷款运行体制的公开性和广泛性；三是政府缺乏助学贷款发展长期规划。为了顺利推进助学贷款实施，政府不断改进和调整相关政策和措施，逐步显现了助学贷款在高校学生资助体系中的主体地位，但由于缺少短期发展目标与长期发展总体规划，又在我国特殊的国情下，无法照抄外国做法，致使助学贷款政策的调整与修订具有较大的盲目性和随意性，始终没有充分发展助学贷款一系列规章制度的最大效应；四是政府化解助学贷款风险力度不足。为了降低贷款风险，按放贷数额的一定比例提取风险补偿金，虽在一定程度上降低了银行放贷风险，但始终未得到完全化解，因为我国实施的国家助学贷款实质上具有政府政策性特征，是在政府干预，并迫于政府压力的情况下，而实际运作上采用商业化模式的商业性贷款，仅仅依靠单纯的风险补偿金化解放贷风险也是根本不现实的，因此最终的放贷风险负担，如超过风险补偿金的违约贷款，还是由银行自身化解。我国现行的助学贷款风险补偿政策，也导致了贷款各方供需的矛盾和冲突，进而影响助学贷款的推进与发展。

在助学贷款形式上，虽存在校园地、生源地等多种模式的助学贷款，但仍以商业银行承办为主，贷款种类单一，与美国、中国香港地区等国家或地区已形成的担保贷款、信用贷款、商业性助学贷款和国家助学贷款多种方式、多个品种交织的助学贷款体系相比，我国普通高校在校大学生可选择助学贷款的余地偏窄，贷款难的现象普遍存在。同时，在部分省份及地区，贷款宣传力度还不够，特别在西部经济欠发达地区，以及偏远山区等，由于宣传载体薄弱等因素，助学贷款政策还未做到家喻户晓、人人皆知，仍使很多在校学子与助学贷款失之交臂，失去继续求学机会，影响了助学贷款政策整体实施。

二 银行方面

经办银行是助学贷款本金的主要提供者，是助学贷款的发放主体，更是政策的真正执行者，在助学贷款政策中发挥关键作用。从通过承担贷款业务，培养与贷款学生的情感，培养潜在的优质客户群体，为存贷款业务的发展提供未来的商机来讲，银行也是助学贷款政策的受益者。然而，针对我国目前信用体系尚具雏形、助学贷款政策体系尚不健全的情况下，自身对政策的认识、态度、行动及其他各方的合作情况决定了整个政策的落实程度，特别受自身机构属性以及政府贴息、风险补偿等政策所限，仍存在很多现实问题。

(一) 贷款运作成本过高，积极性低且收益小

助学贷款与个人住房、汽车贷款等消费信贷相比，单笔业务量小、笔数多、风险大、利率低、持续时间长。银行作为助学贷款资金的主要提供者，除要承担助学贷款的发放成本外，还要承担管理成本及对逾期贷款的追偿成本。从发放的贷款本金到与高校沟通的费用、宣传费用、开展教育督促学生及时还贷的费用、员工工资报酬的费用、与学生签约材料的费用、风险费用以及通过电话、信函对违约学生进行催收费用等，无一不增加了银行开办助学贷款的运作成本，特别对催收无效时，银行迫不得已向法院起诉，更要花费大量的时间和精力。我国目前虽没有对助学贷款运行成本进行精确统计，但据金融机构概算，我国助学贷款总体运行成本远远高于齐德曼教授对发展中国家的学生贷款成本占当年贷款还款余额2%比例，也高于占整个贷款数额10%左右的水平。另外，随着劳动力流动日益频繁，以及信用审查不严和监管水平受限等因素，贷款偿还出现的呆坏账现象一直居高不下，虽由贷款风险补偿金将其核销，但银行的本质终究是要赚钱盈利的，助学贷款这种需要较高追偿成本、拖欠率高的贷款，当其获得的收益等于或小于成本时，银行就会逐渐远离或消极对待助学贷款。

(二) 贷款回收机制较不完善，呆坏账现象严重

助学贷款整个环节最重要的即是贷款本金的回收及催缴。经过多年的发展与完善，贷款制度本身经过多次调整与变革，但贷款回收仍然由承办银行直接负责，而经办银行作为一个与其他企业一样，以利润为目标、自负盈亏、依法经营、照章纳税的企业，所经营的助学贷款，这一特殊商品又不能同于其他商业贷款，不可用联贷责任、质押等形式充抵欠款，而单纯依靠政府行政手段又很难奏效，缺少行之有效的助学贷款担保机制。同时，针对助学贷款回收的长期性和复杂性，在人力、物力相对缺乏的情况下，无法保证追回大量的拖欠款项。由于贷款呆账追缴机构缺位，又加上缺乏完善的贷款回收机制，不但对拖欠者无法提供便利的催收通知服务，也无法让恶意拖欠者面临催收压力、承担拖欠贷款所增加的成本，并致使自身呆坏账问题严重，对后期循环发放的贷款本金造成更大的冲击，降低了银行放贷能力，加大学生贷款申请难问题。

三 高校方面

普通高校是国家助学贷款政策实施的间接受益者，也是最大受益者，在贷款政策实施过程中扮演着重要角色。自助学贷款政策实施后，高校学生拖欠学费现象大幅度减少，有效缓解了学校的财务压力，为学校发展提供了经费支持，确保学校正常运转。在助学贷款整个环节中，虽仅是辅助作用，但根据委托—代理理论，在助学贷款风险控制与管理事务中，高校作为代理人，比政府作为委托人相比，更具有信息优势，对借款学生的管理与组织更具有号召力。因此，在助学贷款环节中高校存在的问题需注重加以解决，在达到高校实现自身利益最大化的同时，达到助学贷款实施目标。

（一）诚信教育工作薄弱，贷款学生信用意识依然淡薄

树立信用意识是当代大学生应具备的最基本的道德素质，也是今后大学生走上社会参与社会经济生活的基本要求。然而，当今大学生的信用意识和信用现状却令人堪忧，以致建立在学生诚信这一道德基础之上的国家助学贷款偿还工作在某种程度上一直陷入进退两难的尴尬境地。高校虽然肩负着"教书育人"的重任，但是，由于现行的教育体制和教育模式尚未完成从应试教育向素质教育的真正转变，对学生全面素质的培养重视不够，在学生的诚信等基本的德育评价没有硬性的、可操作的量化指标，在一定程度上给学生以误导。同时，诚信教育在高校"两课"教学中所占的比例与其重要性不相称，使学生知行脱节，意识上虽然认为诚信是重要的，但一涉及关系到自身利益的具体事情往往作出不诚信的选择，作出不诚信的行为。再者，诚信意识的培养是一个长期过程，与之相关的诚信教育也不能一蹴而就，仅仅通过几场诚信报告会、演讲比赛等活动来推动诚信教育的提高是远远不够的，更难以启发和培养学生能够完全做到信用还贷。

（二）贷前贷后学生管理措施制度不健全

在贷款机制上，高校是沟通借贷双方的桥梁与纽带，同时，政府也希望并要求高校加强贷前贷后学生管理，通过贷前管理，加强对学生贷款用途的使用，并提高家庭经济困难学生获贷率，真正发挥其助学解贫作用；通过贷后管理，加强多带框风险的控制，特别对借款学生来说，毕业后两年宽限期内是就业流动、住址和联系方式变化较大、较频繁时期，也是高

校与学生保持密切联系时期。然而在多年的助学贷款运行中，对于学生贷款的使用管理，高校一直未形成一套有效的贷款约束及监督机制，在贷款学生毕业后信息的变化，无法发挥学校就业指导管理部门、校友联谊组织的优势，更无法与银行部门进行学生信息的资源共享，进一步提高了助学贷款本身存在的风险隐患，影响了助学贷款良性循环发展。

四 学生方面

在整个助学贷款体系中，学生是政策实施的直接受益者，通过助学贷款资助得以完成学业，待毕业后用其收入偿还贷款本金。从我国助学贷款政策及有关教育法律法规来讲，普通教育虽不属于义务教育范畴，但任何学生都有平等受教育的权力，享有获取助学贷款等国家及其他方面援助的权利，同时，按照国家助学贷款"有贷有还"的使用原则，借款学生均应履行还款义务，即履行依照与承办银行签订的助学贷款合同及还款计划确认的协议，直接向放贷机构还款的责任。然而在多年的助学贷款实践过程中，严重存在着国家助学贷款学生只强调、重视权利而忽视义务问题，特别受诚信体系不完善、还贷约束机制缺失的影响，造成学生借款心理不正确，缺失信用道德，违约率高等现象。

（一）还贷主动性差，诚信意识欠缺

国家助学贷款不同于一般的个人消费贷款，其特殊性在于政府贴息、无抵押担保，实质上是政府贴息的优惠个人消费信用贷款，而不是国家无偿资助。但是，相当多的学生和家长对国家助学贷款的性质认识偏差，认为向亲戚朋友借钱才是真正的借款，而误将商业银行——以盈利为经营目标的金融企业看成为国家金融机构，把由国家政策发起的教育贷款看作国家下发的爱心无偿助学金，认为既然政府做出"不让一个大学生因家庭经济困难而辍学"的承诺，政府就有责任为社会人承担贴息以及还款义务，即使拖欠贷款也是拖欠国家而不是承担银行，"借了国家的钱是否还以后再说"便成为部分学生及家长的共同心理。由于自身诚信意识缺失，未意识到助学贷款是国家对自己的关爱，造成还款意识弱、还款主动性差。

（二）还贷能力差，履信基础不牢

在助学贷款还贷群体逐年增大的情况下，一方面是严峻的就业压力逐年增大，就业率持续下降；一方面是毕业生实际月收入逐年变少，在收入中可支配收入比例也越来越低，但较高消费支出挤占还款金额的比例却有逐年增加的趋势。全国毕业生从 2007 年的 495 万人到 2013 年的 699 万人，毕业生人数涨幅为 41.21%，但同期的毕业生初次就业率实际从 70.9%降低到 35%。据《2013 中国大学生就业压力调查报告》（熊汉忠，北京青年压力管理服务中心）分析，虽国家出台并实施了一系列缓解就业压力政策，但短期内毕业生就业压力仍将持续上升、期望月薪及实际收入将持续走低等。面对"最难就业期"就业压力、收入低可支配支出更低等诸多因素的现实下，造成在经济上本身就属于弱势群体的贷款学生很难找到合适的工作，即便能够就业，在工作初期工资水平也不是很高，同时还面临着婚恋、购房等大额经济投入，面对"巨额贷款"力不从心。由于借款学生履信基础不牢，造成违约率居高不下。

在就读的部分，对在校家庭经济困难学生来讲，由于多年的严峻就业形势，特别对就业后经济收入预期过低，害怕贷款会使自己消费受到限制，生活上有压力，不敢"花明天的钱办今天的事"，主动放弃申请助学贷款机会；还有的部分学生，由于自己产生自卑心理，忧虑重重，认为申请贷款就意味着承认自己是弱者，担心申请贷款会让其他同学嘲笑，毕业后影响与异性朋友的交往，更有甚者，受"拒贷效应"的影响，面对较为复杂的申请条件和办理程序，使部分学生产生畏难心理，而选择了默默地承受家庭经济拮据带来的压力。受以上多种因素的影响，在很多高校出现较多的成功贷款的学生未必贫困，贫困的学生未必申请贷款的现象，导致助学贷款资源配置不合理，造成一种无形的浪费。

五 政策方面

国家制定的公共政策存在的意义在于解决社会上特定的问题，其构建具有复杂性、长期性和阶段性。助学贷款政策作为一项国家制定实施的公共政策，随着多年的实践，本身虽不断得到健全，但受不同时期，以及社会中诸多纷繁因素的影响，仍需不断进行完善，为构建良好的助学贷款政策体系作出贡献，并促进助学贷款政策解决的预测效果更加有效。

（一）贷款设计上不尽合理

主要表现在贷款规模系数（助学贷款覆盖率）偏小，不能满足广大学生贷款总量的需求，全国普通高校学生助学贷款规模系数虽逐年提高，但总体水平远远低于家庭经济困难学生比例；最高贷款限额过低，无法达到贷款学生在学费、住宿费等基本费用实际需要；还款年限偏短，根据我国国情，借款人初期收入水平普遍偏低，所承担的还款负担率（即偿还贷款本息占本人收入的比例）大大高于世界平均还款负担率10%的比例，对借款人带来更大的还款压力，使之增加了工作压力；对拖欠行为约束力不强，致使出现更多的借款人"铤而走险"，从无力偿还的"无意违约"到有力偿还的"恶意违约"，造成贷款违约率居高不下。同时，由于助学贷款规模实施所属财政部门总量控制的原则，对于不同属性的高校、地区，下达的控制总量也随之不同。再者，地方院校虽有地方财政负责贴息，但对于财政能力低下的地区往往拖延，甚至不安排贴息资金，导致承办银行降低放贷意愿，从而造成不同地区、不同层次的高校在读学生获贷机会不均等，助学贷款体制校际、区际结构不平衡，部属高校往往高于地方高校，地方高校中的省属院校高于市属院校，而市属院校又高于民办院校，在北京、上海、南京等高校集中的城市，助学贷款总额、贷款人数比例及满足率一直远远高于全国平均水平。

（二）多种风险交叉并存

国家助学贷款具有商业性与政策性两重性，其风险同样也具有两重性，一方面来自金融机构贷款本身；另一方面来自国家特定的援助对象及实施政策，无论哪种风险，存在的原因都归结于制度本身，在助学贷款实施的各主体中都有所体现，为此本书将贷款风险划入政策方面。根据助学贷款所存在的风险属性，主要表现在以下五方面：

一是政策风险。所谓政策风险，就是为了国家助学贷款的顺利实施而需要的政策支持与实际政策支持之间的差异，它是一种隐性风险。国家助学贷款作为在政府命令下实施的商业银行贷款项目，属于政策性贷款，政府有义务对其进行补贴和政策扶持。事实上，从实施至今，我国政府也针对性地制定了一系列的扶持政策，如免征国家助学贷款的营业税、延长贷款期限，对毕业后到艰苦地区和艰苦行业的学生贷款的本息由国家代偿等。但是，通过分析各实施主体存在的问题，就对于政策本身，仍存在很多缺陷。由于存在的客观政策风险，即便完善了相应措施，也将得不偿失，因此，在大学生中长期蔓延着国家助学贷款是国家福利性政策的思想，进而直接影响助学贷款的总体进展。

二是管理风险，又可称为操作风险。由于助学贷款多方参与性，既有同部门之间的组织管理，又有不同部门之间的协调配合。管理风险是指由助学贷款管理部门职责不明、管理措施乏力等原因带来的风险，包括人员风险、流程风险、信息风险和技术风险等，主要存在高校及承办机构之间。其形式表现在：第一，无论在高校，还是在县级资助管理部门，由于人力、财力不足、贫困生认定缺乏科学界定等原因，工作人员整天忙于日常事务，而无法有针对性地开展工作，导致助学贷款从一开始就埋下放贷管理风险隐患。第二，由于高校、承办银行分别是学生毕业去向、贷款整体趋势调控等信息的不同主体间的垄断者，造成贷款信息的不对称和信息传导机制的梗塞，使承办金融机构未能充分行使贷款最终审核权；同时，由于承办银行台账建立不规范、行使追索权不积极、结算不及时、贷后监控不力，以及通货膨胀等因素都会造成助学贷款管理风险。

三是就业风险。就业风险主要来自于借款学生。国家助学贷款的预期投资增值主要来自于教育增值，也就是受教育者能不能给国家、社会及本人带来教育投资回报并有能力偿还贷款。自1999年开始扩招后，全国高校在校学生数量逐年增多，毕业生人数从2003年的212万人增长到2013年的699万人，时隔10年，毕业生人数净增近400万人，但高校毕业生离校时初次就业率持续9年达70%以上后，自2012年起初次就业率下降到50%，随着高校就业形势的进一步严峻，以及学生择业理念的滞后，就业形势更不容乐观，就业压力将持续增大。而难就业、薪酬低正是影响毕业生还贷的主要因素，较大一部分学生由于毕业即待业、即失业，或者收入低而无力还款，由于长期存在的就业风险，对全国整个高校助学贷款的影响越来越突出。

四是道德风险。在金融交易中，道德风险指的是一般由人为主观因素引起，金融机构所不希望看到的那些活动的风险。在助学贷款业务中，道德风险往往存在学生、高校及承办机构三者中。在学生方面，主要表现在基于助学贷款是免费午餐等错误认识，部分不贫困的学生选择了骗贷消费，用借款从事高风险的经商活动，或者因不遵守纪律、不认真学习，以致受到学校开除等处罚，甚至还有少数人虽有还贷能力但做"隐身"逃贷者，故意逃避还贷义务；在高校方面，主要是由于过重的责任使部分高校担心将来学生还贷不良会影响学校的声誉，甚至学校长远发展，因而置学生经济困难的现实情况于不顾，严格控制贷款人数规模、私自提高申贷标准等，导致家庭经济越贫困越无法获贷，而让家庭经济非贫困者较易申请；在承办机构方面，表现在虽有国家及上级所属部门的宏观政策指导，但地方各分支机构对申请高校及学生附加贷款条件甚为苛刻,在审核学生贷款资格时,不是根据学生的家庭贫困状况和实际需要,而是单纯根据其对学生毕业后还贷能力的评估。在多方存在道德风险的情况下,一方面降低了学生获贷的可能性;另一方面也降低了学生还贷的可能性。

五是资金风险。商业银行资金流动性强,一般根据"安全性、流动性、盈利性"的贷款经营方针,适用于五年以下的中、短期资助需求的活期贷款。但对于国家助学贷款,从借款学生最初申请到最终还清可达20年,都属于长期贷款,且还款方式为不定期还款,这就意味着多达数亿元的资金长期沉淀在借款学生的账户上,上年的贷款还未收回,下年又要发放新的贷款,致使承办银行贷款流量与存量难以相互匹配,贷款因缺乏流动性而随之缺乏安全性和盈利性。在此情况下,助学贷款自身所具有的公益性远远超过商业银行利润最大化目标,助学贷款政策的社会效益和商业银行自身经济效益之间的矛盾也无法平衡,增大了贷款资金风险。助学贷款政策实施的核心问题即是贷款本金来源,因此,资金风险也就成为助学贷款政策中的最重要风险。

在上述五种助学贷款风险中,政策风险、就业风险、资金风险是客观风险,属于国家助学贷款的系统性风险,往往是无法避免的;而管理风险、道德风险是主观风险,属于国家助学贷款的非系统性风险,一般可以通过相关措施来降低甚至杜绝。所以,化解助学贷款信贷风险,须分清风险的不同属性,并采取相应的对策。

第七节 我国高校国家助学贷款可持续发展对策

国家助学贷款历来深受各国政府、高校,以及学生的青睐,但在开始实施国家助学贷款政策的同时,各国专家学者对助学贷款存在的问题及争论也随之开始,而且对于建立健全国家助学贷款政策体系提出了相应的措施和建议,在我国也是如此。自1999年开始试行国家助学贷款起,政府、高校、金融机构,以及专家学者就着手国家助学贷款研究,提出助学贷款存在问题的同时,也提出很多较好意见和建议,但就整个助学贷款政策体制来说,较为不全面、不彻底、不系统。本书在针对当前我国高校国家助学贷款存在的问题进行分析的基础上,以构建科学、高效的运行机制为基点,遵循"促进公平""成本分担",以及"高等教育的社会与个人回报"助学贷款政策基本理念和衡量尺度,提出对助学贷款重新定性、确立政府在助学贷款投资中的主体地位,健全助学贷款管理体制、完善助学贷款运行机制,引入"按收入比例还款"、推行利用税收机构或专门服务组织回收贷款,以及加快助学贷款立法等措施,通过解决助学贷款政策运行中的一系列问题,以期将国家助学贷款这一系统工程实现可持续长远发展。

一 确立政府在助学贷款投资中的主体地位

我国实施的国家助学贷款采取的是由政府政策性引导、金融机构商业性运作方式,在体现"国家助学"上,与一般商业性贷款主要区别仅在于是否有财政贴息上,而由于助学贷款本金全部来自商业银行,决定了国家助学贷款本身具有的商业气息大大超过政府所设计国家助学贷款具有的社会气息。为此,在政府未主动承担责任主体,由经营性商业机构按照商业化模式运作的国家助学贷款的关键环节下,即使贷款设计上如何科学、合理,即使贷款风险防范上如何严密、高效,也无法达到预期效果,更无法发挥现政府所期望的社会功能。美国著名经济学家、诺贝尔经济学奖获得者舒尔茨认为物质资本与人力资本都是生产投入要素,同样可以在生产中发挥作用并带来收益,并估算出1929—1957年美国教育投资对国民收入增长的贡献率为33%[1],可见教育投资与经济增长两者间具有高度相关的依存关系。根据世界上最具影响力的美国经济学家、曾获诺贝尔经济学奖的弗里德曼的货币需求理论,社会总财富由人力财富与非人力财富组成,随着社会发达程度的提高,人力财富在社会总财富中所占的比例越来越高,且人力财富比例越高,货币需求量越大[2]。可见国家对教育投资的战略性、长期性和高收益性。同时,在任何国家或地区,"兴国"是执政党以及各级政府追求的价值目标,教育工程就应由政府投资。所以,无论在发达国家,还是发展中国家,特别是在我国一个接受高等教育的人口仍然偏低,具有大学以上文化程度的人口比重与发达国家相比差距甚大,已经直接影响到了国家的科技创新水平持续提升的人口大国,政府更应承担

---

[1] Schultz T. W. Education and Economic Growth. In N. B. Henry (Ed.), Social Forces Influencing American Education. Chicago, IL: University of Chicago Press, 1961.

[2] 李军、杜继勇、李海东:《金融学基础》,清华大学出版社2010年版,第2页。

国家助学贷款的投资责任,以便更好地发挥国家助学贷款在高等教育学生资助体系中的主导作用。通过确立政府在国家助学贷款本金投资主体地位,将目前实施的国家助学贷款风险收益由商业银行承担的模式转为政府承担模式,不但提高目前实施的助学贷款业务风险控制能力,更有利于消除市场调节在人力资本投资中可能带来的各种缺陷和不足,弥补居民家庭在人力资本投资中的不足,进一步满足社会的公共需求,最终实现人力资本形成和积累中的机会均等。实践证明,通过政府财政性资金注入或支持方式建立学生助学贷款体制,是市场经济国家的普遍做法和成功经验,如美国贷学金的主要资金来源于联邦政府,约占所有资助金额的2/3以上;英国助学贷款本金基本全由政府财政预算拨款;而日本贷学金40%以上的资金来自每年的政府财政拨款。

二 构建多渠道的助学贷款融资体制

贷款本金是政府向大学生实施助学贷款资助必须解决的首要问题。在确立政府发挥助学贷款投资主体地位的前提下,除政府应从财政经费中拨款作为贷款本金外,还可通过金融机构参与,以及发行教育彩票、国家助学贷款债券等方式,扩展助学贷款资金来源,促进社会资源的有效配置,推动助学贷款良性发展。

(一)加大政府对国家助学贷款本金的投入

从政府教育经费支出中划拨财政专款作为助学贷款本金,并让政府成为助学贷款体系中的最大出资者,完全代替仅依靠政府出资贴息的贷款运行机制。在2012年全年财政性教育经费支出占国内生产总值比重首次达到4%的基础上,2013年全年财政性教育经费支出额度比2012年又提高3%,在保持全年财政性教育经费支出逐步提高的情况下,提高政府对国家助学贷款的投入,每年逐步增大国家助学贷款投资在普通高等教育财政性经费支出比重。如按政府财政拨款助学贷款本金占全部发放贷款本金50%计算,2012年全国普通高校发放助学贷款149亿元中,政府财政拨付助学贷款本金应为74.5亿元,加上当年国家财政实际支付贷款利息19.59亿元,全年助学贷款政府财政支出为94.09亿元,占当年全国普通高校学生资助金额547.84亿元的17.17%,占政府(包括中央和地方)财政投入教育资助资金824.74亿元的11.41%,占全国累计各类教育资助金额1126.08亿元的8.36%。即便助学贷款覆盖率不提高,保持放贷规模基本不变,政府通过每年预算并划拨同数量的助学贷款本金,虽然也是一项不小的开支,但不仅不会给政府带来更大的财政压力,而且还会由于助学贷款专项资金的落实,让全社会了解政府的努力和态度,从而赢得学生、高校和社会的信赖和拥护。另一方面,随着学生毕业后进入还款期,贷款本金的回收资金也逐年增加,并不断注入贷款本金中,推动整个贷款资金的流动,最终为政府节省大量的财政支出。当然,随着我国高等教育改革不断深化,高校收费标准不断提高,家庭经济困难学生比例随之增大,倘若贯彻落实国家制定的"应贷尽贷、满足需求"目标,仅靠政府财政投入助学贷款本金是远远不够的。

结合我国社会保险体制改革,全国社会保险工作深入开展,社会保障体系建设取得重大进展,社保基金收入大涨,仅2013年全年养老、医疗、失业、工伤、生育五项社会保险(含城乡居民基本养老保险)基金收入合计3.5万亿元,比2012年增长14.7%[①],2013年收支结余4915亿元,到2013年末累计滚存结余4.1万亿元,而根据国务院批准的《全国社会保障基金投资管理暂行办法》,社保基金的投资范围可用于买卖国债和其他具有良好流动性的金融工具;同时,随着我国住房公积金工作各项业务快速发展,全国住房公积金也不断大幅度地增长,截至2013年5月,全国住房公积金缴存总额已突破5万亿元,余额达到2.8万亿元,即便扣除项目试点贷款和购买国债的余额后,全国住房公积金的结余资金(指住房公积金缴存余额与个人住房贷款余额之间的差额)还近1万亿元,并从往年数据统计来看,全国住房公积金结余资金总量呈现逐年增加趋势[②],且根据我国《住房公积金管理条例》规定,"住房公积金管理中心在保证住房公积金提取和贷款的前提下,经住房公积金管理委员会批准,可以将住房公积金用于购买国债"。因此,政府还可通过向社会保险部门或住房公积金管理部门借贷作为助学贷款启动资金,不但能缓解政府支付助学贷款本金财政压力,更能使保险基金或住房公积金在低风险下实现资产收益最大化,实现保值增值,提高两者的经济效用和社会效应,也有利于我国资本市场的发展。

---

① 人社部:《2013年度人力资源和社会保障事业发展统计公报》,http://www.howbuy.com/news/2014-05-28/2366277.html,2014-05-28。

② 郁鸣:《住房公积金结余资金管理模式之完善》,《中国房地产》2013年第19期。

(二) 提高金融机构参与助学贷款的主动性

对于商业银行参与助学贷款形式，一种是银行本身自觉开展的一般商业性贷款，政府不提供担保和补贴，但可把贷款项目纳入助学贷款业务中统计；另一种是由政府主导、担保的政策性商业化运作的助学贷款，原则上由政府通过规章制度，运用行政手段干预实施，并纳入政府资助体系中，如目前实施的校园地助学贷款、生源地助学贷款等。对于商业银行出资参与助学贷款的最大好处在于金融机构代替政府投入资金，缓解政府资金短缺压力，进而减轻全社会纳税人的负担。为此，在总结过去助学贷款业务经验的基础上，完善现行的助学贷款本金主体，整合金融机构资源，除通过政府行政行为外，由国家进一步通过税收优惠政策、经济手段，并由政府进行担保，积极鼓励和支持全国各大国有商业银行、股份制商业银行和政策性银行，邮政储蓄银行，城市商业银行、城市信用合作社、农村商业银行、农村信用合作社、各种基金会等主动参与国家助学贷款业务，使之成为国家助学贷款本金第二大出资主体，充分发挥各金融机构的社会功能。而对于出资方式，一种是通过承办助学贷款业务，按照市场方式、市场法则、市场机制，由政府提供政策支持和贴息，与借款学生直接发生的经济契约行为；而另一种即是由金融机构负责出资，由专门组织或服务机构，负责管理及承担借贷风险，并与借款学生发生借贷关系。据银监会数据显示，随着我国经济运行总体稳定的增长，全国银行规模加速扩张，截至 2013 年 7 月末，全国银行业金融机构总资产 122.92 万亿元[①]，为 2013 年全年国内生产总值 56.9 亿元的 2.16 倍，为 2013 年全年全国财政收入 12.91 亿元的 9.52 倍。承办全国高校绝大部分助学贷款的国家开发银行，完善服务手段、扩大服务外延，保障助学贷款业务平稳运营，2013 年发放生源地助学贷款 125.2 亿元，仅占同年底全行资产规模 8 万亿元的 1.57‰。庞大的金融资产，使得商业银行成为助学贷款第二大出资主体成为可能。

(三) 探索发展国家助学贷款二级市场

实施政府对国家助学贷款提供担保，通过发行教育彩票、教育债券，扩展助学贷款社会资金来源，促进社会资源的有效配置，解决我国高等教

---

① 曹蓓：《股份制银行排位赛全景图，总资产排名一年 N 变》，《证券日报》，2013 - 08 - 27。

育投入不足,特别是国家助学贷款本金经费紧张的瓶颈之困。

一是发行教育彩票。我国彩票已有近三十年的历史,第一张发行的彩票,是以福利彩票形式出现的,于1987年7月27日在河北石家庄售出,其后,1994年、2001年,我国又先后公开发行体育彩票、足球彩票。时至今日,我国发行彩票坚持"扶老、助残、救孤、济困"宗旨和"公平、公正、公开"诚信原则,始终把社会责任放在首位,已经形成以摇奖、摸奖、竞猜、投注四种彩民参与不同方式的合法彩票,并由国家民政部直属事业单位"中国福利彩票发行管理中心"负责组织发行及销售管理。据全国彩票发行管理中心统计,从1987年创立至2014年3月14日,建成各类销售网点18万多个、福彩视频票销售厅1000多个,初步建立了遍布城乡的销售网络体系;全国福利彩票累计销量达10000亿多元,累计筹集公益金量约3100亿多元[①],我国福彩系统已成为世界彩票业第二大发行机构,中国已经成为世界彩票大家庭中的重要一员,走出了一条具有中国特色的福利彩票事业发展之路,成为发展社会福利事业和公益事业的重要资金来源。相对于福利彩票,在我国教育彩票也不陌生。根据目前能考证到的资料显示,最早出现在1908年(清光绪三十四年),由兴文教育彩票总局发行的教育彩票[②],但新中国成立后,彩票被取缔。改革开放后,我国著名的经济学者羊慧明基于中国国情,在1999年,较早提出"中国更需要教育彩票",这一呼吁引起了社会各界的强烈反响。次年,即2000年,我国经济学家董藩最早提出通过发行教育彩票筹措教育发展资金这一问题,并在《中国高等教育》发表题为《何不发行教育彩票》一文引起了各界的广泛关注[③],继而引发了关于在我国发行教育彩票融资的必要性和可行性的大讨论。2003年"两会"期间,更有不少与会代表建言通过发行教育彩票融资,缓解我国教育经费的投入不足。但在2007年12月下旬,教育部举行的资助家庭经济困难学生新闻发布会上,教育部党组原副书记、副部长张保庆指出,"教育彩票"问题已经提出十几年了,中央不同意发行教育彩票,因为教育是最崇高的公益事业,所以教育

---

① 中国福利彩票发行管理中心:《中国福利彩票累计销量过万亿元》,http://fc-zx.mca.gov.cn/article/gzdt/201403/20140300604244.shtml,2014-03-18。
② 许善斌:《晚清的彩票》,《江南时报》,2006-06-04。
③ 陈晓红、曹晖:《我国发行教育彩票融资的运作模式及相关问题》,《现代大学教育》2005年第1期。

从总体政策考虑，中国公益事业应该由政府主办，因此，经过了几次研究，中央、国务院都不同意发行教育彩票①。但在 2011 年 3 月召开的全国政协十一届四次会议上，政协委员林方略委员（中国致公党）提交《建议国家发行教育彩票的提案》，建议发行"教育彩票"，以填补国家财政体系对非义务教育拨款不足的部分，在提案中，林方略委员指出，我国福利彩票发行多年，已积累了丰富的经验，彩票发行有较好的群众基础，且发行教育彩票时机已经成熟。任何事物都有正负效应的两重性，教育彩票也不例外，有的专家、学者就认为，发行教育彩票，有损教育公益性形象；最大的弊病是重复建设，会导致福利、体育、教育等彩票发行部门之间的恶性竞争等否定观点。回顾我国社会彩票发行历史，随着我国彩票市场的发展，以及居民生活水平的提高，居民的收入已突破了过去单纯消费基金的范畴，形成了消费基金后的剩余资金，笔者认为，第一，我国城乡居民收入提高使剩余资金越来越多为发行教育彩票奠定了物质基础；第二，发行彩票符合我国现行的教育政策和法律法规；第三，我国已积累了丰富的彩票发行经验，并有国外教育彩票发行成功经验提供借鉴；第四，教育彩票有利于激发社会对公益性事业的关爱之心；第五，发行教育彩票同样是一项成本低、利润高、收益快的彩票行业，对促进教育的发展作用不容忽视；第六，发行教育彩票有利于促进社会资源再配置，间接拉动经济的增长。综上所述，我国发行教育彩票的条件已基本成熟。有关教育彩票发行的组织机构，以及发行途径、使用范畴、审计监督等措施管理，笔者认为，教育彩票如同其他彩票，由"中国福利彩票发行管理中心"统一管理，以减少成本，在不损害现有彩票发行份额、专款专用的前提下，可先在部分省份或地区进行试行，再逐步全国推广发行，最终合理再分配教育彩票公益金用于教育的投资、用于缓解高等教育投入资金不足现象，尤其用于高校助学贷款本金的短缺问题。通过教育彩票的发行，进一步激发居民捐资助教的热情，使那些对教育事业关心、支持的有识之士自觉地通过购买教育彩票等实际行动捐资助教的同时，也将推动社会各界加入捐资助教的行列之中。并在此基础上，制定出台彩票法，通过规范博彩业市场，实现教育彩票发行的长效性、可持续性。

---

① 新华网：《资助家庭困难学生不是一次性的，不会发教育彩票》，http://news.xinhuanet.com/video/2007 - 12/21/content_ 7289129. htm，2007 - 12 - 21。

二是发行教育债券。所谓债券是政府、金融等机构直接向社会借债筹措资金时,向投资者发行,并且承诺按一定利率支付利息并按约定条件偿还本金的债权债务凭证,其本质是债的证明书,具有法律效力,债券购买者与发行者之间是一种债权债务关系,债券发行人即债务人;投资者(或债券持有人)即债权人。同样,教育债券即以通过发行债券的形式向社会广泛吸纳资金,以解决教育发展资金短缺问题。第一,我国有悠久的债券发行历史,与彩票相比,我国债券发行更早,能查证发行最早的债券是光绪二十年(1894年)发行的国内公债。中华人民共和国成立后,到1950年我国发行第一种国债"人民胜利折实公债";但到1958年,由于历史原因,国债的发行被终止;随着1978年改革开放,到1981年我国恢复了国债发行。自1981年开始以"中华人民共和国国库券"实物券形式发行,至取消实物券,代之以凭证式和记账式债券[①],其主要目的除了筹措军费、平衡政府财政收支、筹集建设资金外,还有借换到期的国债。发展至今,国债发行量呈逐年上升趋势,从2001年发行国债4884亿元到2011年发生国债1.54万亿元,由中央政府发行,财政部代表国家具体实施发行的国债因具有最高的信用度而被公认为是最安全的投资工具。在中央政府发展发行国债的同时,地方政府债券也悄然兴起,它是由各省市等有财政收入的地方政府根据信用原则、以承担还本付息责任为前提而筹集资金的债务凭证,一般用于交通、通信、住宅、教育、医院和污水处理系统等地方性公共设施的建设,因安全性较高、免交所得税而对广大投资者具有很强的吸引力。我国的地方政府债券最早出现在中华人民共和国成立初期,1981年恢复国债后地方债券就不见踪影了,1993年地方国债被国务院明确"叫停"。直至2009年2月,十一届全国人大常委会听取并通过《国务院关于安排发行2009年地方政府债券的报告》,财政部根据地方政府上报的债券发行计划确定发行2000亿元地方债券,其中新疆维吾尔自治区政府债券(一期)作为首期地方政府债券,于2009年3月30日至2009年4月1日在上证所发行,并于当年4月3日上市。随后,国家不断推进地方政府债券发行工作,2011年,财政部发布《2011年地方政府自行发债试点办法》,允许上海市、浙江省、广东省、深圳市开展地方政府自行发债试点,对传统地方政府债券由财政部代为发行模式的一

---

① 晓鸣:《中国最早发行的国债》,《陕西审计》1999年第4期。

次突破①。时隔三年后,即 2014 年 5 月,经国务院批准,财政部发布《2014 年地方政府债券自发自还试点办法》,确定在上海、浙江、广东、深圳、江苏、山东、北京、青岛、宁夏、江西等省市试点地方政府债券自发自还,即试点地区在国务院批准的发债规模限额内,自行组织本地区政府债券发行、支付利息和偿还本金的机制,标志着地方政府债券试点由此前的"自发代还"转向"自发自还"②。除由中央政府及地方政府以国债形式发行的债券外,我国也有通过资产等其他方式发放债券的成功探索,1992 年,海南省三亚市开发建设总公司通过发行地产投资券的形式融资开发丹州小区,首次具备了资产证券化的部分特征③;1996 年,珠海市政府发行了包括优先级和次级债券的 2 亿美元收入证券,为我国第一笔引入证券化思想的债券④;1997 年,重庆市政府与亚洲担保公司及豪升 ABS(中国)有限公司签订资产证券化合作协议,被认为是中国开展资产证券化的重大突破⑤;而 2005 年中国建设银行在国内首个正式发行个人住房抵押贷款证券化产品——"建元 2005—1 个人住房抵押贷款支持证券",并进入全国银行间债券市场流通,标志着我国资产证券化试点的开始⑥。基于以上政府国债,以及资产债券完善的市场机制,丰富的管理经验,为我国发行教育债券奠定了良好、扎实的基础。第二,我国拥有庞大的借债资本存在。自改革开放后,我国经济增长一直保持着较快速度,持续 30 余年保持了 10% 的高增长,2012 年、2013 年增速是近十年最低的,但仍达到 7.7%,即便最保守估计,2020 年前我国经济增长应在 7%—8%,2030 年前在 5%—6%⑦;社会财富持续增加,城乡居民储蓄存款额逐年上升,居民消费市场需求旺盛,2013 年全年全国 GDP 为 568845 亿元,比上年增长 7.7%;全国 GDP 占世界比重由 1980 年的 1.9% 升至 2013 年的

---

① 人民网:《财政部允许上海浙江广东深圳自行发债》,http://finance.people.com.cn/GB/15965366.html,2011-10-20。
② 《新闻晨报》:《地方债变透明,十省市获批试点上海位列其中》,http://finance.eastday.com/m/20140522/u1a8102887.html,2014-05-22。
③ 吴晓迪:《资产证券化在我国房地产业融资中的应用研究》,河北工业大学,2010 年。
④ 王开国:《关于中国推行资产证券化问题的思考》,《经济研究》1999 年第 6 期。
⑤ 娄丽敏:《我国高校资产证券化融资探析》,《金融经济》2007 年第 22 期。
⑥ 证券金融网:《建元 2005-1 个人住房抵押贷款支持证券公开发行》,http://money.163.com/05/1215/16/251E8KP700251GNK.html,2005-12-15。
⑦ 陈凤英:《正确看待中国经济增长速度回调》,http://roll.sohu.com/2013-08-12/n383914494.shtml,2013-08-12。

11.6%；人均年 GDP 由 205 美元增至 6064 美元；全年农村居民人均纯收入 8896 元，比上年增长 12.4%，扣除价格因素，实际增长 9.3%；全年城镇居民人均可支配收入 26955 元，比上年增长 9.7%，扣除价格因素，实际增长 7.0%；全国居民人均可支配收入 18311 元，比上年增长 10.9%，扣除价格因素，实际增长 8.1%；年末全部金融机构本外币各项存款余额 107.1 万亿元，比年初增加 12.7 万亿元，其中人民币各项存款余额 104.4 万亿元，增加 12.6 万亿元；全部金融机构本外币各项贷款余额 76.6 万亿元，增加 9.3 万亿元，其中人民币各项贷款余额 71.9 万亿元，增加 8.9 万亿元[①]。结合我国较强的应债能力，如果发行措施得力，将居民的结余资金、社会上的闲散资金转化为高等教育发展资金是完全可以变为现实的。第三，教育债券本息偿还具有保障性。教育债券不同于教育彩票的一个特征就是教育债券需要偿还本金和利息。高等教育是一种全局性、战略性的基础产业，随着高等教育体制改革、高校后勤管理社会化不断深入，高等教育随之快速发展，高等院校的经济实力也大大提高，随着我国经济体制改革，我国整体经济收入规模、居民存款余额规模、金融机构资产规模迅速扩大，对于发行教育债券，无论是由中央政府和地方政府联合举债，还是由金融机构以借款方式拓宽融资渠道，都会为教育债券的本息偿还提供巨大的资金保障，使投资者对教育债券有信任感，并提高投资者投资教育债券的积极性。第四，我国已具备发行教育债券的法律环境。债券作为资金特有的一种属性，除我国现行有效的涉及金融领域的法律、法规，以及相关政策规定外，我国先后制定了《证券法》（1998 年首次通过，经 2004 年、2005 年、2013 年三次修正、修订实施）《合同法》（最早于 1999 年颁布施行，又含经济合同法、技术合同法、劳动合同法等多种合同制度）《资产评估法》（2012 年 2 月，十一届全国人大常委会初次审议了草案；2013 年 8 月，十二届全国人大常委会对草案二次审议稿进行了审议并对外公布）等一系列法律法规，特别是我国个人征信系统逐步完善，使国家助学贷款违约率逐步降低，提高资产质量，为教育债券的实施提供法律保障。第五，由于债券本身利率高于存款利率，甚至高于对其他产业的投资回报率，且教育债券具有回报稳定、风险为零、可以流

---

① 国家统计局：《2013 年全年全国 GDP 为 568845 亿元》，http：//finance.jrj.com.cn/2014/02/24102516732030.shtml，2014-02-24。

通、便于交流等特点,能够激发广大民众的投资热情,具有较大的磁吸效应。对于教育债券发行的方式,建议可由政府以公债方式进行,或由金融机构以投资融资方式进行,或由政府委托金融机构进行,具体需根据不同时期的国家经济状况、长期发展态势,金融行业发展状况、资金总量确定;而对于教育债券的发行期限、债券利率、发行数量等,需根据发行时期的国家政策性存款利率、教育发展规模、长期发展战略,及发展经费需求等状况确定。

除发行教育彩票、教育债券外,还可以提取外汇储备资金,据央行发布的金融统计数据显示,近年来,我国外汇储备总额一直处于上升势头,自2011年以来,国家外汇储备每个月平均以数百亿美元增长,截至2013年末,国家外汇储备余额为3.82万亿美元,借用外汇储备资金作为助学贷款本金,不但符合国家、民族和全国人民的根本利益和长远利益,而且可以减轻外汇储备过多带来的压力和风险[①]。同时,我国作为一个发展中国家,还可以通过引入国际货币基金组织贷款项目,或国际教育基金会贷款项目,以解决我国教育,特别是高等院校或重点专业由于多年的扩招而带来的学校基础设施短缺、陈旧问题,从而为国家经济建设发展培养更多的急需的专门人才。有关申请国际货币基金组织贷款项目用于高等教育的投入,很多专家学者已进行了较多的学术研究,在此不再赘述。

三 优化国家助学贷款政策设计

在确立政府在助学贷款投资中的主体地位,大幅度增加教育投入的情况下,通过构建多渠道筹集贷款本金体制,为国家助学贷款政策实施提供了经费保障,而国家助学贷款政策设计仍是助学贷款机制实施关键,需要不断优化方可推动助学贷款政策顺利开展。

(一)扩大助学贷款规模

根据我国国情和高等教育体制状况,在现有贷款规模上,不断扩大放款规模总量,增加获贷覆盖面,无论公办(公立)院校,还是民办(私立)院校;无论中央部属院校,还是地方院校;无论是本科院校,还是非本科院校;无论是独立学院,还是非独立学院,只要纳入非义务教育阶

---

① 甘剑锋:《和谐社会构建中高校贫困生问题研究》,黄河水利出版社2010年版。

段学校，都纳入国家助学贷款政策范围之内，在校就读的全日制学生都可享有申请国家助学贷款资格，而不受院校属性、类别限制。我国2002年普通高等学校（含高职院校，不含研究生培养机构）1396所，其中中央部署高校111所（教育部直属高校72所，其他部门所属高校39所）、地方高校1154所（其中教育部门所属院校776所、非教育所属院校378所）、民办院校131所，在校生共有953.46万人（其中研究生50.1万人）。而十年后，即2012年，全国普通高等学校（上同）2442所，其中中央部署高校113所（教育部直属高校73所，其他部门所属高校40所）、地方高校1623所（其中教育部门所属院校967所、其他部门所属院校604所、地方企业所属院校52所）、民办院校706所，在校生达到2536.56万人（其中研究生171.98万人）[1]，在校学生人数增幅高达166%，而2012年全国高校获贷学生人数仅263.45万人，国家助学贷款规模系数仅为10.39%，远远低于国家最初统一设定的全国总体20%的国家助学贷款资助比例（国家助学贷款规模系数）。根据《国家中长期教育改革和发展规划纲要（2010—2020年）》，到2020年，我国高等教育在学总规模（万人）将达3550万人，在校生将有3300万人（其中研究生200万人），高等教育毛入学率高达40%。而根据2003年教育部领导的中国教育与人力资源问题报告课题组完成的《从人口大国迈向人力资源强国》研究报告对未来中国高等教育发展预测，到2050年，全国高等教育发展规模为3800万人，高等教育毛入学率为55%[2]，实现高等教育普及化阶段。随着高校学生规模的不断扩大，以及高等教育收费制度改革的逐步深入，家庭经济困难学生数量及比例也将增大，势必只有不断扩大助学贷款规模，才能真正实现"按需所贷""应贷尽贷"目标，促进高等教育公平、机会均等。

（二）增加助学贷款种类

针对不同贷款主体，细化标准，科学分类，改变目前实施的由商业银行作为唯一投资主体的、单一的生源地助学贷款或校园地助学贷款模式，实施不同类型的、形式多样的助学贷款计划，以适应不同经济状况学生及

---

[1] 教育部：《2012年教育统计数据》，http://www.moe.edu.cn/publicfiles/business/html-files/moe/s7567/list.html。

[2] 中国教育与人力资源问题报告课题组：《从人口大国迈向人力资源强国》，高等教育出版社2003年版。

学生家庭的需求。针对孤儿、烈士子女，以及家庭突遭重大变故、严重自然灾害，无任何经济来源的家庭经济特别困难学生实施由中央政府直接拨款的"政府保障助学贷款计划"；对学习成绩优异、家庭经济状况低下、家庭人均收入低于当地居民人均收入水平的家庭经济困难学生实施由中央政府直接拨款的"政府英才助学贷款计划"；对有多个子女（两人及以上）同时接受非义务教育的家庭，或父母下岗、无固定收入的城镇居民家庭，或父母及其他直系老人身患重大疾病、无劳动能力的农村家庭，及因其他情况导致上学经济困难、有经济资助需要家庭的学生实施由中央政府、地方政府直接拨款或由金融机构提供贷款，由政府担保的"政府兴华助学贷款计划"；而对于有良好的银行信贷记录、贷款用于支付其子女教育费用的学生父母可实施由金融机构提供贷款，由政府担保的"政府学生父母（家长）助学贷款计划"；对身体健康、学业成绩中等以上，富有学习进取心、意志坚定、富有责任感等，且未有任何违反校纪校规、法律法规行为，经济独立于父母的学生实施由金融机构提供贷款，由政府担保的"政府学生成长助学贷款计划"。从贷款资金来源上，主要分为政府直接拨款和政府担保信用贷款，其中政府直接拨款包含政府保障助学贷款、政府英才助学贷款，及政府兴华助学贷款；政府担保信用贷款，即由金融机构提供资金，并由政府进行担保，包含政府兴华助学贷款、政府学生父母（家长）助学贷款，以及政府学生成长助学贷款。结合我国财政管理体制、行政区域划分现状，中央部署院校贷款由中央财政直接拨款或由中央政府直接担保；地方所属院校由中央财政、省级地方财政各按50%或其他比例承担拨款，或先由省级地方政府进行担保，再由中央政府进行再担保，而对于地级市政府不再承担市属院校的贷款资金拨款及贷款担保。通过明确中央政府及省级地方政府的职责权限，不但缓解了地级市政府财政压力，还将进一步提高助学贷款的行政执行力度，保障助学贷款政策的实施。

（三）调整助学贷款政策设计

助学贷款政策设计主要包含贷款用途、资助对象、贷款年限、贷款利率等各项具体实施规定。作为"帮助大学生先上学，后还钱"的"推迟付费"资助办法，国家助学贷款应充分体现政府和社会对家庭经济困难学生的经济资助，体现政府性行为，为此各项具体操作规定须不断进行调整和完善，确保维护社会公平，实现教育机会均等。

1. 在贷款用途上

从其他各国实践来看,"资助学费与生活费"是助学贷款方案中的主流,但含有其他用途的部分国家或地区也有它们的操作意义。结合我国普通高校实施的学生寄宿制度(极少个别院校仅对学校所在地生源的学生实施走读制度),以及高等教育长远发展规划,应根据贷款种类进一步明确其用途并不断扩大。对于学生父母(家长)助学贷款、学生成长助学贷款,应包括学生在校学习期间的学费、住宿费及生活费;而对于政府保障助学贷款、英才助学贷款,及兴华助学贷款,除应包括学生的学费、住宿费及生活费外,还应包括学生因自身需要所支付的交通费、考试费,以及必需的学习性物品和非学费性支出,甚至可满足学生在校的全部必需支出。对于每项贷款用途标准,根据学校的类别、所在地经济发展水平、生活消费水平等都应有各自的基本标准,如考试费根据在校期间参加最基础考试收费标准进行确定,而生活费根据学校学生平均基本生活费标准及院校所在地居民最低生活保障标准进行确定。

2. 在申请对象上

虽从针对家庭经济困难学生资助而设计,但往往仅靠当地民政部门的家庭经济证明与学校在读证明,无法准确辨别、划分学生的家庭经济情况及等级,无法掌握学生贷款资金的实际需求,应结合贷款种类设立的初衷,科学合理认定学生家庭经济情况等级(有关家庭经济学生等级认定,将在第八章节专门论述),通过学生家庭居民经济状况调查,如学生家庭主要成员(父母或监护人)近两年(指提出贷款申请当月前连续24个月内)拥有的家庭全部可支配收入,包括扣除缴纳个人所得税及个人缴纳社会保障支出后的工资性、经营性(如投资净值等)、财产性和转移性收入及经相关部门认定其他应当计入的家庭收入情况,所缴纳的所得税额、免税额情况,以及两年内家庭成员拥有的现金(储蓄、支票)余额、有价证券、房产、车辆、奢侈品等财产,特别是所在单位(或集体)为个人代扣代缴的个人所得税、社会保险基金情况等,认定学生家庭经济综合状况,从而确定学生申请贷款的种类及贷款用途。

3. 在资格审查上

除对学生应为长期居住者、全日制在校学习等最基本申请资格,以及家庭经济状况外,还应对学生本人的学业成就(成绩)、课程考核,以及学生的年龄进行限制。学业成就虽是申请助学贷款的重要辅助条件，但它能够在一定程度上保证助学贷款的使用效益，应对课程考核成绩未达到学校最低积点（积分）要点、课程考试挂科累计超过一定数量或比例，以及学业成绩后 5% 或一定比例，具有明显无法毕业倾向的差等学生取消申请贷款资格，特别对于高年级的在读学生，助学贷款的审核应根据大学期间学业总进度、总成绩进行限制，如规定所学习课程挂科率（重修、补考和缺考课程次数占开设课程总数的比例）不得超过 20%、所有课程考核平均积分不得低于 6 分（假设满分按 10 分计）等，即学生的学习进度应该与获得的助学贷款保持一致[①]。通过学业成就审核，将无法及时完成学业、无法按时正常毕业的学生排除在外，保证助学贷款还款率，提高助学贷款的社会效益。对于学生年龄，结合我国目前实施的法定退休年龄（除特殊工种，根据国发〔1978〕104 号文规定，男性年满 60 周岁，女性年满 50 周岁，并且连续工龄满十年），以及未来可能延长的法定退休年龄（根据国家人力资源和社会保障部提出，我国应逐步延龄退休，建议到 2045 年不论男女，退休年龄均为 65 周岁），应在完成学业前，即申请借贷时，不得超过 40 周岁或 45 周岁，以便借贷学生就业后有充足的还款能力及还贷期限。

4. 在贷款额度上

除扩大助学贷款总体规模、增加获贷学生比例外，还应提高学生个人助学贷款额度，并建立实施助学贷款额度动态调整机制，随着学费的上涨而不断提高。自助学贷款实施当初，对每人按每学年最高贷款额度不超过 6000 元标准，个人总额度按正常完成学业所需年度乘以学年所需金额确定；2014 年 7 月，财政部、教育部、中国人民银行、银监会联合发布《关于调整完善国家助学贷款相关政策措施的通知》（财教〔2014〕180 号），决定自 2014 年 7 月 1 日起，将全日制普通本专科学生国家助学贷款（无论校园地国家助学贷款还是生源地信用助学贷款）资助标准调整为每人每年申请贷款额度最高不超过 8000 元（全日制研究生每人每年申请贷款额度最高不超过 12000 元），且首次明确了助学贷款资助比例，要求全日制普通本专科学生国家助学贷款全国平均资助比例应与当年国家助学金

---

① West, E. (1994) Britains Student Loan System in World Perspective: A Citique, London: Institute of Economic Affairs, pp. 35 – 36.

资助比例相当，各地区、各高校资助比例应与本地区、本高校当年国家助学金资助比例相当，并充分体现本专科家庭经济困难学生贷款需求在不同区域和院校间的分布差异，其中东部地区国家助学贷款资助比例（助学贷款规模系数）为 13%—17%，中部地区为 21%—22%，西部地区为 27%—29%，研究生国家助学贷款资助比例由各地区、各学校根据实际情况统筹确定。根据国家有关部门要求，自 20 世纪末扩招并轨后，普通高校大都保持着 2000 年初学费收费标准，就最初所确定的个人每学年 6000 元贷款额度，基本满足学生在校学费、住宿费等基本费用需要。但近几年，与多年学费未变形成鲜明对比的是，由于物价上涨等诸多因素，高校培养成本大幅度上升。以山东省为例，根据对山东大学等 5 所高校教育收费定价成本监审，2004—2006 年生均培养成本为 0.81 万元，而到 2010—2012 年生均培养成本提高到 1.72 万元，就山东大学来说，2001—2011 年十年间，学费收费标准一直未变，但学生教育成本增加约 2.2 倍[①]，其他省市普通高校学生教育成本也是不同幅度增加。在此背景下，为发挥价格杠杆的调节作用，加强并引导优势教育资源向重点院校和优势专业配置，部分省市先后进行了高校教育收费结构性调整，绝大多数高校及专业学费收费标准大大提高。湖南省自 2013 年高校大幅度上调高校学费标准，如一本院校工科专业从原来的 5500 元，提高到了 6500 元，涨幅近 20%；热门专业学费涨幅更惊人，"211" 高校学费普遍在 5300—8000 元之间，仅农林、航海、地矿油类专业学费在 3600 元；非 "211" 的一本院校学费标准也普遍在 4500—8000 元之间；二本类院校标准整体略低于一本学校，但学费标准也集中在 3800—8000 元之间；三本中的独立学院及民办院校学费也普遍上涨，加上所开办的专业基本为热门专业，学费至少在 10000 元以上，艺术与新闻传播类专业达到 14000—16000 元[②]。同年，山东、贵州、湖北等地也相继上调了大学学费，其后，江苏省也对外正式公布，决定自 2014 年起调整公办高校学费标准，规定的大学本科八大专业系统中的六大专业学费涨幅达到了 11.1%—47.8%，专科学费上调了 11.3%—49.6% 不等，其中涨幅最大的是医学专业，本科学费从往年的

---

① 人民网：《山东高校收费 10 年未变，大学赔不起学费涨两成》，http://edu.people.com.cn/n/2013/1102/c1053-23409061.html，2013-11-02。
② 人民政协网：《国家助学贷款额度能否提高》，http://news.loan.cngold.org/c/2013-10-22/c2204357.html，2013-10-22。

4600元上调到6800元①。就2015年及其后发展，在住宿收费标准即便不提高的前提下，高校相当一部分专业的学生学费、住宿费等基本开支普遍达到8000元以上，国家助学贷款关于每人每学年最高额度即便在2014年提高至8000元的标准，也明显无法满足贫困学生完成学业的基本需要，尤其是热门专业、艺术类学生，以及三本院校学生，仅靠8000元的贷款额度，很难保证顺利完成学业。为此，应对国家助学贷款标准进行调整，放宽贷款额度，根据绝大多数院校及专业学费收费标准，将原来的6000元的限额标准，提高到目前的8000元的基础上，再提高到9000—12000元之间，或者，根据学生个人所学专业收费标准调整贷款额度，保证所贷金额基本能够缴纳学费和住宿费用。同时，根据我国高等教育中长期发展规划，结合国家经济发展状况和群众承受能力的调整，在学生个人所承担学费占年生均教育培养成本的比例最高不得超过25%政策红线的前提下，我国普通高校仍将以高等教育成本分担机制为准，并不断提高学生学费收费标准，为此，还应逐步建立健全助学贷款额度动态调整机制，以4—6年为期限，根据院校学费、住宿费等收费标准变化情况，定期对助学贷款额度进行同步调整。对于还可申请学生自身需要所支付的交通费、考试费等在内的政府保障助学贷款、英才助学贷款，及兴华助学贷款，还应进一步提高助学贷款限额，将最高额度提高至学生父母助学贷款、学生成长助学贷款额度的110%—130%，以切实发挥各类助学贷款的实效性。

5. 在贷款利率上

我国从试行国家助学贷款至今，其利率执行贷款发放时中国人民银行公布的同档次人民币贷款基准利率，不上浮。根据中国人民银行统计公布，自1999年6月至2012年7月期间，曾23次调整基准贷款利率，其中五年以上贷款利率（国家助学贷款期限通常都在五年以上）最低为2002年2月21日调整后公布的5.76%，最高为2007年12月21日调整后公布的7.83%，而在1998年以前，同期贷款利率一直在8%以上②，相对于国外实施的助学贷款资助强度在很大程度上主要通过调整助学贷款利率来实现，出资者（主要指贷款本金出资金融机构等）的利益也主要通过

---

① 寒澈：《2014年国内大学学费呈报复性上涨》，http://news.51sxue.com/detail/id_41587.html，2014-05-07。

② 易贷网：《近10年助学贷款利率调整情况》，http://www.edai.com/jsq/zxdk/105657.html，2013-08-13。

利率调整来保护比较，我国普通高校所实施的国家助学贷款并未体现政府对贷款学生的资助力度。同时，我国在长期执行国家管制利率的背景下，2012年6月，中国人民银行决定推行利率市场化，通过调整利率决定机制扩大金融机构决定贷款利率的自由度，将贷款利率浮动下限从基准利率的90%下调到80%，而将存款利率的浮动上限调整至基准利率的1.1倍[①]，从长远发展来看，我国继续推进利率自由化的程度及速度目前尚不明朗，虽建立在国家长期稳定的经济体系的基础上，但金融机构将进一步探索更有效率的运营管理体系，以应对国家渐进的利率市场化改革，进而维持过去，特别是当前可观的盈利增长空间。鉴于此，以金融机构为主要发放助学贷款资金的资助政策虽有政府宏观主导，但随着利率市场化改革的推进，势必会因贷款利率的自由化而影响助学贷款的发展。为体现并实现国家助学贷款对经济困难学生的资助强度，应根据不同贷款种类、不同申贷主体，实施不同档次的、利率优惠的贷款政策，如无息助学贷款、无实息（无实质性）助学贷款、低息助学贷款，以及市场最惠利率助学贷款。对于政府保障助学贷款实施无息贷款，即对孤儿、烈士子女，以及家庭突遭重大变故导致家庭特别困难、占贷款资助比例比较低的学生，以不计利息作为政府的主要资助和优惠，因由通货膨胀和货币贬值引起的贷款本金损失由国家财政承担；对于英才助学贷款实施无实息（无实质性）贷款，即贷款利率与贷款同期限内的通货膨胀、消费价格指数的上涨保持基本一致，其利率仅能保持贷款本金的原有价值，贷款学生毕业后需要偿还的贷款本金绝对数额虽有上涨，但贷款本金及"无实质的利息"之和的实际价值以及在工资收入中的比例并不会上升，无实息贷款不增加借款学生的负担，其下发的资金占用时间所引起的经济损失仍由国家财政承担，相对于其他种类的贷款，无实息贷款是政府对学习成绩优异的经济困难学生实施的一种比较公平的奖励性的借贷资助方法；对于兴华助学贷款以及学生成长助学贷款实施低息贷款，即贷款利率低于中国人民银行公布的同期同档次基准利率，实际收取的贷款利息包含金融机构微薄的利润，使发放贷款本金主体在借款学生按时还款的条件下不会亏本。由于贷款利息低于市场利率，能够吸引更多的学生为保证获得资助需要而主动申请贷

---

① 罗克关：《中国银行业有能力应对利率市场化》，http://finance.eastmoney.com/news/1372,20121208262648685.html,2012-12-08。

款，并随着在校大学生规模及申贷比例的提高，仍有比较强的适应性和可操作性，同时，大学生作为未来社会的中高收入者，从培养潜在的优质客户群来讲，能吸引更多的商业银行及其他民间金融机构主动参与到大学生资助事业；对于学生父母助学贷款实施市场最惠利率贷款，即在我国推行贷款利率自由化的前提下，助学贷款利率略低于金融机构所执行的市场平均水平（在此基础上可将利息下调5%—15%左右浮动），但高于低息助学贷款的利息水平。综上可简单看出，无论是否由政府出资贷款本金，无息助学贷款、无实息助学贷款，以及低息助学贷款都需要政府对发放贷款所引起的利息进行补贴，无形增加了政府财政负担，而市场最惠利率助学贷款无须再让政府承担利息补贴和机会成本，不但减轻了政府筹集资金的压力，且还会给经办机构带来一定的盈余。同时，与其他助学贷款相比，市场最惠利率贷款不以学生的家庭经济状况为申贷前提条件，而是以学生个人的经费"需要"，以及学生家长的银行征信情况为基本判断，可以说是面向所有在读大学生。在越来越多的学生及其家长逐步认识到高等教育的"人力资本投资"性质的时候，会对"市场最惠利率贷款"更加偏爱，就贷款出资者金融机构而言，还会带来一定的盈余。

6. 在贷款偿还及期限上

我国普通高校国家助学贷款年限由最初的毕业后4年，延长到毕业后6年，再延长至目前实施的毕业后宽限期3年、借款总期限不超过20年，一般采用等额本息和等额本金两种还款法，对于毕业后暂时无法就业，以及即便就业但收入普遍较低的借款学生来说，较单一的还款方式不利于学生还款的积极性和主动性。根据对2013年中国大学生就业情况调查统计，2013届毕业生毕业时初次就业率仅达71.9%，其中研究生（含博士生、硕士生）、专科就业率分别为86.2%、79.7%，本科生就业率最低，仅为67.4%；从算术平均值看就业者收入情况，本、专科学生起薪分别为3278元、2285元，硕士研究生为5461元；且随着职业、就业地点不同而有较大的差异性，最高地区如京津沪5419元与最低地区如西部地区3167元之比达1.88倍，最高职业如科研单位4620元与最低职业如乡镇企业2347元之比达1.97倍[①]。就业差异使得同样的贷款学生面对不同的还款

---

① 沪江大学生就业网：《2013年中国大学生就业率调查报告》，http://www.hujiang.com/dxsjy_s/p590025/，2014-03-13。

压力,对于毕业后即失业的待业学生,面对"巨额贷款"更是无能为力。因此,为增强学生还款能力和还款的自觉性,提高其总体还贷比例,同时保障低收入者的利益,应在结合我国大学生就业及收入等现实状况基础上,调整助学贷款期限和贷款偿还方式,将一直实施的单一的"标准分期还贷"方式改为"按收入比例还贷"为主要方式的多种还贷模式,即根据学生毕业后个人的全部合法收入情况确定其还款数额及年限,而与借款学生父母或配偶的收入不相关。其实,早在20世纪,很多国外学者就倡导"按收入比例还款"方案,美国著名经济学家弗里德曼于1955年第一个提出了"按收入比例还款"方案,但由于没有受到政府和社会的重视而被搁置一旁,1989年澳大利亚、瑞典、加纳三国首先推行"按收入比例还款"方案[1],并受到伍德霍尔、齐德曼等大学生资助问题专家和世界银行的欣赏,在1994年《教育经济学评论》讨论"按收入比例还款"时,很多学者把此种方式的贷学金视为"21世纪的贷学金"。

就我国而言,实施"按收入比例还款",即以城市居民最低工资标准(指由当地政府强制,并由用人单位应支付给提供正常劳动的劳动者的最低劳动报酬)与月社会平均工资(通常指某一地区在一定时期内全部职工工资总额除以这一时期内职工人数后所得的平均工资,通过同时期该范围全体职工的工资总额与职工平均人数之比而得到。社会平均工资可以反映出职工的工资水平和生活水平,统计时期通常为一月,也可为一年)分别为还款门槛线,对于个人全部合法月收入低于所在城市最低工资标准的学生,即便已过还款宽限期,仍可允许其推迟一年还款,并依此顺延,直至月收入达到当地最低工资标准;对于月收入高于当地居民最低工资标准,而低于所在城市(或地区、省市)月社会平均工资的学生,每月最低还款金额为50—100元(应不高于月收入的10%);对于高于所在城市月社会平均工资的学生,按高出平均工资的比例决定收入还款比例,如对月收入高于所在城市月社会平均工资20%以内的偿还贷款数额占收入比例为1%;月收入高于月社会平均工资在20%—40%之间的偿还数额占收入比例为2%;月收入高于月社会平均工资在40%—60%之间的偿还数额

---

[1] 刘丽芳、沈红:《"按收入比例还款"型学生贷款:政策取向与还款测算》,《高等工程教育研究》2007年第5期。

占收入比例为3%；月收入高于月社会平均工资在60%—80%之间的偿还数额占收入比例为4%；月收入高于月社会平均工资在80%—100%之间的偿还数额占收入比例为5%；而月收入高于月社会平均工资在100%以上的偿还数额占收入比例为6%（根据实施"按收入比例还款"的发达国家，以及发展中国家所规定的偿还助学贷款占收入比例一般为2%—10%），偿还率随收入的变化而变化，但最高止于6%，收入越高，偿还贷款数额所占比例越高，偿还贷款速度越快，其贷款偿还率也就越高，同时，在实施"按收入比例还款"过程中，表明借款学生的收入也已经达到所在地区起码的收入水平，在按一定的收入比例缴纳相应的还款后不会影响自己的日常生活，使其正常的工作及生活有基本保障。如果借款学生毕业后经常处于待业状态，或者月收入一直低于所在地区居民最低工资标准，当其达到60周岁或其他法定退休年龄，则对该借款信息进行核销，即终生不用再偿还大学期间贷款本息。假设对2010年在山东省同一所高校毕业的4位贷款学生，离校后分别到北京、深圳、济南、西安等4个不同城市工作，经过两年贷款宽限期，到2013年进入还款期，但由于不同的收入水平而面临不同的还贷处境，4人月收入分别达到1290元、3220元、4350元、8040元，而四城市同期月最低工资标准分别为1400元、1600元、1380元、1150元，月社会平均工资分别为5223元、4918元、3349元、3820元，那么在北京工作的贷款学生因月收入低于当地最低工资标准而顺延还款期限；在深圳工作的贷款学生因月收入高于当地最低工资标准而低于当地月社会平均工资，只需按照每月50元或其他一定的数额按时还款；在济南工作的贷款学生因月收入高于当地月社会平均工资，且高于比例在20%—40%之间，则按占月收入比例2%进行偿还，即每月偿还数额为87元；在西安工作的贷款学生同样因月收入高于当地月社会平均工资，且高于比例在100%以上，则按占月收入比例6%进行偿还，即每月偿还数额为482.4元，直至全部偿完贷款本息。在实施"按收入比例还款"体制下，贷款期限就变得更加灵活，短则10年，多则30余年，如按借款学生22周岁正常毕业，法定退休年龄60周岁计，则包括两年宽限期在内，还款期限最长可达38年（不含攻读大学期间年限），且贷款偿还可采用便捷方式，由"固定"期限变为"非固定"期限，以"一月""一季度""半年""一年"为单位分期付款，以方便借款学生实施不同的还款计划。

7. 在还贷减免上

为引导和激励学生追求进步、全面发展，对响应号召，到祖国最需要的地方或艰苦地区工作的学生，并照顾特殊群体，同时鼓励学生积极还贷，应对毕业后服务指定行业、区域，并达到一定期限或条件的学生，以及提前还贷的学生实施贷款偿还减免优惠政策，其中可分为贷款本息全免项目、贷款利息全免项目和贷款本息部分减免项目。贷款本息全免项目主要包括对象有：毕业后自愿参加西部计划志愿服务项目、"三支一扶"项目（农村基层从事支农、支教、支医和扶贫工作），以及国务院规定的艰苦边远地区县以下基层单位工作，服务期限达到2年及以上者；全职从事边远地区和低收入地区中小学工作、从事政府规定的紧缺专业教师工作，以及从事公立特殊学校和非牟利特殊学校的教育工作期限满3年者；全职从事残疾人员早期干预的各种专业工作且期满3年者；参军服役满2年者（有关国家助学贷款代偿将在第四章节叙述）；因公完全丧失劳动能力、无法自理者，等等。贷款利息全免项目主要包括对象有：获得省部级及国家级科学技术奖励者；被选举为省级及全国人大代表者；由国家相关部门颁发的各项国家级荣誉称号获得者，等等。贷款本息部分减免项目主要包括有：参加由共青团中央、中国青年志愿者协会组织开展的中国青年志愿者海外服务计划，以及其他政府组织开展的其他海外志愿服务项目，且服务期满者，减免贷款本息偿还50%；对自愿多还款、加速还款者，按提前还款金额及提前还款年限进行不同比例减免，如每提前偿还贷款总额的20%，就可享受贷款本金2%的减免优惠，最高可享受10%的减免，而对宽限期内一次全部还清的，直至减免贷款本息全额的20%；对学生自身严重伤残或长期病休者进行不同比例的减免；以及对进入还贷期已偿还债务25年或其他一定年限，或60岁（或其他法定退休年龄）仍未还清贷款的学生，或死亡者，所欠贷款剩余部分全部免除，等等。对于金融机构出资的拖欠部分，以及减免部分，由政府负责按照90%或其他更高比例从财政中赔付，以确保银行参与助学贷款的积极性。在实施贷款减免优惠政策中，不分是中央部属院校，还是地方所属院校；也不分国立院校，还是私立院校。长期看来，不但有助于降低助学贷款坏账率，更有利于促进助学贷款良性发展。

8. 在违约处罚上

对于贷款偿还超过期限而未支付利息的，制定实施严厉的惩罚措施：

对借款学生违约还款的金额按照银行商业贷款违约同等比例计收罚息；对本应享受减免优惠的取消优惠资格，并实施全额偿还；对违约期限超过1年或一定期限的，通过金融机构停止其办理个人住房贷款、汽车消费贷款，以及其他所有个人消费信贷资格；对于连续五期（次）及以上拖欠还款，或拖欠金额超过贷款总额20%以上严重的违约行为，由政府公共新闻媒体和网络等信息渠道公布其姓名、公民身份证号码、毕业学校及具体违约行为等信息，并通知所在的单位（或集体），由国家税务部门从个人所得税返还款中强制扣款，授权用人单位扣除一定比例工资充抵拖欠款，取消借款人开业从事某些专业活动的资格等；而对于恶意拖欠偿还贷款，及其他更严重违约的借款行为，由借款学生生源地或所在单位地方法院负责相关法律仲裁，并由检察部门督促其承担相关法律责任，直至实行强制偿贷，同时，由违约人承担法律仲裁审判费、律师费，及追讨过程所发生的其他所有费用。当然，高校作为助学贷款的受益者，同样也要对学生贷款拖欠行为进行负责，如对毕业后五年内所有借款学生贷款拖欠率（连续五届毕业贷款违约学生占同期内所有贷款毕业学生比例）达到20%，或五年内任何一届贷款毕业学生违约拖欠率达到40%，将对所在院校在校学生取消获贷资格，直至拖欠率降低到所预期的合理范围内，方可恢复院校学生重新获贷资格。

9. 在贷款担保上

除政府出资贷款本金外，对于金融机构等非财政经费支付的贷款资金，统一实施贷款资金"二次担保"制度，即为了降低贷款风险，金融机构不再直接借款给在校学生，而是通过担保公司作为第三方，为其做信用担保，通过院校对借款学生出具的资质申请材料进行审核后，转交金融机构复核后放款，且按照放款数量及比例收取一定的服务费用，然后，由政府再为担保公司提供担保的助学贷款业务进行"二次担保"，将国家助学贷款办成真正的政策性信用担保贷款。对于需支付给担保公司的"担保费"（也可称为"代办费"），由借款学生完全承担，所支付"担保费"数额可分别为每次（每学年）贷款数额的1%—2%，或按照60—120元标准收取，相关费用从每次放款过程中直接扣除，其中一部分上交政府，一部分支付给发放贷款的金融机构用于降低贷款成本，剩余部分留作担保机构运作成本，对于借款人无力还款或恶意拖欠的，先由担保公司替其还款，之后由担保公司通过合法渠道负责向贷款者追缴拖欠部分。根据对在校学生的问卷调查，71.4%的学生对收取"担保费"的做法表示支持或认可，仅有28.6%的学生对此做法表示无所谓或不赞成。当然，为提高不同种类助学贷款的针对性，对于政府保障助学贷款、英才助学贷款，可免除担保费等相关费用，或由政府负责承担，而对于政府学生父母助学贷款、学生成长助学贷款，除收取相关手续费用外，还须由其父母、监护人或第三方以共同借贷者的方式提供信用担保，特别对于能购买计算机等贵重学习物品在内的政府兴华助学贷款等，还须由其父母提供适当价值的有形资产作为抵押担保，以此约束借贷者的还款拖欠行为。通过担保公司的"担保保险"，以及政府的"二次担保"，大大降低了贷款呆坏账现象，有效分散贷款风险。经过多年实践，我国开展担保业务已有多年的发展历史及较为完善的法规制度，形成了以《中华人民共和国担保法》（自1995年10月起实施），以及《中华人民共和国金融法》为核心的系列法律体系，并由国家财政部、经贸委、人力资源和社会保障部、中国银监会、中国人民银行等多个国家职能部门共同组成的监督管理体制。根据全国担保行业分析研究报告统计，我国第一家信用担保公司于1993年正式成立，虽然担保行业起步较晚，但经过20年的发展，逐渐形成了一定的规模，担保行业在促进社会信用体系建设、支持社会经济发展等方面发挥了积极的作用，截至2012年末，全国仅融资性担保行业法人机构就有8590家，其中国有控股1907家，民营及外资控股6683家；在保余额21704亿元；行业担保准备金合计701亿元；与15414家银行业金融机构开展了业务合作，融资性担保贷款余额14596亿元；担保代偿余额250亿元，代偿率为1.3%；融资性担保贷款不良率为1.3%，比银行业金融机构各项贷款不良率总体水平还低0.3个百分点[①]，而根据银监会、发展改革委等八部委于2011年6月联合下发的《关于促进融资性担保行业规范发展意见的通知》，又为我国担保行业可持续健康发展创造良好的内外部环境。因此，庞大的担保行业框架，强化的风险防控措施，为实施国家助学贷款担保提供了强大的组织保障、服务保障。

10. 在贷款风险防范上

在担保公司担保承办助学贷款业务，以及政府"二次担保"的基础

---

① 中商情报网：《中国担保行业分析研究报告》，http://www.askci.com/news/201310/09/091443833981.shtml，2013-10-09。

上，引入助学贷款保险制度，通过保险机构对借款学生的个人信用进行再保险，即由金融机构或贷款担保机构投保"保险助学贷款信用险"，形成助学贷款信贷风险多渠道分担、可控制性强的新机制。对于助学贷款投保费用（可称为"保险费"），可按照借款学生贷款数额比例，由借款学生负责承担，并与"担保费"一同扣除，或由担保机构从收取的"担保费"中支付，或由政府按贷款实际发放笔数、额度从财政中划拨保费补贴。针对市场需求，华安财产保险股份有限公司于2006年6月在北京召开新闻发布会，宣布在全国率先推出助学贷款信用保险，投保人只要向保险公司交纳一定比例的保费，就能获得相应的保险保障，在贷款学生不能按期还贷时，由保险公司先赔给银行，再向大学生追偿。当年9月，农行云南省分行对承办的全省高校国家助学贷款，首次向华安产险云南分公司投保，双方正式签订了《国家助学贷款及信用保险业务合作协议》，由华安产险云南分公司为农行云南省分行经办的30391名贫困大学生的43071笔国家助学贷款提供信用保险保障，保险责任1.91亿元，保费收入1527万元，承保率超过80%。根据协议，对借款学生身故、全部或大部分丧失劳动能力，或连续6个月未完全履行还款业务的一律视为保险事故发生，由保险公司依约履行保险责任，即将原来贷款银行承担的学生违约形成的"呆坏账"部分，通过学贷险的方式合理转嫁给保险公司[1]。同年11月，江苏省教育厅、省财政厅、省银监局、省保监局、省信用社、人民银行南京分行等六部门联合下发《江苏省大学生信用保险助学贷款办法（试行）》规定，首次将信用保险引入大学生助学贷款，将全省省属高校的家庭经济困难学生全部纳入保险助学贷款，对毕业后不还贷的由保险公司进行"埋单"，受到社会各方的欢迎[2]。而在华安产险云南分公司首家完成助学贷款信用保险承保后，2007年8月，华安产险云南分公司又率先履行保险责任，向云南省农业银行水文路分理处赔付了24名学生，索赔总金额21450.94元的助学贷款保险金，顺利完成华安学贷险第一笔理赔[3]，

---

[1] 《中国保险报》：《云南推行助学贷款信用保险》，http：//www.dzwww.com/finance/baoxian/sbx/200706/t20070613_2226427.htm，2007-06-13。

[2] 王海燕：《"江苏省大学生信用保险助学贷款办法"出台》，《现代快报》，2006-11-04。

[3] 中国保险网：《华安保险赔付学贷险第一笔赔款》，http：//www.china-insurance.com/baixing/newslist_news.asp？id=103095，2007-08-22。

推动了下一步云南省全省高校助学贷款学贷险工作的完善和新一轮贷款的承保,并为其他省市高校、金融机构,以及保险机构开办学贷险业务提供了借鉴。通过将保险机构引入助学贷款业务,助学贷款风险科学转移,一方面有助于发挥商业保险的社会管理功能,推动国家助学政策的顺利实施,彰显保险业勇担社会责任的行业精神;另一方面,也有助于扩大保险覆盖面,增加保险公司业务收入。同时,保险机构通过积极参与国家助学贷款个人信息查询系统的搭建,借助人民银行个人征信系统、二代居民身份证系统、劳动人事部门的劳动合同鉴证和备案管理系统、社会保障卡信息网、房产证网上查询系统,及时掌握违约学生当前的住址、工作单位、经济收入状况等信息,为违约追偿奠定了基础,降低了追偿成本。就我国保险行业发展现状,从中华人民共和国成立后1995年颁布实施的第一部保险法《中华人民共和国保险法》,到1998年成立中国保险监督管理委员会,又到2002年九届全国人大审议通过《保险法》的修改,保险行业蓬勃发展,截至2014年6月,全国保险集团控股公司8个,其中财产保险公司58家、中资财产保险公司37家、外资财产保险公司21家,另有保险公估机构320家。由于2012年保监会出台的一系列投资新政,放开了保险资金的投资渠道,使得包括保险资金另类投资在内的保险业务快速增长,仅2013年全年原保险保费收入17222.24亿元,保险公估机构估损金额达330亿元①。随着国家大力支持现代保险服务业发展,保险市场体系逐步完善,保险服务领域积极拓展,在我国不断完善国家助学贷款运行体制,保持健康发展的良好态势环境下,发展"保险助学贷款信用险"创新发展大有可为。

11. 在贷款资金发放及回收方式上

在国家助学贷款政策实施当初,先由经办金融机构根据学生提供的信息将向学校支付学费、住宿费等贷款直接划拨至学校制定的专用账户,进入还款期后,再由借款学生按照与经办银行签订的还款协议约定的期限、数额偿还贷款,基本都是通过借款学生在金融机构开具的助学贷款账户还款功能实现;实施生源地助学贷款机制后,随着以国家开发银行为主要经办机构的助学贷款业务全面展开,助学贷款业务数据也逐步迁移到相应的

---

① 中国新闻网:《2013年保险业原保险保费收入1.72万亿,同比增11.2%》,http://finance.chinanews.com/fortune/2014/01-22/5766703.shtml,2014-01-22。

经办机构业务系统，并统一启用支付宝功能完成助学贷款发放和还款，但支付宝（中国）作为国内领先的独立第三方支付平台，从2004年创立至今，已有十余年的历史，从产品上虽确保用户在线支付的安全，能够让用户通过支付宝在网络间建立起相互的信任，金融业务合作银行虽已有130余家，并成为金融机构在电子支付领域最为信任的合作伙伴，但就国家助学贷款制度本身相比，缺少助学贷款机制运行的完善性、助学贷款政策实施的独立性和助学贷款业务操作的专业性，借用其功能完成助学贷款资金流动的支付宝并不完全适应国家助学贷款长期科学合理、健康发展的需要。根据助学贷款业务需要，结合我国2001年由中国人民银行、中国人民解放军总后勤部在北京军区首先试点、2010年6月中央军委决定在全军推广，并于2011年6月开始正式实施的"军人保障卡"，以及2010年由银监局、教育部、中国人民银行、民政部四部委联合为符合条件的中职生开始实施的"中职学生资助卡"经验，可发行"教育保障卡"，即运用现代信息技术，利用二代身份证号码作为唯一银行卡识别码（或作为银行卡永久账号），将所在在校全日制学生基本信息，自小学接受义务教育至高等教育结束期间的学习经历、学业成绩、受奖励资助情况、国家助学贷款申请获贷及偿还等情况进行动态存储，具有持卡升学、持卡受助、持卡转账、持卡还贷，甚至持卡消费（缴纳学费、住宿费）等多项有关教育行业功能，其类型为非接触芯片、银行磁条合一银行卡，可由中国人民银行、教育部联合发行，卡面内容包括卡名（中国学生教育保障卡）、学生姓名、照片、一维条码、保障卡号、联合发卡银行名称，以及《银行卡卡片发行规范》（银发〔2009〕161号文印发）相关要求等有关要素，且银行卡内为镶嵌非接触芯片和射频线圈，用于奖助资金、助学贷款等资金转账业务。就"教育保障卡"具有的助学贷款发放及回收功能，由金融机构或管理部门将贷款本金直接划拨至保障卡，由所在学校合作银行第一时间通过转账至学校专用账户，待学校扣除相关费用且卡内资金有剩余时，学生方可支取使用；对进入还款期且具有还款能力的（按照"按收入比例还款"，借款学生月收入超过还款门槛线），通过保障卡与中国工商银行、中国银行、中国建设银行、中国农业银行、中国邮政储蓄五大银行或其他商业银行资金自动互转，由贷款管理机构同样在第一时间内直接从保障卡中扣除贷款本息，或者指定的其他贷款回收机构通过借款学生所发放工资合作银行开具的银行卡中扣除贷款本息，直至偿还贷款结束。与其他银行卡最大区别是,保障卡扣除贷款本息比支付其他方面消费有"优先权",即保障卡上的资金首先用于偿还贷款本息。在使用保障卡过程中,发生的所有助学贷款资金手续费用进行优惠,如免账户管理费、免跨行手续费、免异地存取款手续费等。就持卡人来说,通过以身份证号码为登录账号和设置的密码,可以随时随地借助互联网查询本人的助学贷款偿还情况;而对保障卡管理部门、金融机构,以及持卡人所在单位,同样可通过设置的单位管理账户和密码,登录互联网查看持卡人的助学贷款偿还、个人征信等信息。通过推行"教育保障卡",借用现代综合技术,建成了教育综合信息网,实现了包括助学贷款在内的数据集中管理、信息动态更新、部门联合审定、资源统一共享等运行机制,形成了一套规范国家助学贷款在内的学生接受教育运行管理的规章制度。有关"教育保障卡"发行,将在第七章节专门叙述。

四　健全国家助学贷款管理体制和运行机制

在国家助学贷款确定了申请对象、贷款种类、获贷额度,并调整了贷款利率、违约处罚、风险防范等政策设计后,面临的最关键的一个问题即是助学贷款的组织与管理。组织的能力和管理效率直接影响着国家助学贷款政策的实施,因此,必须进一步健全助学贷款管理体制,完善助学贷款运行机制,确保助学贷款资助目的的最终实现。

(一)健全国家助学贷款组织及管理体制

1. 组建政府国家助学贷款专职管理机构

目前,负责全国高校国家助学贷款项目的"全国学生资助管理中心",是由1999年,经中央机构编制委员会办公室批准,在教育部成立的"全国学生贷款管理中心"于2006年更名而成,具体由高校学生资助工作处、财务处负责推动落实国家助学贷款政策措施,以及贷款财政贴息、风险补偿金等贷款资金的财务管理与核算工作,主要通过各省(直辖市、自治区)教育厅(教委)下设的学生资助管理部门组织高校、金融机构实施。从人事编制,以及参与方式上,是典型的政府教育行政部门自行管理模式,通过运用其行政权力和渠道,以较低的成本和较高的效率开展各项工作,但贷款违约现象严重、回收率低,往往超过预期水平,且由于学生逾期、拖欠等,无法有效追回拖欠贷款,甚至被卷入漫长和无尽的法律诉讼之中。结合我国近二十年的国家助学贷款实践,针对当前我国机构设置现状，以及优化后的助学贷款政策设计，组建由教育部、财政部、公安部、司法部、民政部、人力资源和社会保障部、住房和城乡建设部、新闻出版广电总局、中国人民银行、国家税务总局、银监会等国家行政机关，以及中国保监会等国务院直属事业单位共同组成的政府国家助学贷款专职管理机构——"全国国家助学贷款管理委员会"（下称"委员会"），以取代政府教育行政部门，主要职责为间接管理、在宏观上进行调控，指导国家助学贷款政策性业务银行制订每年及中长期国家助学贷款实施计划；制定贷款政策及法律法规；控制贷款基金的运作并对年度预算进行评估建议；对贷款发放及回收进行监测和监督；代替政府进行贷款"二次担保"；定期组织并监督各相关单位履行职责和义务情况等。为保障"委员会"整个组织的政策推行效力，由分管教育的国家领导人（国务院副总理或国务委员）担任"委员会"主任，教育部、财政部部长为"委员会"副主任，其他各相关机关主要负责人为"委员会"成员，并与当前"全国学生资助管理中心"联合运行，聘任全国学生资助管理中心主任为"委员会"办公室主任（或秘书长），负责指导全国性的国家助学贷款政策执行，而将原负责的国家助学贷款政策措施实施，以及贷款财政贴息等具体业务交由政策性经办银行操作。相对于国家级"委员会"，各省（自治区、直辖市）成立与国家级"委员会"组成部门相一致的省级"国家助学贷款委员会"，同样负责指导本省行政区域范围内国家助学贷款的政策执行，根据普通高校所属类别，不再设立地级及以下"国家助学贷款管理委员会"。通过组建国家级、省级"国家助学贷款管理委员会"，将国家助学贷款上升到更高层面，而又不增加专职机构和专职人员，不至于提高隐形助学贷款管理成本的前提下，提高助学贷款政策的行政执行力。

2. 设立专门的政策性国家助学贷款业务银行

改变全国性现有的完全以追求自身利益最大化为目标的金融机构承担政策性国家助学贷款金融业务的现状，建立不以营利为目的、独立的政策性国家助学贷款银行——"全国国家助学贷款银行"（下称"助贷银行"），为"全国国家助学贷款管理委员会"下设的唯一机构，其主要职责负责联系国家财政部门、金融机构进行资金的筹集；根据"委员会"的贷款计划按不同程序分配至各自所属经办机构；审核学生申贷资格，向符合条件的学生提供贷款划拨；集中办理贷款政府"二次担保"及保险；资金回收及代偿；贷款政策设计与调整；各项配套措施监督与完善；以及协调各相关机构履行其职责和义务情况等。"助贷银行"与一般金融性商业机构相同点是都以货币为经营对象，都为具有独立的法人资格并按照市场原则进行经营，皆接受银监会的监管与指导；最大区别在于"助贷银行"为"全国国家助学贷款管理委员会"下设独立的、事业单位性质的、非编制聘用（或行政编制）的、非商业性的免税机构，以综合的社会效益为目标，不以营利为目的，无须参加激烈的商业竞争，而金融机构为经中国银监会批准设立、通过融资活动取得盈利的商业机构，且需缴纳营业税等。就"助贷银行"的设立形式，由政府负责创立、中央财政拨付资本金，并定期增拨贷款资本金，以壮大自身资本实力，同时满足贷款需求总量的日益扩大；就人事组织上，实施独立董事制度，即设立"全国国家助学贷款银行董事会"，按照银监会制定的《银行业金融机构董事（理事）和高级管理人员任职资格管理办法》（2013年12月18日起施行）规定聘任董事会成员，其人数为三人（有限责任公司董事会设置下限人数）到十九人（股份有限公司董事会设置上限人数），设董事长一人、副董事长或执行董事一至三人，另设监事两至四人，所有成员均来源于"委员会"所组成部门主要负责人或分管负责人，以及各大出资商业银行董事或高管；就内部机构设置上，主要设置助学贷款资金运营部、计划财务部、信息管理部、会计结算部、教育保障卡管理部、担保风险部、法律事务部，以及综合管理部等职能部门，所聘任人员可从原来负责国家助学贷款业务的银行人员抽调，或从有金融专业知识、热爱慈善事业的应届毕业生中选聘；就具体开办业务上，主要集中办理国家助学贷款业务，而不接受存款、放款，不办理汇兑、结算、现金收付等商业性金融业务；就设置区域划分（属地）上，仅设置全国性"助贷银行"，以及省级"助贷银行分行"，分别归属上级"国家助学贷款管理委员会"领导，不再设置其他分支机构或零售业务网点，而主要以委托方式由其他金融机构代办相关具体业务；而就最关键问题即启动（首期）贷款本金来源上，主要渠道为中央财政划拨专款、各金融机构参与助学贷款业务投入资金、发行教育彩票与教育债券所筹资金、国家外汇储备资金，以及其他组织、团体或个人贷款项目等。通过组建独立的政策性助学贷款银行，将国家助学贷款政策性金融业务与商业银行彻底脱钩，实现专职经营、降低成本、提高效益等目标。

"全国国家助学贷款管理委员会""全国国家助学贷款银行"作为国

家助学贷款体系中的组织保障,其中"委员会"是国家助学贷款体系中的核心机构,"助贷银行"是国家助学贷款体系中执行主体。而目前运行的全国学生资助管理中心、各省级学生资助管理中心,虽完全脱离助学贷款具体业务,但可行使政府职责为国家助学贷款进行担保,其中全国学生资助管理中心执行的贷款担保对象主要为部属院校所发生的助学贷款、各省级学生资助管理中心执行的贷款担保对象主要为本区域范围内所属院校发生的助学贷款,同时,全国学生资助管理中心还可为各省级学生资助管理中心贷款担保提供"二次担保",各省级学生资助管理中心将保费收入的一定比例向全国学生资助管理中心申请再担保;当各省级学生资助管理中心发生补偿或代偿时,由全国学生资助管理中心和省级学生资助管理中心按一定比例共同进行赔付[1]。

3. 重新确定助学贷款经办机构

我国开展的国家助学贷款,就办理的非生源地助学贷款,即校园地助学贷款由学校负责审核操作;就办理的生源地助学贷款,由当地教育部门负责审核操作。借助于没有金融贷款运作经验的县级学生资助管理部门及高校学生资助管理部门操作贷款具体业务,虽然由于参与学生贷款机构的增加有利于金融风险的防范和分担,但也增加了管理成本[2]。根据对山东省近140个县(市、区)中的89个县资助管理部门问卷调查来看,92.4%的经办人员认为生源地助学贷款工作体制不理顺,县资助部门不应该作为配合经办银行的角色来直接承办贷款具体业务;就贷款执行力度,89.6%的经办人员感觉其他金融机构或相关业务部门承办贷款业务比县资助部门承办贷款业务更有效力;97.3%的经办人员认为贷款政策连续性太强,缺少金融知识培训和业务指导。世界学生贷款的经验是"依靠商业银行或税收部门运行的学生贷款的管理成本会相对低一些"[3]。同时,相对于非生源地助学贷款,属地贷款具有信息对称、便于追缴等优势,减少借款学生毕业后杳无音信、催款成本等情况。为此,结合我国实际,统一

---

[1] 陈秋明:《政策性教育担保:高等教育助学贷款可持续发展的必然选择》,《高教探索》2007年第4期。

[2] 沈华、沈红:《国家助学贷款偿还和回收效率的计量分析》,《北京大学教育评论》2008年第4期,第146—155页。

[3] Adrian Zidenman & Douglas Albrecht. (1995). Financing Universities in Developing Countries. The Falmer Press, 72.

实施由金融机构或承办金融业务的专门机构来办理学生生源地"属地贷款"。

就我国金融服务机构分布，截至2010年末，全国各地区银行业金融机构网点多达19.5万个，特别在2009年10月，银监会正式启动全国金融机构空白乡镇基础金融服务全覆盖工作，明确提出"要着力探索解决农村普惠制金融服务难题的有效途径，力争到2012年末总体解决金融机构空白乡镇的金融服务问题"。截至2011年底，全国4万余个乡镇中，金融机构空白乡镇从工作启动时的2945个减少到1696个，实现乡镇机构和服务双覆盖的省份（含计划单列市）从工作启动时的9个增加到24个[1]。在2013年6月27日中国银监会主席尚福林向全国人大常委会作关于农村金融改革发展工作情况的报告时透露，金融机构网点已覆盖了全部县市和绝大多数乡镇，金融服务已覆盖全部乡镇。而在现行的金融体系中，服务网点较多的银行为中国农业银行、中国邮政储蓄银行，以及农村信用合作社。中国农业银行致力于持续加强农村网点的布局规划，优化网点布局，根据中国农业银行股份有限公司2013年年度报告统计，截至2013年末，全行在中国境内分支机构共计23547个，其中一级（直属）分行37个、二级分行（含省区分行营业部）351个、一级支行（含直辖市、直属分行营业部和二级分行营业部）3506个、基层营业机构19593个，基本覆盖了全部建制县和50%以上的乡镇。有原来的邮政储蓄于2007年3月改制成立的中国邮政储蓄银行，经2012年1月再次改制后，充分依托覆盖城乡的网络优势，成为全国网点规模最大、网点覆盖面最广、客户最多的金融服务机构，截至2012年10月底，全行拥有营业网点3.9万多个，已覆盖了全国超过98%的县级区域。而农村信用合作社作为全国筹集农村闲散资金，为农业、农民和农村经济发展提供金融服务的金融机构，截止到2011年11月，全国农村信用社共有机构网点7.7万个，约占全国银行业机构网点的39.5%，基本遍布全国各个乡镇，承担了近80%的金融机构空白乡镇的机构覆盖。由此可见，农业银行、储蓄银行，或者农村信用合作社拥有的星罗棋布的乡镇营业网点，为实施生源地"属地贷款"提供组织保障，三方共有的覆盖城乡的网络

---

[1] 银监会网站：《金融机构空白乡镇网点覆盖有大突破》，http://finance.sina.com.cn/g/20120104/165911125730.shtml，2012-01-04。

优势、丰富的业务品种、完善的营销渠道、较高的服务能力，为广大在校贫困学子提供更全面、更便捷的金融服务——"属地国家助学贷款"成为可能。作为承办"属地贷款"具体业务的县级、乡镇级金融部门，按所属区域，由省级国家助学贷款银行委托至承办金融部门所属银行的省级分行（或营业部）或地级支行进行。

（二）完善国家助学贷款运行机制

国家助学贷款作为普通高校学生资助体系中的主要组成部分，助学贷款政策牵涉面广，是个系统工程，需要各方部门的共同参与、分工协作。只有各部门各负其责，才能确保政令畅通，才能推动"属地贷款"顺利实施。

对于贷款申请发放程序，无论新录取普通高校学生，还是在读大学生，持由所在高校开具录取证明或就读证明、攻读学业所需缴纳的必须费用清单（学费、住宿费等）、在校综合品行评价（主要为在校老生），由县级国土资源部门或其他不动产登记管理部门出具的家庭不动产登记情况证明，由县级税务部门出具的父母（或其他监护人）月收入情况证明，由县级或乡镇级公安户籍管理部门出具的家庭人员户籍证明，由个人征信管理部门出具的父母征信情况证明，由县级人力资源和社会保障部门提供的家庭成员重大疾病医疗保险情况证明，由乡镇级民政部门提供的近三年家庭经济状况综合认定证明（如城乡"低保户"证明、农村建卡贫困户证明，以及家庭成员拥有的残疾证等）等原始申请材料（相关证明可由本人登陆所属部门服务系统，经身份验证后，能够自行打印），并由学生本人结合自身情况自行确定申请的贷款种类和贷款金额；"属地贷款"县级或乡镇级经办机构（代办金融机构在农业银行、储蓄银行、农村信用合作社选取，由"全国国家助学贷款管理委员会"指定委托或投标确定）开设国家助学贷款专用柜台（专区），根据贷款条件对申请贷款学生资格进行审查，对符合贷款资格的学生签订贷款协议，并将有关信息汇总后经同行地级营业部门（二级分行或一级支行）或直接上报至同行省级（直属）分行，无论部属高校就读学生，还是地方院校就读学生，一律按照"属地管理，就近申请"原则回生源地申请办理；省级"国家助学贷款银行"根据经办银行省级（直属）分行汇总的学生申贷信息，进行最终复核，批复各院校拟获贷学生名单，并将拟发贷资金先经担保公司担保、各省级学生资助管理部门代替省级政府部门为助学贷款担保提供再担保后，协调保险机构对所属辖区内的借款学生的"属地贷款"进行再保险，相关担保费用，及保险费用直接在贷款本金扣除，通过"二次担保"及"保险助学贷款信用险"，实现多方分担贷款补偿，化解贷款风险；经"二次担保"及信用保险后，省级"国家助学贷款银行"对外省就读学生贷款信息，统一汇总至"全国国家助学贷款银行"，由"全国国家助学贷款银行"根据学生就读院校所在的省份将贷款信息分发至各相关省级"国家助学贷款银行"；省级"国家助学贷款银行"将同省内学生在本省就读的学生贷款，以及外省学生在本省就读的学生贷款按贷款合同约定将贷款划拨至学校合作银行所设立专门账户或学生个人"教育保障卡"，对发放到"教育保障卡"上的贷款资金，由所在学校合作银行第一时间通过转账至学校专用账户，对学校扣除相关费用的剩余部分，再由学生从中支取用作其他学习费用，从而完成贷款的发放。为确保贷款数据信息的一致性和连贯性，学生须先通过个人贷款系统进行注册，学校再通过贷款系统校方客户端进行审查，最终经办银行通过贷款系统金融机构客户端进行放贷前的资格复查等。

　　对于贷款回收，实施"按比例收入还款"为主要形式的多种还贷方式，并引进国家税务部门作为学生国家助学贷款的回收机构。对于借款学生毕业后自主选择"标准等额分期还款""逐年递增还贷""按收入比例还贷"，以及通过从事一定年限的国家指定的工作来偿还贷款等四种还贷方式。宽限期结束后，各地（市、州、盟）级或县（市、旗）级税务部门开始通过全国的税收网络来跟踪贷款学生、计算毕业生月（年）收入是否达到还款阈限和应该偿还的贷款数额，对于个人全部合法月收入低于所在城市最低工资标准的借款人，允许其推迟还款，并依此顺延，直至月收入达到当地最低工资标准；对于月收入高于当地居民最低工资标准，而低于所在城市月社会平均工资的学生，自次月起，每月按50—100元扣除最低还款金额。对于高于所在城市月社会平均工资的借款人，按高出平均工资的比例决定收入还款比例，如对月收入高于所在城市月社会平均工资20%以内的，偿还贷款数额按占月收入1%的比例扣除；月收入高于月社会平均工资在20%—40%之间的，偿还贷款数额按占月收入2%的比例扣除；随着月收入高于月社会平均工资的比例增大，偿还贷款数额按占月收入的比例也随着提高，收入越高，偿还贷款数额所占收入比例越高，偿还贷款速度越快，但最高不超过6%。对于选择"标准等额分期还款"等其他还款方式的借款人，由税务部门直接从月收入中扣除。所有的扣款方式，都由税务部门通过"教育保障卡"直接扣除，直至偿还贷款结束。由于"教育保障卡"与其他银行卡的金融信息互通（资金互转等），且"教育保障卡"具有扣除贷款本息比支付其他消费有"优先权"，所以对于处在偿还贷款本息期间的借款人，本人持有的银行账户上只要存在余额现象，就会首先"主动"用于助学贷款的偿还。根据税务系统管理体制，各地方税务部门定期将助学贷款回收扣款经省（自治区、直辖市）级税务部门汇集至国家税务部门，最终由国家税务部门将回收贷款转交"全国国家助学贷款银行"，完成贷款本金的回收。在借款学生整个还款过程中完全不需要学生自己经手，而是由全国完整的税收系统从学生所在的工作部门将贷款进行回收。对于贷款回收的问题，借款人或所在的工作部门可联系地方税务部门进行咨询，借款人也可通过个人的"教育保障卡"随时查看贷款本息已偿还情况、未偿还情况，以及自身征信情况。符合贷款本息偿还减免优惠政策的，根据减免的条件而采取不同的申请方式，对于已偿还债务25年，或已满60周岁的，由省级"国家助学贷款银行"通过查询"教育保障卡"信息直接免除；对于偿还过程中死亡的，通过公安户籍系统注销信息进行免除；对于毕业后自愿参加西部计划志愿服务项目、"三支一扶"项目、国务院规定的艰苦边远地区县以下基层单位工作且服务期限达到2年及以上者，以及其他符合偿还减免优惠政策的，一律由学生申请，先后经本人户籍所在地县级资助管理部门、地级资助管理部门、省级资助管理部门，最终汇总至省级"国家助学贷款银行"进行减免。对发生的所有减免优惠资金，由"全国国家助学贷款银行"从政府财政中支付的贷款本金中核销。

在贷款回收过程中，对于拖欠的贷款，由省级"国家助学贷款银行"负责协调相应的担保机构及保险公司，根据拖欠的原因及担保（保险）合同（协议），由担保机构及保险公司按程序进行补偿。如果担保机构在一定时间内能将贷款成功回收，则将一定比例数额的回收资金留作自用；如拖欠时间超过一定期限后仍无法回收的，在担保机构向省级"国家助学贷款银行"申请补偿的同时，省级"国家助学贷款银行"协调保险公司，由保险公司负责对拖欠贷款本息进行最终补偿，这将消除了各个贷款本金出资主体的后顾之忧。对于回收的贷款本息资金，一部分用于偿还金融机构或其他出资主体出资贷款本金利息；一部分用于各级"国家助学贷款管理委员会""国家助学贷款银行"运行成本，而大部分用于贷款本金，用于扩大助学贷款规模，以满足学生助学贷款日益增长的需要，具体分配比例由"全国国家助学贷款管理委员会"审批确定。

除利用税收系统进行贷款回收外，利用养老保险系统进行贷款回收，也是一种比较有效的方法。近年来，我国不断加强社会保障制度建设，积极推进社会保险法和社会保障规划落实，并取得突破性进展。截至2013年底，全国城乡基本养老保险参保人数已达到8.2亿人，社会保障卡持卡人数达到5.4亿人，初步建构了世界上最大的社会保险体系，计划到2017年底，全国基本养老保险将覆盖全体城镇就业人员和适龄城乡居民，参保人数达9亿人以上，而到2020年实现社保覆盖全民的目标，建立起更加公平可持续的社会保障体系[①]。全民覆盖、完善的社会保障信息系统对于跟踪贷款学生，回收贷款本息奠定了坚实基础。由于篇幅原因，本书不再阐述。

通过健全国家助学贷款管理体制，完善国家助学贷款运行机制，形成政府主导、银行配合，多方参与的助学贷款政策实施新格局。改革后，新机制下的国家助学贷款经办机构及其职责见表3—21，国家助学贷款申请流程图、国家助学贷款回收流程图分别见图3—12、图3—13。

表3—21　新机制下我国普通高校国家助学贷款经办机构及其职责一览表

经办机构（部门）名称	主要职责（分工）
全国国家助学贷款管理委员会	1. 负责国家助学贷款总协调，在宏观上进行调控。 2. 指导国家级国家助学贷款政策性业务银行（全国国家助学贷款银行）制订国家助学贷款实施计划。 3. 制定国家助学贷款政策及法律法规。 4. 协调中央财政部门、各大金融机构筹集贷款本金。 5. 控制助学贷款基金运作，定期对预算进行评估建议。 6. 对助学贷款发放及回收进行监督和管理。 7. 代替政府进行贷款"二次担保"。 8. 审批决定贷款本息回收资金去向（分配比例等）。 9. 定期组织并监督各相关机构履行职责和义务情况等。

---

① 新华网：《中国启动全民参保登记，2017年养老保险覆盖9亿人》，http://gb.cri.cn/42071/2014/07/16/6611s4618056.htm，2014-07-16。

第三章　国家助学贷款制度

续表

经办机构（部门）名称	主要职责（分工）
省级"国家助学贷款管理委员会"	1. 接受"全国国家助学贷款管理委员会"和当地省级政府部门的双重领导。 2. 贯彻落实"全国国家助学贷款管理委员会"要求精神。 3. 指导省级"国家助学贷款银行"开展助学贷款业务。 4. 监督检查省级"国家助学贷款银行"执行助学贷款情况。 5. 向全国国家助学贷款管理委员会提请加强和改进助学贷款意见和建议。
全国国家助学贷款银行	1. 在银监会的监管，以及全国国家助学贷款管理委员会的领导下，指导各省级"国家助学贷款银行"开展国家助学贷款具体业务。 2. 由董事会作为其权力机构，选举、更换和罢免董事及监事等。 3. （董事会）决定全国国家助学贷款银行发展战略；拟订全国国家助学贷款银行经营计划和贷款本金筹集（分配比例）方案等。 4. （董事会）制订全国国家助学贷款银行年度财务预算方案、决算方案、弥补亏损方案等。 5. （董事会）制订全国国家助学贷款银行增加或减少贷款本金资本方案、贷款利息分配方案等。 6. （董事会）制定全国国家助学贷款银行基本管理制度和贷款风险管理、内部控制等政策，并监督基本管理制度和政策的执行。 7. 组织开发涵盖所有参与机构（部门）的国家助学贷款系统，并做好数据等信息的维护工作。 8. 汇总、分发并分析借款学生的申贷信息及贷款数据等。 9. 负责从中央财政支付贷款本金中核销发生的相关减免优惠资金。 10. 定期开展助学贷款工作考评。
省级"国家助学贷款银行"	1. 贯彻落实本区域内（省内）国家助学贷款政策实施工作。 2. 对经办银行省级（直属）分行汇总的学生申贷信息进行最终复核。 3. 对拟发放学生贷款，分别协调担保机构、省级学生资助管理部门进行担保及"二次担保"。 4. 协调保险机构对所属辖区内（省内）的借款学生的"属地贷款"进行再保险。 5. 将外省就读学生贷款信息等数据，及时汇总至"全国国家助学贷款银行"。 6. 按贷款合同约定将相关学生贷款资金按时划拨至学校合作银行所设立专门账户或学生个人"教育保障卡"。 7. 对符合贷款减免优惠政策的进行审批并实施落实。 8. 监督相关部门对贷款拖欠进行催缴、申请补偿等。 9. 向全国国家助学贷款银行提交加强和改进助学贷款意见和建议。
国家教育主管部门（教育部）及各级地方教育主管部门	1. 配合全国国家助学贷款管理委员会制定并不断完善国家助学贷款政策及法律法规。 2. 协调国家财政主管部门（财政部）做好贷款本金专项设立工作。 3. 联合国家主管金融事业行政主管部门（中国人民银行）做好"教育保障卡"的发行工作。 4. 加大高校助学贷款工作调研，向全国国家助学贷款管理委员会定期提交加强和改进助学贷款意见和建议。 5. 组织高校开展政策宣传，积极加强诚信教育。 6. 配合全国国家助学贷款银行做好高校助学贷款工作考评。

续表

经办机构（部门）名称	主要职责（分工）
国家财政主管部门（财政部）及各级地方财政主管部门	1. 根据全国国家助学贷款管理委员会安排，足额划拨贷款本金。 2. 对全国国家助学贷款银行制订的年度财务预算方案、决算方案、弥补亏损方案等提出意见和建议。 3. 对全国国家助学贷款银行制订的增加或减少贷款本金资本方案、贷款利息分配方案等进行审查并提出建议。 4. 协助全国国家助学贷款管理委员会做好贷款资金的使用与管理。
国家户籍主管部门（公安部）及各级地方户籍主管部门	1. 出具学生家庭人员户籍证明（借用信息平台，供当事人验证身份登录后，可查询或直接打印）。 2. 对制作"教育保障卡"持有人身份信息进行辨别、确认。
国家司法行政主管部门（最高人民法院、司法部等）及各级地方司法行政主管部门	1. 依法采取司法措施，做好拖欠贷款的清收。 2. 对贷款担保（保险）补偿纠纷，依法进行处理。
国家民政主管部门（民政部）及各级地方民政主管部门	1. （乡镇级民政部门）提供近三年家庭经济状况综合认定证明（如城乡"低保户"证明、农村建卡贫困户证明，以及家庭成员拥有的残疾证等）等原始申请材料。 2. 拟定城乡经济困难家庭申请（认定）办法，完善城乡困难家庭救助体系。 3. 科学合理确定城乡居民（家庭）收入范围及渠道，为困难学生认定提供主要参考依据。
国家人力资源和社会保障部门（人力资源和社会保障部）及各级地方人力资源和社会保障主管部门	1. 提供近段时期内（两年或其他一定时限）家庭成员重大疾病医疗保险情况证明（借用信息平台，供当事人验证身份登录后，可查询或直接打印）。 2. 会同有关部门积极推进大学生就业，协调解决大学生合法收入问题，保障大学生正当权益。 3. 组织实施劳动监察，协调大学生就业维权工作，依法查处大学生就业劳动、人事争议案件等。
国家住房和城乡建设部门（住房和城乡建设部）及各级地方住房和城乡建设主管部门	1. 出具借款人家庭（主要成员名下）房屋权属情况证明（借用信息平台，供当事人验证身份登录后，可查询或直接打印）。 2. 对借款人家庭拥有的保障住房、廉租住房等房屋进行核对查实。
国家国土资源主管部门（国土资源部）及各级地方国土资源主管部门	由县级国土资源部门或其他不动产登记管理部门出具借款学生家庭不动产登记情况证明（借用信息平台，供当事人验证身份登录后，可查询或直接打印）。
国家新闻出版广电部门（新闻出版广电总局）及各级地方新闻出版广电主管部门	1. 加强贷款政策宣传。 2. 对发生严重违约行为借款人的相关信息进行曝光。

第三章　国家助学贷款制度

续表

经办机构（部门）名称	主要职责（分工）
国家主管金融事业行政主管部门（中国人民银行）	1. 联合国家教育主管部门（教育部）做好"教育保障卡"的发行工作。 2. 出具学生父母征信情况证明（借用信息平台，供当事人验证身份登录后，可查询或直接打印）。 3. 对借款人的违约行为载入金融机构（个人）征信系统，监督金融机构不得为其办理新的贷款和其他授信业务。
国家税务主管部门（国家税务局）及各级地方税务主管部门	1. 出具父母（或其他监护人）月收入情况证明（借用信息平台，供当事人验证身份登录后，可查询或直接打印）。 2. 基层税务部门通过全国的税收网络跟踪借款学生，并计算借款学生月（年）收入确定是否达到还款阈限。 3. 基层税务部门对借款学生合法收入达到还款阈限的，根据规定，通过"教育保障卡"直接扣除借款学生应该偿还的贷款数额。 4. 基层税务部门开设热线，接待借款学生或学生所在工作部门的咨询。 5. 地方税务部门定期将贷款回收扣款经省级税务部门汇集至国家税务部门。 6. 国家税务部门将回收贷款转交"全国国家助学贷款银行"。
国家银行业监督管理机构（银监会）及各地派出机构	1. 会同国家主管金融事业行政主管部门（中国人民银行），以及其他有关部门提出助学贷款本金筹集意见和建议。 2. 对银行业金融机构出资贷款本金进行监管，依法对违法违规行为进行查处。 3. （各地派出机构）监督各金融机构组织基层经办机构做好贷款业务承办工作。 4. 配合全国国家助学贷款银行做好基层金融经办机构贷款工作考评。
金融机构（国有商业银行及其他商业银行）	1. 根据国家主管金融事业行政主管部门（中国人民银行），以及国家银行业监督管理机构（银监会）要求，确定科学合理的贷款本金投资项目，及时足额支付贷款本金。 2. （相关金融机构）组织基层经办机构做好贷款业务承办工作。
（助学）贷款担保机构	1. 根据国家银监会有关法律、法规，对助学贷款提供担保，对拖欠贷款本息及时进行补偿。 2. 按照程序对拖欠贷款本息进行回收。
国家保险业监督管理机构（中国保监会）及各省分支机构	1. 指导保险公司及其分支机构，或者保险集团公司开展助学贷款投保"保险助学贷款信用险"业务。 2. 依法对助学贷款投保保险机构补偿进行监督。
相关商业保险部门	1. 联系省级"国家助学贷款银行"对学生贷款进行投保"保险助学贷款信用险"。 2. 对拖欠超过一定期限的贷款本息进行最终补偿。

续表

经办机构（部门）名称	主要职责（分工）
全国学生资助管理中心	1. 行使政府职责为部属院校所发生的助学贷款进行担保。 2. 为各省级学生资助管理中心贷款担保提供"二次担保"。 3. 汇总符合贷款减免优惠政策的学生信息，并及时与全国国家助学贷款银行沟通。 4. 会同全国国家助学贷款银行做好高校助学贷款工作考评。
省级学生资助管理中心	1. 行使省级政府职责为本区域范围内所属院校发生的助学贷款进行担保。 2. 汇总本区域（省内）相关学生信息，并及时上报全国学生资助管理中心。
基层（县级或乡镇级）金融经办机构（中国农业银行、中国邮政储蓄银行，以及农村信用合作社）	1. 开设国家助学贷款专用柜台（专区），开展具体"属地贷款"业务。 2. 根据贷款条件对申请贷款学生资格进行审查，对符合贷款资格的学生签订贷款协议。 3. 将审核信息汇总后经上级同行营业部门汇总至同省级（直属）分行。
普通高等院校（部属及地方院校）	1. 开具含有学校识别码的申请人录取证明或在校就读证明。 2. 出具攻读学业所需缴纳的最基本费用（学费、住宿费等）证明（清单）。 3. 核算学生已获得的奖励或资助情况（获得学校、社会等单位或个人发放的各类奖助学金及生活补助等）。 4. 提供申请人在校综合品行评价（主要含在校生）。 5. 开展政策宣传，积极加强诚信教育。

五 强化高校在国家助学贷款体制中的职能与责任

作为新体制下国家助学贷款运行中的重要参与主体，充分发挥高等院校在学生管理方面的优势，将国家助学贷款制度的推进与学校降低学费拖欠率，提高教学规模与教学质量有机联系起来，进一步强化高校在新体制国家助学贷款中的职能与责任，加大助学贷款政策宣传力度，加强对申请助学贷款学生资格审查，特别是贷款偿还作为助学贷款体系中的关键环节，高校应与社会各方勇于承担起催缴贷款责任。

（一）加大助学贷款政策宣传力度

改变目前形式单一、内容简单、仅限于新生入学后对具体贷款办法、国家政策宣传的做法，除利用校报、校广播、校电视台及宣传栏等传统媒体宣传政策的同时，还可借用校园网络等新型媒体的兴起，为贷款政策的宣传提供了更为先进的平台。同时，利用高校内丰富的文化资源，创建

第三章 国家助学贷款制度

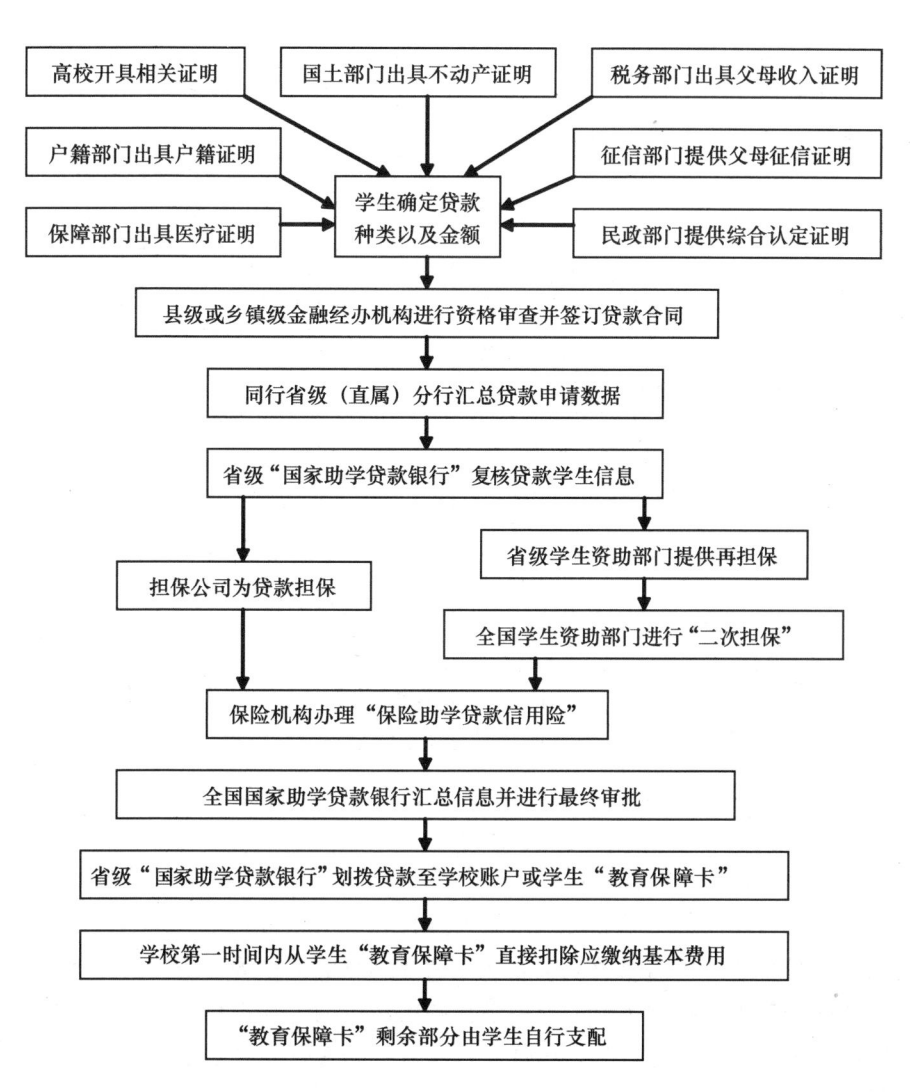

```
┌──────────────┐  ┌──────────────────┐   ┌────────────────────┐
│高校开具相关证明│  │国土部门出具不动产证明│   │税务部门出具父母收入证明│
└──────┬───────┘  └─────────┬────────┘   └──────────┬─────────┘
       │                    │                       │
┌──────────────┐             │            ┌────────────────────┐
│户籍部门出具户籍证明│──────┐  │  ┌──────│征信部门提供父母征信证明│
└──────────────┘        ↓  ↓  ↓          └────────────────────┘
                    ┌──────────────┐
┌──────────────┐    │学生确定贷款  │    ┌────────────────────┐
│保障部门出具医疗证明│→│种类以及金额  │←───│民政部门提供综合认定证明│
└──────────────┘    └──────┬───────┘    └────────────────────┘
                           ↓
        ┌────────────────────────────────────┐
        │县级或乡镇级金融经办机构进行资格审查并签订贷款合同│
        └──────────────────┬─────────────────┘
                           ↓
        ┌────────────────────────────────────┐
        │同行省级（直属）分行汇总贷款申请数据    │
        └──────────────────┬─────────────────┘
                           ↓
        ┌────────────────────────────────────┐
        │省级"国家助学贷款银行"复核贷款学生信息  │
        └────────┬─────────────────┬─────────┘
                 ↓                 ↓
                              ┌────────────────────┐
                              │省级学生资助部门提供再担保│
                              └──────────┬─────────┘
        ┌──────────────┐                 ↓
        │担保公司为贷款担保│     ┌────────────────────┐
        └──────┬───────┘      │全国学生资助部门进行"二次担保"│
               │              └──────────┬─────────┘
               └──────────┬──────────────┘
                          ↓
        ┌────────────────────────────────────┐
        │保险机构办理"保险助学贷款信用险"        │
        └──────────────────┬─────────────────┘
                           ↓
        ┌────────────────────────────────────┐
        │全国国家助学贷款银行汇总信息并进行最终审批│
        └──────────────────┬─────────────────┘
                           ↓
        ┌────────────────────────────────────────┐
        │省级"国家助学贷款银行"划拨贷款至学校账户或学生"教育保障卡"│
        └──────────────────┬─────────────────────┘
                           ↓
        ┌────────────────────────────────────────┐
        │学校第一时间内从学生"教育保障卡"直接扣除应缴纳基本费用│
        └──────────────────┬─────────────────────┘
                           ↓
        ┌────────────────────────────────┐
        │"教育保障卡"剩余部分由学生自行支配│
        └────────────────────────────────┘
```

图 3—12 新机制下国家助学贷款申请流程图

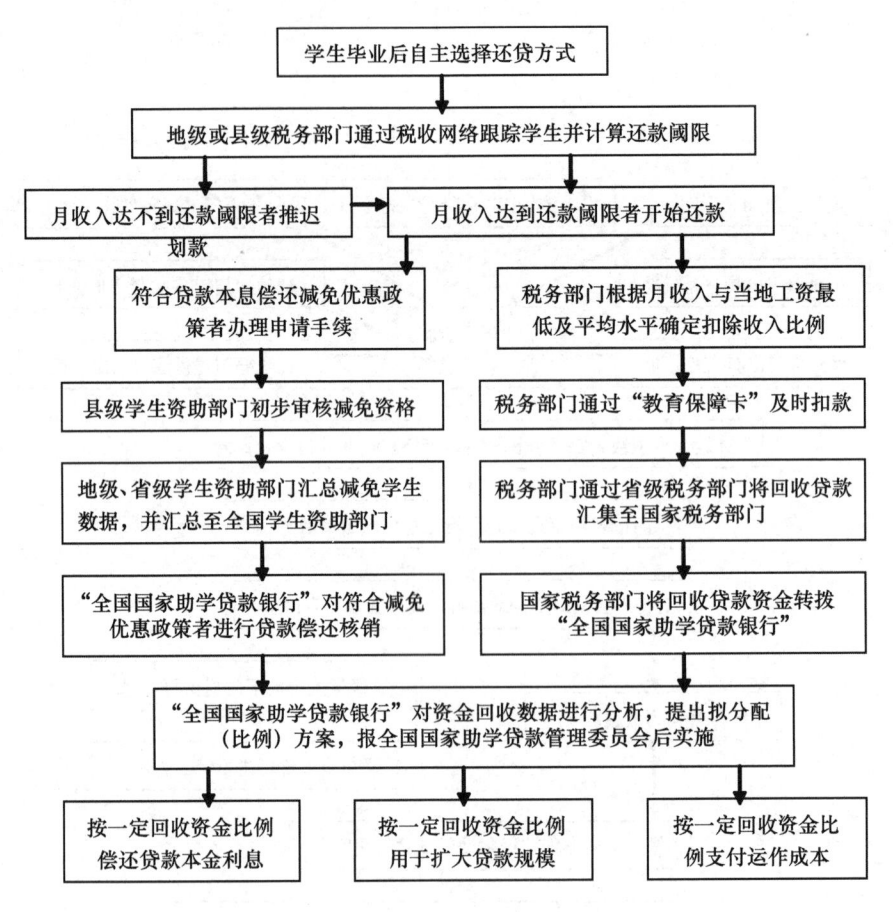

```
                    ┌─────────────────────────┐
                    │  学生毕业后自主选择还贷方式  │
                    └────────────┬────────────┘
                                 ▼
              ┌──────────────────────────────────────┐
              │ 地级或县级税务部门通过税收网络跟踪学生并计算还款阈限 │
              └──────────────────────────────────────┘
                   │                          │
                   ▼                          ▼
        ┌────────────────────┐     ┌────────────────────┐
        │ 月收入达不到还款阈限者推迟│     │ 月收入达到还款阈限者开始还款 │
        │ 划款                │     │                    │
        └────────────────────┘     └────────────────────┘
                   │                          │
                   ▼                          ▼
        ┌────────────────────┐     ┌────────────────────┐
        │ 符合贷款本息偿还减免优惠政│     │ 税务部门根据月收入与当地工资最│
        │ 策者办理申请手续      │     │ 低及平均水平确定扣除收入比例 │
        └────────────────────┘     └────────────────────┘
                   │                          │
                   ▼                          ▼
        ┌────────────────────┐     ┌────────────────────┐
        │ 县级学生资助部门初步审核减免资格│   │ 税务部门通过"教育保障卡"及时扣款 │
        └────────────────────┘     └────────────────────┘
                   │                          │
                   ▼                          ▼
        ┌────────────────────┐     ┌────────────────────┐
        │ 地级、省级学生资助部门汇 │     │ 税务部门通过省级税务部门将回收贷款 │
        │ 总减免学生数据，并汇总 │     │ 汇集至国家税务部门        │
        │ 至全国学生资助部门    │     │                    │
        └────────────────────┘     └────────────────────┘
                   │                          │
                   ▼                          ▼
        ┌────────────────────┐     ┌────────────────────┐
        │ "全国国家助学贷款银行"对│     │ 国家税务部门将回收贷款资金转拨 │
        │ 符合减免优惠政策者进行 │     │ "全国国家助学贷款银行"     │
        │ 贷款偿还核销         │     │                    │
        └────────────────────┘     └────────────────────┘
                              │
                              ▼
        ┌──────────────────────────────────────────┐
        │ "全国国家助学贷款银行"对资金回收数据进行分析，提出拟分配│
        │ （比例）方案，报全国国家助学贷款管理委员会后实施    │
        └──────────────────────────────────────────┘
             │               │                │
             ▼               ▼                ▼
      ┌───────────┐   ┌───────────┐    ┌───────────┐
      │按一定回收资金│   │按一定回收资金│    │按一定回收资金│
      │比例偿还贷款 │   │比例用于扩大 │    │比例支付运作 │
      │本金利息    │   │贷款规模    │    │成本       │
      └───────────┘   └───────────┘    └───────────┘
```

图3—13 新机制下国家助学贷款回收流程图

《助学贷款导报》《助学贷款政策解读》等刊物，定期在全校班级内进行发放，及时发布国家助学贷款政策的变化及进展，特别是贷款违约行为给借款人带来的严重后果及对个人在生活上的影响案件等。高校内多种宣传媒介的并存大大拓展了资助政策宣传的渠道。通过加强校园内宣传媒介资源的共享和互补，建立起整体性、日常性、全面性、针对性的资助政策宣传机制，使国家资助政策宣传做到旋律准、形式新、有实效，依此逐步提高学生对助学贷款的正确认识，树立起"我有信心贷款，我有能力还款""花自己的钱，为教育投资"的信念，引导他们自强、自尊，积极申请办理助学贷款，避免出现非贫困生"投机取巧"、真正贫困生"难以启齿"等现象。

此外，在社会上逐步加大资助政策宣传工作。由政府广电等宣传机构充分利用报纸、电视台、电台等新闻媒体广泛宣传国家资助政策，在全社会营造一个人人关注国家助学贷款的良好氛围，并深入高校、经办金融机构、学生中进行调查和采访，对国家助学贷款政策实施过程中存在的问题及解决办法进行跟踪报道，纠正个别媒体为寻求新闻"卖点"，过分渲染助学贷款工作中某一现象与事实，片面夸大助学贷款业务中存在的问题等现象，消除学生申请贷款、经办机构审批贷款产生的畏惧心理。就像社会人人关心医疗改革、社会保险、房价等重大问题一样，人人来关心助学贷款、了解助学贷款。通过创建良好的助学贷款环境，促进我国高校助学贷款工作积极健康开展。

(二) 加强学生诚信教育

助学贷款学生高比例的违约率已严重影响到国家助学贷款工作的健康发展。因此，针对大学生的现状，把"诚信教育"全面地渗透到"马克思主义理论课"和"思想品德课"等思想政治理论课教学中，已是当务之急。提高诚信教育在高校思想政治理论课教学中所占的比重，培养大学生良好的信用观念。通过诚信教育专门课程设置，加大诚信教育在高校思想政治理论课教学中所占的比重，坚持理论教育与实践教育相结合、诚信教育和基础道德教育相结合、全员育人和全程育人相结合的原则，以及第一课堂教育与第二课堂活动的结合、良好校园信用环境的创造、以诚实守信为主题的一系列实践活动的开展、诚信档案的创建等教育方式方法，培养大学生诚实守信的良好道德品质，让他们把贷款上学当作体验自尊、锻炼自立能力、培养优秀品德、考验个人信用的一个好机会，同时要本着对国家、对社会、对家庭、对自己负责的精神，自觉、主动地提供个人真实信息，将助学贷款真正用到学业上，毕业后积极履行约定按时还贷。通过帮助他们树立正确的信用意识，实现学生在诚信表现上知与行的统一，促使助学贷款工作有效广泛开展。有关资助政策宣传，以及诚信教育课程开设，将在第七章节专门论述。

(三) 严格贷款学生管理

加强申贷学生资格审查，深入了解申贷学生的经济情况和道德状况，通过定性和定量相结合的有效措施，综合掌握评定学生的家庭经济困难程度，正确引导学生实事求是、客观地填写申贷条件，以及申贷类别、申贷额度等，对不具备申贷资格的坚决不予批准，从源头上减少不良贷款发生的概率,为国家助学贷款防范风险提供帮助,通过严格的贷前审查,确保获贷资格的完整性、真实性和合法性。加强学生对贷款使用的监督管理,强化贷款学生合理支配贷款意识,通过校园卡消费"跟踪"、个体访谈、调查回访等形式,掌握学生的贷款用途真相,防止学生将助学贷款挪为他用,杜绝进行投资或奢侈消费等,对于挪作他用助学贷款的违规学生,要积极及时进行纠正,甚至主动联系助学贷款经办机构将贷款收回并停止贷款的续方,做到与国家助学贷款政策实施的初衷相吻合。加强对贷款毕业生的"追踪"管理,大学生毕业离校后虽流动频繁,但借助与母校深厚的感情,与老师联系密切等优势条件,以及设置的就业指导管理部门、校友联谊组织,高校应通过校友会、校庆、就业回访(走访)等,及时"追踪"学生的相关信息,将学生的工作去向、就业单位等,借助助学贷款(金融)综合服务系统或其他有效网络,提供至贷款回收管理机构,以便更有效地开展贷款催缴工作。通过严格"贷前""贷中""贷后"三阶段管理,切实让高校成为国家助学贷款办理过程中的主导者,充分发挥在学生贷款管理工作上的积极作用。

(四)健全高校贷款绩效考核约束机制

良好的激励约束机制有利于推进贷款整体工作顺利开展,在省级"国家助学贷款管理委员会"主导,教育、财政等部门协调下,实施并逐步健全高校助学贷款考核机制,定期对高校助学贷款综合管理情况进行考核,在高校重视助学贷款工作程度、部门设置、专职人员配置、政策宣传效果、学生资格审查程序、学生信用教育开展情况、与经办机构配合情况,以及助学贷款比率、助学贷款占比、助学贷款规模系数、助学贷款偿还率等主要指标进行检查。根据考核情况,实施科学的奖惩措施,对考核成绩优秀的,从助学贷款贴息专项资金抽取一定比例进行奖励,对不积极落实助学贷款工作、考核成绩较差的,追究相关当事人责任的同时,还要追究学校主要领导人的连带责任,并以适当方式向社会公布;或者将借款学生毕业后贷款履约行为与评选国家奖助学金挂钩,对违约率严重的,降低国家奖助学金推荐比例,特别对于高校由于贷款政策认识不足、宣传不力、催缴不到位致使学生贷款违约率达到一定比例的,暂停所在院校在校学生获贷资格,直至拖欠率降低到所预期的合理范围内,方可恢复院校学生重新获贷资格,而对于存在弄虚作假、违规操作,组织学生骗取贷款行为的院校,采取减少甚至停止招生计划,停止审批专业和通过媒体通报批评等措施，对学校进行必要的警示和惩罚。在做好院校绩效考核的同时，还需监督院校组织开展院系层面助学贷款工作的管理与考核，院系是助学贷款的管理重心，也是助学贷款的实施主体。与院校相比，院系在管理助学贷款的过程中更微观、更具体，因此科学开展院系助学贷款工作考核是构建院校考核指标体系的重要基础。在开展院系考核过程中，应着重将申贷学生审查与管理、政策条款宣讲、诚信教育活动的组织与实施，以及与借款学生毕业后信息的收集和维护等方面进行考核，并把对院系的考核结果作为院校评选推优、职务晋升、职称评定、贷款管理工作经费划拨的重要依据，从而充分调动院系的工作积极性和主动性。通过院校、院系专项检查考核，促使院校、院系主动开展助学贷款工作，主动加强学生信用教育和贷款指导，主动加强与相关部门的配合，主动承担有关义务，共同推动贷款工作，进而达到助学贷款政策目标。

六 完善个人信用体系

个人信用体系是指根据居民的家庭收入资产、已发生的借贷与偿还、信用透支、发生不良信用时所受处罚与诉讼情况，对个人的信用等级进行评估并随时记录、存档，以便信用的供给方决定是否对其贷款和贷款多少的制度[1]。在欧洲、美国、日本等发达国家和地区，经过150多年的发展都已建立起了相对完善的个人信用体系和成熟的运作机制，有力地保障和促进了个人信用经济的发展，个人信用记录早已是市场经济的基石。但在我国，个人信用制度还刚开始筹建，由于个人信用制度缺失，个人信息无法评估，导致国内大部分金融机构的消费信贷踯躅不前，消费信贷总量仍不足银行贷款总额的3%，个人信用制度的空白对全国消费者信贷业务的发展已形成"瓶颈"制约。对于日益增长的个人住房、汽车消费等基本生活消费贷款需求，特别是国家助学贷款长远发展需求，我国势必要建立并完善且符合共同需求的个人信用体系。

（一）健全个人信用制度

建立以个人银行账户资料或个人接受教育资料为中心的个人信用登记

---

[1] 价值中国网：《个人信用体系》，http://baike.baidu.com/link?url=C-85ZPyU5Hkeage DbRhuu9c5g-UWJOBD-O5KjPi5x-rElU_NPoTwBf6rD3MxvLGbQraMXr4btyZsTrCv2LVcZq，2013-09-16。

体系,细化纳入体系的信用数据范围,明确将个人的出生日期、姓名、籍贯、家庭住址、父母职业、身份证号等基本信息,个人接受教育经历、接受奖助学金奖励资助情况、助学贷款申请办理情况等就学信息,所从事职业、收入、工作年限、工作单位等就业信息,以及个人房产、保险、医疗、证券、治安、交通、信贷消费、通讯缴费等信贷及生活信息一一记录在案,并实施"一人一生一卡一号"制度,通过唯一、单独的个人信用账号就可以查询每个用户信用情况,诸如消费信贷的申请及履约情况、国家助学贷款的办理及偿还情况等。在此基础上,建立以个人信用信息资源共享为目标的计算机互联网络,由政府有关职能部门负责创建,并通过该网络能够对个人资信情况进行跟踪调查和资源共享,实现个人资信数据方便快捷地在各个管理者之间进行传输,对于助学贷款学生毕业后求职、住房消费申贷等,都会接受用人单位、放贷金融机构审查其信用记录后方可进行。就目前中国人民银行征信管理局负责创建的个人征信系统,从2006年初步建成全国统一的个人信用信息基础数据库,截至2012年底,已收录自然人8.2亿人[①],其中2.9亿人有信贷记录,全年累计查询2.7亿次,对于提高信贷市场效率、防范信贷风险、促进经济金融健康发展和改善社会信用环境方面发挥了积极作用,但在市场经济快速发展、金融市场化深入变革、信贷消费发展迅猛的环境下,个人征信系统建设的滞后,其客户信息呈现碎片化、借款人逾期成本普遍偏低等因素,导致消费贷款经营风险、助学贷款违约风险一直居高不下,为此,在加快个人征信系统建设的同时,进一步加强个人信用制度建设,切实构建符合我国国情的全国个人信用体系框架,借助其各方外力,形成个人信用数据的有机循环,为实现个人信用档案全套的网络化,满足市场经济对个人信用档案的需求打下坚实基础。

(二)制定完善个人信用法律法规

"没有规矩不成方圆",一套完善的个人信用体系必须包括社会的道德准则以及与信用相关的法律、法规,只有道德与法律结合,信用行业才能健康地发展,为此,应加快出台并实施有关个人信用方面的法律法规。在信用管理方面法律最健全的是美国,相关法律约有17项,由美国联邦

[①] 《河南日报》:《个人征信系统收录自然人8.2亿》,http://newpaper.dahe.cn/hnrb/html/2013-08/08/content_937207.htm?div=-1,2013-08-08。

储备委员会（FRC）负责主要执法和权威解释，其中以《公平信用报告法》《平等信用机会法》《平等信用机会法》《公平债务催收作业法》《公平结账法》《信用卡发行法》《电子资金转账法》最为著名，对稳定美国经济，规范信用交易秩序，明确惩罚机制和解决一些特殊的社会问题，发挥了重大作用①。其他国家如德国的《通用商业总则》《个人数据保护法》，以及英国的《消费信贷法》也较为著名。就我国而言，个人信用制度建设也有一定的基础，2000 年 2 月，中国人民银行上海分行和上海市信息办联合印发了《上海市个人信用联合征信试点办法》，这是我国国内第一部联合征信的政策性管理办法，为联合征信拟定了初步的法律框架；2002 年 1 月 1 日起执行的《深圳市个人信用征信及评级业务管理办法》，首次在我国把个人信用置于法律保护之下；2005 年 8 月 18 日，中国人民银行公布《中国人民银行个人信用信息基础数据库管理暂行办法》，保障了个人信用信息基础数据库的正常运行。在以上规章制度的基础上，积极发挥政府作用，加强个人信用立法，首先，加强个人信用立法建设，出台《个人信用法》或《信用管理条例》，将整个个人信用体系纳入其条文主体，基本内容应包括个人基本信息、信用信息；征集、管理信用资料的资信机构、传输信用信息渠道；信用发布、使用及保密制度；信用评估体系；信用评价体制，以及违法采集、传输的法律责任等②。其次，加快《政府信息公开法》等法律法规的出台，明确其信息公开的内容、范围和具体方式，为资信机构和其他市场主体能够公平、方便地采集和使用政府部门掌握的信息资源创造条件，对散布于银行、税务、工商、医疗、保险等机构的数据实现共享。再次，尽快制定《个人数据保护法》，可借鉴北京大学法学院法学博士郭瑜教授在《个人数据保护法研究》中对中国如何制定独立的、综合性的个人数据保护法提出的具体意见和建议，建立个人数据保护法，维护消费者个人的合法权利。此外，随着我国财富和城市化速度的增加，会有更多的人使用信用卡消费，根据专家预测，从 2005 年到 2025 年，中国的银行卡交易额将以每年 11% 的速度增长，银行卡数量将以每年 13.9% 的速度增长，国内银行发放的信用卡数量从 2010 年的

---

① 汪劲：《市场经济体制下的信用制度及其运行机制——国外信用制度介绍和比较》，《经济社会体制比较》2002 年第 5 期。
② 李诗洋：《中国个人诚信建设的现状与展望》，《国际融资》2011 年第 8 期。

2亿张增加到2020年的8亿到9亿张①，将成为世界上拥有信用卡数量最多的市场，随着持有信用卡人群的增多，随之增长的是信贷消费，为此，在完善个人信用法律法规中，还应积极推动个人银行业务发展的相关信用法规，通过制定《信用卡发行法》《平等信用机会法》等法律，为构建覆盖全社会的信用体系法律框架提供保障。

个人信用体系建设是个复杂的社会问题，涉及法律和道德两个层面。在健全个人信用制度，完善个人信用法律法规的同时，更要注重发挥道德在维护社会信用不可或缺的辅助作用。因此，除在高校加强诚信教育外，在社会上更要把强化信用意识作为社会主义市场经济伦理建设的重要内容，结合《公民道德建设实施纲要》，利用广播、电视、图书、报刊、网络等现代传播工具，系统地普及信用知识，树立"诚信为本"的道德理念，营造"诚信光荣，失信可耻"的社会氛围，同时，以提高失信成本为基本出发点，运用惩戒机制来遏制失信行为，通过建立道德约束机制，将显性（经济的、行政的）与隐性（道德的）奖惩机制有效结合，加大失信者的利益成本、道德成本和政治成本，竭力提高全社会的诚信意识，培养良好的诚信道德，让"诚实守信"和"履约践诺"观念深入人心。坚持把信用道德作为社会主义市场经济的内在要素和力量，增强全民信用观念，努力形成与市场经济发展相适应的健康、和谐、积极向上的思想道德规范。通过培养全民诚信意识和社会责任感，逐步形成社会诚信文化，为国家助学贷款的实施创造良好的社会环境。

七 研发国家助学贷款综合管理服务系统

国家助学贷款运行体系涉及政府部门、国家行政机关、公共事业单位、社会服务组织、金融与非金融机构，以及社会团体与个人，并关联法律、制度、监管与信息网络技术支持等。自实施国家助学贷款政策至今，全国学生资助管理部门与直属院校、省级学生资助管理部门，省级学生资助管理部门与地方院校、地级（及县级）学生资助管理部门，部分地级学生资助管理部门与所属院校、县级学生资助管理部门，部分院校与院系部门，甚至院系与各年级、班级，以及提供国家助学贷款的金融机构

---

① 中国财经网：《十年内中国信用卡数量将为世界之冠》，http://cn.reuters.com/article/chinaNews/idCNCHINA-2987420100910?feedType=RSS&feedName=chinaNews，2010-09-10。

（或经办商业银行）与各级学生资助管理部门、相关院校、学生之间普遍建立了一些局部的国家助学贷款管理系统，但就全国而言，缺失整个贷款信息资源的整合和应用，还未形成全社会的公共服务平台，针对每个助学贷款参与主体（单位）或借款学生缺乏整体性和联动性，对社会任何单位（部门或集体）或个人也未形成社会各方联动的制约机制和全国联网的共享查询系统。为此，急需国家助学贷款主管部门协调各相关机构或组织，利用网络技术与管理技术，建立起全国性的、综合的、联动的国家助学贷款管理服务系统，减少局部管理系统重复建设，降低助学贷款运行成本，提高助学贷款运作效率，促进国家助学贷款整体工作稳步发展。

针对未来国家助学贷款可持续发展政策调整，在由政府国家助学贷款专职管理机构——"全国国家助学贷款管理委员会"负责总协调，政策性国家助学贷款业务银行——"全国国家助学贷款银行"负责具体实施的国家助学贷款新机制，其开发的国家助学贷款综合管理服务系统设计目标为：实现全国国家助学贷款管理部门及服务机构工作的系统化、规范化、信息化和自动化，将助学贷款的所有管理与服务工作通过该系统来实现，从而达到提高国家助学贷款管理效率的目的。结合国家助学贷款体制参与主体的增多，以及运行机制的完善，综合管理服务系统在研发设计原则上，需坚持以下八个原则：一是共享性，即贷款管理部门（省级"国家助学贷款银行"）、经办金融机构、普通高校、民政部门、户籍管理部门、不动产登记管理部门等对申贷学生信息及数据库资源共享，保证贷款信息的一致性，避免重复录入；二是开放性，即贷款信息随着系统的运行动态地变化，从贷款申请到偿还过程中的步骤及相关表格也会发生变化，系统在采用模块化设计中应兼顾与户籍、税收、征信等系统的衔接；三是稳定性，即系统能够防御任何用户各种无意的非正常（非法）操作或恶意的攻击等；四是安全性，即系统对重要数据进行加密储存，通过权限控制和身份验证功能等控制用户对数据的访问，防止重要数据的泄露，并建立完善的备份策略，防止数据因软件或硬件错误而丢失[1]；五是独立性，即系统各功能模块作为组成整个助学贷款流程的一部分，都能够独立处理所属业务部门的业务流程，每个子模块相对独立但又可集成为层次完成的

---

[1] 陈新国、赵存东：《基于 B/S 模式的高校国家助学贷款管理系统构建》，《太原理工大学学报》2011 年第 3 期。

子系统；六是信息标准化，即将普通院校属性、贷款用途、贷款类别、经办机构性质、就职单位种类等按照统一标准（或信息代码）进行录入，为各用户提供规范的贷款数据管理服务业务流程，实现信息标准化；七是可扩展性，即随着国家助学贷款政策的不断完善与发展，系统与外部其他系统的交互等方便都可进行扩展；八是可操作性，或使用人性化，即系统终端用户是广大借款学生，由于用户量大、用户掌握计算机水平不同，用户界面力求简洁、方便使用，且系统的功能及其操作实现方法借助完善的随机帮助系统，通过界面向终端用户清晰表达，使之短时间内掌握系统操作。根据国家助学贷款业务内容与流程，综合管理服务系统主要包括系统综合管理、基础信息管理、学生申贷管理、贷款回收管理、数据统计报表、数据查询分类、系统综合服务等七大功能主模块，相关主模块下又分为不同功能的次模块，各个主模块、次模块功能在此不再说明，其整体功能模块框架见图3—14。为了实现贷款信息的分级管理，系统基于角色的访问控制，以角色为核心，采用五级管理，其中"全国国家助学贷款银行"为一级用户，具有下级的所有用户与资源权限，可直接新增或取消下级用户的相关角色及其权限；全国学生资助管理部门，高等教育、财

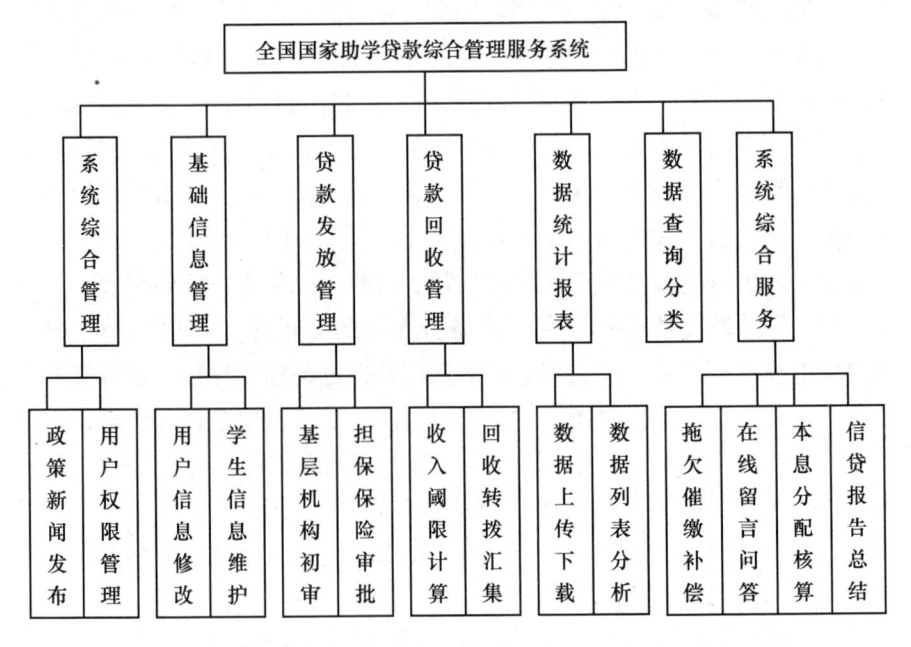

图3—14 新机制下国家助学贷款综合管理服务系统功能模块框图

政、户籍、司法、民政、人力资源和社会保障、住房和城乡建设、税务、银监等国家主管部门相关司局或部处室为二级用户，根据职责划分负责将本部门系统的相关数据库与助学贷款综合管理服务系统数据库之间的交互实现数据共享，并根据最终端（借款学生）需要可实现相关申请、认定证明材料的导出和同步更换系统间的数据信息（综合管理服务系统与各相关联数据库关系图见图3—15）；省级"国家助学贷款银行"、各省级学生资助管理部门、经办金融机构省级分行（支行）、贷款担保机构、保险部门，以及相关省级职能单位为三级用户，在二级用户中上级部门的协调和指导下，负责具体的相关数据信息维护与更新；普通院校、代理银行（县级或乡镇级经办机构）为四级用户，负责学生申请贷款信息的审查、提交、汇总等；而高校内各院系、学生为五级用户，即终端用户，用于学生通过在线服务系统进行注册个人基本信息及其资格申请证明材料，院系通过在线服务系统进行资格的初审推荐等，各级用户在相应模块中都有各自的权限设置、密码修改、数据备份与恢复等功能，同时，还可按各级用户需求选择任意项组合进行查询，且查询结果根据用户的权限进行显示。

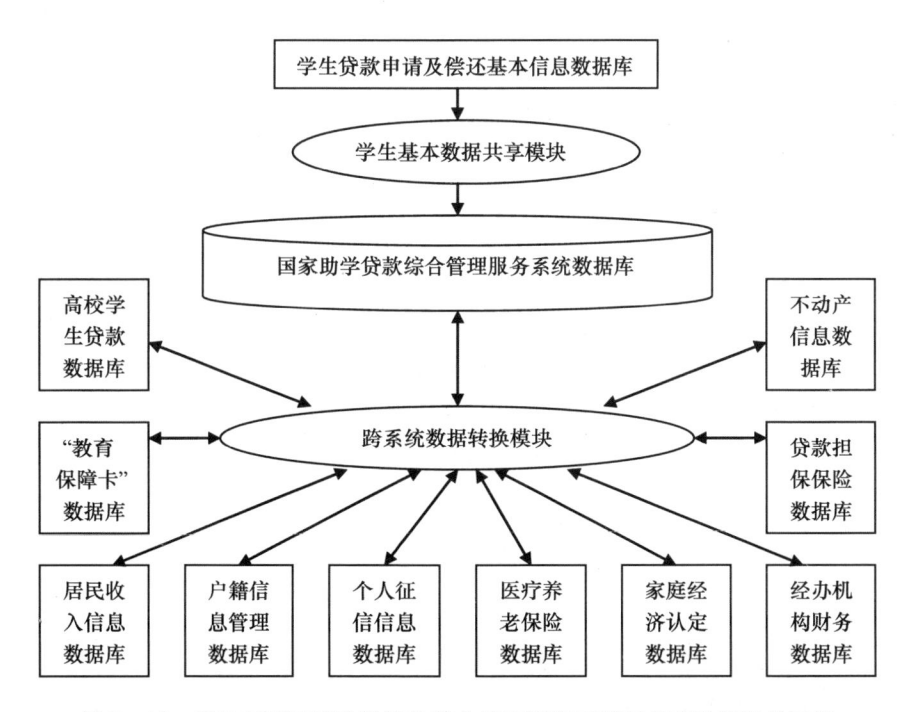

图3—15 新机制下国家助学贷款综合管理服务系统相关联数据库关系图

通过国家助学贷款综合管理服务系统,将网络技术、数据库技术与国家助学贷款工作相结合,充分发挥信息技术高效、快捷、资源共享的优势,实现全国普通高校借款学生从网上申请、证明提供、资格审查、贷款审批、转账划卡、学费扣除、贴息计算、贷款回收、担保保险、代偿补偿,以及各类信息的综合查询、汇总统计、分类对比等功能的全部网上操作,大大简化了工作程序,提高了工作效率,实现了整个综合管理服务系统的运作安全性、数据完整性、信息准确性和程序统一性,推动了国家助学贷款整体工作的标准化、信息化、网络化和科学化。

八 加强国家助学贷款立法步伐

国家助学贷款是一项复杂的系统工程,涉及多个参与主体,国家相关部委及有关部门制定下发了多项规章制度进行监督和约束。然而作为一项全国性政策,由于此项工作一直在探索中前进,在动态中发展,且牵扯关系众多,利益关联度各异,以及相关制度层次较低,致使现行规章制度缺乏严密监控、约束力较弱,部分参与(执行)部门具有较强的主动性、随意性,对于违约行为难以用强制性的处罚措施进行处理,影响了国家助学贷款可持续性。因此,为促使国家助学贷款良性运转,避免国家助学贷款秩序混乱,积极推进国家助学贷款立法是当前务实之举。通过国家助学贷款立法,让国家助学贷款政策实施过程中有法可依,使之走上法制化运行轨道,是当前和今后走出国家助学贷款困境的重要途径。

就我国现行法律来看,根据国务院新闻办公室发布的《中国的法治建设白皮书》统计,截至2008年初,我国共有229部有效法律(含《宪法》)[1]。以此为基本,随后三年根据法律通过和废止情况,到2010年底,全国已制定现行有效法律236件[2],行政法规690多件,地方性法规8600多件,组成了中国特色的社会主义法律体系,如按部门来划分,该体系由法律、行政法规、地方性法规3个层次,宪法及宪法相关法、民法商法、行政法、经济法、社会法、刑法、诉讼与非诉讼程序法7个法律部门组

---

[1] 王竹:《我国到底有多少部现行有效法律——兼论"准法律决定"的合法性完善》,《社会科学》2011年第10期。

[2] 吴邦国:《在形成中国特色社会主义法律体系座谈会上的讲话》,《人民日报》2011 - 01 - 27。

成。在目前我国社会主义法律体系中，部分法律法规对完善学生资助体系，开展学生资助和国家助学贷款已有了较多的原则性规定，《中华人民共和国宪法》（指 1982 年颁布的现行宪法，曾先后 4 次进行修正，最后一次在 2004 年修正）第十四条规定："国家建立健全同经济发展水平相适应的社会保障制度"；第十九条规定："国家鼓励集体经济组织、国家企业事业组织和其他社会力量依照法律规定举办各种教育事业"；第二十三条规定："国家培养为社会主义服务的各种专业人才，扩大知识分子的队伍，创造条件，充分发挥他们在社会主义现代化建设中的作用，"从一项国家政策上讲，实施国家助学贷款就是学生接受教育权利的制度保障，通过教育资助广大青少年顺利完成学业，是促进青少年全面发展的重要措施。《中华人民共和国教育法》（1995 年 3 月 18 日，由第八届全国人民代表大会第三次会议通过，自 1995 年 9 月 1 日起施行）第三十七条规定："国家、社会对符合入学条件、家庭经济困难的儿童、少年、青年，提供各种形式的资助"；第四十二条规定："受教育者享有'按照国家有关规定获得奖学金、贷学金、助学金'的权利"；第五十三条规定："国家建立以财政拨款为主、其他多种渠道筹措教育经费为辅的体制，逐步增加对教育的投入，保证国家举办的学校教育经费的稳定来源"；第五十四条规定："国家财政性教育经费支出占国民生产总值的比例应当随着国民经济的发展和财政收入的增长逐步提高"；第六十二条规定："国家鼓励运用金融、信贷手段，支持教育事业的发展"，作为教育法律体系中的基本法律，进一步明确了开展国家助学贷款的必要性和重要性，以及实施国家助学贷款资金筹集渠道，为推进国家助学贷款立法提供了明确依据。《中华人民共和国高等教育法》（1998 年 8 月 29 日，由中华人民共和国第九届全国人民代表大会常务委员会第四次会议通过，自 1999 年 1 月 1 日起施行）第五十四条规定："家庭经济困难的学生，可以申请补助或者减免学费"；第五十五条规定："对品学兼优的学生、国家规定的专业的学生以及到国家规定的地区工作的学生给予奖励。国家设立高等学校学生勤工助学基金和贷学金，并鼓励高等学校、企业事业组织、社会团体以及其他社会组织和个人设立各种形式的助学金，对家庭经济困难的学生提供帮助。获得贷学金及助学金的学生，应当履行相应的义务"，再次强调国家助学贷款在资助家庭经济困难学生中的重要地位，明确借款学生法律义务。《中华人民共和国职业教育法》（1996 年 5 月 15 日，由中华人民共和国第八届全国人民代表大会常务委员会第十九次会议修订通过,自 1996 年 9 月 1 日起施行)第三十二条规定:"国家支持企业、事业组织、社会团体、其他社会组织及公民个人按照国家有关规定设立职业教育奖学金、贷学金,奖励学习成绩优秀的学生或者资助经济困难的学生。"在制定实施以上法律政策同时,我国制定了相应的纲领性文件,使之与法律互为补充、相互指导,如《中国教育改革和发展纲要》(中发〔1993〕3 号,中共中央、国务院 1993 年 2 月 13 日印发)提出"制订教育法律、法规,要注意综合配套,逐步完善。要抓紧草拟基本的教育法律、法规和当前急需的教育法律、法规,争取到本世纪末,初步建立起教育法律、法规体系的框架","要创造条件,鼓励和支持学生参加勤工俭学,对家庭确有困难的学生,可减免学杂费或提供贷学金。运用金融、信贷手段,融通教育资金,支持校办产业、高新科技企业以及勤工俭学的发展,开办教育储蓄和贷学金等业务"。《国务院批转教育部面向二十一世纪教育振兴行动计划的通知》(国发〔1998〕4 号,国务院 1999 年 1 月 13 日颁布)规定:"要通过多种形式对高校特困生给予资助,保证经高考录取和已在校的家境贫寒的学生不因经济困难而辍学。国家继续安排资金资助特困生,地方财政和学校相应配套资助。同时,积极开展高校学生贷学金等多种助学制度的试点工作,探索社会主义市场经济条件下资助经济困难学生的有效途径","落实科教兴国战略,把教育投资作为一种基础性的投资,千方百计增加教育投入。特别是要保证做到《教育法》规定的教育经费的'三个增长'(即各级政府教育财政拨款的增长要高于同级财政经常性收入的增长,在校学生人均教育经费逐步增长,教师工资和学生人均公用经费逐步增长)。要按照《教育法》和《中国教育改革和发展纲要》的规定,逐步提高国家财政性教育经费占国民生产总值的比例,努力实现 4% 的目标"。《国家中长期教育改革和发展规划纲要(2010—2020 年)》(国家"十二五"教育发展规划纲要,中共中央政治局 2010 年 6 月 21 日召开会议审议并通过)提出"教育投入是支撑国家长远发展的基础性、战略性投资,是教育事业的物质基础,是公共财政的重要职能,按增值税、营业税、消费税的 3% 足额征收教育费附加,专项用于教育事业。完善非义务教育培养成本分担机制,根据经济发展状况、培养成本和群众承受能力,调整学费标准。完善捐赠教育激励机制,落实个人教育捐赠支出在所得税前全额扣除政策","完善中等职业学校、普通本科高校和高等职业学校家庭经济困难学生资助政策体系。完善助学贷款体制机制，推进生源地信用助学贷款"，同时，首次提出加快教育信息基础设施建设，构建国家教育管理信息系统，以及完善教育法律体系，加快教育法制建设进程，形成比较完善的中国特色社会主义教育法律体系等意见，明确要求根据经济社会发展和教育改革的需要，提请全国人大及其常委会修订职业教育法、教育法、学位条例、高等教育法、教师法、民办教育促进法，制定有关考试、学校、终身学习、学前教育、家庭教育等法律。此外，自1999年开始在北京等8个城市进行国家助学贷款试点至今，国务院、教育部、财政部，以及中国人民银行等各部门制定实施了一系列国家助学贷款办法条例，建立了较为完善的国家助学贷款体系，为国家助学贷款立法提供了完备的政策依据。很多专家、学者也对国家助学贷款立法摇旗呐喊，同济大学的郑惠强博士从1998年就开始强烈建议进一步完善国家助学贷款制度，并作为全国人大代表，于2007年3月，时任中国民主同盟上海市委主委的郑惠强向全国人大提交了关于制定《国家助学贷款法》的议案，强调说"国家助学贷款规章制度，虽经过国务院办公厅转发，但其法律效力远低于法律和行政法规，内容也与我国的《商业银行法》《教育法》《担保法》等法律不一致，造成操作上的疑难与困惑，在历经挫折之后，国家相关部门积累了丰富的理论和实践经验，为国家助学贷款立法的时机已经成熟，应制定适合我国国情的《国家助学贷款法》[①]"。因此，经过多年的实践及探索，并借鉴国家助学贷款立法较早的美国、日本，以及法制发达国家的成功经验"立法在前，实践在后，且一事一法"来看，在有成文、正式的立法做保障的情况下，国家助学贷款政策贯彻落实就较顺利、较彻底，且能收到良好效果。结合我国国情，特别是现有的法律法规体系建设完善过程中，将国家助学贷款纳入立法规划，争取在一定时期内出台实施，促进国家助学贷款顺利开展。

根据我国体制，对比现行法律立法结构，我国国家助学贷款立法应采取集中、统一的立法形式，出台的《国家助学贷款法》应对政策性银行设立的宗旨、性质与地位，助学贷款资金来源、组织体制、操作规程，以及法律责任等作出明确规定，可包括九部分（章），具体内容简要概括如

[①] 上海新闻网：《让贫困学生不再为学费发愁——访全国人大代表郑惠强》，http://cache.baiducontent.com/c? m=9d7843ad，2007-03-08。

下：第一章是总则部分，如对国家助学贷款性质的界定；国家助学贷款实施目的、宗旨；国家助学贷款适用对象等。第二章是国家助学贷款各参与主体（"全国国家助学贷款管理委员会"，国家各主管行政部门、事业单位等）的组织机构，及其权利和义务；政策性国家助学贷款业务银行（"全国国家助学贷款银行"）的设立、宗旨、性质，及其权利和义务；国家助学贷款基层（县级或乡镇级）经办金融机构的确定；普通院校在国家助学贷款体系中的职能和义务；借款学生权利和义务等。第三章是国家助学贷款管理和运行体制，如国家助学贷款资金来源（本金筹集方式及承担比例）；贷款规模（总额度及人数比例）；贷款（学生）申请条件；贷款种类；贷款用途；担保保险等。第四章是国家助学贷款操作规程，如申贷程序；资格审查、贷款审批；借贷的额度、利息、期限；贷款发放方式；优惠减免、代偿补偿等。第五章是国家助学贷款回收及风险防范，如回收方式；呆账注销；风险防范；回收资金的再分配；以及信用记录的披露及处罚责任；经济制裁等。第六章是国家助学贷款的监督检查，如对基层经办金融机构、普通院校开展专项业务检查，以及绩效考核、评比等。第七章是贷款综合管理服务系统的维护、运作与管理。第八章是国家助学贷款法律责任，即各参与单位或个人应承担的民事、行政乃至刑事责任等。第九章是附则，如对法条中的一些概念和规定进行明确的界定，以及实施日期等。

  国家助学贷款体现的是高等教育机会均等、人力资本投资、教育成本分担等现代教育理念，一旦立法，贷款出资主体与借款学生之间，即是借贷方和受贷方、债权和债务之间的法律、信用关系，参与各方的行为皆被框定在法律范围内，使国家助学贷款各个环节都有法可依、有章可循，最终突破助学贷款发展的瓶颈之困，推动全国国家助学贷款长远可持续发展。

第四章　学费补偿和国家助学贷款代偿制度

学费补偿和国家助学贷款代偿，是为引导和鼓励高校毕业生向中西部地区和艰苦边远地区基层单位（指县级以下机关、企事业单位和艰苦地区的艰苦行业）就业和应征入伍服义务兵役，对中央部属高校毕业生到中西部地区和艰苦边远地区基层单位就业，服务期在3年以上（含3年），或高校毕业生应征入伍服义务兵役的，由国家补偿学费，在校学习期间获得国家助学贷款的，获得国家助学贷款本金及其全部偿还之前产生的利息由中央财政代为偿还，对于补偿的学费优先用于偿还国家助学贷款。作为高校学生资助政策体系中的重要组成部分，学费补偿和国家助学贷款代偿是国家为缓解大学生就业压力，落实国家助学贷款政策，提高兵员征集质量，推进国防和军队现代化建设，出台的具有显著代表性的优惠政策，以及重要的配套政策。

根据学费补偿和国家助学贷款代偿资金出资主体及资助性质，狭义的学费补偿和国家助学贷款代偿资助对象仅指赴基层单位就业的高校毕业生；广义的学费补偿和国家助学贷款代偿指对所有符合条件的在校或毕业学生进行的学费补偿及国家助学贷款代偿，含高等学校毕业生赴基层单位就业学费补偿国家助学贷款代偿、大学生应征入伍服义务兵役国家资助、退役士兵教育资助，以及对符合享受助学贷款优惠政策的贷款减免等资助政策。本章所论述的为广义上的学费补偿和国家助学贷款代偿政策。

第一节　学费补偿和国家助学贷款代偿政策发展进程

按照资助途径再分类，学费补偿和国家助学贷款代偿，属于典型的由政府提供资金的政府性、用于补偿学费的学费性，以及以"无偿"方式资助的赠予型资助。根据资助补贴方式，学费补偿和国家助学贷款代偿又属于显性直接补贴，而与显性间接补贴、隐性直接补贴，以及隐性间接补贴相比，显性直接补贴可以使更多的学生得到资助，具有较强的引导性、目的性，资助效果也较理想。因此，实施学费补偿和国家助学贷款代偿政策，是完善高校学生资助政策体系，化解国家助学贷款风险压力，创新大学生就业激励机制的重大举措。

一 实施学费补偿和国家助学贷款代偿政策的意义

学费补偿和国家助学贷款代偿资助政策，是一项利国、利军、利民、利校的好政策，是进一步落实科学发展观，推进科教兴国战略和人才强国战略实施，引导和鼓励高校毕业生面向基层就业、缓解大学生就业难压力、减轻应征入伍毕业生家庭经济负担、培养广大青年健康成长等方面都具有重要意义。

（一）实施学费补偿和国家助学贷款代偿资助政策，有利于加大资助家庭经济困难学生工作力度，减轻家庭贫困学生还款负担，促进教育公平，构建和谐社会。如按本科生四年，每年最高贷款额度以 2014 年调整前的 6000 元计，大学期间贷款总额度 24000 元，毕业后应征入伍服义务兵役两年，上学期间国家助学贷款全免，无疑大大减轻了借款学生家庭经济负担。

（二）对高校毕业生赴基层单位就业实施学费补偿国家助学贷款代偿，有利于引导和鼓励高校毕业生面向基层就业，改善基层人才队伍结构，促进城乡和区域经济协调发展。随着经济体制改革的深化和经济结构的战略性调整，广大基层特别是西部地区、艰苦边远地区和艰苦行业以及广大农村还存在人才匮乏的状况。通过实施学费补偿和贷款代偿政策，在一定程度上能够缓解基层单位的人才紧缺状况，促进人才资源的合理配置。

（三）对大学生应征入伍服义务兵役实施学费补偿和国家助学贷款代偿资助政策，有利于吸纳高校毕业生积极参军入伍，从源头上改善兵员素质结构，提升兵员素质和战斗力。随着科技发展日新月异，现代化战争凸显高科技、信息化、远距离等特点，兵员受教育的程度和质量已成为影响军队战斗力的重要因素。通过实施学费补偿和贷款代偿政策，让具有高等教育学历的毕业生积极入伍，逐步培养成各级优秀的指挥员，推进全军现代化和国防现代化建设，不断增强军队履行新世纪、新阶段历史使命的能力。

（四）对自主就业退役士兵实施教育资助政策，是提高退役士兵就业能力的有效手段，是国家人力资源开发的重要内容。通过对考入全日制高校的自主就业退役士兵进行学费补偿，可以使更多士兵在退出现役后能够接受系统的高等教育，提高文化知识和技能水平，实现"二次专业化"，由军事专业人员转变为经济建设人员，对加强军队建设和促进社会稳定具有推动作用。

（五）对高校毕业生赴基层单位就业、大学生应征入伍服义务兵役实施学费补偿和国家助学贷款代偿资助政策，也有利于完善高校就业体系。金融危机的长期蔓延给大学生就业带来较大冲击，多年的就业严峻形势一直存在，通过学费补偿贷款代偿，可以缓解毕业生工作初期的就业压力。而且从长远来看，用人单位越来越青睐于具有丰富基层经验和社会阅历的专门人才，且人才匮乏的基层单位或部队更急需高校为其培养技术知识丰富的高级人才，为此，鼓励大学生赴基层就业、应征入伍服兵役也是完善高校大学生就业工作体系的客观需要。

（六）实施学费补偿和国家助学贷款代偿资助政策，有利于广大青年知识分子健康成长和锻炼成才。当今大学生，以独生子女、"90后"甚至"95后"居多，学历高、知识新、眼界宽、思想活跃，但缺乏对国情、社情、民情的深刻了解，由于优越的社会环境和富裕的家庭经济状况，从小受到家庭及社会的过度关爱，缺乏严格的党性锻炼和基层艰苦环境的历练，对党的奋斗历史和优良传统认识不够，对基层的困难和群众的疾苦体验不够，工作、生活中很少遇到困难和挫折，缺少艰辛磨炼。无论是应征入伍，接受部队严格的管理和训练，还是到西部地区、艰苦边远地区和艰苦行业以及广大农村，参加基层工作磨砺和实践锻炼，既是国家建设的需要，也是青年学生自身成长的迫切需要。通过激励广大青年学生基层和入伍实践锻炼，培养他们吃苦耐劳的精神，引导他们加强党性修养和实践锻炼，使他们真正做到忠诚党的事业、心系人民群众、专心做好工作、不断完善自己，更好地服务经济社会发展大局。

（七）实施学费补偿和国家助学贷款代偿资助政策，有利于创新工作机制，合理进行高等教育成本补偿，完善高校资助政策体系。通过学费补偿贷款代偿，其学费及贷款本息由国家财政负担，确保毕业后有能力偿还所欠贷款与学费，有利于化解贷款风险，进一步理顺国家助学贷款工作中教育、财政和银行各方关系，推进国家助学贷款工作。

二 学费补偿和国家助学贷款代偿政策实施进程

国家助学贷款代偿,作为国家助学贷款政策体系中的一部分,是随着国家助学贷款政策的实施而同步施行的。因此,自1986年,我国实行由中国工商银行提供的低息贷款时,在对贷款偿还规定上,就首次提出对符合条件的学生所借贷款给予补偿。其后,随着国家助学贷款体制的调整及完善,先后实施高等学校毕业生赴基层单位就业学费补偿国家助学贷款代偿、大学生应征入伍服义务兵役国家资助,以及退役士兵教育资助等资助政策。

(一)初期的国家助学贷款代偿政策(1999年前)

1986年7月,国务院转批《国家教育委员会、财政部关于改革现行普通高等学校人民助学金制度报告的通知》(国发〔1986〕72号),决定对经济确有困难、学习努力、遵守国家法律和学校纪律的学生给予每人每年最高限额不超过300元的贷款,按月平均发到贷款学生,对于贷款偿还,学生仅还贷款原额,由毕业生所在工作单位一次垫还给发放贷款单位,见习期满后,五年之内由所在单位从其本人工资中逐月扣还,而银行按低利率计算的利息,由学校从国家核定的高等学校事业经费预算中支付。同时规定,对符合毕业后到中等学校、初等学校任教,或到边疆地区、老区、经济贫困地区、少数民族地区、山区工作,或到条件比较艰苦的行业基层单位工作等其中条件之一者,并保证工作五年以上的,可以免还所借贷款,所产生的免还数额,同样从国家核定给学校的事业经费预算中补偿给银行信贷。1987年7月,《国家教育委员会、财政部关于重新印发〈普通高等学校本、专科学生实行贷款制度的办法〉的通知》(教计字〔87〕139号)中指出,为了鼓励高等学校毕业生到国家最需要的地方去,为"四化"建设积极努力工作,国家将给予适当的一次性奖励,并为了鼓励学生报考师范、农林、民族、体育、航海专业,继续实行专业奖学金,而不实行贷款制度。1990年7月,为鼓励毕业生到基层、到条件艰苦的地方去,教育部再次下发《关于普通高等学校本专科学生贷款偿还办法的补充通知》(教财〔1990〕49号),明确指出,对学生毕业时一次还清全部贷款的,由学校按其贷款额的10%减还贷款,同时规定,对具备以下条件之一者,可全部或部分免还贷款:一是在学习期间连年被评为"三好学生",或受到省级以上领导机关表彰授予"优秀团员""优秀学生干部"等荣誉称号者;二是毕业后到县城以下地方的中小学校、农职业学校等从事教育工作且满五年者;三是毕业后到国务院或省级人民政府确定的贫困县工作且满五年者;四是内地学校毕业分配到内蒙古、宁夏、新疆、西藏、广西及青海、云南、贵州工作,以及分配到各省民族自治州、县工作且满五年者(由各自治区、省政府根据本地实际情况确定可以减免贷款的工作地方);五是毕业到艰苦行业的基层单位(如石油、地质、煤炭、矿业、水利、气象、国防等行业的基层厂、矿、队、台、站、基地)工作且满五年者;六是在校期间因病死亡者。但随着教育体制改革的深入,特别是招生"并轨"改革试点工作逐步推开,原学生奖学金和贷款制度的部分内容已不适应当前改革发展的需要,1995年8月,国家教育委员会又一次下发《关于改革国家教委直属院校学生贷款办法的通知》(教财〔1995〕58号),在制定实施的《国家教委直属院校本、专科学生贷款暂行办法》中明确规定,对符合条件之一的可减免偿还贷款:对所就读学校设立定向贷款,在入学时提出申请,被批准后与学校签订协议,毕业时履行定向就业协议的学生,全额免还贷款;对毕业时,服从国家分配,到艰苦地区、艰苦行业或国家规定的某些重点单位工作的学生,减免贷款;对获省部级以上(包括省部级)年度表彰的学生,免还一年贷款,获校级奖励的优秀学生也可减免贷款,数额由学校确定;对参加勤工助学或其他校内服务的学生,经本人同意,学校可用其收入适当抵减所借贷款;对毕业前还清贷款的学生给以20%减免优惠。对于师范院校继续执行专业奖学金制度,仍不实行贷款办法。这是我国最早实施的国家助学贷款代偿政策,即对所符合规定条件,或服务区域、行业且达到一定年限学生的贷款通过减免方式进行补偿。

(二)现行的学费补偿和国家助学贷款代偿政策(1999年后)

1. 高校毕业生赴基层就业学费和国家助学贷款代偿政策的实施

为推动科教兴国战略实施,支持教育事业发展,自1999年我国大力推进国家助学贷款工作,不断研究完善有关政策和办法,加大工作力度,逐步实施学费补偿和国家助学贷款代偿系列政策。2004年6月,国务院办公厅转发教育部、财政部、人民银行、银监会《关于进一步完善国家助学贷款工作若干意见的通知》(国办发〔2004〕51号),提出对毕业后自愿到国家需要的艰苦地区、艰苦行业工作,服务期达到一定年限的借款学生,经批准可以奖学金方式代偿其贷款本息,具体办法结合学生就业政策另行制定，这是实施国家助学贷款新机制后，首次提出对符合条件的学生贷款本息以代偿方式进行偿还。2006年9月，为引导和鼓励高校毕业生面向西部地区和艰苦边远地区基层单位就业，根据中共中央办公厅国务院办公厅有关通知精神，《财政部、教育部关于印发〈高等学校毕业生国家助学贷款代偿资助暂行办法〉的通知》（财教〔2006〕133号），决定自2006年起，对中央部门所属普通高等学校全日制本专科生（含高职）、研究生、第二学士学位应届毕业生，自愿到西藏、内蒙古、广西、重庆、四川、贵州、云南、陕西、甘肃、青海、宁夏、新疆等12个省（自治区、直辖市），湖南湘西、湖北恩施、吉林延边自治州，海南省原黎族苗族自治州所辖市县中的6个民族自治县以及东方市、五指山市的县级人民政府驻地以下地区，和国务院规定的艰苦边远地区的县级人民政府驻地以下地区基层单位工作，服务期达到3年以上（含3年）的学生，其在校学习期间的国家助学贷款本金及其全部偿还之前产生的利息由中央财政代为偿还，其中基层单位为所指西部地区和艰苦边远地区县级以下机关、企事业单位，包括乡镇政府机关、农村中小学、国有农（牧、林）场、水电施工基地、农业技术推广站、畜牧兽医站、乡镇卫生院、计划生育服务站、乡镇文化站等以及地处艰苦地区的气象、地震、地质、煤炭、石油、核工业等中央单位艰苦行业生产第一线，而所代偿申请对象除要求在校期间学习成绩优良、道德品质良好外，在校期间须获得国家助学贷款；对于代偿方式采取逐年代偿资助的办法，毕业后第一年和第二年各代偿助学贷款本息的30%，第三年代偿本息的40%，三年代偿资助完毕；每人代偿资助总额以该毕业生在校学习期间实际获得的国家助学贷款本金及其全部偿还之前产生的利息为限；每所学校每年上报的代偿资助学生人数原则上不超过当年高校毕业获得国家助学贷款学生人数的5%，农林、水利、石油、师范等专业学生占在校生比例较大高校最高不得超过8%。通知中同时要求各省（自治区、直辖市）要根据上级规定，制定吸引和鼓励高校毕业生面向本辖区艰苦边远地区基层单位就业的国家助学贷款代偿资助办法，至此开始实施真正具有实质性的国家助学贷款代偿政策。

受国际金融危机影响，我国就业形势持续严峻，高校毕业生就业压力持续加大。为鼓励高校毕业生积极参加社会主义新农村建设、城市社区建设和应征入伍，2009年1月，国务院办公厅下发《关于加强普通高等学校毕业生就业工作的通知》（国办发〔2009〕3号），规定"对到中西部地区和艰苦边远地区县以下农村基层单位就业、并履行一定服务期限的高校毕业生,以及应征入伍服义务兵役的高校毕业生,按规定实施相应的学费和助学贷款代偿",这是国家首次明确提出实施"学费代偿"资助政策。同年3月,财政部、教育部决定废止2006年制定的《高等学校毕业生国家助学贷款代偿资助暂行办法》,并联合下发《关于印发〈高等学校毕业生学费和国家助学贷款代偿暂行办法〉的通知》(财教〔2009〕15号),决定自2009年起,对中央部门所属全日制普通高等学校应届毕业生,自愿到中西部地区和艰苦边远地区县以下基层单位工作、服务期达到3年以上(含3年)的学生,其学费由国家实行代偿,在校学习期间获得国家助学贷款的,代偿的学费优先用于偿还国家助学贷款本金及其全部偿还之前产生的利息。对于服务区域,除包括西藏等12个省(自治区、直辖市)外,又新增河北、山西、吉林、黑龙江、安徽、江西、河南、湖北、湖南、海南等10个省份;对于代偿数额,每人每学年代偿学费和国家助学贷款的金额最高不超过6000元,毕业生在校学习期间每年实际缴纳的学费或获得的国家助学贷款低于6000元的,按照实际缴纳的学费或获得的国家助学贷款金额实行代偿,毕业生在校学习期间每年实际缴纳的学费或获得的国家助学贷款高于6000元的,按照每年6000元的金额实行代偿;代偿方式采取分年度代偿的办法,学生毕业后每年代偿学费或国家助学贷款总额的1/3,3年代偿完毕;代偿资金全部由中央财政安排。2014年7月,根据财政部、教育部、中国人民银行、银监会等四部门联合下发的《关于调整完善国家助学贷款相关政策措施的通知》(财教〔2014〕180号)精神,决定自2014年7月1日起,对应届毕业生到中西部地区和艰苦边远地区县以下基层单位工作有关学费补偿和国家助学贷款代偿资助标准,由原来每人每年最高不超过6000元标准调整为本专科学生每人每年最高不超过8000元、研究生每人每年最高不超过12000元。

根据上级要求,各省(自治区、直辖市)结合当地实际,也分别制定了吸引和鼓励高校毕业生面向本辖区艰苦边远地区基层单位就业的学费补偿和国家助学贷款代偿资助办法。以山东省为例,2006年11月,为引导鼓励高校毕业生面向基层就业,加大对贫困学生的资助力度,根据《山东省委办公厅、省政府办公厅关于引导和鼓励高校毕业生面向基层就业的实施意见》(鲁办发〔2006〕14号)精神,山东省财政厅、教育厅制定下发《山东省高等学校毕业生国家助学贷款代偿资助暂行办法》(鲁财教〔2006〕64号),决定自2006年起,对毕业后自愿到山东省经济欠发达县艰苦行业工作的山东省境内经国家和省正式批准设立的高校全日制普通本专科生(含高职)、研究生、第二学士学位应届毕业生,服务年限达5年以上(含5年)的,其在校学习期间的国家助学贷款本金及其全部偿还之前产生的利息由财政代为偿还,其中经济欠发达县为《中共山东省委、山东省人民政府关于加快县域经济发展的意见》(鲁发〔2003〕25号)确定的含山亭区、峄城区、汶上县、嘉祥县、梁山县、苍山县、莒南县、平邑县、费县、沂南县、东平县、东阿县、莘县、冠县、定陶县、曹县、成武县、单县、巨野县、郓城县、东明县、鄄城县、武城县、陵县、平原县、宁津县、庆云县、惠民县、阳信县、无棣县在内的30个经济欠发达县;艰苦行业为农村中小学、国有农(林)场、水电施工基地,农业技术推广站,畜牧兽医站,乡镇卫生院,计划生育服务站,乡镇文化站以及气象、地震、地质、煤炭、石油等部门;对于贷款代偿资金,由省财政与毕业生就业所在市、县(市、区)财政按5∶3∶2的比例共同承担;贷款代偿方式采取逐年代偿的办法,从毕业后第一年开始,每年代偿国家助学贷款本息的20%,5年代偿完毕。根据国家学费补偿贷款代偿资助政策调整,以及《山东省人民政府关于进一步加强普通高等学校毕业生就业工作的通知》(鲁政发〔2009〕28号)精神,2009年7月,山东省财政厅、教育厅决定废止2006年制定实施的《山东省高等学校毕业生国家助学贷款补偿资助暂行办法》,并执行《山东省高等学校毕业生学费和国家助学贷款补偿暂行办法》(鲁财教〔2009〕43号),规定自2009年起,对毕业后自愿到山东省财政困难县艰苦行业工作的高校应届毕业生,服务年限3年以上(含3年)的,其学费或国家助学贷款本金由财政给予补偿,其中,财政困难县为高校毕业生就业上年达不到县级最低财力(支出)保障线的县(市、区)(根据有关部门公布,2008年山东省财政困难县为43个);艰苦行业为县以下机关及企事业单位,包括乡镇政府机关、农村中小学、国有农(林)场、水电施工基地,农业技术推广站,畜牧兽医站,乡镇卫生院,计划生育服务站,乡镇文化站;对于学费补偿贷款代偿方式,待符合学费和国家助学贷款补偿资格的高校毕业生服务期满3年后,补偿资金于次年一次性发放给学生本人;同样,对于学费补偿贷款代偿数额,每生每学年学费补偿或国家助学贷款代偿最高不超过6000元,毕业生在校学习期间每年实际缴纳学费或获得国家助学贷款高于6000元的，按每年6000元的标准给予补偿；每年实际缴纳学费和获得国家助学贷款低于6000元的，按其中的高项据实给予补偿。

2. 大学生应征入伍服义务兵役学费补偿和国家助学贷款代偿政策的推行

在校大学生征兵工作开始于2001年。2001年9月，国务院、中央军委颁布《征兵工作条例》，首次明确规定："依法可以缓征的正在全日制高等学校就学的学生，本人自愿应征并且符合条件的，可以批准服现役，学校应保留其学籍"，随后，教育部、总参谋部、总政治部出台《关于从全日制高等学校在校学生中征集新兵有关问题的通知》（〔2001〕参联字4号），在全国90多所高校进行试点，全国有3万多名在校学生应征入伍，经体检有1066名大学生应征入伍[①]。2004年，从高校征集新兵工作在全国全日制高校全面铺开，但就大学期间已缴纳的学费、办理的国家助学贷款，以及退役后复学学生学费等不实施补偿。

大学生应征入伍服义务兵役学费补偿和国家助学贷款代偿起始于对高等学校毕业生应征入伍服义务兵役学费补偿和国家助学贷款代偿。为鼓励高等学校毕业生积极应征入伍服役，提高兵员征集质量，推进国防和军队现代化建设，2009年4月，财政部、教育部、总参谋部联合下发《关于印发〈应征入伍服义务兵役高等学校毕业生学费补偿国家助学贷款代偿暂行办法〉的通知》（财教〔2009〕35号），决定自2009年起，国家对应征入伍服义务兵役的中央部门和地方所属全日制公办普通高等学校、民办普通高等学校和独立学院的毕业生在校期间缴纳的学费实行补偿，在校期间获得国家助学贷款的，学费补偿款首先用于偿还助学贷款本金及其全部偿还之前产生的利息；每名毕业生每学年补偿学费或代偿国家助学贷款本息的金额，最高不超过6000元，在校期间每学年实际缴纳的学费或获得的国家助学贷款本息高于6000元的，按照每年6000元的金额实行补偿或代偿，每学年实际缴纳的学费或获得的国家助学贷款本息低于6000元的，按照学费和国家助学贷款本息两者就高的原则，实行补偿或代偿，并于毕业生入伍时，实行一次性补偿或代偿，资金全由中央财政承担。时隔两年后，2011年10月，为鼓励高校在校学生积极应征入伍服义务兵役，财政部、教育部、总参谋部又一次联合下发《关于印发〈应征入伍服义

---

① 胡卫华：《对在校大学生征兵工作的几点体会》，《南方论刊》2008年第1期。

务兵役高等学校在校生学费补偿国家助学贷款代偿及退役复学后学费资助暂行办法〉》（财教〔2011〕510号），决定自2011年秋季学期起，对应征入伍服义务兵役的全日制普通高等学校在校学生，实施相应的学费补偿和国家助学贷款代偿，退役后复学的原高校在校学生实施相应的学费资助，其中学费补偿和国家助学贷款代偿数额与高校毕业生应征入伍服义务兵役学费补偿贷款代偿数额一致，应征入伍高校在校学生退役复学后申请的学费资助金额最高不超过6000元，每学年学费标准高于6000元的，按照6000元的资助标准进行补偿，学费标准低于6000元的，按照实际学费收费金额进行补偿。在补偿方式上，对应征入伍服义务兵役的高校在校生学费补偿和国家助学贷款代偿，实行在学生入伍时一次性补偿或代偿；对退役复学后学生学费资助，实行一次性申请、一次性审批、经费一次性拨付就读学校，由学校分年度直接用于缴纳学生本人的学费，而不补偿至学生本人。同时，规定在2009年前已经在部队服义务兵役的原高校在校生，退役后具有学费资助申请资格，但对其入伍前已经缴纳的学费或获得的国家助学贷款，不具有学费补偿或者贷款代偿资格。至此，无论是高校毕业生应征入伍服义务兵役，还是高校在校生应征入伍服义务兵役，或退役复学的原高校在校生，都实施了学费补偿或者助学贷款代偿资助政策。

经过两年实践，在总结工作经验的基础上，2013年8月，财政部、教育部、总参谋部决定废止2009年开始实施的《应征入伍服义务兵役高等学校毕业生学费补偿国家助学贷款代偿暂行办法》，以及2011年开始实施的《应征入伍服义务兵役高等学校在校生学费补偿国家助学贷款代偿及退役复学后学费资助暂行办法》，三部门再次联合下发《关于印发〈高等学校学生应征入伍服义务兵役国家资助办法〉的通知》（财教〔2013〕236号），决定由国家对应征入伍服义务兵役及退役后自愿回校复学的所有实施高等学历教育的全日制公办普通高等学校、民办普通高等学校和独立学院的学生给予资助，即国家对应征入伍服义务兵役的高校学生，在入伍时对其在校期间缴纳的学费实行一次性补偿或获得的国家助学贷款实行代偿；对应征入伍服义务兵役前正在高等学校就读的学生，服役期间按国家有关规定保留学籍或入学资格、退役后自愿复学或入学的，国家实行学费减免，所发生资金全部由中央财政承担。其中学费补偿、国家助学贷款代偿及学费减免标准，本专科生每人每年最高不超过6000元，硕士研究生每人每年最高不超过8000元，博士研究生每人每年最高不超过10000

元。在补偿资金拨付上,中央部门所属高校国家资助资金由中央财政拨付全国学生资助管理中心进行拨发,而对于地方高校学生应征入伍服义务兵役国家资助资金,要求采取"当年先行预拨,次年据实结算"的办法,以便补偿资金及时拨付至所属高校,确保国家资助政策及时落实到位。同样,在 2014 年 7 月,财政部等四部委对国家助学贷款相关政策措施进行调整完善时,对高校学生应征入伍服义务兵役国家资助标准,由原来每人每年最高不超过 6000 元标准,也调整为本专科学生每人每年最高不超过 8000 元、研究生每人每年最高不超过 12000 元。

无论毕业生应征入伍,还是在校生应征入伍,自主选择申请相应的学费补偿和国家助学贷款代偿,但按就高原则二者只可选择其一。以两名入伍借款学生为例,一本科毕业生每年学费为 5000 元,四年共贷款三次,每次贷款 6000 元,在选择学费补偿或贷款代偿时,需将四年缴纳的全部学费 $5000 \times 4 = 20000$ 元,与三年的贷款总金额 $6000 \times 3 = 18000$ 元及其利息进行比较(入伍毕业生贷款代偿数额为贷款本息和),就高选择申请学费补偿 20000 元,而不是申请贷款代偿 18650 元(假设贷款偿还前产生利息为 650 元);而另一大三本科在校生,每年学费为 3400 元,入伍前共贷款两次,每次贷款 6000 元,在选择学费补偿或贷款代偿时,需将大学前三年已缴纳的全部学费 $3400 \times 3 = 11200$ 元,与两年的贷款总金额 $6000 \times 2 = 12000$ 元进行比较,就高选择申请贷款代偿 12000 元(入伍在校生只代偿贷款本金),而不是申请学费补偿 11200 元。

3. 退役士兵教育资助政策的出台

为提高退役士兵就业能力,加快培养现代化建设人才,根据《国家中长期人才发展规划纲要(2010—2020 年)》和《国务院中央军委关于加强退役士兵职业教育和技能培训工作的通知》(国发〔2010〕42 号)精神,2011 年 10 月,财政部、教育部、民政部、总参谋部、总政治部等五部委联合下发《关于实施退役士兵教育资助政策的意见》(财教〔2011〕538 号),决定自 2011 年秋季学期开始,遵照"统一性、自愿性、非排他性"原则,实施自主就业退役士兵教育资助政策,即对退役一年以上,考入全日制普通本科学校、全日制普通高等专科学校和全日制普通高等职业学校的自主就业退役士兵,由政府给予包括学费资助为主,家庭经济困难退役士兵学生生活费、其他奖助学金资助为辅的教育资助。对于学费资助标准,按省级人民政府制定的学费标准,原则上退役士兵学生应交多少学费中央财政就资助多少，最高不超过年人均 6000 元，高于 6000 元部分自行负担；对于学费资助方式，由中央财政按标准和隶属关系补助退役士兵学生所在学校，且资助期限为全日制普通高等学历教育一个学制期。2014 年 7 月，财政部等四部委对高等学校毕业生学费和国家助学贷款代偿、大学生应征入伍服义务兵役国家资助标准调整时，一同将退役士兵教育资助标准进行了调整，由原来退役士兵学费资助每人每年最高不超过 6000 元标准，同样调整为本专科学生每人每年最高不超过 8000 元、研究生每人每年最高不超过 12000 元。退役士兵教育资助作为一项系统工程、创新工程，是高校学生资助政策体系中的重要组成部分，是我国贯彻落实科学发展观、改进和创新教育教学管理方式的重要体现，也是改善教育资助效应，促进教育公平的重大举措。

综上所述，对于普通高校毕业生赴基层就业学费和国家助学贷款代偿、大学生应征入伍服义务兵役国家资助，以及退役士兵教育资助政策三者对比，见表 4—1。

表 4—1　　我国普通高校学费补偿和国家助学贷款代偿政策对比表

项目	高校毕业生赴基层就业学费和国家助学贷款代偿	大学生应征入伍服义务兵役国家资助	退役士兵教育资助
出发点（目的）	鼓励毕业生到中西部地区和艰苦边远地区基层单位就业，改善基层人才队伍结构，促进广大知识青年健康成长和锻炼成才	吸纳大学生积极参军入伍，改善兵员素质结构，提升兵员素质和战斗力，推进全军现代化和国防现代化建设	更好地安置退役士兵，使其接受系统的高等教育，提高其文化知识和技能水平，实现"二次专业化"
学校属性	中央部门所属全日制普通高校（地方高校毕业生由省级政府另行制定实施）	所有经国家批准设立、实施高等学历教育的中央部门和地方所属全日制公办普通高等学校、民办普通高等学校和独立学院	全日制普通高等学校（包括全日制普通本科学校、全日制普通高等专科学校和全日制普通高等职业学校）
资助主体	自愿到中西部地区和艰苦边远地区县以下基层单位工作、服务期达到 3 年及以上的部属高校毕业生（地方高校毕业生到省级政府制定的服务地区和行业，并达到一定年限）	应征入伍服义务兵役的高校学生；以及原高校在校生完成兵役后继续回原学校就读的学生	退役一年以上，新考入全日制普通高等学校的退役士兵

续表

项目	高校毕业生赴基层就业学费和国家助学贷款代偿	大学生应征入伍服义务兵役国家资助	退役士兵教育资助
学生层次	本专科（含高职）、研究生、第二学士学位应届毕业生	本专科（含高职）、研究生、第二学士学位的应（往）届毕业生、在校生和入学新生	本专科（含高职）的在校生、入学新生
实施日期	2006年（2009年、2014年分别进行调整）	2009年（2011年、2013年、2014年分别进行调整）	2011年（2014年进行调整）
生效期限	自2006年毕业的应届毕业生，2006年之前赴基层就业毕业生不能享受	毕业生服兵役补偿代偿政策从2009年起开始执行，2009年之前入伍或毕业的学生均不能享受；在校生服兵役补偿代偿政策从2011年秋季学期开始执行，之前入伍的在校生不能享受。退役复学学生学费资助政策从2011年秋季学期开始执行，只要是2011年秋季学期之后复学的学生均可享受，与退役时间无关（如：一学生2009年退役，2011年12月复学，也可享受政策）	退役士兵的学费资助政策从2011年秋季学期开始执行。高校在校生中只要是退役一年以上、新考入高校的退役士兵均可申请享受学费资助，不仅指2011年入学的新生，但只资助2011年秋季学期之后的学费（如：一2010级本科学生，当入学时属于退役一年以上、考入高校的退役士兵，可享受退役士兵学费资助政策，但仅可申请资助2011—2012学年及以后学年的学费）
资金来源	中央财政承担（地方高校所发生补偿代偿资金由地方各级财政承担）	中央财政全部承担	中央财政全部承担
补偿代偿用途	2006年仅代偿在校期间获得助学贷款本金及偿还前产生的利息；2009年开始补偿大学期间学费或代偿贷款本金（含学费、住宿费、生活费等，下同）及利息，两者就高原则进行补偿或代偿	补偿在校期间缴纳的学费，对于获得助学贷款的，补偿学费用于偿还贷款本金及其偿还前产生的利息	补偿在校期间应缴纳的学费
补偿代偿标准	无论学费补偿，还是贷款代偿，最高数额不超过6000元；自2014年起调整为本专科学生每人每年最高不超过8000元、研究生每人每年最高不超过12000元	无论学费补偿、国家助学贷款代偿，还是退役复学学费资助，本专科生每人每年最高不超过6000元，硕士研究生每人每年最高不超过8000元，博士研究生每人每年最高不超过10000元；自2014年起调整为本专科学生每人每年最高不超过8000元、研究生每人每年最高不超过12000元	按省级人民政府制定的学费标准进行学费资助，但每人每年最高不超过6000元（高于部分由学生自行负担）；自2014年起调整为本专科学生每人每年最高不超过8000元、研究生每人每年最高不超过12000元

续表

项目	高校毕业生赴基层就业学费和国家助学贷款代偿	大学生应征入伍服义务兵役国家资助	退役士兵教育资助
补偿代偿方式	采取分年度代偿办法，学生毕业后每年补偿学费或代偿国家助学贷款总额的1/3，3年代偿完毕	对于在校生入伍的，一次性给予学费补偿，如有贷款的，由学校直接或通过县级学生资助管理机构一次性向银行偿还贷款本息；对于退役后复学的，由学校据实一次性或分学年办理学费减免（补偿）手续。对于往届毕业生，由学生按已缴纳学费或已偿还贷款本息凭证直接向学校一次性申请补偿代偿	由中央财政按标准和隶属关系补助学生所在学校，分学年申请、报送及拨付
补偿代偿资助期限	本科、专科（高职）、研究生和第二学士学位毕业生补偿学费和代偿国家助学贷款的年限，分别按照国家规定的相应学制计算（毕业生在校学习时间低于相应学制规定年限的，按照实际学习时间计算，在校学习时间高于相应学制规定年限的，按照学制规定年限计算）（专升本、本硕连读、中职高职连读、第二学士学位毕业生补偿学费或代偿国家助学贷款本息的年限，分别按照完成本科、硕士、高职和第二学士学位阶段学习任务的实际时间计算）	按照国家规定的相应修业年限据实计算。以入伍时间为准，入伍前已达到的修业规定年限，即为学费补偿或贷款代偿的年限；退役复学后应完成的国家规定的修业年限的剩余期限，即为学费减免的年限（复学后攻读更高层次学历不在减免学费范围之内）	全日制普通高等学历教育一个学制期
实施部门	财政部、教育部	财政部、教育部、总参谋部	财政部、教育部、民政部、总参谋部、总政治部

第二节 学费补偿和国家助学贷款代偿政策实施进展及存在的问题

作为高校学生资助政策体系中的重要组成部分，与国家奖助学金、国家助学贷款相比，学费补偿和国家助学贷款代偿政策实施较晚，真正实施应从 2006 年我国制定印发高校毕业生国家助学贷款待代偿资助办法算起。

一　学费补偿和国家助学贷款代偿政策实施进展

国务院以国发〔2007〕13 号文颁发的关于建立健全普通高校等家庭经济困难学生资助政策体系的意见中指出："明确政策导向，鼓励学生接受职业教育，学习国家最需要的专业，到艰苦地区基层单位就业"；国务院办公厅以国办发〔2009〕3 号文制定的关于加强普通高等学校毕业生就业工作的通知中要求："要把高校毕业生就业摆在当前就业工作的首位，鼓励高校毕业生到城乡基层、中西部地区和中小企业就业，鼓励自主创业；对到中西部地区和艰苦边远地区县以下农村基层单位就业、并履行一定服务期限的高校毕业生，以及应征入伍服义务兵役的高校毕业生，按规定实施相应的学费和助学贷款代偿"；国务院、中央军委以国发〔2010〕42 号文规定："坚持以促进就业为目的、以市场需求为导向、以中等职业教育和技能培训为主体、以高等职业教育、成人教育和普通高等教育为补充，组织引导退役士兵免费参加职业教育和技能培训，使大多数退役士兵取得相应学历证书或职业资格证书。"根据国家部署，各部委、各机构相继制定实施具体操作规章制度。时至今日，各相关部门齐心协力，全力推动，高校毕业生赴基层就业、在校大学生应征入伍，以及退役士兵复学资助工作取得较大成绩。笔者将党的十七大至今的普通高校学费补偿助学贷款代偿情况进行了对比。同样，将山东省作为地方政府代表，解读地方所属普通高校学费补偿贷款代偿政策落实情况。

（一）全国普通高校学费补偿贷款代偿进展情况

学费补偿贷款代偿政策实施七年来（2007—2013 年），全国普通高等学校共有 43.448 万人享受学费补偿贷款代偿政策，补偿代偿金额 480420 万元，其中高校毕业生赴基层就业学费补偿贷款代偿 19.23 万人（含地方高校学生到地方政府规定的基层或艰苦行业就业进行的学费补偿贷款代偿，下同），金额 211900 万元；应征入伍服义务兵役学费补偿贷款代偿 23.59 万人，金额 265400 万元；退役士兵考入高等学校享受学费资助 6280 人（仅 2012—2013 年），金额 3120 万元。

1. 各年度学费补偿贷款代偿执行情况

随着学费补偿贷款代偿政策的推行，无论是大学生赴基层就业，还是应征入伍服义务兵役，参加学生人数及补偿代偿金额都保持逐年上升趋势。2007—2013年各年度学费补偿贷款代偿执行情况见表4—2，以及图4—1、图4—2、图4—3。

表4—2　　　　2007—2013年我国普通高校各项政策
学费补偿贷款代偿人数及金额　　　（单位：万人；万元）

项目 年份	大学生赴基层就业 人数	大学生赴基层就业 金额	大学生赴基层就业 人均	大学生应征入伍服义务兵役 人数	大学生应征入伍服义务兵役 金额	大学生应征入伍服义务兵役 人均	退役士兵教育资助 人数	退役士兵教育资助 金额	退役士兵教育资助 人均
2007	0.07	1100	1.57	—	—	—	—	—	—
2008	0.10	1800	1.80	—	—	—	—	—	—
2009	1.56	22600	1.45	3.05	47100	1.54	—	—	—
2010	2.91	31500	1.08	3.03	46000	1.52	—	—	—
2011	3.64	34100	0.94	6.09	78500	1.29	—	—	—
2012	5.91	49800	0.84	6.12	75900	1.24	0.235	1200	0.51
2013	5.04	71000	1.41	5.3	65000	1.23	0.393	1920	0.49
小计	19.23	211900	1.1	23.59	265400	1.13	0.628	3120	0.5

注：各年度学费补偿贷款代偿情况分别来源于《中国学生资助发展报告（2007—2011年）》《2012年中国学生资助发展报告》《2013年中国学生资助发展报告》。

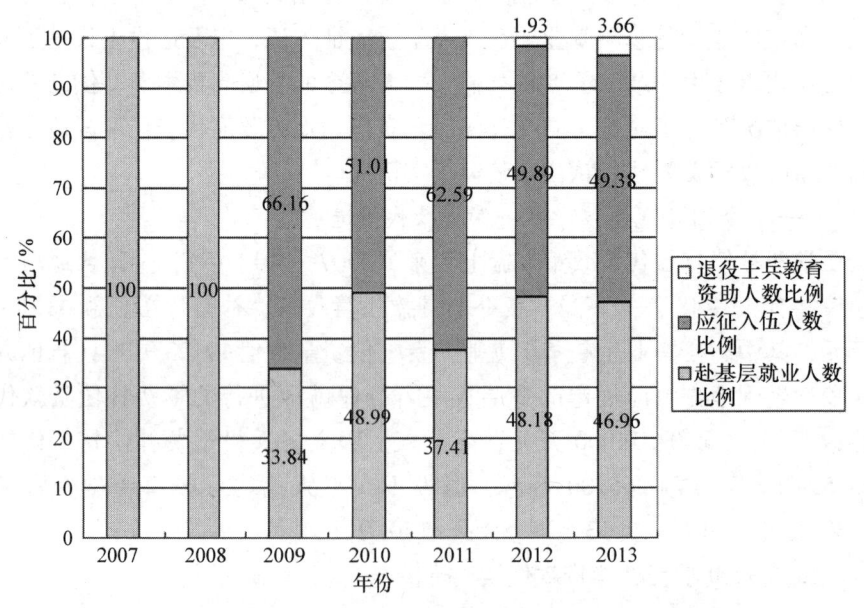

图4—1　2007—2013年我国普通高校学费补偿贷款代偿政策分项资助学生人数比例

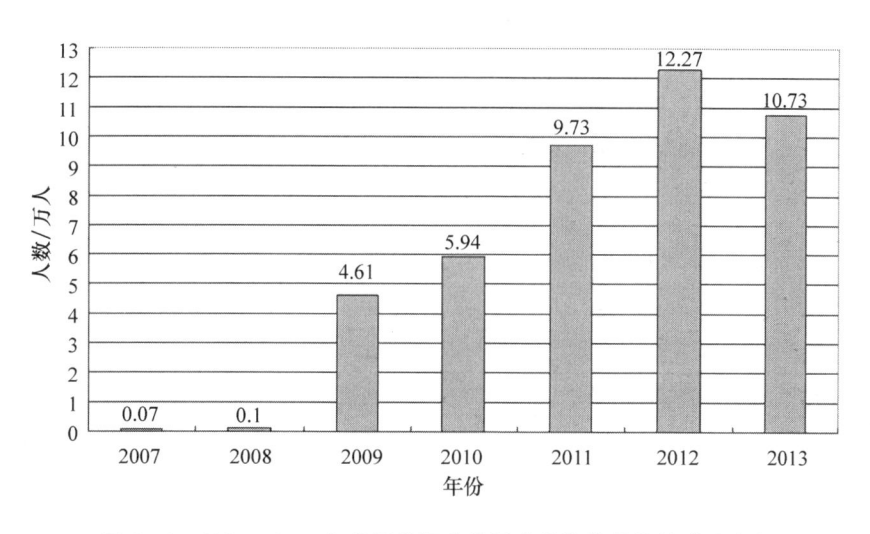

图4—2 2007—2013年我国普通高校学费补偿贷款代偿学生人数

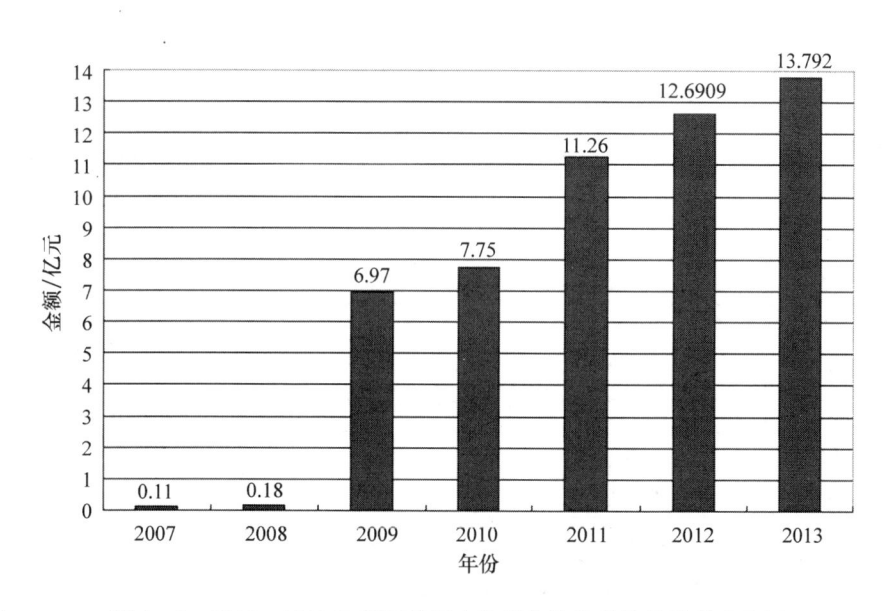

图4—3 2007—2013年我国普通高校学费补偿贷款代偿学生金额

2. 各年度学费补偿贷款代偿在资助政策体系占比情况

2007—2013年各年度学费补偿贷款代偿执行情况，与当年全国普通高校资助政策实施总体情况占比，分别见表4—3、表4—4。

表4—3　　　2007—2013年普通高校学费补偿贷款代偿在资助

政策体系资助人数占比　　　（单位：万人次；万人；‰）

年份	全国普通高校受资助学生总人次	学费补偿贷款代偿受资助总人数	学费补偿贷款代偿资助人数占总资助人数比例
2007	2537.38	0.07	0.028
2008	4158.53	0.10	0.024
2009	3106.04	4.61	1.484
2010	3885.00	5.94	1.529
2011	4170.14	9.73	2.333
2012	3842.70	12.27	3.193
2013	3724.07	10.73	2.881
小计	25423.86	43.45	1.709

表4—4　　　2007—2013年普通高校学费补偿贷款代偿在

资助政策体系资助金额占比　　　（单位：亿元；‰）

年份	全国普通高校资助学生总金额	学费补偿贷款代偿资助金额	学费补偿贷款代偿资助金额占总资助金额比例
2007	272.92	0.11	0.403
2008	293.7	0.18	0.613
2009	347.2	6.97	20.075
2010	407.9	7.75	19.000
2011	514.68	11.26	21.878
2012	547.84	12.69	23.164
2013	574.11	13.79	24.02
小计	2958.35	52.75	17.831

注：普通高校资助学生总金额指全国公办和民办全日制普通高等学校下发的各类奖助学金、助学贷款、勤工助学、学费减免、贷款代偿、伙食补贴、新生入学资助等各类资金，包含各级政府、高校、企事业单位、社会团体、个人等资助金额，不含支付国家助学贷款贴息和风险补偿金资金，其中2008年含汶川地震特别资助政策下发资金。

3. 学费补偿贷款代偿其他指标对比情况

就各项具体政策，学费补偿贷款代偿都有自身资助对象。根据相关数据统计，高校毕业生赴基层就业，可通过分析其他指标对比其贯彻程度。一是毕业生赴基层就业学生人数占当年全国高校毕业生人数情况；二是毕业生赴基层就业所服务行业人数及比例（以 2008 年中央部属高校为例）[1]。各指标对比情况分别见表4—5、图4—4、图4—5。

表4—5　　　　**全国普通高校毕业生赴基层就业学费补偿贷款代偿人数与毕业生人数对比情况**　　　　（单位：万人；‰）

年份	全国普通高校毕业生人数	赴基层就业毕业生人数	赴基层就业占毕业生总人数比例
2007	495	0.07	0.14
2008	559	0.10	0.18
2009	611	1.56	2.55
2010	631	2.91	4.61
2011	660	3.64	5.52
2012	680	5.91	8.69
2013	699	5.04	7.21
小计	4335	19.23	4.44

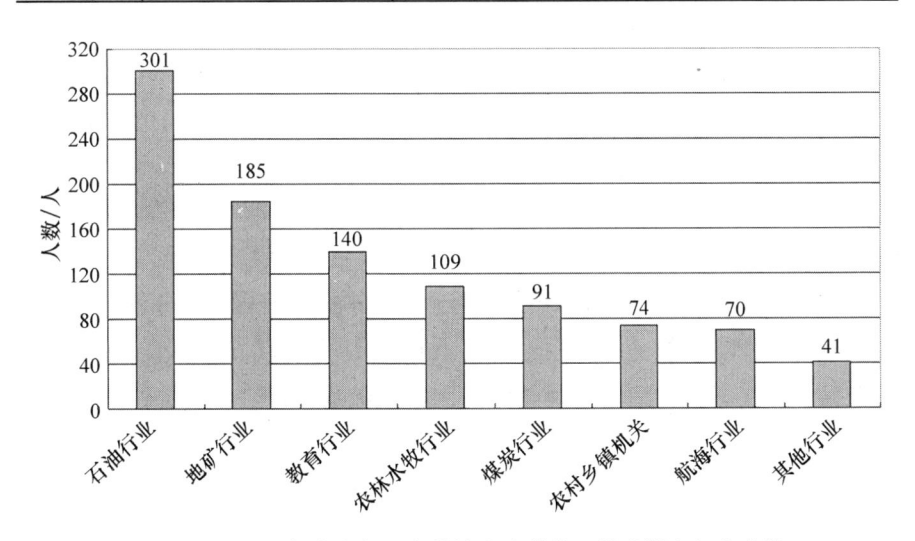

图4—4　2008年中央部属高校毕业生赴基层就业服务行业人数

（石油行业 301；地矿行业 185；教育行业 140；农林水牧行业 109；煤炭行业 91；农村乡镇机关 74；航海行业 70；其他行业 41）

---

[1] 全国学生资助管理中心：《2008年中国学生资助发展报告》，2009-12。

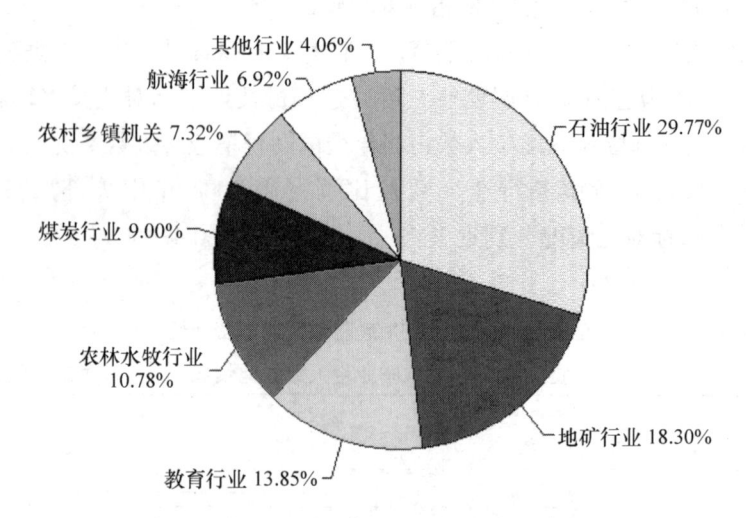

其他行业 4.06%
航海行业 6.92%
农村乡镇机关 7.32%
煤炭行业 9.00%
农林水牧行业 10.78%
教育行业 13.85%
地矿行业 18.30%
石油行业 29.77%

图4—5 2008年中央部属高校毕业生赴基层就业服务行业人数分布

（二）地方高校（山东省）学费补偿贷款代偿进展情况

针对全省普通高校，2007年山东省开始实施基层就业毕业生国家助学贷款代偿政策。2009年，修订了基层就业毕业生学费和国家助学贷款补偿办法，对毕业后自愿到山东省财政困难县艰苦行业工作的高校应届毕业生学费或国家助学贷款补偿，服务年限由5年以上缩减为3年以上（含3年）；会同省财政厅、省委组织部制定了对选派到村任职的优秀大学生实行助学贷款代偿办法；出台应征入伍服义务兵役高等学校毕业生学费补偿国家助学贷款代偿暂行办法，对应征入伍服义务兵役的全日制普通高等学校应届毕业生，实施相应的学费补偿和国家助学贷款代偿。2011年，出台应征入伍服义务兵役高等学校在校生学费补偿国家助学贷款代偿及退役复学后学费资助暂行办法，对应征入伍服义务兵役的全日制普通高等学校在校学生，实施相应的学费补偿和国家助学贷款代偿，退役后复学的原高校在校学生实施相应的学费资助；出台退役士兵教育资助政策，对退役一年以上，考入全日制普通高等学校的自主就业退役士兵，实施教育资助。

1. 全省高校学生学费补偿贷款代偿总体情况

近几年（2010—2013年）全省普通高校各年度学费补偿贷款代偿执

行情况，以及各年度学费补偿贷款代偿占全省高校资助政策总体落实情况对比，分别见表4—6、表4—7。

表4—6　　2010—2013年山东省（含青岛）普通高校各项
政策学费补偿贷款代偿人数及金额　　（单位：人；万元）

年份\项目	大学生应征入伍服义务兵役（含退役复学学生）			退役士兵教育资助			大学生赴基层就业		
	人数	金额	人均	人数	金额	人均	人数	金额	人均
2010	3700	5812	1.57	—	—	—	—	—	—
2011	3300	5014	1.52	—	—	—	—	—	—
2012	6342	8655.46	1.36	239	204.94	0.86	—	—	—
2013	10100	11400	1.13	125	63.65	0.51	307	410.64	1.34
小计	23442	30881.46	1.32	364	268.59	0.74	307	410.64	1.34

表4—7　　2010—2013年山东省普通高校学费补偿贷款
代偿在资助政策体系占比　　（单位：万人；万元；‰）

年份\项目	资助学生人数			资助学生金额		
	全省高校资助学生总人数	学费补偿贷款代偿学生人数	补偿代偿占资助总人数比例	全省高校资助学生总金额	学费补偿贷款代偿学生金额	补偿代偿占资助总金额比例
2010	57.26	0.37	6.46	165466	5812	35.13
2011	83.08	0.33	3.97	209220	5014	23.97
2012	62.66	0.66	10.53	213364	8860.4	41.53
2013	63.88	1.05	16.44	210388	11874.29	56.44
小计	266.88	2.41	9.03	798438	31560.69	39.53

注：全省高校资助学生总金额指山东省公办和民办全日制普通高等学校下发的各类国家奖助学金、省政府奖学金、助学贷款、学费补偿贷款代偿、国家助学贷款贴息和风险补偿金等各类资金，包含各级政府下发财政资助金额，但不包含高校、企事业单位、社会团体、个人等资助金额，其中2011年含省政府下发的高校临时补助金额。全省高校资助学生总人数为上述资金资助的本专科学生人数。

2. 全省各地市及各高校应征入伍服义务兵役学费补偿贷款代偿对比情况

以2013年为例，在全省75所省属高校，以及全省16个地市52个市属院校中（不含青岛9个市属院校），共3957名学生应征入伍服义务兵役享受学费补偿贷款代偿资助政策,其中学费补偿 3733 人、助学贷款代偿 69 人、退役复学生学费减免资助 155 人,应征入伍服义务兵役学费补偿、助学贷款代偿、退役复学生学费减免人数分别占应征入伍服义务兵役学费补偿贷款代偿人数的 94.34%、1.74%、3.92%;应征入伍服义务兵役享受学费补偿贷款代偿资助总金额 4873.11 万元,其中学费补偿 4637.5 万元、助学贷款代偿 82.65 万元、退役复学生学费减免资助 152.96 万元,应征入伍服义务兵役学费补偿、助学贷款代偿、退役复学生学费减免金额分别占应征入伍服义务兵役学费补偿贷款代偿金额的 95.17%、1.7%、3.13%。2013 年山东省省属高校与市属院校学生应征入伍服义务兵役享受学费补偿贷款代偿资助情况见表 4—8、图 4—6、图 4—7,以及部分代表高校学生应征入伍服义务兵役享受学费补偿贷款代偿资助情况见表 4—9。

表 4—8　　山东省省属高校及市属院校应征入伍服兵役
学费补偿贷款代偿人数与金额情况　　（单位:人;万元;%）

项目 层次	学费补偿贷款代偿人数		学费补偿贷款代偿金额	
	资助人数	占总资助人数比例	资助金额	占总资助金额比例
省属高校	2567	64.87	3222.74	66.13
市属院校	1390	35.13	1650.37	33.87
小计	3957	100	4873.11	100

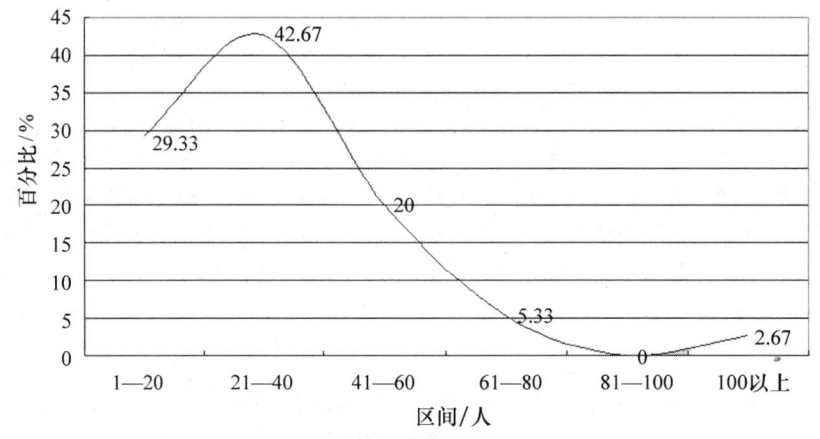

图 4—6　山东省省属高校 2013 年应征入伍服兵役学费补偿贷款代偿人数区间分布

第四章 学费补偿和国家助学贷款代偿制度

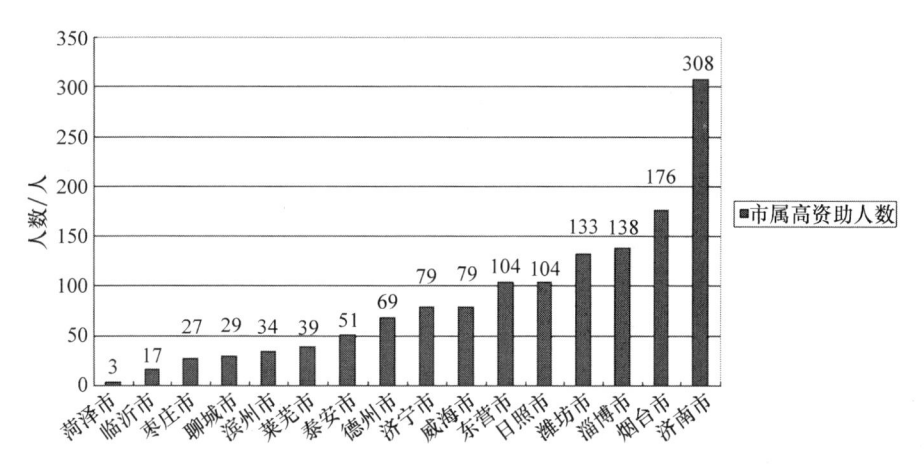

图4—7 山东省市属高校（不含青岛市）2013年应征入伍服兵役学费补偿贷款代偿人数

表4—9　　山东理工大学等7所高校2013年应征入伍
服兵役学费补偿贷款代偿学生人数　　（单位：人；‰）

学校名称	学校驻地	在校生本专科学生人数	应征入伍资助人数	应征入伍资助人数占全校学生人数比例
山东理工大学	山东淄博	33158	110	3.32
山东师范大学	山东济南	32200	24	0.75
曲阜师范大学	山东曲阜	31608	45	1.42
聊城大学	山东聊城	30372	65	2.14
烟台大学	山东烟台	26666	34	1.28
济宁医学院	山东济宁	16400	12	0.73
青岛理工大学琴岛学院	山东青岛	15987	55	3.44

3. 全省各地市毕业生学费和国家助学贷款补偿对比情况

2013年，到山东省财政困难县艰苦行业就业、服务期满3年及以上的458名应届毕业生享受学费和助学贷款补偿，资助总金额732.94万元（资助资金由省财政与毕业生就业所在市、县财政按5:3:2的比例共同承担），其中烟台等5个地市受助学生258人，资助金额409.35万元；商河县等5个省财政直管县受助学生200人，资助金额323.59万元。同时，另有212名选派到农村服务任职村官的优秀大学生补偿学费和国家助学贷款346.51万元，覆盖全省8个地市及9个省财政直管县。所服务基层地市（县市）学费和国家助学贷款补偿人数、金额，以及所服务行业人数分布情况，分别见表4—10、图4—8、图4—9、图4—10，以及表4—11。

表4—10　　　　2013年山东省各地市及省财政直管县
　　　　　　毕业生学费和助学贷款补偿情况　　（单位：人；%；万元）

地市及直管县名称	补偿学生人数	补偿人数占全省补偿总人数比例	补偿金额	学生人均补偿金额
烟台市	18	3.93	31.11	1.73
潍坊市	101	22.05	166.90	1.65
济宁市	109	23.80	161.07	1.48
泰安市	21	4.59	35.47	1.69
菏泽市	9	1.97	14.80	1.64
商河县（省直管县）	32	6.99	46.07	1.44
安丘市（省直管县）	114	24.89	192.03	1.68
阳新县（省直管县）	8	1.75	14.49	1.81
曹县（省直管县）	43	9.39	67.13	1.56
鄄城县（省直管县）	3	0.66	3.87	1.29
小计	458	100	732.94	1.60

注：以上数据由省学生资助管理部门根据地方学生资助管理部门上报信息进行统计，不含2013年符合学费和贷款补偿资格，但就业所在地地方学生资助管理部门未上报补偿毕业生人数。

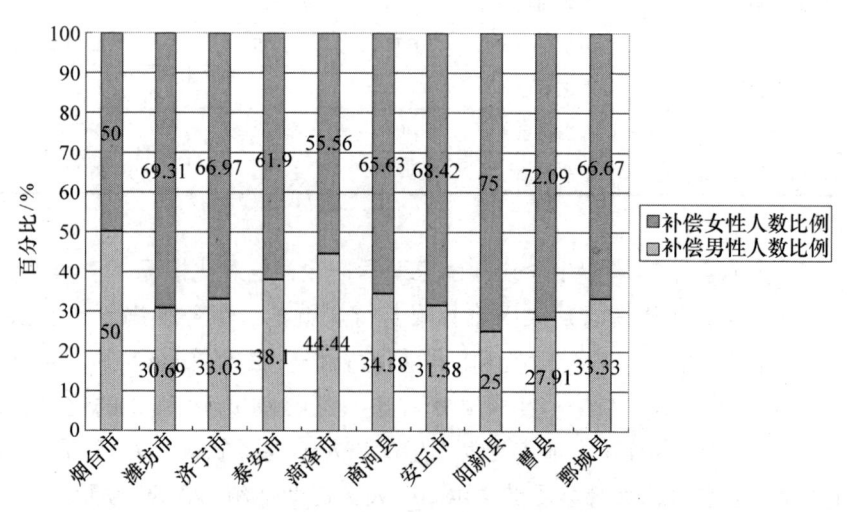

图4—8　2013年山东省各地市及省财政直管县学费和助学贷款补偿毕业生性别对比

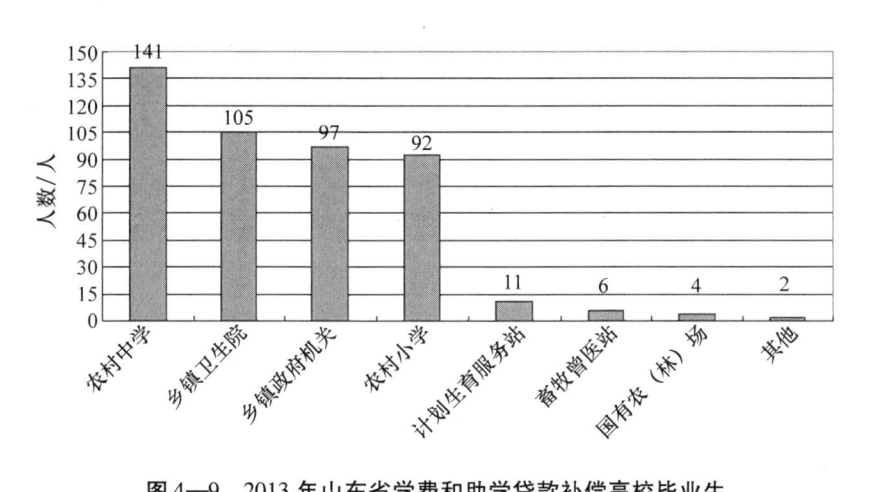

图4—9　2013年山东省学费和助学贷款补偿高校毕业生就业服务行业人数

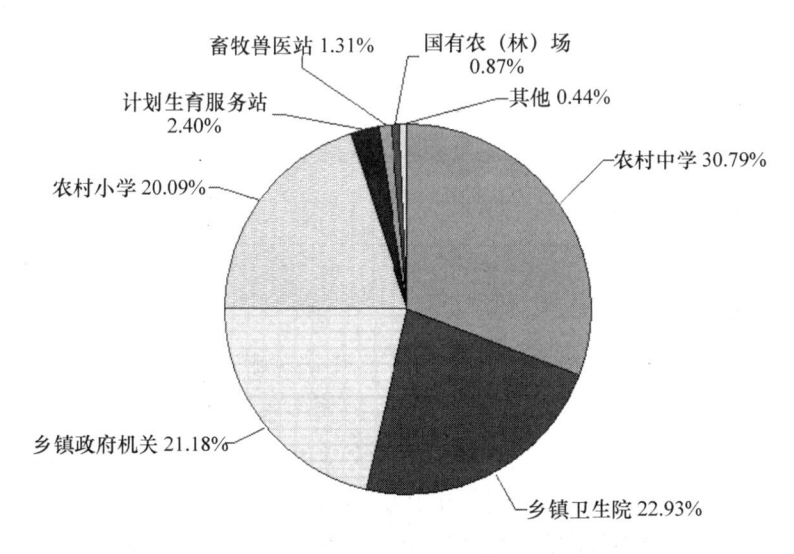

图4—10　2013年山东省学费和助学贷款补偿高校毕业生就业服务行业人数分布

表4—11　　　　2013年山东省各地市及省财政直管县
　　　　　　大学生村官学费和助学贷款补偿情况　（单位：人；%；万元）

地市及省直管县名称	补偿男性学生人数	补偿女性学生人数	补偿人数	补偿人数占全省补偿总人数比例	补偿金额	学生人均补偿金额
枣庄市	4	13	17	8.02	23.84	1.40
烟台市	0	1	1	0.47	0.68	0.68
潍坊市	31	33	64	30.19	109.11	1.70
济宁市	7	6	13	6.13	18.3	1.41
泰安市	1	8	9	4.25	12.8	1.42
德州市	7	6	13	6.13	23.57	1.81
聊城市	6	8	14	6.60	26.91	1.92
菏泽市	7	5	12	5.66	19.54	1.63
商河县	1	1	2	0.94	2.16	1.08
安丘市	21	27	48	22.64	80.47	1.68
泗水县	2	2	4	1.89	2.9	0.73
金乡县	1	0	1	0.47	1.92	1.92
莒县	2	1	3	1.42	5.56	1.85
冠县	1	1	2	0.94	2.86	1.43
莘县	1	2	3	1.42	5.17	1.72
曹县	1	2	3	1.42	4.48	1.49
鄄城县	2	1	3	1.42	6.24	2.08
小计	95	117	212	100.00	346.51	1.63

4. 全省各高校退役士兵学费资助对比情况

2013年，全省共有210名考入普通高校就读的退役士兵享受学费资助107.2万元（2013—2014学年学费），其中省属高校就读学生143人，学费补偿金额71.82万元；市属高校就读学生67人，学费补偿金额35.38万元。退役士兵学费资助人数占当年学费补偿贷款代偿学生总人数的20‰，退役士兵学费资助金额占当年学费补偿贷款代偿总金额的9.03‰。在78所省属高校中，退役士兵学费资助人数最多的3所高校为山东财经大学、山东科技大学和临沂大学，分别为16人、10人、9人，另有5所高校为5—7人不等，4所高校为4人，9所高校为3人，10所高校为2人，14所高校仅为1人，其他33所高校未有退役士兵就读学生。在16

个地市市属院校中,枣庄、东营、泰安、德州 4 个地市退役士兵就读学生学费资助 1—3 人;烟台、威海、潍坊、日照、聊城、菏泽 6 个地市为 4—6 人;济宁市为 7 人;淄博市为 8 人;济南市最多为 16 人;另有莱芜、临沂、滨州 3 个地市未有退役士兵入学就读。

从以上可以看出,山东省高校学生学费补偿贷款代偿资助人数逐年增多,在大学生应征入伍服义务兵役、赴基层就业、退役士兵教育资助三项补偿政策中,大学生应征入伍服义务兵役补偿人数占较大比例;无论在省属高校,还是市属高校,各项学费补偿贷款代偿资助比例相差很大,特别是 42% 以上的省属高校未有退役士兵教育资助;在高校毕业生就业服务行业分布上,乡镇政府机关、乡镇卫生所(院),以及农村中小学教育是大学生较为偏爱的服务行业,仅农村中小学教育就占服务行业总人数的 50% 以上。

二 现行学费补偿和国家助学贷款代偿政策存在的问题

学费补偿和国家助学贷款代偿政策的出台,对大学生应征入伍服义务兵役、毕业生赴基层就业服务,以及退役士兵接受高等教育起到良好的导向作用。但在实施过程中,由于政策宣传力度不足、补偿代偿资助政策缺乏统筹性,以及补偿代偿制度尚未建立长效机制等,使学费补偿贷款代偿政策在贯彻落实中存在的问题也凸显出来。

(一) 部门组织协调配合有待提高

学费补偿贷款代偿政策,作为普通高校学生资助政策体系中的一个子体系,同样也是一项系统工程,都涉及多个部门。仅应征入伍学费补偿贷款代偿,就涉及高校、民政、武装、政府资助管理、户籍管理等部门,其中高校作为实施主要主体,需要组织校内资助管理、财务、武装,以及院系等单位,实施过程中较为复杂。但在政策贯彻过程中,由于个别部门或单位认识不足,存在严重的本位主义思想,导致部门与部门之间、同一部门内单位与单位之间信息互通不畅、协调配合不够、办理拖拉推诿等现象,人为因素影响了整个政策的执行力,降低了学费补偿贷款实施的高效性。

(二) 政策宣传力度有待加强

学费补偿贷款代偿政策,如同国家奖助学金、国家助学贷款政策,存在政策宣传缺乏力度,往往停留在表面现象,或者仅通过网络、媒体限时零散地进行宣传。特别在普通高校，普遍采用从学校资助管理部门—院系—年级—班级形式单一的"传达式"宣传，很难宣传到每位学生。根据对在校学生的问卷调查，高达59.8%的学生不清楚应征入伍、赴基层就业学费补偿贷款代偿相关政策，仅有12.4%的学生能够清楚了解、准确掌握有关政策的申请资格及办理程序。由于宣传力度不足，降低了政策实施过程中学生的参与性与主动性，使本来有意愿应征入伍服义务兵役，或毕业后赴基层就业服务的有志青年学生由于政策宣传不到位而未能如愿以偿，失去一生中难得、宝贵的锻炼机会。

（三）制度措施有待完善

1. 学费补偿贷款代偿资助对象存在片面性

无论部属高校，还是地方高校，都是为经济发展与社会建设提供人才培养与服务。但在学费补偿贷款代偿资助政策中，除大学生应征入伍、退役士兵接受教育资助补偿资金全由中央财政承担外，对于毕业生赴基层服务就业学费补偿贷款代偿，中央财政仅承担110余所中央部门所属高等学校就读学生，而不包含近1500所地方高校就读的学生，对于地方院校学生毕业后即便自愿到中西部地区和艰苦边远地区基层单位就业也无法享受到学费补偿贷款代偿资格。按照中央部署，各省（自治区、直辖市、计划单列市）级政府也积极参照国家规定，制定了吸引和鼓励高校毕业生面向本辖区艰苦边远地区基层单位就业的学费补偿和贷款代偿办法，但选择资助对象各有不同、帮扶幅度不一，以及财政资金来源渠道不同等，如根据山东省文件规定，对到省内指定的财政困难县及艰苦行业工作的全国境内所有全日制普通高校应届毕业生进行学费补偿贷款代偿，所需资金由省财政、毕业生就业服务所在地（市）级财政、县（区）级财政按50%、30%、20%比例分别承担；而根据贵州省实施办法，对到全省县以下所有乡镇机关、事业单位、村（居委会、社区）等第一线工作的本省省属普通高等学校全日制学生进行补偿，所需资金全由省级财政安排，对中央部属院校毕业生到本省基层单位服务的，由其毕业院校按教育部相关规定执行，但对省外非部属高校毕业生到本省基层就业不在学费补偿贷款代偿范围；江苏省对省内外全日制普通高校学生都进行补偿，但在全省13个地市中仅限于服务徐州等6个地市"苏北地区"基层单位的毕业生，所补偿资金由省财政和接收地县级财政分别按80%、20%比例分担；与山东、贵州、江苏三省相比，河南省补偿对象仅为到省内31个国家级扶贫开发重点县,及 13 个省级扶贫开发重点县基层单位就业服务的毕业生进行国家助学贷款代偿,而对在校学习期间的学费不进行补偿。由于国家政策界定资助对象的不明确因素,使各地毕业生基层服务就业补偿政策存在较大的片面性,即便对于具有同等申请资格,但由于就读高校部属与非部属差异、生源地来源省内与非省内差异,以及服务就业行业规定区域内与区域外差异等,而导致很多服务基层高校毕业生无法享受学费补偿贷款代偿资助资格,影响了大学生基层就业的积极性。

另外,单从中央部属高校毕业生赴基层就业学费补偿贷款代偿服务地区来看,从 2006 年实施之初,涉及我国西部地区的 12 个省(自治区、直辖市),以及个别省市中的少数民族自治县;到 2009 年,根据政策调整,在原西部地区的基础上,又扩大到中部地区的 10 个省份,所限定的服务基层就业区域涵盖到中西部地区 22 个省市,从当初占全国 34 个省级行政区的 35.29% 提高到 64.71%,对激励应届毕业生赴中西部地区基层就业发挥了重要作用,也极大地缓解了中西部地区基层人才匮乏现象。在 2013 年 5 月,由教育部、国家发改委、财政部联合印发的《中西部高等教育振兴计划(2012—2020 年)》中指出,要加大对中西部地方高校家庭经济困难学生资助力度,并提出继续实施学费补偿和国家助学贷款代偿办法,引导和鼓励高校毕业生到中西部地区和艰苦边远地区基层单位就业。但自 20 世纪末中央政府提出西部大开发战略至今,特别自党的十七大以来,中西部经济发展速度不断加快,中西部与东部区域发展不平衡程度明显缩小,自 2008 年以来,中西部地区和东北地区经济增速已经连续多年超过东部地区,在中西部产业结构、地区结构发生巨变的前提下,仅对服务中西部地区基层单位的毕业生进行学费补偿贷款代偿资助显然是不合理的,对毕业后到东部地区基层单位或艰苦行业就业的中央部属高校毕业生也是不公平的,同时,更不利于东部地区部分经济落后县域的人才引进及整体发展。

2. 学费补偿贷款代偿政策激励性不强

实施学费补偿贷款代偿政策,初衷是通过财政资金的引导,激励毕业生积极赴基层就业服务,或应征入伍服义务兵役,以及提高退役士兵就业质量,然而根据对参与学生的调查结果显示,实施学费补偿贷款代偿对自身参与基层服务、应征入伍或入学接受高等教育的选择并未起到主要因素的作用。在对毕业后报名参加基层就业的毕业生问卷调查中,82.3% 的学生主要目的是"增加自身阅历，为以后就业提供工作经验"，73.8%的学生选择"如果国家不实施学费补偿贷款代偿政策，仍会参加基层就业服务项目"，仅有15.7%的学生选择"如果国家不实施费补偿贷款代偿政策，将不会参加基层就业服务项目"；对报名参加应征入伍在校学生问卷调查中，75.6%的学生主要是因为"向往军营生活，提高综合素质"，64.9%的学生选择"如果国家不实施学费补偿贷款代偿政策，仍会参加应征入伍计划"，有21.5%的学生选择"如果国家不实施费补偿贷款代偿政策，将不会参加应征入伍参军计划"；而在对复员后接受高等教育的退役士兵问卷调查中，46.5%的学生表示在入学前不了解国家对退役士兵实施教育资助政策，92.8%的学生主要目的是"增长专业知识，提高就业技能"，76.7%的学生选择"如果国家不实施退役士兵教育资助政策，仍会坚持入学就读接受教育"，只有10.7%的学生选择"如果国家不实施退役士兵教育资助政策，将不再考虑入学接受高等教育"。因此从资助效果来看，实施学费补偿贷款代偿政策虽让学生得到实惠，但从激励导向上并没有发挥政策本身具有的优势，以及自身应有的作用。

3. 学费补偿贷款代偿资助主体就业保障措施滞后

除学费补偿贷款代偿政策对毕业生赴基层就业服务、大学生应征入伍，以及退役士兵入学教育激励性不强外，对于赴基层服务期满毕业生、应征入伍服义务兵役复员大学生，以及入学接受高等教育后毕业的退役士兵就业去向等配套制度措施滞后。据调查统计，西部计划志愿服务项目作为毕业生赴基层就业服务的主要内容，大学生参加西部计划志愿服务期满后主要有三个去向：一是考研究生、考公务员；二是留在西部基层就业；三是自主择业，其中考研、考公为大部分志愿者首选，有85%的志愿者在服务期间参加过研究生考试或者公务员、事业单位的招聘考试，87.5%的志愿者表示在就业方面没有得到服务单位或者服务所在县级项目办的明显帮助，仅有5.5%的志愿者在服务期内找到工作，大部分志愿者服务期满以后将处于"失业"和"待业"状态①，在志愿者就业方面，各级项目办和服务单位显得无能为力。同时，根据对在校大学生的访谈了解，如果"国家对赴基层服务期满、考核合格毕业生，根据其服务行业，以及

---

① 雷辉：《"西部计划"中大学生志愿者的现状调查与分析》，《学理论》2009年第7期，第38—40页。

个人特长,安排原服务县级及以下行政或事业单位就业,且有岗有编""国家对赴基层服务期满的毕业生,按照一定比例,择优保送研究生",将分别有39.4%、45.1%的在校学生选择"毕业后意愿赴基层服务";而对应征入伍者,如果"国家对应征入伍服役复员、正常毕业的大学生,根据个人愿意,可分配到县级及以下交巡警部门、基层(乡镇)公安派出所或者社区(农村)警务室负责安全保障工作",将有32.7%的在校学生选择"在校期间或毕业后意愿参加应征入伍服义务兵役";可以想象,对于退役士兵,如果能接受高等教育,并正常毕业,给予就业安排保障,那么复员后入学继续接受高等教育的退役士兵人数及比例将大大提高。由此可见,由于受资助主体就业保障措施不力,通过基层服务就业、应征入伍,或继续接受教育,虽暂时缓解了当前学生的就业压力,但还是无法真正解决未来就业去向。另外,在基层服务、军营服役都将成为"就业中转站"的"过客",使其工作积极性不高、进取心不强,对个人、对国家,失去锻炼学习、服务基层、强军强国的初衷,再者,在基层急需人才的困境下又因政策原因而无法留住人才的尴尬局面。

4. 学费补偿贷款代偿申请程序及资金发放方式不尽合理

为贯彻落实好学费补偿贷款代偿政策,国家对毕业生赴基层就业志愿服务、大学生应征入伍以及退役士兵入学教育的资助补偿办理程序都进行了明确规定,但经过多年实施表明,申请程序以及资金发放过程中存在参与部门多、周转周期长、工作量大、补偿信息不统一,以及违约资金难以追回等问题。如在毕业生基层就业学费补偿贷款代偿落实中,自学生毕业离校,补偿信息需先后经毕业高校、就业单位、各级教育资助部门、财政部门等,对于大学期间办理助学贷款者还涉及贷款经办银行等,补偿代偿信息的审批及汇总工作都占用大量的精力和物力,对于个别学生申请不及时,或院校一线工作人员一时疏忽引起的信息漏报、误报时常发生,从而导致每年的信息补报增加了工作的无序性、复杂性;在补助资金发放中,从学生最初申请、逐级核实汇总、主管部门审批,到资金划拨、补偿到位,少则一年半载,多则三至五年,影响了整个补偿代偿资助政策执行效率;再者,按照规定,对服务年限不满、发生违约行为的毕业生,由服务就业单位通过原毕业高校办理学费补偿贷款代偿资格取消手续,并由原高校逐级上报各级资助主管部门,但事实上,由于毕业生离校后工作单位极不稳定、岗位变化快、联系方式更换频繁,原毕业高校无法及时、准确掌握学生信息，对于落实违约行为学生信息的汇总及上报工作更是无能为力。对于恶意逃避还款义务、侵占补偿资金、隐姓埋名的部分学生，无疑增加了追还补偿资金的工作难度，即便由司法机构追讨违约资金，不但无法避免违约行为，也增加了运行成本。

（四）高校就业指导缺乏实效性

随着时代变迁，大学生择业从"等待分配"到"自主选择"，在持续多年严峻的就业形势下，以及大学生新旧就业观念剧烈冲撞的困境下，需要社会各界，特别是高校指导大学生重新定向价值观，使其通过准确自我定位，以便大学生在社会需要与自我价值之间找到理想的结合点的科学就业观。然而，作为一门新兴学科，高校开设的就业指导课，在我国尚属起始阶段，进入高校虽已十多年，但由于大部分以选修课的形式开设而选修生比例极低，专职指导师资偏弱、照顾不到，课程内容较粗放，授课情势相对呆板，以及缺少实践环节等因素，使其失去开设的系统性和科学性，无法引导大学生根据基层就业目标进行职业生涯的合理规划和积累基层就业所需要的知识及能力，从而使高校在鼓励和指导大学生面向基层就业服务、应征入伍服兵役等工作中发挥的作用大打折扣。由于高校开设的就业指导课缺乏实效性，最终造成大部分学生在择业时主要停留在就业层面上，个人功利主义色彩明显，没有真正思考自己的价值观，普遍缺乏将实现个人理想置身于祖国和社会发展的浪潮中的意识，对到基层就业，或献身国防意义的理解不够深刻、牢固[①]。

（五）大学生择业价值取向呈现明显的"畸形"

求职择业对当代大学生来说既是难得的机遇又是严峻的挑战。受多方面因素的影响，大学生往往喜爱追求自我发展，强调自我价值观的实现，重视经济利益，在盲目乐观的同时，缺乏的是奉献意识和艰苦奋斗精神。据大学生就业观念的调查报告显示，由于大城市和沿海发达地区重视人才，工作和生活条件好，经济收入高，发展机会多，接受信息快，因而比其他地区相比具有更强的吸引力，格外受到大学生的青睐，有66.7%的被调查者将大城市和沿海发达地区作为就业的第一选择；而对于西部边远地区和农村地区、经济不发达地区，尽管国家为鼓励毕业生到中西部地区

---

① 曾雅丽、鲍金勇、林佩云：《毕业生基层就业障碍性因素与对策探析》，《西南农业大学学报》2012年第9期。

基层单位、艰苦行业就业和参加志愿服务制定实施了学费补偿贷款代偿优惠政策,但大学毕业生的积极性仍明显不高,仅有23%的毕业生将其作为首选[1],表现出很强的功利性和短视,主观上不愿意承担艰苦工作,奉献意识与锻炼意识不强。因此,由于大学毕业生基层就业意识淡薄,不但影响大学生毕业后的择业,以及自身成长和职业生涯中的发展,同时还进一步制约了赴基层就业学费补偿贷款代偿政策实施效力。

第三节　学费补偿和国家助学贷款代偿政策完善建议

结合我国基本国情,以及社会人才需求、经济建设发展状况看,高校学费补偿和国家助学贷款代偿将是一项长远存在的资助政策,不应将其看成是临时的应急措施,需充分考虑到当前和长远,考虑到学费补偿贷款代偿补助政策对社会发展、整体利益的影响与效果。根据学费补偿贷款代偿政策实践中存在的问题,急切需要采取有效措施加以完善解决。

一　发挥各参与职能部门的积极性与主动性

作为高校学生资助体系中的重要组成部分,学费补偿贷款代偿政策同样是由政府主导、财政出资的一项惠民政策,政府主导是推动整个工作的主体力量,其主导行为包括制度制定、财政投入、监督管理等。但是,高校、就业、人事、武装、兵役等部门作为政策参与主体、实施主体,更是推动学费补偿贷款代偿政策实施的重要力量,只有发挥参与各方的积极性与主动性,在社会责任培养中增强全民赴基层就业服务和参军报国意识,积极探索大学生报名参加中西部志愿服务计划与应征入伍服义务兵役事业发展的有效方法和途径,保障各项学费补偿贷款代偿资助政策的真正实施。因此,对各参与部门规定相应的工作职责外,还需加强相关监督、激励措施,把做好基层服务就业、应征入伍等工作作为一项长期的政治任务和政治责任,一是发挥各参与主体的自身优势,建立强有力的长效组织领导机制,各司其职,周密部署,自觉投入各项工作,确保每个环节信息不遗漏、时间不滞后;二是根据社会建设实际需求和国家宏观发展目标,制定各自中长期发展规划,确定毕业生基层服务就业、大学生应征入伍,以

---

[1] 黄小星:《2014 大学生就业观念的调查报告》,2014－05－21。

及退役士兵入学教育人数规模目标，并结合院校类别、属性、学生培养层次进行科学合理分配，使各参与部门"有章可循"；三是创建"军地校"三方交流联席会议机制，加强兵役、各级教育行政、人事、就业指导，以及高校等部门的沟通配合，定期互通信息，实现资源共享，形成合力，通过创建"军校地"良好的合作关系，营造共赢的运行环境；四是出台实施完善的检查考核制度，加强制度执行的检查力度，特别对开展进度、目标任务完成情况定期进行重点专项检查，及时了解和掌握基层真实情况，以便进一步总结经验、发现不足、解决问题、完善措施；五是实施以部门党政（或行政）一把手为主要责任人的责任追究体制，对组织不力、完不成征集任务的各参与部门，特别是作为征集对象来源主体的各普通院校，通过缩减财政拨款、招生计划等进行惩罚。通过消除政策落实中的人为消极因素，激发各参与主体工作的自觉性、主动性，提高整个政策的执行力，增强学费补偿贷款代偿政策贯彻的高效性。

二 增强学费补偿贷款代偿政策宣传效果

创新思路，丰富载体，改变以往的"传达式"宣传方式，实施学费补偿贷款代偿政策宣传"全覆盖"。一是重点加强高校内政策宣传，将学费补偿贷款代偿政策纳入学生资助体系宣讲中，充分利用校报、广播台、电视台、校园网络、展板、海报等传统媒体，以及QQ群、微信、飞信、数字广告等新兴媒体，不断丰富宣传方式；在基层班级组织中设置宣讲员，定期宣讲学费补偿贷款代偿资助政策；借助开设的第二课堂，将基层就业服务、应征入伍、退役士兵入学教育等各项优惠政策中有关报名征集时间、申请条件、审批程序等纳入课程体系；由相关职能部门邀请基层就业服务、应征入伍服兵役优秀校友以报告、讲座形式组织在校学生进行辅导，在进行政策宣传的同时，也加强对学生服务基层、锻炼成长，参军报国、献身国防的励志教育。二是关口前移，在高级中学、军营部队中，对就读中学生，以及服役士兵进行学费补偿贷款代偿政策宣传，使其提前了解掌握国家对赴基层就业服务毕业生、应征入伍大学生、入学教育退役士兵等实施的优惠资助政策，以便有更多的时间、精力来谋划自己的人生发展规划，尽早选择、确定成长锻炼机会。三是充分利用社会资源，通过增设电视教育频道，拍摄专题宣传片，创建专题杂志，开辟网站专栏，编印宣传册，利用城乡主干道悬挂宣传标语等形式，积极开展基层就业服务、应征入伍学费补偿贷款代偿政策宣讲活动，借助开展有效全方位、多角度、广镜头的立体型、深刻性、实践性的专题宣传，建立起多方联动的宣传机制，为推动学费补偿贷款代偿政策实施积极营造广泛、浓厚的舆论氛围。

三　加快学费补偿贷款代偿政策完善步伐

（一）扩大学费补偿贷款代偿政策资助对象覆盖范围

对于赴基层服务就业学费补偿贷款代偿受资助毕业生所在院校范围，由中央财政承担的中央部属高校，扩大到包括地方高校在内的全国所有院校；对于毕业生赴基层就业服务区域，由中西部地区22个省市所限定的涵盖区域，扩大到全国34个省级行政区相应的基层就业服务行业及区域；由所规定的应届毕业生，扩大到往届毕业生，即通过调整学费补偿贷款代偿政策资助对象覆盖范围，使赴所涵盖区域就业服务的所有院校毕业生，都具有学费补偿贷款代偿政策资助资格，而不再存在因就读院校所属性质的差异、生源地的差异、就业区域的差异、服务行业的差异，以及毕业年限的差异等，失去享受学费补偿贷款代偿资助机会。对于学费补偿贷款代偿资助资金，面对我国多年存在庞大的地方政府债务问题，特别是近几年，伴随着基础设施投融资规模的扩大，全国地方政府债务余额从2010年底10万余亿元，到2012年底增加到19.94万亿元[①]，地方政府债务余额的年增长率远远超过同期全国GDP的增长率，为了减轻地方财政压力，防止地方政府债务进一步攀升，应由中央财政全部承担，或由中央财政、省级财政根据院校所在地按照一定比例分别承担，而无须由毕业生就业服务所在地（市）级财政、县（区）级财政承担。通过调整学费补偿贷款代偿资助对象政策，不但提高大学生基层就业服务的积极性，促进教育资源公平分配，更有利于东、中、西部地区人才引进的一致性和整体发展的和谐性。

（二）完善吸引大学生政策激励措施

1. 全程提高大学生参与基层就业服务、应征入伍服兵役自身积极性

首先，作为被征集对象组织主体，院校制定出台切实有效的鼓励措施和长效机制，从大一新生入学开始就注重激发广大有志青年投身祖国建

[①] 郑春荣：《中国地方政府债务的真正风险：违约风险之外的风险》，《公共行政评论》2012年第4期。

设,到基层、到军营锻炼成长成才的热情和决心,并将主动申请、立志投身到基层、到军营的表现纳入个人思想政治素质考评指标,在奖助学金评定、各类评优推选、组织发展等方面按照一定的比例,给予重点倾斜照顾;定期组织开展"集中式"专题教育培训,切实加强基层就业、军营服役职业指导;积极开展"赴基层服务、赴军营服役"优秀毕业生评选活动,对在校期间综合表现优秀,毕业后献身基层、献身国防的毕业生按照不低于学习期间每学年学费的50%给予物质奖励,以及精神表彰。其次,作为被征集对象的管理主体,即服务基层所在地政府部门,以及服役所属各军区后勤部门,制定实施适度的物质奖励制度,提高在岗生活、工作质量,对于基层服务就业毕业生,除享受国家规定的学费补偿贷款代偿政策,以及相应的交通、生活补贴外,由所在服务地政府财政按月给予一定的基层岗位津贴,以达到服务地地级城镇居民人均收入水平,通过提高物质激励水平、缩小服务区域差别,保障服务志愿者能够获得稳定、可观的收入,维护志愿者合法权益;同样,对于应征入伍服兵役大学生,按月或一次性给予适当的服役津贴,通过增加服役待遇,以区别于其他更低学历青年入伍服役收入,体现大学生接受高等教育价值。再次,定期组织开展一定区域性或全国性的服务基层志愿者典型评选表彰活动,以及入伍大学生优秀士兵评比表彰活动,不但能够发挥典型示范激励作用,也能引导和激励更多的青年学生参与基层志愿服务、参军报国,推动基层、军营建设实现新发展。

2. 全力开展职业技能培训,提高二次就业能力

把基层服务大学生、服役期满退役大学生职业技能培训作为一项政治任务贯彻落实,利用政府决策职能,创建专门的职业技能培训机构,采用"上级拨付、地方贴补"方式落实培训经费到位,定期组织全体人员免费开展为期三个月至一年的技能培训再就业工程,通过加强对服务志愿者、服役期满退役大学生的技能培训,增强服务期满再次就业能力;由地方人力保障部门、民政部门联合举行基层服务期满大学生、退役大学生专场招聘会,为其积极搭建就业平台;根据大学生所学专业,以及退役士兵所学特长,对口分配服务基层行业,充分发挥专业优势,进一步促进所服务区域经济社会整体发展。

3. 全面落实后续发展工作,逐步健全后期安置长效机制

第一,加强国家职能部门对基层志愿服务大学生、服役大学生补偿代

偿工作，以及服务期满、服役期满后续发展工作的宏观领导，整合落实各地方政府制定实施的极具带有地方保护色彩的各项地方性规章制度，避免出现不同地区执行国家政策标准不一、各地执行力度差异较大等问题，确保各项补偿代偿工作，以及后续发展工作统筹兼顾、同步进行。第二，健全学费补偿贷款代偿政策保障体系，进一步制定、规范更具有激励性、可操作性强的办法措施，让基层服务大学生、服兵役大学生享受到更多有利于自身长远发展的保障性优惠政策，使服务期满、服役期满大学生"留得下、走得好"，确保"留有归宿、去有出路"。提高基层服务、军营服役大学生养老和医疗保障能力，由地级及省级政府统一纳入养老和医疗保险社会统筹体系，特别对于服务艰苦行业等基层大学生，按照当地城镇居民标准建立大额补充医疗保险和意外伤害保险制度，并自参加志愿服务、服役期限起，按基层志愿服务、军营服役年限，统一计入工龄；统筹调整升学优惠量化政策，对服务、服役期满考核合格的高职高专大学生，可免试直接入读成人本科，或参加全日制专升本考试中给予10—20分加分照顾，或按综合考核成绩前10%—30%比例推荐直接入读普通高校同类专业本科，而对于服务、服役期满考核合格的本科大学生，报考硕士研究生给予单科加5分或总分加10—20分照顾，特别对于综合考核成绩前20%，以及志愿服务期间为服务地区作出较大贡献、服役期间获二等功及以上者，免试推荐到国家指定的部属高校或重点地方综合性院校攻读硕士研究生，且报考优惠截止年限不受服务、服役期满时限的限制；细化实施后期安置保障措施，提高基层志愿服务、入伍服役参与的吸引力度，以及服务、服役期满安置力度，对于基层志愿服务期满考核合格大学生，根据个人意愿、所服务行业，可由服务地区所在地级政府协调所在县级政府直接定编定岗，安排到服务所属乡镇同类行业的基层岗位工作，并依据工龄，以及高职高专、本科、硕士研究生等不同学历层次，兑现从股级到正科级不同级别待遇，在由国家人力资源部门、公务员管理部门组织实施的中央机关及其直属机构录用公务员考试工作中，按照国家级、省级、地级及以下职位等级分别给予笔试成绩加2—4分、4—6分、6—8分照顾，并逐步提高报考招收具有"基层工作经历"人数比例，特别是设置、指定部分职位专门面向"志愿基层服务人员"报名招考，体现国家对基层志愿服务大学生的重视与支持，对于服役期满考核合格大学生，拓宽安置渠道，根据个人意愿及申请，将义务兵转为志愿兵或士官，适当延长服役年限，如考核比较优秀的可安排到技术岗位工作或推荐到军校就读，如符合条件、达到部队政治部门规定的可选拔为基层干部，直接到军队基层岗位任职；对于安排到基层岗位工作的服务、服役大学生，一律由当地政府按符合经济适用房条件提供住房。第三，恢复并坚持实施由政府妥善安置基层服务期满、服役期满退役大学生政策，经过多年基层、军营锻炼培养，与应届毕业生相比，基层服务、军营服役期满大学生更具备良好的技能水平和综合素质，更能满足地方人才需要，特别对于退役大学生，更适合从事基层公检法工作，尤其是担任社区民警更具有优势。再者，经济欠发达地区乡镇，以及艰苦行业基层普遍存在技术人才短缺、人难留等问题，一直具有较大的安置空间，为此，在体现"激励先进、对口照顾"原则的基础上，由政府落实贯彻基层服务期满、服役期满退役大学生工作安置政策，切实发挥政府人才安置工作综合管理职能作用。同时，随着国家经济水平发展，逐步推进研究解决基层服务期满、服役期满退役大学生待安置期间享受最低生活保障问题，制定实施具体待遇措施，将其纳入社会最低生活保障范围。通过构建落实工作安置长效机制，在全国范围内逐步实现基层志愿服务大学生，以及入伍服役大学生保障范围统一、待遇水平统一、管理流程统一和实行社会最低生活保障制度的学费补偿贷款代偿保障体系。

（三）科学调整基层志愿服务招募以及入伍服役报名期限

大学生参加基层志愿服务招募报名、综合考察，到最终确认，一般在毕业前当年5—6月进行；大学生入伍服义务兵役预征报名、初检初审，到审批定兵、参军入伍，从原来的每年4—6月开始、当年10—12月结束，到2013年根据国务院、中央军委征兵命令，将全国征兵时间从冬季调整至夏秋季，使之与各类院校学生毕业时间基本相衔接。但每年4—6月往往是各类大学生求职招聘较为频繁时段，往往难以有更多的精力应对多种面试、考察等，特别对于大学生入伍服义务兵役，由于实际参军入伍时间与毕业离校时间之间有间隔，使相当一部分原本报名参军服役的大学生由于择业观念的改变、自身意愿的变化等原因，入伍前又放弃参军服役机会，影响了大学生入伍服义务兵役整体招募工作。针对基层志愿服务大学生，以及入伍服役大学生招募现状，应将报名时限前移，把预报名时间提前到毕业前一学期进行，即在毕业上年的年底完成征集预报名工作，到毕业当年3—4月完成所有考察及最终资格审定，毕业离校前夕就可以直接赴基层志愿服务或入伍服役。通过大学生志愿服务、入伍服役时间与毕业离校时间完全衔接，确保各项工作的连续性，也保障了招募对象思想的稳定性，避免了招募对象资源的流失。

四 优化学费补偿贷款代偿资金结算方式

针对大学生基层志愿服务、入伍服役学费补偿贷款代偿资金申请发放涉及部门多、持续时间长、审批程序复杂等现状，进一步调整补偿代偿资金结算方式，减少中间周转环节，缩短整体运行时间，实现资金补偿代偿工作更加科学、更加严密。借助高校推行的全日制学生"教育保障卡"，开展学费补偿贷款代偿工作，对大学生基层志愿服务补偿代偿，由服务地所在县级资助管理部门负责定期初审、汇总，逐级上报至省级资助管理部门，由省级或上级资助部门会同省级或上级财政主管部门核算后经金融机构通过"教育保障卡"直接将补偿资金结算至学生本人；对大学生入伍服役补偿代偿，由部队后勤或人事等保障部门按照军队编制归属，定期对所管辖范围内服役大学生补偿信息进行核查、汇集后，经省级或国家级教育主管部门，以及省级或国家级财政主管部门，通过"教育保障卡"或"军人保障卡"直接将补偿资金划拨到学生本人；补偿方式可按照服务、服役年限分年进行依次补偿。对于服务、服役时间不满年限的，直接取消或停止补偿代偿资格；对于在校就学期间办理国家助学贷款的服务、服役大学生，还可通过"教育保障卡"，先期由金融机构"主动"扣款，用于偿还助学贷款本息。通过推行"教育保障卡"实施学费补偿贷款代偿，无须再经过原就读院校等其他部门的参与，更不需为学生提前垫付补偿代偿资金，节省了补偿管理工作中占用的人力、财力，也避免了学费补偿贷款代偿违约现象发生，减少了补偿贷款资金管理风险，降低了国家财政损失。

五 推进高校提升大学生基层就业服务教育理念

受多年严峻的就业形势，以及诸多社会因素的影响，大学生往往注重职业对个人眼前利益的影响，希望从事工作环境好、工作薪酬高、工作福利好、工作压力相对较小和受社会上大多数人所羡慕尊重的行业，没有考虑到社会的真正的需要，更忽略了个人对社会和国家的作用，由于大学生个人价值取向的偏差，导致大学生就业观念走现实路线。"青年的价值取向决定了未来整个社会的价值取向，而青年又处在价值观形成和确立的时期，抓好这一时期的价值观养成十分重要；青年要从现在做起、从自己做起，使社会主义核心价值观成为自己的基本遵循，并身体力行大力将其推广到全社会去。"① 特别是党的十八大提出培育和践行社会主义核心价值观以来，中央针对建设社会主义核心价值体系和践行社会主义核心价值观不断提出新的要求，作为未来引领社会建设的主力军，广大青年大学生更应深刻认识到践行社会主义核心价值观的重要性和紧迫性。在践行社会主义核心价值观过程中，应把参加基层志愿服务、入伍服役等社会实践作为提高大学生培养质量的重要途径和思想政治教育的重点环节。因此，各高等院校应坚持以社会主义核心价值体系建设为指导，切实将其贯穿于大学生思想政治教育全过程，并把深入开展基层实践锻炼、入伍服役献身国防作为加强和改进大学生思想政治教育工作的重要环节，第一，将基层志愿服务、参军服役纳入教育教学规划，积极探索大学生赴基层服务、军营服役实践的有效途径，引导广大青年学生把内化了的价值观念外化为具体的价值行为，将被动、一时外化行为固化为持续、稳定的自觉行为，并自觉地把个人理想同国家与社会的需要紧密结合起来，从而全面提高大学生思想道德素质。第二，努力构建以价值体验和践行为主要形式的大学生德育新模式，在开展就业创业形势教育、开设就业指导课中，有针对性地加强学生服务基层、服役军营专项就业指导与服务，帮助他们树立从社会基层、军营基层就业、创业的择业观、事业观和人生观，引导他们彻底转变求职观念，把眼光更多地投向需要人才的中西部地区、艰苦行业、广大农村，以及军营基层等。第三，积极创建大学生社会实践长效机制，利用寒暑假，围绕以"筑梦基层""圆梦军营"等为主题，组建社会实践团队、分队等学生组织，深入基层定期开展支教、支农、调研、服务等形式多样的实践活动，通过亲身体验，使广大青年学生对基层有更深入的了解和认识，促进知行合一，并激发其对基层筑牢人生之梦想，在师生中营造"实践育人和实践成才"氛围的同时，也帮助广大青年学生树立崇高理想和远大抱负，使他们认识到基层存在更大的个人发展空间，提高他们为国家、为社会主动服务意识。第四，健全投入长效保障机制，整合资源，发挥优势，从学生管理经费或学生学费中划拨专项经费，设立基层服务、军营服务奖励保障基金，对主动基层就业、军营服役毕业大学生，以及进入高校

---

① 新华社：《习近平在北京大学师生座谈会上的讲话》，http：//www.gov.cn/xinwen/2014-05/05/content_ 2671258.htm，2014-05-05。

就读继续接受高等教育的退役士兵进行单项奖励；对入学即签订毕业后参加基层志愿服务、军营服役在校学生进行学费减免，以及享受各类奖助学金评优推优资格。通过加大政策倾斜力度，提高有志青年学生投身祖国建设、国防事业到基层服务锻炼成长成才的热情，从而带动更多优秀的学生投身到基层志愿服务、参军锻炼就业。通过发挥高等院校在教育、引导方面的主导作用，进一步推进提升大学生基层就业服务理念，引领广大有志青年在基层服务实践中筑牢人生梦想，积极践行社会主义核心价值观。

六 强化学费补偿贷款代偿政策落实监督及绩效考评

在不断完善学费补偿贷款代偿政策，推进大学生积极赴基层锻炼实践的同时，要进一步强化对基层志愿服务、军营服役工作的落实监督，国家、省级基层项目主管部门，以及总参谋部、征兵主管部门要分别做好大学生基层志愿服务、大学生征兵入伍服役总体协调落实工作，各级组织、召集部门要健全分级管理责任制，对报名征集、资金补偿、后期安置等各项工作中的难点、重点问题，实施部门党政、行政主要领导亲自抓、分管领导具体抓，确保政策落实到位。通过建立"一把手"责任制，明确任务分工，抓好责任分解，强化层次监管，加强领导干部问责制度，提高各职能部门领导干部的责任意识。同时，强化绩效考核管理，根据社会发展、国防建设需要，制定中长期发展规划，确定发展目标，全面推行绩效考核制度，细化基层管理项目办、高等教育部门、征兵办公室等各行业部门、单位工作考核指标，细化重点工作任务，突出目标考核的针对性、时段性，动真碰硬进行考核奖惩，在激发广大一线工作人员工作积极性和主观能动性的同时，切实推进基层就业服务锻炼实践工作。通过建立完善学费补偿贷款代偿政策落实监督及绩效考评长效机制，加大对贯彻落实上级部署执行不力的单位和部门，以及个人的问责、处罚力度，确保国家制定的学费补偿贷款代偿政策贯彻落实到位。

国家实施学费补偿贷款代偿政策，是对赴基层就业高校毕业生、应征入伍服兵役大学生，以及继续接受高等教育的退役士兵进行的资助政策，而鼓励大学生赴基层就业服务、入伍服兵役，以及推进退役士兵接受高等教育是时代的要求，是一项复杂的综合性工作，需要国家、政府、社会各方面的合作与努力。只有各部门、各单位齐心协力、认真落实，才能共同促进学费补偿贷款代偿工作向科学化、制度化、规范化发展。

第五章　师范生免费教育制度

师范生免费教育，是自 2007 年秋季起，由中央财政安排，对北京师范大学、华东师范大学、东北师范大学、华中师范大学、陕西师范大学和西南大学等六所教育部直属师范大学入学的新生实行在校学习期间，免除学费、免缴住宿费，并补助生活费。同时，对有志从教并符合条件的非师范专业优秀学生，入学两年，可由在教育部和学校核定的计划内按规定选拔为免费师范生，由学校按标准返还学费、住宿费，补发生活费补助。免费师范生入学前需与就读院校和生源地所在省级教育行政部门签订协议，承诺毕业后需从事达到一定年限的中小学教育；毕业前及在协议规定服务期内，一般不得报考脱产研究生，但对符合条件的免费师范毕业生可免试在职攻读教育硕士专业学位和与教学相关的学术性硕士学位。

对师范生实施免费教育，充分体现了新形势下党和政府对发展教育事业的高度重视和大力支持，对弘扬尊师重教的优秀民族传统、吸引更多优秀的有志青年学子从事教育工作、提高教师队伍素质，以及落实教育优先发展战略、促进教育事业公平、和谐发展具有重大意义。通过实施师范生免费教育制度，也能够激励师范类高等院校进一步改进教师教育水平，努力提高师范教育质量，以满足基础教育改革对高素质师范生的需要，同时也解决了农村贫困的优秀学生出路问题。

本章所论述的师范生免费教育制度，仅指自 2007 年开始，国家为培养造就优秀中小学教师和教育家，鼓励优秀人才长期从教，并实现教育资源公平配置，对教育部直属师范大学师范生实施的免缴学费并享受国家补贴的优惠政策。

第一节　师范生免费教育政策实施历程

师范生免费教育政策最早起源于西方国家，以 1795 年法国创立的巴黎师范学校为标志，确立了西方师范教育制度，暨西方最早的师范生享受的免费教育[①]。而我国师范生免费教育起始于南洋公学师范院对学生提供的免费待遇，从始至今，我国师范生免费教育经几度兴废，吸引了众多优秀学生投身教师教育事业，在一定程度上，极大地促进了教育均衡发展和教育公平。笔者以 1949 年为界，论述了新中国成立前、新中国成立后两个阶段各个时期师范生免费教育政策实施变革情况。

一　新中国成立前师范生免费教育政策

我国自古以来素有"尊师重教"的优良传统，国家兴盛依靠人才，人才兴盛依靠教育，教育兴盛依靠教师，教师兴盛依靠师范教育，继而将师范教育的地位上升到了与国家存亡密切相关的高度[②]。因此，自师范教育创始之日起，各个时期的政府就高度重视师范教育，不断调整、完善师范生教育政策，建立实施了一系列相关健全的师范生免费教育制度，为日后师范生免费教育制度提供了宝贵的参考价值。根据掌权政府交替发展，可将新中国成立前免费师范教育变革分为晚清政府统治时期、北洋政府统治时期、民国政府统治时期三个阶段。

（一）晚清政府统治时期的免费师范教育

晚清时期，受西方国家影响，晚清政府实行新政，开始创办新式教育，1897 年，作为我国教育史上师范教育的起点，时任大理寺少卿的盛宣怀准奏在上海创办南洋公学师范院，成为我国免费师范教育的滥觞，对于入学师范生不需要缴纳学费，食宿杂费均由学校供给，每月按层格发给津贴的同时，还可以兼课去挣工资，且对师范生毕业后履行特定义务没有任何要求。1898 年成立京师大学堂；1902 年，清政府正式颁布了我国第一个法定但未实行的现代学制——"壬寅学制"（亦称"钦定学堂章

---

① 喻本伐：《中国师范教育免费传统的历史考察》，《湖北大学学报》2007 年第 3 期。
② 曲铁华、樊涛：《清末免费高等师范教育制度特点探析》，《河北师范大学学报》2009 年第 3 期。

程"),将师范教育分为中、高两级[①];1904 年,清政府正式建立了我国最高师范学府——京师大学堂师范馆,同年又颁布了"癸卯学制"(亦称"奏定师范学堂章程"),将师范学校单独设立,分为初级师范学堂、优级师范学堂,其中初级师范学堂培养高等小学堂及初等小学堂教员,优级师范学堂招收初级师范学堂和普通中学毕业生,为初级师范学堂及中学堂培养教员管理员[②]。对于初级师范学堂,以及优级师范学堂的师范生继续实施免费教育制度,但对免费师范生明确了应该履行的义务,规定享受免费待遇的初级师范学堂师范生毕业后应到本州县义务支教,本科生服务年限为六年,简易科生服务年限为三年,服务期限期内,任何人不得到其他地方任职;享受免费待遇的师范生毕业后必须从事为期六年的教育事业,其中六年之中的前两年,由政府指派服务地点,不可规避;同时规定免费师范毕业生如若不履行教育职事义务,应当返还在学期间的学费[③],此举为我国师范教育历史上最早的关于免费师范生享受免费与履行义务的规定。1907 年,晚清政府又连续颁布了《女子师范学堂章程》《师范毕业生义务章程》,将免费师范毕业生服务期限从六年改为优级师范生为五年、初级师范生为四年等,标志着我国近代师范教育的又一大进步。据统计,1908 年各省师范学堂、传习所共有 581 所,学生共有 33072 人[④],无论公立私立、国立省立、官费自费,从学部到各地、各学校,均以办师范为公益事业,皆不以此为盈利之举。晚清政府对免费师范教育政策的不断完善,为我国整体教育发展,特别是师范教育发展打下了坚实的基础。

(二)北洋政府统治时期的免费师范教育

1911 年辛亥革命后建立中华民国,教育政策也随国家政权的更替而发生变化。1912 年 9 月,民国政府教育部公布新订学制——"壬子学制",同时发布《师范教育令》,将初级师范学堂改为师范学校,优级师范学堂改为高等师范学校,其中师范学校为省立,经费由各省经费支给;

---

① 李永贤:《我国近代师范教育的产生及其意义》,《国家教育行政学院学报》2007 年第 10 期。
② 舒新城:《中国近代教育史资料》,人民教育出版社 1981 年版。
③ 奏定优级师范学堂章程:《中国近代学制史料(第二辑)》(下册),华东师范大学出版社 1989 年版。
④ 李永贤:《我国近代师范教育的产生及其意义》,《国家教育行政学院学报》2007 年第 10 期。

高等师范学校为国立，经费由国库金支给[1]。同年12月，教育部公布《师范学校规程》，将师范学校分为本科和预科，其中本科分为修业年限为四年的第一部，以及由地方根据具体情况决定是否设立、修业年限仅为一年的第二部。根据收费项目，分公费生、半费生、自费生三种，其中公费生免纳学费，并由学校补给膳宿费；半费生免交学费，膳宿费自给；而自费生由各校招纳，学费及膳宿费全部自给。在毕业后履行服务方面，规定本科毕业生应在本省高等小学校及国民学校服务，其期限自受毕业证书之日起，第一部公费生七年，半费生五年，自费生三年；第二部生两年。对女子师范学校本科毕业生服务期限，公费生为五年，半费生为四年，自费生、第二部生服务期限同其他师范学校[2]。次年2月，教育部再次发布《高等师范学校规程》，将高等师范学校分为预科、本科和研究科，除了自费入学需缴纳学费外，全部为免纳学费的公费生，且由学校供给膳费及杂费，并规定了高等师范院校毕业生从教服务期限，要求本科公费生服务期为自受毕业证书之日起，以六年为限，但经教育总长特别指定职务，及服务于边缘地区的，可减至四年；专修科公费生服务期为自受毕业证书之日起，以四年为限，但经教育总长特别指定职务，及服务于边缘地区的，可减至三年[3]。同时，教育部颁布我国第四个，但首个正式实施的现代学制——"癸丑学制"，规定了各个受教育阶段学习年限。1922年11月，北洋政府颁布我国近代史上第五个新学制——"壬戌学制"（亦称"学校系统改革案"），决定取消师范教育独立设置制度，增加师范教育修业年限，将各地师范学校合并于中学；设立四年制师范大学，将旧制高等师范学校升格为师范大学，并在大学设教育科（系），使高等师范教育与大学处于同一发展水平，标志着我国现代教育制度的正式确立[4]。由于推行大学区制，仅有北京高等师范学校（前身是1902年创立的京师大学堂师范馆，1923年更名为北京师范大学，成为我国历史上的第一所师范大学）是该时期唯一培养中学师资的机关，学生没有公费待遇，也未在教育界服务的规定[5]，其他师范学校均改为一般大学或合并于大学，全国师范生免

---

[1] 舒新城：《中国近代教育史资料》，人民教育出版社1981年版。
[2] 同上。
[3] 同上。
[4] 宋恩荣、章咸：《中华民国教育法规选编（修订版）》，江苏教育出版社2005年版。
[5] 刘英杰：《中国教育大事典（1840—1949）》，浙江教育出版社2001年版。

费教育待遇随之被取消。师范教育发展遭受严重挫折,全国中等师范学校数从1922年的385所减至1928年的236所;在校学生从43846人减至29470人;教职员从5013人减至3743人①。

(三) 国民政府统治时期的免费师范教育

国民政府统治时期又可分为土地革命、抗日战争、解放战争三个时期,各个时期师范教育都得到进一步发展。

1. 土地革命时期的免费师范教育

1932年12月,国民党四届三中全会颁发《关于教育的决议案》,重新提出关于师范教育免费政策,明确中等师范教育应脱离中学而独立,并应由政府办理;师范学校概不收学费,且应由政府供给膳宿制服为原则;师范大学概不收学费,修业完毕后,由教育部指定地点派往服务,不得自由应聘其他职务,服务期满后才可进行自由择业②;对于服务期限,须照其修业年限加倍计算③。当月17日,国民政府颁布《师范学校法》,正式恢复师范学校独立设置的建制,规定师范学校及其特别师范科、幼稚师范科,均不征收学费④。次年2月,教育部颁布《师范学校章程》,明确规定师范学生一律免收学费,各省市应斟酌情形免收学生膳食之全部或一部分。师范学校不得征收图书及体育等任何费用,其学生用书、制服及一切工艺材料费,由学生自备或由学校发给,或由学校或所在地教育行政机关组织学生消费合作社廉价发售⑤。在学费和膳费之外还免去了书费、制服和材料费,使师范生免费待遇更加优厚。中断近十年的师范生免费教育重新回到历史舞台,但在入学时的承诺方式上,首次规定学生在入学时需缴纳一定数额的保证金,毕业时除无故退学或被开除学籍者外,全部予以发还。师范独立设置和免费传统的恢复,使师范教育的发展重获勃勃生机。据统计,1936年全国中等师范学校发展高达814所,在校学生达87902人,教职员10222人⑥。

2. 抗日战争时期的免费师范教育

1938年7月,国民政府教育部公布《师范学院章程》,规定师范生一

---

① 刘英杰:《中国教育大事典(1840—1949)》,浙江教育出版社2001年版。
② 《国民党四届三中全会决议》之《教育标准案》,《大公报》,1931-12-22。
③ 李佳林:《中国现代教育史》,吉林教育出版社1991年版。
④ 李友芝等:《中国近现代师范教育史资料》,北京师范学院出版社1984年版。
⑤ 中央教育科学研究所教育史研究室:《中华民国教育法规选编(1912—1949)》,江苏教育出版社1990年版。
⑥ 刘英杰:《中国教育大事典(1840—1949)》,浙江教育出版社2001年版。

律免缴学、膳费，毕业后需履行相应服务年限的义务，具体照其修业年限加倍计算①，并由于贷金制在各个学校的全面实行，师范学院学生还同时可享受贷金制的好处②。次年6月，教育部颁发《师范学校毕业生服务规程》，规定各种师范学校毕业生服务年限一律定为三年，因故不能服务时，需呈请省市教育行政机关酌量展缓服务期限，因残疾等特殊情况外，展缓时间不得超过三年，服务范围以教育界为限③。1941年4月，国民党五届八中全会通过决议，决定"在全国优先充实增设师范学校，改善师范生待遇"④。同年12月，教育部制定推行师范教育八条原则，其中之一即实施师范生完全公费待遇制⑤。1942年3月，教育部修正《师范学校毕业生服务规程》，规定"服务范围以小学教员为限，师范学校毕业生之毕业证书应于三年服务期满后由主管教育行政机关在证书上加盖'服务期满'字样，发给原校转给"⑥。1943年8月，教育部颁布《非常时期国立中等以上学校及省私立以上学校规定公费生办法》，正式开始实行公费制⑦。次年12月，行政院和教育部共同颁布《全国师范学校学生公费待遇实施办法》，规定全国各级师范学校学生应享受公费的部分除保证金外，免缴学费、宿费及图书、体育、医疗卫生等杂费，学校供给膳食并发给制服，其中劳作、美术、理化、生物等实验材料费也由学校负责，特别困难的优秀学生还可以领取奖学金⑧。随着师范教育重新享有独立地位，师范免费教育传统也随之恢复。

3. 解放战争时期的免费师范教育

随着形势的变化，抗战胜利后的师范教育制度也进行了一些相适应的调整与改变。1946年12月，国民政府颁发《改进师范学院办法》，除普通高校公费制度取消外，对师范生继续全部享受公费待遇，并对附设于大

---

① 李华兴：《民国教育史》，上海教育出版社1997年版。
② 魏峰、张乐天：《师范教育免费政策的历史考察（1897—1949）》，《教育与经济》2007年第4期。
③ 曲铁华、袁媛：《我国师范生免费教育政策的百年历史考察》，《教育学研究》2010年第1期。
④ 李华兴：《民国教育史》，上海教育出版社1997年版。
⑤ 中华民国教育部：《第二次中国教育年鉴》，商务印书馆1948年版。
⑥ 同上。
⑦ 同上。
⑧ 宋恩荣、章咸：《中华民国教育法规选编（修订版）》，江苏教育出版社2005年版。

学的师范学院进行调整①。1947年12月,国民政府行政院出台修订后的《师范学校规程》,对师范生免费政策和服务教育的规定进一步完善,规定对师范生在学期间不需要缴纳学费,并享有各省市的膳食补助;服务年限按照学业年限的倍数进行计算,特殊原因暂无法履约者,可暂缓服务教育义务。但由于当时的政治、经济状况,"除极少数省份能实施全公费待遇外,大多数省份之师范生均有不得报失之感,遑论供给制服及各种费用",行政院又通令各省市提高师范生膳食待遇,无论国立省立师范学校学生膳食一律同等②。然而发布的政令还没有实施,国民政府对全国的统治即告结束。

纵观中华人民共和国成立前半个多世纪的免费师范教育变迁历史,在制度保障上,从晚清政府颁发的《钦定学堂章程》《奏定师范学堂章程》,到北洋政府颁发师范学校规程,再到民国政府几度修订颁布师范学校规程,都对师范免费教育制定专门的法规作为保障;在政策覆盖范围上,从中级学校到高等学校,从省立学校到国立学校,将师范免费政策覆盖到每一阶段和各类师范学校;在免费形式上,不仅对学费进行减免,且对在学膳食、制服及实验材料费进行免费待遇,并对公费生、半费生、自费生进行不等程度的减免,为各类师范学生学习提供了更多选择的机会。在确保师范生享受免费教育的同时,除了开中国师范教育之先河的南洋公学师范院之外,各时期都详细规定了毕业后应履行的相应义务,以及对违约行为惩罚措施,切实增强了实施师范免费教育政策的可操作性、针对性,为师范教育发展作出了重要贡献,为新中国成立后完善师范生免费教育体系提供较多的借鉴经验。

二 新中国成立后师范生免费教育政策

1949年新中国成立,随着政治制度巨变,以及经济体制改革,师范教育体制也随之发生深刻改变,特别是自改革开放后,我国师范教育由完全封闭逐步走向开放,为培养教师队伍、提高教育质量提供了有力的保障。纵观我国现代师范教育免费政策发展历史,以召开中国共产党第十一

---

① 李喆:《中国高等师范教育体制变迁:论争、根源及启示》,《聊城大学学报》(哲学社会科学版)2005年第6期。
② 中华民国教育部:《第二次中国教育年鉴》,商务印书馆1948年版。

届三中全会、确定建立市场经济体制,以及全国人大十届五次会议为标志,将新中国成立后免费师范教育发展历程分为新中国成立初期、改革开放时期、市场经济时期,以及21世纪初期四个阶段。

(一) 新中国成立初期的免费师范教育

新中国成立之初,教育进入全免费阶段,包含师范专业在内的所有专业大学生无须缴纳学费,并享有人民助学金,与其他专业学生相比,师范教育专业学生还享受更优厚待遇,毕业后服务期为三年。1950 年 5 月,中央教育部正式颁布了新中国成立后第一个高等教育法令性文件《北京师范大学暂行规程》,对本专科师范生享受人民助学金待遇及毕业后分配进行了相关规定。次年 8 月,教育部召开第一次全国师范教育会议,确定每一大行政区至少建立一所健全的师范学院,由大行政区教育部直接领导;现在大学中的师范学院或教育学院以独立设置为原则[①]。1952 年 7 月,教育部颁布《师范学校暂行规程(草案)》和《关于高等师范学校的规定(草案)》,规定师范学校学生一律享受人民助学金,且毕业后在教育行业至少服务三年;高等师范学校学生一律享受人民助学金,且由人民政府教育部门负责分配高等师范学校毕业生的工作[②]。当年 9 月,我国创立并执行"人民助学金"制度,规定师范生除免缴学杂、住宿等费用外,高师本科生每人每月可享受 14 元助学金,中师生每人每月可享受 10 元助学金,均为同类学生中享受最高者,实际享受的是免费教育。此后,人民助学金制分别于 1955 年、1959 年多次改革,降低了享受助学金人数比例,但师范"全部学生享受人民助学金"的原则并未更易[③]。免费师范教育政策得到维持和强化,即使到"文化大革命"时期,我国师范生免费政策并未动摇,但由于 20 世纪 50 年代后期至 70 年代初期,受中苏关系的恶化、"教育大革命"所导致的高等教育"大跃进",以及"文化大革命"等多种因素的影响,1960 年至 1977 年,我国师范教育基本处于停滞期。

---

① 顾明远:《北京师范大学与中国教育》,http://sdxs.bnu.edu.cn/xsyj/sdsj/69818.html,2013-11-27。

② 当代中国丛书教育卷编辑室:《当代中国高等师范教育资料选》,华东师范大学出版社1986 年版。

③ 喻本伐:《中国师范教育免费传统的历史考察》,《湖北大学学报》2007 年第 3 期。

(二) 改革开放时期的免费师范教育

1978年12月,中国共产党第十一届三中全会召开,确立改革开放的基本国策,使高等教育转入正规,师范教育也由完全封闭逐步走向开放。同年4月,召开全国教育工作会议,将实现现代化确立为教育的新目标。1983年,除师范教育继续享受着国家的优厚待遇,不在改革之列外,国家对高等院校学生助学金制度继续进行改革。1986年7月,国务院转批了《国家教委、财政部关于改革普通高等教育人民助学金制度的报告》,将人民助学金制改为奖学金制和学生贷款制,规定:"除考入师范和一些毕业后工作环境特别艰苦的专业的学生,由国家供给食宿并免收学杂费外,其他学生在学习期间的生活费用原则上都应自理",师范生开始享受"专业奖学金",分为三个等级,入学第一年,一律享受三等,每人每年300元;从第二学年开始按学生人数的5%评定一等,每人每年400元;按学生人数的10%评定二等,每人每年350元;其余85%仍享受三等,每人每年300元[1]。此后额度虽有所上浮,但不足以维系学生在校的生活费用。为此,1991年6月,教育部、财政部联合下发通知,决定自当年6月1日起,对享受专业奖学金的师范、农林等五大专业学生,在原有专业奖学金标准的基础上,按每生每年136元增发生活补助费,所需经费按学校隶属关系,分别由中央和地方财政负担[2]。随着教育体制改革的深入,1995年8月,国家教委对国家直属院校学生贷款办法进行改革,但师范院校仍不实行贷款办法,继续执行专业奖学金制度。1996年底,国家颁发《高等学校收费管理暂行办法》,但对师范生规定仍依旧"免缴学费",直至1997年高校扩招[3]。

(三) 市场经济时期的免费师范教育

1985年5月,中央发布《关于教育体制改革的决定》,允许高校在计划外可以招收一定部分学生并收取部分学费,我国高等教育正式进入收费双轨制。1987年秋,国家教委批准高校招收3%—5%的自费生。1989年,国家教委发出《关于普通高等学校收取学杂费和住宿费的规定》,从

---

[1] 国务院:《国务院转批国家教育委员会财政部关于改革现行普通高等学校人民助学金制度报告的通知》(国发〔1986〕72号),1986-07-08。

[2] 中华人民共和国教育部、财政部:《关于增发高等师范院校等学生生活补助费的通知》(教财〔1991〕44号),1991-06-14。

[3] 罗勤:《试论高等教育的供给与成本分担》,《集团经济研究》2006年第12期。

政策上明确规定高校收取一定学费的制度。1992年全国开始较大范围地推行招生收费制度，自费生比例明显提高，学费水平也逐年增长；次年少数几所大学进行试点收费；1994年开始全国大幅度提高学费水平，实现自费生与公费生并轨[1]。

1993年3月，党中央、国务院正式发布了适应20世纪90年代我国建立社会主义市场经济体制要求的纲领性教育文件——《中国教育改革发展纲要》，其中提出高等教育不属于义务教育，大学生上学需要交纳学费，并逐步实行学生收费制度，实行少数毕业生由国家安排就业，多数毕业生"自主择业"制度[2]。1996年12月，国家教委颁布《关于师范教育改革和发展的若干意见》，提出"健全和完善有中国特色的师范教育体系"，"推进高等、中等师范学校招生并轨改革，原则上师范专业学生免交学费，并享受专业奖（助）学金，但对免交学费，享受师范专业奖（助）学金的学生，毕业后实行五年任教服务期制度"[3]。但同月，国家教委、国家计委、财政部联合颁发《高等学校收费管理暂行办法》，确立了"根据年生均教育培养成本的一定比例"收取学费的原则，促使部分省市采取变通办法收取师范生部分培养费。自1997年大学扩招，大多数师范院校均开始征收部分学费。2000年6月，教育部、国家计委、财政部联合下发《关于2000年高等学校招生收费工作的若干意见的通知》，提出对就读师范专业的学生，继续实行专业奖学金政策，但又规定"对享受国家专业奖学金的高等学校学生继续实行免收学费制度，如确有必要对某些专业的学生收取部分或全部学费，其具体收费标准则由省、自治区、直辖市人民政府确定"[4]，即对享受专业奖学金的高校学生亦可收取学费，使得各地陆续对师范生实行全额或部分收费。至此，一直由国家"全包"的师范专业也实行了收费上学，师范教育的免费待遇最终取消，伴随着就业服务年限限制也随之取消。从2000年起至2006年，全国各级师范生教

---

[1] 张扬：《我国高等教育成本分担地区差异研究》，湖南农业大学，2007年。
[2] 中国网：《1993年〈中国教育改革和发展纲要〉概况》，http://www.china.com.cn/zyjy/2009-07/12/content_18119874.htm，2009-07-12。
[3] 国家教委：《关于印发〈关于师范教育改革和发展的若干意见〉的通知》（教师〔1996〕4号），1996-12-05。
[4] 教育部、国家计委、财政部：《关于2000年高等学校招生收费工作若干意见的通知》（教电〔2000〕188号），2000-06-05。

育一直处于收费状态①。在我国中西部教育发展不均衡的情况下，由于师范教育收费，造成我国贫困和中低收入家庭学生入学成本的增加，也造成了同等收费条件下，优秀学生流出师范专业，导致师范教育质量下降，也违背了教育公平宗旨②。

（四）21 世纪初期的免费师范教育

进入 21 世纪后，随着师范学生不再由国家免费培养，不再由国家负责分配工作，师范教育外部环境发生很大变化。同时伴随着大学合并热潮，部分部属大学向综合性、研究型大学转变，很多师范院校设置非师范专业。诸多改革导致基层教师问题越来越突出。在这个背景下，时任国家总理温家宝重新提出恢复师范教育属性，用师范教育培养出最好的学生，切实提高教师质量，于 2006 年 7 月至 11 月，温家宝总理分别就教师教育、基础教育、教育形势等，先后主持召开多次教育工作座谈会，并于 2007 年 3 月 5 日，在全国人大十届五次会议《政府工作报告》宣布，在教育部直属师范大学实行师范生免费教育，建立相应的制度。当年 5 月 9 日，在国务院第 176 次常务会议上，讨论、通过并随后转发了教育部、财政部、人事部、中央编办四部委联合制定的《教育部直属师范大学师范生免费教育实施办法（试行）》③，决定从 2007 年秋季入学的新生起，对北京师范大学、华东师范大学、东北师范大学、华中师范大学、陕西师范大学和西南大学六所教育部直属师范大学实行师范生免费教育，规定师范生在校学习期间免除学费，免缴住宿费，并补助生活费，所需经费由中央财政安排；免费师范生入学前与学校和生源所在地省级教育行政部门签订协议，承诺毕业后从事中小学教育十年以上；到城镇学校工作的免费师范毕业生，应先到农村义务教育学校任教服务二年；免费师范毕业生经考核符合要求的，可免试在职攻读教育硕士专业学位和与教学相关的学术性硕士学位，未按协议从事中小教育工作的，要按规定退还已享受的免费教育费用，并缴纳该费用 50% 的违约金，且记入诚信档案。同时，对有志从教并符合条件的非师范专业优秀学生，入学两年，可由在教育部和学校核

---

① 曲铁华、袁媛：《我国师范生免费教育政策的百年历史考察》，《教育学研究》2010 年第 1 期。
② 纪萌芽：《我国免费师范教育政策实施中的问题与政策建议》，青岛大学，2013 年。
③ 国务院办公厅：《国务院办公厅转发教育部等部门〈关于教育部直属师范大学师范生免费教育实施办法（试行）〉的通知》（国办发〔2007〕34 号），2007 – 05 – 09。

定的计划内按规定选拔为免费师范生,由学校按标准返还学费、住宿费,补发生活费补助。同月,国务院在颁发的《国务院关于建立健全普通本科高校高等职业学校和中等职业学校家庭经济困难学生资助政策体系的意见》(国发〔2007〕13号)中明确规定"从2007年起,对教育部直属师范大学新招收的师范生,实行免费教育"。我国的师范教育市场改革十年后,免费在六所教育部直属师范院校重新成为现实。

2010年6月,中共中央政治局召开会议,审议并通过的《国家中长期教育改革和发展规划纲要(2010—2020年)》中再次提出"积极推进师范生免费教育,进一步完善制度政策,吸引更多优秀人才从教","保障教师地位,维护教师权益,提高教师待遇,使教师成为受人尊重的职业。严格教师资质,提升教师素质,努力造就一支师德高尚、业务精湛、结构合理、充满活力的高素质专业化教师队伍"。2012年8月,国务院下发《国务院关于加强教师队伍建设的意见》(国发〔2012〕41号),要求"发挥教育部直属师范大学师范生免费教育的示范引领作用,鼓励支持地方结合实际实施师范生免费教育制度"。当年10月30日,在教育部与江西省人民政府共建江西师范大学协议签字仪式上,明确提出"支持江西师范大学开展师范生免费教育,免费师范生就业等参照部属师范大学的政策和待遇执行",决定自2013年起,新增教育部和江西省政府共建的江西师范大学,对有志于长期从教、终身从教的江西籍优秀高中毕业生的2013级师范生实施免费培养[①]。

为确保免费师范学生毕业后到中小学任教,鼓励优秀高中毕业生报考师范专业,鼓励优秀青年长期从教,2010年5月,教育部、人力资源和社会保障部、中央编办、财政部四部委联合印发了《教育部直属师范大学免费师范毕业生就业实施办法》(教师〔2010〕2号),以及2011年教育部办公厅下发的《关于免费师范毕业生就业相关政策的通知》(教师厅〔2011〕1号),明确要求各级政府及相关部门进一步充分认识实行师范生免费教育的重大战略意义,认真做好免费师范毕业生就业工作,为培养造就优秀中小学教师创造条件。同时,教育部又印发了《教育部直属师范大学免费师范毕业生在职攻读教育硕士专业学位实施办法(暂行)》(教

---

① 大江网:《教育部与江西省人民政府共建江西师范大学》,http://jiangxi.jxnews.com.cn/system/2012/10/30/012158510.shtml,2012-10-30。

师〔2010〕3号),支持师范毕业生结合中小学教育教学工作实际继续深造和专业发展,使其具备先进的教育理念,良好的职业道德和创新意识,扎实的专业知识基础,较强的教育教学实践反思能力,为将来成长为优秀教师和教育家奠定坚实基础。

综上所述,对于我国不同时期实施的师范生免费教育政策在学校范围、减免学生费用项目,以及毕业后履行义务规定等情况对比,见表5—1。

表5—1　　我国不同时期师范生教育免费政策对比表

时期	实施年份	学校范围	师范生免费教育项目	毕业后师范生履行特定义务要求
晚清政府统治时期(1840—1911)	1897	南洋公学师范院	学生不缴纳学费;供给食宿杂费;按成绩对学生给予奖励	毕业后不需要履行特定义务
	1904	初级师范学堂	对"官费生"供给学费和食宿费	有回本省各州县小学堂从事教员义务;官费毕业本科生六年、简易科生三年;服务内不准私自应聘他往并营谋他事,期满如无过者奖给官职
		优级师范学堂	对公共科、分类科及由分类科毕业选取加习科的学生学习所需费用,均以官费支给	要求分类科毕业生效力于本省及全国教育职事,义务年限为六年,其中前两年,由学务大臣及本省督抚指派职事
北洋政府统治时期(1912—1927)	1912	师范学校	公费生免纳学费,学校补给膳宿费;半费生免交学费,膳宿费自给;自费生学费及膳宿费全部自给(直至1923年全国取消师范生免费待遇)	本科毕业生回本省高等小学校及国民学校服务,其中第一部公费生七年,半费生五年,自费生三年;第二部生两年。但女子师范学校本科毕业生,公费生为五年,半费生为四年
	1913	高等师范学校	公费生全部免纳学费,且由学校供给膳费及杂费(直至1923年全国取消师范生免费待遇)	需毕业后从教服务,本科公费生为六年,服务于边缘地区等情况为四年;专修科公费生为四年,服务于边缘地区等情况为三年

续表

时期	实施年份	学校范围	师范生免费教育项目	毕业后师范生履行特定义务要求
国民政府统治时期（土地革命 1927—1936）	1933	师范学校；特别师范科；幼稚师范科	师范学生一律免收学费，免收学生全部或一部分膳费；图书、制服及一切工艺材料费，由学生自备或由学校发给	修业完毕后，按教育部指定地点派往服务，不得从事教育以外其他职务；服务期限照修业年限加倍计算
国民政府统治时期（抗日战争 1937—1945）	1938	各种师范学校	对师范学生一律免缴学、膳费	毕业后需履行相应服务年限的义务，服务范围以教育界为限；服务年限一律定为三年，因故不能服务时，可暂缓服务期限，但不得超过三年
	1942	所有师范学校	所有师范学生完全享受公费待遇	服务范围以小学教员为限；服务年限一律为三年
	1944	全国各级师范学校	除保证金外，学生免缴学费、宿费及图书、体育、医疗卫生等杂费；学校负责供给膳食、制服，以及实验材料费等	
国民政府统治时期（解放战争 1945—1949）	1947	所有师范学校；综合院校师范专业学生	师范学生在学期间不需要缴纳学费，并享有各省市的膳食补助	服务范围为教育界；服务年限按照学业年限的倍数进行计算，特殊原因暂无法履约者，可暂缓服务教育义务
新中国成立初期（1950—1960）	1952	高等师范学校；师范学校	师范学生除免缴学杂、住宿等费用；高师本科生、中师生每月享受不同档次的人民助学金	毕业后在教育行业服务至少三年（由人民政府教育部门负责分配高师毕业生工作）
改革开放时期（1978—1996）	1986	各级师范院校	免收学杂费，由国家供给食宿；并享受"专业奖学金"，每生每年300—400元不等；（自1991年）且每月加发生活补助费	毕业后未规定所需履行的特定义务
	1991		在免收学杂费、专业奖学金标准的基础上，增发生活补助费	

— 287 —

续表

时期	实施年份	学校范围	师范生免费教育项目	毕业后师范生履行特定义务要求
市场经济时期（1996—2006）	1996	全国师范院校	对师范专业学生原则上免交学费，并享受专业奖（助）学金	实行毕业后五年任教服务期
	1997	全国师范院校	大多数师范院校开始对师范学生征收部分学费	毕业后自由择业，不再必须服务于教育
	2000	全国师范院校	对师范学生实行收取全额或部分学费	
21世纪初期（2007至今）	2007	北京师范大学等六所部属师范大学（2013年新增江西师范大学）	对在校学习的师范生免除学费，免缴住宿费，并补助生活费	履行国家义务，毕业后回生源地从事中小学教育至少十年；到城镇学校工作的毕业生，应先到农村义务教育学校任教服务至少二年

在当前贯彻落实科学发展观，构建社会主义和谐社会的时代背景下，师范生免费教育政策的"回归"，充分体现了教师教育在整个教育发展中的优先地位，也充分说明了师范院校在教师教育中具有不可替代的主体地位，更足以彰显了免费师范教育政策存在的必要性和重要性。与以往各个时期实行的师范学生免费教育相比，2007年起实施的师范生免费教育政策能更好地促进教育资源公平分配，实现教育公平：在确保教师数量，稳定基础教育教师队伍的基础上，更加注重提高教师质量，以满足教育发展、社会进步的需要；在招录形式上，注重"以人为本"，充分尊重学生个人选择，通过扩大学生的自主权，使之更具有灵活性和操作性；在学生生源组成上，能够让更多的有志于师范教育但是家庭贫困的农村学生免费接收教育，历届免费毕业生城乡生源比例相对稳定在4∶6[①]，通过毕业后回生源地进行教育服务，切实为农村教育发展打下坚实基础。

在教育部直属师范大学师范生免费教育示范引领作用的带动下，地方政府对所属师范类院校也加大了经费投入，将师范生免费教育制度从教育部六所直属师范大学试点辐射到全国各地的地方师范院校。2008年上海

---

① 《我省免费师范生六成来自农村，但回乡镇学校的非常少》，《新安晚报》，2015-02-09。

首先在上海师范大学启动免费师范生招生,成为全国省属师范大学中第一家招收免费师范生的大学①。2010年3月,新疆在全国率先对全区属师范院校大规模实施免费师范教育,决定从2010年至2013年,利用四年时间共招收免费师范生2.4万人,由自治区免费师范生专项资金全额承担师范学生在校期间的学费、教材费、住宿费和实习支教等相关费用,招生计划优先招收农村、边远贫困地区的考生,并以招收汉语言、民考汉和"双语"班学生为主②。据不完全统计,截至2015年1月底,全国已有二十余个省市先后开始实施了师范生免费教育(试点)工作,相关省市实施年份、优惠学生范围、优惠费用项目等情况对比,见表5—2。

表5—2　　我国部分省市实施师范生免费教育情况一览表

省市名称	实施年份	优惠学生范围(规模)	师范生教育免费项目	毕业后履行特定义务要求
北京	—	三所市属师范院校(首都师范大学、北京联合大学师范学院和首都体育学院)就读的所有师范专业学生	师范专业学生免收学费,每月发放生活补助	学生毕业后要从事教育工作(含学校或者教育主管部门认可的教育机构)
上海	2008	上海师范大学学生(试点)	在四年修读年限内免缴学费、住宿费,并领取生活补助费	毕业后进入基础教育学校任教;鼓励到农村义务教育学校任教服务
重庆	2014	重庆幼儿师范高等专科学校就读的学前教育专业新生(首批117名)	在校两年学习期间按标准免除学费、住宿费,并补助生活费	毕业后需到定向区县服务不少于六年
吉林	2014	四所省属师范院校师范学生(首批500名)	免缴在校期间学费、教材费、住宿费,并享受生活补助和实习补贴	毕业后到农村中小学任教服务
河北	2012	河北师范大学(试点)7个相关师范专业就读学生(首批200名)	四年学习期间免交学费、住宿费,并补助生活费	毕业后在县以下(含县城)从事中小学教育十年以上
山西	2012	山西师范大学(试点)部分师范专业就读学生(首批500名)	免除在校学习期间学费、教材费,免缴住宿费,并补助生活费	毕业后回生源所在市公办中小学从事教育教学工作至少十年

---

① 上海教育网:《上海师大举行2011级免费师范生迎新恳谈会,试点成立"世承班"》,http://www.shmec.gov.cn/html/article/201109/62910.php,2011-09-19。
② 人民网:《新疆率先实施师范生免费教育》,http://news.163.com/10/0302/20/60Q2C3KV000146BC.html,2010-03-02。

续表

省市名称	实施年份	优惠学生范围（规模）	师范生教育免费项目	毕业后履行特定义务要求
江苏	2010	部分省属师范院校师范学生	免缴在校学习期间学费、住宿费	毕业后通过定向分配到基层去任教（对到农村学校任教的本科毕业生取消原实行的以奖代补政策，分年度返还学费和住宿费政策）
江西	2007	在省属院校就读的专科层次定向培养对象（通过实施定向培养农村中小学教师计划）	（采取定向招生，实施定向就业，确保有编有岗）	毕业后回协议县（市、区）乡镇及以下中小学服务不少于五年
江西	2013	江西师范大学（本科试点）免费师范专业学生	采用"先交纳后补偿"方式，师范学生按标准四年所缴纳学费、住宿费，毕业到岗后一次性据实补偿	毕业后回生源地乡及以下学校任教服务不少于十年（城镇教师须到乡及以下农村义务教育学校任教不少于两年）
湖北	2011	在湖北师范学院、黄冈师范学院两所省属师范院校（试点）入学新生中选拔免费师范专业学生	免除在校学习期间相关费用	毕业后回中小学任教服务
湖南	2006	参与免费定向培养政策的优秀初中毕业生（通过启动免费定向培养农村教师计划）	在就读期间（五年）享受免学杂费，并适当发放生活补助	毕业后必须回协议县市（区）乡镇以下小学工作服务五年以上
广东	2008	毕业后到农村从教上岗高校毕业生	逐年退回大学期间学费（每人每年退费标准为6000元）	毕业后到农村中小学任教服务维持五年期限
海南	2010	通过天津职业技术师范大学合作培养的海南籍中职师范生（首批30名）	免收学费、技能培养费、住宿费；适当补助生活费（全国首个免费培养中职师范生项目）	毕业后回省辖区内中等职业学校从事职业教育工作至少八年
四川	2013	六所省属师范院校（试点）本专科层次学生（首批2000名）	免缴在校期间学费、住宿费，每学年享受十个月生活补助	毕业后到县内从事教育教学不低于八年（其中在县以下农村义务教育学校和农村幼儿园工作不低于五年）

第五章 师范生免费教育制度

续表

省市名称	实施年份	优惠学生范围（规模）	师范生教育免费项目	毕业后履行特定义务要求
贵州	2012	五所省属师范院校招生的免费师范学生	免缴在校期间学费、住宿费，并加发生活补助	毕业后到农村中小学任教服务至少八年
云南	2008	省属高校毕业的师范类毕业生（在云南师范大学首推全国"师范生定向就业免费教育"试点）	实行以奖代补政策，分期补助上学期间的学费和住宿费，以及一次性就业安家费0.5万元补助	毕业后到边疆贫困县乡镇学校任教不少于八年
甘肃	2008	到乡镇中小学任教的省属高校师范类本科毕业生	实行以奖代补政策（分期补助上学期间的学费和住宿费）	（未明确规定）
青海	2014	自愿到省内农牧区乡及乡以下学校任教的师范类专业专科及以上学历毕业生	实行以奖代补政策，由政府一次性奖补大学期间的全部学费（每学年最高额度为专科生、本科生6000元，硕士研究生8000元，博士生1万元）	毕业后须自愿到基层学校任教服务至少八年
广西	2011	通过天津职业技术师范大学合作培养的区内免费中职师范生（学制四年）	在修读年限内免缴学费、住宿费，并可领取适当的生活费补助	毕业后回区内中等职业学校从事职业教育工作不少于六年
广西	2013	通过合作院校定向培养的农村小学全科教师计划对象	免除在校期间学费、住宿费，并获得生活费补助	毕业后到农村小学从事各门课程教学任务等教学岗位
西藏	2009	所有考入区内、外就读师范专业全日制本专科学生	免除学生在校学习学费、住宿费；同时给予生活费补助	未明确规定履行的义务
西藏	2011	通过天津职业技术师范大学合作培养的区内免费中职师范生（学制五年）	在修读年限内免缴学费、住宿费，并可领取适当的生活费补助	毕业后回区内中等职业学校从事职业教育工作不少于八年
宁夏	2013	宁夏师范学院（试点）部分专业学生（首批100名）	免除学生在校期间的学费、教材费、住宿费和生活费补助等相关费用	毕业后在区内从事中小学教育十年以上

续表

省市名称	实施年份	优惠学生范围（规模）	师范生教育免费项目	毕业后履行特定义务要求
新疆	2010	区属师范院校所有就读师范专业的学生	学生在校期间的学费、教材费、住宿费和实习支教等相关费用，由区财政全额承担	按协议规定安排至所辖各地乡镇中小学或幼儿园就业并工作五年以上
	2011	通过天津职业技术师范大学合作培养的区内免费中职师范生（学制五年）	在修读年限内免缴学费、住宿费，并可领取适当的生活费补助	毕业后回区内中等职业学校从事职业教育工作不少于五年

注：各省市（不含香港、澳门及台湾地区，以及未实施师范生免费教育政策省市）实施师范生免费教育情况统计，来源于各省（市）政府（招生、就业、资助等部门）网站、报告、发布会，以及互联网、报纸等各大媒体，在此未一一注明。

第二节 师范生免费教育政策实施状况

自2007年国务院在六所部属师范大学重新启动师范生免费教育政策开始，截至2014年已实施七年，招生免费师范专业学生累计七万余人，已有四届免费师范专业学生毕业后按约赴基层从教服务，对于推进高等院校教师教育改革、提升教育教学质量具有重大意义，为缓解农村教师师资队伍紧缺、提升农村教师师资队伍水平、提升农村中小学办学质量，起到了重要的作用。

一 全国师范院校师范专业学生免费及补助实施情况

自实施师范生免费教育政策至今，国家不断加大师范专业学生免费教育与补助发放力度，七年间（2007—2013年）在六所教育部直属师范大学及部分地方师范院校享受免费教育及补助学生33万人次，免除学费、住宿费等费用，以及发放生活费补助金额32.42亿元。

（一）各年度师范专业学生免费及补助执行情况

随着师范专业学生免费教育政策的逐步推进，每年师范生免费教育及补助发放人数、金额不断增加。教育部六所直属师范大学及部分地方师范院校享受免费教育与补助金额及人次，见表5—3。

表 5—3　全国师范院校师范专业学生免费人数与补助发放金额情况

（单位：万人次；亿元）

年份 项目	2007	2008	2009	2010	2011	2012	2013	合计
人数	1.20	2.29	4.14	4.54	7.46	5.35	8.02	33
金额	1.08	2.39	4.15	5.52	6.33	6.34	6.61	32.42

注：以上数据根据各年全国学生资助发展报告统计。

（二）各年度师范生免费教育政策在资助政策体系占比情况

2007—2013 年各年度师范生免费教育政策执行情况，与当年全国普通高校资助政策实施总体情况占比，分别见表 5—4、表 5—5。

表 5—4　　2007—2013 年全国师范院校师范生免费与
补助在资助政策体系资助人数占比

（单位：万人次；万人次；‰）

年份	全国普通高校受资助学生总人次	师范生免费与补助人数	师范生免费与补助人数占总资助人数比例
2007	2537.38	1.20	0.473
2008	4158.53	2.29	0.551
2009	3106.04	4.14	1.333
2010	3885.00	4.54	1.169
2011	4170.14	7.46	1.789
2012	3842.70	5.35	1.392
2013	3724.07	8.02	2.154
小计	25423.86	33	1.298

表 5—5　　2007—2013 年全国师范院校师范生免费与
补助在资助政策体系资助金额占比　（单位：亿元；亿元；‰）

年份	全国普通高校资助学生总金额	师范生免费与补助金额	师范生免费与补助金额占总资助金额比例
2007	272.92	1.08	3.957
2008	293.7	2.39	8.138

续表

年份	全国普通高校资助学生总金额	师范生免费与补助金额	师范生免费与补助金额占总资助金额比例
2009	347.2	4.15	11.953
2010	407.9	5.52	13.533
2011	514.68	6.33	12.299
2012	547.84	6.34	11.573
2013	574.11	6.61	11.513
小计	2958.35	32.42	10.959

注：普通高校资助学生总金额指全国公办和民办全日制普通高等学校下发的各类奖助学金、助学贷款、勤工助学、学费减免、贷款代偿、伙食补贴、新生入学资助等各类资金，包含各级政府、高校、企事业单位、社会团体、个人等资助金额，不含支付国家助学贷款贴息和风险补偿金资金，其中2008年含汶川地震特别资助政策下发资金。

二 全国师范院校免费师范生招生进展情况

自实施师范生免费教育政策开始，众多专家、学者就着手研究我国师范生免费教育政策，就师范专业招生录取、服务年限、就业去向，以及政策成效、基层教师教育改革等提出诸多见解，并如何推进和健全师范生免费教育制度提出建议。本章分别从招生规模、生源区域、培养机制等多方面进行了论述，并就开展调查问卷情况进行了分析。

（一）免费师范学生招生规模情况

截至2014年底，北京师范大学等六所部属师范院校在全国31个省市共招生本科学生214814人，其中免费师范生76744人，占本科招生总规模的35.7%。六所部属师范大学各年本科招生规模、免费师范生招生人数，以及免费师范生占本科招生计划比例情况见表5—6。

表5—6　　　2007—2014年六所部属师范大学本科与
免费师范生招生人数及比例情况　　（单位：人；%）

学校名称	计划及免费比例	2007年	2008年	2009年	2010年	2011年	2012年	2013年	2014年
北京师范大学（北京）	总计划	1582	2100	2200	1687	1680	1623	1948	2090
	免费人数	494	885	797	645	512	422	343	354
	免费比例	31.23	42.14	36.23	38.23	30.48	26	17.61	16.94

续表

学校名称	计划及免费比例	2007年	2008年	2009年	2010年	2011年	2012年	2013年	2014年
华东师范大学（上海）	总计划	3350	3050	3500	3600	3400	3400	3400	2726
	免费人数	977	1047	1466	1247	747	657	663	421
	免费比例	29.16	34.33	41.89	34.64	21.97	19.32	19.5	15.44
东北师范大学（长春）	总计划	3260	3283	3320	3253	3270	3419	3439	3050
	免费人数	1529	1587	1701	1398	1031	994	868	746
	免费比例	46.9	48.34	51.23	42.98	31.53	29.07	25.24	24.46
华中师范大学（武汉）	总计划	4000	4200	4300	4230	4300	4300	3916	3812
	免费人数	2200	2280	2305	2200	1800	1700	1442	1304
	免费比例	55	54.29	53.60	52.01	41.86	39.53	36.82	34.21
陕西师范大学（西安）	总计划	4000	4040	3725	4500	4485	4665	4525	3680
	免费人数	2600	2639	2908	2803	2000	2050	2015	1767
	免费比例	65	65.32	78.07	62.29	44.59	43.94	44.53	48.02
西南大学（重庆）	总计划	9980	9830	9600	9400	9500	9750	10020	7439
	免费人数	2937	2895	2935	2880	2482	2385	2294	1954
	免费比例	29.43	29.45	30.57	30.64	26.13	24.46	22.89	26.27
合计	总计划	26172	26503	26645	26670	26635	27157	27248	22797
	免费人数	10737	11333	12112	11173	8572	8208	7625	6546
	免费比例	41.02	42.76	45.46	41.89	32.18	30.22	27.98	28.71

注：除2007—2010年免费师范生招生人数外[①]，2007—2014年各高校本科招生计划、2011—2014年各高校免费师范生招生人数来源于六所部属师范大学招生部门公布的招生计划，以及"中国教育在线"公布的各年度高等院校招生简章与招生计划（下同）。其中各高校本科招生计划含少数民族预科、贫困地区招生专项、农村专项选拔等定向计划；2011—2014年各高校免费师范生招生人数不含入校后由师范专业非免费生或非师范专业学生经申请转入的免费师范生。

从表5—6可以看出，实施免费师范生政策最初四年，每年免费师范生招生人数都在1万人以上，免费师范生招生总人数占当年本科招生总人数比例皆超过40%，而华中师范大学免费师范生招生比例每年都在50%以上，陕西师范大学免费师范生招生比例每年都在60%以上，其中2009

[①] 葛文双：《师范生免费教育实施过程中存在的问题与思考》，《国家教育行政学院学报》2011年第5期。

年高达78.07%;2011—2014年,由于大部分高校不同幅度地增加贫困地区招生专项计划、农村专项选拔计划,以及对入校后允许部分非免费师范生转为免费师范生等多种原因,每年免费师范生招生人数逐年减少,所占本科招生总人数比例皆逐年下降,2013年、2014年免费师范生招生比例低于30%以下,其中2014年华东师范大学免费师范生比例仅为15.44%。六所部属师范大学中,在每年免费师范生招生人数上,北京师范大学一直处于最少状态,而西南大学招生人数最多;在免费师范生占本科招生总计划的比例上,华中师范大学、陕西师范大学一直高于其他四所师范大学。相对于部属师范大学,部分省市在所属个别地方师范院校虽也先后实施师范生免费教育或"以奖代补"政策,但惠及学生仅从几十人到几百人,与招生数万计的师范专业学生规模,显得微乎其微了。

(二) 免费师范学生生源区域结构情况

在免费师范生招生区域定位上,为了中西部地区教育发展,根据国家招生政策导向,六所部属师范大学招生免费分师范生生源都注重向中西部倾斜。相关高校在全国31个省市免费师范生招生结构情况,分别见表5—7、表5—8、图5—1、表5—9、表5—10、图5—2、图5—3,以及表5—11、表5—12。

表5—7　　2008—2014年(双数年)东北师范大学在各省市
本科招生与免费师范生招生人数及比例　　(单位:人;%)

省市	2008年本科及免费师范生招生计划			2010年本科及免费师范生招生计划			2012年本科及免费师范生招生计划			2014年本科及免费师范生招生计划		
	总人数	免费人数	免费比例	总人数	免费人数	免费比例	总人数	免费人数	免费比例	总人数	免费人数	免费比例
北京	20	0	0	16	2	12.5	15	6	40.0	15	5	33.3
天津	66	0	0	47	16	34.0	40	12	30.0	36	10	27.8
河北	163	25	15.3	172	44	25.6	189	23	12.2	197	16	8.1
上海	20	0	0	17	0	0	15	0	0.0	10	0	0
江苏	73	0	0	76	0	0	69	0	0.0	53	0	0
浙江	74	0	0	76	0	0	76	19	25.0	55	14	25.5
福建	31	18	58.1	36	0	0	36	5	13.9	30	8	26.7
山东	238	111	46.6	236	94	39.8	237	44	18.6	150	31	20.7

续表

省市	2008年本科及免费师范生招生计划			2010年本科及免费师范生招生计划			2012年本科及免费师范生招生计划			2014年本科及免费师范生招生计划		
	总人数	免费人数	免费比例	总人数	免费人数	免费比例	总人数	免费人数	免费比例	总人数	免费人数	免费比例
广东	32	0	0	20	9	45.0	28	12	42.9	45	13	28.9
海南	34	8	23.5	32	13	40.6	28	10	35.7	18	13	72.2
山西	66	38	57.6	70	43	61.4	81	55	67.9	103	24	23.3
安徽	57	35	61.4	63	63	100	72	37	51.4	75	20	26.7
江西	32	22	68.8	36	32	88.9	45	12	26.7	41	9	22.0
河南	209	127	60.8	234	106	45.3	242	50	20.7	259	17	6.6
湖北	97	58	59.8	99	49	49.5	104	17	16.3	96	19	19.8
湖南	107	69	64.5	117	50	42.7	134	52	38.8	101	12	11.9
内蒙古	124	90	72.6	127	81	63.8	128	67	52.3	93	47	50.5
广西	28	28	100	27	13	48.1	36	13	36.1	32	14	43.8
重庆	132	98	74.2	133	69	51.9	141	34	24.1	108	28	25.9
四川	147	97	66.0	153	74	48.4	176	54	30.7	188	41	21.8
贵州	27	25	92.6	28	28	100	35	25	71.4	27	27	100
云南	25	25	100	27	27	100	42	31	73.8	39	39	100
西藏	15	15	100	16	16	100	30	18	60.0	30	22	73.3
陕西	40	40	100	44	44	100	56	31	55.4	38	13	34.2
甘肃	24	20	83.3	25	25	100	38	25	65.8	40	16	40.0
青海	30	22	73.3	30	30	100	36	16	44.4	32	23	71.9
宁夏	25	18	72.0	26	26	100	35	28	80.0	35	23	65.7
新疆	25	19	76.0	30	30	100	34	21	61.8	34	34	100
辽宁	266	107	40.2	243	88	36.2	236	90	38.1	208	72	34.6
吉林	795	321	40.4	744	234	31.5	746	94	12.6	682	78	11.4
黑龙江	261	151	57.9	253	92	36.4	239	93	38.9	180	58	32.2
小计	3283	1587	48.3	3253	1398	43.0	3419	994	29.1	3050	746	24.5

注：各年招生数据根据学校招生部门公布的招生简章及分省分专业招生计划统计（下同）。

表5—8　　2008—2014年（双数年）东北师范大学在各区域
本科招生与免费师范生招生人数对比　　（单位：人）

区域	2008年本科及免费师范生招生		2010年本科及免费师范生招生		2012年本科及免费师范生招生		2014年本科及免费师范生招生	
	总人数	免费人数	总人数	免费人数	总人数	免费人数	总人数	免费人数
东部地区	751	162	728	178	733	131	609	110
中部地区	568	349	619	343	678	223	675	101
西部地区	642	497	666	463	787	363	696	327
东北地区	1322	579	1240	414	1221	277	1070	208
小计	3283	1587	3253	1398	3419	994	3050	746

注：区域根据《中共中央、国务院关于促进中部地区崛起的若干意见》《国务院发布关于西部大开发若干政策措施的实施意见》以及党的十六大报告的精神，由国家统计局于2011年6月划分（下同），其中东部包括北京、天津、河北、上海、江苏、浙江、福建、山东、广东和海南十省市；中部包括山西、安徽、江西、河南、湖北和湖南六省市；西部包括内蒙古、广西、重庆、四川、贵州、云南、西藏、陕西、甘肃、青海、宁夏和新疆十二省市；东北包括辽宁、吉林和黑龙江三省市。不含港澳台地区。

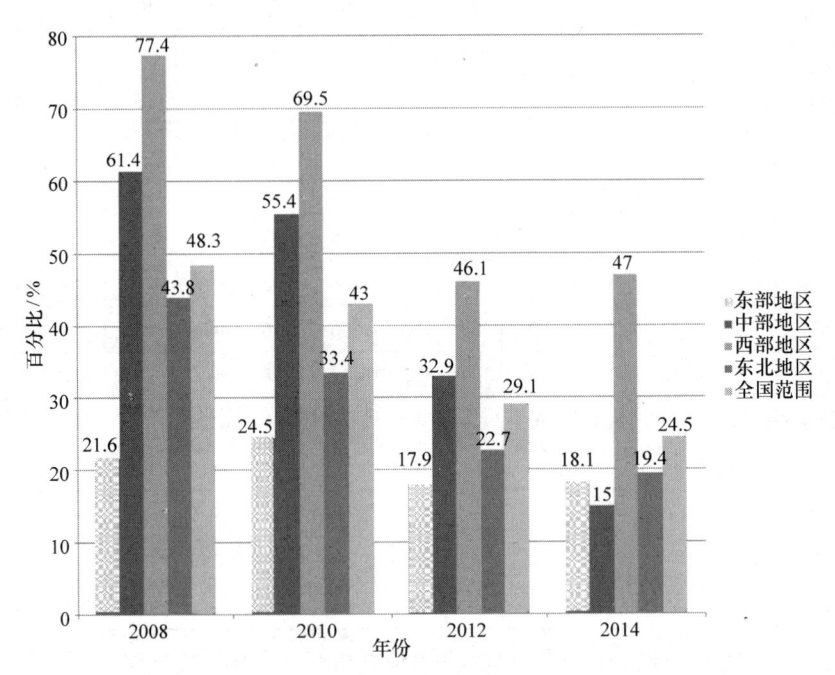

图5—1　2008—2014年（双数年）东北师范大学在各区域免费师范生招生与本科招生人数占比情况

表 5—9　2014 年北京师范大学等五所部属师范大学在各省市本科招生与免费师范生招生人数及比例　　（单位：人；%）

省市	北京师范大学本科及免费师范生招生 总人数	免费人数	免费比例	华东师范大学本科及免费师范生招生 总人数	免费人数	免费比例	华中师范大学本科及免费师范生招生 总人数	免费人数	免费比例	陕西师范大学本科及免费师范生招生 总人数	免费人数	免费比例	西南大学本科及免费师范生招生 总人数	免费人数	免费比例
北京	117	0	0	15	0	0	15	0	0	12	0	0	14	0	0
天津	15	0	0	15	0	0	47	10	21.3	28	10	35.7	69	10	14.5
河北	83	0	0	47	0	0	116	22	19	106	18	17	258	15	5.8
上海	4	0	0	660	85	12.9	14	0	0	10	0	0	7	0	0
江苏	34	0	0	157	0	0	70	0	0	49	0	0	77	0	0
浙江	40	0	0	155	1	0.6	82	16	19.5	36	16	44.4	87	9	10.3
福建	100	0	0	95	20	21.1	98	26	26.5	40	0	0	78	0	0
山东	142	25	17.6	102	5	4.9	135	47	34.8	120	52	43.3	235	68	28.9
广东	17	17	100	34	0	0	131	11	8.4	106	9	8.5	90	11	12.2
海南	6	6	100	11	0	0	44	18	40.9	20	12	60	49	24	49
山西	108	25	23.1	47	33	70.2	117	64	54.7	126	76	60.3	283	78	27.6
安徽	32	20	62.5	172	5	2.9	170	48	28.2	101	23	22.8	143	15	10.5
江西	112	0	0	122	2	2.9	237	57	24.1	48	25	52.1	246	80	32.5
河南	154	0	0	170	2	2.9	300	72	24	264	99	37.5	408	65	15.9
湖北	86	14	16.3	15	0	0	1012	387	38.2	72	44	61.1	201	44	21.9
湖南	80	0	0	51	0	0	245	42	17.1	85	40	47.1	208	38	18.3
内蒙古	50	46	92	37	30	81.1	31	25	80.6	69	53	76.8	76	54	71.1
广西	82	0	0	54	31	57.4	169	39	23.1	124	37	29.8	152	87	57.2
重庆	129	0	0	106	17	16	148	56	37.8	81	73	90.1	1252	227	18.1
四川	157	0	0	176	22	12.5	229	78	34.1	89	77	86.5	1526	263	17.2
贵州	64	48	75	80	25	31.3	68	46	67.6	99	80	80.8	548	301	54.9
云南	83	0	0	46	22	47.8	77	46	59.7	94	64	68.1	471	101	21.4
西藏	12	10	83.3	6	6	100	9	9	100	16	14	87.5	24	7	29.2
陕西	44	33	75	33	22	66.7	49	34	69.4	1175	491	41.8	249	114	45.8
甘肃	28	21	75	39	18	46.2	61	42	68.9	218	86	39.4	176	90	51.1
青海	18	18	100	7	7	100	24	24	100	80	57	71.3	51	29	56.9
宁夏	20	18	90	16	15	93.8	28	22	78.6	111	89	80.2	56	24	42.9
新疆	57	53	93	77	23	29.9	10	10	100	163	160	98.2	211	181	85.8
辽宁	43	0	0	61	4	6.6	30	27	90	39	17	43.6	60	9	15
吉林	96	0	0	85	0	0	10	0	0	52	0	0	88	0	0
黑龙江	77	0	0	35	22	62.9	36	26	72.2	47	45	95.7	46	10	21.7
小计	2090	354	16.9	2726	421	15.4	3812	1304	34.2	3680	1767	48	7439	1954	26.3

表 5—10　　2014 年北京师范大学等五所部属师范大学在各区域
本科招生与免费师范生招生人数对比　　　　　（单位：人）

区域	北京师范大学本科及免费师范生 总人数	免费人数	华东师范大学本科及免费师范生 总人数	免费人数	华中师范大学本科及免费师范生 总人数	免费人数	华中师范大学本科及免费师范生 总人数	免费人数	西南大学本科及免费师范生 总人数	免费人数
东部地区	558	48	1291	111	752	150	527	117	964	137
中部地区	572	59	577	46	2081	670	696	307	1489	320
西部地区	744	247	677	238	903	431	2319	1281	4792	1478
东北地区	216	0	181	26	76	53	138	62	194	19
合计	2090	354	2726	421	3812	1304	3680	1767	7439	1954

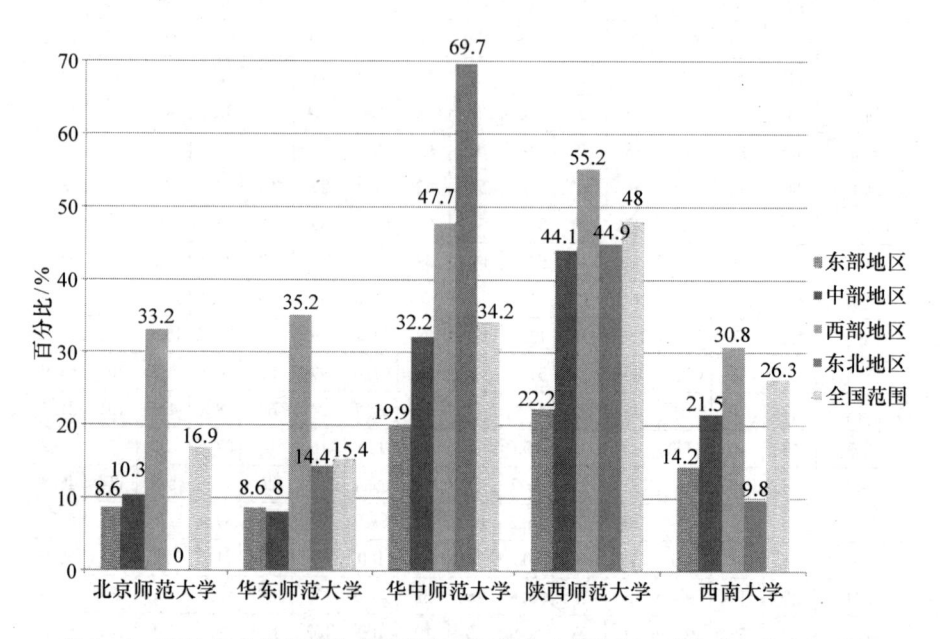

图 5—2　2014 年北京师范大学等五所部属师范大学在各区域免费师范生招生与本科招生人数占比情况

第五章 师范生免费教育制度

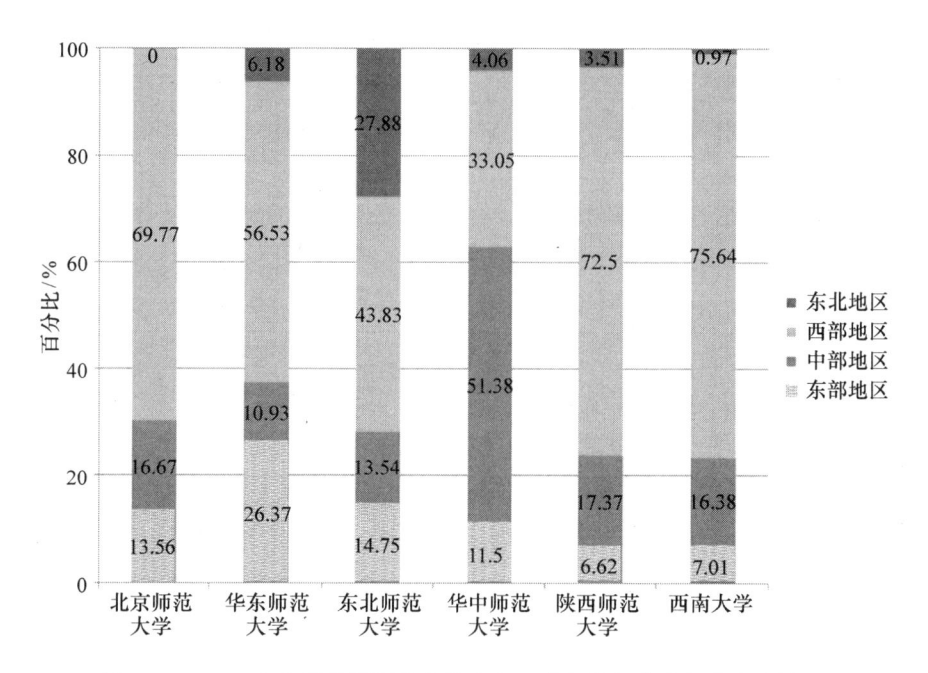

图 5—3　2014 年六所部属师范大学在各区域免费师范生招生占比情况

表 5—11　2014 年国家（六所部属师范大学）在各省市本科
招生与免费师范生招生人数及比例对比　　　（单位：人；%）

省市	招生总人数	免费师范生招生人数	免费师范生招生比例	省市	招生总人数	免费师范生招生人数	免费师范生招生比例
北京	188	5	2.7	内蒙古	356	255	71.6
天津	210	40	19	广西	613	208	33.9
河北	807	71	8.8	重庆	1824	401	22
上海	705	85	12.1	四川	2365	481	20.3
江苏	440	0	0	贵州	886	527	59.5
浙江	455	56	12.3	云南	810	272	33.6
福建	441	54	12.2	西藏	97	68	70.1
山东	884	228	25.8	陕西	1588	707	44.5
广东	423	61	14.4	甘肃	562	273	48.6
海南	148	73	49.3	青海	212	158	74.5
山西	784	300	38.3	宁夏	266	191	71.8
安徽	693	131	18.9	新疆	552	461	83.5

续表

省市	招生总人数	免费师范生招生人数	免费师范生招生比例	省市	招生总人数	免费师范生招生人数	免费师范生招生比例
江西	806	174	21.6	辽宁	441	129	29.3
河南	1555	258	16.6	吉林	1013	78	7.7
湖北	1482	508	34.3	黑龙江	421	161	38.2
湖南	770	132	17.1	小计	22797	6546	28.7

表5—12　2014年国家（六所部属师范大学）在各区域本科招生与
免费师范生招生人数及比例对比　　　（单位：人；%）

区域	本科招生总人数	免费师范生招生人数	免费师范生招生占本科招生比例	免费师范生招生占全国免费师范生招生总数比例
东部地区	4701	673	14.3	10.3
中部地区	6090	1503	24.7	23
西部地区	10131	4002	39.5	61.1
东北地区	1875	368	19.6	5.6
合计	22797	6546	28.7	100

从以上图表可以看出，随着六所部属师范大学免费师范生招生总量的逐年减少，东北师范大学每年招生的免费师范生人数及比例基本上也随之减少，虽然本科招生规模一直相对比较稳定，但免费师范生招生人数从2008年的1587人降到2014年的746人，同期的免费师范生招生比例从48.3%降到24.5%。在各省市招生上，除了上海、江苏两省市一直未招生免费师范生外，其他29个省市在不同年份都招生了一定比例的免费师范生；由于学校所处区域位置属性，每年在辽宁、吉林、黑龙江三省招生免费师范生人数最多，其中2008年在吉林招生免费师范生高达321人；在贵州、云南、西藏、陕西、新疆等部分西部省市本科招生中，免费师范生招生比例一直较高，除个别年份除外，大部分年份免费师范生招生比例高达100%。在各区域招生上，东部、中部、西部、东北四地区招生的免费师范生人数及比例逐年减少，但东部、中部、东北三地区降幅较大，中部地区从2008年免费师范生招生人数349人降到2014年的101人，同期的免费师范生招生比例从61.4%降到15%；而西部地区招生的免费师范

生人数及比例降幅较小，从2008年招生比例77.4%降到2014年的47%，每年免费师范生招生比例都在45%以上。

2014年全国（六所部属师范大学）在各区域上免费师范生招生相比，在中部、西部两地区免费师范生招生总量较多，其中西部招生免费师范生人数及比例最高，招生免费师范生人数多达4002人，免费师范生招生人数占西部地区本科招生人数比例高达39.5%，占全国六所部属师范大学招生免费师范生总人数60%以上；而在东部、东北两地区招生免费师范生总量较少，其中东北地区招生免费师范生仅为368人，仅占全国六所部属师范大学招生免费师范生总人数的5.6%。同样，六所部属师范大学在各省市免费师范生招生上，相差也较悬殊，除在江苏省未招生免费师范生外，自全国其他30个省市都招生了免费师范生，所处中西部地区的陕西、贵州、湖北三省市招生免费师范生人数最多，都超过500人，而西部地区的新疆、青海、宁夏、内蒙古、西藏五省市在本科招生中免费师范生比例最大，都在70%以上，其中新疆免费师范生招生人数在本科招生人数比例高达83.5%；在北京、河北、吉林、上海、浙江、福建等部分东部省市免费师范生招生人数较少，所占本科招生人数比例不足15%。

2014年，在六所部属师范大学中，各个高校免费师范生招生总量相比，北京师范大学、华东师范大学、东北师范大学三所院校免费师范生招生较少，其中北京师范大学、华东师范大学两所院校招生免费师范生人数不足500人，所占本科招生人数比例不足20%；而华中师范大学、陕西师范大学、西南大学三所院校招生免费师范生较多，每所免费师范生招生人数都在1300人以上，所招生免费师范生人数占六所部属师范大学招生免费师范生人数达76.76%，其中西南大学招生免费师范生人数近2000人，陕西师范大学招生免费师范生占本科招生人数比例高达48.02%。在各区域招生上，每所部属师范院校在东部、东北两地区招生免费师范生较少，而在西部地区招生免费师范生总量都高于其他地区，在西部地区免费师范生招生占本科招生比例都在30%以上，其中陕西师范大学比例高达55.2%；除华中师范大学因学校所处地理位置原因在中部地区招生免费师范生人数较多外，其他五所院校在西部地区免费师范生招生人数占学校免费师范生招生总数的比例都高于其他地区，其中西南大学比例高达75.64%。受同样因素影响，各院校在西部12个省市招生的免费师范生人数及比例也高于其他三地区各省市,绝大院校在青海、西藏及新疆招生的本科计划全为免费师范生。通过对比在全国各省市、各区域免费师范生招生,充分体现了国家对中西部地区教育事业的高度支持和重视,也足以展现了国家为促进全国教育均衡发展而作出的重大战略决策。

(三)免费师范学生生源城乡分布情况

在实施师范生免费教育政策过程中,国家更注重免费师范生生源在城乡结构上的改善。在2007年招生的第一届免费师范生中,六校部属师范大学招生的免费师范生在当地的提档线平均高出省重点线约30分,平均成绩高出省重点线约41.7分,均高于往年;在城乡生源比例上,农村生源占全部生源的60.2%,比2006年增加了16.3个百分点;男生比例比2006年增加了5个百分点,达到38.7%[①]。师范生免费教育政策实施第二年,即2008年,六所部属师范大学招生免费师范生人数比2007年增长6%,其中重点线上考生数量大大超出招生计划数,达到数倍或十数倍以上;平均成绩又高出省重点线约40分左右,农村生源比例也大幅提高[②]。2009年、2010年,六所师范大学每年招生的免费师范生总体规模基本控制在1万人左右,学生平均成绩均高出省重点线40分以上,生源质量和数量保持良好,农村生源比例基本为60%[③]。此后,教育部积极引导包含六所部属师范大学在内的110余所中央部门所属高校逐年降低在院校所在地的招生计划比例,并将调出的招生计划安排到升学压力大、考生数量多的中西部省份,以及广大农村,确保贫困地区、农村定向招生专项计划的实施,促进部属等重点院校在农村生源的比重[④]。实施至今,免费师范生招生结构相对稳定,性别构成上,女性占多数,约为七成,男性三成;家庭成分构成保持相对稳定,城市生源占四成左右,乡镇和农村生源为六成左右。乡镇、农村成为免费师范生的主要来源地[⑤],不仅拓宽了广大农村学生接受高等教育的渠道,缓解了农村贫困家庭的经济压力,尤其是有利于促使师范生毕业后到中小学、基层学校及农村地区任教,对于解决农村

---

① 《免费师范生生源质量优良》,《人民日报》,2007-07-27。
② 《免费师范生2008年扩招6%,农村生源比例大幅提高》,《京华时报》,2008-10-11。
③ 杨纳名、汪海燕:《师范生免费教育政策趋向与地方师范大学的回应》,《高等理科教育》2012年第6期。
④ 《教育部就提高重点高校招收农村学生比例答问》,《中国教育报》,2013-06-01。
⑤ 《六成免费师范生农村,学历政策编制限制就业》,《人民日报》,2015-02-05。

师资、改善农村中小学教师结构具有更重要的意义。

(四) 免费师范学生培养机制情况

根据国家制定的免费师范生教育政策培养目标，六所部属师范大学注重免费师范生教育培养，科学设置教学课程，配置精良师资队伍，建立实施"双导师制"，按照一定比例配备校内导师和中小学优秀教师导师，积极完善免费师范生培养机制。同时，各院校在各自的教育教学活动，以及基础教育改革中，不断创新免费师范生培养模式，形成自身独特的免费师范生教育培养体制。北京师范大学加强免费师范生教育教学技能的培训、见习和实习环节，将教师教育课程比例提高到20%，并把免费师范生到基层学校实习时间从过去一般师范生的八周延长到半年；启动名师导航计划，邀请优秀的中小学校长、特级教师走上讲台，为免费师范生面对面地授课；学校自主设立专项资助优秀困难免费师范生的"中国国际文化交流英华助学金"；创建的免费师范生实验基地已形成"京师教育创新实验区、生源地教育创新实验区、华北教育振兴实验区和合作教育发展实验区"四大类，专供在校免费师范生进行教育实习和见习[1]。华东师范大学以培养学生组织、设计课程能力，反思探究教学能力，从事双语教育能力，以及整合教育技术能力为目标，依托自身打造的教师职业养成的教育基地——孟宪承书院，为免费师范生专门开设六门由学校各学科知名教授担纲的孟宪承书院通识系列讲座课程，拓展免费师范生学科视野，掌握学科前沿理论与知识；组建教师教育教学技能实训中心，创建国家级基础教育实验教学示范中心，将免费师范生的见习、研习、实习一体化，以便加强免费师范生教学基本技能训练[2]。东北师范大学注重对免费师范生培养的整体设计，启动"3+0.5+0.5+2"的"优秀教师和教育家培养工程"；进一步强化课程改革，调整免费师范生教学内容，改进其教学方法，以弥补高中课程与大学教学的脱节；实施"三维辅导制"，配备学科专业教师、专职辅导员和课外辅导员[3]。华中师范大学制定面向基础教育改革的创新课程体系，实行"主修专业课程+教师教育课程模块"的

---

[1] 教育部：《北京师范大学强化免费师范生教育实践环节》，http://edu.163.com/09/1208/08/5Q0GN7PU0029314V.html, 2009-12-08。

[2] 《六校免费师范培养方式大比拼》，《中国青年报》，2008-04-25。

[3] 宋钊、陈帆波：《东北师范大学：为每名免费师范生配备三人辅导》，http://www.cuepa.cn/cate_130/detail_482.html, 2007-09-14。

"3+1"模式，使免费师范生师范课程和非师范课程的比例达到3:1；在课程内容改革上，强调专业课程教学的师范性，更加注重知识的系统性、贯通性、鲜明性和生动性；组建"教师教育创新特色学科群体"，提高免费师范生教师教育的教学水平和科研能力，促进免费师范生培养质量的提升；同时，通过筹建集生源地、实习基地、研究基地、服务基地、远程教育基地五位一体的"综合改革试验区"，真正解决免费师范生"下得去"的问题①。陕西师范大学按照"后基础、宽口径、高素质、强能力"的培养理想和通专结合、文理渗透原则，实施"2+2"教师教育人才培养模式改革；实行"通识模块+学科基础模块+专业课程模块+教师教育模块+实践模块"课程体系；创建"教师职业技能训练中心"和"教师教育资源中心"，积极开展免费师范生综合能力的培训，通过完善教师教育基础设施，建立教师教育资源研发、利用、服务的平台和基地，为免费师范生培养质量提供保障②。西南大学在免费师范生教育中更加注重"专业化"的培养理念，注重"师农互补"；实行"通识课程教育、学科基础课程、专业发展课程、教师教育课程、实践教学环节、自主创新学习"六类课程体系；并在中西部省市加大实践基地建设，将招生、实习、就业一体化，为毕业后回到生源地教书的"免费师范生"接受继续教育创造条件③。由于六所部属师范院校各具特色的培养模式，极大地提升了免费师范生整体培养质量。

（五）免费师范学生毕业履约从教情况

伴随着2011年首届免费师范生的毕业，绝大部分省市政府，以及相关主管部门能够从国家发展的战略高度出发，较为重视免费师范生毕业就业工作。根据首届免费师范毕业生就业情况调查，截至2011年6月，首届免费师范毕业生中"已经签约或正在签约"比例占90.8%，暂时不计划签约比例占1.7%，"工作无着落，正在寻找"比例仅占7.5%；就业地域遍及大中城市、县城、乡镇、农村，免费师范生在大城市、中等城市、县城、乡镇、农村就业比例分别为13.5%、42.2%、35.5%、6%、2.8%；就业单位以任教于普通高中为主，而在职业学校、初中及小学相

---

① 华中师范大学：《新增实习基地让学生下得去》，《中国青年报》，2008-04-25。
② 《陕西师大整合教师教育资源培养免费师范生》，《中国教育报》，2007-11-21。
③ 王卫东、付卫东：《师范生免费教育政策：背景、成效、问题及对策》，《河北师范大学学报》2013年第8期。

对较少①。教育部于 2011 年 9 月 6 日，在新闻发布会上透露，全国首届一万余名免费师范生有 90% 以上学生在中西部中小学任教，39% 以上到县、镇以下中小学任教。但基于各种各样的原因，真正回到中西部基层学校任教的免费师范生数量非常有限。据《人民日报》统计，截至 2011 年 9 月底，除青海 85 名毕业生的任职学校层级待确认外，在新疆、河南等 17 个省区 4821 名免费师范生中，留在省会城市及地级城市任教的毕业生超过 2500 名，占比超过 51.9%；在剩余的其他 16 个省区中，陕西、江苏、云南、安徽、江西和河北分别有 133 名、36 名、18 名、8 名、2 名和 2 名毕业生在农村学校任教，仅占 16 个省区首批免费师范生总数的 4.1%；在福建、山西等 10 省区，无一名免费师范毕业生站上农村学校的讲台②。另据统计，2011 年广东省免费师范毕业生 78 人，其中 3 人违约拒绝当教师，73 人安排在城市或县城，只有 2 人到县以下中小学学校任教；海南省免费师范毕业生 90 人，其中 68 人安排在省市，22 人安排在县城，到县以下中小学学校任教为 0；即使全国各省市免费师范毕业生数量之最的陕西省，免费师范毕业生到农村就业人数有 117 人，但占到农村就业总人数 1303 人的比例也不到 10%③。《人民日报》通过对 2011 届、2012 届、2013 届 1060 名免费师范毕业生连续三年的问卷调查显示，免费师范毕业生能去自己期望的地区从教的比例不到 40%，超过 60% 没能去成自己期待的地区，其中就业单位对学历的限制、不允许跨省就业的政策限制、没有编制，以及生活成本高是未能去期待地区就业的主要原因；在从教学校层次上，有 80% 左右的免费师范毕业生在毕业后执教高中，约有 20% 的免费师范毕业生执教初中，执教小学及以下的免费师范毕业生所占比例极少，其中免费师范生执教的学校层次主要为省级示范学校，最高为 62%，其次为地级示范学校，所占比例约为 20%；在就业编制执行上，各省市实施力度不一，落实到具体用人的中小学情况更为复杂，三届免费师范毕业生中，分别有 11%、19% 和 15% 的比例无编制；在职称评定上，有六到七成的免费师范毕业生未获得职称，在获得职称的免费师范毕业生中，所获职称主要为中教二级，占全部的二到三成之间，三届毕业生工作一年

---

① 王卫东、付卫东：《师范生免费教育政策：背景、成效、问题及对策》，《河北师范大学学报》2013 年第 8 期。
② 《万名首届免费师范生就业去向》，《人民日报》，2011-09-28。
③ 裴建国：《师范生免费教育制度若干问题思考》，《海南师范大学学报》2012 年第 9 期。

后，获得中教二级的比例分别为29%、27%、22.2%；在教学任务分配方面，70%的免费师范毕业生任教1个至4个班级，约一到二成的免费师范毕业生任教5个至9个班级，甚至有部分任教10个班级以上，三届毕业生任教的学生班额，分别为56人、53人和77人，普遍存在就业后教学任务繁重、压力大、创新空间和余地较少等现状；在工资待遇方面，免费师范毕业生工资水平整体构成比较稳定，2011届、2012届有超过一成毕业生每月工资不足2000元，三届毕业生中工资收入在2000—3000元的比例分别为52%、45%、45%；工资收入在3000—4000元的比例分别为20%、29.8%、24.5%；只有15%在4000元以上，其中反映的生活困扰主要为经济收入困扰，三年来均超过七成，其次为住房问题，超过五成；在对服务年限上，与国家规定的服务期限十年相比，有一半左右的免费师范毕业生希望从教年限为3—5年，三成左右的免费师范毕业生希望从教的年限为3年以下，期望从教年限在5年以上的免费师范毕业生只在两成左右①。

根据各部属师范院校对免费师范毕业生就业调查显示，毕业后到农村中小学从教比例也不容乐观，北京师范大学首届免费师范毕业生中，94.59%学生回到生源所在省任教，其中71.17%签约高中，7.21%签约初中，4.5%签约小学，其余17.12%签约幼儿园、特殊教学学校、中专和大专等其他学校②；华中师范大学首届免费师范毕业生与省、市重点校签订协议的比例为83.2%，而到中小城镇或乡村的仅占16.8%；西南大学2011届、2012届免费师范毕业生，到农村任教比例分别达3.09%、3.82%，而任教毕业生生源主要来自重庆、湖北、云南三个中西部省市③；华东师范大学等其他师范院校免费师范毕业生到农村从教实际比例更低。

在国家对六所部属师范大学实施免费师范教育政策的同时，全国二十余个省市也先后启动实施了师范生免费教育政策，其实行的招生、培养、就业等政策大多参照部属师范大学师范生免费教育政策制定执行，而没有

---

① 《学历、政策、编制成免费师范生就业拦路虎》，《人民日报》，2015-02-05。
② 潘小春：《首届免费师范生就业政策实施情况研究》，《教育理论与实践》2014年第1期。
③ 西南大学招生就业处：《免费师范生西南大学就业政策培训讲义》，http://www.doc88.com/p-6065986624961.html，2012-10。

根据当地实际因地制宜地制定具体政策和措施。在培养类型方面,边疆地区主要以培养双语教师为主,实行师范生免费教育政策的其他大多数省份多以基础教育为主,且集中在一两所省属师范院校,其中中职教育类师范生免费政策或没有、或力度不够大;在招生规模方面,由于地方财政投入不足、政策执行缺乏强制性等原因,普遍存在招生数量少、覆盖范围小等问题,与各省份每年动辄上万名师范专业毕业生相比,招生比例还是少之甚少[①]。

第三节 地方院校师范生对免费师范教育政策的认知调查情况

根据教育部公布的各年度教育统计数据,2007—2013年间,全国普通高校本科师范生招生规模,除2009年为13.71万人外,其他各年度都保持在30万—36万人;本科师范生毕业数量,除2009年为19.49万人外,其他各年度基本都在30万—35万;而在校本科师范生规模,除2009年为40.74万人外,其他各年度都保持在118万—153万人[②]。另据不完全统计,截至2015年1月,我国内地共有35所师范大学、58所师范学院、60所师范高等专科学校,另有32所综合大学、78所文理或师范学院参与教师培养[③]。无论从师范生培养院校数量,还是师范生招生及毕业数量,与六所重点部属师范院校,以及其他参与教师培养的部分部属院校相比,地方师范院校及参与教师培养的地方综合院校一直占有较大比例,且多年来全国中小学教师等农村基础教育师资有95%以上均由属地高校培养,其主体来源于地方高等师范院校、中等师范院校,以及综合性大学的师范专业,而并非来自部属师范院校[④]。可以说,六所部属师范院校培养的免费师范生本身到农村就业比例就小,另外对农村教育来说也是"杯

---

① 王强:《聚焦免费师范生:培养类型受限,地方需求迫切》,《中国教育报》,2014-11-17。
② 中华人民共和国教育部:《各年度教育统计数据》,http://www.moe.gov.cn/publicfiles/business/htmlfiles/moe/s8492/list.html,2014-11-22。
③ 柯进、陈少远:《教育调查:六所部属师范大学毕业生就业流向分析》,《中国教育报》,2015-01-20。
④ 新华网:《高万能代表:地方院校师范生应实行免费教育》,http://news.163.com/09/0305/11/53KTUDHU000136K8.html,2009-03-05。

水车薪"。同时,就师范教育来说,地方院校在招生规模、专业设置、就业服务等方面,与部属院校相比更具有得天独厚的优势。因此,在地方师范院校实施师范生免费教育,更有利于消除各地间区域经济发展差异,有利于发挥各地方在开展师范教育过程中所积累的经验,有利于培养地方自身需要的农村中小学师资队伍,是培养基层教师最大的主力。本章以山东省六所地方院校为例,以无记名方式,通过问卷形式对在读本科师范专业学生,从对"师范生免费教育"政策认知,以及个人报考意愿、职业规划等进行了调研分析,以期对师范生免费教育政策的完善提供依据和建议。

一 调查开展整体情况

(一)调查方式进展状况

2015年4—6月,以山东师范大学、曲阜师范大学两所省属师范院校,以及青岛大学、聊城大学、滨州学院、泰山学院四所省属综合性院校在校生为调查对象,对各院校随机组织300名师范专业本科学生开展了问卷调查,覆盖大一到大四不同年级、不同专业,以及不同省份等;问卷内容分为基本信息,以及调查问题两部分,调查问题全有四个答案备选,其中仅能选择一个最贴近实际或想法的答案。为了保持数据的直观性,最终统计数据并未利用SPSS(Statistical Product and Service Solutions)统计软件进行分析。

(二)调查对象基本信息

在各院校进行抽样问卷调查,都是发放问卷当场收回,以确保结果的真实性和客观性。最终收回问卷1720份,其中有效问卷1696份,有效率为94.22%。相关抽查样本基本特征,见表5—13。

表5—13　　　　　　问卷调查对象基本信息统计表

信息类别		山东师范大学	曲阜师范大学	青岛大学	聊城大学	滨州学院	泰山学院	小计
问卷数量(份)	总数	300	300	300	300	300	300	1800
	回收数	289	272	293	296	286	284	1720
	有效数	284	270	289	292	281	280	1696

续表

信息类别		山东师范大学	曲阜师范大学	青岛大学	聊城大学	滨州学院	泰山学院	小计
性别（人）	男性	145	186	132	173	136	145	917
	女性	139	84	157	119	145	135	779
城乡（人）	城镇	46	55	68	39	45	51	304
	农村	238	215	221	253	236	229	1392
年级（人）	大一	74	65	48	68	92	57	404
	大二	62	77	80	72	57	81	429
	大三	54	69	65	75	82	64	409
	大四	94	59	96	77	50	78	454
科类（人）	理工科	139	186	195	202	152	177	1051
	文史科	145	84	94	90	129	103	645
省籍（人）	山东省籍	243	251	239	246	264	257	1500
	外省籍	41	19	50	46	17	23	196
家庭子女（人）	单独	133	146	164	122	150	171	886
	非单独	151	124	125	170	131	109	810
家庭人均月收入（元）	1000以下	63	73	55	86	49	38	364
	1000—2000	122	160	172	165	182	164	985
	2000—3000	49	21	51	31	28	52	232
	3000以上	30	16	11	10	22	26	115
家庭经济认定（人）	贫困生	56	62	45	89	73	65	390
	非贫困生	228	208	244	203	208	215	1306

从表5—13可以看出，在所有被调查对象中，男性、女性人数，以及各年级人数基本持平；有82.08%的学生来自农村，为城镇学生人数的四倍，其中家庭经济困难学生比例较高，占学生总人数的29.86%；家庭人均月收入在2000元以下占79.54%，其中在1000元以下的占21.46%，家庭经济条件不是很理想；在专业科类上，理工科学生比例高于文史科学生，其中理工科学生占所调查对象的61.97%；在家庭子女组成上，单独子女家庭略高于非单独子女家庭，分别占52.24%、47.76%。

二 调查结果对比情况

在调查问题设计上，主要涉及对师范生免费教育政策评价状况，以及自身在专业学习、职业规划认知和态度等两大方面。

（一）对师范生免费教育政策评价状况

师范生免费教育政策虽仅在部属师范大学试点，但由于招生生源基本覆盖全国各省市、新闻媒体的广泛宣传，以及社会各界对政策执行情况的关注等因素，地方院校学生对政策本身还是相当了解的。具体抽查结果对比情况，见表5—14。

表5—14　　　调查对象对师范生免费教育政策评价对比表　　　（单位：%）

项目	比例 A	B	C	D
对政策整体了解程度	完全了解 (15.5)	了解一部分 (42.2)	完全不了解 (33.9)	其他 (8.4)
对政策整体评价	完全符合，无须再完善 (6.7)	基本符合，但还需完善 (52.3)	政策太笼统，需要大调整 (28.6)	限制太多，不符合实际 (12.4)
国家实施政策的主要目的	培养优秀教育家 (13.3)	解决农村优秀师资短缺问题 (40.6)	吸引优秀学子从教 (25.7)	弥补农村师资不足 (20.4)
政策对免费师范生主要影响	减轻家庭负担 (39.5)	缓解就业压力 (28.6)	将来就业有保障 (20.3)	能获得更好发展 (11.6)
国家对政策的宣传力度	足够大 (6.6)	比较适中 (25.1)	力度太小 (62.1)	其他 (6.2)
获知国家实施政策的渠道	新闻媒体 (45.8)	相关政策 (25.5)	学校宣传 (16.6)	其他渠道 (12.1)
国家每年招生免费师范生规模	较大，需减少 (10.8)	较为适中 (25.6)	较小，需增大 (60.9)	无所谓 (2.7)
国家在六所部属师范院校招生免费师范生	范围太大 (2.3)	范围适中 (12.7)	范围太小 (76.2)	无所谓 (8.8)
规定毕业生从事中小学教育服务期限至少十年	太长 (60.2)	较合适 (28.8)	太短 (6.3)	无所谓 (4.7)

续表

项目	比例			
	A	B	C	D
免费师范毕业生仅可报考本科所读院校的在职教育硕士研究生	完全符合 (9.6)	较为合理 (32.9)	完全不符合 (50.6)	无所谓 (6.9)
规定毕业后回生源所在地任教	完全符合 (22.3)	不完全符合 (31.6)	完全不符合 (40.2)	其他 (5.9)
对违约学生，要退还免费教育费用并交纳违约金	完全赞同 (36.2)	视情况对待 (24.9)	完全不赞同 (26.6)	无所谓 (12.3)
政策对全国师范教育的影响	较大 (17.2)	比较适中 (27.6)	较小 (46.9)	无法衡量 (8.3)
国家对毕业生的安置及待遇保障	很健全 (11.3)	较健全 (30)	太不健全 (49.3)	其他 (9.4)
政策的主要不足	降低主观学习积极性 (40.1)	服务期满面临第二次就业 (19.6)	容易造成报考志愿的功利性 (30.7)	毕业后无法继续深造 (9.6)

通过表5—14对比，地方院校在校学生还不很了解师范生免费教育政策，有超过75%以上的师范专业学生完全不了解或仅部分了解相关政策，获知渠道主要通过新闻媒体、相关政策，以及学校宣传，且普遍认为国家对政策的整体宣传力度不够大；就政策实施目的，60%以上的学生认为国家实施师范生免费教育政策主要是解决农村优秀师资短缺问题，并弥补农村师资不足，仅有13.3%的学生认为是为了培养优秀教育家，与国家实施政策的主旨"师范生免费教育的政策目标就是要进一步形成尊师重教的浓厚氛围，让教育成为全社会最受尊重的事业；就是要培养大批优秀的教师"不完全一致；在政策招生规模及覆盖面上，60%以上的学生认为需要增大招生数量，除有部分学生认为在部属师范院校实施师范生免费教育政策比较适中外，76.2%的学生感觉政策覆盖院校范围太小；在具体政策规定中，有60.2%的学生认为从事中小学教育服务至少十年的期限太长，有一半多的学生对"免费师范毕业生仅可报考本科所读院校的在职教育硕士研究生"做法不赞同；就政策整体满意度上，50%以上的学生认为政策虽已较符合，但仍需完善，另有近30%的学生认为政策细节太过笼统；同时，40%左右的学生认为政策的实施会降低免费师范生在校学

习的主观积极性，另有 30% 的学生认为免费教育师范生，上学期间由于可以享受"两免一补"、学习状况好坏不影响就业，以及毕业后即便违约仅需退还免费教育费用等，容易造成学生在报考志愿的功利性。

（二）对自身学习及职业规划认知状况

作为地方院校师范专业学生，受社会中尊师重教优良传统，以及国家逐渐重视教育事业等多种因素的影响，对个人学业发展拥有更多的自信，对毕业后职业规划认知也较为乐观。具体抽查结果对比情况，分别见表 5—15、表 5—16、表 5—17。

表 5—15　　调查对象对自身职业理想及生涯规划认知情况　　（单位：%）

项目	A	B	C	D
报考师范专业的第一原因（主要因素）	较好就业（29.9）	热爱教育事业（22.2）	教师职业较稳定，且有长假（31.2）	其他（16.7）
选择师范专业的意愿	父母意愿（34.7）	个人意愿（35.3）	别人建议（21.6）	其他（14.4）
为自己作为师范生而感到自豪	完全符合（23.8）	比较符合（39.4）	不太符合（19.6）	完全不符合（17.2）
父母职业情况	双方都是教育工作者（6.9）	仅父亲从事教育（32.1）	仅母亲从事教育（10.8）	双方都不是（50.2）
人生目标就是做一名优秀的中小学教师	完全符合（26.4）	比较符合（40.1）	不太符合（22.6）	完全不符合（10.9）
毕业后选择的就业服务区域	必须回生源地（39）	优先考虑生源地（29.8）	坚决不回生源地（19.6）	无所谓（11.6）
认为自身是否适合做教师	特适合（12.9）	一般（46.2）	不太适合（30.2）	很不适合（10.7）
毕业后从事中小学教育去向	大城市（39.5）	中小城市（28.1）	乡镇（21.5）	农村（10.9）
毕业后到农村中小学任教最担心的问题	事业后期发展（49）	教学及生活条件（25.5）	住房及婚姻（14.3）	其他（11.2）
毕业后直接到中小学任教是否能较快使用教学环境	一定能（27.2）	逐步适应（47.9）	不能（19.5）	不清楚（5.4）

续表

项目	比例			
	A	B	C	D
本科毕业后是否报考研究生	一定报考，且攻读（41.4）	先就业，再报考（30.3）	先就业，且不再报考（21）	未考虑（7.3）
毕业后如返还上学费用，是否愿意到农村中小学终身任教	愿意（24.5）	不愿意（39）	不确定（28.8）	其他（7.7）
认为免费师范生毕业后从事中小学服务期限	不超过四年（19.2）	五至七年（47.8）	八至十年（25.1）	十年以上（7.9）
影响自身择业的主要因素	工资待遇（47.1）	发展空间（25.9）	工作环境（20.4）	其他（6.6）
到基层中小学工作工资待遇期望水平（每月）	2千元以下（9.9）	2—3千元（40.1）	3—4千元（40.9）	4千元以上（9.1）
从事中小学教育教学岗位一定年限后是否转换管理岗位	绝不会（42.4）	一定会（31.7）	不确定（21.5）	其他（4.4）

从表5—15可以看出，地方院校师范专业学生报考师范专业主要看好教师职业的稳定性，且较大部分学生出自个人或父母意愿而报考；有65%以上学生的人生目标就是做一名优秀的中小学教育工作者，并有近60%的学生认为适合从事教师职业；在就业区域选择上，近70%的学生选择了回生源地就业服务，但选择的区域位置绝大比例是大城市或中小城市，仅有10%的学生选择农村，即便返还大学期间上学费用，愿意在农村终身任教的学生比例仍不到四分之一；对于到农村中小学任教最担心的问题主要是后期事业的发展，以及农村教学和生活条件；对影响择业的第一因素主要是工资待遇，且分别有40%左右的学生期望中小学月工资待遇在2000—3000元、3000—4000元；关于毕业后是否继续攻读学位上，受社会对高学历要求的影响，近一半的学生决定报考并攻读研究生，仅有20%的学生选择先就业，并不再继续攻读；关于"免费师范生从事中小学服务期限"上，近一半的学生认为五至七年较为适宜。通过对比受访师范生的职业理想和生涯规划情况，可以分析地方院校对在校师范学生生涯规划指导工作的影响和不足，以为完善师范学生职业生涯规划指导提供依据。

表5—16　调查对象所接受基础教育及教师专业发展能力认知情况　　（单位：%）

项目	比例			
	A	B	C	D
是否渴望所在院校实施师范生免费教育政策	非常渴望(60.9)	较渴望(20.7)	不渴望(14.5)	无所谓(3.9)
所在院校学风总体情况	很好(36.6)	较好(31.9)	一般(21.7)	很差(9.8)
所在院系师资力量及配置情况	良好(28.8)	一般(40)	较差(25.3)	其他(5.9)
所在学校师范专业学生整体学习程度	特轻松(29.3)	较为轻松(37.2)	较为紧张(23.5)	特紧张(10)
所在院校是否安排中小学优秀教师指导师范生学习	较多(10.9)	偶尔有,但较少(52.2)	未有(32)	不清楚(4.9)
所在院校是否重视中小学教育实践能力的培养	极为重视(15.9)	较为重视(38.6)	一般(35.5)	不重视(10)
对所学课程满意程度	很满意(12.2)	较满意(38.5)	一般(41.7)	很不满意(7.6)
自身是否制定了明确的大学学习目标和计划	已详细制定,并逐步实施(32.8)	制定较为粗略,应付检查(30.1)	未制定,也未要求(26.6)	其他(10.5)
掌握所学学科的日常知识情况	十分熟悉(15.6)	比较熟悉(66.2)	不太熟悉(11.9)	完全不熟悉(6)
掌握教育技术等实践知识情况	十分熟悉(9.3)	比较熟悉(52.5)	不太熟悉(28)	完全不熟悉(10.2)
掌握心理学等条件性知识情况	十分熟悉(3.8)	比较熟悉(32.2)	不太熟悉(58.1)	完全不熟悉(5.9)
自身教学设计能力水平	很强(4.4)	较强(40.5)	一般(44.6)	较弱(10.5)
自身语言表达能力水平	很强(8.6)	较强(44.2)	一般(40.7)	较弱(6.5)
自身教学媒体使用能力水平	很强(11.3)	较强(43.3)	一般(34.6)	较弱(10.8)
自身教学方法运用能力水平	很强(7.1)	较强(35.6)	一般(53.4)	较弱(3.9)

续表

项目	比例			
	A	B	C	D
自身教育科研能力水平	很强 (5.2)	较强 (37.6)	一般 (40.5)	较弱 (16.7)
自身心理素质整体情况	很好 (9.3)	较好 (39.2)	一般 (48)	较差 (3.5)
自身身体素质整体情况	很好 (9.1)	较好 (35.4)	一般 (48.6)	较差 (6.9)
每天或每周都坚持体育锻炼	完全符合 (10.5)	较符合 (24.6)	不太符合 (42.5)	完全不符合 (22.4)
日常学习生活中生病或感到不舒服情况	经常发生 (45.3)	偶尔发生 (30.9)	从未发生 (19.2)	其他 (4.6)

表5—16数据表明，受部属师范大学免费师范教育政策的影响，地方院校师范生同样也希望接受免费教育；近70%的学生对所在院校的学风较为满意，但有超过65%的学生认为"所在院系师资力量及配置"一般或较差；在对学生进行的基础教育组织安排上，一半以上学生认为院校还是较为重视中小学教育实践能力的培养，但总体缺乏中小学优秀教师的指导；关于自身拥有的教师专业发展知识上，无论是所学学科的日常知识，还是教育技术等实践知识，绝大多数学生的熟悉度较高，但对心理学等条件性知识熟悉度并不是很乐观；在从事基层教师教育能力认知上，除对自身的语言表达能力、教学媒体操作能力等方面较为自信外，在教学设计能力、教学方法运用能力，以及教育科研能力、心理素质等方面感觉都不尽如人意，仍需要进一步提高；"身体是革命的本钱"，"身心素质是教师专业发展中最基本的要素"，但在被调查对象中，仅有10%左右的学生能够做到"每天或每周都坚持体育锻炼"，超过40%的学生"经常生病或身体感到不舒服"，近60%的学生认为自身身体素质"一般"或"较差"，由于缺少良好的学习生活习惯，以及较大的学习压力等多种原因，不但使很多学生一直处于亚健康状态，并影响了学生在各方面能力的提高和发展。

表5—17　　调查对象对基础师范教育及中小学教师职业认知情况　　（单位：%）

项目	比例 A	B	C	D
对基层学校师资力量建设的总体评价	强大(2.3)	一般(30.9)	较薄弱(59.8)	不了解(7)
城镇与农村中小学师资力量的差距	较大(61.1)	有轻微差距(21)	无差距(13.9)	不了解(4)
对基层教师工资待遇的看法	较低(46.5)	还可以(34.2)	较高(12.8)	不了解(6.5)
对基层教师职称评定工作的看法	较快(4.8)	一般(38.1)	太慢(45.6)	不了解(11.5)
对基层教师流动性的看法	流动性强(9.7)	流动性一般(34)	流动性太差(45.5)	不了解(10.8)
对基层教师社会地位的看法	低下(38.2)	还可以(29)	高尚(20.6)	其他(12.2)
对基层中小学教师编制的看法	非常重要(53.6)	较重要(27.3)	一般(12.6)	不重要(6.5)
在"有编制待遇低"与"无编制待遇高"两者之间的取舍情况	要前者(43.3)	要后者(38.8)	不确定(13.1)	其他(4.8)
认为中小学教师具有最重要的因素	职业道德(38.3)	教学水平(30)	管理水平(21.9)	其他(9.8)
对中小学教师工作压力的评价	很大(23.3)	比较大(40.5)	一般(33.6)	无压力(2.6)
从事幼儿园教育教师学历最低要求	大专(62.2)	大学本科(30.2)	硕士(7.6)	博士(0)
从事小学教育教师学历最低要求	大专(22.2)	大学本科(59.9)	硕士(17.9)	博士(0)
从事中学（初中部）教育教师学历最低要求	大专(4.7)	大学本科(41.9)	硕士(51.1)	博士(3.3)
从事中学（高中部）教育教师学历最低要求	大专(1.1)	大学本科(32.9)	硕士(60.3)	博士(5.7)
优秀的中小学教师具有最重要的素质	热爱学生(41.9)	热爱教师职业(25.2)	高尚的道德情操(21.2)	其他(11.7)

续表

项目	比例			
	A	B	C	D
建立完善中小学教师退出机制重要性的认识	很重要 (37.8)	较重要 (32.6)	一般 (19)	完全没必要 (10.6)
师范专业学生录取前进行面试的重要性	很重要 (41.6)	较为重要 (27.3)	没必要 (20.4)	无所谓 (10.7)
将师范类专业调整到提前批录取	很有必要 (41.2)	有一定必要性 (30.5)	完全没必要 (24.2)	无所谓 (4.1)
地方院校实施师范生免费教育政策与部属院校实施师范生免费教育政策整体优势对比情况	地方院校更有优势 (67.6)	部属院校更有优势 (20.1)	两者优势相同 (9.5)	不确定 (2.8)

从表5—17足以看出，地方院校在校师范学生对当前基础师范教育，以及中小学教师职业情况有一个较为客观的认识。超过一半的学生认为基层学校师资力量仍较为薄弱，感觉农村与城镇中小学师资力量差距相对较大；对基层教师工资待遇、职称评定，以及流动性的看法较为失落，将近40%的学生认为基层教师社会地位"低下"，而与基层教师的工作压力和学历不相匹配；受社会多重因素的影响，与期望提高工资待遇相比，受访的学生更普遍看重在岗编制；对于各义务教育学段的教师学历需求，随着从幼儿园教育、小学教育，到中学教育逐步提升，对学历的层次要求认为也应逐步提高；在当前基础教育正在进行全方位改革，全面推进素质教育新形势下，超过40%的学生认为"热爱学生"是优秀中小学教师应该具有的最重要的素质，只有做到热爱学生，才能做到热爱教师职业，才能永葆上进心和开拓精神，成为学生人生道路上的引路人；从"把教育摆在优先发展的战略地位"出发，与其他专业相比，学生更偏向于将师范类专业调整到提前批录取，更有65%以上的学生认为"录取师范专业学生，增加面试环节"较为重要。通过分析、对比地方院校师范学生在基础师范教育及中小学教师职业认知情况，对加强在校师范专业大学生基础教育理想观念，打造新型基础教师教育体系，以及中小学教育教学工作改革发展，都具有重要的指导意义。

第四节　师范生免费教育政策存在的主要问题及对策建议

我国师范生免费教育政策，从 2007 年秋季开始，虽仅在六所部属师范大学进行试点，但作为我国普通高校学生资助政策体系中的一部分，作为我国师范教育领域改革的一项重要措施，已取得初步成效，对全国教育事业长远发展，尤其是对农村中小学师资均衡配置、义务教育事业发展具有非常重要的现实意义和深远影响。2011 年 6 月 17 日，时任国务院总理温家宝在出席北京师范大学首届免费师范生毕业典礼发表的重要讲话中，充分肯定了师范生免费教育试点工作取得的成绩，并对进一步完善好、实施好师范生免费教育工作作出了系统部署。伴随着师范生免费教育政策试点工作逐步深入，国家从加强免费师范生就业、促进免费师范生继续攻读在职硕士等配套政策逐步进行了完善。然而，实施至今，由于免费教育师范生政策理想与现实的差距，以及政策实施大环境存在的困难和问题，政策实施效果并不是很乐观。只有完善政策设计、提高基层教师待遇等瓶颈问题，才能最大限度发挥师范生免费教育政策的有效性，才能让免费师范生毕业后真正下得去、真正留得住、真正干得好，才能使师范生免费教育健康有序发展。

一　师范生免费教育政策存在的主要问题及不足

（一）政策自身设计方面

1. 实施范围过于狭窄

一是在实施总体规模上狭窄，从 2007 年开始至今的八年内，虽从当初的六所部属师范大学，已扩大到全国 20 余个省市，但实施的省市中所能享受到师范免费教育或补助范围仅仅是地方院校中的个别或很少一部分师范院校，或师范院校的部分师范专业学生，相对于全国 189 所师范类院校，年在校本、专科师范专业学生 235.4 万人[①]的规模，无论学校数量，还是在校学生数量，所覆盖比例都是微不足道的；二是在实施院校层次上

[①] 中华人民共和国教育部：《2009 年教育统计数据》，http：//www.moe.gov.cn/s78/A03/moe_560/s4958/s4960/，2010 - 12 - 30。

相对狭窄,目前实施免费师范生院校主要是部属师范大学,及部分省市的地方省属师范院校,但基层中小学教师主要来源于地方师范院校,特别是分布在地市级的师范专业院校,而且,中等师范学校作为我国师范教育中办得最实用最好的学校,一直将培养中小学教师作为自身主业,为基层教育输送并培养了大批的优秀教师①,因此,相对于众多的地方师范院校,所实施免费师范生的部属层级,及省属层次的高等院校确实是微乎其微的;三是相对于基层教师现实需求上过于狭窄,长期以来,受经济发展不均衡、经费投入不足等多种因素,全国基层中小学教师数量严重不足,特别是在经济欠发达地区尤其严重,据《国家教育督导报告》显示,中西部9个省区的3万多所农村小学的班师比平均仅为1:1.34,多个教学点的班师比平均仅为1:1,均低于全国小学1:1.9的平均配置水平,且教师队伍结构性缺编现象也较为普遍,很多教师身兼数职,出现了包班教学、一人代8门课的"万金油"式的教师,另据统计,全国农村中小学音、体、美教师缺口很大,其中义务教育阶段体育老师缺口就高达30万②,在农村中小学教师如此短缺的情况下,师范类毕业生中只有31.61%的学生选择从事教育领域工作,毕业就转行的占到近七成③,"90后"师范类毕业生宁愿转行也不愿到基层,且中小学教师退休数量递增;另一方面,根据最初三届免费师范生调查统计,80%左右的免费师范毕业生在毕业后执教高中,学习层次主要为省级示范学校,仅有20%左右的免费师范毕业生执教初中,而执教小学及以下的免费师范毕业生所占比例极少④,真正能"下得去"的师范生,远远无法满足农村中小学教师的需求问题。

2. 录取程序不够完善

在免费师范生招生过程中,为了选拔并培养优秀教师队伍,都是在本科一批次之前的提前批次进行录取,按照填报志愿、确定录取、签订协议程序进行。无论是大部分具有自主招生权的部属高校,还是在试点的地方

---

① 姬秉新:《培养中小学教师是师范院校的主业》,《陕西日报》,2014-08-26。
② 国内新闻:《乡村教师数量缺口严重》,http://12582.10086.cn/main/News/Detail/11795989,2013-08-29。
③ 王光营:《教师退休数量递增,90后师范类毕业宁愿转行不愿到基层》,《齐鲁晚报》,2015-03-19。
④ 《免费师范生调查一:免费师范毕业生,你们还好吗》,《人民日报》,2015-05-06。

师范院校，录取过程中缺少对报考学生的面试等基本环节，而仅凭借高考成绩和学生的报考基本材料是无法判断学生是否具备教师的素质和素养的，这就导致部分不适合，或不具有教师素养的考生进行免费师范生培养行列，最终进行教师队伍。由于录取程序的不完善，不但无法避免考生报考免费师范生的盲目性，也增加了优秀人才选拔的难度，进一步影响了免费师范生的培养质量和基础教师队伍建设。

3. 培养机制不够健全

为提高师范生教育教学水平，根据国家确定的免费师范生培养目标，六大部属师范院校结合自身办学特点和基础教师教育特色，注重提升免费师范生整体培养质量，为免费师范生后期从教发展打好基础。但就培养过程、培养效果及后期深造发展来看，仍存在诸多问题，主要表现在：在课程结构上，与中小学教育教育实践结合不够紧密，教育理论与教学实践缺少深度融合，仅将实践教学作为一个孤立环节，而未贯穿教育培养全过程；对免费师范生进行的"基础"教育培养仍然以"三基"（基本理论、基本知识、基本技能）定位为扎实的"知识体系"[①]，而缺少以好奇、探究、兴趣、质疑等为核心的能力性基础教育，导致免费师范生作为中小学教学教育的组织者和主导者，仅能引导其拥有较丰富的基本基础，具有"学会"能力，但缺少"会学"本领，影响了基础教育效果；对毕业免费师范生后期深造限制不尽合理，为了促进终身学习和职业发展，对考核符合要求的，鼓励、支持攻读在职教育硕士研究生，并颁发硕士研究生毕业证书和教育硕士专业学位证书，但又规定，在免费师范生毕业前及在协议规定服务期内不可报考脱产研究生，也不可继续攻读同专业或跨专业的学术性硕士等，诸多限制，大大削弱了免费师范生后期继续深造和学习的积极性，也降低了免费师范生群体与其他职业群体在社会生存发展的竞争力。

4. 就业机制不够灵活

为确保免费师范生毕业后到中小学任教，教育部等多部门联合下发了专门的免费师范生就业实施办法，要求省级政府统筹、落实就业各项保障工作，就编制、岗位、经费等方面进行了明确规定。但由于省市不同区域

---

① 王红：《对当前基础教育改革的反思——从中美教育比较获得的一些启示》，《人民教育》2011年第9期。

在政策执行力度、实施效率、落实程度的不协调、不统一，出现个别省市规定与国家政策不一致，如要求不得跨省就业、需要参加地方组织考试，以及借"人才过剩"为由拒绝接收外省生源学生、跨省就业手续审批烦琐等①，最终导致相同专业在不同地区的免费师范毕业生在就业层次、编制落实、岗位安置等存在较大差异。由于就业机制的不灵活、不一致，不但延长了免费师范生就业周期，增加了就业求职成本，也使免费师范生就业政策大打折扣，不利于人才流动和优质教师资源的优化配置。

5. 服务周期过长

按照协议，要求免费师范生毕业后履行国家义务，需到生源地所在省份从事中小学教育工作至少十年，对到城镇学校工作的，应先到农村义务教育学校任教服务两年。无论是十年的教育服务期限，还是两年的农村服务期限，大部分免费师范生都认为过长，不利于整体规划自己的人生，不利于后期职业的选择和调整，无法最大限度地发挥自己潜能和优势。虽然个别省市缩短了服务期限，但各地区规定的服务期限不统一，影响了教师职业自身的影响力和对优秀人才的吸引力。

6. 退出机制不畅通

为让免费师范生呈现更为开放状态，让更多的有志于当教师的青年学生加入农村中小学教师行业，2011年9月，在教育部举办的新闻发布会上宣布将建立免费师范生录用和退出机制，让部属师范大学发挥引领和示范作用的同时，让更多地方师范院校开展师范生免费教育，但时至今日，一直未制定具体的实施办法，致使出口不够畅通，对于学习过程中不适合从教或不乐意从教的在校免费师范生，迟迟无法退出免费师范生行列。另外，由于缺少退出机制，部分免费师范生在思想上放松了对自己的要求，认为"毕业即就业"，把自己的"免费师范生"身份认为是"铁饭碗"，学习上缺少进取精神，学业不再下功夫，最终影响了自身从教基本综合能力和素质，影响了未来中小学教师总体质量。

7. 违约处理缺少人性化

按照免费师范生招生程序，录取前，考生与招生院校，以及所在地省级教育部门三方需签订免费教育协议。而根据协议规定，在就业去向、服务期限等方面未按规定履约的，须退还已享受的免费教育费用并按应退还

---

① 《免费师范生调查二：免费师范生政策需调整》，《人民日报》，2015-05-06。

费用的 50% 缴纳违约金，而且公布违约记录、记入人事档案。虽然违约代价较高，但很多免费师范生还是"铤而走险"，面对基层教师待遇低、提升空间小、生活环境差等现实问题，以及"回乡即失败"、父母反对等压力，相当一部分免费师范生宁愿违约也不回乡，根据对华中师范大学 153 名在校免费师范生调查显示，38.56% 的学生后悔成为免费师范生，而有 24.18% 的学生表示自己将来会想要违约①。与国家助学贷款偿还、求职等违约惩罚相比，免费师范生违约处罚显得法不责众，达到过犹不及的效果。由于违约处理缺少人性化，在一定程度上，仅可限制家庭经济负担较重、对个人征信较为看重的毕业生群体，而对大多数毕业生是不会因违约金而却步的，反而影响了毕业生的自主择业，也有悖于鼓励免费师范生通过"双向选择"落实任教学校的就业政策。

8. 激励性效果不明显

推行师范生免费教育，一方面，"免费"是以减免学费、住宿费形式实施的，主要是通过物质激励来调动学生报考师范专业的积极性和主动性，这种物质激励属于外在的刺激或外在的影响因素，而单单依靠外在的激励是无法将师范专业学生选择终身从教转化为内在需要和内在动机的。另一方面，根据管理学研究，报酬奖励要超过原收入的四分之一才会起到比较好的效果，对于在工作环境、生活条件与城市差距较大的农村地区从教的免费师范生来说，不仅仅需要的是名义上的荣耀，更是职业的发展、工作生活质量的提高，其中最关键的是工资待遇，以及在职务晋升、职称评定、社会保险等方面政策上的"倾斜"，而这恰恰正是政策执行中所缺少的。

（二）政策实施环境方面

1. 农村义务教育经费投入体制仍不健全

我国各地区之间、城乡之间经济发展长期不平衡，对农村义务教育经费总量投入普遍严重不足。由于财政性教育投入比例的差异与差距，致使不同区域之间、城乡之间，以及同一区域（城乡）的不同学校之间的义务教育均衡发展差距较大，中西部地区与东部地区相比，农村与城镇相比，农村义务教育发展严重失衡。国家虽然采取将农村义务教育所需经费全部纳入公共财政保障范围、实施农村校舍维修长效机制，以及对农村中小学

---

① 《免学费换来"违约"？免费师范生为何不愿"凤还巢"》，《长沙晚报》，2015-03-16。

全部免除学杂费并提供生活补助等措施，但对于庞大的农村义务教育群体，以及农村义务教育经费需求增长远远超过财政性教育投入的增长等实际，农村义务教育经费短缺，基础教学设施差，教学水平及质量偏低等问题仍较突出，更无法解决改善农村中小学教师住房条件、提供基础技能培训、扩充教育队伍等难题。对农村义务教育投入总量普遍不足，长期无法保障农村义务教育正常运转和发展，使基础教育物质资源、人才资源匮乏，不仅无法稳定农村义务教育教师队伍，反正造成大量优秀教师流失。由于农村义务教育经费投入机制不健全，农村中小学教育工作环境长期严重薄弱，大大降低了师范生深入基层服务农村中小学教育的主动性、积极性。

2. 农村中小学教师职业社会认可度和吸引力不高

"百年大计，教育为本；教育大计，教师为本。如果说教育是国家发展的基石，教师就是基石的奠基者。"[①] 我国历来有尊师重教的优良传统，教师职业在社会上一直拥有较高的社会地位，尤其是改革开放以来，从20世纪80年代开始推行教育体制改革，教师的社会地位显著提升，物质和生活条件有了较大改善，特别到了20世纪90年代初期，在市场经济大潮的冲击下，企业不景气，工人经济地位的快速下滑，使中小学教师的地位及职业吸引力得到一定的提高。但进入21世纪后，一方面，随着市场经济快速发展，很多行业很快通过创收、奖金、补贴等方式弥合了差距，并超过了教师收入水平，教师收入优势名存实亡，中小学教师，特别是农村中小学教师依旧是被人看不起的"穷教书匠"，在一些乡村孩子眼里，认为自己的老师"绝对属于被淘汰下来的'产品'"；另一方面，同样受市场经济条件的影响，一些不良风气也沾染到教育领域，师德问题被社会各界频频提及，出现诸如"吃请""送礼""有偿家教"等问题，直接影响了中小学教师的职业形象，以及整个队伍的综合素质和社会认可度[②]。虽然国家通过对农村中小学教师实行绩效工资、统一编制标准、促进流动等措施推动乡村教师发展，农村中小学教师职业地位有所好转，但仍是不容乐观，真正自愿长期在农村从教的在职教师，以及毕业后意愿到农村从事中小学教师的师范大学生寥寥无几，农村中小学教师职业吸引力可见一

---

① 新华社：《温家宝在北京三十五中的讲话：教育大计，教师为本》，http：//www.gov.cn/ldhd/2009-10/11/content_1436183.htm，2009-10-11。

② 人民网：《教师地位为何总没"到位"》，http：//society.people.com.cn/GB/10242246.html，2009-10-23。

斑。作为"天下最神圣的职业"的农村中小学教师社会地位,而总未真正"到位"。

3. 农村中小学教师需求和免费师范生培养不对称

免费师范生培养的初衷是让其下基层,切实缓解农村教师师资队伍紧缺问题。但试行多年,现实与初衷差距很大,一方面,是到基层从教免费师范生人数与农村中小学教师规模需求之间的矛盾,在农村中小学教师缺口日益增大,部分省区的许多农村中小学仍存在"一校一师"的情况下,毕业后到农村中小学从教的免费师范生比例却是少之又少,如山东、山西等17个省区的首届免费师范毕业生中,仅有4.1%到农村中小学任教,其中10个省区没有任何毕业生到农村从教[①];另一方面,是免费师范生学科结构与农村中小学教师学科需求之间的矛盾,由于缺少科学的调研论证,以及合理的建设规划,导致各省区师范毕业生学科结构与生源地实际需求差距较大,根据生源地所在教育主管部门负责安置免费师范生的原则,需要接受的部分学科相对饱和,而有缺口学科的师范教师又进不来。由于师范类专业区域长期供求不均衡,致使出现绝大多数农村中小学教师学科结构不平衡问题。

4. 地方师范院校培养师范生的优势无法显现

在全国师范院校中,地方师范院校数量及在校师范生规模都占有较大比例,历来是培养农村中小学教师的来源主体。一方面,与部属师范高校相比,地方师范院校在教育资源、教学水平、培养质量,以及教育过程都是所不能匹敌的,但地方师范院校大都属于省属重点师范大学,最能体现所在省市经济和教育发展水平,具有更多符合实情、富有地方特色的办学经验,对就读的在校师范学生来说,接受免费教育有更大的吸引力,毕业后会有更大的比例、更多的意愿到基层长期从事教师工作,地方师范院校对弥补农村中小学教师队伍具有更大的潜力,也是义不容辞的责任。为此,以部属师范大学为主实施的免费师范生教育,使地方师范院校培养基层教师的优势无法显现,更无法发挥地方师范院校在提高农村中小学教育质量的主要保障作用。另一方面,在部属师范大学实施免费师范教育,免费师范教育资源将更加集中,将进一步拉大部属师范大学与地方师范院校

---

① 《记者深入17个省区调查万余名毕业生去向首届免费师范生去了哪里?》,《人民日报》,2011-09-28。

之间的差距，使资源配置更加不均衡[1]，无论对地方师范院校，还是就读地方师范院校的在校学生都是一种不公平的表现。

（三）社会保障和监督方面

1. 农村中小学教师待遇长期得不到保障

由于国家对义务教育学校教师绩效工资总体水平及其基本标准没有明确规定，在"以县为主"的经费投入及保障机制下，各地差别很大，造成很多地区的农村教师工薪收入较低、分配机制欠妥、构成缺乏科学性的现象大量存在。尤其是农村教学点代课教师，各地发放工资标准不一，随意性大，有的甚至低于当地最低工资标准[2]，对于财政支付能力不足的县区，农村教师的津补贴从绩效工资当中支出，对农村教师倾斜的分配导向并没有落到实处，艰苦边远地区津贴分配也没能体现对农村教师的补偿与激励。据调研，农村教师年均收入不足3万元的居多数，其中不少年轻教师的月薪不足2000元，一位有着近二十年教龄、职称为中教高级的教师月工资才不过2600元，这与他们所处的环境、他们克服的困难以及他们的付出，极其不成比例。另根据对全国9个省19个区县的174所学校共7482名教师进行的农村师资调查显示，城市、县城、乡镇和村屯学校中，教师父亲职业为社会中下层和底层者占总群体的比例分别为61.50%、64.11%、72.46%和72.01%，而教师母亲职业为社会中下层和底层者的占比分别为77.81%、86.41%、90.04%和90.00%[3]，这足以显现出现实中农村中小学教师的待遇及其职业地位。除此之外，在农村中小学教师职称评定上，很多当地教育部门通过限制中高级职称名额、高级岗位等方式，大量出现"高职低聘""按职排辈""空岗不聘"等现象，严重打击了优秀教师的进取心。种种"不公平待遇"，直接打击了师范生深入农村任教的积极性，也促使那些原本在农村从教的师范毕业生，以及青年教师无法安心从教，造成大量农村优秀教师的流失。由于农村中小学教师待遇长期得不到保障，直接影响到农村中小学教师的稳定和基层义务教育教学

---

[1] 赵彦宏、丁丽丽：《地方师范大学试行师范生免费教育的应然与必然》，《教育探索》2012年第6期。

[2] 新华教育：《建议提高农村中小学教师工资待遇》，http：//education.news.cn/2015-03/07/c_127554193.htm，2015-03-07。

[3] 新浪教育：《大幅提升农村教师待遇刻不容缓》，http：//edu.sina.com.cn/zxx/2015-03-16/1104460644.shtml，2015-03-16。

质量，也使"教师职业"自身的吸引力大打折扣。

2. 地方政府政策执行力欠缺

我国教育管理属于中央和地方交叉性事务，地方政府负担着发展和管理教育的重要职责，但由于地方经济水平、领导重视程度等多种因素，各地教育发展水平和速度不一，特别是教育由于具有投资大、周期长、见效慢等特点，致使地方政府往往缺乏发展教育、投资教育的重视度和积极性，对国家制定的有关农村中小学教育发展政策落实上不彻底、不积极，主要表现在部分地方承担的教育财政拨款不及时、总额不到位，农村教师工资待遇提高上步伐缓慢，优质中小学教师队伍分配不均衡，城市教师人才闲置与农村教师队伍紧缺矛盾日益加剧，吸引优秀教师从教政策不完善，特别是部分县级、乡级政府或教育部门违反上级政策，私自扣减工资待遇、压低执行发放标准等问题，直接影响了当地教育质量和教育效率。在执行师范生免费教育政策过程中，较多存在免费师范毕业生未得到优先分配或接受手续繁琐，组织师范毕业生到农村从教引导力度不够，对"双选会"落选的未及时安置等现象，同时，由于各省市对国家政策理念的不一致，在免费师范毕业生就业政策实施规程中存在较大差异，如各省市免费师范生就业实施办法出台时间、招聘会组织时间差距较大，对跨省就业、民办学校任教、支教农村、兜底到县、公招考试等重点环节要求与国家政策或精神不同，导致相同专业不同省区毕业生就业层次、就业选择和就业时间差异也较大，影响了政策执行的统一性和完整性。

3. 政策执行跟踪评价及监督机制不健全

免费师范生教育政策的实施，从招生录取、培养培训，到后期安置分配、继续教育，涉及经费划拨、编制调配、岗位设置等诸多重要步骤环节，需要各级各地教育、人事、财政等多部门的全程参与和通力协作。然而在多年的试行过程中，国家层面虽然多次完善政策，组织相关职能部门协调，但是免费师范生培养院校、省级各相关部门，以及基层教育学校，无论作为政策的实施主体，还是利益主体，都缺少对政策执行的跟踪评价，以及及时有效的监督，尤其是接受免费师范毕业生的农村中小学学校等教学点，作为师范生免费教育政策利益主体之一，未充分发挥其评价反馈作用，更无法及时将评价结果反馈到上级政府有关部门和师范院校。在各方都无法为调整免费师范生教育政策措施和培养模式提供有效依据的情况下，直接影响了免费师范生教育政策的最终实现，从而也不能达到政策试行过程中的预期效果。

二 加强师范生免费教育政策实施对策及建议

结合师范生免费教育政策本身及实施过程中存在的问题，只有推进地方院校师范生免费教育工作，完善师范生免费教育政策，加快基层教师待遇改革步伐，加强基础教育服务保障等，才能切实推行师范生免费教育政策的实施，积极引导地方师范院校逐步开展师范生免费教育工作，全面提升贫困地区、中西部地区农村中小学办学质量。

（一）扩大师范生免费教育政策覆盖范围，推进地方院校师范生免费教育工作的广泛性

积极推进地方师范院校师范生免费教育政策，使生源地师范毕业生成为本土农村教师培养的主力军。借鉴部属师范院校师范生免费教育工作实践经验，充分发挥部属师范院校的试点师范引领作用，在地方院校全面开展师范生免费教育工作，第一，在培养院校层次上，以各省属师范综合院校为重点，以地级所属师范院校为补充，全面推进实施师范生免费教育政策，保障政策实施主体的覆盖程度和学校数量，让在读的师范专业学生都有接受免费教育机会；第二，逐步增加免费教育师范生培养规模，做好前期调研，深入每个行政村调研学龄人数，以乡镇、县区、地市为单位，分析并掌握区域内中长期各学段适龄人数，各个中小学教学点的师生比、教师结构，以及当地教育发展趋势等状况，根据各学校人数总体需求和各学科需要，由省级教育行政部门统筹省内及省外招生规模、培养层次、学科与专业设置等关键问题，有计划地开展师范生接受免费教育人数；第三，按照"高中阶段以研究生学历教师，初中阶段以本科学历教师为主、研究生为辅，小学阶段以本科学历为主，大专为辅，以及学前教育为大专学历教师"师资配置标准，由地方师范院校根据自身师资力量、学科优势，以及培养目标进行科学合理定位，有针对性地选择培养方式，如省属综合、重点院校侧重学科知识教育，培养更多的本科、硕士师范学生，以适应中学师资需要，而其他省属院校及地级市属院校侧重教育教学能力和技能的培养，培养更多的本科及大专师范学生，以适应小学师资需要，从而逐步满足中小学不同学历层次教师需求问题。

在地方师范院校开展师范生免费教育工作，首先，在中小学教师培养数量上占有绝对优势，地方院校师范生更会珍惜成为免费师范生的机会，

为争做优秀教师会有更大的进取心，也大大提高了对基层教师岗位空缺的填补功能；其次，地方院校发展水平最能体现所在省市经济和教育发展水平，在地方政府的统筹领导下，根据区域内的教师流动与需求状况，更能发挥自身地方特色经验，培养更加符合当地教育发展需要的师范毕业生；最后，地方师范院校吸引更多的当地农村学生到校就读，有助于本土文化、教育的融合，毕业后职业稳定性及对基层教育工作的适应性更高，更可能成为农村义务教育质量的主要保障力，做真正能"下得去、留得住"的师范生。更为关键的是，在地方院校实施师范生免费教育，通过调控师范毕业生及教师的发展和去向，引导优秀毕业生到基层工作，有助于基础教育的均衡发展，促进教育公平。与部属师范大学实施师范生免费教育政策相比，地方院校实施师范生免费教育政策将会收到更好的社会效果。

（二）健全师范生免费教育政策，增强政策整体科学性

1. 完善招生环节，健全免费教育师范生录取补充机制

按照学生"报名自主、选择自由"原则，在高考志愿填报各个批次，对报考"免费教育师范生"考生进行优先填报、优先录取；由省级教育部门主管、地级教育部门负责组织实施，对填报"免费教育师范生"志愿考生采取场地完全封闭、考官异地交换、考场随机抽取、成绩即时公布等方式进行面试，以避免"走后门、托关系、暗箱操作"等不公平现象，从性格、思维、口齿、沟通、合作等教师基本素养方面进行综合考察，按照高考成绩与面试成绩以7：3的比例进行录取；同时，在面试过程中，让学生进一步确认报考免费师范生的意愿，减少盲目报考，以及后期意志不坚强，调离教师行业学生比例，通过面试，可以增强免费师范生报考的针对性，让更具有教师素养的学生进行免费师范生培养行列，有助于优秀教师队伍的选拔和培养。合理拓宽招生方式，在直接录取的基础上，实施二次录取，通过从结束大一学习阶段、有志服务基层愿意从教的优秀非免费师范生，或非师范生选拔到免费教育师范生培养对象，形成科学的免费教育师范生录取补充机制。

2. 加强过程考核，健全免费教育师范生退出及淘汰机制

结合国家下发的有关师范生培养方案、人才培养计划，按照"共性和个性同步发展"原则，由各院校制订实施切合实际、富有内容、各具特色的免费教育师范生目标培养成长方案，以学期或学年为时段，定期对师范生目标培养进展进行实时考察评估，并根据结果进行"一对一"帮

扶指导，对考察考核不及格或不达标，综合表现等级差，或不思进取学生予以淘汰，转入非免费教育师范生，确保在校免师范生学习上保持更强的进取精神，不断提高自身从教素养；同时，畅通出口，对于不适合从教或不乐意从教的免费师范生，可及时退出免费师范生行列。另外，面对高校多年扩招，较多地区早已进入高等教育普及化阶段，且高等教育大众化仍在向前推进，针对大学生普遍存在的"松、散、懒"现象，以及免费师范生"毕业即就业"心理，将免费师范生由"宽进宽出"现状改为"宽进严出"模式，即毕业前达不到规定的培养目标、未完成全部课程、综合素质评价不合格者，均不能颁发毕业文凭和学位证书，且不得进入免费师范毕业生行列从事教师职业，通过"严出"政策，可对学习动力不足、学习态度不端正、不努力的学生起到制约作用、激励作用，确保师范生培养质量，再者，结合2015年开始正式实施的教师资格证考试改革，逐步推进完善教师资格证国考政策，增强考试认证的目的性。通过制定实施严格的退出及淘汰机制，有利于激励在校学生更加努力学习、严于律己，更有利于促进学风、校风建设。

3. 加大政策引导，健全免费教育师范生良好的奖励及激励机制

因地制宜，制定实施客观、合理、科学的奖励与激励措施，最大限度地激发免费师范生学习的积极性和立志做一名优秀人民教师的主动性。注重物质奖励与精神奖励相结合，增设国家级、省级高层面优秀师范生评选，或将国家奖学金评选融合成国家优秀师范生评选，最大化地体现师范特色，争创人人积极向上的精神风貌；定期开展教学技能竞赛项目，紧密结合教学培养大纲方案，在校内各院系之间、区域内高校之间，组织开展教学板书、技能专项竞赛活动，通过参与理论知识课程、技能训练能力对比、评比，查找自身的缺陷与不足，提高师范生的教学技能和专业素养；充分发挥激励政策作用，按在校年级总人数5%—10%的比例，选拔学业优秀的专科、本科免费师范毕业生，直接保送攻读本科及硕士学位，毕业后再履行从教义务，形成师范生之间的竞争机制，有效调动免费师范生学习的积极性；注重免费师范生特优生的学业发展，借助培养师范院校国际交流合作项目，每年按照一定比例选择高年级师范生公费出国，进行为期一至三个学期的教育实习实训，通过观摩、交流国外先进的教育理念及中小学教育方式、方法等，以后回国从教后融合自身实践教学，促进我国基层教育教学改革的步伐。通过建立健全"充满活力、富有效率"的免费

教育师范生良好的奖励及激励机制，推动免费师范生培养质量的最优化。

4. 优化资源配置，健全免费教育师范生灵活就业促进机制

免费教育师范毕业生安置是实施师范生免费教育政策最为关键环节，师范生就业安置状况直接影响后期免费师范生招生及政策的实施，只有强化政府职责，完善配套政策，创建灵活就业机制，才能保证免费师范生就业安置落到实处。首先，增强国家教育、人力保障部门对免费师范生安置的宏观调控，逐步建立"省际跨省就业"机制，弱化免费师范生回生源省区就业的限制，允许免费师范生在全国范围内双选就业，特别是要积极顺应人才流动和市场导向配置大趋势，鼓励免费师范毕业生到中西部跨省就业，即按双向选择原则自由竞聘基层教师岗位，而对最终未找到合适工作岗位的，由所在生源省级行政管理部门提供编制和岗位负责兜底解决，这样既可减轻行政部门的工作负担，又可促进优质教师资源在中西部地区的合理流动和优化配置[①]，同时，大大降低师范毕业生求职成本，缩短跨省就业手续审批周期。其次，规范执行统一的免费师范生就业安置程序及要求，对按时顺利毕业、获得教师认证资格的免费师范生通过双选会，直接安排到基层从教就业，无须再参加所在生源省市区域或跨省区域事业单位组织的新进人员公招考试，避免出现不同生源省份的同校或同专业师范毕业生在就业层次、就业选择和就业时间的差异，以及以"人才过剩"为由拒绝接收外省生源、以"需要高层次教师"为由拒绝放人等不正常现象，确保国家政策执行的权威性和统一性。最后，加大省级政府对区域内免费师范毕业生就业安置力度，统筹做好跨省师范毕业生的调入与调出工作沟通协调，一是畅通安置渠道，创建并发挥地市级、县市级两级行政综合办事机构免费师范生就业保障服务平台，开设免费师范生就业安置"绿色通道""一站式窗口"服务，有效促进免费师范生就业；二是根据各乡村中小学等教学点岗位需求及教师缺口，采取部门多方联动、职责主次分明等措施，增强免费师范毕业生双选会组织的实效性，切实提高实际安置规模和签约比例；三是全面实施免费师范生就业优先战略，创造更加积极宽松，更具有人性化的政策环境，如对具有合法婚姻关系，或同样符合教师报考招聘条件的免费师范毕业生配偶，以及到父母常住地所在省市

---

① 韩柳洁：《免费师范生"下不去、留不住"，委员呼吁及时调整免费师范生安置政策》，《人民政协报》，2014-08-18。

中小学就业的免费师范生进行优先照顾,并就近安置。通过实施省级统筹管理,能够从战略性、全局性高度,前瞻性地根据各地中小学发展趋势统筹规划,促进免费师范生资源在更大范围内得到有效配置,填补省内不同区域优质教师资源的稀缺①。

5. 调整服务期限,健全免费教育师范生服务周期动态调整机制

合理设置服务期限,对于推进免费教育师范生政策良性发展具有重要意义。从我国历史上看,清末和民国时期的师范学生服务期一般在五年左右,如清末官费毕业者本科生服务年限为六年;1942年颁布的《师范学院规程》规定师范学院学生毕业后服务期为五年②。从台湾和国外实施情况显示,我国的台湾地区享受类似补贴后到偏远乡村地区中小学工作的师范生服务年限一般规定为五年,五年后则可不受限制地自主择业或继续深造;新加坡对享受新加坡政府奖学金的外国留学生毕业后在当地服务的年限规定是三至五年;而美国获得教师教育资助的学生毕业后必须到贫困学校的教师紧缺学科作为全职教师任教四年,即八个学期,这八个学期的任教服务可在毕业后的八年内完成③。另外,根据教师成长规律,一般教师从新手成长为业务骨干,大概需要五至六年左右;现行人事劳动合同一般也以五年为一周期④。为此,调整目前十年的服务教育战线和两年的服务农村期限,缩短为与攻读师范专业本专科学制年限一致的服务教育战线,其中服务农村期限不低于两个学期,并可在服务教育战线期限内根据自身状况完成;对于本硕连读或硕士毕业的免费师范生,在原服务期限的基础上,按攻读硕士学位完成学制的50%为周期延长其服务教育战线期限和农村服务期限,如专科免费师范生三年完成学业,则毕业后服务教育战线和服务农村期限分别为六个学期、两个学期;而本硕"4+2"连读免费师范毕业生服务教育战线和服务农村期限分别为十个学期、四个学期。同时,遵循"以人为本,个性差异"原则,实施灵活可选的免费师范生服务期限调整政策,按照履行义务与享受优惠相挂钩,以在校完成大学期限

---

① 方增泉、戚家勇:《推进和完善师范生免费教育制度——基于北京师范大学2007—2009级免费师范生的调查》,《教师教育研究》2011年第1期。

② 胡亚辉、祁超:《师范生免费教育出现的不足及解决思路》,《华中师范大学学报》(人文社会科学版)2014年第2期。

③ 贺红风、周琴、魏登尖:《美国"教师教育资助项目"及其对我国免费师范生教育的启示》,《国际视野》2011年第10期。

④ 庞丽娟:《如何更好地培养免费师范生》,《人民日报》,2015-03-19。

内所申请并获得的"两免一补"学年为准，确定其在教育服务战线期限，让学生结合家庭自身经济状况进行申请享受"两免一补"年限，增加学生的自主选择性，并节约国家的培养成本。通过健全免费教育师范生服务周期调整机制，不但有助于权利与义务的平衡，使免费师范毕业生更好地整体规划自己的人生，使其科学选择和调整后期职业，最大限度地发挥自身潜能和优势，也减少了对师范毕业生服务教育战线期限的限制，将大大降低师范毕业生违约行为。

6. 注重终身教育，健全免费教育师范生及中小学教师教育教学综合素质提升及深造培养机制

提高免费师范生及师范毕业生在职教育硕士培养质量，探索并坚持免费师范生及中小学教师硕士培养及深造的人性化和自主性。一是以适应中小学实际教学为导向，改变就读院校"课堂式"传统单一的授课培养模式，加大教学互动及实践环节的比例，将"重理论、轻实践"的教学内容转变为"重实践、轻理论"，增强师范毕业生从教的适应性和教学水平，切实将本科所学知识"随心所欲"应用到中小学实践教学过程；在深化实施学分制的基础上，推行师范生本科阶段弹性学制，由学生自行选择与学校自主安置相结合，增设中小学各教学点至少为期一个学期的教育见习和实习过程，通过师范生亲身体验、把握中小学教育教学方式特点，提前做好从教心理准备，缩短首次任教的适应期；加强省级或地级行政区域内从学前教育学校到高等院校优秀教师资源的整合与共享，在本科阶段后期学习过程中，把观摩、参与本土化的优秀教师课堂教学环节成为一种新常态，总之，以提高"教育专业发展"为目标，以拓宽免费师范生雄厚坚实的专业基础，强化免费师范生教师专业技能，全面提高其科学与人文素质为宗旨，从整体上不断优化免费师范生教师教育课程结构，把免费师范生教育课程结构优化成理论与实践、共性与个性、特殊与一般、课内与课外、长时与短时、静态与动态、显性与隐形等诸多课程形式有机结合的课程系统，让免费师范教育在教师专业发展的挑战面前获得持续发展的生命力[①]。二是依托原就读部属师范大学及地方重点师范院校，细化条件，规范程序，对攻读在职教育硕士人数比例合理控制，严格防止免费师

[①] 皇甫倩、王后雄：《提高免费师范生教师专业发展的思考》，《教师教育论坛》2014年第6期。

范生在职教育硕士培养的扩大化，并减轻培养院校师资的压力；以提升师范毕业生教学技能、课堂管理及校本课程等方面的实际操作水平为目标，按照"相同而有区别"的原则，加大本科阶段与在职教育硕士阶段所学课程的区分度，切实提高师范毕业生在职教育硕士培养质量；结合基层学校教学教师规模实际，有计划、有步骤组织安排免费师范毕业生及在职教师攻读全日制教育硕士和学术性硕士，逐步改善并提高中小学教师整体学历层次，为其培养成为优质教师和教育家创造条件。三是满足学生自身需求，加强本硕教育教学衔接，实施免费师范生本硕"3+3"或"4+2"一贯式连读培养模式，消除本硕培养相互割裂、学习连续性不强等劣势，不但大大缩短青年优秀教师培养时限，且将极大缓解农村中小学教师队伍"老龄化"现状，增强农村教师发展生命力。四是提高中小学教师培养速度和力度，扎实推进2010年起教育部和财政部启动实施的"中小学教师国家级培训计划"，以及《乡村教师支持计划（2015—2020年）》，对经济欠发达地区、中西部地区农村中小学教师骨干及免费师范毕业生进行脱产研修等多形式、高效率培训，注重加大乡村教师培训规模和面授比例，为每位乡村教师提供离岗学习机会，确保"国培"计划培训的整体水平和质量，为缩小区域之间、城乡之间教育水平差异取得了实实在在的效果，并大大提高免费师范生群体、基层中小学教师队伍与其他职业群体在社会生存发展的竞争力。

7. 拓宽免费途径，健全免费教育师范生多样化补偿机制

针对师范生教育"两免一补"免费方式的单一性，以及一直存在的违约现象，应拓宽师范生教育免费途径，改变免费教育师范生补偿方式，使之更科学合理，并可避免毕业后违约行为。一是由学习期间补偿改为毕业之后补偿方式，即大学费用先由个人全部承担，待大学毕业从事中小学教师职业后，根据服务年限每年定期进行补偿大学个人所承担的学习费用，完全避免毕业后从教不履约行为；二是"以奖代补"，大学费用同样由个人先期垫付，毕业后根据从事教师教育的区域和学科按奖励方式进行补偿，奖励实施年限与大学完成学业学制一致，奖励标准底线以大学期间每年费用为准，对于从事学科性短缺（如双语教育、特殊教育、阅读、书写、外语、科学等紧缺科目）和区域性短缺（如中西部地区、贫困地区的农村中小学等）教师的师范毕业生，其奖励标准每年上浮10%—20%，不但提高师范生到基层从教的吸引力，且对调整、稳定农村中小学

优秀教师和紧缺学科师资力量起到很大推动作用；三是借鉴澳大利亚、俄罗斯鼓励大学毕业生到偏远地区工作做法，对招生的免费教育师范生每年发放"师范生教育助学贷款"，待毕业到教育战线服务后，根据服务年限逐年由国家负责助学贷款本息偿还，随着师范生从教服务期满，助学贷款也同期偿清，而对于毕业后不选择从事中小学教师职业，以及未完成教育服务期限、中途调离中小学教师职业的，助学贷款未偿还部分由毕业生继续履行偿还义务，对于拖欠者按助学贷款相关规定处理处罚。通过健全免费教育师范生多样化补偿机制，国家采取鼓励而非强制手段，更显得人性化，不但能够充分尊重学生的选择权，让广大青年大学生在完成大学教育后理性地作出决定，而且减少了师范生违约行为，省却了政府与学生之间不必要的矛盾和冲突。

（三）加大农村教育投入，提高农村基层教育建设的时效性

1. 加大财政投入，健全以中央和省级财政投入递增保障机制

教育决定一个国家和民族的未来，是一个民族得以繁荣昌盛的根基。进入21世纪后，各国之间激烈的经济竞争和科技竞争，归根到底是教育的竞争、人才的竞争，只有把教育搞上去，才能从根本上提高中华民族的整体素质，增强我国的综合国力，才能在激烈的国际竞争中赢得主动权。我国历来重视教育的发展，自1985年开始，全国农村义务教育投入体制分别经过以乡为主，以县为主、乡镇为辅，以县为主3个体制时期后，2005年，国务院决定实施深化农村义务教育经费保障机制改革，自2006年由中央和地方各级财政共同参与、按比例分担教育经费投入，逐年提高上级财政经费保障水平，其中2010年起至2013年，中央财政连续四年下拨农村义务教育薄弱学校改造计划补助资金累计656.8亿元[1]；2015年度仅中央财政下拨城乡义务教育补助经费高达1305.8亿元[2]，切实解决了农村义务教育改革发展中存在的突出问题，进一步缩小了城乡差距，促进了义务教育均衡发展。然而，由于全国教育投入常年的不足和对农村教育投入的"欠账"，我国人均公共教育经费、生均公共教育经费仍远远低于世界平均水平，特别是中西部地区、贫困地区的大部分农村教育还挣扎在

---

[1] 李丽辉：《中央财政2013年拨款207亿元支持农村教育》，《人民日报》，2013-12-12。
[2] 财政部：《中央财政下拨2015年城乡义务教育补助经费》，http://www.gov.cn/xinwen/2015-04/29/content_ 2855048.htm，2015-04-29。

贫困线上，区域间、城乡间、校际间办学条件差距仍然较大，农村教学点仍普遍存在校舍破旧、设施老化、师资贫乏、生源紧张等现象，与我国建设小康社会的标准大大不相称。

针对农村教育发展现状，应进一步提高上级财政拨款比例及数额，加快农村教育改造提升计划步伐，调整并形成"中央为主、省级为辅、地县为补"三级财政投入分担机制。一是调整上级政府教育投入结构，在"坚持教育投入主体始终是政府"的前提下，重新划分各级政府教育投资责任，加大中央和省级政府在教育发展中的公共投入比重，由现行的"以县为主"形式的地方政府负担教育投入体制，调整为"以中央为主"的教育投入机制，并根据省级政府财政收入水平，决定中央及省级政府投入比例，如对中西部地区及东部贫困落后地区由中央、省级两级财政按8∶2或更大的比例分别承担教育财政投入，而对东部及其他非贫困地区由中央、省级两级财政按7∶3或更小的比例分别承担教育财政投入，借此减少地市及县区等地方政府的财政压力，并确保教育发展的财政经费投入。二是优化教育财政投入结构，将财政投入重点由高等教育转移到义务等基础教育，由城市转移到农村，并将政府增加的财政教育投入以不低于增加投入总额度40%的比例，或者比上年政府财政投入到基础教育递增5%—10%的比例重点用于农村基础教育，实现基础教育优先发展战略，通过将政府投入及增加的财政投入重点用于贫困县市区的乡村中小学义务教育，不但有利于缩小地区之间、城乡之间公共教育投入差异，促进教育公平，更有利于提高政府对教育投资的收益率，在发展中国家，尤其在教育十分落后的国家中，小学教育的教育收益率比中等教育的教育收益率，以及高等教育的教育收益率都要高，对发展中国家来说，把重点放在基础教育上是最为有利的[1]。三是制定实施地方政府加大教育财政投入激励制度，积极鼓励县市区和地市区两级地方政府增加对农村教育的投入，对超过上年地方财政投入的，由中央财政按1∶1的比例给予奖励性财政补贴予以勉励，依此将地方政府在增加农村教育投入上的消极态度变为积极立场。在此前提下，本着"财权与事权相统一"的原则，以立法或上报同级地方人大等形式制定农村教育投入的专项政府财政法律法规，对各级政

---

[1] 吴正俊、朱伯兰：《统筹城乡教育发展的财政投入体制机制创新探究》，《探索》2013年第5期。

府基础教育投入行为进行详细界定与明确规范①,形成科学有效、逐年增加的基础教育投入体制,保证公共财政对基础教育投入总量按照一定的增长幅度逐年递增,从而形成中央与省级财政为主,地市区和县市区财政为补的基础教育投入分担保障体制。

2. 加快环境改造,健全以农村基础教育质量保障为核心的可持续发展机制

农村基础教育质量是以促进农村中小学学生全面发展的教育观为指导,以国家基础教育目标和标准为依据,整个农村基础教育系统机构和教育者为受教育者提供的教育活动过程和教育服务能够满足社会和受教育者个人需要的能力特征的总和②。而围绕提高农村基础教育质量这一目标所开展的一切教育、管理和评价活动,就构成了农村基础教育的质量保障体系③。为健全农村基础教育质量保障机制,不断促进整体基础教育质量可持续发展,需要坚持做好以下五个方面:一是加强上级财政拨款资金使用管理,无论是中央财政、省级财政投入,还是县市区和地市区两级地方政府增加财政投入,统一由省级财政负责区域内农村基础教育经费归集,采用直接划拨支付方式,直接转移到乡镇使用,并引入外部审计,及时向公众进行公开,减少中间环节,使财政经费使用及流向透明化,保证教育性专项财政资金全部用于农村基础教育领域,避免发生被换作其他用途现象。二是科学规划并调整农村中小学等教学点教育资源布局及规模,20 世纪末 21 世纪初,由于农村学生数量、学龄人口减少,城镇化进程加快等因素,以及能够减轻财政压力为地方政府推行的最大动力,全国农村中小学开始重新布局,正式进行"撤点并校",从 2001 年至 2010 年,全国小学由 49.1 万所减少到 25.7 万所,其中农村占减少总量的 87.6%;初中由 6.7 万所减少到 5.5 万所,其中农村占减少总量的 91.7%④,且随着农村人口向城镇流动、迁移等原因,加剧了农村中小学等教学点的萎缩,导致农村教学点过少、较为分散等现状,致使农村孩子"上学难"、上学负担加重,特别

---

① 华国庆:《财政转移支付法基本原则与中国财政转移支付立法》,《经济法论丛》2008 年第 1 期。

② 韩立福、刘芳:《构建我国基础教育质量监控与保障体系的建议》,http://www.docin.com/p-250815449.html,2006-11-27。

③ 唐华生、叶怀凡:《构建农村基础教育质量保障体系的思考》,《宜宾学院学报》2007 年第 1 期。

④ 刘利民:《城镇化背景下的农村义务教育》,《求是》2012 年第 23 期。

因经济原因辍学学生比例越来越高、发生的校车安全问题越来越多,针对我国农村人口现状及布局,应借鉴美国、日本、澳大利亚等国做法进行"小规模办学",20世纪五六十年代,美国科南特的"规模效益"理论使美国农村"学校合并"运动达到高潮,从1961年全国学区36402个减少到1970年的17995个,全国三分之二的学生都到大型综合中学就读①,然而,虽然美国在撤点并校中做了充分投入、在校车等教育资源的供给上做了充分准备,但多项研究表明在教学质量、教学投入、学生成长等方面,合并学校不一定有什么裨益,反而还带来坏处,最终,到20世纪90年代,美国还是恢复"小规模办学",开始拆分大规模农村学校,还原和保留小学校,同时美国政府实施"农村教育成就项目",扩大了小规模学校使用联邦拨款的自主权,积极扶持农村小规模学校发展。通过以乡镇为据点,以中心村或农村社区为中心,尤其在我国中西部偏远地区和山区,科学设置农村中小学,特别是中学初中阶段、小学阶段,以及学前教育阶段等教学点布局,并规划适度规模,以政府财政投入为保障,做到"小而美""小而优",发挥大型综合学校及城镇学校不可取代的作用,消除"撤点并校"带来的各种弊端和问题。三是根据全国农村基础教育现状和发展需要,全面编制并执行包含综合组织管理、教师教学质量、师资配置培训、学生学业标准、学生成长发展、办学分析报告等指标为主要内容的农村基础教育质量保障体系,并制定科学合理的各项指标建设目标标准,同时,注重农村基础教育发展的整体性,以及与城镇基础教育水平的差异性,加快完善农村基础教育质量评估评价制度,不断增强、提升农村基础教育质量检测力度和效果,使其制度化、政策化、长期化,推进农村基础教育质量保障体系顺利实施并切实发挥积极作用。四是集中改善农村教育办学条件,重点推进基础设施改造提升工程,针对农村教育基础设施历史欠账、建设总体滞后现象,以推进农村教育基础设施达标、实施农村中小学校舍安全工程,以及缩小城乡基础教育办学条件差距、开展标准化学校建设评选活动为载体,加大农村中小学教学楼、实验楼,以及学生餐厅、宿舍楼的改造,配齐电脑室、图书室、语音室、艺术室、多功能室等中小学教辅用房设置,改善校园运动场、学生健身活动配套设施,创建现代远程教育交流平台,

---

① 张旸:《关注撤点并校:一个世纪内美农村校规模先扩后缩》,《人民日报》,2012-06-19。

通过向农村教育倾斜配置教育资源，大大改善农村教育办学条件，完全消除中西部地区、贫困落后地区农村学校危房、大通铺、超大班额等问题，让城区中小学普遍冠有"标准化学校""信息化学校""示范化学校""规范化学校"的现象能够在农村各教学点变为现实。五是转变职能，切实提高农村基础教育组织领导，重点深化农村中小学校长职级制改革，由县市区政府根据业绩、素质和人格等筹建基层学校校长后备人才库，根据学生家长、社区代表、教师代表、主管部门代表，以及教育专家组成的校长选聘委员会进行从中遴选，把学校的权力和长远发展规划由原来上级教育主管部门的任命权全部下放给学校，交给真懂、会懂教育的专家办学，让教育行政机构仅作为政策的指导者和评价者，而不再做政策的制定者和执行者，通过转变教育行政机构原来的"运动员""裁判员"双重身份，不但有利于强化政府行政职能，也有利于推动农村基层教育管理队伍以更强烈的责任心和使命感，担当起基础教育发展重任，形成符合我国国情、各具特色、追求更高质量目标的农村基础教育发展新姿态。

通过以加大农村基础教育财政投入为保障，以促进城乡教育均衡发展为目标，以配置优质教育资源为前提，以制定执行高效的政策机制体制为途径，以改善农村中小学办学条件、完善农村基础教育质量保障体系为措施，将大大提升农村基础教育办学水平、教学质量和育人环境，增强了农村教师职业吸引力，从客观上，能够吸引广大优秀免费师范毕业生真正愿意投身农村教育事业。

（四）改善农村教师待遇，实现基层教师队伍社会地位提升的目的性

基层中小学教师是教育事业发展的基础，是提高教育质量、办好人民满意教育的关键。据统计，2015年全国各级各类学校专任教师1515.3万人，其中幼儿园、小学、初高中专任教师1265.9万人，占全国教师总人数比例高达83.54%，而中等职业学校、普通高校及特殊教育学校专任教师人数仅占全国教师总人数的16.46%[1]。另据统计，在全国普通中小学专任教师中，县镇以下中小学教师占到79.5%，其中县镇、农村中小学专任教师分别占35.05%、44.45%[2]，乡镇（不含街道）及农村中小学专

---

[1] 教育部：《2014年全国教育事业发展统计公报》，2015 - 07 - 30。
[2] 马海燕：《中国中小学教师人数已超千万，县镇以下约占8成》，http://www.chinanews.com/edu/2010/09 - 02/2507709.shtml，2010 - 09 - 02。

任教师占全国中小学教师人数超过50%。为提高教师,特别是基层中小学教师待遇,国务院多次下发文件增加农村教师工资补助。2012年8月,国务院印发《关于加强教师队伍建设的实施意见》中要求,依法保证教师平均工资不低于或者高于国家公务员的平均工资水平,并逐步提高,保障教师工资按时足额发放[1];2015年6月,国务院办公厅印发《乡村教师支持计划(2015—2020年)》,明确强调要提高乡村教师生活待遇,全面落实集中连片特困地区乡村教师生活补助政策,依据学校艰苦边远程度实行差别化的补助标准[2],并就提高乡村教师生活待遇、统一城乡教职工编制标准进行规范。特别是2015年9月8日,国务院总理李克强在会见全国教书育人楷模及优秀乡村教师代表作出承诺:"无论财政收支压力有多大,国家对教育的投入会越来越大,向教师队伍倾斜的政策不会变;全面推开中小学教师职称制度改革,在中小学开始设置正高级职称。"然而,作为国家制定的宏观政策,需要地方政府的贯彻执行,也只有依靠地方政府,才能促进国家重大决策部署的全面落实,才能推动具体政策措施落地生根,才能推动政策措施不断完善,从而保障广大基层教师待遇政策,及其正当权益。

1. 切实提高教师地位,形成尊师重教大环境

从定向专业化的师范培养模式走向非定向开放的职业认证模式,淡化乃至取消师范生,是教育现代化大势所趋的方向,也是发达国家的普遍做法,就我国国情而言,强化师范生特质的"免费"制度,虽可暂时裨益于教师职前培养,但毕竟只是权宜之计[3]。若从根本上稳定基础教育教师队伍,特别是要吸引优秀人才到农村、到艰苦地方去从教,提高教师地位和岗位的吸引力才是长远、万全之策。鉴于我国国情,以及教师队伍发展现状,并借鉴德国、法国、日本及韩国等国家经验,建立我国独立、特色的教育公务员制度,一是在职位分类及级别上,参照国家公务员职务序列,属于行政机关外的非领导职务,其级别根据专业职称、岗位技术或行

---

[1] 国务院:《国务院关于加强教师队伍建设的意见》(国办〔2012〕41号),2012-08-20。

[2] 国务院办公厅:《乡村教师支持计划(2015—2020年)》(国办发〔2015〕43号),2015-06-01。

[3] 沈曦:《国外师范教育收费制度及其对我国的启示》,《湖北大学学报》(哲学社会科学版)2007年第3期。

政职务对照相应关系认定，但行政级别不能升迁；二是在身份类别上，不同于国家综合管理类、专业技术类和行政执法类公务员，而是从事教育事业、独立的教育类公务员；三是在认定范围上，教育公务员仅包含在义务教育阶段任教、取得教师资格证书并获得教师职位的公办教师身份的中小学教师，或者包含全日制教育、公立学校在职教师，其中高等教育阶段教师为高级教育公务员（本书不做论述），其他教育阶段教师为初级教育公务员；四是在待遇上，教育公务员不同国家行政机关在职的一般公务员，而是属于特殊公务员系列，除了享受一般公务员待遇外，可享受教师该享受的寒暑假带薪休假、进修培训等权利等，并履行相应义务[①]。通过建立教育公务员制度，能够保障教师工资待遇的落实，从根本上杜绝中小学教师工资扣压、拖欠、挪用等现象，并保证法定的教师待遇不低于公务员的实行；能够提高中小学教师队伍的整体素质，通过提高教师职业入职门槛、增强教师专业化要求等，为培养德才兼备中小学教师队伍提供人才保障；能够解决中小学教师队伍建设中的困难和问题，让教师无后顾之忧，激发自身教学行为，发挥自身最大潜能，并确保中小学教师队伍的稳定性；更关键一点，能够切实提高中小学教师的社会地位，极大增强教师职业吸引力，吸引更多优秀考生选择报考免费教育师范专业，提升免费师范生生源及毕业质量的同时，在全社会掀起尊师重教的社会风尚，让教师真正成为太阳底下最光辉、天下最令人尊重的职业。

2. 稳定增长教师待遇，增强教师行业竞争力

首先，优化中小学教师工资结构，建立以岗位基本工资、职务职称工资、在职教龄工资等基础性工资为主，并含有教研课时工资、教学绩效工资、地方福利补贴等发展性工资，以及农村教师特殊津补贴在内的保障性工资（特殊性工资或激励性工资）结构组合，其中基础性工资所需资金由中央和省级财政根据区域划分按比例分担；发展性工资所需资金，除贫困县市区所需资金由中央、省级财政外，其余所需资金由地级地方政府财政承担；而以交通补贴、生活补贴，以及农村从教奖励等为主要形式的保障性工资所需资金，由中央、省级、地级政府共同按比例分别承担。

[①] 金东海、蔺海沣：《师范生免费教育制度建设：现实困境与实践路径》，《教育理论与实践》2014年第10期。

其次，改变对农村中小学教师工资待遇政策性歧视，实施乡村教师与城市教师同工同酬，即取消城乡教师工资差别，实行县域内乡村与城市同级别教师岗位基础性工资，以及发展性工资统一标准制度；同时，建立中小学教师基础性工资和发展性工资自然递增机制，改变过去依托政策脉冲式增长方式，每两年定期以不低于同期国民经济增长比率提高中小学教师基础性工资和发展性工资，确保中小学教师工资待遇与国民经济同步协调发展。

再次，保障教育公务员给工资待遇，设立并规定中小学教师最低工资标准制度，以不低于当地公务员平均工资水平为标准确定中小学教师基础性工资，合理划定新进教师工资待遇，据调研，以"十二五"末期国民经济发展水平，当初期月工资达到4000元时，就有79.4%的在校师范生愿意去乡村任教[①]；深化中小学教师工资改革，遵循"限高、稳中、托低"原则，合理调整基础性工作构成比例，提高岗位基本工资在基础性工资中的比重，逐步降低职务职称工资在基础性工资中的比重，缩小因中高级职称名额限制而引起的教师职称工资收入差距过大问题，充分调动广大普通教师工作的主动性、积极性；以鼓励终身从教为目的，以每年不低于120元标准适当划定在职教龄工资标准，不断促进中小学教师队伍建设和队伍的稳定；依照教学质量评价、实际课堂效果、师生满意度、学生综合发展等为参考，而不以职称职务、论文发表为依据，组织实施教学绩效工资评比发放，大力鼓励一线教师爱上课、上好课，充分体现"优质优得"；以当地公务员住房补贴、取暖补贴实施标准，发放中小学教师住房、取暖等各类同等地方福利补贴，全面调动地方政府在教育发展中的自主权和灵活性，发挥地方政府在促进当地教育事业发展中的职能最大化；加快乡村教师保障性工资分配机制，根据学校教学环境、规划布局等，对中西部偏远地区、贫困县市区等落后地区的农村中小学教师，提供城乡交通、生活等特殊津贴，其中交通津贴以距离县城远近公里数的通勤车费用为依据，统一核算制定发放标准，按每学年在校任教十个月、每月往返六次为依据，统一包干按年度一次性发放到位，同时，根据在岗教师短缺的类型、农村从教年限增设"农村从教个别化工资"，从此吸引免费师范毕业生到农村和边远地区从教，并在一定程度上降低乡村教师交通成本和生活

---

① 邬志辉：《若不提高乡村教师素质，教育公平难实现》，《中国青年报》，2015-15-10。

成本,其中,乡村教师保障性工资以不低于当月基础性工资收入的25%为宜(根据管理学研究,报酬奖励要超过原收入的1/4才会起到比较好的效果),且从教学校越偏僻,乡村教师保障性工资额度越高。

最后,强化中小学教师工资待遇落实执行力度及兑现效率,建立中小学教师工资财政保障机制,对用于教师工资发放的中央、省级财政资金,以及地市级财政资金,统一归口并实行国库集中方式支付,或设立专项中小学教师工资基金,通过经费单列支出、限期预算批复和加快资金拨付进度等措施,由省级财政按县区、乡镇将工资直接发放至教师账户,确保省级统筹安排和及时足额支付,避免县市区政府因财力匮乏或以负债累累为借口而不承担教师工资经费开支等困窘。同时,根据国家出台的有关推进行业协会改革和发展有关意见,以及社会团体行业协会管理有关办法,大力促进教师行业协会健康发展,通过组织社会团体成立中小学教师行业协会、中小学教师法律援助与保护中心等,帮助教师运用法律武器维权,替教师向国家申请争取更好的待遇,以保障中小学教师工资待遇,维护教育职业公平竞争和教师行业整体利益。

3. 深化教师职称改革,促进自我提高积极性

单一提高农村中小学教师待遇水平,还不足以吸引更多的师范毕业生及优秀教师赴乡村任教,因为教师不只在意工资水平,还在意职称评定晋升、自身专业发展等方面。国家自2009年开始在全国三地市进行中小学教师职称制度改革试点,到2011年在各省市扩大试点范围,并于2015年9月第31个教师节前夕,国家召开深化中小学教师职称制度改革工作部署会议,在全国全面推进中小学教师职称改革,将原中学和小学两个相互独立的教师职称系列合一并入新设置的中小学教师职称系列,由低至高依此为三级教师、二级教师、一级教师、高级教师、正高级教师等五个等级[1],最高职称等级首次设置到正高级,使其拥有和高等学校教授、研究员同样的职业发展空间。为深入推进中小学教师职称改革,努力创建一支师德高尚、结构合理的高水平、高素质的农村中小学教师队伍,应该坚持以下四点:一是切实体现农村教师职称评定倾斜的实效性与客观性,在实现县市区内城乡中小学教师岗位结构比例总体平衡的前提下,对乡村中小

---

[1] 人力资源社会保障部、教育部:《关于印发〈关于深化中小学教师职称制度改革的指导意见〉的通知》(人社部发〔2015〕79号),2015-08-28。

学教师评定高级教师、正高级教师等高级职称名额以高于同县域内城镇中小学教师评定高级教师、正高级教师名额的10%进行配置，并对乡村中小学教师评定一级教师中级职称皆参照高级职称倾斜比例同样进行倾斜评定，有效吸引和鼓励优秀教育人才到乡村中小学长期从教、终身从教。二是切实体现中小学教师职称评定标准的合理性与科学性，坚持育人作为中小学教育的根本任务，注重教学在中小学教育中的中心地位，以教师的在校师德表现评价、教书育人实践能力及一线教育教学业绩作为中小学教师职称评定的主要依据，而不过分强调学历层次及科研论文数量，并取消除外语学科教师外要求的职称外语水平测试达标刚性条件，引导中小学教师注重提升一线教学实践水平，努力潜心教育教学工作，克服"论资排辈""熬年头"等弊端，以及"天下文章一大抄""船到码头车到站"等现象，并大大降低职称评定成本，形成基础教学点讲师德、比业务的良好风气。三是切实体现中小学教师职称评定方式的自主性与灵活性，减少中小学教师职称评定过程中的行政干预，深入推进中小学教师教育管办评分离，增强行政部门的教育统筹权及职称评审的服务功能，由省级政府教育部门购买服务方式，探索并实施社会组织第三方评估评价评审机制，通过成立第三方同行专家评审委员会，全面负责开展各县域内中小学教师教学业绩、实践能力等方面有效评价，以个人申报、评选推荐、评估考核、评审聘用等程序，让教师个人自主申报，让他方灵活据实评审，确保中小学教师职称评定评审质量和公信度。四是切实体现中小学教师职称聘用期限的有效性与周期性，打破中小学教师原有职称评定聘用等级终身制度，结合我国学前至中学教育阶段学制实际，以六年为聘期或周期，聘用期满后须重新进行职称评定，并根据新评定职称进行续聘，对评估考察不合格、未获续聘及自愿离岗者统一进行校内转岗，甚至调离教育行业；在聘任期满职称重新评定过程中，除因职称评定正常晋升职称等级外，可竞聘与上一聘期所聘用职称相同或更高一级职称，而对于教学业绩不显著、无作为，教学能力不扎实、无提高的一线教师，仅能聘用同上一聘期相同职称甚至更低一级职称，积极促进建立竞争择优、能上能下，以及优秀人才脱颖而出的中小学教师职称评定及聘用机制。

4. 推进政策倾斜力度，实现特殊奖励新常态

要实现大量优秀师范毕业生及教师自愿选择到乡村中小学任教，让乡

村学生享受到城镇学生同等质量的教育，除增长工资待遇，实施职称政策倾斜外，还需给予乡村教师特优政府津贴、师资编制等全方位的特殊支持：一是实施乡村教师"国务院政府特殊津贴"及特优津贴选拔制度，对在乡村中小学教学工作第一线达到二十年、教学业绩突出、成为本学科领域内带头人，或其教育及教学方法在区域内引起较大影响作用并经省级教育行政部门签订后得到很好推广的教师，给予"国务院政府特殊津贴"待遇或"乡村教师特优津贴"待遇，并颁发相应证书及一次性奖励津贴或按月发放特优津贴直至退居教学一线或退休。二是认真调研，坚持"配足配齐"原则，由省级教育及人事部门创建实施中小学教师编制"新双轨制"，即对城镇中小学编制实行师生比，而对乡村中小学编制实行班师比[①]，由现行的编制标准以"城市优先"为导向转变为"乡村与城镇同步发展"或"乡村优先"为导向，逐步达到城乡中小学编制配置完全平等、划一整齐，完全解决我国中小学城乡教师编制"倒挂"、乡村中小学"超编缺人"、基层在岗教师超负荷工作，以及农村中小学代课教师满堂等现象，不但缓解乡村中小学教师紧张及教学压力，促进农村教育发展，也能够促进区域内城乡教育均衡发展。三是加强政策引导，对县市区、地市区内教育及人事、文化、宣传等行政部门干部选拔，以及相近行业公务员职位录用优先从长期从事乡村中小学教学、优秀年轻教师中聘用或选用，对担任或报考其领导职务职位的，须至少从事基层一线教学并达到一定年限。四是减轻乡村中小学教师家庭经济负担，对购房者提供无息或低息金融贷款，并适当延长贷款期限；对子女接受教育经费给予经济资助，并优先推荐到城镇中小学就读，同时根据子女学业等级评选发放"优秀子女教育奖学金"；对年轻教师一次性提供不低于三个月工资标准的婚礼基金，并对其父母、配偶、子女等直系亲属丧葬给予一定的丧葬补助金；划拨财政专项基金，建立教师关爱基金，对大病、特困中小学教师给予及时全额援助等，通过人文关怀，从人心上留住优秀教师扎根农村，并促进乡村中小学教师权益的实现。

5. 改善教师工作环境，充分体现劳动价值观

切实改变并提高乡村中小学教师工作生活环境，加快乡村教学点周

[①] 韩小雨、庞丽娟、谢云丽：《中小学教师编制标准和编制管理制度研究——基于全国及部分省区现行相关政策的分析》，《教育发展研究》2010 年第 8 期。

转房建设,加强省级教育、房管、住建保障部门统筹及管理,以乡镇为集中居住地,分批建设具有集体宿舍性质、家庭住宅结构的教师住校周转房,全面提供燃气、网络、通信、有线、暖气,以及家具设施等基本住宿条件,专供在职教师免费或低价租赁入住,并随其工作调动随即搬离;完善乡村教师住房供给体系,在县城内合理规划中小学教师住房设计,按乡村教师规模建设一定比例的经济适用房、廉租房、限价房等安居房,改善部分乡村中小学教师无房住、住危房、校外租赁房等窘况,并保障乡村教师队伍安心从教、快乐从教、悉心从教。同时,注重加强乡村中小学办公用房建设,提供充足的办公设备及实验用品,特别是重点加强乡村中小学安全环境建设,通过入驻警务人员、净化网络环境、加大违规处罚力度等建立校园安全管理及监控长效机制,切实做好教师工作生活安全保障,为乡村教师提供便利、安全、稳定的工作条件,激发其工作热情。

6. 健全教师淘汰机制,保证教师队伍高水准

打破中小学教师原有资格认定及教育行业终身制度,积极推动中小学教师流动轮换体制,逐步健全中小学教师淘汰机制。首先,借鉴日本实施的教师资格证十年内有效等做法[①],改变我国中小学教师资格认定期限为六至八年,超过期限其教师资格证作废并需进行重新认定,对考核认定成绩不合格、无法结业者,不再认定教师资格,并不得从事中小学教育教学工作。其次,实行中小学教师"定期流动轮换制",由省级教育行政部门负责组织区域内中小学教师在城乡之间、普通学校与重点学校之间、薄弱学校与示范学校之间定期进行流动轮换,每位教师在教师资格认定有效期限内至少流动一次;同时,强化城镇中小学教师评定职称刚性要求,对申请聘任中级、副高级职称城镇教师至少有一年在薄弱学校或乡村学校任教经历,而对于申请聘任正高级职称的城镇教师至少有累计两年在薄弱学校或乡村学校任教经历,其任教经历需是完全在城镇学校脱岗,并在其乡村教学点全职在岗,避免出现"走读教师""挂名教师"、支教走过场等违规现象行为,通过教师定期流动及强化职称评定要求,不但具有较强的可操作性,激励城镇教师、免费师范毕业生积极深入乡村从教、支教,促进校际间、城乡间优质基础教育资源均衡配置和同步发展,也能有助于保持教师对工

---

① 龚兴英:《日本教师资格制度的特点及其启示》,《比较教育研究》2004 年第 5 期。

作环境的新鲜感，激发整个中小学教师队伍的工作热情，最大限度发挥并挖掘自身潜能，还能有助于学生接触更多风格迥异的不同学科教师，促进学生个性更全面、更和谐发展①。最后，借助教师职称聘用周期、教师资格认定期限，以及教学评估评价为助力，积极建立健全中小学教师退出及淘汰机制，强化中小学教师师德素质建设的责任感和使命感，实施师德表现"一票否决制"，通过建立学校、社会、家长、学生、网络"五位一体"师德评价体系，加大中小学教师师德行为监督与举报，对违反师德底线，给予降级聘用直至除名并不得进入教师行业；深化中小学教师教学业绩考核评估，对无法履行职责教师、无法完成基本教学任务，或连续三年考核不达标者，首先通过告诫、高职低聘，并限期六个月至一年要求进行改正，对于告诫期满仍达不到要求者，按程序撤销其教师资格，并清除出教师队伍，逐步形成"人员能进能出、岗位能上能下、待遇能高能低"的中小学教师聘用新机制，并为广大教师队伍提供公平、和谐的竞争环境。

7. 加快制度立法步伐，促进农村教师发展权

完善教师地位及工资待遇制度建设，一是对我国现有《国家公务员暂行条例》进行修改完善或作出补充规定，将中小学教师身份确认为"教育公务员"，明确其独立的"公务性"，通过把教师列入大的公务员行列，使之享有与公职身份相对应的权利和义务，保障和促进中小学教师队伍的政治地位和经济利益；二是修改完善《教师法》或颁布《教师薪酬保障法》《教师特别地位法》等，自1993年颁布至今已有22年，部分条款已不能完全适应教育现状和新形势要求，应加快完善步伐，在充分体现国家对人民教师的重视、充分体现国家积极创建尊师重教大环境、充分体现国家对乡村中小学教师关心的基础上，从法律法规上健全中小学教师人事制度和工资制度，从根本上提高中小学教师的社会地位和职业保障；三是结合《乡村教师支持计划（2015—2020年）》，制定专门保障经济欠发达地区、边远地区农村教育法律法规，颁发《老少边穷岛等边远地区农村教育促进条例》等，从法律上确保各级政府对乡村中小学的经费投入、师资配备和环境改造，保障农村子女受教育权、公民权和发展权，促进社会主义基础教育事业和农村经济社会大发展。

---

① 周洪宇：《关于加强教师队伍建设的建议》，http://news.yzdsb.com.cn/system/2010/03/05/010391249.shtml，2010-03-05。

（五）完善评价及监督机制，发挥政府实施主体的主导性

强化政府对政策实施宏观调控的主体地位和主要作用，加大对免费教育师范生及基础教育发展、中小学教师待遇各项政策的决策权、执行权和监督权，以保证政策执行到位，促进各项工作健康发展。一是完善并健全科学的政策执行及绩效评估体系，制定实施免费教育师范生招生报考就业安置、基层从教协议履行、继续教育后期发展等，以及基础教育各级财政投入支出、中小学教师工资待遇、城乡基础教育发展对比等评估考核指标，由国家选派教育、财政、人力保障，以及第三方评估机构成立单独机构进行专项检查评估，并将政策执行情况和评估等级与地方政府、高等学校等财政性投入比例，以及相关单位主要负责官员绩效考核挂钩，从根本上提高各项政策的执行效率；二是强化目标过程监督深化社会舆论范围，将免费教育师范生及农村教育发展列入国家民生项目、重点工程，组织发挥国家最顶层监察机关监督作用，把监督覆盖到全过程、全领域，以省级为单位重点推进免费教育师范生及基础教育发展工作的有效落实，对政策执行不力、政策执行偏差的单位或个人严肃追究责任。同时，充分借助《焦点访谈》《法治在线》等全国性新闻评论栏目和媒体，发挥舆论监督、群众监督作用，及时发现并防治各项政策执行过程中违规失范行为和问题。通过强化社会监督，提升政府监督行政权力，确保免费教育师范生政策，以及基础教育法律法规实施过程中排除各种干扰，争取免费教育师范生教育和基础教育工作早日达到预期效果。

总之，师范生免费教育政策试行多年，一定程度上解决了我国中西部地区师资匮乏局面，并促进了全国教育水平的整体提高。从组织到实施、从招生到就业等各个环节涉及社会多个部门，只有统筹规划、精心组织、密切合作、争先创新，坚持以人文本、坚持质量第一，不断完善健全各种机制体制，才能培养出"下得去、留得住、用得上、干得好"的优秀好教师，造就一支爱岗敬业、教书育人的中小学教师队伍，促进我国基础教育质量大提高。

第六章　其他辅助资助政策与措施

在我国普通高校已构建并较为完善的学生资助政策体系中，除了国家奖助学金、国家助学贷款、学费补偿和国家助学贷款代偿，以及师范生免费教育制度外，还有普通高校家庭经济困难新生入学资助、"绿色通道"、学费减免、勤工助学，以及各高校利用自有资金、社会组织和个人捐助资金等开展的奖助学金评选活动。同时，各级政府，特别是省级政府利用财政资金，在地方所属普通院校通过设立省政府奖学金、省政府励志奖学金，以及伙食补贴、特殊困难补助等项目，进一步加大了对家庭经济困难本专科学生资助力度，扩大了学生的资助面，基本实现了在校经济困难学生群体资助"全覆盖"。借助一系列的辅助资助政策的实施，进一步拓宽了资助渠道，逐步形成了多种方式并举、多层次、全方位的普通高校学生资助政策体系。

第一节　我国高校辅助资助政策实施进程及状况

根据资助经费来源主体，普通高校辅助资助政策可分为专项资金资助项目、学校资金资助项目、财政资金资助项目及社会资金资助项目四类，如专项资金资助项目为中央财政利用中央专项彩票公益金设立的高校家庭经济困难新生入学资助项目；学校资金资助项目通过学校从事业收入或学费收入中提取资金设立开展的资助活动项目；财政资金资助项目为各省级政府利用财政资金，在地方所属普通院校设立的各种奖助学项目；而社会资金资助项目为来自非财政拨款、学校提取，由社会组织和个人出资开展的捐助活动项目等。各类辅助资助政策开展的资助项目，无论在资助经费额度上，还是在资助学生规模上，都远远达不到国家奖助学金、国家助学贷款等政策资助幅度和力度，但作为普通高校学生资助政策中一部分，在帮扶家庭经济困难新生入学、减轻在校学习生活压力等发挥重大作用，使有限的资助资金产生较好的资助效果，极大培养了家庭经济困难学生群体自立自强精神，推动资助育人目标的实现。

一 专项资金资助项目实施状况

本章所论述的专项资金资助项目，仅指中央财政利用中央专项彩票公益金，而非政府财政划拨资金，在高校单独设立的新生入学资助活动，也不含政府利用中央彩票公益金开展的普通高校其他资助项目。

经国务院批准，2011年11月，中央财政决定从中央彩票公益金中安排专项资金开展教育助学项目，分别设立中央专项彩票公益金滋蕙计划、中央专项彩票公益金励耕计划，以及中央专项彩票公益金润雨计划，其中中央专项彩票公益金润雨计划主要资助解决教育发展中遇到的特殊困难或突发紧急事件[1]，并明确指出可用于补助家庭经济特别困难、刚考取大学学生报到交通等费用。2012年5月，中国教育发展基金会、全国学生资助管理中心联合印发《普通高校家庭经济困难新生入学资助项目暂行管理办法》，决定利用中央专项彩票公益金润雨计划中的部分专项资金，设立普通高校家庭经济困难新生入学资助项目[2]，主要用于资助普通高校到校报到的家庭经济困难新生，并于2012年秋季学期起实施；受资助地区范围仅限于中西部地区，每年从中重点选取部分省市作为当年项目资助地域，且向集中连片特殊困难地区倾斜；受资助对象也仅限于当年参加高考并被全日制普通高等院校录取的普通高中应届毕业生，特别优先资助孤残学生、父母丧失劳动能力学生、少数民族学生、烈士子女、单亲家庭经济困难学生、农村绝对贫困家庭学生、享受城镇居民最低生活保障政策家庭和因突发事件导致家庭经济困难学生、农村计划生育独生子女和双女户家庭学生等；其资助标准为省内院校录取的新生每人500元，而省外院校录取的新生每人1000元，资助款用于一次性补助家庭经济困难新生从家庭所在地到被录取院校之间的交通费及入学后短期的生活费用，符合条件者可直接向生源地所在县级教育资助部门申请办理。

---

[1] 财政部、教育部：《关于印发中央专项彩票公益金支持教育项目相关管理实施办法的通知》（财教〔2011〕556号），2011-11-08。

[2] 中国教育发展基金会、全国学生资助管理中心：《普通高校家庭经济困难新生入学资助项目暂行管理办法》（教基金会〔2012〕10号），2012-05-23。

据统计，大学新生入学资助项目实施三年来，全国普通高校家庭经济困难新生入学资助人数 55.18 万人，占各年高校资助累计总人数比例为 4.74‰；受资助金额 3.6 亿元，占各年高校资助累计总金额比例为 1.96‰。各年度全国普通高校新生入学资助情况见表 6—1。

表 6—1　　　全国普通高校 2012—2014 年家庭经济困难新生入学资助情况　　（单位：万人；亿元；‰）

年度	家庭经济困难新生入学资助人数	家庭经济困难新生入学资助金额	入学新生资助人数占全年资助总人数比例	入学新生资助金额占全年资助总金额比例
2012	21.11	1.35	5.49	2.46
2013	18.56	1.22	4.98	2.13
2014	15.51	1.03	3.82	1.44
小计	55.18	3.6	4.74	1.96

注：1. 普通高校全年资助人数及金额含政府、高校及社会设立的各类政策措施所发生的相关统计。

2. 大学新生入学资助人数及金额，分别来自全国学生资助管理中心发布的各年度《中国学生资助发展报告》。

单纯从家庭经济困难大学新生入学资助形式来说，除中央专项彩票公益金开展的大学新生入学资助政策外，从乡镇、街道办事处，直至省市等各级地方政府，以及各级工会组织、社会慈善机构也纷纷通过财政拨款或筹集资金开展家庭经济困难大学新生入学资助活动，其中内蒙古及广西等地区为较早实施大学新生入学资助项目地区，内蒙古自治区自 2005 年起，将城市享受最低生活保障待遇家庭中的大学生和农村牧区享受最低生活保障或特困救助待遇家庭中的大学生纳入救助范围，对当年录取的大专以上贫困大学生根据实际情况给予适当的一次性入学补助；广西壮族自治区自 2007 年起，为每名建立了高中贫困生档案并考入大学的贫困学子发放 400—600 元不等的入学路费和短期生活费资助[①]；另有部分地方政府部门或社会组织不断加大新生入学资助力度，诸如重庆市彭水县利用拓宽渠道争取到的慈善基金对 2015 年城乡低保户子女被普通高校本科院校录取的

---

① 广西学生资助网：《广西进一步提高大学贫困新生路费资助标准》，http://www.gxxszz.cn/xszz/gzdt/201308/571.html，2013-08-12。

大学新生一次性给予高达6000元的入学资助。无论是中央利用彩票公益金开展的资助新生入学"中央路费",还是地方政府职能部门、社会团体或个人组织的资助新生入学"地方路费",有效缓解了新生入学前因家庭经济困难带来的紧张压力,保证了新生按时到校报到并正常学习。

二 学校资金资助项目实施状况

普通高校资助项目资金全部来自学校从事业收入或学费收入中提取资金,主要用于学校奖助学金评选、勤工助学报酬,以及临时困难补助等,作为普通高校学生资助体系中重要组成部分,学校勤工助学等资助活动已成为提高大学生综合素质与帮扶家庭经济困难学生的有效途径。

国家最早提出建立学校奖贷助补专项基金追溯到20世纪80年代,1987年7月,根据国务院国发〔1986〕72号文件精神,原国家教委、财政部联合下发《关于重新印发〈普通高等学校本、专科学生实行奖学金制度的办法〉和〈普通高等学校本、专科学生实行贷款制度的办法〉的通知》,首次提出"学校可建立奖学金和助学金贷款基金"(简称奖贷基金),其来源从主管部门核给高校经费中,按原助学金标准计算的总额80%—85%转入奖贷基金账户,明确指出用途主要用于支付学生临时发生的特殊困难等,并要求奖贷基金作为学校预算内的专项基金管理,不得与其他资金混淆,保证专款专用[1]。1994年5月,原国家教委、财政部在下发的《关于在普通高等学校设立勤工助学基金的通知》中决定在普通高校设立勤工助学基金,主要来源于按每生每月3—5元标准在学校教育事业费中提取经费、从学费收入中划出5%经费、从学校预算外收入中划出一定比例经费、基金增值四部分,并可用于支付在校内参加勤工助学活动学生的劳动报酬,以及对特困学生不定期发放困难补助等[2]。1995年8月,原国家教委制定实施《关于改革国家教委直属院校学生贷款办法的通知》,决定通过从学校教育事业费中按照每生每月10元标准提取经费、国家专项补助经费、回收贷款、社会捐赠与校办产业收入等其他资金四种

---

[1] 国家教委、财政部:《关于重新印发〈普通高等学校本、专科学生实行奖学金制度的办法〉和〈普通高等学校本、专科学生实行贷款制度的办法〉的通知》(教计字〔1987〕139号),1987-07-31。

[2] 国家教委、财政部:《关于在普通高等学校设立勤工助学基金的通知》(教财〔1994〕35号),1994-05-10。

渠道筹措设立学生贷款基金，主要用于在校学生的无息贷款[①]。1999年6月，教育部、财政部在印发的《关于进一步加强高校资助经济困难学生工作的通知》中，将设立勤工助学基金从学费收入中划出比例从5%提高到10%，进一步加大了对经济困难学生的资助力度[②]。2003年7月，教育部下发《关于切实做好资助高校经济困难学生工作的紧急通知》，明确要求各高等学校不折不扣严肃落实教育部、财政部必须从学费收入中划出10%的经费用于奖学金、特殊困难补助和学费减免等各项工作[③]，根据上级具体要求，各普通高校对提取后的经费按照一定比例纷纷设立学生奖励基金、勤工助学基金、困难补助基金（统称"三项基金"），有针对性开展奖励及资助工作。而在2007年5月，国务院颁布的《关于建立健全普通本科高校高等职业学校和中等职业学校家庭经济困难学生资助政策体系的意见》中，首次指出按照有关规定从学校事业收入中足额提取一定比例经费，用于学费减免、国家助学贷款风险补偿、勤工助学、校内无息借款、校内奖助学金和特殊困难补助等，而不再按照学费比例提取[④]；次年，财政部与教育部在连续印发的普通高校国家励志奖学金、国家助学金管理暂行办法中对提取比例进行了具体化，规定高校要从事业收入中足额提取4%—6%的经费用于资助家庭经济困难学生，其中中央高校提取的具体比例由财政部中央主管部门确定，地方高校提取的具体比例由各省市确定。政策几经修改完善，确立了以学校事业收入经费一定比例来提取学校奖贷助补专项基金办法，并实施至今。

就学校自主提取资助经费来说，无论按学生学费收入提取，还是按学校事业收入提取，全国部属高校或地方高校，都对提取经费的具体比例及用途进行了明确规定，且经费提取及支出额度逐年加大，所占全国高校资助总金额比例逐年提高，为学校不断完善资助措施，以及自行开展校内资助活动提供了经费保障。据全国学生资助管理中心统计，2007—2011年，

---

① 国家教委：《关于改革国家教委直属院校学生贷款办法的通知》（教财〔1995〕58号），1995-08-07。

② 教育部、财政部：《关于进一步加强高校资助经济困难学生工作的通知》（教财〔1997〕7号），1999-06-18。

③ 教育部：《关于切实做好资助高校经济困难学生工作的紧急通知》（教电〔2003〕298号），2003-07-21。

④ 国务院：《关于建立健全普通本科高校高等职业学校和中等职业学校家庭经济困难学生资助政策体系的意见》（国发〔2007〕13号），2007-05-13。

全国高校事业收入提取资金，以及企事业单位、社会团体和个人捐助资金605.14亿元，占同期全国高校累计资助总金额3526.17亿元的17.16%；2012—2014年，全国高校事业收入提取并支出经费累计397.31亿元，占三年内全国高校累计资助总金额1838.81亿元的21.61%；高校事业收入投入资助资金由2008年的62.45亿元提高至2014年的170.88亿元，增长幅度达173.63%。除政府财政拨款外，高校事业收入提取资金已成为普通高校资助资金的第二大重要来源。部分年度全国普通高校事业收入经费提取与支出情况见表6—2。

表6—2　　　全国普通高校2008—2014年部分年度事业收入
经费提取与支出情况　　　　　（单位：亿元；%）

年度	学校事业收入经费提取与支出额度	全国普通高校资金总额度	学校提取额度占资助总额度比例
2008	62.45	304.13	20.53
2010	82.12	408.14	20.12
2012	108.69	547.84	19.84
2014	170.88	716.86	23.84
小计	424.14	1976.97	21.45

注：1.2008年度全国资助额含国家助学贷款贴息和风险补偿金部分。

2.学校事业收入经费提取及全国高校资助额度相关数据，分别来自全国学生资助管理中心发布的各年度《中国学生资助发展报告》。

按照学校提取资金开展资助活动的形式和用途，主要分为勤工助学、学费减免、"绿色通道"和特殊困难补助四种类别，本章就各种资助项目进展及实施状况分别进行了论述。

（一）勤工助学

勤工助学是"学生个人或者团体，以获得或改善学习条件为基本目的，将教育与学生社会实践紧密结合，全面培养学生素质和能力而进行的教育经济活动[1]"，一方面，通过家庭经济困难学生参加一定量的劳动取得相应报酬，是高校资助家庭经济困难学生的重要渠道之一；另一方面，组织开展勤工助学活动根本目的在于更好地引导学生成才成长，通过磨炼其意志，增长其才干，切实提高自身创造能力和创业能力，为毕业离校后

---

[1]　林声：《中国勤工俭学》，辽宁大学出版社1990年版。

走上社会、成就事业打下坚实基础,是高校人才培养过程中的一个重要环节。

回顾我国高校勤工助学发展历史,勤工助学是在传统"勤俭办学,勤俭求学"的观念基础上形成和发展起来的,20世纪初,一批自费出国的有志青年,受西方先进技术影响提出"工读互助"、"勤工助学"的思想,特别是以周恩来、邓小平等为代表的留法学生掀起勤工俭学运动的高潮,并成为我国新民主主义教育的重要思想来源。自中华人民共和国成立后,我国高校勤工助学工作得到较快发展,本章在陈俊乐等人撰写的《高校勤工助学工作的历史回顾与发展趋势》一文中[①],将中华人民共和国成立初至今的普通高校勤工助学工作发展经历分为"三个阶段"的基础上,将中华人民共和国成立初至今的勤工助学工作发展历程分为四个阶段,即前三阶段如陈俊乐等人所分,第一阶段为兴起阶段,时间从中华人民共和国成立初到20世纪70年代末,该阶段的勤工助学主要以"参加社会主义劳动的形式"体现,为培养德、智、体、美、劳全面发展的劳动者服务;第二阶段为快速发展阶段,时间从20世纪80年代初到90年代初,该阶段的勤工助学主要以限于"劳务型"和部分"智力输出型";第三阶段为规范发展阶段,时间从20世纪90年代初至2007年初,该阶段的勤工助学在中央、地方政府,以及高校都受到普遍重视,其发展进一步规范化和制度化;而第四阶段为完善补充阶段,时间从2007年6月至今,以教育部、财政部联合下发的《关于印发〈高等学校勤工助学管理办法〉的通知》为标志,为了促进勤工助学活动健康、有序开展,保障学生合法权益,就学校职责、校内外勤工助学活动管理,以及酬金标准与支付、法律责任等进行了补充和完善。发展至今,高校勤工助学在组织形式上能够立足校园,面向社会,逐步形成了活动类型多样化、组织形式多层化的管理模式,同时,勤工助学作为"育人"的重要途径,极大发挥了在促进大学生素质锻炼和能力培养中的积极作用,已深受广大学生和社会的认同或认可,并成为高校学生工作中的重要组成部分。

自2007年5月,国务院下发国发〔2007〕13号文,就建立健全普通本科高校高等职业学校家庭经济困难学生资助政策体系意见后,在各级财

---

① 陈俊乐、熊英、陈赟:《高校勤工助学工作的历史回顾与发展趋势》,《高教论坛》2013年第1期。

政资金足额安排,加强各项资金管理的推动下,全国高校勤工助学上岗学生数量及受资助金额逐年加大,2007—2011年五年间,全国普通高校勤工助学累计资助学生1335.25万人次,发放资助金额74.11亿元;勤工助学参加学生数量及资助金额从2006年的159.91万人次、13.2亿元,分别增加到2014年的323.56万人次、24.57亿元,增幅分别高达102.34%、86.14%,人均受资助金额维持在560—760元之间;就勤工助学资助金额占高校事业提取金额比例,一直保持在14%以上,但勤工助学资助金额占高校资助总金额的比例有逐年变小的趋势。全国普通高校2008—2014年部分年度勤工助学学生上岗数量、发放资助金额,以及所占全国高校事业提取资金比例、资助总金额比例等情况见表6—3。

表6—3　　全国普通高校2008—2014年部分年度勤工助学开展情况

(单位:万人次;亿元;元;%)

年度	参加学生	勤工助学资助金额	人均资助金额	资助金额占高校事业提取金额比例	资助金额占高校资助总金额比例
2008	221.64	14.75	665.49	23.62	5.02
2010	275.66	15.54	563.74	18.92	3.81
2012	289.52	18.62	643.13	17.13	3.39
2014	323.56	24.57	759.36	14.38	3.43
小计	1110.38	73.48	661.76	17.32	3.72

注:高校勤工助学上岗学生数量及勤工助学发放资助资金等相关数据,分别来自全国学生资助管理中心发布的各年度《中国学生资助发展报告》。

就勤工助学岗位设置数量上,以2008年为例[①],全国普通高校勤工助学岗位设置95.09万个,设岗数量占当年全国高校在校学生总人数的比例仅为4.52%,而当年全国高校家庭经济困难学生、家庭经济特别困难学生,分别占在校生总数的22.53%、7.53%,勤工助学设岗数量远远无法满足家庭经济困难学生上岗需求;当年中央部属高校提供岗位26.38万个,占部属高校在校生总数的13.42%,而地方高校提供岗位68.71万个,占地方高校在校生总数的3.6%,且中央部属高校、地方高校勤工助

---

① 教育部:《2008年全国普通高校家庭经济困难学生资助政策执行情况》,http://www.zexiao.com/html/6944b314-d9bd-458e-b5a5-3782b6170ab5.shtml,2010-1-14。

学人均资助金额分别为973元、579元，不同层次高校勤工助学实施开展情况存在较大差距倾向。

（二）学费减免

学费减免是指国家对公办全日制普通高校中部分确因经济条件所限，交纳学费有困难的学生，特别是其中的孤残学生、少数民族学生及烈士子女、优抚家庭子女等需要缴纳的学费实行减免政策。根据国家规定，对于在校月收入（包括各种奖学金和各种补贴）已低于学校所在地区居民的平均最低生活水准线，学习和生活经济条件特别困难的学生免收全部学费；对其他一般困难的学生可适当减收部分学费，各高校学费减免实施办法及具体减免学费额度，根据省级教育、物价、财政部门制定的有关减免政策，以及学校实际情况及时进行调整。本章所论述的学费减免，不含对高考成绩特别突出或在校学习成绩特别优秀，以及体育、艺术等其他特长学生、附有鼓励和奖励或吸引性质，并非资助性质的减免学费项目。

中华人民共和国成立初期，由于我国较长时间实行高等教育免费制度，因此高校学费减免项目发展历程较短。中华人民共和国成立至1989年7月，全国高校对大学生实施免费上学；1989年8月，原国家教委、物价局、财政部联合出台了《普通高校收取学杂费和住宿费的规定》后，从此逐步建立了由学生上大学自己缴纳部分培养费用的制度，并导致高校生活困难学生急剧增多，为此，在高校设立勤工助学基金、大力开展勤工助学活动的基础上，1995年4月，原国家教委下发《关于对普通高等学校经济困难学生减免学杂费有关事项的通知》[①]，明确规定对收取学杂费高校中的困难学生实行减免学杂费政策，并要特别对孤残学生、少数民族学生以及烈士子女、优抚家庭子女实行相应的减免学杂费政策，确保部分学生不因经济条件所限、交纳全部学杂费有困难而影响学业，这是国家正式下发的第一个减免学费专项文件。此后，除2007年国务院办公厅就中央直属师范大学实施师范生免费教育下发师范生学费减免制度外，国务院及教育部、财政部等部门在1999年、2003年、2007年分别下发的关于加强高校资助经济困难学生工作、健全高校家庭经济困难学生资助政策体系通知中，就高校实施学费减免进行了多次要求和强调，并在多年实践中取得一定成绩。

---

① 国家教委：《国家教委关于对普通高等学校经济困难学生减免学杂费有关事项的通知》（教财〔1995〕30号），1995-04-10。

据统计，2007—2014 年八年间，全国普通高校对家庭经济困难学生减免学费 220.24 人次，减免资助金额 72.05 亿元，其中 2007—2011 年减免学费学生 154.63 万人次，减免金额 48.15 亿元，人均资助金额 3113.88 元，五年减免资助金额占全国高校资助总金额的 2.65%；2012—2014 年减免学费学生 65.61 万人次，减免金额 23.9 亿元，人均资助金额增加到 3642.74 元，三年减免资助金额分别占全国高校事业提取累计资金、资助总金额比例的 6.02%、1.3%。相对于高校勤工助学开展实施情况，学费减免从资助学生数量、资助资金额度，以及所占高校资助总金额比例都要偏小。全国普通高校 2012—2014 年度学费减免实施情况见表 6—4。

表 6—4　　全国普通高校 2012—2014 年学费减免实施情况

（单位：万人；亿元；元；%）

年度	减免资助人数	减免资助金额	人均减免资助金额	减免资助金额占事业提取金额比例	减免资助金额占资助总金额比例
2012	21.66	7.18	3016.82	6.61	1.31
2013	23.81	10.2	4283.91	8.66	1.78
2014	20.14	6.52	3237.34	3.82	0.91
小计	65.61	23.9	3642.74	6.02	1.3

注：高校学费减免相关数据，分别来自全国学生资助管理中心发布的 2012 年度、2013 年度、2014 年度《中国学生资助发展报告》。

就学费减免项目在部属高校与地方高校实施情况也存在一定差距，以 2008 年为例[1]，全国普通高校学费减免 37.01 万人，占在校生总人数的 1.76%，其中中央部属高校学费减免 2.22 万人，占部属学校在校学生人数的 1.13%，学费减免 0.72 亿元，人均减免 3222 元；而地方高校学费减免 34.79 万人，占地方学校在校学生人数的 1.82%，学费减免 9.78 亿元，人均减免 2812 元。由于地方高校存在家庭经济困难学生比例高等多种因素，地方高校学费减免学生比例高于部属高校学费减免学生比例，但人均学费减免额度却低于部属高校人均学费减免额度。

---

[1] 教育部：《2008 年全国普通高校家庭经济困难学生资助政策执行情况》，http://www.zexiao.com/html/6944b314-d9bd-458e-b5a5-3782b6170ab5.shtml，2010-1-14。

(三)"绿色通道"

"绿色通道"是教育部等相关部门规定的在全国公办全日制普通高校内,经审核对被录取入学,且经济困难无法缴纳学杂费用的新生,批准暂缓缴纳学杂费,先进入学校学习,然后由学校帮助其通过申请国家助学贷款、勤工助学等方式来解决经济困难。绿色通道是普通高校大学生资助工作的首要环节,作为一项确保高校家庭经济困难新生顺利入学的最直接、最有效的措施,充分体现国家对高校入学家庭经济困难新生的关怀,收到了较好的社会效应。

国家最早提出高校实施"绿色通道"制度是在20世纪末,2000年6月,教育部、国家计委、财政部在联合印发的《关于2000年高等学校招生收费工作若干意见的通知》中首次提出"高等学校应建立'绿色通道'制度,即对入学新生先办理入学手续,并解决好生活问题,再根据核实的学生家庭经济情况,分别采取奖学金、助学贷款、助学金、困难补助和学费减免等不同的资助措施,确保每一位新生都不因家庭经济困难而无法入学"[1],并自当年录取大学新生开始实施。此后,自2001年开始至今,每年大学新生入学报到前夕,教育部都专门下发关于做好新生资助或新生入学"绿色通道"相关通知,就确保开通新生"绿色通道"、关注特困新生群体的学习和生活等方面进行强调和部署;特别在2006年教育部印发通知中要求各高校必须开通"绿色通道",并确保其畅通,而在2008年再次发布通知中要确保来自汶川地震灾区的家庭经济困难新生都能够通过"绿色通道"顺利入学报到。同时,自2005年开始,每年8月15日至9月15日于新生入学期间教育部开设24小时高校学生资助工作热线电话,专门接受新生资助政策咨询、受理对学校资助政策执行或落实不到位投诉等;并自2007年开始,教育部每年向高校新生免费印发《高校学生资助政策简介》,让新生未出家门或进入大学校门前,就能详细掌握"绿色通道"等国家实施的高校困难学生资助政策,以便及时申请办理入学前和入学时的资助项目。

自2007年5月,国务院发布关于健全普通高校家庭经济困难学生资助政策体系意见后,高校新生"绿色通道"执行力度进一步加大,据统计,

---

[1] 教育部、国家计委、财政部:《关于2000年高等学校招生收费工作若干意见的通知》(〔2000〕教电188号),2000-06-05。

2007—2014年八年中，仅秋季学期，全国普通高校通过"绿色通道"入学的本、专科家庭经济困难学生累计高达532.77人，占学校本、专科报到新生总人数的10.3%，占全国高校资助学生总人数的1.81%，每年"绿色通道"学生人数及所占新生报到总人数比例有逐年升高的趋势。全国普通高校2007—2014年秋季学期新生"绿色通道"实施情况见表6—5。

表6—5 全国普通高校2007—2014年秋季学期"绿色通道"实施情况

（单位：万人次；%）

年度	"绿色通道"资助人数	当年高校资助学生总人次	"绿色通道"学生人数占资助总人数比例	当年报到本、专科新生总人数	"绿色通道"学生人数占当年报到新生总人数比例
2007	48.09	2537.38	1.9	564.96	8.51
2008	54.5	4158.53	1.31	597.59	9.12
2009	58.5	3106.04	1.88	635.87	9.2
2010	62.36	3885	1.61	632.42	9.86
2011	70.28	4170.14	1.69	650.74	10.8
2012	70.33	3842.7	1.83	638.19	11.02
2013	74.25	3724.07	1.99	713.94	10.4
2014	94.46	4064.25	2.32	737.97	12.8
小计	532.77	29488.11	1.81	5171.68	10.3

注：以上数据来源于全国学生资助管理中心发布的相关年度《中国学生资助发展报告》，以及教育部公布的各年度高等教育统计数据。

在部属高校和地方高校实施"绿色通道"程度上也有区别，相对地方高校，部属高校"绿色通道"执行力度也同样占有优势，如2008年部属高校通过"绿色通道"学生为5.86万人，占当年本专科新生人数的13.15%；而地方高校通过"绿色通道"学生为48.64万人，仅占当年本专科新生人数的8.79%。

（四）特殊困难补助

特殊困难补助是指普通高校利用学校自有提取资金，对在校家庭经济困难学生遇到一些特殊性、突发性困难时给予的临时性、一次性资助，以确保这部分学生在校正常的学习和生活。本章特殊困难补助不含政府下发的财政性临时困难补助，以及校外其他发放的特别困难资助等。

中华人民共和国成立初期，在我国高等教育实行免学费和人民助学金制度背景下，如同学费减免项目，普通高校特殊困难补助项目实施也相对较晚。最早是以"临时困难补助费"名义出现的，1985年4月，财政部在下发的关于增加高校学生临时困难补助费的通知中要求，在高等学校学生人民助学金制度改革以前，对学生增加临时困难补助费，标准由学校统一掌握并切实用于补助家庭经济确实困难学生[1]；而最早正式提出高校实施特殊困难资助项目应于1987年7月，原国家教委、财政部在重新印发的《普通高校实行奖学金制度和贷款制度的办法》中，首次提出学校以1977年12月、1983年7月，教育部、财政部联合印发的有关普通高校实行人民助学金制度中所规定的助学金计算总额中的80%—85%为标准，从主管部门核给高等院校经费中提取并转入学校奖贷基金账户，并明确指出主要用于支付在校学生临时发生的特殊困难等[2]，从此，特殊困难补助成为高校多元资助体系中的一部分，但由于高校以奖学金为主，特殊困难补助总量较少，仅起到辅助作用。时隔六年后，1993年7月，原国家教委、财政部联合印发关于对高校生活特别困难学生进行资助的通知中规定：各高校从"奖贷基金"或"专业奖学金"总金额中，按每人每月2元标准提取困难补助经费，并必须首先集中用于补助生活特别困难的学生[3]；次年5月，两部委在下发的《关于在高校设立勤工助学基金通知》中，就基金经费使用上明确强调"对通过勤工助学方式进行资助仍难以完成学业的学生，学校可按国家任务学生5%的比例、平均每生每月50元的标准从该基金中统筹一部分经费，根据特困生困难程度划分层次，进行不定期困难资助"[4]，从而使特殊困难补助成为普通高校资助体系中的一项主要政策；1999年6月、2000年6月，教育部、财政部及国家计委在分别下发的关于进一步加强高校资助经济困难学生工作的通知，及关于

---

[1] 财政部：《关于增加高等学校学生临时困难补助费的通知》（财文字〔1985〕第82号），1985-04-11。

[2] 国家教委、财政部：《关于重新印发〈普通高等学校本、专科学生实行奖学金制度的办法〉和〈普通高等学校本、专科学生实行贷款制度的办法〉的通知》（教计字〔1987〕139号），1987-07-31。

[3] 国家教委、财政部：《关于对高等学校生活特别困难学生进行资助的通知》（教财〔1993〕51号），1993-07-06。

[4] 国家教委、财政部：《关于在普通高等学校设立勤工助学基金的通知》（教财〔1994〕35号），1994-05-10。

高校招生收费工作若干意见的通知中，将学校学费收入提取比例从 5% 提高到 10% 专门用于勤工助学和家庭经济困难学生补助工作，同时要求加大对特殊困难学生的补助力度[①]；特别在 2003 年 7 月，教育部下发《关于切实做好资助高校经济困难学生工作的紧急通知》中，除了再次提出"加大对特殊困难学生的补助力度"外，首次指出"我国已建立起以奖学金、银行贷款、勤工助学、特殊困难补助和学费减免为主体的、多元化的资助高校经济困难学生的政策体系"，可见，特殊困难补助也逐步发挥了在高校资助体系中的主体作用。自 2007 年 5 月，国家决定建立健全高校家庭经济困难学生资助政策体系后，进一步完善国家助学金制度，通过提高国家助学金发放比例和资助标准，极大缓解学生的经济压力，相比之下，特殊困难补助自身资助作用大大降低；此后，教育部及其他部委在每年下发的关于新生入学"绿色通道"或落实资助政策有关通知规定中，虽多次明确要求高校要继续认真做好特殊困难补助及其他各项资助工作，但特殊困难补助作为辅助措施，已退出高校资助体系的主体地位；发展至今，形成了各高校集学生伙食补贴、校内无息借款资助及其他资助项目在内的多种形式为一体的特别困难补助项目。纵观特殊困难补助几经发展，随着我国高校资助政策的不断完善，特殊困难补助在高校资助体系中的地位发生了从"辅助措施"到"主体地位"再回到"辅助措施"的转变，其作用和管理方式也随之发生着变化[②]；无论辅助作用，还是主体地位，由于其评定方式的灵活性、针对性和学校发放的应急性、自主性，与其他资助项目相比，特殊困难补助对资助家庭经济困难学生发挥了更大的时效性，更能体现特殊困难补助项目的人性化。

自 2007 年国家调整高校学生资助政策体系至 2014 年八年间，全国普通高校特殊困难补助资助学生 12838.82 万人次，资助金额 288.27 亿元，家庭经济困难学生人均受资助 224.53 元，特殊困难补助累计发放总额占学校提取经费、学校资助总额度的比例分别为 37.71%、5.25%。在特殊困难补助发放形式上，特别困难补助、伙食补贴、校内无息借款及其他资

---

① 教育部、财政部：《关于进一步加强高校资助经济困难学生工作的通知》（教财〔1999〕7 号），1999 - 06 - 18；教育部、国家计委、财政部：《关于 2000 年高等学校招生收费工作若干意见的通知》（〔2000〕教电 188 号），2000 - 06 - 05。

② 王庆多、王化麟：《高等学校学生特殊困难补助的发展和思考》，《劳动保障世界》2014 年第 4 期。

助项目所占比例也相差较大，其中伙食补贴发放数额所占特殊困难补助数额比例50%左右，而校内无息借款资助所占特殊困难补助数额比例仅在6%—8%之间。全国普通高校近三年（2012—2014年）特殊困难补助实施情况见表6—6。

表6—6　全国普通高校2012—2014年特殊困难补助实施情况

（单位：亿元；%）

年度	特殊困难补助资助累计金额	其中特别困难补助金额及占特殊困难补助金额比例		其中伙食补贴金额及占特殊困难补助金额比例		其中校内无息借款资助金额及占特殊困难补助金额比例		其中其他资助项目金额及占特殊困难补助金额比例		补助金额占学校提取金额比例	补助金额占学校资助总金额比例
		金额	比例	金额	比例	金额	比例	金额	比例		
2012	35.26	7.21	20.45	17.69	50.17	2.4	6.81	7.96	22.58	32.44	6.44
2013	34.31	6.66	19.41	16.79	48.94	2.49	7.26	8.37	24.4	29.14	5.98
2014	33.12	6.08	18.36	14.08	42.51	2.5	7.55	10.46	31.58	19.38	4.62
小计	102.69	19.95	19.43	48.56	47.29	7.39	7.2	26.79	26.09	25.85	5.58

注：1. 以上数据分别来源于全国学生资助管理中心发布的2012年度、2013年度、2014年度《中国学生资助发展报告》。

2. 特殊困难补助其中的其他资助项目含"绿色通道"生活用品礼包、春节留校困难学生资助、困难学生就业帮扶、特殊行业就业奖励，以及导师资助等；个别年度还含对在校优秀学生的奖励等。

纵观以上所述，对于学校提取资金用于开展的各类资助项目，由于资助性质和用途不同，资助学生覆盖面和资助力度也有较大区别，其中学费减免资助学生覆盖面最小，资助数额占高校提取金额及高校资助总金额比例也最小，但人均资助力度最大；而特殊困难补助资助数额占高校提取金额及高校资助总金额比例最大，但由于资助学生覆盖面远远高于其他项目，致使人均资助力度最小。以2014年度为例，在学校提取资金资助学生1575.09万人次中，学生学费减免资助学生仅20.14万人，资助金额所占高校提取资金及高校资助总金额比例也分别仅为3.82%、0.91%，但资助人均金额高达3237.34元；而特殊困难补助资助学生多达1136.93万人次，资助金额所占高校提取资金及高校资助总金额比例分别高达19.38%、4.62%，但资助人均金额仅为291.31元；勤工助学项目资助学生力度仅次于特殊困难补助项目，当年323.56万人次参加勤工助学，人均资助金额 759.36 元，资助发放资金数额占高校提取资金及高校资助总金额比例分别为 14.38%、3.43%；而"绿色通道"入学资助新生人数仅高于学费减免资助人数，远远落后于勤工助学及特殊困难补助资助覆盖面。

对于从普通高校事业收入经费或其他经费中提取并用于奖励在校优秀学生而发放的各种奖学金，由于其评选性质和功能与高校家庭经济困难学生资助项目的不同，本章不再进行论述。

三 财政资金资助项目实施状况

我国高校学生资助政策资助资金主要来源于各级政府财政，除中央财政资金作为第一大资助资金来源主体外，各省级财政投入也是普通高校资助经费重要来源，促进了当地高等教育事业的发展。在经费数额上，虽省级财政投入资金与普通高校提取并支出资助经费不分高低，但由于绝大部分省级财政投入资助经费形式仅作为国家资助政策执行过程中的配套资金，以及所开展资助项目性质的非主导性和不统一性，仅可作为高校资助政策体系中的辅助措施。本章财政资金资助项目仅指以省级财政为主的地方政府利用各级地方财政投入资金在各普通高校设立的各类奖助学金及家庭经济困难学生补助补贴等，而不含中央财政出资开展的高校资助项目。

从中华人民共和国成立初期至 20 世纪 80 年代中期，我国高等教育一直实行免费制，全国普通高校较长时间处于单一依靠国家财政拨款阶段，由中央政府直接对高校投资，且是其唯一的投资主体[1]，在地方政府无财政投入的情况下，高校所开展资助项目资金基本由国家财政全部承担。自 20 世纪 80 年代中后期，我国进行高等教育体制改革，大学开始收费，国家也同步对原实施的人民助学金制度进行改革，并对在校大学生实行奖学金及贷款制度，但对地方政府一直未提及开展资助项目资金安排。如不考虑地方政府在高等教育发展中财政投入的历史发展变化，仅从开展高校资助经费安排上，较早明确提出由地方政府安排资金用于开展高校资助项目应于 1994 年 5 月，在原国家教委、财政部印发《有关在普通高校设立勤工助学基金的通知》中，首次提出对于中央部属院校勤工助学基金启动经费来源由中央财政将以专款形式安排，而其他地方高等院校勤工助学基金启动经费由地方人民政府适当安排，但安排比例及具体标准未进行明确

---

[1] 李瑶：《地方政府对地方高校财政投入差异研究》，华中科技大学，2013 年。

规定，在省级政府对教育财政投入总额普遍不足、专项资助经费筹集渠道相对不广等多种因素下，除中央部属高校在中央财政的保障下有财力提供并支付足额的勤工助学基金外，其他大部分省级政府通过地方财政对地方院校安排的勤工助学基金总量少之又少。时隔十年后，即2004年9月，国务院办公厅在下发的《有关切实解决高校贫困家庭学生困难问题的通知》中，再次要求"各省级人民政府应结合本地区实际，设立面向品学兼优的贫困家庭学生的政府助学奖学金，加大经费投入，完善奖励办法"①；次年，为体现党和政府对普通高校贫困家庭学生的关怀，国家决定设立"国家助学奖学金"，2005年7月，财政部、教育部联合印发《关于实施国家助学奖学金管理办法的通知》中，除明确申请国家奖学金、国家助学金申请条件及评审程序外，同时强调"各省、自治区、直辖市及计划单列市由本级财政安排专项资金，参照本办法设立本地区的政府助学奖学金，具体资助人数及实施细则，由各省自定"②。2007年6月，根据国务院出台有关建立健全普通高校学生资助政策体系意见的有关精神，财政部、教育部对原实施的国家助学奖学金制度进行调整，决定自2007年9月新学期起，在全国普通高校实施国家励志奖学金、国家助学金管理评选办法，所需资金由中央和地方政府共同承担，对于部属高校国家励志奖学金、国家助学金所需资金由中央财政负担；对于地方所属高校国家励志奖学金、国家助学金所需资金根据各地财力及生源状况由中央与地方财政按比例分担③，其中，西部地区，不分生源，中央与地方分担比例为8∶2；中部地区，生源为西部地区的，中央与地方分担比例为8∶2，生源为其他地区的，中央与地方分担比例为6∶4；东部地区，生源为西部地区和中部地区的，中央与地方分担比例分别为8∶2和6∶4，而生源为东部地区的，中央与地方分担比例根据财力及生源状况等因素分省确定④。2010

---

① 国务院办公厅：《关于切实解决高校贫困家庭学生困难问题的通知》（国办发〔2004〕68号），2004-09-03。
② 财政部、教育部：《关于印发〈国家助学奖学金管理办法〉的通知》（财教〔2005〕75号），2005-07-06。
③ 财政部、教育部：《关于印发〈普通本科高校、高等职业学校国家励志奖学金管理暂行办法〉的通知》（财教〔2007〕91号），2007-06-27；财政部、教育部：《关于印发〈普通本科高校、高等职业学校国家助学金管理暂行办法〉的通知》（财教〔2007〕92号），2007-06-27。
④ 国务院：《关于建立健全普通本科高校高等职业学校和中等职业学校家庭经济困难学生资助政策体系的意见》（国发〔2007〕13号），2007-05-13。

年9月，为了缓解价格上涨给在校家庭困难大学生基本生活带来的压力，国务院决定自2010年秋季学期起，将全国普通高校国家助学金平均资助标准从原来的年生均2000元提高到3000元，所需资金仍由中央财政和省级财政按原定比例分担，并实施至今。

按照国家规定和要求，各省级政府大力贯彻国务院文件精神，按照"加大财政投入，经费合理分担，政策导向明确、多元混合资助、各方责任清晰"的基本原则，纷纷利用地方财政资金对本区普通高校制定实施奖助学金制度，并随着全国普通高校家庭经济困难学生资助幅度和力度的不断加大，地方政府对高校学生资助项目的财政投入也不断增加。据不完全统计，河南、江苏、湖北分别于2003年在全国率先设立"河南省政府奖学金"、"江苏省政府奖学金"、"湖北省政府奖学金"，以资助本省内就读、品学兼优的本专科经济困难大学生顺利完成学业，其中"河南省政府奖学金"金额每年不少于2000万元；"江苏省政府奖学金"资助标准每人每年2000元、每年资助名额4000人；而"湖北省政府奖学金"设立一等奖、二等奖两个等级，其中一等奖学金标准年生均3000元；二等奖学金标准年生均2000元，并在实施过程中进一步完善省政府评选办法，大幅提高奖励资助在校大学生人均标准和学生覆盖面；此后，天津、辽宁、吉林、上海、山东、湖北、湖南、广西、贵州、云南、青海等部分省市也纷纷制定实施由省级财政出资设立的奖学金制度，其中资助人均数额较大的当属天津市、辽宁省、上海市于2007年后开始先后设立的"天津市人民政府奖学金"、"辽宁省政府奖学金"，以及"上海市政府奖学金"，奖励标准每年生均为8000元，所需资金分别由同级省市政府出资。同时，个别省市也加大对优秀家庭经济困难学生奖励力度，如云南省自2009年开始利用省级财政设立"云南省政府励志奖学金"，每年奖励资助3500人，生均4000元；山东省自2014年秋季学期起，每年由省财政投入5000元设立"山东省政府励志奖学金"，每年奖励10000人，生均5000元；而河北省自2015年9月1日起，针对生源所在地为新疆维吾尔自治区或西藏自治区、非汉族、学习优秀的家庭经济困难大学生设立"省政府励志奖学金"，奖励标准平均为每人每年5000元，具体分为一等奖6000元，二等奖5000元，三等奖4000元三个等次，有效期为五年。除此之外，辽宁、江苏、湖北、贵州、甘肃、青海等部分省级政府通过省财政出资设立省政府助学金以资助家庭经济特别困难学生；根据国家及省级政府规定，并结合地方财政状况,一些地级政府也通过同级财政出资对本区域内的市属院校实施并加大助学奖学金评选工作。

在地方政府不断加大对普通高校助学奖学金财政投入的推动下,全国普通高等院校资助事业得到快速发展,但由于地方政府财政整体财力有限,特别是中西部地区,由于区域内总体产业结构落后、财政收入增速放缓甚至负增长,以及地方政府积极性不高等多种因素,地方财政投入数量在财政投入总量比重,以及高校资助总额比例偏低。以2008年为例,仅从地方政府奖助学金单方面统计,由各级地方财政出资奖励资助在校优秀贫困大学生99474人,发放地方政府奖助学金17425.24万元,其中地方政府奖学金奖励学生人数及金额分别为27683人、10196.44万元,人均3683元,奖励金额仅占高校本专科生奖学金总额的1.66%;地方政府助学金资助学生人数及金额分别为71791人、7228.8万元,人均1007元,资助金额仅占高校本专科生助学金总额的0.86%[①]。

地方政府利用同级财政发放政府奖助学金的同时,也通过对省内就读贫困大学生不定期发放粮油副食品价格补贴、临时生活补助、特殊困难补贴等,对高校基层就业毕业生、在校应征入伍服兵役大学生进行学费补偿贷款代偿等,特别是对来自地震灾区、洪涝灾区及其他自然灾害地区的大学生及时进行大幅度资助,充分发挥了各级地方政府在高等教育发展过程中的重大积极作用。据统计,自2007年至今,随着中央财政投入的不断加大,地方各级财政投入也随之大幅增加,地方财政投入高校资助资金从2006年的33.81亿元增长到2014年142.89亿元,增长3.23倍;2007—2014年八年中地方各级财政投入高校学生资助金额累积689.49亿元,占财政投入总额、高校资助总额比例分别高达39.51%、18.86%,地方财政投入总额基本与学校提取并支出资助经费持平,特别是自2012年起,地方财政投入高校资助额度每年超过100亿元,占财政投入高校资助总额比例为40%左右,且占高校资助总额度比例一直保持在19%以上,成为高校资助经费的重要来源主体。全国普通高校近三年(2012—2014年)地方财政投入高校资助经费情况见表6—7。

---

① 全国学生资助管理中心:《中国学生资助发展报告(2008年)》,2009-12。

表6—7　　　　全国普通高校2012—2014年地方财政投入
高校资助经费情况　　　　　（单位：亿元；%）

年度	地方财政投入高校资助金额	财政投入高校资助总金额	全国普通高校资助资金总额度	地方财政投入金额占财政投入总额比例	地方财政投入额度占高校资助总额度比例
2012	106.24	272.32	547.84	39.01	19.39
2013	117.39	288.29	574.11	40.72	20.45
2014	142.89	366.65	716.86	38.97	19.93
小计	366.52	927.26	1838.81	39.53	19.93

注：地方财政仅含省级政府及地级政府出资，相关数据全部来源于各年度《全国学生资助发展报告》。

四　社会资金资助项目

高校家庭经济困难学生社会资助是为贫困大学生提供求学支持，由社会公益组织筹集资金或者由社会团体或个人提供资金来源，由高校组织学生申请、评选，社会公益组织、社会团体或个人最终审批确认受助学生人选，经济与精神相结合的资助方式[1]，简单地说，社会资助即指来自非财政拨款、非学校提取资金，而由社会组织、团体和个人完全出于对社会的责任、对大学生的关爱而出资，旨在帮助高校在校家庭经济困难学生、减轻其经济负担而开展的各项捐助项目。整个资助过程一般涉及资助者、受助者和学校三方参与主体，其中资助者往往是社会公益组织、社会单位或个人，是高校社会资助资金和精神关怀的供给者；受助者是资助资金及精神关怀的需求者或接收者；而学校是社会资助的中介者、组织者，负责协调其他双方之间的关系。随着高校学生资助体系的不断完善，社会资助已从当初的资金单一资助方式发展到目前的多种资助方式，有无偿投入即赠予性的，也有以有偿服务即互利性的；既有资金、房产、股票等物质性的，也有精神关怀、技能培训等非物质性的[2]。社会资助作为高校学生资助的辅助措施，日益受到高校、社会和学生的关注，逐步成为高校学生资助政策体系中的重要组成部分。

社会捐赠作为分担高等教育成本的主体之一，在缓解高教经费紧张中

---

[1] 蔡颖：《高校社会资助工作的信息不对称浅析》，《甘肃政法成人教育学院学报》2008年第1期。

[2] 张雷、陈东升：《高校贫困生社会资助工作的思考》，《传承》2013年第4期。

扮演着独特的角色,历来受到政府、高校和社会的重视,特别是在欧美等发达国家,社会捐赠早已成为大学筹集办学经费的主要渠道,尤其以美国最为典型,早在1992年美国大学接受社会捐赠超过10亿美元的高校就已达十所以上,到了2000年全美慈善捐赠总额为2034.5亿美元,相当于美国当年GDP的2%[①]。而在我国,社会捐赠作为改革开放后的新事物,高校社会捐赠管理工作起步较晚,1988年安徽大学在全国率先成立校董事会,成为全国高校较早的社会捐赠管理机构,但由于投入少、人员少、不专业等因素,多年来一直处于初步探索阶段,1999年全国高校收到社会捐集资办学经费仅16.4亿元人民币[②]。受此影响,家庭经济困难学生社会资助项目与高校社会捐赠及高校其他资助政策项目相比发展更晚、更慢,1997年新生开学前,国务院办公厅、原国家教委在下发的有关通知中,首次提出要求社会各界都来关心高校特困生问题,以保证每位学生不因经济困难而辍学[③];在次年8月通过并于1999年9月1日起开始施行的《中华人民共和国高等教育法》中,明确规定"鼓励企业事业组织、社会团体以及其他社会组织和个人设立各种形式的助学金,对家庭经济困难的学生提供帮助";同时,在1999年6月第九届全国人大常务委员会通过的《中华人民共和国公益事业捐赠法》规定,对公司、其他企业,以及自然人和个体工商户用于公益事业的捐赠财产,依照法律、行政法规的规定享受企业或个人所得税方面的优惠。2003年9月,国务院办公厅转发教育部等十四部门《关于开展经常性助学活动意见的通知》,再次要求"动员全社会开展多种形式的经常性助学活动,充分发挥社会公益项目在经常性助学活动中的作用,并鼓励企业、社会为家庭经济困难的高校学生提供勤工助学岗位"[④],对社会资助项目形式进行了拓展;2007年5月,国务院印发关于建立健全普通高校学生资助政策体系意见,在确定的主要目标和基本原则上,单独提出要发展"多元混合资助,统筹社会不同资助渠道,对家庭经济困难学生采取多种方式进行资助",并专门强调"要进一步落

---

① 孟丽菊、张大方:《中外高校社会捐赠:比较、分析及建议》,《教育科学》2007年第3期。
② 孟东军、张美凤、顾玉林:《我国高校社会捐赠管理比较研究》,《高等工程教育研究》2003年第2期。
③ 黄春杰:《浅谈高校特困生及其解困工作》,《教育科学》1999年第2期。
④ 国务院办公厅:《国务院办公厅转发教育部等部门关于开展经常性助学活动意见的通知》(国办发〔2003〕77号),2003-09-15。

实、完善鼓励捐资助学的相关优惠政策措施,充分发挥中国教育发展基金会等非营利组织的作用,积极引导和鼓励企业和社会团体等面向各级各类学校设立奖学金、助学金"[1];特别自 2010 年开始实施的《国家中长期教育改革和发展规划纲要(2010—2020 年)》中明确在高等教育投入机制上,实行以举办者投入为主、受教育者合理分担培养成本、学校设立基金接受社会捐赠等筹措经费机制,从而进一步规范并体现了社会捐赠及社会资助在普通高校及困难学生资助工作中的重要性,然而发展至今,国家及相关职能部门一直未就高校家庭经济困难学生社会资助制定单独的专门规定等规范性文件,也缺少与之相配套的法律法规及其制度措施。

高校家庭经济困难学生社会资助作为普通高校学生资助体系中的重要补充,随着国家经济以及高等教育的快速发展,特别是企业及其资本的大规模扩张,我国社会资助总量不断提升。据统计,2007—2014 年八年中,社会团体、企事业单位及个人捐助全国高校家庭经济困难学生资金共计 106.61 亿元,占全国高校资助累计总金额的 2.9%,在校本专科学生人均受资助金额 59.43 元;由于受当年经济发展状况等多种客观因素影响,各年度社会资助额度及资助力度差异较大,其中因 2008 年汶川地震、2013 年雅安地震等自然灾害,社会资助数额较大,特别是 2008 年社会资助金额最大,高达 21.65 亿元,社会资助数额占当年高校资助资金比例达 7.12%,当年全国高校在校本专科学生人均受社会资助达 110.23 元。全国普通高校 2007 年至今,各年度社会资助家庭经济困难学生经费情况见表 6—8。

表 6—8　　　　全国普通高校 2007—2014 年社会资助经济

困难学生经费情况　　　（单位：亿元；%；万人；元）

年度	社会资助金额	社会资助金额占高校资助总额度比例	高校在校本、专科学生人数	高校在校学生人均资助金额
2007	7.29	2.76	1738.8	41.93
2008	21.65	7.12	1964	110.23
2009	9.24	2.66	2144.7	43.08

---

[1] 国务院:《关于建立健全普通本科高校高等职业学校和中等职业学校家庭经济困难学生资助政策体系的意见》(国发〔2007〕13 号),2007 - 05 - 13。

续表

年度	社会资助金额	社会资助金额占高校资助总额度比例	高校在校本、专科学生人数	高校在校学生人均资助金额
2010	9.25	2.27	2231.8	41.45
2011	10.81	2.1	2308.51	46.83
2012	17.8	3.25	2536.56	70.17
2013	18.24	3.18	2468.07	73.9
2014	12.33	1.72	2547.7	48.4
小计	106.61	2.9	17940.14	59.43

注：1. 各年度高校在校本专科学生人数来源于国家公布的《全国教育事业发展统计公报》《中国统计年鉴》等，不含非全日制的成人教育本专科学生。

2. 社会资助有关数据来源于各年度《全国学生资助发展报告》。

综上所述，普通高校学生资助政策体系中的辅助措施，在资助学生资金数额及资助学生覆盖面上，远远不及国家奖助学金、国家助学贷款等其他资助项目，但每项辅助措施的有效开展，大大缓解了政府、学校和困难学生的经济压力，对整合政府、高校、社会等各方资助资源、完善现有资助体系、满足困难学生的多层次需求具有重要意义，也对促进社会融合、营造良好氛围发挥了重大作用。

第二节　我国高校辅助资助政策存在的主要问题

我国高校辅助资助项目作为普通高校学生资助政策体系中的重要组成部分，每项措施从开始实施至今，帮助了每位家庭经济困难学生能够按时进入大学就读，安心在学校正常学习与生活，以及顺利完成学业并毕业离校，但是作为辅助资助项目，还是各项具体措施，在实施过程中仍然存在一定的问题和不足之处，影响了整个高校学生资助政策体系的健康发展。

一　各项辅助资助措施方面存在的主要问题

（一）专项资金资助项目方面

仅就中央专项彩票公益金开展的资助新生入学"中央路费"措施来说，首先，一方面，在申请审批时间上时效性不强，从学生个人申请、填写表格，到县级资助部门评审公示、调查核实，再到汇总上报，最后才能实施资金划拨，并组织学生签收，整个过程至少也需一个月或更长时间，甚至新生到大学报到入学后，资金才能真正落实到学生手中，缺失了"中央路费"本身具有的补助困难新生报到交通费的真正意义；另一方面，如果学生因客观原因迟于规定时间申请，那就将更无法及时或失去申请"中央路费"机会。其次，在申请审批程序上实效性不高，根据规定，符合条件的学生须首先提出书面申请后方可获得资助，但现实中由于宣传内容不全面、宣传力度不到位，被大学录取的家庭经济困难高三学生往往因无法完全掌握具体规定而错过主动申请机会，同时，对于那些本身因家庭经济困难而存在自卑心理，不愿意未走进大学校门就被戴上"贫困生"帽子的新生来说，即便家庭如何困难、无法凑齐报到交通费用，也不愿意提出书面申请，这也正给那些意欲申请资助新生入学项目，却恶意夸大家庭经济困难程度，通过出具种种家庭经济困难证明材料而骗取入学专项资金资助项目学生的机会。再次，在申请审批资助学生范围上，仅限于中西部地区的17个省市家庭经济困难新生，自然就把东部地区14个省市的家庭经济困难新生排除在外，但现状是东部地区各省市乡村不乏家庭经济特别困难新生，虽说新生入学资助项目坚持"突出重点、专款专用"原则，但不给东部地区新生申请的平等机会，使入学资助项目在促进教育公平上大打折扣。最后，在资助标准上，对省内院校录取新生按每人500元标准，省外院校录取新生按每人1000元标准，用于一次性补助困难新生从家庭所在地到被录取院校之间的交通费及入学后短期的生活费用，相对于不同省市及不同院校学生基本生活费用的微小差距，不同省市及不同院校之间的交通费用差距甚大，简单以地域宽阔的新疆为例，对于生源地处北疆阿勒泰地区的新生到被录取到同省内地处南疆喀什地区的喀什大学，两地相距2000公里左右，与那些虽被省外院校录取，但生源地及学校都处于省市边际，距离甚短相比，仅按省内、省外区别交通费资助标准，显然是不科学、不公平，使有限的资助资源未得到合理分配，更未发挥实施新生入学资助目的的最大化。

在地方政府职能部门或其他社会团体、个人为资助新生入学而发放的"地方路费"措施上，除存在与中央专项彩票公益金开展的资助新生入学项目一些相同的不合理现象外，还普遍存在地区间实施范围不均衡、资助力度差距大，以及地区内资助覆盖面不广泛、资助缺乏连续性或长效性，特别在资助对象上，无法保证家庭经济困难新生入学资助的精确性或精准度。

(二) 学校资金资助项目方面

在高校辅助资助政策中，学校资金资助项目包含形式最多，资助总额及资助学生覆盖面也最大，需要完善的不足之处也较多。

1. 有关勤工助学资助措施

主要包含校内勤工助学管理及校外勤工助学管理两方面。在学校内岗位设置及管理上，主要表现在以下五方面：第一，是勤工助学基金投入及酬薪标准上，自1994年国家要求学校开始创建勤工助学基金制度至今，其来源基本全部来自学校学费收入或事业收入提取资金，由于来源渠道单一，基金增值及其他来源微乎其微，致使基金总额严重不足，尤其大部分地方院校多年办学经费一直紧张，无法足额提取基金经费，更无法做到专款专用，受基金总额影响，为了确保一定的设岗比例，学校不得不降低助学岗位报酬发放标准，造成校内岗位虽劳动量较大，但实际得到酬薪较低。第二，是岗位设置范围及类型上，大部分岗位仍局限于学校图书馆、实验室、办公室整理资料，以及教学楼、宿舍楼、餐厅场所负责清洁等工作，多为体力型岗位，以行政助理、教学助理、科研助理等智力型岗位比例偏少，而以学生专业相结合性质的岗位比例更少，无法发挥专业自身优势和学生个性特长，在增强学生锻炼能力、提高技能水平方面见效不大，没有真正成为提高学生综合素质的有效途径[①]。第三，是岗位设置数量及覆盖面上，高校家庭经济困难学生比例高，对助学岗位需求大，但校内助学岗位数量总体太少，"僧多粥少"现象日益突出，尤其是随着高校后勤社会化改革的推进，部分学校刻意追求利润最大化，把本可供给困难学生进行创业锻炼的资源和空间有偿租赁外包，无形中大大减少了校内助学岗位开拓余地，无法满足助学岗位需求，更无法满足所有困难学生的上岗愿望，部分省市对所属地方院校虽然规定了校内助学岗位数量设置最低比例，但校内真正达到设岗比例的学校寥寥无几。第四，是学校组织及管理上，根据国家要求，各院校普遍组建了学生资助或勤工助学管理专门机构，在部门归属上，无论是挂靠学生工作部门，还是后勤服务部门，其职责及功能现状大都局限于岗位的分配与统计、手续的办理与登记、酬薪的分类与发放等，很少能够做到根据岗位性质进行分类指导、根据岗位需求

---

① 汪琦：《试论高校大学生救助体系——以安徽科技学院为例》，《安徽科技学院学报》2011年第3期。

进行专项培训，并由于缺少轮换竞争上岗机制、缺乏科学有效的管理及高质量服务，往往导致出现岗位信息发布渠道不畅通、人情岗、一人多岗，以及相当一部分"热门"助学岗位都是一些固定人员等不规范现象。第五，是助学措施功能及对学生影响上，由于以上存在的种种不足，使得勤工助学在激励和维护学生的创新精神和创业热情功能上大大降低，对上岗困难学生虽能进行经济上的资助，但在能力培养上却无法发挥勤工助学资助项目自身的潜在效能。同时，对那些喜欢挑战、希望通过专业知识及实践锻炼培养提高自强、自立精神的在校学生也改变对勤工助学的客观看法，大大降低申请上岗的主观愿望，并将目光纷纷投向校外兼职。另外，在校困难学生，特别是来自"老少边穷远"地区的家庭经济困难乡村学生，因个人能力所限仅能在校内从事一些重复性强、耗时间、工资低的体力岗位，不仅加重了他们的生活压力，更因占用了太多的学习和作息时间而影响学习成绩和身心健康。在校外岗位设置及管理上，主要表现在以下四方面：一是岗位性质上，虽明确规定"校外勤工助学活动必须由学校学生勤工助学管理服务组织统一管理"，但现实中，校外助学岗位大部分都是由学生通过校内外中介机构或组织联系介绍的，学生上岗类别往往都是校外家庭个体、私人营利组织或公共机构，而岗位设置并不包含为公众利益服务性质，不但政府、职能机构及学校无法维护学生的合法权益，更无法达到教育学生效果；二是岗位形式上，也仅限于家教辅导、传单发放、市场推销、卫生保洁及餐饮服务等，不但不能注重与学生学业的有机结合，也会影响学习时间，在整个上岗过程中，参加上岗学生与聘用单位或个人仅是简单的雇佣关系，存在较大的交通、财产及人身安全隐患，每年因安全防范意识淡薄、私自参加校外助学活动而发生学生安全事件甚至伤害事故频频发生；三是组织协调上，学校作为学生管理、教育的主要承担者，对校外助学资源开拓力度不够，特别是与办学地所在社区之间缺少深层次的合作与发展，不仅无法保证校外岗位设置的长期性、稳定性，以及学生上岗的周期性和连续性，也不利于鼓励社区为学生提供更多的助学机会；四是制度保障上，与校内勤工助学活动相比，校外勤工助学活动管理更为复杂、组织更需严格、制度更应完善，但现状是整体缺乏校外勤工助学活动制度建设，除国家税务总局于2007年4月在印发的《有关企业支付实习生报酬税前扣除管理办法》中，首次针对并专门提出保障普通高校实习生报酬权利与义务外，其他基本没有任何有关保障学生校外助学上岗、带薪实习等酬薪支付及维护学生合法权益的规章制度，无疑也影响了校外勤工助学活动的健康发展。

2. 有关学费减免资助措施

主要包含以下四方面：一是学费减免规模及资助力度小，虽国家明文规定"对部分因经济条件所限、交纳学费确有困难的学生，特别是其中的孤残学生、少数民族学生及烈士子女、优抚家庭子女等，实行减免学费"政策，大部分学校及省市教育主管部门也制定了单独的学费减免实施办法或细则，但大都仅仅为了迎合上级检查或制度建设需要，在具体实施过程中却难以真正完全实施，个别学校以资助经费紧张、审批手续复杂、借助国家助学金进行倾斜，以及学生证明材料不全等措辞故意延迟、降低减免学费数额比例，最终使那些本应得到学费减免资助的特困学生无法享受减免政策，以2014年度为例，全国高校学费减免学生20.14万人，仅占当年在校本专科学生总人数的7.91‰，远远低于实际需要学费减免的特困学生比例，由于真正能够享受到学费减免学生比例太低，致使学费减免资助措施成效微乎其微，大大降低了学费减免政策自身的针对性；二是学费减免硬性指标过高，对符合学费减免申请资格且能够获得学费减免的学生比例本身就不大，为此学费减免项目不适用也无法照顾到那些处于免费边缘的家庭，从家庭类型或性质而言虽不享有减免学费资格，但根据国家调查证实，学费要花去边缘家庭收入的32%—33%[①]，当繁重的学费花去家庭经济收入的大部分甚至超过每年微薄的家庭经济收入时，他们也显得更加贫困，另外，国家规定对符合条件学生进行学杂费减免，但在学校落实过程中仅局限于减免学费，或仅减免学费及住宿费，对于学杂费包含的教材费、水电费、补考费、重修费等其他费用未进行减免，事实上，未减免的学杂费及在校期间的学习培训费、交通费、考试费等费用也是学生较大的开支，学费减免项目过窄，显示其措施自身的片面性；三是学费减免方式不尽合理，部分学校往往采用"先收后补"，即对新生入学及老生升级时先须缴纳学杂费后，再进行学费减免，而不是对符合条件的学生在缴纳学杂费前直接减免其学费，迫使学生及家长到处筹借，特别对那些父母皆不健在、无任何经济来源的孤儿及家庭经济特困学生造成较大的生活压力和心理负担，无形中使学费减免政策时效性大大减弱；四是学费减

---

① 陈红梅：《学费制度的合宪性之辩——以南非为个案》，《西亚非洲》2007年第9期。

免经费业务处理不规范、不合理，从实施至今，对学生学费减免全都凭借学校一份公文或一份批件，以"不处理"或"假交款"两种常用处理方式进行，即"不处理"方式中仅通过学校学生缴费系统或台账作出不欠费记录标记，不进行会计核算方面的业务处理，或者"假交款"方式中用经学校批准减免学费数额抵充困难学生的缴纳学费数额，并将该数额记入相应的学生缴费信息系统或平台中[1]，无论哪种方式，在学费减免整个过程，只有经批准的减免学费文件或批件，无货币资金的流动，在学校债权（或收入）减少和支出增加上无法体现，更不能全面提供客观公正的学校会计信息，不但使学校学费减免这一业务事项核算不到位、不统一，不能真正反映学校落实学费减免政策的实施程度和执行力度，也有悖于现行会计准则与相关规定，且也不符合现代会计核算为管理服务的基本要求。此外，还存在部属高校与地方高校之间、不同省市地方院校之间学费减免措施执行情况差异大；对国家最需要的农林水地矿油核等专业的困难学生实施学费减免政策倾斜导向不明确；部分学校要求申请学生提供大量有关隐私的个人资料，侵害了申请者的人格尊严，以及所在院系与其他同学明显歧视申请学费减免学生，致使大部分符合资格的学生主动放弃了申请等。

3. 有关"绿色通道"资助措施

在高校新生入学"绿色通道"实施过程中主要表现在学校及学生两方面。在学校方面，虽上级自 2000 年开始规定各公办全日制普通高校必须建立新生"绿色通道"制度，但自始至终未明确享受"绿色通道"政策的具体资格条件，在多年家庭经济困难学生认定方法还不尽完善、不尽科学的情况下，面对应有尽有、各式各样的种种家庭状况证明材料，较难鉴别材料的真伪和家庭困难程度，学校无法准确对新录取、申请"绿色通道"入学的困难新生进行资格审查，客观上加大了学校开展"绿色通道"措施的工作难度；对于通过"绿色通道"入学的新生，即便因家庭经济确实特别困难且无法凑齐学费的情况下，虽说后期可通过各类奖助学金进行帮扶资助，但短期内的学费拖欠，将致使本身办学经费就紧张的高校来说，更是不愿意看到的结果，主观上也大大降低了学校开展"绿色

---

[1] 燕廷淼：《高等学校减免学费会计业务的规范处理》，《郑州铁路职业技术学院学报》2013 年第 2 期。

通道"措施的工作积极性和主动性,为此,对上,较多高校,特别是省属及市属等地方院校为了响应国家政策的实施、迎合上级的监督检查,也专门制定有关新生"绿色通道"实施办法,但最终政策实施效果不理想、执行力度整体不大;对下,每年在新生报到现场,也单独开设"绿色通道"办理窗口,但通过加大审批难度、延长办理时间等方式大大限制办理人数,影响"绿色通道"措施整个实施进展,使总体规模偏小,且易将那些切实无法缴纳学费的家庭经济特别困难新生排除在外,无法通过"绿色通道"而顺利入学。在学生方面,首先,受社会对国家实施"绿色通道"的染指,学生及其家长产生不交费也可上大学的误解,使得本身具有缴纳学费经济能力的部分新生及家长想方设法开取贫困证明以申请办理"绿色通道"而入学,并期盼通过等、要、靠各类国家助学金等接受帮扶资助,增加了学校的工作难度和压力,另一现象就是,新生把"绿色通道"变成"逃费通道",认为"先上车后买票"等同于"先上车后逃票",通过"绿色通道"入学后,在家长不知情的情况下,私自把家长筹备学费挪作他用,甚至滥用,造成学生恶意欠费、学校无力催费的两难境地,并影响学校经费的正常运转及学生正常的学习与生活;其次,由于学校自主设置种种限制性措施,要求学生办理或提供过多的材料和盖章证明,致使新生在学校和生源地之间来回奔波,无形中增大了"绿色通道"办理难度系数,导致部分家庭经济确实特别困难、符合"绿色通道"入学资格的学生因碍于面子原因或担心错过报到时间等原因而主动放弃了通过申请"绿色通道"入学机会,大大有悖于"绿色通道"政策实施初衷[①]。除此之外,还存在高校与院校在办理"绿色通道"过程中,对学生申请信息等个人资料保存不严密,无意泄露学生隐私,侵犯其个人隐私权;对通过"绿色通道"入学新生,因学校后续帮扶工作不及时、资助力度不足,部分学生仍交不起学费而导致退学,失去当初"绿色通道"办理价值;以及部分民办高校"绿色通道"存在盲区,新生入学办理"绿色通道"不畅通等问题。

4. 有关特殊困难补助资助措施

主要表现在以下三方面:一是在发放标准上,与勤工助学、学费减

[①] 丁桂兰、姜旭萍、杨志丹:《高校绿色通道的落实现状与对策思考》,《教育与职业》2009 年第 30 期。

免、"绿色通道"等其他辅助资助措施相比，资助对象推荐评选标准更不明确，且同样是无偿性资助，在学生群体内往往出现争夺激烈，最终导致失之公平，或绝对平均化，使措施自身的助困效果大打折扣；二是在资助形式上，含有伙食补贴、校内无息借款、特别困难补助等多种形式，虽发放范围广泛、覆盖面大，但资助总额度相对较小，特别是人均受资助金额更少，既对减轻困难学生经济压力作用不大，又使其他非家庭困难学生占用了资助资源，最后演变成平均主义；三是在组织实施上，由于特殊困难补助资金来自学校提取经费，因此学校有较大的自主性和随意性，在评选时间上、发放流程上、资助幅度及力度上，各学校之间，即便同一学校内也存在发放时间相对分散、帮扶对象过于集中、资助力度差距过大等现象，甚至部分学校由于财务预算、经费管理需要，往往出现年终为了补助而补助的现象。

（三）财政资金资助项目方面

主要表现在以下四方面：一是地方政府对地方普通高校财政投入逐步加大，但对高校学生资助专项经费财政投入不足，2013年、2014年地方财政投入占当年各个教育阶段资助经费总额比例分别达31.87%、33.15%，但地方财政投入占高校资助经费总额比例仅分别为20.45%、19.93%，地方财政投入占高校资助经费总额比例远远低于地方财政投入占各个教育阶段资助经费总额比例，地方政府作为地方院校学生资助中的主体地位，本应发挥学生资助工作的主导作用，但因财政经费投入限制还无法保障对地方院校困难学生的资助力度。二是由于地域经济发展水平差距，中西部与东部之间、各省市之间省级政府财政投入总额及对所属地方院校困难学生资助力度和幅度存在较大差距，东部及所在省市的地方院校困难学生资助比例及覆盖范围往往高于中西部及所在省市的地方院校，而在同一省市的市属院校，同样由于所属地市经济水平差异，地市政府财政投入及对所属市属院校困难学生资助水平也存在较大差距，从而因区域间资助资源配置不均衡，加剧高等教育不公平现象。三是地方政府利用财政资金开展高校学生资助项目缺少统筹性，由于国家对地方政府开展财政型奖助学金评选制度缺少宏观指导及硬性要求，致使各省市制定实行的地方政府奖学金、励志奖学金及助学金制度标准执行不一；各省市对地方院校实施的临时生活补助、特殊困难补贴等资助措施，虽覆盖范围大、资助时效强，但往往人均受资助力度小，对减轻学生经济压力效果不明显，还易造成重复资助,浪费人力物力资源等。四是地方政府,特别是省级政府及相关职能部门对地方院校资助措施与社会救助体系建设缺少衔接,或者说,将地方普通高校资助制度纳入社会资助体系进程缓慢,普通高等教育资助作为促进教育公平的重要内容,还未成为社会救助体系的重要组成部分。

(四) 社会资金资助项目方面

随着社会对普通高校困难学生的关注和高校自身积极开拓社会资源,高校困难学生社会资助项目取得可喜进展,但总体发展状况仍不是很理想,主要表现在以下四方面:一是高校对社会资助组织不力、重视不够,大部分学校仅由资助管理部门作为社会资助的管理机构,或通过学校校友组织部门将社会资助作为一项附带职责,而未成立专门的社会资助组织机构,缺乏统筹规划,且学校主要领导对社会资助工作重视度不够,仍然满足于财政拨款、政府包办管理模式,缺少开拓社会资助资源的主动性和积极性。二是资助形式单一、缺少永久性社会资助,社会团体或个人偏爱于以捐助资金形式直接对困难学生进行一次性"无偿式"资助,随着资助经费的完全发放整个资助项目一同结束,因简单易于操作、能够"立竿见影"的效果而受到学生、学校及社会捐助方的一致欢迎,而以永久保留社会资助本金作为基金,通过基金市场投资受益或其他增值资金作为困难学生资助经费用途的长期性或永久性社会资助太少,且长期性社会资助由于操作较复杂、管理较困难及见效较慢等,使社会资助各方积极性不是太高[1]。三是社会捐赠激励机制不健全、社会资助文化氛围不浓厚,高校社会资助是社会捐赠重要的组成部分,随着我国慈善事业日益发展,社会捐赠活动及规模大大增强,国家也通过完善税收政策等措施对捐赠活动给予税收优惠,但由于税收优惠幅度较小、捐赠税收优惠不灵活,特别是我国经济发展水平整体还不高,还未形成科学有效的社会捐赠管理体系,与西方发达国家或地区完善的捐赠机制相比存在较大差距,此外,我国不动产登记管理、个人收入公开申报、遗产税开征等进程缓慢,也大大不利于鼓励社会各方参加社会捐赠,受我国传统文化影响,在个体价值观上更多的传统还是先为家庭子孙着想,并先为其留存财产,致使形成了更多的依靠友情、名望及因关系或回报而进行

---

[1] 张雷、陈东升:《高校贫困生资助工作的思考》,《传承》2013 年第 4 期。

社会资助的"捐助文化"。四是社会捐赠机构建设不规范、管理监督水平有待提高,捐赠组织机构是社会力量参与第三次分配的重要载体,基金会是我国慈善捐赠组织的主要形式,但由于自2004年开始实施的《基金会管理条例》对公募基金会原始基金额度等相关规定的限制,造成全国慈善组织和机构数量较少,极大制约了全国慈善捐赠事业的发展;捐赠组织管理监督制度仍不健全,其行业规则和行业标准急需推动,特别是上级职能部门、高层捐赠组织机构对所属各类慈善捐赠团体缺少专业督导,对所发生的社会行为管理不规范、监督不严格、惩治不到位,并随之导致整个捐赠组织或行业公信力较差,对于社会捐赠所谓的内部信息和业务活动信息通过媒体向社会公布不及时、不真实,无法让社会捐赠在"阳光监督"下进行[1],受此影响,慈善机构组织社会资助渠道不畅,动员社会力量参与高校社会资助活动的能力大大减弱,没有发挥慈善组织对高校社会资助募集资助资金的优势。

二 辅助资助措施执行过程中存在的其他不足之处

(一)资助对象确认精准度较低

相同于各类奖助学金资助对象的确定,各辅助资助措施对象的确认也需根据学生家庭经济状况而认定。伴随着高校学生资助政策体系的逐步完善,对于家庭经济困难学生的认定工作取得一定进展,从理论或实践上虽都有明确的定量与定性标准,但认定的依据主要还是凭借家庭经济情况调查表等信息,以及所在院系进行的班级民主评议,导致最终认定结果与学生家庭经济实际状况仍有较大差距、认定等级与家庭经济困难程度仍有较多不符之处,致使高校中非贫困生"装贫困"、"争资助",而真正的贫困生"装富裕"、"拒资助"现象普遍存在[2]。对于包含家庭主要成员职业状况、收入支配、医疗消费及住房保障、投资收益等多项衡量指标在内,需政府相关职能部门及社会多方机构共同参与的家庭经济困难学生认定工作,仅依靠学校单方面努力,且缺乏规范化、系统化的量化指标体系的现实状况下,在高校目前主要采用的学生可供支配的有效经济来源认定法、

---

[1] 樊慧霞:《促进我国社会捐赠事业发展的对策》,《现代经济探讨》2008年第10期。
[2] 张健、裴鑫:《高校贫困生认定工作存在的问题与对策》,《西安航空技术高等专科学校学报》2010年第4期。

学生在校消费水平认定法、最低生活保障比照认定法、综合认定法四种方法中①，无论以哪种或哪几种方法进行家庭经济困难学生身份认定，都是无法有效界定学生的家庭经济困难程度的。由于资助对象的不确定性，致使辅助资助措施难以落到实处，严重影响了各项辅助措施资助资金的使用效率和效益。

（二）赠予型资助比例过高

赠予型资助是将资助金以福利的方式"无偿"资助给困难学生，普通高校赠予型资助形式主要包含各类奖助学金、困难补助、学费减免，以及社会资助等，2013年度、2014年度中央财政及地方财政资助实施项目（含各类奖助学金、学费补偿贷款代偿、师范专业免费教育、临时困难补贴等）、学校提取资金并支出特殊困难补助及学费减免、社会资助等发放各类无偿资助资金分别为351.34亿元、418.62亿元，占当年高校资助总额度比例分别高达61.2%、58.4%，远远高于以勤工助学为主要形式的劳务报酬型资助，以及以国家助学贷款、"绿色通道"等为主要形式的延迟付费型资助。对于其中任何一项赠予型资助，无论来自政府，还是学校或社会，因无偿资助学生个体，学生无须偿还或履行其他任何义务，仅经过家庭经济困难情况认定核实后即可申请，为此，一方面，容易造成家庭经济确实困难学生不思进取，也不积极参加勤工助学及社会实践锻炼，只盼望并完全依赖通过学费减免及助学金资助或生活补贴得到无偿资助，逐步蜕变成经济困难、思想贫困、心理困惑的"三困生"，不利于培养学生的自立自强精神，特别是部分学生一旦未获得奖助学金或其他资助就闹情绪，认为自己受到不平等对待，主观意识上不仅不从自身找原因，更不对国家资助政策心存感激，反而把造成自己家庭经济困难归结于社会和国家制度，思想上与党和政府离心离德，并在同学中散布负面言论②；另一方面，也往往造成家庭经济并不真正困难或困难程度较轻的学生千方百计伪造、提供不真实证明混入困难学生档案，从中骗取各类资助资金，不利于学生成长成才。与国外高校逐步加大学生有偿资助比例情况相比，在我国保持高等教育大众化的背景下，普通院校较高比例的无偿资助，不但加大

---

① 周玉：《综合评价法在高校经济困难学生认定工作中的应用》，《安庆师范学院学报》（社会科学版）2015年第2期。

② 凌云：《当前我国高校资助政策体系运行中出现的主要问题、原因分析及对策建议》，《创新与创业教育》2015年第2期。

了财政负担，加剧了我国各级政府投资能力下降与经费需求膨胀之间的矛盾，也制约我国高等教育成本分担机制的深入推进与实践。

（三）政策宣传与舆论引导不到位

在建立健全普通高校学生资助政策体系过程中，国务院及教育部、财政部等相关部门也逐步加大资助政策宣传力度，各地政府、各高校也充分利用校内外媒体、网络进行资助政策的宣讲，然而相对于日益完善的资助政策体系，以及新形势下资助政策调整步伐加快，由于未形成全方面的宣传工作长效机制，宣传内容及侧重点仅停留在政策细则和具体程序上，且政策宣传和舆论引导未同步推进，政策实施目的、教育引导正能量内容偏少，致使宣传渠道单一化、制度执行程序化、申请步骤固定化，学校仅能根据上级通知机械地分配名额、组织院系实施，学生仅能被动地根据要求提供材料、填报申请材料，从申请到接受资助整个过程，学生完全没有领会到政府和学校制定实施资助政策的理念和意图，对自身应该承担的责任和义务更没有全面系统的客观认识。另外，虽说高校困难学生群体和资助政策体系历来是媒体关注的焦点，推动了资助政策宣传力度和效果，但各类媒体和社会谣言均充斥其中，部分不负责任媒体对于资助政策执行中存在的问题及资助效果进行恶意扩大、不实报道或造谣，也对整个政策体系贯彻落实和引导教育学生造成极大困难。在由社会多方共同参与的普通高校学生资助政策体系执行实施中，亟须构建全方位、多层次、多渠道、多形式的"大宣传"工作格局，依此推动资助政策体系执行的深度和广度。

（四）资助经费管理及资金发放监管机制缺乏

随着我国普通高校学生资助比例和标准逐年提高，资助经费也随之大幅度增加，为此，国家和政府及高校也不断加大了对各类资助经费的管理，但仍存在一些问题，主要表现在以下三点：

1. 普通高校，特别是地方院校专项资助经费管理制度仍不完善，缺少规范的财务专项资金管理

无论是上级财政投入资金，还是学校自行提取资金或社会捐助资金，都是落实资助政策而设立的专门资金，具有专项用途性质，然而在执行过程中，尽管在国家三令五申的情况下，由于学校资金短缺、学校主要负责人重视程度不够或审批不严、财务人员素质有待提高等多种原因，部分学校仍是擅自推迟发放或挪用资助专项资金，出现实际账目和财务账目"两张皮"现象，且资助专项资金也未真正用于资助家庭经济困难学生。

2. 学校自行提取资金预算编制不够据实、合理

在各类资助专项经费中，学校自行提取资金来源及标准最为明确，学校也最具有支配权、自主权，但使用方式也最灵活、支付渠道最广泛，造成学校自行提取资金管理与监督带来更大困难，在资助项目执行中对勤工助学岗位数量及报酬标准、特殊困难补助发放比例及等级、学费减免数额等缺少单项预算且不按上级规定和财务要求执行，导致年度学校自行提取资金预算与实际支出出入较大、学校提取经费连年结余沉淀、资助经费支付非资助项目等。

3. 学生资助资金发放及使用效能较低

根据上级规定，各类学生资助资金由金融机构通过银行卡、非现金方式直接划拨到学生个人账号，但由于高校包含各类资助资金在内的现金流量不断增长，各家金融机构努力争抢黄金这一资源，不但易造成各金融机构之间在资助资金金融业务上的非公平竞争，也易造成学生银行卡办理种类五花八门、资助资金发放渠道杂乱无序，尤其是因金融机构自身系统性能客观差异及经办人员主管影响，往往导致资助资金在划拨过程中无法及时、足额落实到学生个人账号；并基于资金发放现状，仅以通过学生日常生活消费来监督资助资金使用难以掌握的情况下，通过金融手段对到账后的学生银行卡资金使用同样也难以准确进行跟踪和监督，仍造成学生资助资金滥用，资助资金本身使用效能依然较低。

（五）学生个体资助资源配置不均衡

在普通高校已构建的"多元化"学生资助政策体系中，每项资助措施根据其性质虽都有各自的用途，但资助主体皆是家庭经济困难学生，从理论上讲，与美国等发达国家实施的建立在资助方式和资助资金进行有效配比基础上的"资助包"管理模式相比，我国实施的各项资助措施就资助方式和资助资金自行配置相对独立的"混合资助模式"，势必造成学生资助配置不合理；在实践上，在多年尚未精准科学认定家庭经济困难学生程度或等级，目前也尚未合理制定资助资源配置比例的情况下，资助发放难题及资助资金配置不均衡现象也确实普遍存在，致使多项资助项目往往集困难学生于一体，而其他一部分学生却很少或甚至得不到任何资助，造成部分家庭经济特别困难学生被资助成"富裕"学生、普通家庭经济困难学生得不到足够资助，而处在困难边缘学生得不到任何资助。在具体资助措施实施中，那些通过高校困难新生入学资助项目资助、"绿色通道"

入学，且符合学费减免资格的优秀家庭特别困难学生，在校期间参加勤工助学活动，同时获取国家奖学金及国家助学金，并一同接受特殊困难补助或社会资助的"过渡式"资助及"集中"式资助后累计的受助额度远远超过学生自身正常完成学业需求，这种现象概率有且也是时常发生的。在各项资助措施实行上虽能完全坚持"按需分配"及"教育机会均等"原则，但由于学生个体资助资源配置不均衡，导致正确的资助行为失去公平和指引，造成高校整体学生资助政策体系落实中无法实现教育成本分担与补偿机制，也影响到国家资助资源效能发挥的最大化。

(六) 资助工作育人成效缺失

我国高校学生资助工作是高等教育的重要环节，其核心意义是育人而非资助，然而在多年的学生资助工作实践中，却普遍局限于对家庭经济困难学生的经济资助，工作重点往往强调对困难学生的物质发放。随着高校学生资助体系的完善，高校资助工作重心也开始转向其育人功能的发挥，但在实践探索中，我国普通高校资助育人工作形式还较单一、还过于追求形式，整体效果发挥极不理想。存在的不足之处主要表现在以下三点：

1. 在开展心理健康、诚信教育、励志感恩等主题教育活动上，一味地为了活动而活动，片面强调参与学生规模和社会影响，而往往忽视困难学生作为受教育主体的参与比例和效果，由于家庭经济困难学生主动参与率不高，无法真正让受助学生在思想层面上真正认识到诚信、感恩重要性，更无法让其在工作和生活中坚持将恪守诚信、心怀感恩要求变成自觉行动。

2. 学校组织困难学生在自身能力和综合素质培养提高上措施力度不到位，与一般大学生群体相比，家庭经济困难学生群体性格相对内向封闭、自身素质整体相对偏低，动手能力、操作实践能力也不如其他学生，更需要接受针对性强的个性化指导和培训，但由于学校缺乏有效组织机制、缺少专业培养机构，尤其是指导培训经费短缺、可整合或利用资源不足等原因，造成学校虽也重视并加大对困难学生综合素质提高的培训培养，但最终效果一直较不乐观。

3. 困难学生资助工作理念老化。随着以经济资助为主"输血式"资助模式的局限性对高校育人本质属性的日益弱化，势必亟须创新大学生资助工作理念，将育人促成才的高等教育根本目的有机融入大学生资助工作中，而只有将"保障性"资助转变为"发展性"资助才能突出难题，使资助切实成为高校"育人"的有机载体和重要手段,"发展性"资助即以育人为导向,以项目、活动、社团组织等为载体,在资金扶持和教师指导下,由学生自主设定发展目标和行动计划,同时强化对资助过程管控,从而达到经济资助、精神资助、能力资助三者有机协调的目的,促进贫困大学生综合素质的提高[①],"发展性"资助既可满足高等教育"育人"的本质要求,同时也是"三全"高等教育观的本质体现,而这都是目前实施的传统的"保障性"资助模式无法实现的。

（七）资助政策评估及惩罚长效机制不健全

国家制定的规章制度,以及各省市实施的办法细则,无论是关于整个普通高校学生资助政策体系建设,还是涉及各项资助措施的实施,从形式、内容上基本都是从制度本身实施目标、制定原则、受资助对象资格、资助程序步骤、组织管理,以及相对笼统的违约责任等,但对整个政策体系或各项制度措施的资助过程、落实效果缺乏科学有效的评价评估,以及在实施过程中对违纪违法的相关责任单位或个人,及违约学生尚未建立健全的惩罚长效机制。一方面,是缺少对资助政策执行本身缺少评估及惩罚长效机制,在政策实施上,过于注重对政策自上而下的推进落实及向学生单方向的"派钱"资助,同时虽也开展了资助专项检查或绩效评估活动,但主观上考虑更多的是评估的表面形式及社会影响,实质上缺少对政策实施的评估效果,特别是对于目前政府和学校既当运动员又当裁判员的双重身份的情况下,如不借助第三方评估组织和机构单独开展专项评估,是无法达到客观效果的,由此,因缺少对实施资助政策的真实评估结果而无法及时调整资助行为,也因惩罚长效机制不健全而不能对资助政策执行过程中违纪违法学校单位或个人及时处罚处理;另一方面,是缺少对资助政策资助育人或学生成才效果评估及惩罚长效机制,与实施资助政策评估意义相比,更重要的是对学生受资助后个人综合发展效果的评价评估,随着资助在学生身上的兑现,在方式上仅是资助资金发放过程的结束,也随之减轻学生生活学习经济压力,但在本质上更是学生接受资助后成长的开始,后期在学生学业就业、事业规划发展更需要跟踪评估,只有经过对困难学生群体后期的整体综合发展跟踪评估,才能客观衡量最初资助政策实施的

---

① 彭友:《基于发展性资助视角下的贫困生资助体系构建》,《中国校外教育》2013年第21期。

真正效果，否则，对于那些经资助完成学业后却沦落成社会无用之才，甚至从事违法违纪活动或其他有违伦理道德的行为的学生，在大学就读期间的资助显然成为帮其注入的"催化剂"或"助力棒"，针对此类学生群体，同样因惩罚长效机制不健全、无客观具体依据而无法运用合法公正的处罚措施及时进行处理，并易造成更严重的社会危害效果。

此外，高校同样作为辅助资助政策执行主体，在学校资助工作专职人员队伍建设、院校之间资助工作经验交流与借鉴，以及在信息化建设上都有不足之处，本章不再赘述。

第三节 我国高校辅助资助政策完善对策建议

针对我国高校辅助资助政策及各项辅助资助措施存在的问题和不足之处，只有进一步转变工作理念，加大体制完善力度，才能发挥高校辅助资助项目整体合力，积极推进构建全国普通高校学生资助政策新体系，充分发挥大学生资助政策执行效果的最大化。

一 专项资金资助项目方面

就中央专项彩票公益金开展的资助新生入学"中央路费"措施考虑，需从申请程序、资助标准等多方面进行调整，一是优化申请审批程序，将家庭经济困难学生认定工作时间前移，在中学高中阶段科学认定学生家庭经济困难程度等级的基础上，在高三毕业生确定被大学录取后、待新生入学报到前，以县（市、区）为单位，通过"教育保障卡"直接划拨到学生个人账号，让发放的资助资金能够及时用于新生报到路费及入学后短期的生活费，既避免了因种种原因让学生失去或错过申请资助的机会，也可杜绝通过其他不正当手段骗取资助资金现象，切实提高中央专项彩票公益金资助新生入学项目的实效性和时效性，而对预先发放的资金汇集、经费转款及核算等，按照财务业务规定在后期逐步实施；二是扩大资助学生范围，应从中西部地区扩大到涵盖东部地区的全国各省市，着力以学生家庭经济困难程度为主要审批因素，使任何地区符合条件的所有新生享受资助机会均等，让新生入学资助项目进一步促进教育公平；三是合理调整资助标准，应按照新生从家庭所在地到被录取学校所在地之间的实际距离，以乘坐公路、铁路或水路等公共交通工具方式并以一般价格标准所需的交通费用,以及学校所在地城市最低生活保障标准或在校学生平均基本生活费用为客观参考依据,确定相应的新生报到交通费用及入学后短期内的生活费用,而不应仅依照被录取院校所在省份的差别来确定不同的资助标准,通过科学调整新生入学资助标准,使有限的资助资源得到合理分配,发挥新生入学资助项目实施的最大化;四是实施资助资金逐年递增机制,作为中央专项彩票公益金润雨计划专项资金,应逐年加大投入资金总额,确保受资助新生补助标准和比例,不断提高中央专项彩票公益金总体专项资金的使用效益。而由地方政府或其他社会团体、个人为资助新生入学而发放的"地方路费"项目,应在保障资金投入或其他资金来源的前提下,不断加大所在地区内的新生资助范围,不断提高资助力度,同时,建立新生入学资助项目长效机制,确保资助项目的连续性和长久性。

二 学校资金资助项目方面

(一)有关勤工助学资助措施方面

主要通过实施财政分担基金投入机制、优化岗位设置结构、增强规范化管理、强化育人功能等措施,加强对校内勤工助学及校外勤工助学科学管理,依此不断拓展高校勤工助学发展空间,促进高校勤工助学活动成为家庭经济困难学生资助和教育育人的重要渠道及重要阵地之一。

1. 健全校内勤工助学"五化"规范管理,努力开创健康发展新常态

第一,实施财政合理分担基金投入机制,实现勤工助学经费筹集渠道主体"双元化",改变目前单一的、仅依靠学校提取资助资金用于支付勤工助学薪酬方式,而根据学校所属关系,由上级政府通过财政投入,与学校按照一定比例合理分担勤工助学薪酬,对于比例分担,按照院校的办学层次及经费投入配比实际确定,对中央部属院校设置勤工助学岗位所需薪酬可由中央财政承担30%—50%,对地方院校设置勤工助学岗位所需薪酬可由省级财政单独承担,或中央财政、省级财政以一定分担比例共同承担50%—70%,其他剩余部分仍由学校从提取资金中支付;对于各级政府支付勤工助学薪酬资金来源可通过设立专项财政资助资金,也可通过从奖助学金资助财政资金中提取,以2014年度全国高校学生资助执行情况来看,全国财政投入高校资助资金366.65亿元,发放国家奖助学金及其他奖助学金404.84亿元,而勤工助学资助金额仅24.57亿元,无论从各级政府投入财政资金,还是从各级政府设立的财政性奖助学金资金中提取

并作为高校勤工助学薪酬发放资金或勤工助学基金资金，在操作及实施上都具有较强的可行性和必要性；同时，通过实施财政合理分担勤工助学基金投入机制，缓解并解决了学校自行提取勤工助学基金严重短缺问题，不但提高了勤工助学薪酬发放标准，增强校内勤工助学岗位对学生的吸引力，而且通过提高有偿资助比例、减少无偿资助比例，增强勤工助学育人效果。

第二，细化勤工助学操作规程，实现勤工助学管理"精准化"，优化校内勤工助学岗位设置结构，在长期且目前仍以劳动服务型为主的勤工助学岗位结构的基础上，紧密发挥学生的专业优势和技能特长及不同年级的实际情况，坚持勤工助学活动与学校管理服务相结合、与学校教学科研相结合、与学校后勤社会化改革相结合、与学生创新创业能力培养相结合，积极开拓行政管理助理、教学科研助理、学校后勤管理及校内学生创新创业项目等岗位为主的，与学生专业学习相关的智力型勤工助学岗位，增加其科技含量，注重提升参与学生自身技能，有效整合校内空间资源，调整一定比例的校内实体店铺由学生单独经营创业，严格控制校园安全管理、环境监察等劳务服务型助学岗位比例在校内岗位设置数量的20%以内，同时严禁设置校园卫生保洁、安全保卫等纯劳务型助学岗位，以确保学生的人身安全和身心健康；科学控制学生上岗时间和薪酬标准，每周或每月在岗累计时间不得超过同期所学课时的20%或其他一定比例，严禁学生利用学习时间或正常作息时间从事勤工助学活动，以避免影响学生学业，同时，以院校所在不同地区城市居民最低生活保障标准为底线，对校内管理、服务、创业等不同工作岗位制定最高、平均和最低薪酬标准，为困难学生提供更大的自主选择空间，通过明确提高薪酬标准，使学生上岗所得薪酬基本满足在校基本生活费用需求，进一步强化勤工助学对困难学生的助困效果，并保障学生的合法利益不受侵害；细化分解助学岗位职责，坚持"设岗单位管理为主、资助机构管理为辅"原则，由设岗单位明确助学岗位工作权责，经资助机构收集把关、查漏补缺，经完善后公布实施，使各类岗位职责更加"简单明了、便捷实用、责任明确"，不仅使岗位职责标准更加具体，也使岗位申请审批资格更加完善，并避免上岗学生从事职责外其他任何活动；明确校内岗位设置数量与比例，科学依据学校家庭经济困难学生认定比例及乡镇生源学生规模，合理确定校内勤工助学岗位设置数量，其中岗位数量比例严格限制在学校在校学生总人数的4%—

10%，且不得低于家庭经济困难学生认定人数的30%，积极探索不同办学层次、不同地区院校勤工助学设岗比例差异制度，在同等条件下，优先对地方院校、中西部欠发达地区所在院校进行倾斜，适当提高勤工助学设岗比例，增设岗位所发薪酬超支部分由上级政府财政足额承担。

第三，加强勤工助学信息系统建设，实现勤工助学管理"网络化"，一是对校内勤工助学岗位设置类别、薪酬等级、岗位职责等进行网上公开，不但确保岗位需求信息及时发布，而且通过网上"双选会"为设岗单位与学生提供直接沟通交流、应聘面试机会，从而简化勤工助学招聘程序，提高招聘工作效率；二是对在岗学生的表现评价、综合考核、信息反馈等管理实施网络互动，既能准确、全面掌握各个上岗学生的具体表现，又能让在岗学生客观了解自身存在的不足以便及时改正，保证整个勤工助学活动有的放矢；三是充分发挥信息技术优势，对勤工助学数据库或信息系统与家庭经济困难学生认定系统及各类奖助学金评选系统、学生日常综合管理系统等进行整合，以便实时汇总分析上岗学生学习程度、奖惩情况，以及学业费用需求与受资助幅度等，实现计算机技术、网络技术与学生管理充分结合，通过勤工助学管理"网络化"，实现资源共享、互补，以及勤工助学活动全程动态、即时高效管理。

第四，坚持经济扶助与思想扶助相统一，实现勤工助学活动教育育人"常态化"，一是把勤工助学活动紧密联系大学生思想政治教育工作，充分认识勤工助学工作的育人功能，从学校层面及上级教育主管部门加大对勤工助学宏观政策、场地空间、机构建设及资金投入等方面的支持力度，以满足勤工助学活动发展需求；二是探索并创新勤工助学解困方式方法，有组织、有计划地让接受国家助学金等各类"无偿"资助的家庭经济困难学生主动参加校内力所能及的义务劳动、志愿服务及公益活动等，积极培养其劳动观念和职业道德，努力搭建受资助学生成长成才实践平台，通过坚持"受助、自助、助人"勤工助学理念，切实增强勤工助学学生社会责任感，不但通过物质层面做到真帮扶、真解困，在精神层面上也做到送温暖、送志气；三是将校内勤工助学活动与校园文化建设有机结合，着力挖掘和培育特色鲜明的校园勤工助学文化，以校园文化为载体，注重勤工助学社会实践活动育人作用，帮助困难学生群体把对立德树人的感性认识转化为理性认识，进而把对立德树人的认识落实到具体行动上，通过倡导和支持学生在完成学业的同时参加勤工助学，支持学生开展更多的志愿助人、解困帮扶活动，增强大学生的社会责任感和使命感，将校内勤工助学打造培养新一代实践型大学生的第二课堂实践育人平台，在大学生参与校园文化活动、享受校园文化大餐的同时，也营造了良好的勤工助学育人氛围，从而起到"润物细无声"的作用[①]。

第五，完善勤工助学规章制度建设，实现勤工助学活动"长效化"，一是增强勤工助学组织制度建设，改进学校勤工助学管理体制，将学校勤工助学管理纳入上级教育主管部门统筹管理范围，由学校所属教育主管部门根据学校办学实际与差异，每年定期核准所管辖院校名单及各学校参与勤工助学活动的学生规模及资助总额，并指导相关院校开展勤工助学活动的实施，通过将校内勤工助学纳入教育部或各省市政府资助项目，扩大政府部门对院校勤工助学统筹权，并保障政府对院校勤工助学资金在财政资金的支持力度；二是加强勤工助学管理机构建设，健全学校勤工助学管理机构运行机制，设置勤工助学专门机构，扩充勤工助学专职人员队伍，增强自身在勤工助学组织管理、沟通协调，以及检查监督、纠纷处理的权威性，通过管理层次清晰、职权明确、规范高效，切实强化学校勤工助学管理机构在为学生的能力培养与才华施展搭建舞台的主要功能；三是健全勤工助学岗前培训机制，由学校按照勤工助学上岗类别，定期对学生进行以工作技巧、基本社交礼仪、日常安全常识等为主要内容的岗前分类专项培训指导，经培训考核通过并获得上岗资格后方可安排上岗，通过坚持实施岗前培训，在提高上岗学生工作服务水平的同时，切实增强学生维权和自我保护意识，促进自身综合素质不断完善，并全面提高毕业后就业求职技能水平；四是建立科学有效的评估监控机制，利用学校现有的学生社团组织或公益服务性组织，组建细化职责、明确分工的学生监督评估组织，对学生参加勤工助学活动后的效果进行时时科学有效的跟踪评估，并根据评估情况及时完善，不但有助于提高勤工助学在育人功能上的针对性，也能比较科学、准确地反映各设岗单位的履行效果，同时实现了学校对各管理单位的真实考核与客观评价。

2. 推进校外勤工助学"四型"创新管理，积极打造持续发展新机制

校外勤工助学是校内勤工助学向校外扩展、逐步走向社会的必然选

[①] 陈冲、杨延圣：《中国梦引领下的中国特色高校校园文化建设》，《思想政治工作研究》2013年第8期。

择。在市场竞争环境越来越激烈的新形势下,结合校外勤工助学活动存在的现实问题,必须接受市场的洗礼,敢于运用新思路,尝试新途径,在改革中求发展,在创新中求进步,不断助推校外勤工助学管理和操作体系更加完善。

第一,顺应时代发展及社会需求,创新发展"公益型"校外勤工助学服务项目,随着经济发展和人民生活水平提高,社会公共服务范围也随之扩展,广大城乡居民对公共服务水平要求也随之提高,通过大学生利用课外时间,组织参加学校所在城市附近及周边社区内的公共交通疏导、公办中小学支教、城市环卫管理、园林绿化助工、基础医疗机构帮扶及其他公众利益服务,而对参加公益服务性质的勤工助学所需薪酬由政府和用人单位分别承担,其中学校所属上级政府财政承担比例为薪酬的70%—80%,用人单位仅需支付薪酬的20%—30%,对于学校在当地社区安排的"公益型"校外勤工助学学生数量、薪酬发放标准等执行指标,由学校所属上级政府根据社区的实际设岗需求及学校在校学生规模等综合情况授权执行;如学生进行的非公益性服务,而为私人营利组织或其他机构的勤工助学活动所发生的薪酬将全由雇佣单位承担;与政府通过市场化运作向社会力量购买的公共服务相比,大学生参与"公益型"校外勤工助学提供的公共服务具有更多的主动性、学习性和社会性,更是其他形式的社会公共服务无法超越的,同时,社区能为高校勤工助学提供长期而又稳定的工作岗位,让大学生积极发挥知识优势参与社区建设,推动创新社区服务与管理,从而大大提高社区整体服务质量与水平[1],另外,通过组织学生积极参与"公益型"校外勤工助学活动,以便学生能够更早确立"公益"核心价值,不断激发其服务社会、奉献社会的强大动力,并使其成为推动社会福利发展的重要力量。

第二,结合学生专业知识和基础技能,大力扩展"专业型"校外勤工助学保障体系建设,加强学校与校外企事业单位及私人业主合作,积极建立并保持长期的人才培养、输送合作关系,以便依据学生所学专业知识、技术和特长,到合作单位或机构从事诸如网络管理、网页制作、动画设计、艺术绘画等校外勤工助学机会,不仅发挥高校人才资源优势,切实把学生所学专业知识运用于社会实践,为毕业后融入社会、适应社会、服

---

[1] 袁琦:《美国高校勤工助学的特点及启示》,《比较教育研究》2006年第4期。

务社会打下坚实基础，也能保证学生的合法权益得到维护，按时足额获取报酬。

第三，加强政府主导作用，全面开拓"创业型"校外勤工助学空间，把校外勤工助学与大学生创新创业相结合，以集中创建大学生科技创业园区、支持大学生创办小微企业等为着力点，充分发挥大学生在零售业、文化艺术、教育培训、人力资源管理等创业项目的特长，通过注重学生参与校外勤工助学的广度及创新创业的深度，最大程度地吸引大学生走出校门参与校外勤工助学并积极自主创业，实现大学生创新创业带动校外勤工助学，而校外勤工助学促进大学生创新创业，并逐步提高大学生创业率和大学生创业的成功率，从而切实增强大学生的创业意识、创新精神和创造能力，并为未来建设创新型国家提供源源不断的人才智力支撑。

第四，弘扬实践育人新理念，积极营造"全员型"校外勤工助学良好氛围，一是承担校外勤工助学学生主体，不应仅局限于家庭经济困难学生群体，而是面向全体在校学生，与家庭经济困难学生相比，其他大部分普通学生也同样存在思想上、心理上、意志上的缺陷和不足，也需要参加勤工助学锻炼，尤其是校外勤工助学实践阅历，通过突出校外勤工助学的实践性，提高广大学生的参与度，使校外勤工助学活动成为高校大学生思想教育、实践育人的重要环节；二是上岗时间安排上，应打破目前的仅利用课余时间，边学习边工作的单一模式，将校外勤工助学上岗时限从学期中扩展到假期中，从分散式上岗扩展到集中式上岗，并通过规范上岗行为、明确选修学分、限定工作时间等措施，以保证学生正常的学习效果和校外勤工助学工作质量[1]；三是上岗空间组织上，应从学校周边社区等区域扩展到乡村区域，及其他城区区域，并依托实施国外志愿服务计划、短期出国留学交流项目等时机，积极组织在校优秀青年学生进行国外半工半读、工学结合等多种形式的校外勤工助学机会，让参与学生群体切身感受自立自强所带来的成就感和满足感，并通过充分了解省情、国情，使自身价值观、人生观得到充分提升。

对于在校学生来说，与校内勤工助学相比，校外勤工助学可供选择的范围和数量大大增加，可以更有针对性地选择与自己专业或兴趣相近的工

---

[1] 李赛强、郭春晓：《美国大学生联邦工读项目的设立、实施及启示》，《外国教育研究》2008 年第 1 期。

作，不但可以提高劳动技能、增加社会经验，还可以将其作为进入社会工作角色前的试练，为毕业后就业提供一定的参考①，因此校外勤工助学以其丰富的内容及广阔的实践空间吸引着众多学生的青睐。但校外勤工助学活动也存在更多的不稳定性、不确定性，特别是学生的安全因素，更需要加强动态规范管理、加强信息系统建设，以及健全的规章制度，以确保学生合法权益不受侵害，并促进校外勤工助学活动持续、健康发展。

（二）有关学费减免资助措施方面

结合学费减免资助措施实施过程中存在的问题，主要从以下四方面进行完善：

1. 立足现实，合理改进学费减免资格申请审查指标，仅以孤残学生、少数民族学生、烈士子女及优抚家庭子女就认定因家庭经济条件所限、交纳学费确有困难从而享受学费减免资格，在主观上感觉是合情合理，但客观上大大不符合真实情况，现实中因家庭经济困难认定不科学致使对于孤残学生、烈士子女等被认为无任何经济来源，造成政府、学校、社会进行"叠加式"重复资助，不但能享受到学费减免，且同时能接受到其他更多的经济资助，使其累计接受资助资金远远超过自身完成学业需求，导致有限的资助资源过于集中在这部分学生群体，且导致那些在学费减免边缘的学生及其他因家庭收入特别微薄的学生失去享受学费减免及其他资助资格，为此，不应单纯以家庭成员状况或家庭组合类型为学费减免主要指标，而应根据学生家庭经济收入水平确定是否享受学费减免资格及其减免比例，对于家庭正常经济收入不足保障家庭成员基本生活费用支出的特困家庭学生应享受学费全部减免，而对于家庭正常经济收入虽能够满足家庭成员基本生活费用支出但无法满足所需缴纳学费，或缴纳学费有一定困难的学生应根据家庭经济困难程度享受不同比例的学费减免，从而实施以家庭经济收入水平为审批学生学费减免主要依据的科学有效办法，由此，也简化了学费减免申请程序，并降低了审批门槛，使处于学费减免边缘的学生家庭也享受减免费用资格，达到保障困难家庭学生受教育权之目的。

2. 因事而异，科学健全减免费用项目以及减免方式，根据学生家庭经济收入水平确定学费减免比例的基础上，扩展其他费用减免项目，对完

---

① 张宁、金贵兴、尹莹：《开拓校外勤工助学岗位的新思路》，《西北医学教育》2007年第2期。

成正常学业所需缴纳的教材费、考试费、培训费，以及在校期间发生的军训服装费、卧具费、医疗保险费、交通费等费用按学费减免比例进行一并减免，切实减少不同程度的经济困难家庭在学生学习期间的费用开支，以提高学费减免措施的全面性或整体性；同时，对于原来采取"先收后补"减免方式改良为"先补后收"或"资金直补"方式，即对符合学费减免资格并根据减免比例核实减免数额后，由学校先早于正常缴纳学费前，将减免资金直接补偿到学生个人，由学生再按时与其他同学同步缴纳费用，或学校减少中间学生转接补偿环节，而根据对学生确定的减免数额将学生学习费用"欠款"直接补偿到学生学费专用账户，无须让学生及其家长再因本该减免的学习费用而到处筹款，以提高学费减免措施的针对性或实效性。

3. 宏观引导，实施上级财政减免基金激励补偿机制，减轻学校在长期办学经费总体紧张情况下提取资助经费用于学费减免的负担或经费压力，按照学校年度实施的困难学生减免学习费用数额的一定比例由所属中央或省级政府利用同级财政资金进行补偿，其补偿比例根据办学层次及所在区域经济状况确定，并重点向贫困地区所在院校、中西部地方院校及农林水地矿油核等专业院校进行适当倾斜；同时，按照当年度学校新增学费等学习费用减免数额由上级财政给予2‰—6‰的经费奖励，以弥补学校资助经费的不足，并提高学校学费减免措施的执行力度，把学费减免政策真正落到实处。

4. 规范管理，逐步完善学费减免会计业务专项治理，严格按照事业单位会计准则要求，首先，对高校财务管理系统中的学生学费减免业务增设"实缴财政专户"，用以归集实际上交财政专户资金，以便如实反映上缴财政资金的收付业务事项；其次，增设"应收学费"及其下级相应明细科目，用以归集和准确反映学校应收取的学生所有学费及其增减变化；再次，改变目前财务管理系统中"应缴财政专户"科目使用方法，使其贷方余额与"应收学费"借方余额相等，相互监督，以便充分体现应收学费债权的严肃性；最后，在学校财务会计科目业务处理程序上，根据学校实际收缴学生学习费用数额、实际减免学生学习费用数额及学生实际缴纳学习费用数额等款项，按照借记或贷记处理方式分别以"应收学费"、"实收学费"，"应缴财政专户"、"实缴财政专户"，"现金"、"银行存款"及"其他教育事业收入"等会计科目进行学校债权债务核实登记并适时处理反映,从而使学校"收支两条线"严格管理,又能够保持"应缴财政专户"借贷平衡①,通过对学费减免会计业务完善处理,使学费减免信息全部纳入学校财务管理系统,做到如实完整反映学生学费缴纳与减免状况,有效避免"跑、冒、滴、漏"现象发生,既便于准确统计反映学校执行学费减免政策力度,又能够准确反映学校上缴财政学生学费信息,为财政或上级部门精准预算学校学费等事业收入提供重要参照数据,切实增强学校财务改进效果,并为盘活用好教育资金提供有力保障。

(三)有关"绿色通道"资助措施方面

针对新生"绿色通道"执行过程中存在的现实问题,应从以下四方面加以完善:

1. 进一步明晰高校"绿色通道"资助措施目的的实质,在注重宣传"绿色通道"是为确保家庭经济特别困难、无法缴纳学费的新生先按时报到再办理入学手续的同时,更要注重强调新生通过"绿色通道"入学并不等于延迟缴费,更不同于免费入学,让学生、学生家长及社会正确了解实施"绿色通道"的真实意义,免受社会媒体对于高校新生"绿色通道"的反面染指,让有能力缴纳学费而恶意拖欠学费、蓄意把"绿色通道"看成"逃费通道"的学生及其家长消除"免费上大学"的杂念及不良影响,主动退出通过"绿色通道"入学的申请对象队伍,让"绿色通道"切实成为家庭经济特别困难而无力缴纳学费的新生顺利入学的有效通道。

2. 进一步明确高校"绿色通道"申请对象资格审查标准,与其他资助措施相比,"绿色通道"同样不应仅以学生提供的家庭经济收入等证明材料为主要审查依据,而应建立在家庭经济收入支付学生学费综合能力基础上,现实中,部分学生为获得资助而通过各种不当手段提供的由各级民政、教育等部门开具的家庭经济证明已失去客观价值,而最科学合理"绿色通道"申请评审标准莫过于对学生家庭经济收入客观的整体评价,从而科学准确认定新生资助对象,增强"绿色通道"资助对象的针对性和资助效果的目的性。

3. 进一步加强学生资助信息的衔接及对称,"绿色通道"是高校学生资助政策体系中最初环节,也是学生资助工作中的关键环节,"绿色通

---

① 燕廷淼:《高等学校减免学费会计业务的规范处理》,《郑州铁路职业技术学院学报》2013年第2期。

道"资助对象的确定及资助信息的确认对于大学期间实施其他资助措施至关重要,然而对于刚步入大学校门的新生,高校是无法提前组织新生进行相关信息的审查及汇总,为此应将困难家庭学生信息确认工作前移至高中阶段,通过高中阶段学校对资助政策的宣讲及解读,让学生早期就了解并掌握大学资助各项措施,并经高中就读学校组织开展有效家庭经济认定后与高校及时进行工作衔接,以便高校与中学阶段资助信息完全对称,为新生入学报到办理"绿色通道"及其他资助提供及时、真实的客观依据。

4. 进一步优化"绿色通道"办理流程及工作效率,提高学校对实施"绿色通道"资助措施重要性的认识,只有让各类生源按时入学才能确保在校学生的规模,才能保证办学效益。再者,逐步完善的高校学生资助政策体系足以满足并能够解决困难家庭学生在经济上的帮扶需求,为此,学校应放下办理"绿色通道"学生过多可能会导致学校更大催费压力、影响学校经费更加紧张等心理包袱,对"绿色通道"资助政策进行再认识,并让学生减少提供过多的证明材料,简化不必要的申请审批程序,减小"绿色通道"办理难度系数,积极主动为申请"绿色通道"资助的家庭经济确实困难的新生办理相关手续而使其顺利入学;同时,从学校资助管理部门到各院系严格保存学生资助信息,避免学生个人隐私权受到侵犯,从而达到并实现"绿色通道"政策制定的初衷。在"绿色通道"资助措施完善的基础上,由学校统筹安排,注重与其他资助方式的结合,及时通过学费减免、助学金等做好后续帮扶工作,使资助力度满足学生个体经济资助需求;另外,扩展"绿色通道"办理范围,完全杜绝民办高校在实施"绿色通道"资助措施上的盲区,让民办院校新生一同享受"绿色通道"资助资格,从而实现民办院校学生与公办院校学生在享受"绿色通道"及其他各项资助政策真正意义上的平等。

(四)有关特殊困难补助资助措施方面

作为学校自行提取资金开展的资助项目,特殊困难补助除继续做好应急帮扶,发挥本身具有的针对性、人性化等优势外,还应注重完善在执行过程中存在的个性问题。

1. 规范操作流程,充分发挥特殊困难补助自主性和随意性的基础上,从评选时间、资助幅度及资助标准等方面进一步规范细化,以每月或每季度定期组织进行申请评选;资助覆盖比例按照在校学生规模严格控制在4%或其他一定范围内,且以学校所在地城市居民最低生活保障标准及学生家庭经济状况个性差异为主要参考依据精准确定补助发放标准，使特殊困难补助发放数额基本满足在校正常生活费用需求，避免年终为了补助而补助、突击补助等不合理现象，切实提高特殊困难补助保障学生在校日常生活中的重要作用。

2. 增强特殊困难补助资助项目在高校学生资助政策体系中的统筹力度，定期开展学生个人学习生活经济需求与接受经济资助对比分析并及时修正，实现"按需补助"，避免因伙食补助、校内无息贷款等补助过多，致使出现困难学生群体"过度资助"等资助资源分配不公现象，从而提高学校提取资助经费，特别是特殊困难补助资助经费执行效率。

3. 加强学校二级单位在特殊困难补助发放管理中的主体地位，与学校资助管理部门相比，学生所在院系对学生的家庭经济状况及学生突发性、特殊性事件更容易、更直接地了解和掌握。为此，努力提高各院系开展特殊困难补助资助工作的主动性、积极性，使其更准确实施特殊困难补助发放各项工作，以及后期补助资金的使用与监督。此外，由院系组织学生通过个体访谈、走访调研、心理辅导等方式给予更多的人性关怀和贴心帮助，以满足学生在物质上及精神上多样化的资助需求。

三 财政资金资助项目方面

无论是学校数量，还是在校学生规模，地方院校作为我国普通高等院校主体，在推动区域经济社会跨越发展和提高全民科学素质发挥着越来越重要的作用，为此，以省级政府为首的各级地方政府不断加大对地方院校财政投入，其财政教育支出一直是地方院校办学经费的主要来源，结合地方政府利用财政资金在开展高校资助项目存在的不足，主要需从以下四方面加以完善：

（1）坚持地方政府在高等院校教育投入上的主体地位和主导作用，在制定实施的《国家中长期教育改革和发展规划纲要（2010—2020年）》中提出的到2012年国家财政性教育经费支出占国内生产总值比例达到4%并如期完成的基础上，通过扩大地方财政教育投入总体规模、提高地方财政教育支出占地方GDP的比重进一步增强地方财政教育投入力度，特别要确保地方财政性教育支出占GDP的比重增长速度不小于地方GDP增长速度，以稳定地方教育投入经费来源。同时，进一步优化地方财政教育投入结构，优先保证对地方高等教育特别是在地方院校资助事业上的经费投入，对高校资助投入地方财政经费实施单独立项并严格预算，明确资助经费预算额度并确定经费具体用途及去向，增强地方财政资助经费使用状况的透明度，从而保障对地方院校困难学生的资助力度和执行效果，实现地方经济、高等教育、资助事业三者间的相互良性发展。

（2）制定激励政策积极引导地方政府改善高等教育经费投入结构，针对地区间经济发展不均衡、整体呈现东部省市发达、中西部省市贫弱局面，以不同区域地方政府投入高等教育财政经费规模、财政性高等教育支出占GDP的比重，以及地方院校资助专项预算规模、资助事业支出经费占地方政府财政性高等教育总支出经费比例为主要评价指标，由中央政府给予不同程度的财政性资助经费奖励制度，其中对中西部地区奖励力度要合理高于东部地区奖励力度，特别对个别中西部地区财政性高等教育支出占GDP的比重较高、对资助事业支出经费规模较大的地方政府及地方院校给予更大的中央财政资金补贴，通过"以奖代补"，提高地方政府加强对高等教育及资助事业财政性经费投入的积极性，减少区域间资助资源配置不均衡差距，缩小高等教育不公平现象。

（3）强化中央政府对地方政府在高等院校制定实施资助项目的约束与引导，坚持地方财政对高等教育、资助事业投入规模及与所占GDP的比例达到上级要求条件下，加强对地方政府开展财政型奖助学金评选制度的宏观指导及硬性要求，保持各区域不同省份在地方政府奖学金、励志奖学金及地方政府助学金、专项困难补助制度间的科学合理匹配，并保障执行标准相对统一，同时，将地方财政对高校资助事业经费投入及整体贯彻执行情况纳入地方政府综合性政绩考核评价体系。

（4）加快高等教育资助措施与社会救助体系建设衔接，教育救助不仅是教育公平的重要内容，也是社会救助体系的重要组成部分，地方政府通过保障高等教育经费充裕、稳定发展的同时，其中更重要的一方面就是建立健全教育救助制度[①]，加强各项制度化保障，坚持把高等教育救助工作纳入本级政府经济和社会发展中长期规划和年度工作计划，着力组织民政、教育、财政等主管职能部门认真贯彻落实普通高等教育救助工作的政策措施，并充分借助社会力量，多种渠道、多种形式加大在校大学生救助活动，使之经常化、持续化，逐步建立健全地方政府领导、有关部门牵

---

① 王奇彦：《中国城乡社会救助体系建设研究》，人民出版社2009年版。

头、多方部门协作的普通高校学生救助管理体制,从而实现国家资助政策体系的社会效益和经济效益。

四 社会资金资助项目方面

为充分发挥社会资助在高校学生资助政策体系中的重要补充作用,通过分析当前社会资助存在的一系列问题,主要从高校和政府两方实施主体加以完善:

(一)开拓奋进,进一步提升学校筹集社会资助能力及综合管理水平

第一,要强化对社会资助的认识,高校要认清并遵循现代高等教育发展趋势与发展规律,进一步提高借助社会力量参与举办高等教育重要性的认识和紧迫感,特别是学校党政"一把手"作为普通高校资助事业第一责任人,须适应形势需要,彻底转变观念,切实改变仅依靠财政拨款和学校提取经费解决困难学生资助工作的传统做法,为学校积极主动筹集社会资助提供强大的支持后盾。第二,要改善学校社会资助专门机构建设,改进目前社会资助普遍挂靠学校资助、校友联谊及其他部门做法,设置学校直属、专门负责的社会资助发展机构,其主要职责就是社会渠道筹集、资金支配使用、资金经营管理及策划宣传、管理服务等工作,通过聘请、引进资本运作专家或高层次人才加强管理,并由学校领导专职分管负责,促进学校社会资助管理的规范化、职业化。第三,要加强社会资助资金专项管理,从上级财政部门到学校财务部门设立单独的社会资助专门账户,严格坚持"单独核算、科学配置、加强监督、防范风险"原则,对于企事业、社会团体机构或个人等所有捐助者提供资助资金提供统一、合法票据,并同运作收益、利息收入等全面纳入学校社会资助专户统一进行核算,对开展困难学生救助而发放的社会资助资金严格按照财务支出管理制度支出及备案,定期向上级报送、向社会公布社会资助专项资金支出决算及使用效果情况,并与其他财政性经费、资助经费一同接受财政部门或主管部门的检查、监督,同时,对学校及专门机构定期进行绩效评估评价,不断提高社会资助资金筹集的高效性和运行的实效性,并以此为社会各方捐助者赢得声誉,提高捐助方群体的积极性,从而实现学校对社会资助资金集中管理、收支平衡、公开透明、科学运作、健康发展。第四,要创建学校与捐助方相互沟通长效机制,学校作为社会资助的第一接受者及先行组织者,应主动走出"象牙塔",积极与优秀校友及社会各界广泛沟通协

调，进一步开辟社会资助渠道，引领海内外校友、社会和企业资金介入高等教育资助事业领域，大力开展社会力量扶贫济困活动，与捐助方不断增强联系互动，彼此增加相互之间友谊和信任；同时，学校定期组织开展以"知校、爱校、荣校"、"交流沟通、合作共赢"等大型主题联谊活动，确保学校与捐助方双方之间持续的友谊和联系，使校友、社会各界等捐助者对学校的社会资助管理工作有更深入的再认识①。另外，也能够发挥捐助方在社会上的感召力，通过介绍、引导其他更多的捐助者主动参与到学校的社会资助活动，从而扩大社会资助来源的覆盖面。第五，要构建学校内部社会资助高效激励机制，"慈善捐助得益的声誉部分，具有交换或交易的性质，捐资人一定要能够从捐助中得到他预期的声誉享受才肯作出相应的捐助"②，因此，高等教育作为推动社会进步、促进科学发展、缓和社会矛盾的重要手段，往往成为教育捐赠的首选，而教育捐赠又是慈善事业的重中之重，使高校本身具有社会主动捐助的客观优势，为此，高校应立足于市场经济的基本价值论理取向，遵循互利的原则及客观优势，尊重捐助者合理利益和需求，积极设计实施更多更新、能够提高社会各界捐资助学积极性的激励措施，如对具有良好社会声誉和信誉度且符合上级规定的捐助者聘请其为学校名誉教授、客座教授等荣誉称号或一定相应的名誉行政职务等；对达到一定数额的，以捐助者姓名或所创办企业名称等命名设立专项基金，并明确具体原则、细化工作规范，以增强可操作性；而对捐助数额特大的捐助者可聘任为学校基金会理事，使其参与学校重大政策制定、监督资金使用管理等；或者根据捐助者的合法、合理意愿进行的既能保护捐助者和学校的合法权益，又能对捐助者的捐赠行为实现鼓励与回报，并促进教育公益事业进一步发展而进行的双方合作研发、技术转让等其他激励制度措施，通过学校主动组织实施不同方式的人性化激励措施，以及社会舆论对捐助者合理动机的积极宣传和社会引导，实现捐助者主观上追求社会荣誉和社会地位需要的同时，又保障学校社会资助资源客观上的稳定性，逐步形成社会各界捐资助学的良好氛围。第六，要拓展社会资助方式，学校应结合自身人才培养优势及企业人才短缺劣势，积极丰富拓

---

① 余冲、李立文：《高校贫困生社会资助中存在的问题及对策分析》，《南昌航空大学学报》（社会科学版）2008 年第 10 期。

② 李申申、吕旭峰：《宗教信仰：美国教育捐赠的基本动因》，《比较教育研究》2010 年第 7 期。

展社会资助活动载体,主动加强社会合作,与校外捐助方共同创新探讨"产、学、研"联合新模式,通过组织捐助方、受资助学生签订三方联合培养协议,由捐助方提供学生在校期间学习所需费用及实习实践空间,而受资助学生作为回报或职责,毕业后自愿到捐助方签约就业或服务一定年限,不但实现企业出资资助高校品学兼优的家庭经济困难学生,学校也为企业提供人才培养和智力支持;同时,通过让学生主动参与社会实习实践活动,逐步化解学生自身的"等、要、靠"资助心态,并使其在专业的知识领域能够深入挖掘,不断将专业知识和技能加以实践,实现"经济帮扶式"资助与"能力拓展式"资助的相互结合,也将社会资助单纯的"经济资助"转变为"发展资助",对缓解学校资助资金紧缺、减轻困难学生就业压力、节约捐助方用人的培养成本和时间,以及增强学校社会资助的可持续性都将起到极大的推动作用,在一定程度上达到学校、捐助方、学生、社会的"四赢"效果。

(二)与时俱进,进一步增强政府社会捐助制度建设及慈善文化氛围

第一,要强化对社会捐助机构统筹及规范管理,中华慈善总会作为中央政府批准依法注册登记成立、第一个全国性最高层的非营利公益社会团体,是目前唯一的由政府牵头组成的包括教育资金在内的专项募集、发放管理机构,中央政府应强化总会自身在社会上的独立地位和自主权,通过给予必要的财政补贴、采取必要的经济手段等直接或间接干预措施加强对总会的领导和支持,充分发挥中央政府在社会慈善捐助发展中重要的引导和管理作用,并在此基础上,由总会统筹管理,建立健全对省市级等地方政府批准组建的各级慈善机构及其他民间募捐组织、公益组织的规范治理机制,通过科学调整组织架构、强化内部运行建设、规范实施操作制度、创新现代管理思维等措施,避免公益慈善组织普遍散乱、基层公益活动往往缺少自律性、民间公益组织生存遍及窘迫、公益捐助渠道一般不畅通等现实问题,切实提升公益慈善行业整体执行力、凝聚力和影响力。第二,要加强公益慈善文化宣传力度及培育深度,由政府主导以公共新闻、公众媒体及大众广告等主要形式免费为社会公益慈善捐助活动提供全程化服务,着力加大对公益慈善捐助事业的宣传力度,特别要注重宣传民众乐善好施的精神与典范,以激发社会各界对公益慈善捐助事业的热情;注重宣传社会团体和个人乐于奉献的精神及其良好的社会形象,使之充分感受到社会对他们扶贫济困美德的肯定;注重宣传企事业团体的社会责任感及其取之

于民、反馈于社会的慈行善举，使之明白市场经济条件下的散财之道，奉献之道是保财、生财之道，激发其积极参与社会公益慈善捐助事业的积极性；特别要注重宣传公益慈善所得款物最终用途及去向，提高社会对公益慈善事业的整体信任度，使之明明白白捐款①。同时，大力弘扬公益慈善文化，进一步激发企事业团体和个人切实履行社会责任的热情，每年在全国或各省市、各地市、各县市为单位，按社会捐助数额评选"十佳"、"百强"活动，由政府对捐赠巨额财富、在公益慈善领域作出突出贡献的团体或个人授予荣誉称号或担任慈善组织一定职务，突出捐助者的社会地位和社会知名度，通过树立典型和榜样，在全社会努力培育人人关心、人人参与社会公益慈善捐助事业的社会氛围。第三，要创新格局拓展社会筹资广度，打破目前政府创办公益慈善组织垄断局面，弱化政府职能部门在组织社会资助主体市场作用，通过降低社会公益慈善组织审批门槛、放手地方公益慈善捐助项目、减少民间公益慈善捐助活动限制、加大公信机构对各级公益慈善组织的协调力度等措施，积极鼓励发展基层公益组织、民间社会公益组织，并大力扩展基层公益慈善组织社会捐助活动空间，以便开发更多的社会民间慈善资源；同时，顺应互联网蓬勃发展新业态及其催生的经济社会发展新形态，积极拓展"互联网＋"公益慈善社会资助发展空间，着力创建以国家级、省市级为主要架构的各级、各类网络捐赠第三方平台，促进大众参与社会公益慈善活动更加透明、更加便捷，充分发挥互联网在社会资源配置中的优化和集成作用，将互联网的创新成果深度融合于经济、社会各领域之中同时，也提升全社会参与公益慈善活动的创新力，形成更加广泛的以互联网为基础设施和实现工具的慈善事业发展新态势；在捐助形式上，丰富包括现金、证券、信托及实物等多种捐赠方式在内的社会捐助形式，由各级公益慈善机构利用空间和网络平台有组织、有计划地定期例行开展"10·18世界慈善日"、"3·5中华慈善日"大型募捐和大额捐款等多种筹资活动，逐步形成多层次、多类别、多平台的公益慈善机构和爱心基金。第四，要健全社会公益慈善捐助激励机制，税收优惠是促进公益慈善事业发展的关键措施，针对目前对公益慈善捐助活动税收优惠力度不大、效果不明显及企事业社会团体或个人大额捐赠享受税收

---

① 张晓玉：《加强中国社会慈善公益捐助事业的思路与对策》，民政部政策研究中心网站，2008－07－25。

优惠不够等现实问题,并借鉴发达国家和地区成功经验,进一步依法加大对各类、各级社会公益慈善捐赠税收优惠减免幅度,对与经济、社会发展息息相关的高等教育特别是对涉及千家万户、关系国计民生的困难大学生资助事业而进行的公益慈善活动,制定实施特殊的税收优惠,如对企事业团体或个人慈善捐赠支出超过法律规定的准予在计算企业或个人所得税应纳税所得额时扣除的部分,允许结转以后年度在计算应纳税所得额时扣除[①];尝试实行捐赠资金数额与税收优惠比例动态调整机制,税收优惠幅度随着捐赠资金总额的增加而提高,切实增强公益慈善捐助优惠的灵活性和捐助规模等;同时,全面弘扬社会公益慈善捐助价值观,加快我国不动产登记管理、个人收入公开申报、遗产税开征步伐,引导社会企事业团体和个人将巨额财富捐赠到高等教育,提高社会捐助收入在高等教育整体经费中的比重,从而提高税收优惠政策对高等教育特别是大学生资助事业的公益慈善帮扶力度。第五,要加快推进公益慈善法律法规体系建设,加大社会公益慈善组织和项目的评估检查及监督处罚力度,依托审计机构或其他第三方评估机制定期开展对公益慈善机构的资格审查及活动效率指标数值的审计,特别要通过网络服务提供者、电信运营商利用其网络平台重点开展公开募捐公益慈善组织的资质合法登记验证及财务收支审查情况,及时向社会公布有关信息,多方接受社会各界监督,对评估检查或公众媒体反映发生违规的公益慈善机构和个人给予严厉的惩戒处罚,切实实现公益慈善组织规范、维护公益慈善行为有序;强化"依法行善"理念,自2014年2月国家成立慈善立法领导小组着手研究起草慈善法工作至2015年12月底全国人大就《慈善法(草案)》多次进行征集意见并修改,为建立完备的公益慈善法律体系迈进一大步,随着《慈善法》的颁发实施,应加快同步出台地方性慈善政策法规,以及企业财产转让与捐赠、个人私有财产转让与继承、国家税收征管及财政转移支付等第三方部门有关政策的改进或调整,以便营造健全、进步的社会公益慈善捐助事业法制大环境。

通过发挥政府在公益慈善捐助事业中的主体地位及主导作用,切实推进社会团体或个人、高校多方联动,进一步健全社会捐助良性互动机制,为高等教育拓展经费来源、扩大困难学生社会捐助幅度提供重要保证,稳

---

① 法制网:《对扶贫济困实行特殊税收优惠》,http://www.legaldaily.com.cn/index/content/2015-12/21/content_ 6408400. htm? node=20908,2015-12-21。

步开创我国普通高校特别是资助事业持续发展新局面。

在高校各辅助资助措施实施过程中,对于完善资助对象认定精准度不高、资助方式结构不尽合理、资助经费使用及管理效能不强,以及资助育人效果欠缺等问题的对策建议,将在第七章专门论述,本章不再赘述。

第七章　我国高校精准学生资助政策体系的主要架构及可持续发展措施

精准扶贫是直接关系我国是否走社会主义道路的根本性问题，更是关系我国坚定走中国特色社会主义道路是否成功的重要标志之一[①]。2013年11月，国家主席习近平在湖南湘西考察时首次提出"精准扶贫"，并指出，"扶贫开发推进到今天这样的程度，贵在精准，重在精准，成败之举在于精准"[②]，"关键是要找准路子、构建好的体制机制，在精准施策上出实招、在精准推进上下实功、在精准落地上见实效"[③]，不但提升了关于社会主义共同富裕的思想认识，而且成为指导我国扶贫工作的重要方针。

针对高校学生资助政策实施过程中存在的缺陷，以及高校家庭经济困难学生资助工作，作为我国当前与今后较长时期内社会扶贫开发工作的重要内容之一，只有加快构建以精准家庭经济困难学生认定、精准资助培养目标，以及精准资助监督考核评价等六大子体系为主要内容的高校精准学生资助政策体系，并通过采取提高困难学生认定精准度、注重增强全社会舆论引导力等有力措施，才能如期改进和加强普通高校学生资助工作，促进我国高校学生资助体系健康可持续发展，顺利完成时代赋予各级政府的重任，真正提高人民大众对高校学生资助工作的满意度，提高对我国全面建成小康社会的满意度。

[①] 中国网：《习近平精准扶贫精准脱贫思想的实践和理论意义》，http://sports.chinanews.com/gn/2016/02-09/7753154.shtml，2016-02-09。

[②] 刘永富：《以精准发力提高脱贫攻坚成效》，《人民日报》，2016-01-11。

[③] 习近平：《在精准施策上出实招、在精准推进上下实功、在精准落地上见实效》，《中华英才》2015年第24期。

第一节 我国高校精准学生资助政策体系构建的主要内容

自2007年5月，国务院下发关于建立健全普通高校家庭经济困难学生资助政策体系的意见（国发〔2007〕13号）至今的近十年中，各级政府、各类院校，以及社会各方组织加快资助政策完善步伐、加大资助帮扶力度，逐步扩大经济困难学生资助范围，提高资助标准，拓展了资助领域，形成了较为健全的高校学生资助体系。但随着时代发展和形势变化，资助方式与资助效果、政策制定与政策执行、资助育人与学生成才等之间矛盾依然存在。只有通过精准资助，构建相对独立，又互为统一的精准家庭经济困难学生认定、精准资助政策、精准奖助评定及使用监督、精准资助培养目标、精准资助队伍建设及精准资助监督考核评价等六大子体系，并逐步建立更加完善的精准资助体系，才能使高校资助总体工作更加科学规范，更加精准有效。

一 我国高校学生精准资助内涵

（一）有关"精准"概述

"精准"一词本意为"精确、准确、可衡量的"，指时间概念中的精准、空间位置上的准确。随着从过去粗放式管理到当前精细化管理的转变，以及实施现代管理的趋势，推行精准化（式）运作已成为各项事务管理程序化、科学化、标准化，以及规范化的必然要求。较早地将"精准"应用于管理中当属于农业生产及市场营销，如当今世界农业发展的新潮流、由信息技术支持实施的一整套现代化农事操作技术与管理系统——"精准农业"，作为信息技术与农业生产全面结合的一种新型农业，不但最大限度地提高了农业现实生产力，而且成为实现可持续发展农业的有效途径[1]；以及依托现代信息技术手段建立起的个性化的顾客沟通服务体系——"精准营销"，在精准定位的基础上，更加精准地找到市场、找到产品的目标人群，实现了企业可度量的低成本扩张之路[2]，达到了业

---

[1] 杨光辉：《基于物联网的精准生态农业系统构建》，复旦大学，2013年。
[2] 李忠美：《网络环境下中小型企业实施精准营销的研究》，苏州大学，2009年。

务与管理的规范化、效益的最大化。无论精准农业，还是精准营销，都为其他精准管理提供了很好的借鉴和参考。

(二) 有关高校"精准资助"概念界定

精准资助是指运用科学有效程序对普通高校资助对象实施精确识别、精确帮扶、精确管理、精确评价的助学方式，即在我国普通高校已初步建立、较为完善的学生资助体系基础上，通过对资助政策的系统化、精细化，以及资助队伍的专业化、职业化等措施，对家庭经济困难学生认定实施精确量化、对奖助学评定进行流程细化、对资助培养目标评价实现标准化等，努力创建更加符合高等教育发展规律和高校资助工作特点的精准资助体系，以此推动高校学生资助工作管理精确、高效和持续改进，并进一步促进教育公平。精准资助的目标是在覆盖范围内以最少的物力、人力等资源消耗，以及最优化的经费变量投入，实现资助对象最准确、真实的认定，资助力度最公平、科学的帮扶，资助成效最合理、客观的评价，达到最佳的预期效果，使学生、家庭、学校、政府、社会多方协调，最终实现资助工作的可持续发展。精准资助是高校学生资助工作的重大创新，必将对全国普通高校学生资助工作产生重大而深远的影响。

(三) 有关高校"精准资助"概念内涵

1. "资助"的范围

本章中的"资助"包括根据国家有关规定批准设立的全日制公办普通高等学校、民办普通高等学校和独立学院内，对全日制普通本专科、研究生等进行的经济帮扶，以及开展的教育活动等。

2. "精准资助"的目标

明确提出总体目标是通过精准认定、精准资助、精准评价，达到学校、社会等协调，最终实现资助工作的可持续发展。

3. 资助全过程中的"精准"

精准资助概述中强调了"精准"一词应用于高校学生资助工作全过程，是"精准"的管理教育与服务，而不仅仅某一个环节、某一过程、某一时段。"精准"不但包括家庭经济困难学生认定的精准、对学生个体资助额度的精准、政府及学校财政经费投入的精准，而且还包括各方管理的精准、协调的精准，以及监督评价的精准、信息管理与控制技术的精准等。

4. 参与主体之间的高度关联

资助本身涉及学生、家长、学校、政府、社会多方参与主体，其性质及精准程度要求各方相互之间密切互动沟通，在使用最低的管理成本前提下，达到各方的组织效果，实现各自的组织需求，从而达到高校学生资助工作长期稳定健康发展。

二　我国高校精准学生资助体系构建的主要内容

(一) 精准家庭经济困难学生认定体系是实施精准资助的基础

贫困生的认定是助学工作的首要环节，是制约助学工作精准性的关键所在[①]。只有对家庭经济困难学生进行准确认定，才能保证有效的资助对象定位。但在多年的实践中，绝大部分高校对家庭经济困难学生认定仍然局限于一个较为固定、仅通过生源地村委或民政部门证明为主的定性认定模式；部分院校及一些专家学者虽也探索并尝试通过分析家庭经济收入、在校生活支出、接受奖助幅度等数据，以定量与定性相结合方式进行认定，表面上较为科学，但在工作宏观要求与具体细节操作上，特别在最终认定的结果与学生家庭经济客观真实上，无法保证达到"真扶贫，扶真贫"的效果。通过构建精准家庭经济困难学生认定体系，建立以高校为主体，由政府主导，教育、财政、民政、公安、房管、不动产管理等职能部门，以及医疗、金融、证券等管理或服务机构共同参与的高校家庭经济困难学生认定机制，创建家庭经济状况、主要成员待遇收入、家庭不动产、证券经营情况，成员患病医疗支出，以及家庭和学生个人接受各类资助等信息共享查询协作机制，从生源地到学校的所有家庭收支、外来救助等金融资产信息进行指标定量认定，对每个学生个体的各项指标进行精准量化、综合考虑；且对每个资助对象实行"一生一号"，并根据其接受资助的准确额度时时进行动态化调整，使资助对象有进有出。

精准家庭经济困难学生认定体系的构建，不但保证高校学生资助工作扶贫达到精而准，实现"扶真贫，真扶贫"目的，也有助于避免学生申请资助信息的虚报，同时破解了学生受助信息共享难题，为后期各项资助政策落实打好基础。

(二) 精准高校学生资助政策体系是实现精准资助的核心

近年来，为维护教育公平、社会公正，国家密集出台了一系列资助政策，已建立起以"奖、贷、助、补、减"，以及"绿色通道、专项困难"

---

① 潘邦飞：《影响高校助学精准化因素分析与应对策略》，《高教学刊》2015年第5期。

等多种形式的多元化资助政策体系,基本覆盖了学生从入学到毕业大学时段全部的学生资助途径,对培养大批社会需求人才发挥了重大作用。但各项资助政策根据各自资助主体,强调不同的资助重点,分散的资助措施不利于使资助形成合力,无法发挥财政投入资助经费的最大作用和效益[①];同时,国家虽通过对特困高中生发放国家助学金、对特困毕业大学生发放就业服务卡及求职补助等形式纳入国家助学体系,然而对学生就读高中阶段资助拓展,以及学生后期就业创业方面的延伸实质性不强,无法真正成为"发展性资助";再者,对于资助政策各项经费,从政府到学校,从企事业单位和个人到慈善机构,门类众多、渠道多样,来源颇为复杂,缺乏相对统一归口的平台[②],且复杂的来源途径极易影响相关部门的利益并引发冲突。而精准的高校学生资助政策体系,即把各项资助政策进一步精细化,准确规范每项政策申请资格标准,让在校学生从入学至毕业任一时段,可根据家庭经济个体差异和自身贫困认定程度或等级,自我准确衡量完成学业所需救助额度,精准确定与其相符的资助种类或款项;同时,弥补高中时段与就业创业资助空白,对高中阶段认定的特困学生根据到校路途给予适量交通和短期生活补助,针对毕业后就业创业困难学生,实施切实有效的就业创业援助机制,提供求职经济和创业补助,形成一个具有多维度、多层面、多方位,大而统一的资助政策新体系,让每名有需求资助的困难学生时时、事事恰当受到精确资助成为高校学生资助工作的新常态。针对经费来源复杂现象,建立一个由财政投入为主,政府发挥主体,并负责归集非财政性资金在内的所有助学项目平台,整合后不改变资金用途和范围,不改变资金申请和发放渠道,但必须统一申请审评、统一公示确定、统一拨款发放,确保资助各个环节的透明度和可信度。通过构建精准学生资助政策体系,让资助政策真正做到准确贯彻落实,不但实现了资助资源的整合,将资助政策贯穿高校困难学生求学始终,而且提高了对困难学生的资助能力,为实现精准资助提供政策保障。

(三)精准奖助评定及使用监督体系是开展精准资助的重点

奖助学金评定是我国高校学生资助政策体系中的主要组成部分,在财

---

① 余远方:《北京高校困难学生资助政策研究》,《首都师范大学学报》2010年第3期。
② 周丛笑:《长沙加大对特困家庭子女高等教育助学项目投入力度,资金增至每年1500万元》,《长沙晚报》,2014-12-09。

政出资的资助经费中一直占有较大比重，2013 年、2014 年全国高校各类奖助学金发放金额分别高达 308.53 亿元、404.84 亿元，占当年高校资助总金额比例分别为 53.74%、56.47%[1]。因资助额度大、资助幅度宽，受惠学生比例逐年提高的趋势已经成为我国家庭经济困难学生资助政策体系中重要的助学机制和减轻学生经济压力的最有效途径[2]。然而，由于国家奖助学金评选体系中存在的评价指标的单一性、各量化指标与非量化指标的矛盾性，以及评选体系自身的封闭性等缺陷，致使评选过程及结果都存在较多不足之处。具体表现在国家奖学金评选主要指标未进行科学合理量化，不同专业、不同年级，甚至不同学科之间缺少可比性，以及过分地强调学习成绩，或单纯以综合素质（测评）排名确定等；国家励志奖学金仅片面地突出学习成绩的排名，而忽视家庭经济状况、学生励志进取综合表现，或者单一地以家庭经济状况为评定标准；而国家助学金往往倾向于家庭经济困难程度，忽视或弱化了学生勤奋学习之标准，使国家助学金成为"名副其实"的救济金。同时，在评定过程中，少数贫困生集多项奖助学金于一身现象普遍存在，部分学生一年获得两万元，或大学期间获得高达五六万元奖助学金，成为高校校园内的"困难贵族"[3]。另一现实问题，奖助学金使用监督环节薄弱，学生使用奖助学金购买高档消费品、相互宴请，或"二次分配"、"轮流坐庄"等仍然普遍存在，为违反规定行为，缺少有效措施，无法追回奖助资金。针对上述奖助学金评定问题，在精准家庭经济困难学生认定体系、精准资助政策体系构建的基础上，努力构建奖助评定及使用监督体系，即对奖助学金的评定规则进行精确量化，如国家奖学金从学习成绩、社会实践、创新创业、获奖荣誉、综合素质，以及特殊贡献等方面——进行精确定量划线，实现不同专业、不同年级、不同学科之间的可比性，让真正优秀学生脱颖而出；国家励志奖学金除对学习成绩、操行考核量化外，应着重从遵章守纪、家庭经济状况、参加勤工助学及其他公益活动等评选规则进行精确量化；而国家助学金重点根据

---

[1] 教育部：《2013 年中国学生资助发展报告》，http://www.360doc.com/content/14/0826/22/8533258_4057.shtml，2014 – 08 – 26；教育部：《2014 年中国学生资助发展报告》，http://www.chsi.com.cn/jyzx/201508/20150819/1503293920 – 3.html，2015 – 08 – 19。

[2] 宋梅、陈彬：《由高校国家助学金评定工作引发的思考》，《鞍山师范学院学报》2012 年第 5 期。

[3] 姜旭萍、丁桂兰、方杏村：《国家奖助学金评选过程中存在的问题及其对策研究》，《前沿》2009 年第 5 期。

受助对象家庭的教育投资能力及其教育资助需求,以及学生的优秀程度或精准认定的贫困程度等相关指标进行量化评级,并对应给予补助,奖助额度因人而异,既避免资助"漏人",又不会资助成富,最终实现奖助评定的精准化。针对奖助资金使用管理,应细化奖助资金使用规则,精准列出资助款项可开支项目及不正确或不合理开支项目,并创建实施跟踪反馈机制,通过学生校园卡消费、金融卡账目,以及学生舍友调查、家长访谈等形式进行多方监管;对违规者,由学校指定部门坚决追回资助款项,确保监管力度和高效性。

(四)精准资助培养目标体系是实行精准资助的本质

日趋完善的学生资助政策体系逐步加大了对家庭经济困难学生"无偿资助"力度,切实解决了家庭特困学生群体的经济压力,较好地发挥了"救困助学"功能,但在运行中由于重物质资助,轻精神扶持,大大消减了资助育人成效[①],过多的直接性、赠予性、无偿性资助,极易导致受助学生群体产生"等、靠、要"等依赖思想和行为,认为"贫困有理",受资助天经地义;另外,受家庭经济压力,家庭和学校的教育方式,以及世俗观念评价等多种因素的影响,家庭经济困难学生多表现出自卑气馁心理、妒忌敏感心理、封闭孤独心理,以及爱慕虚荣、人际交往困难、心理疾病突出等一系列个性特征和心理健康方面的负性变化[②]。教育界,特别是教育主管部门、高校也较为重视贫困学生的精神扶持,注重发挥资助育人功能,也积极通过开展心理健康指导、诚信感恩等为主题的系列教育活动,以及创建贫困学生专项实践平台、就业技能专项提升平台等措施提高其能力水平,但大多往往停留在组织形式、开展过程上,未能达到最终培养效果。无论上级主管部门,还是普通高校,由于缺少系统的资助育人中长期整体规划,仍未形成完善高效的能力提升和素质培养长效机制,致使走出大学校门的贫困毕业生群体依旧以明显的劣势游走在社会各阶层,影响了自身的成长成才。针对当前高校学生资助育人效果,以及培养教育现状,应科学构建精准高校家庭经济困难学生资助培养目标体系,即根据个性差异及自身专业实际,"量身定制"科学实效的个体学业提升

---

① 牛磊磊:《激励经济困难学生的新视角:资助与自助的结合》,《南方论刊》2014年第11期。

② 黄海峙:《论对高校贫困生的"精神资助"》,《陕西师范大学学报》(哲学社会科学版)2006年第12期。

精细培养方案，全面提高其专业水平和创业就业竞争能力；建立国家、政府、高校、社会，以及学生个体等"多维一体"的精准教育培养体制，全方位提升贫困学生的心理、精神，以及综合技能[1]；实施全程资助育人培养成效跟踪服务机制，对贫困学生创业就业、职业发展、能力提升进行实时跟踪服务，保障资助育人工作的实效性；对贫困学生资助培养效果定期进行综合评价评估，及时调整完善个体培养方案及整体资助育人培养措施，推进资助育人目标实现的时效性。

通过构建精准高校学生资助培养目标体系，将全面加强贫困学生组织培养和能力建设，扎实推进贫困学生素质培养与能力开发，不但完全实现从经济资助向精神扶持的转变，而且将持续提升贫困大学生弱势群体培养质量，形成科学高效的学生资助育人长效机制。

（五）精准资助队伍建设体系是推行精准资助的保障

高校辅导员是大学生思想政治教育和日常管理工作的组织者、实施者和指导者，是大学生成长成才、高等教育事业发展以及和谐社会建设不可或缺的一支重要力量[2]。结合上级制定的关于加强高等学校辅导员班主任队伍建设的意见，以及有关高等学校辅导员职业能力标准等办法条例，国家、省级教育主管部门，以及各普通院校，通过完善辅导员队伍建设制度、提升辅导员队伍职业能力、加强辅导员队伍内涵建设等措施，推动了辅导员队伍建设的整体健康发展。但由于领导重视不足、经费投入不够、人力配置不及时、保障机制不完善等因素，当前高校辅导员队伍建设仍然存在稳定性不强、专业能力缺失、工作热情不高、梯队结构不合理、综合素质整体欠缺等问题。特别是高校学生资助工作，与学生公寓、心理健康、教育管理、事务服务等其他大学生日常管理工作相比，具有政策性强、项目繁多、涉及面广、资金额度高，以及程序严格、工作量大、持续时间长等特点，本身就对从事资助工作专职辅导员提出较高的要求。另外，随着高等教育改革带来高校教师专业发展的适应性转型，促使高校辅导员队伍同样进行"接地气"式的专业转型发展，更是新时期大学生思想政治教育发展的必然选择。针对新时期高等教育改革发展要求、辅导员

---

[1] 李霞：《基于发展理念的我国高校资助育人工作研究述评》，《价值工程》2015年第7期。

[2] 王丽萍、姜土生：《高校辅导员队伍专业化、职业化、专家化建设的内涵与逻辑》，《思想政治工作研究》2013年第6期。

队伍建设现状，以及学生资助工作性质特点，只有积极推进以专业化、职业化、信息化为主要方向的学生资助辅导员队伍内涵建设，构建精准高校学生资助队伍建设体系，才能推进以精准资助政策、精准家庭经济困难学生认定、精准奖助评定等体系为核心的高校学生资助工作内涵式、外延式共同转变发展。

构建精准高校学生资助队伍建设体系，首先，加强发展资助队伍精准专业化，即制定实施资助专职人员准入及持证上岗制度，严把"入口关"，建立准入机制，明确准入条件，限定准入资格，同时，规范准入程序，实施岗前培训及从业资格证书制度，坚持"高标准"原则选聘优秀辅导员或毕业生专职从事资助工作；创建资助专职人员专业培训及技能提升体制，由上级所属教育主管部门或借助第三方培训机构每三年至五年对高校资助专职人员进行轮训，形成辅导报告、交流研讨、专题培训等多层次、多形式的培训长效制度，全面提升资助队伍综合能力；大力扶持与资助工作专业相关学科发展，借助教育学、思想政治教育等原有学科，拓展设置资助育人、资助理论研究等相关专业分支学科，组织专职资助辅导员攻读并获取相关专业硕士、博士学位，形成资助专职工作者专业化发展培养成长体系，使之达到学生资助辅导员专业化的目的。其次，积极推进资助队伍职业化进程，根据学校中长期辅导员队伍建设规划，按照个人主体、学校主导原则，逐个制定实施资助专业人员的职业生涯规划，让其职业发展与学校的发展目标、整体辅导员队伍建设相结合，增强资助专业人员的职业归属感；健全资助队伍职业发展激励机制，对从事资助一定年限、考核达标者，在职称评定和职务晋升中，按等同于或高于其他系列评选比例进行评聘，并切实加强领导，确保政策上的落实，提高资助专业人员自身职业的认同感；结合专业职称评审办法，借鉴心理咨询师等职业认证制度，实行资助专职辅导员职业等级认证制度，依托教育行政部门或人社保障机构制定从事资助职业等级划分标准，通过个人注册申请，考试为主、考察为辅的方式进行遴选和评价，实现资助专职辅导员身份职业化，确保资助辅导员职业持续发展。最后，着力培养提高资助专职队伍信息化能力，第一，结合助学贷款、奖助学金评定等各单项工作及已开发系统，利用现代信息通信技术以及互联网平台，将各独立系统进行整体统筹，通过组建大而全的资助工作信息化系统，实现各级资助管理机构、高校、院系、学生，以及教育行政部门、金融服务机构等各用户信息的共享，让

"互联网+资助"为普通高校资助工作创新和发展提供广阔的网络平台；第二，提高资助专职队伍信息化管理与应用能力，增强资助从业人员使用现代信息技术的熟练程度，改变目前纸质报送、人力统计分析等传统做法，通过实现资助队伍信息化管理，完全利用现代信息技术有效服务于高校资助工作，在最大程度上降低运作成本的同时，更能保证资助工作的实效性和准确性；第三，随着网络在高校的全覆盖，注重提升资助专职队伍的网络意识和游走网络技能水平，使其具备掌握必要的网络技能和网络素养，通过移动飞信、微博、微信，以及腾讯QQ等信息化软件，以语音、短信、动态即时发布等方式，将贷款偿还，以及奖助学金等资金到账信息及时通知到相关学生个体，或在资助日常管理中答疑解惑传递至不同学生群体。

创建实现资助队伍专业化、职业化、信息化，除受社会多种环境的影响和制约之外，最重要的因素来自资助专业人员自身，只有不断加强学习，不断创新，注重提高专业水平、职业素质，以及信息技术技能，积极推进资助队伍建设的专业化、职业化、信息化进程，为构建精准高校学生资助队伍建设体系提供人力资源保障。

（六）精准资助监督考核评价体系是做好精准资助的关键

建立科学有效的监督考核评价体系是加强高校学生资助管理的一项关键措施，对于开展精准资助各项工作，实现精准资助育人效果具有十分重要的意义。自创建高校学生资助政策体系至今，各级教育主管部门、资助管理机构也注重加强资助工作的各项监督管理和绩效考评，然而在操作管理及实施过程中，存在监督不够到位、角度不够全面、指标不够细致、标准不够统一等问题，影响了考核评价结果的针对性、真实性和客观性。构建精准资助监督考核评价体系，即结合高校学生资助工作与其他学生管理工作的差异性和特殊性，通过完善监督机制、优化考核体制、创建评价系统，以及强化奖惩制度等具体措施，为实施高校精准资助体系搭建一个良好平台，第一，完善资助监督管理机制，重点加大助学贷款、奖助学金等各项资金发放监管力度，加强院校对资金的足额提取与划拨管理、学生对奖助资金的合理支配与科学使用监督，以及资助育人实施效果监督管理，让监督深入资助政策贯彻落实全过程，实现监督由"静态"向"动态"的转变；第二，优化资助绩效考核体制，针对资助工作主体的多样性、资助程序的复杂性，明确上级教育主管部门、资助管理机构，以及高校等不同考核主体，创新绩效考核办法，细化考核评比规程，以被考核者自评、考核者评议，以及同级互评等方式，逐步推进定量考核模式，增强考核量化结果的对比度；第三，以定期考核评比为基础，创建资助效果评价系统，通过访谈、问卷、系统等方式，组织师生、社会相关机构等不同群体不定期对资助政策贯彻情况、资助育人效果进行鉴定，不断推进整个资助工作评价系统的开放性，并根据考核、评价情况，尝试建立资助考核评价等级机制，不但可促进资助各项政策不断进行改善，也将使资助监督管理机制、资助绩效考核体制，以及资助效果评价系统形成一个互相联系、互相作用的高效资助管理平台，为整个资助工作的顺利开展提供有效的途径；第四，强化奖惩制度，将考核、评价结果作为开展资助工作实绩的客观依据，对突出高校、院系通过提高奖助学金分配比例、划拨资助专项经费，或奖补资金进行鼓励，对于优秀资助专职人员优用重用，在职称、职务聘任中给予照顾，实现资助队伍的动态平衡，依此引导高校资助各项工作进一步向前发展。

三 我国高校精准学生资助体系构建的基本原则

高校学生资助工作是学校学生事务管理中重要的组成部分，在学校人才培养过程中同样发挥着重要作用。在精准资助体系实现路径中，要牢固树立"精准管理"理念，既要注重学生事务管理工作的共性，又要兼顾资助工作自身具有的特殊性。为了适应并满足社会和高校发展需要，构建高校精准资助体系，必须遵循以下六方面原则：

（一）必须保证体系自身的独立性

相对于高校学生公寓、心理健康等其他学生事务管理，学生资助工作是以家庭经济困难学生群体为主要管理服务对象，通过物质资助、精神帮扶、教育引导，促进家庭经济困难学生健康发展。因此，在构建精准资助体系，以及精准家庭经济困难学生认定等各个子系统过程中，都相对独立存在，并可根据客观需要不断进行完善发展。

（二）必须增强体系之间的协调性

一方面，精准家庭经济困难学生认定等各子系统之间，紧密相连，有机一体，互进互促，只有增强各自之间的协调性才能促进精准资助体系的强化发展，才能实现高校资助可持续发展的目的。另一方面，各级教育、财政、人事等主管部门，以及高校各相关单位要加强统一协调，互相配合,充分发挥其合力,发挥各子系统功能。

(三)必须注重体系发展的整体性

精准资助体系的整体性是作为由资助政策、专职队伍建设等诸多要素结合而成的有机整体存在并发挥其作用的,具有精准家庭经济困难学生认定等各子系统所没有的整体特性。对于政府主管部门、高校等客观实施主体,必须注重精准资助体系自身的整体性,才能做到统筹兼顾,前后衔接,将家庭经济困难学生培养目标、资助专职队伍培训发展等规划方案及建设标准纳入学生事务发展标准范围,使之与高校整个学生事务管理工作体系协同发展。

(四)必须突出体系实施的差异性

一方面,差异性主要针对实施过程中评价标准和评比指标的不同。无论高校学生资助体系发展完善的快慢,从各个子系统到整个体系,都需要分析各自主体不同阶段发展的特点,注重不同类别高校之间的差别。如随着大学生个性特征及个人社会背景日趋多元化,家庭经济困难学生认定标准需要关注城乡差异、地域差别、受教育背景差异,以及贫富差距等现实问题;面对部属院校在教育质量、财政拨款、学科发展的绝对优势,以及各省市地方高等教育整体质量的差距、财政的不均衡性,奖助学金评定指标、资助专职辅导员队伍建设指标在部属院校与地方院校之间,以及不同省市地方院校之间都需要突出各自的实际差异。另一方面,任何体系在不同阶段都需要注重实施指标的差异,如奖助学金、国家助学贷款等经济资助,在资助标准、发放比例、覆盖范围等方面,根据社会经济水平发展,以及高等教育阶段性进展,在不同时期都要体现其差异性。

(五)必须保持体系信息的共享性

共享性主要体现在系统信息等数据的整合与共享。在资助体系及各子系统构建中,大量数据将通过信息系统进行操作完成。一是针对各类系统分散设立、重复建设、资源不共享等问题,将各地方助学贷款管理、奖助学金评审、办公在线管理等系统进行全国性信息资源的整合,创建统一、规范的高校学生资助教育资源共享平台,加快推进学生资助全过程电子化;二是对学生个体资助信息的录入、维护到汇总统计,对每笔奖助学资金划拨、发放到使用管理等数据及信息库的读取都增强前后关联度,高度保证一致性,不仅避免了重复录入,减少疏漏,更有效实现各级教育、财政主管部门及院校相关单位等各个实施主体之间的信息资源共享,提高各个环节的实效性和整个资助工作的效率，实现资助教育全过程资源共享。

（六）必须发挥体系构建的开放性

资助系统的开放性是建立在信息资源共享基础上的。伴随着"互联网+资助"，精准资助体系构建将逐步深入推进，其信息数据的动态性与交互性并存，不仅要满足资助工作的现实需要和长远发展，也要为高等教育改革，大学生思想政治教育、成长成才等研究获取更为丰富的网络信息资源。通过发挥系统的开放性，不但满足大数据时代高校、学生及社会之间沟通的桥梁，让社会各方共同参与，提高对共享信息资源精准的控制，也能促进资助系统与大学生教育事务管理等其他系统进行信息的交换。同时，在系统开放过程中，强化网络监管，实现资助全过程公开透明，促进资助教育资源公平合理分配。

构建高校精准学生资助体系是一个长期、复杂的系统工程，是促进高校资助管理规范化、科学化的必然要求，也是加强高校学生高效管理的必由之路，需要国家、高校、学生，以及社会多方共同努力。在构建高校精准资助体系过程中，严格遵循构建原则的前提下，更要注重加强各级组织的领导，要逐步提高经费保障，要不断建立健全各项规章制度，使资助工作从实践形态，到经验形态、科学形态的依次转变，保障高校资助工作的可持续性发展，并为高校其他学生管理工作有效、科学开展提供新方法、新途径。

第二节　我国高校精准学生资助政策体系可持续发展构想及措施

针对我国高校学生资助政策体系所涵盖的各项资助措施存在的不足及对策建议，在第二章至第六章都进行了分项论述，其中存在的共性问题普遍表现在资助对象认定缺乏精准度、资助育人效果不强、资助政策宣传机制不健全等多方面，特别是随着发展性资助理念的转变和确立，以经济资助为主的"输血式"传统资助模式的局限性日益显著。从全员、全方位、全过程育人的角度出发，为了迎合马克思"人的全面发展"理论的本质要求，以及构建我国高校精准学生资助政策体系需要，从而让大学生资助工作与我国高等教育人才培养目标完善相契合，结合我国高校精准学生资助政策体系的主要内容，只有加快大学生资助工作理念转变步伐，集中解决高校学生资助政策体系实践和发展中面临的突出问题,才能满足新时期家庭经济困难学生的多元化需求,稳步实现困难学生个体及困难学生群体全面发展,逐步推动家庭经济困难大学生成长成才,切实促进高校学生资助政策体系可持续高效发展,从而达到我国高等教育公平与效率的高度统一。

一 提高困难认定精准度,推进学生个体资助资源均衡配置

改变目前单一的仅依据家庭经济情况证明、仅通过学校单方开展家庭经济困难学生认定格局,优化组合当前普遍采用的综合认定法及其他困难学生认定方法,积极探索并推进政府、学校、社会等多方联动,认定指标相对统一,认定效果公信力相对较高,认定操作性相对较强的普通高校精准家庭经济困难学生认定体系,切实提高困难学生认定精准度。有关精准开展高校家庭经济困难学生认定工作方法措施及体系建设规划,将在第九章专门论述。

在精准认定高校家庭经济困难学生身份,明确资助对象的基础上,在遵循"教育机会均等"及"高等教育成本分担理论"原则下坚持"按需分配",即根据学生家庭经济实际情况及正常完成学业所需资助经费进行个体资助资源科学均衡配置,实现普通高校学生资助政策体系整体执行资助幅度与学生的家庭经济困难程度完全相适应。为规范流程、便于操作并强化管理,结合我国高校招生录取、帮扶资助、财政划拨等工作程序,可利用"认定资助六步法"以达到困难学生个人资助科学合理配置,即预算学生接受教育成本、通算家庭承担成本强度、推算学生资助基本需求、测算自身资助配比组合、核算公布实施等额资助、估算资助效果定期调整,第一步,对学生接受教育成本进行预算,由国家级、省级学生资助管理机构或专门组建的普通高校大学生资助委员会组织实施(统称"大学资助委员会"),经地方政府及教育、资助等部门,会同中学教务部门及普通高校学生资助、招生等管理部门于高考录取至新生入学报到期间,根据新生被录取学校缴纳学费、住宿费、教材费等学习必需费用,在校军训服装费、置衣、基本医疗保险、水电费等生活必需费用,回家与返校之间交通、在校通信等相对固定费用,以及必要的学习培训、休闲娱乐、日用品等非固定费用情况,并参考学校所在地城市最低生活保障标准作为在校最低生活费标准,预算出各学年学生个人所需承担的直接教育基本成本,为后期开展帮扶资助提供重要参考依据；第二步，对家庭承担成本能力进行通算，由大学资助委员会先根据学生父母、兄弟姐妹等家庭主要成员（不含已独立生活家庭成员）所从事主要职业的工资及补贴，从事第二职业、其他兼职和其他劳动所得劳动收入等工资性收入，从事生产经营活动（如开小店、摆小摊、家庭作坊、私营企业等）所获得经营净收入，存款利息、出租房屋收入、保险收益、股息与红利收入、知识产权收入等财产性收入，以及政府对家庭主要成员个人收入转移的养老金或离退休金、失业救济金、赔偿等，单位对家庭主要成员个人收入转移的辞退金、保险索赔、提取的住房公积金等转移性收入，对学生家庭正常合法经济收入状况进行分类汇总统计，再根据家庭主要成员的食品、衣着、家庭设备用品及维修服务等基本生活费用开支，购房购车等大项费用支出，交友沟通、医疗保险、交通通信、文娱教育及服务、其他商品和服务等必需消费项目支出，对学生家庭正常合理支出进行整体合计计算[①]，从而结合学生家庭正常合法经济收入状况及家庭正常合理支出状况，较为科学地确认家庭承担学生接受高等教育经费能力状况，以便准确计算出学生完成学业所需申请资助做好前期准备；第三步，对学生资助基本需求进行推算，在准确确定学生进入大学接受高等教育所需个人承担的直接教育基本成本，以及家庭承担学生接受高等教育经费能力或能够支付最多的学生学习生活所必需费用的基础上，根据两者差额即简单明了掌握每位困难家庭学生个体接受资助基本需求；第四步，对学生资助需求进行配比组合，并由学生自行测算后进行适当优化调整，首先由大学资助委员会会同学生就读所在院校资助部门，结合各学校掌控且能够使用支配的财政、学校、社会等各类资助资金总额度，以及学生完成学业之资助具体数额需求，为每位申请接受资助的困难大学生确定可提供的与其困难程度相称或基本等额的资助金额和包含国家助学贷款、助学金、勤工助学、特殊困难补助、社会资助、学费减免、竞争性奖学金及其他资助项目在内的、各项资助措施基本配比最佳的"资助夹"（也可称"资助合"），其次再由学生根据家庭经济状况和自身个体意愿，对学校提供给个人"资助夹"内的资助项目进行选择并提出接受资助项目和资助额度调整申请，最后由大学资助委员会根据学生调整申请并结合学校整体申请状况决定是否调整，以便为每位家庭经济困难学

---

① 中华人民共和国国家统计局：《中国统计年鉴（2012）》，中国统计出版社2012年版。

生接受资助项目和资助金额实现最佳组合,充分发挥资助政策体系的最大效能,从而达到学生个体最佳组合资助方案;第五步,对学生资助方案进行核算公布并向学生提供组合资助,由大学资助委员会与高校分别就学生的个体组合资助方案向社会、学校进行公布,以便接受学校师生和社会各界的监督,为维护学生个人隐私权,公布前须注意保护学生的个人隐私及有关基本信息。同时,根据学生各学年(或年度)专业学习进展需要及家庭经济状况,严格遵守财务相关规章制度,按照学生个体最佳组合资助方案中"资助夹"所包含项目按时向学生提供组合资助,既能确保每位学生得到及时、合理资助,又规范了学校各项资助资金使用与管理;第六步,对学生接受的组合资助效果进行评估,并根据评估结果及学生个人资助报告及时进行完善调整,同样由大学资助委员会与高校定期对学生接受组合资助的效果进行检查评估,并在评估的基础上形成学生个体组合资助方案执行报告。同时,要求学生就接受资助资金的使用、支配情况进行总结并提交学年(或年度)个人资助报告,在对比学校检查评估报告及学生个人资助报告的基础上,根据学生家庭经济状况变化及时作出调整并根据学生组合资助方案中的次年计划实施。

通过实施普通高校家庭经济困难学生"认定资助六步法",提高了各项资助项目的整体统筹力度,规范了认定工作操作规程,增强了认定结果资助实效,达到学生个体资助资源均衡配置,避免困难学生获得重复资助或过量资助、平均分配等,既保证了高等教育资助需求量计算的精准性,也促进了高校资助资源的均衡分配,进一步实现了资助事业的相对公平。当然,积极构建由政府主导,学校及社会多方机构部门分工合作、上下联动、协同共治的资助事业管理格局是高校家庭经济困难学生"认定资助六步法"实施前提,当前,我国正处于高等教育改革发展转型期,高校学生资助工作是一项艰巨、长期、复杂的浩大工程,只有贯彻落实并不断创新中央系列举措,全力发挥政府组织、社会组织和学校组织三方积极性、主动性,才能创造性地保障完善以"学生个体最佳组合资助方案"为核心内容,以学生个体"资助夹"为主要形式的普通高校学生资助新机制。

二 调整资助方式结构,促进无偿赠予向有偿资助的转变

当前我国普通高校实施的学生资助政策体系中,在资助形式上,各类奖助学金、大学新生入学资助、特殊困难补助、伙食补贴、学费减免、校内其他资助及社会资助都属于"无偿赠予",而仅有勤工助学为"有偿资助";在执行力度上,通过对比2013—2014年度全国普通高校资助政策执行情况,两年度发放的"无偿赠予"资助金额分别高达370.01亿元、455.34亿元,占当年高校资助总额度比例分别达64.45%、63.52%,而两年度通过勤工助学发放的"有偿资助"资助金额分别为23.44亿元、24.57亿元,仅占当年高校资助总额度的4.08%、3.43%,各年度发放的"无偿赠予"额度比当年的"有偿资助"额度分别高出14.79倍、17.53倍。结合以"无偿赠予"为主要结构的高校学生资助政策体系,容易导致家庭经济困难学生产生惰性及"等、要、靠"依赖思想等弊端,并针对当前"无偿赠予"与"有偿资助"实施情况的巨大差距,应加快普通高校学生资助方式结构调整步伐,逐步降低"无偿赠予"在高校学生资助体系中的比重,并将其资助方式转化为"有偿资助",使"有偿资助"成为高校资助体系中的主要资助方式。在具体资助项目上,勤工助学作为解决家庭经济困难学生生活、学习费用问题的最有效方式,也是大学生普遍认为解决生活、学习费用的理想方式①,以及自身具有的相对安全性、时间性和不影响学业等多种因素,首先,应立足校园,在保持一定量的体力型勤工助学岗位的基础上,大力开拓校内勤工助学服务型及技术型、学术型、研究型、智力型等知识类岗位资源,大幅度提高岗位设置规模及困难学生岗位酬薪标准,让积极参加勤工助学活动的困难学生切实得到更多的实惠;其次,对于具有享受助学金、学费减免、特殊困难补助及社会资助的困难学生,由学校先统一组织安排参加校内的"志愿服务"、义工锻炼及学校周边社区设立的"公益型"实践岗位并完成一定的量化任务、考核合格后,再兑现并享受相应的资助措施,即对相应的无偿资助措施通过附加一定的条件,并坚持"按劳分配"原则,从而实现"有偿服务"暨"有偿资助"之目的;再次,顺应新形势下普通高校学生"发展性"资助体系发展趋势,将大学生资助事业回归到高校人才培养的本位上来,对于大额奖助学金、社会资助、特殊困难补助等资助措施向困难学生就业技能培训、职业发展能力培育,以及创新创业、高层次专业科技竞赛、学

---

① 桂富强:《高校贫困生发展性资助理念及管理体系研究》,西南交通大学出版社2009年版。

术研究等困难大学生素质提升项目重点倾斜，逐步将单纯的物质层面的无偿资助转向关注困难学生的就业能力、职业素养、综合素质等内在的提升，实现由"鱼"向"渔"的转变。通过"无偿赠予"向"有偿资助"的转变，使有偿资助取代无偿资助占据高校学生资助政策体系中的主导地位，让困难学生消除旧模式下"等、要、靠"及依赖无偿资助思想，不但使高校学生资助模式更加趋于完善，也促进我国高等教育改革进一步推进。

三 创新资助资金管理方式，锐进提高资助经费使用效能

针对上级财政资助资金容易被学校私自挪用、扣押，学校提取资助资金不足额、不及时，社会资助资金管理不规范、不专业，以及对学生资助资金后续跟踪管理缺乏、使用效益监督不到位等现象，应创新普通高校学生资助资金划拨发放管理方式，以便实现资助资金落实的精准度，从而进一步提高各项资助经费整体使用效能。

（一）统一规范各项资助资金转移支付方式，全面推行实施资助金集中管理模式

无论是上级财政资助资金、学校自行提取资助资金，还是社会统筹资助资金，改变目前转移支付体制格局，统一通过政府指令性行为或招标确定的经营性金融机构负责所有资助资金的归集，且为切实压缩资金转移支付环节，加快资助资金拨付进度，提高转移支付效率，经确定的经营性金融机构所发生资助资金转移支付业务仅限制在国家级及省市级两级相应金融机构，并限期足额办理转移手续，如对于部属高校，中央政府财政性资金直接转移至最高级金融机构，财政部从学校学费或事业收入经费中按照提取的规定比例提取后再转移至同级金融机构，社会资助资金经学校财务部门，划转为财务专项资助资金后转移至同级金融机构；而对于省属或市属等地方院校，中央政府财政性资金通过最高级金融机构转移至省级金融机构，地方政府财政性资金直接转移至省级金融机构，省级财政部门从学校学费或事业收入中按照提取的规定比例提取后再转移至省级金融机构，社会资助资金经学校财务部门，划转为财务专项资助资金后转移至省级金融机构；同时，通过国家证监部门、保监部门等金融监管机构，加大各类各项资助资金转移支付、集中管理监管力度，并纳入财政资金动态监控范围，实行普通高校资助经费分账核算，按时转移支付，确保专款专用，从

而实现了普通高校资助资金转移支付的规范统一、管理集中，杜绝高校资助经费被挪用、提取不到位、管理不专业等问题。

（二）统一规范各项资助资金发放渠道，努力创建资助金直接发放机制

改变当前财政性资助资金、社会性资助资金通过学校转拨再发放至学生账号方式，在各类资助资金实现统一转移支付并集中管理模式的基础上，由负责转移支付资助经费的经营性金融机构，借助原用于国家助学贷款发放及回收而开发的"教育保障卡"（在第三章第七节已进行简要论述）直接发放至学生账号，即负责高校资助资金转移支付的最高级金融机构或省级金融机构按照学校审批提交的总体资助经费分配方案及学生个体资助配置计划直接将相应资助资金等额定时发放到学生银行卡——"教育保障卡"中，缩短资助资金发放过程中其他不必要环节，进一步加快资助资金发放时效，提高资助资金发放的精准度，切实维护了困难学生群体权益，从而避免了因学校有意推迟发放期限，学生丢卡（学校统一制作发放的普通银行卡）、补卡等诸多因素，导致资金发放不及时等现象，进而提升高校资助资金直接发放机制的运行效率。同时，因"教育保障卡"还具有优先缴纳学费、住宿费等基本学习费用等功能，还可以进一步促进学生欠费催缴工作，从而提高学校对资助事业的主观能动性和积极性。

（三）着力加强学生资助金使用监管信息化建设，尝试构建全方位的资助资金监控信息反馈与沟通机制

发挥经营性金融机构在财务管理水平及软、硬件设备配置优势，加大对学生资助经费监管信息化建设，通过"教育保障卡"及学生在其他金融系统发生的资金流对学生资助资金使用情况进行时时跟踪、监控，根据学生接受资助资金情况及后期各项资助资金支出时间、金额与用途等消费清单进行汇总分析并形成学生个体资助资金使用支配年度报告，定期将有关监管信息如实传递至学生就读高校财务或资助部门，以便学校及时科学调整学生资助经费分配方案。同时，对学生非正常资金使用的异常信息实行"预警提示"制度，由金融机构将学生个人支配年度报告及预警信息一同反馈给学生个人，以便学生及时了解掌握自身支配资助资金情况，并根据个人使用效果进行真实评价，为后期合理支配资助金提供可靠依据。综上所述，通过实施转移支付、集中管理、直接发放、信息反馈、预警提

示"五步"资助经费管理体制,形成了多方主体责任明确、层层落实、环环相扣的工作机制,杜绝了资助经费被扣除、挪用现象,对分散的各类资助资金实现了有效整合,最终加强了高校资助经费的管理、发放、使用和监管力度,为管好用好高校各项资助资金打下坚实的基础。

四 注重增强全社会舆论引导力,拉进多方联动宣传工作机制

为做好建立健全普通高校家庭经济困难学生资助政策体系的落实和宣传工作,2007年6月,中共中央宣传部、财政部、教育部联合下发《关于要求各地和有关媒体加强建立健全家庭经济困难学生资助政策体系落实和宣传的通知》(中宣发〔2007〕7号),就普通高校资助政策宣传工作的重大意义、宣传重点、宣传形式等进行明确要求,对促进高校学生资助政策的顺利实施发挥了积极的推进作用,但随着时代发展和新形势下要求,特别是针对资助政策宣传工作过程与宣传实际效果中存在的不足问题,需要注重加强"四个"结合,以切实增强全社会资助政策宣传执行力度和舆论引导力度。

1. 在宣传时间上,注重大学入学后与入学前资助政策宣传工作的结合,将大学期间资助宣传工作关口前移,在中学初中、高中阶段就同步开展并加强学生资助政策宣传力度,让中学学生提早熟知自身该享有的受助权益,同时,在宣传节点上,把握中考、高考报名、录取及入学等敏感期加强宣传效果,并依此为宣传关键环节向前、向后拓展,将整个宣传工作时限延长,增强校内各个学习阶段资助政策宣传跨度,提高学生了解掌握资助政策的深度和广度,减轻部分中学生从低年级就因家庭经济困难而产生的挫折感及学习消极心理,增强勇于挑战困难、奋发攻读学业的信心。

2. 在宣传空间上,注重学校校园内与校园外资助政策宣传工作的结合,即在做好学校学生资助政策宣传工作过程中同时做好社会资助政策宣传工作,构建实施"由政府党政领导,宣传部门主导,相关职能部门统筹协调,社会力量积极参与"的社会资助大宣传工作格局,加大在社会上对高等教育学生资助政策宣传普及力度,特别是着力推进在西部山区、贫困乡村、偏远落后地区等"宣传盲区"的进展和效果,努力推动高校学生资助宣传工作走出校门、走出部门,走向社会,走向农村,逐步将政策宣传从"重城市,轻乡村"现状到"重乡村,轻城市"状态的转变,稳步提高全社会对包含高校学生资助政策在内的学生资助事业的知晓度、认同度和参与度，积极营造有利于高校学生资助事业健康发展的社会氛围和舆论环境。

3. 在宣传内容上，注重宣传重点与接受主体相结合，在学校，在校学生作为资助政策宣传教育接受主体，应围绕各项资助政策设置原则、实施目的、申请程序、用途监督，以及资助政策体系整体执行完善情况、优秀困难学生典型事迹等内容进行重点宣传，通过开设资助政策解读第二课堂、专题讲座、辅导论坛等形式，让在校学生人人掌握每项资助措施的申请条件、办理步骤等，并通过身边的榜样，不断激励自身努力学习，积极培养自强不息、奋发进取精神；而在社会上，学生家长及社会团体、各界人士成为资助政策宣传教育接受主体，应围绕学校在读学生家庭经济困难情况、学生资助政策贯彻执行情况，以及社会各界捐款资助情况等内容进行重点宣传，通过专项报道、主题活动、风采展示等形式，提高高校资助解困工作的影响力、关注度，引导社会各界产生强烈的反响与踊跃参与慈善事业的责任感，特别是高校学生资助政策体系作为我国城乡社会救助体系中的重要组成部分，应将高校学生资助政策宣传工作纳入全社会救助服务宣传工作，以不断健全的社会救助管理体制与宣传运行机制提高"社会救助措施宣传工作"与"高校资助政策宣传工作"两者之间的联动效应。

4. 在宣传载体上，注重传统媒体与新兴媒体相结合，进一步发挥报纸、杂志、电视、广播等传统媒体的资助政策宣传主体作用，通过借鉴并吸取新兴媒体的创新优势，以政策措施详细解读、济困个体典型报道、资助事件深度分析等视角进行资助政策广度研判，实现更好更优的传播效果，积极发挥主流传统媒体在资助政策宣传工作中应有的作用及影响力与报道力；同时，伴随着以互联网为龙头的新兴媒体蓬勃发展，用好用活网站、微博、微信、微电影、手机报等新媒体技术，依托各大公共媒体开发的客户端推送资助政策咨询服务信息，积极开展高校学生资助政策工作宣传，特别自2014年8月，中共中央组织召开中央全面深化改革领导小组第四次会议审议并通过《关于推动传统媒体和新兴媒体融合发展的指导意见》后，切实推进了传统媒体与新兴媒体的融合发展，应以此为契机，创建并通过拥有强大实力和传播力、公信力、影响力的新媒体"集成块"，构筑"立体式"宣传大平台，实现新媒体宣传信息系统集成整合，将高校资助政策宣传工作同其他宣传工作一起巩固"一体化"宣传教育阵地,并注重增强正能量舆论引导,形成传统媒体与新兴媒体高度衔接、宣传资源配置高度优化、宣传舆论效果最佳的新态势。另外,通过新媒体平台对大学生资助工作进行大力宣讲,更能够扩大资助政策的社会影响力和覆盖面,形成学校、社会和家庭经济困难学生本人及其家庭共同支持的高校家庭经济困难学生资助工作的合力;同时,把新媒体当作日常性工作平台,利用新媒体手段来开展工作,将知识共享转变为价值共享、精神共享,提供可以传达价值观的、影响学生思想的内容,大力宣传社会主义核心价值观等主流思想[1],进一步丰富、拓展大学生资助育人工作新途径和新方法。

通过注重学生资助政策宣传时间、空间、内容及载体"四结合",形成多方联动、全员参与、上下衔接、内外配合、健康运行、持续发展的高校学生资助政策宣传教育工作机制,使资助政策宣传传播效果达到最大化。

五 着力发挥资助育人功能,敦进发展性资助培养模式进程

针对高校学生资助育人工作存在的缺失,应努力推动"三个转变",以积极推进资助育人工作成效,切实发挥资助育人于无形的特殊功效,逐步形成全新的高校大学生思想政治教育新模式。

(一)与时俱进,全面提高高校学生资助育人工作的重要性与紧迫感

"资助是手段,是基础;育人是目的,是核心",为此应适应形势需要,切实转变高等教育学生资助事业发展理念,统筹规划普通高校学生资助工作大局,将大学生资助工作放到整个高等教育教育人、培养人的层次上来考虑安排,改变目前单纯重视家庭经济困难学生经济资助、物质帮扶的传统做法,进一步提高大学生资助工作育人功能重要性的认识,切实在政策制度、人员编制、场地安排、经费划拨等方面给予优先支持,保障满足高校学生资助育人工作发展现实需求,使大学生资助工作成为高校育人教育的重要阵地之一,通过加强大学生资助育人功能促进大学生思想政治教育工作,并通过大学生思想政治教育工作发展带动大学生资助育人功能,从而构建多位一体的大学生资助育人长效体系,积极引导困难大学生

---

[1] 刘东胜:《新媒体在高校资助育人工作中的作用》,《南京理工大学学报》2015 年第 4 期。

向好的方向发展,并激发其上进潜能,促进其全面发展。

(二) 突出主题,稳步提升高校学生资助育人教育功能实效

针对困难大学生群体思想政治教育现状及存在的实际问题,应以心理健康、励志感恩、诚信立业为"三大着力点"重点加强主题教育提升活动,首先,通过定期开展心理健康知识普及教育、及时组织心理疾病排查及治疗、广泛开展心理咨询与辅导等措施,着力加强困难学生群体心理健康教育,促其摆脱贫困阴影,走出心理弱势,逐步克服"经济贫困"和"心理贫困"双困局面,不断增强自信心;其次,通过扩大校内外勤工助学岗位设置比例、拓宽创新创业平台等措施,为困难学生全部提供勤工助学、创新创业实践锻炼机会,并纳入学校学生资助发展基金机构或社会公益与服务组织,着力加强困难学生群体励志感恩教育,以自身参与、亲身感受,磨炼其意志、增长其才干、提高其能力,同时通过接受感恩回馈教育,使其更有善心,更懂得珍惜和感恩,为走上社会、成就事业打下坚实基础;再次,通过完善大学生诚信等级认定及评估机制,建立事前教育、事中监督、事后处罚的全过程大学生非诚信行为防范体系[1],大力宣扬诚信企业典型事迹及诚信优秀校友个例等措施,着力加强困难学生群体诚信立业教育,以切实提高困难学生内在修养,坚定其道德信念,不断以更加严格的个人修养来约束自己的行为;最后,以学习实践中国特色社会主义理论体系为核心内容,坚持把社会主义核心价值体系融入困难大学生资助育人教育工作全过程,根据困难学生群体年龄阶段和年级特点,有步骤、有计划、有层次地组织加强文明修身、生涯规划、生命与挫折、成才与就业、创业与就业、社会适应等专题教育[2],引导困难学生坚持知行统一,从而体现整体困难学生资助育人工作的针对性、引领性和实效性。

(三) 开拓创新,大力构建高校家庭经济困难学生"持续发展性"资助模式

准确把握,持续创新并健全完善以包含实质内涵、构建原则、实施类型及运行保障等为主要框架的发展性资助体系,首先,在实质内涵上,在保障经济资助的前提下,结合困难大学生群体发展共性,以及就读学校层

---

[1] 孙弘羊、孙利:《采取有效措施加强大学生诚信建设》,《法制与社会》2014 年第 5 期。
[2] 聊城大学:《聊城大学大学生思想政治教育实施大纲》(第二课堂),2012-09。

第七章 我国高校精准学生资助政策体系的主要架构及可持续发展措施

次、办学特色，地方特色及学生个体实际水平与发展需求，以促进家庭经济困难学生成长成才为导向，以"持续发展"为核心，通过精准制定资助规划、科学设计资助项目、周密实施资助计划、合理配备资助队伍、协力整合资助资源，在学校及社会上为困难学生积极创造实践锻炼机会和平台，不断激发其自主成才的潜能和动力，从而提升个人综合素质，从精神上和能力上实现脱贫。其次，在构建原则上，应遵循主体性、实践性、普及性、持续性"四大原则"，"主体性"即充分尊重家庭经济困难学生的主体地位，坚持以困难学生为重、以困难学生为先、以困难学生为本；"实践性"即以促进困难学生个人发展能力提升为关键，注重加强学生亲身实践锻炼，通过自身体验、主观努力推进其综合发展，而不是依靠灌输知识、单纯发展理论来实现，"普及性"也可称之为"差异性"，即以困难学生群体共性为前提，充分考虑不同学校层次、不同年龄年级甚至不同地域困难学生个体特点、真实水平和实际需求设置资助项目，才能提高发展性资助项目的针对性，达到理想资助效果；"持续性"即对困难学生综合能力提升不仅停留在毕业求职、就业发展等短期规划上，而应注重解决学生未来社会担当、长远发展等长期职业生涯规划上，并随着形势发展、时代变化及时进行调整与完善，保持发展性资助体系稳健运行、可持续发展。再次，在实施类型上，按照发展性资助具体形式，可包含五种主要类型，第一种为"宣传教育暨励志培育型"，即从困难学生发展需求角度考虑，践行"人心向学"理念，对困难学生接受传统的奖助学金等"无偿赠予"转变到"有偿资助"过程中及受助后强化励志感恩、模范典型、成长成才教育，增强其自助、立志意识，充分发挥经济资助的综合育人功能；第二种为"实践锻炼暨技能提升型"，即通过拓展学校内外空间资源，为困难学生提供力所能及或与专业技能相关、相近的岗位进行亲身实践、见习和实习等，在获取一定劳动报酬的同时，更重要的是在完成学业同步中提升自身工作技能、丰富工作经验并提高就业竞争力，既能扩大帮"困"的外延，又能提升助"学"的内涵；第三种为"能力培养暨素质增强型"，即以增强综合素质为发展性资助育人关键，为困难学生免费开展或优惠提供素质拓展、能力提高、创业培训平台，或帮扶鼓励困难学生积极参加基层志愿服务计划、专业技能竞赛等社团活动，以此培养社会适应能力，增强自身综合素质，从而促进困难学生个性发展和综合能力，特别是提高未来摆脱困难自助能力；第四种为"学术引导暨研究育智型"，即将培养困难学生独立思考和钻研学术的能力作为资助育人重要内容之一，"科技发达国家的高等教育重心已转移到人才培养质量的提高上，与之相适应的教学和科研的联系日趋紧密，大学生参与科学研究已发展成为普遍提高未来专家队伍素质的有效手段"[1]，为此，着力注重并组织困难学生以个人或团队形式主导开展学术研究、项目申报及技术开发等，以及组织实施境外游学项目、海外中短期学术培训计划等，并通过专项基金或校企联合给予经费支持与鼓励，不断激发困难学生主动参与科学研究的积极性和创造性，扩展其国际视野，提升参与国际竞争能力，进一步培养困难大学生科学素质、文化素养和创新精神；第五种为"成功助力暨职业发展型"，即积极挖掘困难学生专业特长、个性优势及创新潜能，综合统筹协调政府部门、知名企业、成功校友、实力团体及国际著名高校等建立多层次、广覆盖的困难学生职业发展合作体系，通过邀请各行业资深人士为困难学生开设"职业大讲堂"系列论坛，聘请各职场资深人士对困难学生进行"一帮一"职业生涯咨询辅导，鼓励大财团及基金组织对困难学生提供创业启动基金、无息或低息贷款，联合国内外著名高校开展特岗硕士、博士研究生培养计划，协调地方政府部门安排基层服务项目就业特岗专项等，全面加强困难学生职业长远发展指导的针对性和帮扶的实效性，真正助力困难学生生涯发展，为未来成功人生奠基。最后，在运行保障上，不断建立和完善运行保障体系是"持续发展性"资助模式规范管理的关键，也是推进"持续发展性"资助体系顺利高效运行的重要保障，根据发展性资助体系需求，运行保障体系主要包含组织、制度、经费及评估四方面，即加强组织领导建设、完善规章制度建设、加大专项经费投入，为满足困难大学生发展性资助体系各个环节的组织管理、协调部署、高效运行提供强有力的组织保障、制度保障及经费保障，同时，健全发展性资助体系评估考评机制，对困难大学生"持续发展性"资助模式的运行环境、运行管理、运行保障、运行效果等定期进行评估和观测，并从相关维度进行科学评价，不断增强评估结果的信度和效度，从而促进发展性资助体系持续完善和发展[2]。总之，通过构建实施"持续发展性"资助模

---

[1] 彭欣：《如何培养大学生的科研能力》，《广西财经学院学报》1989年第4期。
[2] 马彦周、高艳丽、江广长：《大学生发展型资助体系构建研究》，《学校党建与思想教育》2013年第15期。

式，让困难大学生真正实现从物质脱贫到素质能力脱贫，使高校资助工作切实成为高校"育人"的有机载体和重要手段，并使之真正促进教育公平、真正回归到高等教育人才培养的本位上来，最终推动了高等教育进一步发展。

通过增强高校学生资助育人工作重要性的认识、稳步提升资助育人教育功能实效、积极优化创新"持续发展性"资助模式的构建，真正把开展学生资助育人教育工作作为高校大学生进行德育教育的一个重要手段，把培育"四有"公民贯穿于学生资助工作的始终，并把能否让学生在接受经济资助过程中受到教育，纳入衡量高校大学生思想政治工作成果、评定高校困难学生资助工作质量的一个重要标准或考核指标，切实促进实现高校学生资助工作的育人化，充分发挥高校学生资助政策"阳光育人"作用。

六 实施资助政策执行监测与评估，跟进配套措施的改进与衔接

开展高校学生资助政策执行监测与评估是践行教育公平理念的重要举措，也是实现困难大学生资助公平性的重要保障。在王世忠编著的《大学生资助政策执行效果评估研究》一书中，基于对大学生资助需求选择了资助政策知晓度等四个维度进行了基本评估并构建了对大学生资助政策执行效果评估的指标体系[1]；曲绍卫等人发表的《高校大学生资助管理绩效评估研究》一文中，基于中央直属120所高校大学生资助管理绩效进行的实证评估分析，通过采用德尔菲法提出包含3项一级指标、9项二级指标和32项三级指标在内的高校大学生资助管理绩效评估指标体系[2]；而在曲绍卫等人发表的《我国省级高校大学生资助工作绩效评价研究》一文中，基于全国36个省级高校学生资助工作的管理部门作为参评单位，构建了包含6项一级指标、22项二级指标在内的省级高校大学生资助绩效评价指标体系[3]，为我国高校大学生资助政策实践提供了实证依据，但无论是对大学生资助政策执行效果进行的评估，还是对中央直属高校或省

---

[1] 王世忠：《大学生资助政策执行效果评估研究》，中国社会科学出版社2014年版。
[2] 曲绍卫、范晓婷、曲垠姣：《高校大学生资助管理绩效评估研究——基于中央直属120所高校的实证分析》，《教育研究》2015年第8期。
[3] 曲绍卫、纪效珲、范晓婷、曲垠姣：《我国省级高校大学生资助工作绩效评价研究——基于全国36个省级参评单位的实证分析》，《中国高等教育》2015年第1期。

级学生资助管理部门绩效进行的评估,就我国普通高校大学生资助政策体系整体执行贯彻情况而言仍过于单一,需要构建一个更加全面、更多层次、更多维度的全国高校学生资助政策执行监测与评估体系,以期更加客观系统、科学真实、及时准确地反映资助政策贯彻执行程度、资助困难学生广度,以及促进学生学业能力深度、提升学生成才成长影响力度等情况。

政策监测与评估作为一项有力的公共管理工具,被认为能用于促进政府和组织达成政策实施的目标,伴随着公共管理理念和价值的不断重塑,政策监测与评估领域发生了一场从传统实施为本的方式转化到新的结果为本,进而转化到覆盖政策决策、执行与影响的全程监测与评价。就教育领域而言,由于与公共管理理论发展和实践相一致,为此教育政策监测与评估的关注点也从执行到关注结果,以及到现在的关注政策决策、政策执行和政策影响的"三位一体"[1],但与国外相比,在国内有关教育政策监测与评估研究尚属新兴领域,专门的、系统的相关研究还较为薄弱,特别是高校学生资助政策作为教育政策的重要组成部分,其监测与评估的研究及实践更是少之甚少。高校学生资助政策执行监测与评估体系是指以普通高校和省级高校学生资助工作管理部门为监测与评估对象,依托第三方社会组织或专业研究机构负责完成,对大学生资助政策实施过程进行全面、科学监测与评估,通过利用一切可行的技术和手段收集资助政策执行全程中的相关信息、掌握第一手的资助政策运行数据,并以此为基础,对大学生资助政策执行情况进行科学的分析和论证,依据监测与评价结果及时调整资助行为,纠正资助政策执行过程中的偏差,为政府的资助政策决策活动提供基础性、科学性保障,从而继续展开完善大学生资助政策执行过程,使资助行为更加精准地服务于资助政策目标的实现,最终达到大学生资助资源合理、公平配置,进一步提高高校学生资助政策体系持续发展的变动性、健全性。为建立健全动态、立体、高效的高校学生资助政策执行监测与评估体系,切实推进并实现对大学生资助政策的良性监测与评估,亟须注意并采取以下四方面的主要问题或措施。

---

[1] 胡伶、范国睿:《从关注过程、结果导向到"共享领导":教育政策监测与评估的理论模型构建》,《教育发展研究》2013年第4期。

（一）强化创建高校学生资助政策执行监测与评估体系的重要意义和重大价值

一方面，自2007年我国开始建立健全高校大学生资助政策体系至今，历经"十一五"、"十二五"近十年的发展，普通高校学生资助政策日趋完善，切实推进了教育公平实质性进展，但毫无疑问，当前我国对高校学生资助政策的执行缺乏有效的监测与评估，使之严重影响了大学生资助政策完善与执行的科学化、绩效化、持续化；另一方面，随着《国家中长期教育改革和发展规划纲要（2010—2020年）》后半阶段的深入实施，特别在"十三五"开局之初，加强对高校学生资助政策执行的监测与评估更是新时期高等教育改革与大学生资助事业发展的迫切需要；教育政策执行过程都或多或少地存在一定程度的偏差——"行为效果偏离政策目标并产生了不良后果的政策现象"[①]，而开展学生资助政策执行监测与评估是对高校学生资助政策贯彻落实情况进行监控、纠正政策执行中的偏差、消除政策执行后产生的不良后果的最有力工具，更是实现高校学生资助政策决策规范化、公正化、目标化的迫切需要；2015年3月，国务院总理李克强在第十二届全国人民代表大会第三次会议上明确提出"全面推进依法治国，加快建设法治政府、创新政府、廉洁政府和服务型政府，增强政府执行力和公信力，促进国家治理体系和治理能力现代化"[②]，全国上下正在努力建设一个法治、创新、透明和服务型的政府，在此大背景下，从中央到地方各级政府就需要了解掌握学生资助等教育政策执行的具体状况和实际效果，依此提高各级政府的宏观管理绩效，从而促进政府职能的转变，除此之外，要实现政府职能转变，还需施以配套的问责制度，"问责制是一个系统化的责任追究制度，包含全力授予、明确责任和全面实施体系化控制三方面的内容，体现了权力与责任、义务的平衡"[③]，当前，包含大学生资助在内的教育领域缺失完善的问责机制，极易造成教育公共权力的滥用、教育资源分配的不公及教育效率的低下等问题[④]，鉴于此，

---

① 宁骚：《公共政策学》，高等教育出版社2010年版。
② 中国广播网：《建设法治政府、创新政府、廉洁政府和服务型政府》，http://www.chinacourt.org/article/detail/2015/03/id/1562132.shtml，2015-03-05。
③ 顾明远、石中英：《国家中长期教育改革和发展规划纲要（2010—2020年）解读》，北京师范大学出版社2010年版。
④ 范国睿、孙翠香：《教育政策执行监测与评估体系的构建》，《教育发展研究》2012年第5期。

对学生资助政策执行情况进行监测与评估能够及时、有效地消除高校学生资助政策执行过程中的资助资源分配不公、权力异化甚至资金滥用、腐败违纪现象，进一步形成问责机制，提高整个大学生资助政策的透明性、合法性、清廉性。

(二) 科学确立高校学生资助政策执行监督与评估客体及其实施主体

政策学家帕顿曾说"政策的实施和评估经常由相同的主体来进行，也就是政府官员，他们一边行动一边观察，一边观察一边行动，把计划的执行与对结果的理解相结合，以便加强或改变计划的内容；政策过程的参与者既是他们所实施计划的评估者，又是他们所评估计划的实施者"[1]，针对高校学生资助政策涉及办学不同层次、不同类型、归属不同体制的复杂高等教育政策系统，接受高校学生资助政策执行监督与评估客体是多元化的，就当前我国高校学生资助政策运行机制，监督与评估客体分别为省级高校学生资助工作管理部门、中央部属高校、地方普通院校三大主要客体，其中地级及以下地方政府所属学生资助工作管理部门，由于职责多样性、多层性，除进行必要的政策落实检查监督及绩效考评，可不列入高校学生资助政策执行监测与评估主要客体或非主要客体；地方普通院校指隶属各省市、主要依靠地方财政供养的省级与地级地方普通院校及省部共建院校等；受资助的家庭经济困难学生及其家长，作为资助政策贯彻落实的最大受益者、政策执行状况的最终知情者、政策实施效果的最佳反馈者，在开展高校学生资助政策执行监测和评估过程中需要接受对资助政策知晓度、对获得资助机会的执行度、对政策执行总体的满意度、对个体学业影响的水平度、对自身长远职业发展和能力提高的持续度等相关调查或统计，可以说在监测与评估各个环节中都需要困难学生的参与及配合，为此在一定程度上来说，困难学生及其家长可列入高校学生资助政策执行监测与评估非主要客体；全国学生资助管理中心是国家级高校学生资助工作管理部门，是高校学生资助政策主要的制定者、实施者，也是资助政策的执行者、监督者，虽与省级高校学生资助工作管理部门一同具有"运动员"、"裁判员"的双重身份，应该接受对资助政策执行状况的监督与考核，但作为当前唯一、最高层次的高校学生资助工作政府职能机构，且为

---

[1] [美] 帕顿、沙维奇：《政策分析和规划的初步方法》，孙兰芝、胡启生译，华夏出版社2001年版。

了将更多的精力和物力投入其他主要客体的监测与评估,并规避资助政策执行监测与评估过程中的"不公正"现象及其他主观消极因素,可不再列入高校学生资助政策执行监测与评估客体之内。

教育政策执行的监测与评估是一项专业性极强的活动,一方面,包括专业机构、专业人员、专业方法、专业知识和技术、专业程序等一系列要素,其目的是对教育政策执行过程进行全面、科学的监测与评估;另一方面,专业的监测与评估机制的主体是以教育政策专业机构(包括教育政策的专业组织和专业研究机构)和教育政策的执行者等两类主体合作为主,以社会监测(包括公众和大众媒体)为辅的"复合型"监测与评估主体[1],为此,开展高校学生资助政策执行监督与评估实施主体,应为具有第三方性质、类似专业性、跨部门、"复合型",并专门针对普通高校学生资助政策执行进行监测与评估的社会机构,如成立"全国高校学生资助政策监测与评估中心"、"国家大学生资助政策监测与评估研究所"等组织,其实施主体构成人员主要来源于各级政府的教育与资助、财政与审计、纪检与监察行政部门及其督导部门有关人员,各层次高等院校资助、财务职能机构有关人员及其一线专职教师和受资助困难学生,有关金融保险服务组织专业人员,以及其他相关机构的兼职人员等,同时,被信息时代誉为"第四种力量"的大众媒体已强势介入教育政策,特别是教育政策执行的监测与评估过程至中国,因此,也应将大众媒体等公众社会组织或人员纳入其实施主体,实现多方主体协调合作,以有效弥补其他实施主体的不足。通过组建独立的第三方高校学生资助政策执行监测与评估机构,强化了监测与评估实施主体职责及功能,改变了政府部门、高等院校等任何机构或组织既当运动员又当裁判员的双重身份,进一步发挥监测与评估各个环节的效力,切实确保学生资助政策执行监测与评估目标的实现。

(三)合理构建高校学生资助政策执行监测与评估体系基本架构

为了保证高校学生资助政策的有效实施,应将学生资助政策执行监测与评估作为资助政策制定与推行过程中的重要部分。针对当前我国公共教育政策过程以自上而下的"线性模式"为主,监测与评价在政策过程中

---

[1] 范国睿、孙翠香:《教育政策执行监测与评估体系的构建》,《教育发展研究》2012年第5期。

发挥的作用非常有限现状，并结合世界银行等国际组织通过实施以"政策目标最大化"为导向、将监测置于整个政策过程中的中心位置的"周期循环模式"对教育政策过程进行监测与评价，以便及时反馈各种相关信息，给政策制定者、实施者提供决策依据，并通过评价确定政策预期结果与实际结果的关联度和达成度，以及政策执行效率、效益与影响力、可持续性等典型做法，我国高校学生资助政策执行监测与评估体系，应立足大学生人才培养目标需求和困难大学生资助事业实际，以"以人为本，资助育人；共享领导，持续发展"为理念，按照"全面、协调、共享、可持续"和"科学化、系统化、专业化、中国化"的思路，并遵循"规范性、公正性、有效性、合法性"的原则进行构建。该体系的主要构成包括组织保障体系、管理运行体系、质量指标体系、规章制度体系四大子体系，各相关子体系基本要素构成见表7—1：

表7—1　　　　我国普通高校学生资助政策执行监测与
评估体系各子系统基本要素构成一览表

子体系	基本要素	主要实施内容
组织保障体系	机构保障	组建监测与评估委员会等单独的机构或组织
	经费保障	划拨专门、充足的财政性经费，以持续推进各项活动顺利进展
	空间保障	提供单独的办公场所及其他相关运行平台建设等
	技术保障	为确保监测与评估高效运行，特别是网络和信息的安全而提供必要的硬件、软件设备与技术措施等
	环境保障	主要指政府职能部门、学校、学生及其家长，以及社会公众的支持等
管理运行体系	运行方式方法	根据运行过程的需要，采用的文本分析法、社会调查法等基本方法，基于政策执行的教育政策监测与评估模型，以及基于大数据并通过教育数据挖掘和学习方法形成的教育监测相关技术等[①]
	运行程序步骤	主要指在经历的准备阶段、实施阶段、总结阶段中的各个阶段，需要设定目标、制订方案、采用模式、调整方法、采集信息、汇集数据、分析结果、形成报告等过程，各过程之间可动态循环

---

① 许海莹：《美国STEM教育监测的指标体系研究》，华东师范大学，2015年。

第七章　我国高校精准学生资助政策体系的主要架构及可持续发展措施

续表

子体系	基本要素	主要实施内容
管理运行体系	评估等级分类	根据监测与评估结果并按照层次、类别进行定级排名
	优化创新发展	对资助政策进行修改完善，并健全监测与评估体系，实现人才培养质量和大学生资助事业的双提升
	执行成本投入	指资助政策制定、实施过程中所投入的人力、物力、财力、时间等资助政策全部资源，不含学生资助各类经费
	运行成本投入	指资助政策执行监测与评估过程中所投入的人力、物力、财力、时间、信息等体系运行全部资源
质量指标体系	政策制定监测指标	对资助政策问题受到重视和关注的程度与范围、资助政策制定的过程及政策本身进行必要的监测与评估
	政策执行监测指标	对资助政策执行的速度（如资助经费是否按照时间节点如期提取划拨等）、执行的幅度（如政策宣传从省级到基层政府、直属院校到地方院校、从城市到乡村是否自上而下推行；资助资金是否足额发放至困难学生个体等），以及执行的公正性与有效性（如资助对象的准确性，是否获得困难学生及其家长认可和接受等）
	政策绩效评估指标	主要含政策执行结果客观上是否与国家资助政策精神相一致（如是否充分发挥资助育人效果、切实提高人才培养质量等），是否满足政府、学校，特别是困难学生群体各方的主观利益，并以当前阶段的绩效评估结果为导向，关注并影响下一阶段资助政策长远发展目标的制定
规章制度体系	定期报告机制	在全国范围内开展的大规模专题调查统计的基础上，获得各方面、各层面的数据和信息，并分阶段或分类别形成数据库与分析报告等
	约束机制	指将检测与评估结果与实践相结合，通过按资助政策类别进行整合、规范、立法等，构建对地方政府、普通院校执行资助政策和促进大学生资助事业发展的长效约束机制，以明确国家制定执行资助政策的主导权和权威性
	激励机制	通过必要的行政手段，以设立专项奖励基金等措施，采取通报与正向激励相结合方式，对省级等地方资助部门，以及中央部属高校、地方院校进行奖励，有效调动政策执行主体的积极性
	问责机制	依据监测与评估结果，对学生资助政策执行不到位、不透明，滥用资助资源公共权力、资助政策效率低下等责任单位或个人实施问责，实现责任追究的常态化
	配套机制	主要指为了促进学生资助政策体系持续发展，确保资助政策执行监测与评估体系良性运行，而需要制定实施的其他配套制度措施等

在普通高校学生资助政策执行监测与评估体系各子系统中，组织保障体系是资助政策执行监测与评估的基础，只有从各级政府层面，特别是国家层面上夯实各项组织保障的落实，才能推动监测与评估各项环节向前迈进；管理运行体系是资助政策执行监测与评估的前提，只有采取正确的运行方式方法、合理的监测技术，以及科学的程序与步骤等，才能直接或间接获得需要监测与评估的现实信息，从而提高学生资助政策执行监测与评估活动目标的指向性和真实性；质量指标体系是资助政策执行监测与评估的核心，指标体系涵盖内容的全面性、层次分类的清晰性、框架结构的合理性，直接关系到监测与评估质量的好坏，只有严格遵照监测与评估思路和原则，通过多种形式进行充分酝酿和讨论，才能确定构成高校学生资助政策体系与大学生资助事业可持续发展的指标体系；规章制度体系是资助政策执行监测与评估的保障，是资助政策执行监测与评估体系赖以运行的体制基础，为监测与评估创建规范、良好的运行环境和发展环境，并有效推动高校学生资助政策执行监测与评估活动质量不断提升。

（四）精准设计高校学生资助政策执行监督与评估指标要素

高校学生资助政策执行监测与评估体系关键环节是开展学生资助绩效评建评估实践与研究，其中指标设计是否科学合理、准确全面，将直接关系到整个评建评估结果的真实性和客观性，更是获得有效评建评估结果的重要先决条件。根据多年的学生资助督查督办、绩效考评工作实践，并参照德尔菲法等特点，针对不同的学生资助政策执行主体，分别确定了以省级高校学生资助工作管理部门为主要评估对象的地方高校学生资助管理部门评建评估指标体系，以及以中央部属高校、地方普通院校为主要评估对象的普通高校学生资助管理评建评估指标体系，两大指标体系皆按 100 分值计，其构成与各部分权重占比分别见表 7—2 和表 7—3，其中地方（省级）学生资助管理部门评建评估指标体系由 5 项一级指标、15 项二级指标和 49 项三级指标构成；普通高校学生资助管理评建评估指标体系由 6 项一级指标、18 项二级指标和 68 项三级指标构成。

第七章 我国高校精准学生资助政策体系的主要架构及可持续发展措施

表 7—2　　**全国地方（省级）高校学生资助管理部门评建评估指标体系构成一览表**

一级指标（占比）	二级指标（占比）	三级指标（占比）
1. 保障体系（16）	1.1 机构保障（6）	1.1.1 省市党政对高校资助工作重视及支持程度（2）
		1.1.2 省级机构设置及职能（2）
		1.1.3 地级及县级机构设置及职能（1）
		1.1.4 所属院校机构设置及职能（1）
	1.2 队伍保障（4）	1.2.1 省级机构编制及正式人员配备（2）
		1.2.2 地级及县级机构编制及正式人员配备（1）
		1.2.3 所属院校机构编制及正式人员配备（1）
	1.3 其他保障（6）	1.3.1 办公场所及硬件设施配置（2）
		1.3.2 专项业务经费预算及支出（2）
		1.3.3 网站及其他公平台建设与效果（2）
2. 制度体系（10）	2.1 制度保障（6）	2.1.1 全省高校学生资助事业中长期发展规划（2）
		2.1.2 对国家资助政策措施进行健全完善（2）
		2.1.3 制定实施符合本省实际相关资助政策措施（2）
	2.2 制度提升（4）	2.2.1 资助绩效检查考核激励创新、约束问责等（2）
		2.2.2 其他配套相关规章制度措施（2）
3. 执行体系（50）	3.1 政策宣传（10）	3.1.1 资助政策宣传措施、渠道及覆盖面（3）
		3.1.2 高校在校学生对各项资助政策的知晓度（3）
		3.1.3 社会各个层面对各项资助政策的知晓度（3）
		3.1.4 讯息报送、信息报道、媒体外宣等（1）
	3.2 经费保障（14）	3.2.1 全省教育经费占本省 GDP 比例（4）
		3.2.2 财政性高校资助经费占全省教育总经费比例（4）
		3.2.3 地级及以下划拨财政性资助经费支出（2）
		3.2.4 地方院校提取资助经费及支出（2）
		3.2.5 国家助学贷款贴息及补偿专项资金控制及管理（2）
	3.3 经济资助（12）	3.3.1 国家助学贷款办理额度及数量、人数比例（2）
		3.3.2 各类奖助学金、困难补助、学费补偿贷款代偿、退役士兵教育资助等"政府性"经济资助政策落实力度、获得机会，以及效果、满意度（3）
		3.3.3 勤工助学、学费减免和"绿色通道"等"学校性"经济资助政策执行力度、获得机会，以及效果、满意度（3）

续表

一级指标（占比）	二级指标（占比）	三级指标（占比）
3. 执行体系（50）	3.3 经济资助（12）	3.3.4 社会团体或个人爱心捐助等"社会性"经济资助政策组织力度、获得机会，以及效果、满意度（2）
		3.3.5 全省高校在校生受资助人均经费金额（1）
		3.3.6 全省资助困难大学生占在校总人数比例（1）
	3.4 资助育人（14）	3.4.1 组织困难学生开展教育活动及效果（2）
		3.4.2 国家助学贷款偿还履约等贷款质量（2）
		3.4.3 资助政策对困难学生学业学习成绩及完成学业的影响（3）
		3.4.4 资助政策对困难学生创新创业能力发展及综合素质的影响（3）
		3.4.5 资助政策对资助学生后期职业发展（毕业五年后）的影响（4）
4. 管理体系（14）	4.1 信息管理（6）	4.1.1 学生认定、经费落实、资助育人等各类信息的采集、维护等，以及安全性、准确性、正确性等（3）
		4.1.2 各类信息的统计、审核、报送等（1）
		4.1.3 全省地方与院校之间的资源信息共享（1）
		4.1.4 各类信息档案整理、保存情况（1）
	4.2 管理水平（8）	4.2.1 学生及社会各界对资助的反映、举报等（2）
		4.2.2 学生及社会各界对整体资助工作的认可度（2）
		4.2.3 地方资助部门与地方院校资助机构之间的协调与合作（2）
		4.2.4 省级资助部门对基层资助部门及院校资助机构职责监督与管理（2）
5. 服务体系（10）	5.1 调研培训（3）	5.1.1 组织所属院校及地方资助部门专职人员培训、学习执行情况及效果（2）
		5.1.2 组织开展大型的学生资助调研活动及成果（1）
	5.2 上级贡献（3）	5.2.1 典型经验或做法被全国推广应用（2）
		5.2.2 对全国学生资助工作其他贡献率（1）
	5.3 社会衔接（2）	5.3.1 高校资助体系与本省城乡社会救助体系衔接（2）
	5.4 社会服务（2）	5.4.1 服务社会其他特殊领域及成效（2）

第七章 我国高校精准学生资助政策体系的主要架构及可持续发展措施

表7—3　全国普通高校学生资助管理评建评估指标体系构成一览表

一级指标（占比）	二级指标（占比）	三级指标（占比）
1. 基础保障（13）	1.1 机构建设（3）	1.1.1 学校对资助工作重视及支持程度（1）
		1.1.2 学校资助部门设置及行政级别、职能（2）
	1.2 队伍建设（4）	1.2.1 学校资助部门编制及在职人员配备（2）
		1.2.2 学校各院系专职资助在职人员配备（2）
	1.3 其他保障（6）	1.3.1 学校资助部门办公场所及硬件设施配置（2）
		1.3.2 学校各院系专职人员办公场所及设施配置（1）
		1.3.3 学校专项资助办公经费预算及支出（2）
		1.3.4 学校网站及其他办公平台建设与效果（1）
2. 制度建设（11）	2.1 制度方案（6）	2.1.1 学校学生资助工作中短期实施方案（2）
		2.1.2 对上级资助政策措施进行健全完善（2）
		2.1.3 制定实施符合学校实际的资助政策措施（1）
		2.1.4 制定明确的学校资助经费提取、使用、管理、监督办法（1）
	2.2 制度提升（5）	2.2.1 创建独特的家庭经济困难学生认定模式（1）
		2.2.2 积极探索"无偿赠予"到"有偿资助"的转变（1）
		2.2.3 建立长效的经济困难学生家庭走访机制（1）
		2.2.4 建立完善的学生及其家长投诉与反馈机制（1）
		2.2.5 其他配套相关规章制度措施（1）
3. 实施过程（50）	3.1 政策宣传（5）	3.1.1 学校资助政策宣传措施、渠道及学生覆盖面（1）
		3.1.2 对新生寄送《政策宣传手册》《家庭经济认定表》覆盖面及效率（1）
		3.1.3 在校学生对各项资助政策的知晓度（2）
		3.1.4 讯息报送、信息报道、媒体外宣等（1）
	3.2 经费保障（11）	3.2.1 学校从事业或学费中足额提取资助经费并单独核算管理（3）
		3.2.2 学校提取资助经费最终支出情况（3）
		3.2.3 对上级财政性资助经费分账核算、专款专用（3）
		3.2.4 对校外社会筹集资助经费分账核算、专款专用（2）
	3.3 困难认定（2）	3.3.1 按规定、步骤，公开、公平、公正组织家庭经济困难学生开展认定工作（1）
		3.3.2 按程序进行公示，认定结果精确度程度（1）

441

续表

一级指标（占比）	二级指标（占比）	三级指标（占比）
3. 实施过程（50）	3.4 经济资助（18）	3.4.1 各类奖助学金发放额度、比例、过程、效率，以及效果、满意度（2）
		3.4.2 国家助学贷款申请人数、比例、成功率，以及效果、办理过程的满意度（2）
		3.4.3 学费补偿贷款代偿、退役士兵教育资助政策的组织过程，以及效率、效果和满意度（1）
		3.4.4 校内勤工助学设岗比例、类别、额度、过程，薪酬标准、发放效率，以及效果、满意度（2）
		3.4.5 专项困难补助资助措施实施力度、比例，以及发放效率、效果和满意度（2）
		3.4.6 学费减免资助措施实施力度、比例，以及发放效率、效果和满意度（1）
		3.4.7 "绿色通道"资助措施实施力度、比例，以及效果和满意度（1）
		3.4.8 校外社会捐助措施组织力度、获得机会、额度，以及效果、满意度（2）
		3.4.9 学校在校生受资助人均经费金额（2）
		3.4.10 学校受资助困难学生人数占全校认定注册困难学生人数比例（1）
		3.4.11 学校资助困难大学生占在校总人数比例（2）
	3.5 资助育人（14）	3.5.1 组织困难学生开展诚信教育、励志教育、感恩教育等主题活动及效果（2）
		3.5.2 国家助学贷款偿还履约等贷款质量（2）
		3.5.3 资助政策对困难学生学业学习成绩的影响（1）
		3.5.4 资助政策对困难学生完成学业的影响（1）
		3.5.5 资助政策对困难学生创新创业能力发展及综合素质的影响（2）
		3.5.6 资助政策对困难学生继续攻读学位、公务员、选调生等初次就业的影响（2）
		3.5.7 资助政策对资助学生后期职业发展（毕业五年后）的影响（2）
		3.5.8 面向社会树立受助学生自立自强、诚信还贷、先进模范、典型楷模情况（2）

第七章　我国高校精准学生资助政策体系的主要架构及可持续发展措施

续表

一级指标（占比）	二级指标（占比）	三级指标（占比）
4. 组织管理（15）	4.1　目标任务（6）	4.1.1　学校对各院校资助工作实施督查考核制度，并纳入院系整体工作任务目标（1）
		4.1.2　对各项资助经费发放过程、发放结果，以及学生使用监管措施及力度（1）
		4.1.3　对违纪行为及时问责、惩罚情况（1）
		4.1.4　催缴学生拖欠国家助学贷款本息措施及力度（1）
		4.1.5　上级安排任务落实完成及被通报情况（1）
		4.1.6　获上级评比表彰奖项（1）
	4.2　信息管理（4）	4.2.1　学生认定信息的采集、维护等，及安全性、准确性、正确性（1）
		4.2.2　各类资助经费发放信息的整理、分类等，及安全性、准确性、正确性（1）
		4.2.3　各类上报信息的统计全面性、审核准确性、报送及时性等（1）
		4.2.4　各类信息档案整理、保存情况（1）
	4.3　管理水平（5）	4.3.1　对学生的反映、投诉处理及时性（1）
		4.3.2　学生对整体资助工作的整体满意度（2）
		4.3.3　社会各界对资助工作的整体满意度（2）
5. 调研服务（6）	5.1　调研走访（2）	5.1.1　学校与家庭经济困难学生座谈调研及解决困难力度（1）
		5.1.2　学校开展经济困难学生家庭实地走访力度（1）
	5.2　调研培训（2）	5.2.1　组织资助专职人员培训、学习力度及效果（1）
		5.2.2　组织开展大型的学生资助调研活动及成果（1）
	5.3　上级贡献（2）	5.3.1　典型经验或做法被全国或全省推广应用（1）
		5.3.2　对全国或全省学生资助工作其他贡献率（1）
6. 理念提升（5）	6.1　理论研究（2）	6.1.1　开展资助理论研究成果及实效（2）
	6.2　持续发展（3）	6.2.1　"持续发展型"资助模式探索及建设（1）
		6.2.2　大学生精准资助体系创建探索及实践（1）
		6.2.3　学生资助工作持续发展其他创新与实践（1）

无论是地方高校学生资助管理部门评建评估指标体系，还是普通高校学生资助管理评建评估指标体系，在权重占比上，各类资助经费发放落实、经济资助过程，以及学生的客观评价、对学生学业的影响，特别是资助育人总体效果、理念提升上都占较大比例，以体现普通高校学生资助工作的任务目标及实施重点，并引导各级政府资助管理部门及各类高校在建立健全大学生资助政策体系过程中，更加注重优化困难学生资助方式结构、增强资助工作育人效果、加大资助工作过程监督、健全资助工作问责机制、创新资助工作运行模式、转变资助工作发展理念，实现普通高校学生资助工作整体质量大提升，从而充分发挥大学生资助工作评建评估体系的指导价值和战略意义。有关高校学生资助工作评建评估结果分制等级划分及应用，可参照我国高等学校本科教学工作水平评估等级、相关教育政策或其他有关政策执行效果监测与评估等级划分方法，以百分制或等级制形式组织实施，本章不再详细论述。

七 加快资助信息化建设，并进实行"互联网＋资助"行动计划

所谓"互联网＋"，是指以互联网为主的新一代信息技术（包括移动互联网、云计算、物联网、大数据等）在经济、社会生活各部分的扩散、应用与深度融合的过程，其本质是传统产业的在线化、数据化，对人类经济社会将产生巨大、深远而广泛的影响[①]。而普通高校"互联网＋资助"，即指借助国家实施"互联网＋"行动计划总体思路，以改革创新激发大学生资助事业发展的持续性，通过互联网等新一代信息技术与现有的高校学生资助政策体系深度融合，使互联网运行模式深入大学生资助管理、教育及服务全过程，促进形成大学生资助资源合理配置、资助育人成效显著、政府职能发挥优良、整体资助过程畅通的新局势，切实实现大学生资助智能化、信息化、科技化的高校学生资助发展方式，从而全面推进大学生资助事业发展新常态。"互联网＋资助"拥有巨大的信息布局网，可以借助网内自建或原有的"众包"平台，以不同途径或方式对家庭经济困难学生申请认定、等级调整，资助资金审核发放、使用监督，国家助学贷款划拨到账、本息偿还，以及主题教育实施开展、育人效果，资助政策疑

---

① 宁家骏：《"互联网＋"行动计划的实施背景、内涵及主要内容》，《电子政务》2015年第6期。

惑解答、意见征询，相关数据分类汇总、定期报送等过程进行大数据分析，由此实现政府、学校、社会及学生个人等多方即时互动与"一网通"，并满足各方工作需要与创新需求，既节约了各个环节办公成本和运行时间，又加快了资助资源优化配置、提高了大学生资助管理的精准度和透明度，也夯实大学生资助管理网络发展基础，提升整体高校学生资助服务水平。为制订做好并顺利实行普通高校"互联网+资助"行动计划应注重以下四个方面的问题：

（一）强化制订"互联网+资助"行动计划的重要意义和紧迫感

继2012年国家财政性教育经费支出占国内生产总值比例达到4%后，在2014年、2015年全国"两会"政府工作报告上，国务院总理李克强连续两年明确提出"促进教育事业优先发展、公平发展；继续增加中央财政教育投入，提高使用效率并强化监督"，同时，高校学生资助工作作为高校学生工作的重要组成部分，早已成为体现教育公正公平、维护高校和社会稳定的重要举措[1]，为此，新形势下，大学生资助工作只能加强、不能削弱，只会加强、不会削弱，而通过实施"互联网+资助"行动计划，对加强和改进高校学生资助工作，推进高校学生资助政策体系持续健康发展，具有非常重要意义。第一，这是及时应对高校学生资助工作自身发展的内在要求，随着财政性等各类经费投入力度、大学生资助幅度和资助标准日益增大，高校学生资助工作在家庭经济困难学生认定、各类奖助学金评选发放、国家助学贷款本息回收、困难学生综合素质培训培养等方面也出现了许多的新情况和新问题，需要得到进一步完善和规范，而通过"互联网+"能够为解决诸多问题提供了最佳方式。第二，这是积极迎合高校学生资助工作面临的大局大势的迫切需要，做好高校学生资助工作，必须充分认清全面提升大学生思想政治教育工作水平、提高高等教育人才培养质量赋予学生资助工作的新使命，充分明确全面改进和优化高校学生资助工作提出的新要求，而通过"互联网+"能够协调推进"精准资助"、"持续发展"、"有偿资助"，以及资助育人、结构调整等高校学生资助政策体系长远发展的新形势、新要求，促进推动把大学生资助工作融入到高等教育人才培养及城乡社会救助体系等任务目标之中。第三，这是努

---

[1] 史凌芳：《高校学生资助工作中开展思想政治教育新析》，《学校党建与思想教育》2011年第7期。

力推进传统媒体转型升级的最佳契机,高校学生资助政策体系自初期建立至今,利用电视、广播、报刊等传统媒体取得快速发展与提升,并随着互联网和移动互联网等新媒体平台以不同的渠道不断提升自身的探索,但其效果却不尽如人意,无法真正实现资助资源高效配置、资助与育人协同发展、资助与受资助主体信息互动,而"互联网+"作为一种能够促进传媒新业态出现的力量①,能够加速推进传统媒体进行新一轮转型,通过互联网激发高校学生资助体系各平台之间的资助信息需求,并主动将各类资助信息传播到其他各个资助过程或运行环节,更重要的一点,与传统媒体相比,"互联网+"作为助推自身创新改革的引擎器,能够根据各资助主体发生的网络数据,进行数据信息的收集、分析和整合,并经全方位、深层次处理后,实现数据信息完全共享,消除大学生资助工作管理、教育等在不用行业间的障碍。

(二) 组织实施"互联网+资助"行动计划时机已基本成熟

就单纯"互联网+"作为一种新的社会形态代表,通过充分发挥互联网在社会资源配置中的优化和集成作用,将互联网的创新成果深度融合于普通高校学生资助的时机已基本成熟。2012 年 11 月,时任易观国际董事长兼首席执行官于扬在易观第五届移动互联网博览会上首次提出国内"互联网+"理念②;2014 年 11 月,国务院总理李克强出席首届世界互联网大会时指出"互联网是大众创业、万众创新的新工具",其中"大众创业、万众创新"被称作我国经济提质增效升级的"新引擎"③;2015 年 3 月,在全国"两会"上,全国人大代表马化腾在提交的以"互联网+"为重要主题的议案中,提出应以"互联网+"为驱动,推动国家经济和社会的创新发展④,随后,国务院总理李克强在十二届全国人大三次会议上作的政府工作报告中首次提出"互联网+"行动计划,决定推动移动互联网等

---

① 黄楚新、王丹:《"互联网+"意味着什么——对"互联网+"的深层认识》,《新闻与写作》2015 年第 5 期。
② 于扬:《所有传统和服务应该被互联网改变》,http://tech.qq.com/a/2012 1114/000080.htm,2012 - 11 - 14。
③ 新华网:《中国有了"互联网+"计划》,http://www.netofthings.cn/GuoNei/2015 - 03/5505.html,2015 - 03 - 07。
④ 中国青年网:《马化腾两会提案大谈"互联网+"》,http://www.netofthings.cn/GuoNei/2015 - 03/5507.html,2015 - 03 - 05。

与现代制造业结合，积极引导互联网企业拓展国际市场①；同年7月、12月，国务院、工信部先后印发了《关于积极推进"互联网+"行动的指导意见》《工业和信息化部关于贯彻落实〈国务院关于积极推进"互联网+"行动的指导意见〉的行动计划（2015—2018年）》，正式推动互联网由消费领域转向生产领域拓展，以切实增强各行业的创新能力，并明确提出全面提升对"互联网+"的支撑能力，到2018年，建成一批全光纤网络城市，4G网络全面覆盖城市和乡村，80%以上的行政村实现光纤到村，直辖市、省会主要城市宽带用户平均接入速率达到30Mbps②；在2015年12月浙江乌镇开幕的第二届世界互联网大会上，国家主席习近平明确指出，我国正在实施的"宽带中国"战略，预计到2020年，全国宽带网络将基本覆盖所有行政村，打通网络基础设施"最后一公里"，会让更多人用上互联网③。随着"互联网+"的兴起与发展，"互联网+"已应用到工业、农业、金融、旅游、商贸、交通、政务、医疗等领域，通过利用信息通信技术及互联网平台，让其与原有的传统行业进行深度融合，起到了很大的升级换代作用，特别是"互联网+"应用到整个教育领域后，凭借信息化及移动互联网技术的力量扶摇直上，实现了教育数字化、多媒体化、网络化和智能化，"互联网+"作为教育变革的新的契机，使教育普遍被认为是未来互联网行业最受关注的领域；再者，在"互联网+"这一新型教育模式下，教育资源倾斜、教育公平等问题都能够跨越时空限制，实现优质教育资源共享，使城乡学生受教育机会尽可能平等④。而高校学生资助工作是高等教育人才培养的有机组成部分，更是高校隐性德育资源及教育资源公平分配的重要一环，为此，在"互联网+教育"推动下，促使我国教育迈向4.0时代的同时⑤，也为我国高等院校"互联网+资助"提供了最好的发展时机。

（三）科学确定"互联网+资助"行动计划基本框架

基于上述实施"互联网+资助"行动计划的发展目标，普通高校

---

① 中国新闻网：《十二届全国人大三次会议开幕，李克强作政府工作报告》，http://www.chinanews.com/gn/2015/03-05/7103283.shtml，2015-03-05。
② 孙丹：《"互联网+"三年行动计划出炉》，《经济参考报》，2015-12-15。
③ 新华网：《习近平出席第二届世界互联网大会开幕式并发表主旨演讲》，http://news.xinhuanet.com/world/2015-12/16/c_1117480771.htm，2015-12-16。
④ 解继丽：《"互联网+"引领教育改革新趋势》，《楚雄师范学院学报》2015年第2期。
⑤ 张娜：《"互联网+"教育推动中国教育迈向4.0时代》，《中国日报》，2015-06-16。

"互联网+资助"行动计划应着力于十个方面的内容：一是着力增强资助政策宣传力度，实现全国城乡资助政策宣传全覆盖，做到各项资助措施人尽皆知、家喻户晓；二是着力推进困难学生资格认定，实现家庭经济困难学生精准认定及等级划分；三是着力规范各类资助经费发放程序，实现大学生资助资源均衡配置；四是着力加强大学生资助资金使用与监督，实现学生个体违规违纪支配资助资金预警及指导功能；五是着力加快健全国家助学贷款"多元化"回收机制，实现大学生国家助学贷款本息催收和追缴多级联动，确保大学生助学贷款回收率；六是着力强化大学生资助育人效果，实现大学生资助育人效果最大化及最终人才培养目标；七是着力建立健全家庭经济困难学生家校融合育人机制，通过创建家校良性互动，以及"助子共成长"微博、微信等新媒体，实现家校线上、线下交流沟通常态化；八是着力构建大学生资助资源整合共享机制，实现不同行业、不同层次、不同主体间的各类资助信息同步、各种资助资源共享；九是着力扩展大学生资助办公系统自动化及服务功能，实现集管理、教育、服务等各类资助数据信息于一体的"一网通"；十是着力推动大学生资助政策执行监测与评估工作，实现绩效评价科学、监管问责及时、激励奖惩合理、措施执行到位的大学生资助新格局。针对这十方面内容，高校"互联网+资助"行动计划创建的基本框架应主要包括大学生资助政策宣传推广、家庭经济困难学生资格认定提升等十大平台，各平台具有的主要功能见表7—4。

表7—4　　我国普通高校"互联网+资助"行动计划基本框架及其主要功能一览表

序号	基本框架	主要功能
1	大学生资助政策宣传推广平台	利用互联网进行资助政策全方位、全过程、全空间等"覆盖式"宣传，进一步拓宽宣传渠道和途径，使之成为资助政策宣传主阵地
2	家庭经济困难学生资格认定提升平台	依托互联网打破行业间壁垒，通过全面掌握学生接受教育成本、家庭承担成本能力等多重因素，以"认定资助六步法"开展学生认定及困难等级划分，使之达到精准认定，为后期精准资助提供重要依据
3	大学生资助经费发放监管平台	通过互联网，对财政性、学校性、社会性等各类资助经费以"指令性"程序或规定要求，如期足额完成划拨、提取及发放工作，避免任何资助经费违规违纪现象

第七章 我国高校精准学生资助政策体系的主要架构及可持续发展措施

续表

序号	基本框架	主要功能
4	大学生资助资金支配使用监督平台	参照"学生个体最佳组合资助方案",通过跟踪掌握"教育保障卡"资金流状况,对每个困难学生"资助夹"资助受助及使用消费进行时时监督,并根据个人资金支配分析报告进行适时提醒指导
5	大学生国家助学贷款回收保障平台	借助金融行业显著的技术及设备优势,重点防范和化解助学贷款风险,通过监管并制约学生个体金融业务行为等措施,提高助学贷款回收率,并推动完善"教育保障卡"结算、支付与转账等功能
6	家庭经济困难学生综合素质拓展平台	以大学生资助工作回归人才培养本位为出发点,依靠互联网丰富的教育资源和巨大的引领优势,重点加强困难学生主题教育,以及职业能力等综合素质培养与提升,真正提高困难学生科技创新、创业就业、社会实践能力,切实发挥资助育人于无形的特殊功效
7	大学生家校育人深度融合平台	充分重视并发挥家庭在学生教育成长的主导作用,通过提升家长网络应用和渗透率,健全家校交流沟通良性互动长效机制,增强家长对大学生子女职业发展监督与指导能力
8	大学生资助信息资源整合共享平台	凭借互联网开放性、高效率、无限性特性,以及广泛渗透到大学生困难认定,资助管理、教育、服务全过程等优势,对相同部门内部纵向及不同部门之间横向的各类数据资源进行融合,并形成网络共享信息以满足政府、学校等不同用户需求,特别是实现与城乡社会救助体系的资源分享和衔接
9	大学生资助在线办公服务扩优平台	依附互联网内部数据及外部大数据资源的互联和利用,既可以组织开展各种资助项目的申请审批、汇集报送,也可定期进行各类资助信息的查询核对、公示通报,更可提供多方同步进行咨询解答、即时通信等网络综合服务
10	大学生资助政策执行监测与评估应用平台	依赖互联网自身的信息通信技术与各行业、各部门的跨界融合,将省级等地方资助管理部门及高校资助绩效考核评估,学生及其家长、社会对资助政策执行的满意度调查,以及对困难学生未来职业发展综合能力的影响等各类信息进行获取、采集、存储,并经处理、分析,转换成按需整理、按需设计,且科学公平、客观有效的资助政策执行监测与评估结果及其效果

(四)注重创建"互联网+资助"行动计划应遵循的基本原则

为进一步加快"互联网+资助"在高等教育领域的应用,创建"互联网+资助"行动计划应遵循以下四大基本原则:

1. 推动实施计划必须加强基础设施建设

"互联网+"的动力在于云计算、大数据与新分工网络[①]，其前提是互联网作为一种基础设施的广泛安装[②]，为此，推动实施"互联网+资助"必须集中物力、财力夯实基础设施建设，加快全国，特别是中西部、乡村等落后地区新一代信息基础设施扩建工程，大幅提升宽带网络速率，优化应用基础设施布局，加强教育、财政、民政、金融等相关部门基础设施的对接与融合，从而提高"互联网+资助"整体应用运行能力。

2. 计划主导组织必须满足各方主体需求

实施普通高校"互联网+资助"行动计划目的是提升以困难学生经济资助和成长育人为中心的大学生资助总体效能，基于全国高校大学生资助政策执行现状，在整合政府、学校等跨层次、跨部门的互联互通的统一"大学生资助公共服务平台"过程中，更要始终高度重视各平台中公共资助数据信息资源的开放共享，以满足各级政府资助管理部门、各层次办学院校、各类学生及其家长、各界社会组织的需求，也能够推进政府资助部门与普通高校大学生资助工作一体化提升。

3. 行动计划资源信息必须确保高度安全

实施"互联网+资助"行动计划主要任务之一就是最大限度地保障学生及其家长、社会对资助资源分配的知情权，但在充分保障大众知情权、实现信息资源合理公开利用的同时，更要加强学生个人及其相关数据隐私保护，以保证学生个体隐私等信息不被泄露，为此，实施"互联网+资助"计划过程中要明确界定保密数据信息和公开数据信息的界限、期限及用户范围，并加大保密信息的安全性、扩大公开信息的开放性，最基本一点就是加快做好网络信息安全、个人信息报告、网络交易监管、技术保障服务、道德自律修养等方面的地方立法，从而强化所有资助数据信息安全管控，保障"互联网+资助"计划安全运行。

4. 系统整体必须注重持续创新发展能力

"创新是历史进步的动力、时代发展的关键，位居今日中国'五大发展理念'之首，必将带来我国发展全局的一场深刻变革"[③]；持续创新作

[①] 阿里研究院：《"互联网+"研究报告》，2015-03。

[②] 欧阳日辉：《从"+互联网"到"互联网+"——技术革命如何孕育新型经济社会形态》，《人民论坛·学术前沿》2015年第10期。

[③] 任理轩：《坚持创新发展》，《人民日报》，2015-12-18。

为创新的延伸,能够使创新的整个过程更加具有可延续性,使其具有持续的发展能力,而"互联网+"持续创新作为新一代信息技术持久稳定发展的重要因素之一,也将互联网的整个创新过程不断优化和延续,为此,实施"互联网+资助"行动计划不但要注重互联网自身创新能力,更要注重发挥大学生资助、思想政治教育甚至人才培养体系的系统性、整体性创新,以便充分体现持续创新作为引领大学生资助发展第一动力的功效,通过依靠上下同心、全社会一起努力,推动建立完善"政府主导、学校自主、学生参与、社会监督"的持续创新发展的大学生资助管理体制,为最终实现中华民族伟大复兴中国梦提供根本遵循、注入强劲动力。

除此之外,还应加强各级政府资助专职管理人员及各类普通高校资助专职人员队伍建设,通过加大资助专职人员培训力度,健全资助专业培养机制,努力推进普通高校学生资助工作队伍职业化建设;加强高等教育学生资助工作理论研究,在高校思想政治教育工作等高层次人文社会科学研究立项与科研经费上,对大学生资助工作有关研究课题给予重点倾斜与支持,不断推进高校大学生资助工作学术研究的创新性、持续性、前瞻性,进一步提升大学生资助工作理论水平,并注重增强学生资助理论研究与工作实践的衔接,以便实现大学生资助理论研究成果、资助工作实践相互协调发展。

第八章 我国高校家庭经济困难学生认定工作实践现状及未来发展构想

开展高校家庭经济困难学生认定工作实践与研究,须先明确贫困这一概念。关于贫困的确切含义,各国都有不同的界定,英国汤森将贫困界定为"所有居民中那些缺乏获得各种食物、参加社会活动和最起码的生活和社交条件的资源的个人、家庭和群体就是所谓贫困的"[1];欧共体将贫困定义为"为个人、家庭和人的群体的资源(物质的、文化的和社会的)如此有限,以致他们被排除在他们所在的成员国的可以接受的最低限度的生活方式之外"[2]。我国国家统计局有关课题组在研究报告中将贫困界定是"指物质生活困难,即一个人或一个家庭的生活水平达不到一种社会可接受的最低标准。他们缺乏某些必要的生活资料和服务,生活处于困难境地"[3];全国高校优秀辅导员、全国优秀教育工作者、山东省青少年研究院特聘专家唐玉琴在著作中认为贫困应包含两层意思:首先,贫困是一种经济现象,是由于物质资源的缺乏,整个家庭或个体生活水准处于社会平均数之下,甚至是处于社会最低标准之下;其次,贫困也是一种社会现象,它不仅仅指物质资源的缺乏,还包括精神的、社会的、文化的等各方面[4],无论哪种界定,贫困最关键问题即是所需最基本物质等资源的不足与短缺。而对于高校贫困生群体,是在20世纪末随着高校扩招和收费制度的实施而出现的;进入21世纪后,随着高等教育改革的逐步深入,高校"贫困生"也随之被称为"家庭经济困难学生"。

---

[1] 刘国:《贫困与法治的关系探析》,《云南大学学报》(法学版)2007年第5期。
[2] 欧共体:《向贫困开战的共同体特别行动计划的中期报告》,1989年。
[3] 国家统计局《中国城镇居民贫困问题研究》课题组:《中国城镇居民贫困问题研究》,《统计研究》1991年第6期。
[4] 唐玉琴、张乐方:《高校家庭经济困难学生的多维透视》,中国书籍出版社2015年版。

第八章　我国高校家庭经济困难学生认定工作实践现状及未来发展构想

由于高校贫困生是大学生中相对贫困的一个群体，根据国际上研究相对贫困问题的惯用方法，确认贫困生的贫困线一般按下列公式计算：$PL = X/2$，其中 PL 表示贫困线，X 表示大学生的平均消费水平（大学生用于大学生活、学习有关消费的平均值），根据 PL 值，可计算贫困线以下学生占总学生人数的比例，即贫困率 PR[①]，然而，仅根据贫困线而不依据学生家庭经济状况等其他多种因素是无法科学准确界定贫困学生对象和困难程度的。就高校贫困生定义，杨昌江、任雪峰、刘华、王雪梅等诸多专家、学者及高校一线资助工作者提出各自不同的看法，而在2007年，教育部、财政部在下发的《关于做好高校困难学生认定工作的指导意见》中明确将高校家庭经济困难学生概念确定为"指学生本人及其家庭所能筹集到的资金，难以支付其在校学习期间的学习和生活基本费用的学生"，并明确要求要认真做好高校家庭经济困难学生认定工作，切实保证国家制定的各项学校资助政策和措施真正落实到家庭经济困难学生身上[②]。从高校困难学生的认定实践上，应该包含两个层面：一是指对大学生家庭经济是否困难的确定，也就是区分真假贫困；二是指对贫困大学生家庭贫困程度的确认[③]；同时，从高校人才培养目标定位上来看，大学生资助工作不仅包括经济上的物质资助，还应包括思想教育上的精神资助及综合素质发展上的能力资助。在现行的高校学生资助体系中，家庭经济困难学生认定作为大学生资助工作的首要环节，其准确性直接影响到高校困难学生资助工作的效益与效率[④]，为此，应迎合新形势要求，进一步重视并加强高校家庭经济困难学生认定工作，通过提高家庭经济困难学生认定的精准度和实效性，为创建实施高校精准学生资助体系提供坚实的基础保障。

第一节　我国高校家庭经济困难学生认定工作实践及研究现状

高校学生资助工作最重要的环节是困难学生认定工作，其认定结果

---

① 王昌松：《高校贫困生工作》，泰山出版社2008年版。
② 教育部、财政部：《关于认真做好高等学校家庭经济困难学生认定工作的指导意见》（教财〔2007〕8号），2007-06-26。
③ 任学锋、徐涛：《贫困大学生教育援助研究》，西南交通大学出版社2006年版。
④ 何晴：《基于层次分析法对高校贫困生认定指标体系的研究》，《黑龙江教育学院学报》2011年第3期。

是大学生资助的基础和依据,国内诸多高校和专家学者针对困难学生认定工作开展了一些实践与研究,但由于一直缺乏一个科学、合理且行之有效的家庭经济困难学生认定体系,为此,至今高校困难大学生认定工作仍是大学生资助工作中的一道难题。西方发达国家及我国港澳台地区在大学生资助工作,特别是困难学生认定方面的实践和研究要远远早于我国内地院校,为我国大陆高校开展困难大学生认定工作提供了很好的借鉴。

一 国外及港澳台地区高校贫困生认定方式方法实践及研究述评

从现有的文献上来看,世界各国及我国港澳台地区大都以家庭经济调查作为贫困生认定的主要手段,家庭经济调查,即指通过不同方案来确认家庭或个人是否有能力支付高等教育的费用,以确定家庭或个人是否属于贷款资助的目标群体,从而通过审查进行确认家庭或个人是否具备贷款资助资格[①]。在具体操作上,往往以家庭收入和财产为主作为分析需求的起点,通过对不同的经济指标进行估价而进行调查认定的;在具体方法上,由于税收机制比较完善,可以较为准确掌握学生家庭的经济收入情况,大都采用层次分析法等公式来计算学生家庭经济需求,从而进行高校贫困生的认定与资助。部分国家及我国港澳台地区高校贫困生认定方式方法对比情况,见表8—1。

表8—1 部分国家及我国港澳台地区高校贫困生认定方式方法对比表

国家或地区	认定方式方法或模式	主要认定指标或措施
美国	家庭收入单一指标认定法	基于完善的收入查证和收入税征收体系,以及居民非劳动所得监督体系,以家庭收入作为贫困生认定的唯一标准,根据学生经济资助需求确定学生经济状况。公式为:经济资助需求 = 大学教育成本 − 家庭能够分担成本,由此进行分析学生家庭的经济支付能力,其中,上学成本 = 学费 + 杂费 + 书本文具费 + 食宿费 + 交通费 + 上学期间的其他费用;家庭能够分担成本 = 家庭收入 + 财产 − 平均生活开支 × 家庭人口 − 重大意外开支[②]

---

① 毕鹤霞:《国内外高校贫困生认定与研究述评》,《比较教育研究》2009年第1期。
② 毕鹤霞、沈红:《贫困生判定的难点与认定方法探究》,《高教探索》2008年第5期。

第八章 我国高校家庭经济困难学生认定工作实践现状及未来发展构想

续表

国家或地区	认定方式方法或模式	主要认定指标或措施
加拿大	学生生活标准对比认定法	基于学生需求判定贫困生经济状况，通过对家庭预期贡献、家庭收入、资助项目、子女是否住校、子女独立程度等五个主要因素进行区分，并据此计算学生所需，公式为：学生所需资助资金＝规定费用－家庭收入来源，其中，在规定费用与收入来源的同时制定中等生活标准表，由专门评估组织依此为标准确定学生提出的资金需求是否合理①
英国	家庭经济状况指标认定法	第一步，进行确定"家庭上年剩余收入"，公式为：家庭上年剩余收入＝上年家庭总收入－家庭购房分期付款－其他需扣除费用，据此计算出学生家庭经济状况；第二步，核对家庭应为学生负担的生活费用；第三步，地方政府根据"学生标准生活费"、"家庭应该负担的生活费"及学校所在地区和是否走访等情况，进行确定需要资助的助学金金额②
德国	父母所得税支付税单认定法	基本依据学生上缴的父母所得税的支付税单确定家庭经济状况，再根据学生学习费用对比，来确定学生资助需求
澳大利亚	家庭工资收入调查认定法	接受"家庭经济状况调查"达到条件后方可申请资助，规定：家庭年收入低于1.6万澳元（平均工资收入为2.2万澳元）的学生才有获得全额助学金资格；年收入高于1.6万澳元的学生，每增加2元收入就减去1元助学金，直至完全无资格享受助学金。除了家庭工资收入调查外，还增设家庭财产（含房地产、储蓄、股票等）调查及计算标准，其标准是家庭财产低于30万澳元的学生才可享受助学金等资助资格③
尼日利亚	四要素财产监测认定法	主要通过学生父母职业、收入、家庭人口数和正在接受教育的子女数量等四个要素进行衡量家庭经济状况，从而确定家庭负担学生学习费用的经济能力④
泰国	家庭年收入指标认定法	完全依照家庭年收入标准衡量学生资助需求状况，对于学生家庭年收入等于和少于"大学教育部"设定标准的才能获得助学贷款等资助，其中，家庭年收入设定的标准最初为15万铢，1997年改为30万铢，自2002年又改为15万铢，设定的标准和泰国家庭收入平均水平基本一致⑤

---

① 刘学军、闫屹、程晓娜、黄建华：《加拿大高校助学计划体系及其启示》，《河北大学学报》（哲学社会科学版）2006年第5期。
② 马经：《助学贷款国家比较与中国实践》，中国金融出版社2003年版。
③ 张民选：《理想与抉择——大学生资助政策国家比较》，人民教育出版社1998年版。
④ 叶虹、罗雷：《国外高校助学帮困工作及对我国的启示》，《北京青年政治学院学报》2012年第2期。
⑤ 冯涛：《国家助学贷款制度研究》，上海社会科学院出版社2009年版。

续表

国家或地区	认定方式方法或模式	主要认定指标或措施
日本	居民收入及资产指标认定法	将居民家庭收入和资产指标与各种分类指标相结合，依此先确定学生家庭经济收支状况，然后再根据学生平均每年的学费、生活费、住宿费等各项开支实际需要，进而确定困难学生资助需求①
中国香港地区	家庭人均可支配收入与资产组合认定法	基于家庭财力状况来判断家庭经济情况。根据家庭人均可支配收入（FDI），计算出合格指数，以此判断家庭经济情况，其中 FDI =（家庭收入－家庭支出）/总人口。认定步骤含两部分，第一部分，计算调整后家庭收入 AFI，AFI =（父母及祖父母年收入之和＋未婚兄弟姐妹年收入×30%－家庭病人医疗费用）/（父母＋已婚及未婚子女数＋需要赡养的祖父母＋1）；第二部分，计算家庭人均资产额，并归类于特定的资产组别（NAV）予以审查，NAV =（固定资产＋流动资产）/总人口，依此计算出学生可获得贷款额的折算因子，折算因子的值乘以第一部分中计算出的最高贷款额，即得出学生申请可获得的贷款额②
中国台湾地区	家庭收入认定法	凡家庭收入在中低层次以下，学生本人学习成绩平均在 70 分（接近良好）以上，未享受公费或未领取教育补助者均可申请"教育部"就学贷款资助③

纵观以上各国或地区的高校贫困生认定指标，虽包含分析指标有所不同，但大都涵盖家庭成员收入、支出等经济因素，家庭房产、住所等固定资产与非固定资产等财产因素，以及学生实际需求等自身因素，并通过公式法进行计算、对比等，由此确认高校贫困生资助对象及贫困程度，为后期经济困难学生提供资助打下良好的基础。

二 我国高校家庭经济困难学生认定工作政策实施进展

为适应高等教育事业的改革和发展，20 世纪末，随着高等学校收费制度的改革，高校开始出现家庭经济困难学生，在 1985 年 4 月财政部印发的《财政部关于增加高等学校学生临时困难补助费的通知》、1987 年 7 月原国家教委印发的《普通高等学校本、专科学生实行贷款制度的办法》等文件中，就困难大学生统一称之为"家庭经济确有困难的学生"；在

---

① 李姗霖：《日本大学生资助政策研究》，《学园》2013 年第 35 期。
② 钟宇平：《香港学生资助计划与高等教育发展》，《教学学报》2005 年第 33 期。
③ 潘慧斌、张冠增：《台湾地区高等教育纵览》，学林出版社 2002 年版。

第八章　我国高校家庭经济困难学生认定工作实践现状及未来发展构想

1993年7月，原国家教委、财政部印发的《关于对高等学校生活特别困难学生进行资助的通知》中对"生活特别困难的学生"首次定义为"特困生"，并要求对特困生按困难程度划分档次给予不定期资助①；而在1999年6月，教育部、财政部联合下发的具有较强指导性、全面性的《关于进一步加强高校资助经济困难学生工作的通知》及其后相关规章制度中，基本将困难大学生简称为"经济困难学生"。

进入21世纪后，就困难大学生概念几经变化并逐步进行了规范，2003年7月，教育部下发的《关于切实做好资助高校经济困难学生工作的紧急通知》中，要求进一步做好"高校经济困难学生"资助工作，以保障当年新录取的"经济困难学生"能顺利入学；而在2004年9月，国务院办公厅下发的《关于切实解决高校贫困家庭学生困难问题的通知》中，将困难学生又统称为"高校贫困家庭学生"，并强调指出"随着我国高等教育规模的扩大和学生总量的快速增长，全国普通高校贫困家庭学生约占20%，人数高达240万人左右"②。为落实党的十六大和十六届三中、六中全会精神，切实解决困难学生就学问题，2007年5月，国务院作为我国最高国家行政机关，首次以国务院文件下发《关于建立健全普通本科高校高等职业学校和中等职业学校家庭经济困难学生资助政策体系的意见》，围绕从制度上基本解决"家庭经济困难学生"的就学问题，明确要求建立健全家庭经济困难学生资助政策体系的重大意义，并就体系建设的主要目标、主要内容等进行概述③；同年6月，我国第一个对家庭经济困难学生认定工作的办法正式出台，教育部、财政部联合印发《关于认真做好高等学校家庭经济困难学生认定工作的指导意见》，明确认定程序，并将认定标准设置一般困难、困难和特殊困难等2—3档④。根据上级精神，普通高校纷纷成立家庭经济困难学生认定领导或工作小组，通过定性方式，或采用定性与定量相结合方式积极开展困难学生认定工作，并结合

---

① 国家教育委员会、财政部：《关于对高等学校生活特别困难学生进行资助的通知》（教财〔1993〕51号），1993-07-06。
② 国务院办公厅：《关于切实解决高校贫困家庭学生困难问题的通知》（国办发〔2004〕68号），2004-09-03。
③ 国务院：《关于建立健全普通本科高校高等职业学校和中等职业学校家庭经济困难学生资助政策体系的意见》（国办〔2007〕13号），2007-05-13。
④ 教育部、财政部：《关于认真做好高等学校家庭经济困难学生认定工作的指导意见》（教财〔2007〕8号），2007-06-26。

学校学生实际及要求定期进行认定对象和等级调整,实现动态管理,但总体来说,普通高校在困难学生认定中由于缺乏科学的量化认定指标和认定机制,普遍存在认定过程不客观、认定标准过于僵化、认定信息不对称、认定结果不精准等问题。即便到目前,全国高校或各省市地方院校家庭经济困难学生认定仍没有统一的科学模式,且各地区间在认定工作方面呈现出较大的差异性。如果高校家庭经济困难学生认定工作中存在的难点与不足未得到及时、较好的解决与完善,就无法确保各类资助资金真正落实到家庭经济困难学生身上,无法让家庭经济困难学生能够充分享受到经济资助,不但严重影响了大学生资助资源公平、公正地分配,更不利于高校的安全稳定与社会的和谐发展。

三 我国高校家庭经济困难学生认定工作实践及研究状况

从高校现实做法及现有文献上看,我国部分普通高校,以及诸多专家、学者,结合自身实践或研究,开展或提出的较有代表性的家庭经济困难学生认定工作方法及认定模式,分别见表8—2和表8—3:

表8—2　　我国普通高校家庭经济困难学生认定实践方式方法一览表

方法分类	实践方式方法	主要认定措施
最低生活保障线比照界定法（家庭收入界定法）	家庭收入生源地对比认定法	经学生生源地地方民政部门根据学生家庭人均月收入参照当地居民最低生活保障标准比照确定后,由学校根据学生出具的贫困家庭证明直接进行认定①
	家庭收入学校对比认定法	由学校根据学生家长所在单位或社区出具的收入证明和生源地地方民政部门根据学生家庭经济困难程度出具的家庭经济困难为主要依据,计算出学生家庭人均收入,并与学校所在地最低生活保障标准进行对比后进行确定②
学生消费水平界定法	学生在校消费水平调查摸底认定法	经学校对在校学生学习、生活消费水平进行调查摸底后,确定学生在校月平均生活费,并与学校所在地最低生活保障线进行对比后认定
	学生校园卡消费水平对比认定法	基于山东大学的实践,通过学校信息化办公室创建的"信息决策辅助系统"中的"校园卡查询系统"查看学生在校期间日常消费情况,如果消费水平低于学校学生平均水平消费水平,一般认定为贫困生③

---

① 王芳、朱文:《浅议高校贫困生的认证与资助》,《前沿》2006年第6期。
② 杨得利、熊志忠:《高校贫困生认证方法研究》,《煤炭高等教育》2007年第5期。
③ 马桂兰:《中国贫困大学生资助体系建设研究》,山东大学,2008年。

第八章 我国高校家庭经济困难学生认定工作实践现状及未来发展构想

续表

方法分类	实践方式方法	主要认定措施
学生消费水平界定法	学生在校"经济困难线"认定法	基于中国传媒大学的实践，主要以学生在校消费水平的最低线、家庭能提供的经济支持为参考依据，并与学校确定的"经济困难线"（指家庭经济困难学生在校学习、生活期间所需的最低费用标准）进行比较后划分为三个等级：经济特别困难学生、经济困难学生、一般困难学生①
	学生消费跟踪回访认定法	基于中国人民大学的实践，制定实施贫困生认定、跟踪机制方案，即跟踪调查贫困生餐卡消费次数、消费的稳定性和消费金额并与普通同学对比；再向所在班级或寝室同学了解困难学生的具体生活开支和消费结构；同时要求，每学期组织困难学生进行一对一谈话至少一次，且每次至少30分钟以上；在此基础上，学校不定期对困难学生进行调研和回访
指标量化界定法	多级审批认定法	基于中国海洋大学的实践，依托学校"助学在线"系统，在学生自主申请评价的基础上，通过定量指标计算并经学院学校逐级审核，形成比较规范的认定定量评价模型②
	经济状况与民主评议结合认定法	基于南京师范大学的实践，建构家庭经济困难学生评估体系，包含"学生家庭经济情况量化测评指标体系"（包括烈士子女、孤儿、学生生源地、学生家庭成员情况、学生家庭收入情况、其他特殊情况6项一级指标及相应二级指标，占70%）和"民主评议"（包括思想品德、遵纪守法、文明修养等三方面，占30%）③
	"量化测评与评议走访"体系认定法	基于东北师范大学的实践，以"科学加工学生家庭经济困难信息"为核心，严抓信息采集、分析与修正关键环节，构建包含困难学生信息采集、困难程度量化分析、民主评议修正、走访验证等四部分为主要内容的"量化测评与评议走访"家庭经济困难学生评定体系；在认定过程中坚持定性与定量相结合、指标与程序相结合、共性与个性相结合、质量与效率相结合"四结合"，实现困难学生认定工作准确率接近99%④

---

① 李萍：《高校家庭经济困难学生认定模式的探讨》，全国高等学校学生资助论坛文集（2010年学生资助工作业务培训系列教材），2009年。
② 张丽、王晓鹏、暴晓彤、迟瑞娟、杨柳：《高校家庭经济困难学生认定方法的研究——基于中国海洋大学的案例分析》，《高教学刊》2016年第2期。
③ 胡勇：《高校家庭经济困难学生认定的问题与思考——以南京师范大学为例》，《太原城市职业技术学院学报》2014年第3期。
④ 杨晓慧：《高校家庭经济困难学生认定模式的思考与实践》，《思想理论教育》2009年第11期。

续表

方法分类	实践方式方法	主要认定措施
指标量化界定法	主要指标与次要指标权重认定法	基于首都经济贸易大学的实践与研究，从量化角度全面考察困难学生资助经费的效率与效益，通过设置家庭性质、家庭人均月收入两个主要指标，家庭所在地、家庭资产总额、家庭负债总额、父母职业、家庭亲属及其资助情况、校园卡消费、学生个人财产、学生综合评定八个次要指标，并对十个指标赋予不同权重建立一套困难学生认定标准体系①
	困难系数认定法	基于北京大学地球与空间科学学院的实践，建立包含家庭所在地、主要收入来源、住房情况、父母情况、家庭其他成员情况、本人特殊情况、家庭意外情况、缴纳学费情况八大类致困原因和一项学习成绩在内的共九大类、三十四小类的量化评估认定体系，通过对各类致困因素确定所占权重，并对各种量化因子以赋值方式进行量化，按照公式计算出困难系数，公式为：困难系数 = $\sum 1$（符合自身描述的因子）×所对应的量化赋值×所属大类所占的权重，并以困难系数衡量、确定学生家庭困难程度，其中困难系数和家庭人均年收入呈现一定程度的负相关线性关系；学生家庭经济越困难，其困难系数就越大②
横向比较界定法	班委会选举认定法	按照学校认定比例，由班级组织学生结合自身了解和掌握的信息，通过投票等方式进行困难学生认定
	班主任和辅导员评判认定法（比例评定模式法）	以困难学生占大学生总数的比例（全国或各省平均数）为依据，按比例划定学校各院系困难学生控制数，根据学生申请，由班主任组织班级评定、辅导员或学院学工部门核定认定（此方法是 2006 年前后使用的最主要的认定方式之一）
	观察访谈认定法	在新生入学后，由班主任或专职人员进行一对一深度访谈，并结合学生日常在校表现，从多方渠道了解家庭经济状况，通过观察、对比进行认定
证件证明认定法	三级证明认定法	由困难学生家庭书写家庭困难申请，依此经所在社区居委会（村委会）、街道办事处（乡、镇政府）、县级民政部门进行调查审核，并经村、镇、县三级证明属实后交学校据其认定

---

① 何倩、赵长顺：《论贫困生资助有效性与标准化认定机制》，全国高等学校学生资助论坛文集（2010 年学生资助工作业务培训系列教材），2009 年。
② 于超美、叶威惠、郑培晨：《基于量化评估的家庭经济困难学生认定体系的建立》，《高校辅导员》2013 年第 3 期。

第八章　我国高校家庭经济困难学生认定工作实践现状及未来发展构想

续表

方法分类	实践方式方法	主要认定措施
证件证明认定法	困难证件认定法	由学校根据困难学生提交的家庭户口簿，以及父母等家庭主要成员持有的城市居民最低生活保障证、就业失业登记证、低保证、孤儿证、残疾证、烈士证等有效合法困难证件进行认定
	生源地政府证明认定法	基于浙江省规范贫困生认定做法与实践，对照公布的各市县的经济困难家庭基本标准，根据学生家庭经济困难程度，由生源地民政部门就学生入学情况调查和家庭经济困难状况核实后，开具困难学生相应证明作为困难学生申请高校助学贷款等相关资助的凭据，并由高校以此建立困难学生数据库，其中民政部门开具的证明分特困家庭证明（证明对象为低保家庭、烈士家庭、由社会福利机构监护或列入农村"五保户"的学生）和困难家庭证明（证明对象为低保标准以上、不超过低保标准150%，或因突发事件及因灾、因病造成家庭困难的学生）两种①
综合评价界定法	综合测评认定法	基于天津工业大学的实践，采取对影响家庭经济状况因素进行定量分析方法，将学生家庭经济情况、民主评议情况、学院综合意见三方面的影响因素分别赋予不同分值，再将三方面分值分别赋予不同权重，叠加后得到学生经济困难程度综合测评分值（困难学生综合测评分值＝家庭经济测评分值×70% ＋民主评议测评分值×20% ＋学院综合意见分值×10%），最终根据测评结果进行量化排序，分A、B、C三档，其中家庭经济认定指标体系含5个一级指标、13个二级指标和50个主要观测点②
	家庭经济生活指数综合认定法	基于清华大学的实践，以困难学生家庭经济收支、学生本人经济来源及消费情况、所在学校所有学生的平均消费水平等经济生活指标为基础数据，按照国际和国内惯例计算出经济生活指数，然后再依据一定的参数作比较进行判定是否困难及其困难程度，公式为：学生经济生活指数（ELI）＝学生最高承受能力/学校基本生活标准（如果$ELI<1$，可被视为困难家庭学生，其中：$ELI<0.15$时为特别困难学生；$0.15 \leq ELI<0.30$时为比较困难学生；$0.30 \leq ELI<1$时为一般困难学生）③

---

① 刘笑冬：《浙江公布贫困生界定统一标准》，《浙江日报》，2005 - 09 - 21。
② 新华网：《天津工大建立贫困生认定体系杜绝假冒贫困生》，http：//www.tj.xinhua-net.com/news/2005 - 04/04/content_ 4000191.htm，2005 - 04 - 04。
③ 任学锋、徐涛：《贫困大学生教育援助研究》，西南交通大学出版社2006年版。

续表

方法分类	实践方式方法	主要认定措施
综合评价界定法	家庭经济与学生消费综合认定法	以学生在校月（年）平均消费支出情况、学生家庭人均月（年）收入情况为主，参考学生缴纳学费情况，并在院系进行综合的、全面的调查摸底及实地走访的基础上，进行各方面综合因素考虑从而确定困难等级（由于具有较强的指导性、实践性和操作性，被大部分院校认可并采纳）
	四等级评价认定法	通过学生家庭因素、学习因素、德育表现、生活节俭程度、有无特殊性重大事件等综合考虑进行认定，将学生家庭困难程度认定细化为"极为困难"、"非常困难"、"困难"、"一般困难"四个贫困等级①

注：针对家庭经济困难学生认定工作，我国其他普通高校从不同的视角也开展了较多的实践与探索，为科学、规范、精准开展家庭经济困难学生认定工作提供了有益参考，但基本都围绕学生家庭经济状况及学生在校学习与生活消费情况通过量化指标体系等方式展开的，本章不再一一详述。

表8—3　　**我国普通高校家庭经济困难学生认定指标体系（模式）研究探索一览表**

分类依据	研究体系（模式）	主要运行内容
定量指标	三项判定指标认定体系	主要通过学生情况、家庭情况、学校情况等三大项指标及11个下级指标组成的指标体系进行判定②
	六项综合资源指标认定体系	主要通过学生家庭经济资源、人力资源、自然资源、社会资源、特殊性、个人综合等六大项指标体系进行确定学生困难程度③
	七项指标权重认定体系	主要通过家庭调查、学校调查、个人自评、学校层次、学校类型、所学专业、已获资助等七大项指标及18个下级指标组成的指标体系进行判定④

---

① 阳义健、方凤玲：《高校贫困生认定指标体系构建研究》，《黑龙江史志》2011年第19期。
② 查方勇：《高校家庭经济困难学生认定工作优化探讨》，《陕西教育》2015年第3期。
③ 赵炳起、李永宁：《高校贫困生经济资助体系的困境与对策》，《事业财会》2006年第6期。
④ 刘进、沈红：《我国高校贫困生认定路径》，教育经济学年会会议论文，2007年。

第八章 我国高校家庭经济困难学生认定工作实践现状及未来发展构想

续表

分类依据	研究体系（模式）	主要运行内容
定量指标	十一项指标权重认定体系	充分挖掘导致学生家庭经济贫困因素，构建包含学生家庭基本情况、家庭所在地情况、家庭成员健康状况、家庭成员工作情况、家庭受灾情况、家庭年收入情况、家庭教育负担情况、家庭其他开支情况、家庭负债情况、家庭提供月生活消费情况和学生贷款情况11项一级指标与47项二级指标在内的困难学生认定体系量表，运用层次分析法，并通过构造一级指标的两两比较矩阵分别确定各个指标权重与权重系数，从而进行困难学生对象及困难程度认定①
非经济指标	四元量化评价认定体系	从非收入指标对学生经济状况的影响着手，将家庭人力资源情况、家庭生活质量状况、学生本人缴费压力和特殊经济状况等四类非经济数据指标作为标准，通过建立量化评价体系进行认定②
数学模型	TOPSIS 数学建模认定模式	先参考家庭经济、家庭所在地区、学生自身及学校四方面因素确定资格审查后，运用 TOPSIS 法对学生家庭经济情况进行综合评价，并选取认定指标进行量化、排序，从而划分家庭贫困程度等级③
	模糊综合评价数学模型认定模式	应用"模糊综合评价数学模型"原理，针对家庭经济困难学生认定本身存在较大的模糊性，以模糊运算为基础，通过形成地区自然贫困、家庭贫困、学生个人消费、学生在校表现等四大指标模糊矩阵，以及评价加权矩阵，建立模糊综合评判模型，从而构建模糊综合认定指标因素体系，实现对学生困难程度的综合评估和定量计算④
	FAHP 模型层次结构认定模式	借助"模糊层次分析法"（FAHP）模型，设计并构建涵盖学生家庭地域因素、经济条件、家庭结构和其他情况四个主要因素的困难学生认定层次结构模型，并利用数量形式表达和处理逐段判断后，通过比较判断矩阵来确定各个贫困因素指标的相应权重，最终通过计算确定学生的综合贫困程度⑤

---

① 李少阳、王志伟等：《家庭经济困难学生认定指标体系的构建》，《高校辅导员》2013年第4期。
② 王晓莉：《基于非收入指标的高校贫困生认定研究》，西南交通大学，2012年。
③ 蔡红建、薛单、王兵团：《对高校家庭经济困难学生认定问题的探索》，《中国青年研究》2009年第12期。
④ 张彦坤、肖庆生：《基于模糊综合评判模型的家庭经济困难学生认定管理工作研究》，《科技与管理》2012年第6期。
⑤ 凌子平：《高校贫困生认定FAHP模型的构建与应用》，《中国市场》2015年第17期。

续表

分类依据	研究体系（模式）	主要运行内容
数学模型	层次分析结构数学模型认定模式	以"层次分析法"（AHP）为基础，从家庭属性、家庭收入状况、家庭经济负担、个人情况四方面构建一级指标（影响因素）及其二级指标（影响因子），针对二级指标再细化分级，形成最高层、中间层、最底层为架构的分析结构模型，通过各层致困因子相应的权重赋值，构建认定指标体系实现科学分析认定①
层次分析法	"三层"层次分析法认定模式（递阶层次结构认定模式）	运用层次分析法，将建立在定性与定量有机结合的学校困难学生认定体系指标分解为目标指标层、准则指标层（一级指标）、具体指标层（二级指标）三个层次，通过对每个指标赋予权重百分比进行量化认定②
层次分析法	"四途径"层次分析法认定模式	结合我国社会现实，在分析、比较发展中国家家庭经济调查状况特征指标和方法基础上，提出我国高校贫困生贷款资格判定的四种途径，通过运用层次分析法分别确定学生家庭经济供给、生活费消费、在校奢侈品消费、个人表现等四大类特征指标相应权重，并设定了三条贫困线，计算出每个学生贫困程度值，从而准确判定国家助学贷款等资助项目的资助对象③
数据分析	综合评价认定体系	采用"综合评价法"（即多指标综合评价法），以量化评分细则、合理设计权重两个基本环节代替复杂的数学模型等计算，通过列举并确定相关观测点及参考指标体系进行量化评分，最终根据评议结果进行相应认定④
数据分析	数据挖掘技术关联分析认定体系	基于学生"校园一卡通"的消费数据，通过数据仓库、OLAP、数据挖掘技术的综合应用，解决系部、专业、生源地、家庭收入状况等各个指标的多维分析问题，由此建立家庭经济困难学生评价数据平台，为开展困难学生认定提供主要信息支撑⑤

---

① 余鸣娇、何群艳、许刚：《高校家庭经济困难学生认定指标体系的数学模型研究》，《湖北大学学报》2014年第6期。

② 梅花：《高校家庭经济困难学生资助存在的问题及对策研究——以井冈山大学为例》，江西师范大学，2012年。

③ 杨晴：《中国高校贫困生贷款资格判定》，华中科技大学，2005年。

④ 周玉：《综合评价法在高校经济困难学生认定工作中的应用》，《安庆师范学院学报》2015年第2期。

⑤ 单菊芬：《基于数据挖掘技术的高校贫困生管理系统设计和分析》，南京邮电大学，2012年。

第八章 我国高校家庭经济困难学生认定工作实践现状及未来发展构想

续表

分类依据	研究体系（模式）	主要运行内容
数据分析	市场菜篮子认定模式	以我国营养学会推荐的食物摄入量为标准，通过重点分析大学生的消费特点、营养需要，计算出在校学生基础生活费用，再乘以恩格尔系数，进而计算学生所需费用并确定贫困标准①
	大数据时代家庭经济困难学生认定新模式	借助大数据时代带来的先进数据载体，分别建立学生认定预警机制模式、整合认定学生联系"云空间"模式、提前创建学生认定监管模式，并通过建立省、市、县、镇、乡、村、组的数据平台，对各方面数据进行汇总、量化和质化分析，进而开展困难等级和层次划分，推进资助工作细致化与精致化②

注：围绕我国高校家庭经济困难学生认定研究，内容及方向主要集中在认定量化指标体系及模型构建上，其量化指标基本皆从家庭成员、收入等家庭经济状况，以及学生在校消费、德育等学校综合情况两大方面进行考虑分析的，其研究方法也多是基于经济指标分析法、非经济指标分析法、层次分析法或数学模型等进行研究的，上述未列举的其他研究成果，无论在认定量化指标体系划分构建上，还是在研究分析方法应用上，都有较多类似之处，为此本章不再一一概述。

纵观我国高校家庭经济困难学生认定工作实践及研究，较大部分均是基于高校与省市的案例实践，或运用具体的、相对科学合理的分析方法与数学模型，由于普遍存在认定过程无法完全规避人的主观因素影响、研究方法较为单一、部分家庭量化指标难以准确核实、地域间经济指标可比性不强及系统的理论框架不够完整、公认度不高等原因，其研究结论推广价值有限，科学性和普适性不够。长安大学白华从全新的视角，突破传统的地方政府和高校二元组合认定模式，创新性地提出加强国家指导职能、强化政府主导功能、细化高校实施功能构想，尝试构建以国家宏观指导为主体，政府和高校护卫两翼的"一体两翼五化"、三维立体互动的认定格局③，从宏观的角度较系统地对家庭经济困难学生认定机制进行了大胆创新，并首次斧正政府和高校在家庭经济困难学生认定工作职责中的主体与客体关系，为高校困难学生认定提供了新的思路，然而国家宏观指导作用

---

① 李从松：《中国大学贫困生研究——贫困与贫困生现象的经济分析》，湖北人民出版社2003年版。
② 吴巧玉：《浅析大数据时代家庭经济困难学生认定新模式》，《商》2015年第35期。
③ 白华：《从二元组合到三维一体——高校贫困生认定的新视角》，《社会科学家》2012年第7期。

如何发展、认定体系框架如何构建、认定过程如何优化、认定载体如何支撑、认定结果如何验证等，仍有待进一步推进与深入探讨，以切实不断探索和完善符合我国基本国情、迎合我国高等教育改革的一套完整、完善的高校家庭经济困难学生认定机制。

第二节 聊城大学家庭经济困难学生认定工作实践探索

聊城大学作为一所山东省属综合性大学，不断提高做好家庭经济困难学生资助工作重要性的认识，特别注重做好家庭经济困难学生认定工作，为开展学生资助各项具体工作打好坚实基础，切实保证国家和学校的各项资助政策和措施真正落实到家庭经济困难学生身上，保障各类资助资源公平、公正、合理地分配。

一 学校家庭经济困难学生认定工作进展实施总体情况

构建科学的家庭经济困难学生认定体系，是促进学生资助工作健康发展的重要组织部分，为此，学校党委、行政高度重视在校家庭经济困难学生认定工作，始终把家庭经济困难学生认定工作与做好困难学生资助工作及大学生思想政治教育工作有机结合起来，并作为深化学校改革，维护稳定的一项重要工作抓实抓好。

多年来，学校坚持"日常工作规范化、创新工作特色化、特色工作品牌化、品牌工作理论化"的资助工作理念，积极进行家庭经济困难学生认定工作理论创新和实践创新，努力构建家庭经济困难学生认定新模式。自2004年9月起首次尝试开展家庭经济困难学生认定工作；2006年10月，学校在全省普通高校率先规范家庭经济困难学生认定工作，正式起草、制定了《聊城大学贫困学生认定与管理办法》，对建立贫困生三级认定组织和认定工作程序等作了详细规定和要求；2007年12月，学校重新修订下发了《聊城大学家庭经济困难学生认定工作实施办法》（聊大校发〔2007〕128号）；2010年9月，在充分调查研究的基础上，学校制定出台了《聊城大学贫困生认定量化指标体系》，并在部分学院试行，并于2011级新生正式实行；2015年9月，根据山东省学生资助管理中心统一部署要求，结合《山东省家庭经济困难学生认定信息系统》功能，将学校认定量化指标体系进一步创新完善，使之不断精准健全，并迎合全省家庭经济困难学生认定工作统一统筹需求，有力地推动了学校家庭经济困难学生认定工作的科学化、规范化、精细化发展。自 2004 年初至 2015 年底，共十二年期间，学校对 24527 名家庭经济困难新生进行了初次认定注册，建立在校家庭经济困难学生电子档案 95123 人次，创建家庭经济困难学生认定注册书面档案 430 余册。各年度在校家庭经济困难学生认定实施对比情况，分别见表 8—4、表 8—5 和表 8—6。

表 8—4　　　　聊城大学 2004—2015 年家庭经济困难学生认定注册人数一览表　　（单位：人；%）

年度	在校学生总人数	其中当年新生实际新增人数	当年困难学生认定总人数	其中当年认定困难新生新增人数	当年认定困难新生占新生总人数比例	注册总人数占在校学生总人数比例
2004	25198	7595	5120	1395	18.37	20.32
2005	26662	9125	5570	1671	18.31	20.89
2006	27139	7834	6614	1828	23.33	24.37
2007	25389	7153	6083	1423	19.89	23.96
2008	24526	7650	7689	1869	24.43	31.35
2009	26718	7418	8830	2518	33.94	33.05
2010	28794	8207	9650	2214	26.98	33.51
2011	32082	7928	8964	2371	29.91	27.94
2012	31883	7616	9041	2160	28.36	28.36
2013	32279	8683	9110	2461	28.34	28.22
2014	31690	9001	9206	2318	25.75	29.05
2015	30749	8379	9246	2308	27.55	30.07
总计	343109	96589	95123	24536	25.40	27.72

注：1. 以上人数仅含本、专、专升本学生在校人数，各年度 12 月底根据学校学工部门、教务部门、招生部门汇总，由于统计口径不完全统一，部分数据有些出入。

2. "新生实际新增人数"为当年实际报到学生人数。

3. "当年认定困难新生新增人数"及"当年困难学生认定总人数"皆为各学年第一学期（一般 9—10 月份）认定注册人数，而不含各学年第二学期（一般 4—5 月份）调整（调进或调出）认定注册人数。

表8—5　　　　　聊城大学部分年度家庭经济困难新生
认定主要指标对比一览表　　　　　（单位：人；%）

主要指标		2006年度		2009年度		2012年度		2015年度	
一级指标	对比指标	人数	比例	人数	比例	人数	比例	人数	比例
性别	男	772	42.23	1036	41.14	922	42.69	810	35.10
	女	1056	57.77	1482	58.86	1238	57.31	1498	64.90
户籍性质	农村	1316	71.99	2038	80.94	1641	75.97	1814	78.60
	城镇	512	28.01	480	19.06	519	24.03	494	21.40
生源	西部地区	69	3.77	121	4.81	163	7.55	192	8.32
	中部地区	160	8.75	277	11.00	271	12.55	247	10.70
	东部地区	1599	87.47	2120	84.19	1726	79.91	1869	80.98
家庭属性	孤儿	13	0.71	21	0.83	23	1.06	15	0.65
	单亲离异	189	10.34	292	11.60	302	13.98	314	13.60
	其他	1626	88.95	2205	87.57	1835	84.95	1979	85.75
父亲健康状况	已去世	26	1.42	35	1.39	31	1.44	42	1.82
	多病	196	10.72	259	10.29	268	12.41	294	12.74
	残疾	87	4.76	99	3.93	103	4.77	117	5.07
	良好	1519	83.10	2125	84.39	1758	81.39	1855	80.37
母亲健康状况	已去世	21	1.15	42	1.67	26	1.20	33	1.43
	多病	163	8.92	252	10.01	279	12.92	317	13.73
	残疾	102	5.58	87	3.46	121	5.60	135	5.85
	良好	1542	84.35	2137	84.87	1734	80.28	1823	78.99
供养子女读书人数	1人	879	48.09	1252	49.72	1004	46.48	1442	62.48
	2人	656	35.89	825	32.76	799	36.99	793	34.36
	3人	181	9.90	292	11.60	264	12.22	44	1.91
	3人以上	112	6.13	149	5.92	93	4.31	29	1.26
小计	困难认定	1828	23.33	2518	33.94	2160	28.36	2308	27.55

表 8—6　　聊城大学 2011—2015 年新生家庭经济困难等级认定人数对比表　（单位：人；%）

年度	当年认定困难新生新增人数	一档（普通困难）人数	比例	二档（一般困难）人数	比例	三档（特别困难）人数	比例
2011	2371	870	36.78	807	34.46	689	28.76
2012	2160	871	40.37	705	32.64	583	26.99
2013	2461	799	32.47	931	37.83	731	29.70
2014	2318	776	33.48	938	40.46	604	26.06
2015	2308	897	38.87	791	34.27	620	26.86
总计	11618	4216	36.28	4182	36.00	3220	27.72

注：1. 学校 2004—2010 年，由于基本使用定性方式进行认定，一、二、三档家庭经济困难学生比例分别按 1/3 进行同比例认定，各档次人数完全一致。

2. 结合学校学生资助工作现状及量化指标体系，各档次认定人数比例原则上限制在 25%—40%。

3. 根据 2011 年学校组织的量化等级划分，110—129 分值为一档（普通困难生）；130—149 分值为二档（一般困难生）；150 分值以上为三档（特别困难生）。

4. 在认定过程中，原则上低于一档下限分值的不具有家庭经济困难学生认定资格，但家庭经济属于比较困难的学生可划入一档下限分值 10 分范围内群体，即列为待认定对象，经走访调查并确认属实后，可认定为困难学生。

5. 学校家庭经济困难学生认定量化指标体系所含各指标分值，以及各档次（等级）划分上下限，根据社会经济发展水平与学生家庭经济变化状况，原则上每两年至三年进行一次调整。

聊城大学地处经济欠发达的鲁西地区，绝大多数学生来自农村，家庭经济困难学生比例较高。特别是自 2007 年后，全校家庭经济困难学生比例明显增多，认定困难学生人数占全校本专科人数比例高达 30% 以上，其中家庭经济困难学生中来自农村家庭学生比例高达 80%，且存在女性学生困难家庭比例高于男性学生困难家庭比例，因父母身体健康状况、家庭供养子女读书人数较多等主要因素导致家庭经济致贫等问题，给学校资助工作带来一定的困难和压力的同时，也给学校资助工作创新开展带来机遇和挑战。

二　学校家庭经济困难学生认定工作发展历程及其认定模式特点

根据学校家庭经济困难学生认定过程中使用的主要方式方法，聊城大学家庭经济困难学生认定工作发展历程可分为两大时期：定性认定模式时期、定量认定模式时期：

（一）定性认定模式时期（2004—2011年）

这一时期，根据家庭经济困难学生认定等级不同又可分为两级定性认定模式阶段、三级定性认定模式阶段：

1. 两级定性认定模式阶段（2004年9月—2006年9月）

2004年9月新生入学后，为做好在校贫困生资助工作，学校首次在全校20个学院（含二级学院东昌学院）开展贫困生家庭经济状况认定工作，主要根据学生提供的生源地村委（或办事处）开具的家庭经济困难证明及其他有关证明材料进行认定；认定比例限制在学校在校学生总人数的30%以内，即各学院贫困生人数不得超过本学院总人数的30%，其中2004级贫困新生人数不得少于本学院同级新生总数的5%；而认定等级分为"特困生"、"贫困生"两个等级，其中"特困生"认定学生比例最高不得超过学院认定贫困生总人数的30%。经学院认定，对在校5120名本专科贫困生进行了家庭经济困难程度等级初次认定，认定贫困生人数占在校学生人数比例为20.32%，在此基础上，首次创建《聊城大学贫困学生信息管理库》，并作为学校聘任勤工助学、审查国家助学贷款申请资格，以及评选优秀贫困生的主要依据。同时，由学校资助管理部门、学院分团委分别负责学校及学院贫困生相关信息的更新与维护。

2. 三级定性认定模式阶段（2006年10月—2011年9月）

为促使学校困难学生资助工作实现制度化、规范化、科学化管理，根据《教育部办公厅关于建立国家助学贷款工作巡回督察、督办机制的通知》（教财厅〔2006〕3号）及山东省有关文件规定精神，2006年10月，学校在全省普通高校率先规范家庭经济困难学生认定工作，学校学生资助管理中心作为贫困生认定与管理职能部门，正式起草、制定了《聊城大学贫困学生认定与管理办法》（聊大学资发〔2006〕3号），决定建立贫困生三级认定组织，并就在校本专科家庭经济困难学生认定工作程序作了详细规定和要求。在贫困学生认定等级及评定标准上，由原来的两个等级调整为三个等级，即特困生、贫困生和普困生，其中特困生评定标准为学生及其家庭基本无力支付在校学习期间的全部费用，主要包含烈士子女、革命残疾子女、孤儿或无任何经济来源的学生；家庭生活极度困难,父母双方长期病重且完全丧失劳动能力,无生活来源的学生等。贫困生评定标准为学生及其家庭较为困难,生活来源微薄,主要包含家住贫困地区或父母都失业(享受最低生活保障)的学生;父母年迈或因病不能自理、部分丧失劳动能力,无能力供养学生且无其他经济来源,无力支付在校学习期间的大部分费用;学生本人在校消费少于每月120元(2006年聊城市市区最低生活保障标准为每月人均120元)等。普困生评定标准为学生及其家庭生活困难,生活来源较低或不稳定,主要包含家庭受灾,家庭成员因疾病或父母因无经济收入等原因造成生活暂时困难且无其他经济来源,无力供养学生且无其他经济来源,无力支付在校学习期间的部分费用;家庭的学生;学生本人在校消费少于每月150元等。而对于特殊情况或因故发生临时经济困难的学生,可根据实际情况酌情考虑调整等级。在认定时间上,原则上每学年认定一次,一般安排在每学年第一学期的12月份,并在当学年第二学期的5月份进行一次重新核实调查,对家庭经济情况有较大好转的,将取消其资助。在认定程序上,须坚持本人自愿申请、班级民主推荐、学院审查建档、学生资助管理中心审核公示、学校批准等程序,其中学生需提交父母所在乡、镇或街道以上的政府部门出具的家庭经济状况审核证明材料;班级1/2以上的同学进行民主评议,并就是否同意对申请认定建档学生予以建档及相应档次进行投票,以参加评议学生2/3以上投票表示同意作为必要条件;所在学院及公寓政治辅导员对本学院的贫困生家庭生活状况及在校期间生活水平等进行深一步的核实、审查,确定贫困等级并在全院范围内进行不少于五个工作日的公示;学校学生资助管理中心根据学院上报的贫困生材料及每名贫困生的综合情况,审核贫困生名单及等级,并在全校范围内进行公示七天等。同时,学校对贫困生实行动态管理,根据学生家庭经济状况的变化及学生本人的表现进行适当调整,调整方式包括提高等级、降低等级、撤销三种情况,经班级民主评议、学院审核同意后上报学校审批备案。此外,学校及学院对确定后的贫困生实施预警机制,凡学生发生违反校纪校规、高档消费,或学习主观不努力、考试科目多门不及格等行为者,视情节轻重列入不同的预警级别,并视情况减免其相应的贫困资助。

2007年12月,为了进一步做好家庭经济困难学生认定工作,根据山东省教育厅、财政厅联合下发的《关于认真做好山东省高等学校家庭经济困难学生认定工作的指导意见》（鲁教财字〔2007〕18号）精神，学校再次修订实施《聊城大学家庭经济困难学生认定工作实施办法》（聊大校发〔2007〕128号），就认定标准与条件、认定时间与程序、认定监督与管理等进行了规范完善，并首次明确认定机构及其职能，规定由学校家庭经济困难学生资助工作领导小组全面领导学校家庭经济困难学生的认定工作；要求各院系，以学院年级（或专业）为单位，成立以学生辅导员任组长，班主任、学生代表担任成员的学院认定评议小组，负责本年级（或专业）家庭经济困难学生认定的民主评议与推荐工作，其中学院组建的认定评议小组成员中，学生代表人数视年级（或专业）人数合理配置，应具有广泛的代表性，一般不少于年级（或专业）总人数的10%，且非学生干部代表人数一般不少于认定评议小组成员总人数的30%；此外，组织开展家庭经济困难学生认定注册工作进程中，学校就组织宣传、审核复议等事宜也进行明确要求［详见《聊城大学学生资助工作专职人员会议要点》（2008年第16期总第48期）中的"关于开展2008级家庭经济困难学生认定工作的通知"部分］。在做好家庭经济困难学生信息认定工作的同时，学校着重做好困难学生认定注册档案规范整理，于2008年7月，学校整合空间资源，调配专门的房间正式组建全省首个独立的家庭经济困难学生档案室，开始对认定的困难学生档案一一登记，并分类建档造册，为后期规范困难学生档案管理及各类信息查询打下坚实基础。为增强家庭经济困难学生认定工作的实效性，2008年9月，学校设计并开始实施《聊城大学家庭经济困难学生认定等级证书》制度，自2008级新生起，对认定的困难学生每人发放认定等级证书，经学院填写学生个人基本信息、家庭经济状况基本信息后由学校盖章注册后发放至持证人；原则上每学年初进行再注册认定，并将接受资助信息直接记录在册，直至毕业；等级证书即可作为学校对持证学生家庭经济困难程度认定的有效凭证，更可作为持证学生申请参加勤工助学活动、各类困难补助的主要凭证，大大提高了学校、院系及勤工助学设岗单位的管理效率。

此外，学校积极探索科学的家庭经济困难学生认定方式方法，自2007年9月初，学校抽调部分学院资助专职辅导员组建攻关团队，通过依据学生家庭经济状况、在校学习成绩、学生素质拓展三个主要因素开始研究创新困难学生指标评定办法（简称"三指标认定法"），并于2008年初在聊城大学数学科学学院、计算机学院等部分学院试行实施，并取得良好效果。聊城大学家庭经济困难学生"三指标认定法"认定模式基本架构及主要指标参数设置介绍如下：

"三指标认定法"基本架构：贫困生认定主要目的即是公平开展各类奖助学金资助资源的科学合理分配，激励学生努力提高专业知识学习，并全面提高自身综合素质，为此，结合学校工作实际，贫困生的认定和评选主要参考如下三个主要指标及相应参数值进行评选，即家庭贫困程度分（P）、学习成绩分（C）、素质拓展分（S），具体评选的先后顺序根据 Z 的总分进行排名，公式如下：

$$Z = \alpha P + \beta C + \chi S \text{（其中：} \alpha + \beta + \chi = 1\text{）} \quad \text{公式一}$$

(1) 主要指标（P、C、S）的内涵及界定：

Ⅰ指标 P（家庭贫困程度总分）：含班主任评分（指标 B）和同学评分（指标 T）两个，其中：

（Ⅰ）指标 B（班主任评分）：全校设计并使用格式统一的《聊城大学贫困生等级认定申报书》（略），内容主要包括家庭房屋情况，家庭成员职业、收入、健康等概况，以及家庭室内家具、交通工具等（所有内容都需图文并茂）；同时设置打分栏，由班主任根据学生家庭情况进行打分评定。

（Ⅱ）指标 T（同学评分）：新生入学一个学期后，同学之间已经有了较为清晰的认识和评价，根据学生相互间的日常了解和学生在生活中吃穿等方面消费表现让全班同学评定每位同学的家庭贫困程度；同时设置打分表，对每位同学进行打分评定。

家庭贫困程度得分 P 计算公式如下：

$$P = B \times 50\% + T \times 50\% \quad \text{公式二}$$

公式二说明：B 和 T 的权重分别是 0.5，因为学生家庭客观状况和学生在校生活消费表现的主观评价都较重要，都是全面考核学生家庭贫困程度的关键因素。根据学生家庭状况申报书可以基本达到家访的效果，对证实学生家庭实际状况具有较强的说服力；而根据同学间的相互了解与监督，可以更容易掌握每个同学日常生活消费等实际状况，从而提高贫困生认定评价的有效性和真实性。

Ⅱ指标 C（学习成绩总分）：学习成绩是衡量一个学生专业知识

掌握的程度，学习成绩的好坏可以基本反映学生的学习态度，同时也是说服同学，树立学生威信，加强班级班风建设的根本；好的学习风气可以强化班级整体班风和正气，促使学生成长成才。为了科学做好学习成绩指标的计算，采用最原始的方法计算，即：

$$C = \sum_{i=1}^{n} k_i / n \quad (i\text{ 表示课程总数}, k_i \text{ 表示第 } i \text{ 门课成绩}) \qquad 公式三$$

Ⅲ指标 S（素质拓展能力总分）：素质拓展能力是衡量一个学生全面发展的一个指标，可以衡量一个学生除学业之外的综合能力的全面考核，加入该指标可以激励并督促学生全面发展，切实引导学生成为全面的复合型的人才。根据学校学生工作开展实际，采取学生活动得分（H）和班级评议得分（Y）两部分，其中学生活动得分根据学生第二课堂取得成绩得分评定，班级评议得分根据学生在班级日常管理中的各种综合表现（综合测评）评定，公式如下：

$$S = H \times 50\% + Y \times 50\% \qquad 公式四$$

以上综合指标 Z、P、C、S 四项，以及单项考评指标 B、T、H、Y 四项，满分皆为 100 分。

（2）主要指标（P、C、S）参数值（α、β、χ）的设定：

在确定学生主要指标（P、C、S）得分的基础上，根据评定目的不同，而设置不同的参数值 α、β、χ，原则上分为三类，一是主要用于贫困生认定及国家助学金评选；二是主要用于国家奖学金及省政府奖学金评选；三是主要用于国家励志奖学金评选。其他各类各级资助项目的评选，依据项目属性，结合上述三种类别的参数值进行设置。

Ⅰ贫困生认定及国家助学金评选参数值的设置：根据困难学生认定，以及国家助学金评选要求，困难学生认定及国家助学金评选工作主要参考学生的家庭情况和在校表现，而对于学习成绩和综合素质拓展要求并无更高严格。为了全面贯彻上级精神，并督促学生成长成才，在贫困生认定及国家助学金评选中指标参数值 α、β、χ 分别定义为：

$$\alpha = 0.7, \beta = 0.2, \chi = 0.1$$

即 $$Z = 0.7P + 0.2C + 0.1S$$

Ⅱ国家奖学金及省政府奖学金评选参数值的设置：国家奖学金等

各类奖学金评选主要目的是奖励品学兼优的学生,对于家庭经济状况并无严格要求,特别是家庭经济困难更不是主要因素,鉴于此,在国家奖学金及省政府奖学金评选中指标参数值 α、β、χ(本参数值设置和学校学年综合测评评定标准基本相对应)分别定义为:

$$\alpha = 0, \beta = 0.7, \chi = 0.3$$

即 $Z = 0P + 0.7C + 0.3S$

Ⅲ国家励志助学金评选参数值的设置:国家励志助学金主要评选品学兼优的优秀贫困生,学生的学习成绩和家庭贫困程度应该是同等重要的指标,且为了更好地促使学生全面发展,素质拓展也是必须考虑的指数,为此,在国家励志奖学金评选中指标参数值 α、β、χ 分别定义为:

$$\alpha = 0.45, \beta = 0.45, \chi = 0.1$$

即 $Z = 0.45P + 0.45C + 0.1S$

在上述三类评定评选组织过程中,可对每个具体参数值确定上限值和下限值,并根据评定评选实际需要,在各个参数值范围内选取确定,以提高各类评定评选结果的客观性和针对性。

(3)"三指标认定法"认定模式实施小结及说明:

Ⅰ该方法将贫困生认定作为一个动态指数,与那些复杂的理论或数学模型相比,更要简单得多、实效得多,具有较强的科学性和可操作性,更符合工作实际。

Ⅱ在各类奖助学金评选中,根据奖励或资助项目措施的目的和要求,以及学校与院系工作的总体需求,对各个参数值的大小进行动态科学调整,但无论如何调整设定都能最大程度地符合各类评定评选工作的基本标准和根本目的,能够给学生一个积极的信号,即开展奖助学金评选的主要导向能充分激励学生刻苦学习,并督促其全面发展,让学生体会到通过"等、要、靠"等方式是无法获得任何奖助学金机会,而只有在家庭经济状况符合一定程度并以此为基础,通过个人勤奋学习、刻苦努力方可获得,从而达到奖助学金评选之根本目的。

Ⅲ通过科学确定主要指标及相关参数值,实现了对各类奖助学金评选标准的精细量化,减少了评选过程中的主观性影响,有利于班级和谐与稳定,也有利于促进学生全面发展。

Ⅳ该方法在学院试行后,受到学生的广泛认可,并积极参与到班级学习成绩测算及素质测评各项工作,特别是最终评定及评选结果大致符合实际状况,基本未发生有异议现象。

(二)定量认定模式时期(2011年至今)

这一时期,根据家庭经济困难学生认定量化方式不同又可分为直接量化认定模式阶段、系统量化认定模式阶段:

1. 直接量化认定模式阶段(2011年10月—2015年8月)

为提高在校家庭经济困难学生认定工作的精准性,确保各类资助资源分配的公平性,聊城大学一直致力于家庭经济困难学生认定方式方法的思考与探索,在以传统的定性方式方法中积极创新家庭经济困难学生定量认定模式,自2009年初至2010年8月期间,通过设计组织问卷、广泛征求意见、深入调查分析等方式,学校创建了《聊城大学家庭经济困难学生认定指标量化体系》(以下简称《认定量化体系》),于2010年10月在化学化工学院、环境与规划学院等部分学院2010级新生认定中试行,并根据试行结果与实际情况对比,反复修改完善体系指标后,于2011年开始在2011级新生家庭经济困难认定中正式实行,同时,在每年的新生家庭经济困难程度量化认定中不断修订完善,有力地推动了学校家庭经济困难学生认定工作的科学化、规范化、精细化发展。

(1)《认定量化体系》的主要框架。聊城大学坚持以实事求是为原则,统一标准,规范实施,设置了基本框架包括7项一级指标,以及46项二级指标在内的家庭经济认定指标量化体系,通过分值量化方式直接用于开展家庭经济困难学生认定工作,其中7项一级指标主要内容为:一是"家庭所在地属性",包括生源地所属地区等四项调查指标;二是"家庭基本属性",包括家庭父母状况等五项调查指标;三是"家庭经济状况",包括家庭年收入情况等五项调查指标;四是"家庭成员健康状况",包括父母健康状况等七项调查指标;五是"家庭成员工作学习情况",包括家庭成员上学人数等八项调查指标;六是"在校消费状况",包括被认定人在校生活用餐月消费情况等九项调查指标;七是"学院综合评议情况",包括被认定人在校平时思想品德表现等八项调查指标。此外,《认定量化体系》还设有"被认定人承诺"、"学院认定复议"、"评议得分及等级认

第八章 我国高校家庭经济困难学生认定工作实践现状及未来发展构想

定结果"等项目。聊城大学构建并实施的完整的家庭经济困难学生认定量化指标体系见表8—7。

表8—7 **聊城大学自行研究创建的家庭经济困难学生认定量化指标体系结构表**

一级指标	二级指标	量化认定标准	权重
A 家庭所在地性质	A1 生源地所属地区（指父母户籍所在地）	西部地区（重庆、四川、贵州、云南、西藏、陕西、甘肃、青海、宁夏、内蒙古、广西、新疆等）	6
		中部地区（山西、吉林、黑龙江、安徽、江西、河南、湖北、湖南）	4
		东部地区（北京、天津、河北、辽宁、上海、江苏、浙江、福建、山东、广东和海南等）	2
	A2 生源地地形类型	山区	5
		国家指定的"老"（革命根据地地区）、"少"（少数民族地区）、"边"（边远地区）、"穷"（贫困地级市、县、乡镇等）地区	3
		来自国家规定的艰苦边远地区（《国办发〔2001〕14号文》）	2
		非以上类型	0
	A3 家庭所在地自然条件（指截至认定前三年内）	家庭遭遇国家确定的突发性如洪灾、旱灾、雪灾、地震和泥石流等不可抗拒且导致家庭毁灭性的自然灾害	12
		家庭遭遇局部地区自然灾害导致颗粒无收、房屋受损且影响住宿等重大灾情	10
		家庭遭遇自然灾害影响庄稼收成，或房屋受损但不影响住宿	6
		未遭遇自然灾害或其他自然灾情	0
	A4 家庭户籍性质	县城或城市（含开发区）（指父母长期居住地，下同）	3
		农村或乡镇	2
B 家庭基本属性	B5 家庭父母状况	父母双亡或烈士子女	15
		单亲家庭子女，或父母离异但有一方抚养	10
		父母健在，双方丧失劳动能力或双方下岗，无经济来源，难以维持基本生活费用	7
		父母健在，一方丧失劳动能力或一方下岗，仅能保障基本生活费用	4

续表

一级指标	二级指标	量化认定标准	权重
B 家庭基本属性	B5 家庭父母状况	父母健在，有稳定收入或其他资金来源，能正常提供学习等费用	0
	B6 孤儿（指父母已不在世）	被福利院收养孤儿且无在世亲属	10
		福利院出资委托他人抚养且无在世亲属	8
		被领养孤儿	4
		孤儿，但有亲属照顾	3
		非以上情况（非孤儿家庭等）	0
	B7 单亲（指父母一方在世，或离异）	由于疾病致使一方已不在人世	5
		由于离异导致单亲，但双方共同抚养（提供日常费用）	2
		由于离异导致单亲，仅有一方抚养，而另一方不提供生活费用	1
		非以上情况（非单亲家庭等）	0
	B8 家庭享受社保情况	享受农村低保家庭（指持有民政部门认定或发放《农村低保证明》的农村贫困户、特困户）	8
		被认定的农村"五保"低保家庭（即《农村五保供养工作条例》中的"五保"供养对象）	6
		享受城镇低保家庭（持有民政部门发放的低保证件等；以及下岗、失业家庭）	4
		非以上情况（未享受任何低保等）	0
	B9 被认定民族性质	少数民族	2
		汉族	1
C 家庭经济状况	C10 家庭年收入情况（其中家庭主要成员仅指父母）	家庭收入以年度计算，指共同生活的家庭主要成员（主要指父母）的全部货币收入和实物收入的总和，包括：①种植业、养殖业收入；②父母劳务（包括建筑、运输、餐饮服务、手工加工等各行各业）获取的工资、奖金及各类补贴；③亲友赠送、保险金（领取的养老保险金、商业保险金）退休金、法定赡养人、抚（扶）养人支付的赡养费和抚（扶）养费；④房屋租金、土地承包权流转收益、土地补偿和安置费、集体分红、股息及其他合法收入；⑤其他合法收入等。其中：0.5 万元以下	8
		0.5 万—1 万元	7
		1 万—2 万元	5
		2 万—4 万元	4
		4 万—6 万元	1
		6 万元以上	0

第八章 我国高校家庭经济困难学生认定工作实践现状及未来发展构想

续表

一级指标	二级指标	量化认定标准	权重
C 家庭经济状况	C11 家庭人均月总收入情况	家庭人均月收入=（家庭年总收入/12）/家庭常住人口数，其中常住人口含学生本人，不含已结婚的姐妹兄弟。其中：100 元以下	8
		100—300 元	7
		300—500 元	5
		500—1000 元	4
		1000—2000 元	1
		2000 元以上	0
	C12 家庭负债情况	外债及贷款总额 30 万元以上（外债、贷款，含购房贷款，但不含车贷、不含其他商业贷款等。截至认定时未偿还额度，下同）；	4
		外债及贷款总额 10 万—30 万元	3
		外债及贷款有，但总额不足 10 万元	2
		无外债、无贷款	0
	C13 家庭住房情况	仅指父母名下的房产，不含兄弟姐妹名下房产。对跟随父母一方生活的，仅指跟随方名下房产。其中：无房产、靠租赁房居住（城镇廉租房）或土木建筑老宅（乡村）	10
		购买城镇经济适用房居住	8
		平房一套（乡村）或建筑面积少于 70 平方米楼房一套（城镇）	6
		其他情况	0
	C14 家庭拥有交通工具情况	仅指父母名下拥有交通工具（不含单位配置公车、租赁车等）。如拥有多样者，选价值较高项。其中：自行车，或两轮摩托车，或两轮电瓶车，或机动农用三轮车	7
		机动客货四轮两用车，或 19 座以下中型客车	5
		19 座以上大型客车，或价值 8 万元以下机动小轿车，或 8 万元以下作业车	3
		价值 8 万元以上高级小轿车，或 8 万元以上作业车，或其他更高档次者	0
D 家庭成员健康状况	D15 父母残疾状况（指持有残联部门发放的《残疾证》，下同）	双方残疾，且全残（即完全丧失劳动能力，下同）	6
		双方残疾，但部分残（即部分丧失劳动能力，下同）	5
		一方残疾，且全残	4
		一方残疾，但部分残	3

续表

一级指标	二级指标	量化认定标准	权重
D 家庭成员健康状况		双方或一方残疾，但是部分器官改变，不影响劳动能力	1
		无任何残疾（含孤儿家庭、单亲家庭及父母健在家庭同等情况）	0
	D16 父母健康状况	双方或一方患有严重疾病需要长期治疗，除医疗报销外，自付的年医疗费用在 6000 元左右及以上	7
		双方或一方患有比较严重疾病需要长期治疗，除医疗报销外，自付的年医疗费用在 3000 元左右至 6000 元	5
		双方或一方患有一般疾病需要长期治疗，自付的年医疗费用在 3000 元左右及以下	3
		无以上情况（含孤儿家庭、单亲家庭及父母健在家庭同等情况）	0
	D17 父母劳动力情况	父母一方（或双方）因残疾或年迈（父亲超过 60 岁、母亲超过 55 岁）完全丧失劳动能力	6
		父母一方（或双方）因残疾或年迈（父亲超过 60 岁、母亲超过 55 岁）基本丧失劳动能力	4
		父母一方（或双方）因残疾或年迈（父亲超过 60 岁、母亲超过 55 岁）丧失部分劳动能力	2
		父母一方（或双方）因残疾或年迈（父亲超过 60 岁、母亲超过 55 岁），达到退休年龄且已离岗	1
		无以上情况（含孤儿家庭、单亲家庭及父母健在家庭同等情况）	0
	D18 祖父母及外祖父母赡养情况	祖父母及外祖父母中，由于身患疾病，或年迈无法自理，或无经济来源及其他原因，由父母提供赡养费年 10000 元左右	5
		祖父母及外祖父母中，由于身患疾病，或年迈无法自理，或无经济来源及其他原因，由父母提供赡养费年 5000 元左右至 10000 元之间	3
		祖父母及外祖父母，皆不需要父母赡养，不需要提供经济帮助	1
		无以上情况（皆不在世等）	0
	D19 被认定人残疾状况	肢体等部分残疾，但有自理等行为能力	5
		视力、听力、语言等残疾，不影响自理能力	2

第八章　我国高校家庭经济困难学生认定工作实践现状及未来发展构想

续表

一级指标	二级指标	量化认定标准	权重
D 家庭成员健康状况	D19 被认定人残疾状况	部分器官改变，不影响劳动能力	1
		无任何残疾	0
	D20 被认定人健康状况	患有严重疾病需要长期治疗，除医疗报销外，自负的年医疗费用在 6000 元左右	7
		患有比较严重疾病需要长期治疗，除医疗报销外，自负的年医疗费用在 3000 元左右至 6000 元	5
		患有一般疾病需长期治疗，自负的年医疗费用在 3000 元左右及以下	3
		无以上情况	0
	D21 兄弟姐妹健康状况（被认定人除外）	兄弟姐妹中，有患有严重疾病需要长期治疗，除医疗报销外，由父母承担的年医疗费用在 6000 元左右	5
		兄弟姐妹中，有患有比较严重疾病需要长期治疗，除医疗报销外，由父母承担的年医疗费用在 3000 元左右至 6000 元	3
		兄弟姐妹中，有患有一般疾病需长期治疗，由父母承担的年医疗费用在 3000 元左右及以下	2
		无以上情况	0
E 家庭成员工作学习情况	E22 家庭成员上学人数	不含被认定人，仅含在校学习、仍未结婚的姐妹兄弟人数，学校学习层次从幼儿园至大学（含高职、专、本、硕、博阶段）。其中： 4 人及以上	6
		3 人	5
		2 人	4
		1 人	3
		仅被认定人在校学习	0
	E23 家庭成员在大学上学人数	不含被认定人，仅含在校学习、仍未结婚的姐妹兄弟人数，学校学习层次含高职、专、本、硕、博士。其中： 2 人及以上	3
		1 人	2
		仅被认定人在校学习	0
	E24 被认定人父亲职业	已去世，或无劳动能力，或其他情况致其无经济来源	6
		雇工（打工），或务农，或乡村教师，或乡村医生等，及低收入自由职业者	5
		乡镇级单位在职人员、工人，或同级单位在职人员、工人	3

续表

一级指标	二级指标	量化认定标准	权重
E 家庭成员工作学习情况	E24 被认定人父亲职业	处县级单位在职人员、工人，或同级单位在职人员、工人	2
		处县级以上单位在职人员、工人，及其他高收入自由职业者	0
	E25 被认定人父亲月平均工资	城镇下岗、失业人员所享受的城镇最低生活保障资金、农村"五保"所享受的保障资金不含统计在内。其中：已去世，或 500 元以下	6
		500—1500 元	5
		1500—3000 元	1
		3000 元以上	0
	E26 被认定人父亲所享受干部级别	已去世，或无干部级别等	4
		乡镇级副职干部或同等待遇级别	3
		乡镇级正职干部或同等待遇级别	1
		县处级副职干部或同等待遇级别，及以上级别干部	0
	E27 被认定人母亲职业	已去世，或无劳动能力，或其他情况致其无经济来源	6
		雇工（打工），或务农，或乡村教师，或乡村医生等，及低收入自由职业者	4
		乡镇级单位在职人员、工人，或同级单位在职人员、工人	3
		处县级单位在职人员、工人，或同级单位在职人员、工人	2
		处县级以上单位在职人员、工人，及其他高收入自由职业者	0
	E28 被认定人母亲月平均工资	城镇下岗、失业人员所享受的城镇最低生活保障资金、农村"五保"所享受的保障资金不含统计在内。其中：已去世，或 500 元以下	6
		500—1500 元	4
		1500—3000 元	1
		3000 元以上	0
	E29 被认定人母亲所享受干部级别	已去世，或无干部级别等	4
		乡镇级副职干部或同等待遇级别	3
		乡镇级正职干部或同等待遇级别	1
		县处级副职干部或同等待遇级别，及以上级别干部	0
F 在校消费状况	F30 被认定人在校生活用餐月消费情况	仅指被认定人在学校用餐月平均额度（指每日三餐，不含平时同学聚餐、小型聚会、零食等餐费统计）。其中：150 元以下	7
		150—300 元	5
		300—600 元	3

第八章 我国高校家庭经济困难学生认定工作实践现状及未来发展构想

续表

一级指标	二级指标	量化认定标准	权重
F 在校消费状况		600—900 元	1
		1000 元以上	0
	F31 被认定人在校使用通信工具价值（手机）	仅含自行购买，不含别人赠予、活动优惠赠送等情况。其中： 300 元以下	5
		300—900 元	4
		900—2000 元	1
		2000 元以上	0
	F32 被认定人在校手机通信月平均费用情况	20 元以下	4
		20—50 元	3
		50—100 元	1
		100 元以上	0
	F33 被认定人每学期交通费用消费	仅含平时外出交通费用，不含放假（平时）回家来回交通费用。其中： 100 元以下	3
		100—300 元	2
		300—600 元	1
		600 元以上	0
	F34 被认定人在校每学期护肤、着装等形象日常消费情况	200 元以下	5
		200—500 元	4
		500—1000 元	2
		1000—2000 元	1
		2000 元以上	0
	F35 被认定人平均每月在校日常零花钱及娱乐活动消费情况	含平时同学聚餐、小型聚会、零食、饮料、上网、健身、出游、KTV 等。其中： 50 元以下	5
		50—200 元	4
		200—500 元	2
		500—1000 元	1
		1000 元以上	0
	F36 被认定人平均每月在校学习费用	指文具、书籍、复印、培训材料（不含大额培训费）、画具等。其中： 400 元以上	5
		200—400 元	4

续表

一级指标	二级指标	量化认定标准	权重
F 在校消费状况	F36 被认定人平均每月在校学习费用	100—200 元	2
		50—100 元	1
		50 元以下	0
	F37 被认定人平均每月在校总消费情况	指除学费、住宿费外的其他所有费用，如餐费、日用品、通信费、服装、交通费、谈恋爱、娱乐活动，以及书报、书籍培训等。其中：300 元以下	4
		300—500 元	3
		500—1000 元	1
		1000 元以上	0
	F38 被认定人在校生活费主要来源状况	自己劳动收入（如参加校内勤工助学；课余打工、兼职、创业、家教等）	4
		学校奖助学金、社会资助等	2
		家庭支持（如父母、直系亲属等）	0
G 学院综合评议情况	G39 被认定人在校平时思想品德（道德修养）表现	主要含：诚信守约，积极缴纳学费；积极上进，积极参加组织活动；宿舍未被通报批评；未受警告及以上处分；未参加非法活动；未有违纪校纪校规等行为。其中（老生考评期限为上一学年；新生为入校至考评期间）：优秀	4
		良好	3
		一般	1
		差	0
	G40 被认定人在校平时节约情况	主要含：衣着朴实，无名牌服装等高档消费品；不佩戴金银首饰；不使用高档化妆品；不经常出入网吧（通宵上网）；不经常到校外餐馆聚餐等。其中：良	6
		一般	3
		差	0
	G41 被认定人在校学习表现（成绩）情况	主要含：学习态度端正，学习勤奋，严谨踏实；无旷课、迟到、早退等现象；遵守学校考场纪律情况，无参加考试作弊行为；考评期间成绩达标等。其中（老生于上学年期间如出现一门及以上不及格的为 0 分）：优、良	4
		一般、及格	2
		差	0

第八章 我国高校家庭经济困难学生认定工作实践现状及未来发展构想

续表

一级指标	二级指标	量化认定标准	权重
G学院综合评议情况	G42 被认定人在校受资助情况	①入学前,享受社会、政府等大额资助(不低于2000元);②入学后,拥有国家助学贷款资助;③通过"绿色通道"入学;④在校享受学费减免。(说明:以上四项,每享受一项加1分,加满为止;无享受的为0分。)	4
	G43 被认定人在校拥有电子产品情况	①微机(电脑)等;②照相机(DV)、摄像机等;③价值超过2000元的高档手机等(不含2000元以下手机);④价值超过2000元的其他高档电子产品等。(说明:本项共5分,无拥有的为5分,每拥有一种减1分,直至扣完。)	5
	G44 认定加分	①除学校奖励(通报)外,被当地政府(含相关职责部门)及上级政府部门通报表彰、荣誉称号者;②代表学校参加省级及以上活动(比赛等),获得奖项者。(说明:地级、省级奖项个人奖为一项2分,集体奖为一项1分;国家级(国际级)奖项按省级奖项双倍加分;同项活动按最高分加分,不累计。无加分者按0分计,加满5分为止。认定期限:老生为上一学年;新生按中学阶段最后一学年计。)	5
	G45 认定减分	①上课无故旷课、迟到、早退等;②宿舍晚归、夜不归宿等;③宿舍被通报批评或个人在宿舍违章行为等。(说明:无扣分者,按5分计。每发生一次扣1分,扣完为止。扣分依据以相关部门记录、通报为准。)	5
	G46 学院评议小组评议得分	根据小组成员对被认定人综合情况了解、调查,按符合家庭经济困难认定条件进行综合评议划分。其中:①家庭经济综合状况程度达特困者为10分;②家庭经济综合状况程度达普困者为7分;③家庭经济综合状况程度为一般困难者为4分;④家庭经济综合状况程度不困难者为0分。	10
学院认定复议	认定资格的取消(复议条件)	①有吸高档烟、酗酒、赌博等不良习气者;②恶意夸大家庭经济贫困,或对提供证明材料弄虚作假者;③申请并被批准出国、休学等暂时研读学习期限者;④在校拥有双轮摩托车、小轿车,或价值超过5000元其他高档物品者;⑤谈恋爱行为不检点,超高水平消费者;⑥恶意拖欠学费者;⑦同学对被认定人认定(量化)结果反映(举报)较大出入、不实者;⑧违反校纪校规或国家法律法规者;⑨其他与家庭经济困难学生认定条件相违背行为、现象者。(说明:如被认定人具有上述任何一项情况者,一律取消认定资格。)	—
	认定资格的追加	①家庭经济确实困难,但有意隐瞒、自身不申请认定者;②家庭经济困难,自身不主动申请认定者;③同学对拟被认定人反映符合认定资格者;④其他与认定资格相符合条件者。(说明:符合上述任何一项情况者,经评定小组评议,及拟被认定人允许,可追加认定资格。)	—

注:由于社会经济发展水平不断提高及学生家庭经济不断变化,认定指标量化体系中所含家庭经济收入、生活消费等指数变量原则上每两年至三年进行一次适当调整;同时,各个指标量化权重分值也定期调整完善。

(2)《认定量化体系》的运行模式。为了更加全面、客观、细致地做好家庭经济困难学生认定工作,聊城大学将整个量化认定过程分为八个步骤,在认定程序及各个环节实施上,最大程度地体现人性化科学组织与管理,第一步,组织学生申请并开具生源地相关材料证明(城镇生源由居委会或社区、街道办事处、区级民政部门依次审核,乡村生源由村、乡镇、县级民政部门依次审核;3—7个工作日);第二步,院系领取并下发学校统一印制的《聊城大学家庭经济困难学生认定指标量化表》(略),以学生所在班级、年级,或专业为单位,组织被认定学生开展指标量化测评及评议(测评调查范围可采取对全部学生进行逐一调查或对申请认定的学生个体进行调查的方式),其中前38项(A1—F38)由被认定学生根据自身情况据实自行测评(2—4个工作日),其他8项(G39—G46)由院系组织评议(2—4个工作日),46项指标量化总分为270分;第三步,院系评议小组将各项指标量化结果,结合学生提供的证明材料进行核实、审查(3—5个工作日);第四步,院系评议小组对认定结果进行复议,研究决定认定资格的取消及追加(2个工作日);第五步,院系评议小组根据认定指标量化分值从高到低进行排序,并按照认定的比例(原则上认定人数占全校在校学生总人数比例范围为20%—35%),确定全校家庭经济困难学生认定资格下限(2011级新生认定确定的认定资格量化分值下限为120分,并在每年的认定指标量化工作中根据总体量化情况进行适当调整),并将高于认定资格下限分值者列入家庭经济困难学生认定对象范围(2个工作日),将低于认定资格下限分值20分以内,或未纳入认定对象范围,但家庭经济经核实后确实存在困难的学生列入待认定对象;第六步,院系评议小组在确定的家庭经济困难学生认定对象范围内,按照认定量化得分划分2—4个认定等级(学校2011级认定等级划分为三个档次,其中在120—139分之间者认定为一档,即普通困难生;在140—159分之间者为二档,即一般困难生;160分及以上者认定为三档,即特别困难生;各档上下限可根据实际进行动态调整,原则上各档认定比例限制在25%—45%内),经汇总后进行公示(3—5个工作日);第七步,院系评议小组根据学生提出的认定结果异议,如实调整认定范围的调出与调入,以及调高或调低认定等级(3—5个工作日);第八步,院系按照规定上报学校资助工作管理部门,经学校家庭经济困难学生认定工作小组审批后完成注册建档,并定期更新维护。

（3）《认定量化体系》的运行成效。自 2011 年实施至今，经过多年的实践探索，聊城大学家庭经济困难学生量化认定工作取得了显著成效，主要表现在以下三方面：一是填补"漏洞"，传统的认定模式，一般是学生提交申请并附带相关贫困证明材料，班主任对证明材料进行审核，通过电话联系、家庭走访等不确定方式对申请人进行调查，征求本班学生代表的集体反馈意见确定贫困生认定结果，这种方式表面上是合理的，但在实际操作中带有很强的主观意识，存在很大的随机性和或多或少的漏洞，而《认定量化体系》的实施，可以为班主任和学生代表提供直观的数据证明，并进行横向与纵向的比较，统一认定标准，有利于填补传统认定模式中的漏洞，更为客观地开展家庭经济困难学生认定工作；二是去除"包袱"，传统的认定模式，一般需要学生以书面或口头形式向班主任或认定小组成员介绍个人家庭经济的具体情况，这种形式下认定，部分学生会因"耻辱感"而放弃或隐瞒其真实的家庭情况，还有部分学生会因性格内向、语言表达或写作能力差而不能真实有效地反应家庭经济情况，同时，少数学生也会通过夸大、弄虚作假等不正常手段，来隐藏自己家庭经济的真实情况，试图挤进贫困生行列，而《认定量化体系》的实施，通过直观的数据证明，可以有效去除"包袱"，使得家庭经济困难认定工作免受学生个体因素的影响，结果更加真实有效；三是过滤"伪证"，传统的认定模式，需要学生提供村委会（居委会）、乡镇（街道）、县（区）民政部门开具的证明作为贫困生认定的基本条件，而现实中，个别民政部门工作人员出于人情面子或为本地区学生争取有限资源等因素，不经过详细调查取证，一路开绿灯，致使部分学生开具证明材料的真实性有待商榷、真伪难辨，而通过实施《认定量化体系》，可以在一定程度上过滤"伪证"，有效减少家庭经济困难学生认定工作的人为干扰，结果更加公平。

在聊城大学家庭经济困难学生资助工作实践及创新中，不断加强工作经验总结与水平提升，自 2007 年 7 月至今，在山东省委高校工委连年组织举办的全省高校辅导员培训班中，学校学生资助管理中心主要负责人多次受邀为全校高校受训辅导员作学生资助工作专题报告，就家庭经济困难学生量化认定探索等进行详细介绍和讲解；同时，聊城大学始终注重加强与外校之间的学习与交流，山东建筑大学、山东理工大学、济南大学、山东科技大学等省内高校，以及河北科技大学、三峡大学等河北、安徽、江苏、河南 60 余所高校先后到聊城大学就家庭经济困难学生认定指标量化体系等资助工作进行实地参观与考察，并结合各自学校工作实际，纷纷开始开展家庭经济困难学生认定指标量化模式的实践与研究，有力地促进高校家庭经济困难学生科学化认定水平的总体提高。特别是山东省学生资助管理中心主要负责人多次到聊城大学现场指导家庭经济困难学生资助工作，为聊城大学家庭经济困难学生量化认定及其他各项资助工作提出很好的建设性意见，扎实推进了全校学生资助政策体系健康发展。

2. 系统量化认定模式阶段（2015年9月至今）

为提高全省高校家庭经济困难学生认定的科学性、准确性，实现对家庭经济困难学生的精准资助，山东省学生资助管理中心组织推广了《山东省高校家庭经济困难学生认定信息系统》[①]（以下简称《认定信息系统》），并于2015年秋季学期起在全省高校免费使用，该系统由山东科技大学研发，按照"学生自我认定、班级评议、院系审核"的三级认定程序，对学生家庭基本状况、家庭负债情况和学生消费情况等18项指标进行测评，测评分值经"三级认定"逐级修正，最终确定学生困难等级，无论是在指标设计上、权重设置上，还是在认定运行程序上，基本都是参考并沿用聊城大学早期创建的家庭经济困难学生《认定量化体系》，不过是将认定指标进一步细化，特别是通过运用互联网和大数据采集技术，推进了家庭经济困难学生认定工作的网络化进程。

（1）《认定信息系统》的物理结构。该系统运行基于B/S结构的Web应用程序，为一台WEB服务器与一台数据库服务器共同作为系统服务器（WEB服务器和数据库服务器可共用一个物理主机；其中数据库服务器采用SQL Server 2008、应用服务器采用Tomcat 6.0），用户通过互联网使用系统中的浏览器访问服务器完成各种操作；应用服务器硬件基本要求需要CPU四核处理器及以上、内存32GB及以上、存储空间500GB及以上等，并根据系统的更新与完善需要不断加强配置。

（2）《认定信息系统》的基本架构及主要功能。该系统用户主要有学校用户、院系用户和学生用户三类[②]；系统基本架构及各用户主要功能见表8—8。

[①] 山东省教育厅：《山东省高校家庭经济困难学生认定系统启用》，http：//sd.sina.com.cn/edu/news/2015-09-22/124112728.html，2015-09-22。

[②] 山东省学生资助管理中心、山东省教育会计学会学生资助管理分会、山东科技大学：《山东省高校家庭经济困难学生认定信息系统用户手册》，2015-09-18。

第八章 我国高校家庭经济困难学生认定工作实践现状及未来发展构想

表8—8　　山东省高校《认定信息系统》基本构架以及
各用户主要功能一览表

用户名称	一级架构	二级架构	主要功能
学校用户	测评任务管理	新建测评任务	启动测评任务
		查看测评任务	查看所有的测评任务并修改测评任务信息
		当前测评进度	查看当前测评任务所有院系的进度情况，并及时发布全校测评数据
		查询测评数据	查看全校的测评数据，并根据需要导出各种表格
	学生信息管理	学生信息导入	按照统计模板进行学生信息的统计及上传
		学生信息维护	根据检索内容，对学生信息进行修改与完善
		非在校生信息导入	完成已毕业、转学、退学等非在校生的信息管理
		学生班级信息管理	以班级为单元，进行班级综合管理
		院系用户管理	设置各院系登录名和重设密码等
	网站配置	个性化配置	设置学校校徽、资助工作理念等
		数据初始化	用于清空系统数据，并可重新操作
院系用户	测评任务管理	查看当前测评进度	查看并操作具体年级及各个班级的测评进度
		录入评议小组分数	查看学生《家庭困难情况证明表》；完成评议分值的录入并修改；按照测评总分进行排序等
		录入认定困难等级	根据学生自评分、评议分、测评总分及排序情况，确定并录入认定困难等级
		查询测评数据	按照测评任务、年级或班级等条件查看相关数据；根据身份证件号码等查找学生个体信息；完成相关汇总、统计、申请等表格的导出等操作
		学生信息管理	修改学生信息和重设密码等
学生用户		修改个人资料	通过学号或身份号码等完成个人信息输入；签署网络诚信承诺书；导入《家庭困难情况证明表》电子版等
		自我测评	根据自我测评指标标准，结合自身情况，对各个指标量化选项确认并提交
		查看评议结果	查看自评、班级评议、测评总分结果及评定等级；导出相应申请表等

（3）《认定信息系统》的指标体系。与聊城大学《认定量化体系》一致的是，也将家庭经济困难学生认定指标体系分为"自我测评认定"

与"院系评议测评"两部分,其中"自我测评认定"部分含18项一级指标及111项所属二级指标,占认定量化总分值的70%;而"院系评议测评"部分含8项一级指标,占认定量化总分值的30%。《认定信息系统》"自我测评认定体系"及"院系评议测评体系"指标构成情况分别见表8—9和表8—10。

表8—9　　山东省高校《认定信息系统》"自我测评认定体系"
指标结构一览表

序号	一级指标	权重比值	二级指标项数	二级指标分项主要依据
1	家庭基本情况	20	6	父母组合关系实际状况
2	家庭所在地情况	6	12	我国东中西部划分及家庭生源地来源
3	学生本人健康状况	6	8	学生年治疗费用
4	家庭成员健康状况	5	6	父母等直系亲属年治疗费用
5	家庭主要成员职业情况	5	4	家庭主要成员职业性质及收入
6	家庭受灾情况	7	4	近两年造成的家庭财产损失价值
7	家庭收入情况	6	6	家庭人均年收入
8	家庭教育负担情况	7	4	家庭接受非义务教育及义务教育人数
9	家庭养老负担情况	5	5	家庭独立或共同赡养老人人数
10	家庭负债情况	7	8	家庭负债原因及负债或贷款余额
11	学生贷款情况	2	2	当年申请办理生源地助学贷款状况
12	学生学费住宿费情况	2	4	学费住宿费需要费用标准
13	学生电脑价格及使用情况	3	6	拥有电脑情况及电脑购买价格标准
14	学生手机价格情况	3	7	拥有手机情况及手机购买价格标准
15	家庭提供生活费情况	6	8	家庭提供月均生活消费能力
16	学生手机消费情况	3	5	学生本人手机月均消费状况
17	学生餐饮消费情况	4	9	学生本人月均餐饮消费状况
18	学生其他消费情况(包含娱乐、培训、健身、旅游、购物等)	3	7	相关消费月均费用状况
	小计	100	111	家庭经济及在校消费等综合状况

第八章 我国高校家庭经济困难学生认定工作实践现状及未来发展构想

表8—10　山东省高校《认定信息系统》"院系评议测评体系"
指标结构一览表

序号	测评量化指标	分值	量化主要标准及各档分值
1	学生家庭困难程度	45	根据家庭经济困难程度打分。家庭经济状况不困难的选择0—25分；一般困难的选择26—33分；困难的选择34—39；特别困难的选择40—45分
2	学生诚信状况	25	根据学生日常诚信状况综合打分。诚信度低的选择0—9分；诚信度中等的选择10—18分；诚信度高的选择19—25分
3	日常生活消费行为	8	结合学生日常餐饮、手机消费、娱乐消费等状况综合打分。有抽烟、酗酒行为或奢侈消费行为的选择0—3分；无不良消费嗜好、符合个人经济状况的正常消费选择4—8分
4	遵守纪律情况	7	结合学生日常表现和纪律遵守情况综合打分。经常出现违纪，纪律性比较差的选择0—3分；遵守纪律，无违纪行为的选择4—7分
5	感恩奉献精神	7	结合学生思想状况和感恩奉献精神综合打分。感恩意识，奉献精神差的选择0—3分；知恩图报、经常参加公益活动、无私奉献的选择4—7分
6	上一学年受助情况	8	根据上一年度获得各类奖助学金、困难补助、勤工助学等情况综合打分。上一年受助金额5000元以上（含）的选择0—3分；受助金额在2000—5000元的选择4—6分；受助金额在2000元以下（含）的选择7—8分
	小计	100	院系对学生在校日常行为及表现的整体掌握

（4）《认定信息系统》的工作流程。根据系统测评及认定运作程序，学校、院系、学生三类用户工作流程交叉进行[①]：学校用户进行网站配置（设置用户名及密码等）→学校用户设置测评任务并设置院系用户登录名→学校用户导入学生数据（系统根据导入的学生数据自动生成院系和班级）→学生用户登录系统自评（可随时查看自评信息，但提交后无法再次测评）→院系用户登录系统（对已提交自评的学生录入班级评议分数）→院系用户对录入班级评议分数的学生根据测评总分录入认定困难等级→院系用户对有异议学生重新测评（需删除学生自评分数、班级评议分数和困难等级，但保留学生自评信息，学生如需要须再次提交自评数据）→院系用户全部录入认定困难等级后提交测评数据（提交后将无法

---

① 山东省学生资助管理中心、山东省教育会计学会学生资助管理分会、山东科技大学：《山东省高校家庭经济困难学生认定信息系统用户手册》，2015 - 09 - 18。

再次修改班级评议分数和困难等级，也无法让学生重新测评）→学校用户对个别院系重新测评（院系可以再次修改班级评议分数、困难等级，可以让学生重新测评）→学校用户根据院系提交测评数据发布全校测评数据（测评工作结束，各用户只能查询）→院系用户及学生用户查看最终的认定结果。

（5）《认定信息系统》的特点及实效。该系统主要特点及运行实效主要表现在以下四方面：一是方便快捷、易于操作，学生自评指标基本都是通过线上测评，耗时短，并可随时自查测评结果，方便快捷，而且自评分、班级评议分及认定等级直接录入，操作简单；二是科学合理、认定准确，通过数值量化方式区别困难状况，比定性方式更加科学合理，且通过三级评定、逐级修正，促使认定程序更加健全、完备，以及评定结果更加真实、准确；三是数据直观、易于核查，通过将测评结果数据化，易于统计汇总各类信息，且根据需要，可导入或导出信息数据，简单直观，特别是可以选择性核查并管理学生具体测评任务；四是独立测评、保护隐私，对学生个体独立设置账户，确保学生认定信息安全可靠，通过将测评结果数据化，有利于保护学生隐私，特别是实现了手机登录，独立测评，充分体现人性化服务。全省高校《认定信息系统》的安装使用，有力推进各高校全面掌握、系统分析学生困难群体状况，大大提高了学校开展各类奖助学金评审发放，以及其他资助资源公平分配等各项资助工作效率。就系统自身来讲，与过去定性方式或其他直接定量认定模式相比，《认定信息系统》具有较强的时代性、前瞻性，但在现实中，由于仅以学校单方为家庭经济困难学生认定主体，仍未体现政府的责任主体，更未发挥相关社会职能部门共同参与的积极性和主动性，无法有效核实学生家庭经济指标信息的真实性、无法全面精准衡量学生困难标准、无法避免运行过程中的人为主观影响等。因此，全面实现高校家庭经济困难学生精确认定、各类资助资源精准配置、大学生资助工作精细管理仍是当前与未来高校资助工作研究的重点和难点。

根据山东省学生资助管理中心统一部署要求，聊城大学结合自身研发的《认定量化体系》，以及全省高校《认定信息系统》，于2015年9月底，全面开展并顺利完成2015级2308名家庭经济困难新生认定量化工作。自2011年秋季学期起实施认定量化指标体系至2015年12月底，聊城大学通过实施并完善"二级量化、三级认定、三级评议和三级公示"

制度，精准量化家庭经济困难新生高达11618人，逐步建立健全了家庭经济困难学生认定进、退动态管理机制，大大提高了家庭经济困难学生认定的精准度和师生满意度。

在多年的家庭经济困难学生认定工作实践与探索中，聊城大学注重培养学生诚信意识，以及资助工作方式方法的创新，一是培养学生诚信意识是学生资助工作不可缺少的重要环节，在多年的量化认定探索工作中，学校《认定量化体系》经过反复修改和论证已经较为成熟，但无法保证学生所填内容的真实性与可靠性，难以实现公平认定之目的，在我国诚信系统尚处在建设初期阶段现实下，学校坚持将育人工作放在学生资助工作的中心位置并常抓不懈，在日常工作中，通过各种宣传、班会、竞赛等活动进一步培养家庭经济困难学生诚信感恩意识，不断增强并提升学生自觉践行诚信感恩行为的主动性和积极性，为国家各项资助政策的落实提供良好平台；二是坚持将积极探索、勇于创新作为促进学生资助工作健康发展的重要条件，学校始终坚持遵循大学生成才成长规律和特点，结合社会发展与变化，注重理论与实践相结合，特别是全校一线资助专职人员队伍坚持边学习、边思考、边研究，坚持理论学习与学生资助工作实践相结合、资助与育人相结合、学校教育与学生自我教育相结合，着力构建学校教育、家庭教育、社会教育网络，努力实现全员育人、全方位育人、全时段育人和育全人的工作格局，不断推进聊城大学资助工作创新健康持续发展。

第三节 我国高校家庭经济困难学生"互联网+精准认定"新模式构建

教育公平是社会公平的起点，不断完善健全普通高校家庭经济困难学生资助政策体系，保障每一位大学生接受教育的基本权利，是推进教育公平特别是高等教育公平的一项重要措施。"十二五"期间特别是党的十八大以来，党中央、国务院高度重视大学生资助工作，通过不断健全普通高校五级学生资助管理组织机制、完善家庭经济困难学生"多元化"资助政策体系、扩大各项制度措施资助标准和资助规模、强化大学生资助工作育人效果等措施，大大提高了我国普通高校家庭经济困难学生资助总体水平，有效开创我国高校家庭经济困难学生资助工作新局面。自2013年11月，国家主席习近平在湖南湘西考察时首次提出"精准扶贫"后，精准扶贫逐步成为指导全国扶贫工作的重要方针；2015年11月底，在北京召开的中共扶贫开发工作会议上，习近平再次指出"要坚持精准扶贫、精准脱贫，关键要解决好'扶贫谁'的问题，确保把真正的贫困人口弄清楚，把贫困人口、贫困程度、致贫原因等搞清楚，以便做到因户施策、因人施策"①，并提出"扶贫先扶智"思想，扎实推进教育扶贫，特别是家庭经济困难学生资助工作，同时将"发展教育脱贫一批"纳入实施"五个一批"工程之一；时隔三个月后，即2016年3月初，国务院总理李克强在第十二届全国人民代表大会第四次会议上作的政府工作报告中再次指出，实施脱贫攻坚工程，要坚持精准扶贫脱贫，因人因地施策，并强调要积极发展更高质量更加公平的教育，同时提出要大力推行"互联网+政务服务"，实现部门间数据共享。因此，开展精准扶贫、实施精准脱贫，打赢脱贫攻坚战既是"十三五"规划期间的重要目标，也是我国实现全面建成小康社会目标的重大任务，而高校家庭经济困难学生精准资助工作，作为社会救助、精准脱贫的主要组成部分，对促进全社会精准扶贫、实现2020年既定目标具有重要的现实意义。而做好家庭经济困难学生精准认定工作是实现高校家庭经济困难学生精准资助工作的前提和基础。为此，面对大数据时代带来的新机遇和新挑战，亟须构建并实施一个建立在"互联网+"框架下的认定标准比较统一、认定指标合理全面、认定流程科学规范，特别是认定结果精准度较高的高校家庭经济困难学生精准认定新模式。

一 "互联网+精准认定"新模式构建的指导思想

我国高校家庭经济困难学生"互联网+精准认定"新模式创建工作的指导思想是，全国落实党的十八大，十八届三中、四中、五中全会，以及中央扶贫开发工作、全国网络安全和信息化工作会议精神，认真贯彻全国高校家庭经济困难学生资助政策与全国家庭经济困难学生资助工作会议要求，作为全国普通高校家庭经济困难学生认定客观主体，由政府切实强化自身职能作用，充分履行其社会责任，并真正发挥自身的政治优势和制度优势，牢固树立"统筹、协调、共享、创新、持续"五大发展理念，以全面提高人才培养质量为目标，以稳步促进教育公平和教育事业协调发展为

---

① 新华社：《习近平在中央扶贫开发工作会议上发表重要讲话》，http://www.gov.cn/xinwen/2015-11/28/content_5017899.htm，2015-11-28。

保障，以深入推进大学生思想政治教育为核心，以逐步实施家庭经济困难学生精准资助为导向，以加快建设"互联网+学生综合素质"教育管理大数据平台为载体，以宏观统筹各类信息资源为手段，以科学通算学生家庭承担教育成本能力为主线，以彻底实行家庭经济困难学生资助资源均衡配置为重心，科学部署"全国高校家庭经济困难学生精准资助"战略布局，全面实施高校家庭经济困难学生精准识别、精准认定方略，从而构建新形势下的普通高校家庭经济困难学生"互联网+精准认定"新模式。通过运用信息化、互联网手段，不仅能够实现高校精准资助与各类资助资源有效对接，也能够实现大数据时代下的社会异构系统间各类数据信息的无缝衔接，为全面创新提高我国国家治理能力和实现社会治理方式打下坚实基础。

二 "互联网+精准认定"新模式大数据平台建设的基本框架

实施高校家庭经济困难学生精准认定，关键是要精准了解并掌握学生学习生活消费状况，特别是学生家庭经济状况，为保障各项工作的顺利实现，就需加强组织机制建设，以及运行体制建设。

（一）管理机构及组织保障

为增强认定工作的权威性与社会性，组建单独机构"公民综合信息监督管理委员会"，或"居民综合素质发展服务管理局"，也可为"公共与个人信息资源管理局"（以下简称"综合信息管理组织"，且根据研究需要，本章仅论述居民个人信息资源，而不包含单位、集体及其他团体公共信息资源），其最高层机构属性可隶属于国务院组成部门之一的公安部、国家安全部或工业和信息化部等相关部委管理下的国家局级专门机构，甚至为国务院直属特设机构（本书按国务院直属特设机构论述）。机构性质是在国务院统一领导下，行使特定的国家行政权力的行政机构，其最高行政人员直接由国务院总理提名，并由国家主席根据全国人民代表大会或其常务委员会的决定任免。机构主要工作职权为对包含行政系统内及非行政系统内公共信息（平台）资源、公众个体信息资源，以及社会发展、经济运行等过程中产生的所有公共或个人信息进行收集；对收集的信息进行技术加工，按照一定的标准进行分类、比较，以及综合处理；对加工后的信息进行特殊贮存，避免信息价值的丧失或使用完结，并根据要求以一定的形式将加工过的信息及时、准确地供给至有需求的组织或个人；同时，借助大数据、云计算等现代技术加强信息平台整合创建，以推进全国信息化建设进程,并维护信息的绝对安全等,简单地说,信息管理组织即对所有的公共或个人的数据信息进行组织、控制与管理。机构设置层次上,仅设置中央、省级及地级三级,并实施中央垂直管理、财政专项资金支持,以确保硬件及软件建设,保障其职能职权的履行力度与效果。构建大数据时代下的"互联网+公共与个人信息资源管理与服务平台"(以下简称"互联网+综合信息平台"),与原有的行政系统创建的公共信息资源管理系统及特定区域或行业创建的公平信息平台相比,无论从理论上还是实践上看,都是一个全新的课题,对于开展大数据时代高校家庭经济困难学生精准认定、公共与个人信息资源整合管理,乃至社会综合治理方式的创新与实践,都具有非常重要的指导价值。

(二)"互联网+综合信息平台"建设的主要内容

结合公共或个人信息的来源属性,"互联网+综合信息平台"主要包括"互联网+政府型信息资源"平台(以下简称"政府型平台")与"互联网+非政府型信息资源"平台(以下简称"非政府型平台")两项建设内容。根据信息资源的记录形式,各个平台所含信息分为实物信息与非实物信息两种,实物信息指个人或家庭拥有的土地、房产等不动产,机动车、家具、家电等资产,以及收入、医疗与各类消费等流动资金信息,而非实物信息指个人出生、家庭成员状况、接受教育程度、职业发展,以及个人婚姻、奖惩、旅游等除实物信息之外的其他相关信息。根据信息的使用权限,所含信息也可分为公开信息、半公开信息及不公开信息三种,公开信息为个人接受教育等可供第三方查询或向社会完全公开的信息,半公开信息为家庭房产等根据第三方需要可进行选择性公开并查询的信息,而不公开信息为不供任何组织和个人查询、仅供政府行政部门需要对信息进行处理并相对保密的信息。根据信息的更新频率,所含信息又可分为即时更新信息与周期更新信息两种,即时更新信息为综合信息平台与信息生产领域所在的系统本身拥有的信息平台通过对接可以进行互用与共享的数据信息,如涉及生活消费、教育发展等服务、教育部门所产生信息,各个平台之间的信息可即时同步更新;而周期更新信息为信息生产领域所在的系统本身拥有的信息平台因职业特殊无法与综合信息平台进行对接实现互用的数据信息,如军队、税务等部门所产生信息,而只能根据综合信息平台的需要,定期将所需信息数据进行汇集后使综合信息平台同步定期更新,即综合信息平台所含信息仅能定

第八章 我国高校家庭经济困难学生认定工作实践现状及未来发展构想

期得到不断调整完善。

1. "政府型平台"建设的主要框架

基于我国现行的管理组织机构设立及其职权,政府型平台是以政府各行政部门管理信息系统中的业务数据为重要来源,主要包含公安、教育、税务、农业、人事、工商、税务等各个与居民学习、工作等息息相关并具有或需要有大数据基础的行政行业领域。"政府型平台"建设信息资源生产构成核心主体及其基本要素需求情况见表8—11。

表8—11 "政府型平台"建设信息资源生产构成核心主体及其基本要素一览表

信息资源生产主体	信息资源生产基本要素（指标）	记录形式	使用权限	更新频率
政府部门	居民家庭及成员生活、生产、工作、学习、住房等生存调查,以及各个成员健康状况（主要由乡镇政府、街道办事处等基层政府部门或村委会、居委会、社区等基层自治组织实施）	非实物	公开	即时
	居民家庭接受非义务教育子女数量、义务教育子女数量、高等教育子女数量,以及赡养老人实际数量判定等	非实物	公开	即时
	家庭子女接受教育费用来源情况（父母双方、单方或其他渠道）	非实物	公开	即时
	1. 居民家庭因成员患病治疗、经营企业、子女婚嫁及接受教育等造成的家庭负债情况（不含住房贷款）	实物	公开	即时
	2. 村集体、社区等（主要为城乡结合部等区域）为村民发放的被征收集体土地补偿款、拆迁补偿款,利用经营性收入发放的补贴或福利,以及上级政府发放的各类实物、补助等收入	实物	公开	即时
国土资源部门	居民个人生源地及家庭住址所在地地形类型、区域类型等	非实物	公开	即时
	居民家庭成员（个人与配偶及子女等）名下或租（借）房产等不动产拥有、交易信息,以及房屋室内外图像定期采集信息	非实物	半公开	即时
	3. 居民个人持有土地（非农用）、草原、林地、探（采）矿权等不动产审批、登记和交易	实物	公开	即时
	4. 农业用地类型、面积,以及租赁、转让信息	实物	公开	即时

续表

信息资源生产主体	信息资源生产基本要素（指标）	记录形式	使用权限	更新频率
公安部门	居民个人户籍登记信息（姓名、出生年月、性别、户籍类别、民族、籍贯、出生地、成长地、身份证号码、详细住址，及其流动与变更、死亡注销、移居国外等）（户籍部门）	非实物	半公开	即时
	居民个人图像采集及指纹信息采集	非实物	半公开	即时
	家庭成员婚姻状况、成年子女与未成年子女状况及其主要与重要社会关系（户籍部门）	非实物	半公开	即时
	5. 居民持有个人因私出境证件（证件号码、发证机关及时间等）、曾出入国境情况（日期、所到国家或地区、事由等）及其消费或承担的费用（出入境管理部门）	实物	半公开	周期
	6. 居民家庭私家车辆数量、品牌、户主、购买价格，以及年行程距离、年审等（车管部门）	实物	公开	周期
	7. 居民家庭客货等营运机动车辆数量、品牌、户主、购买价格、年行程距离，以及营运范围、营运属性、营运价值等（车管部门）	实物	公开	周期
	8. 居民个人或家庭购买四轮（三轮）电瓶车等交通工具日期、品牌、价格及使用情况	实物	公开	周期
	企事业单位为在职、在岗、在编人员或其他个人配备公务用车情况（车管部门）	非实物	公开	周期
	居民个人拥有各类机动车辆违规违章信息（交警部门）	非实物	半公开	周期
	居民个人被追究刑事责任，及其他违法犯罪情节与处理情况（类别、时间、原因、处理机关等）	非实物	不公开	周期
住建部门	9. 居民家庭（主要为农村地区）自建房屋成本（土地、各类建材、人工、装修、管理费用等）	实物	公开	即时
	10. 居民家庭拥有的房改房、福利房、商业房及其他各类普通住宅，商业住宅等非普通住宅等房产数量、取得方式、具体位置、产权人、面积、年限、产别、产权证号、楼栋、购买来源（仅商品房）、交易价格、交易时间、使用现状（或租借状态及其费用）与房屋性质等，以及房产证、土地证等办理与取得情况	实物	公开	即时
	11. 居民家庭拥有的商铺、门面等各类商业房产数量、位址、产权人、面积、年限、产别、产权证号、出（转）购）售价格，以及房产属性、经营范围、外（转）租市场价格等	实物	公开	即时

第八章 我国高校家庭经济困难学生认定工作实践现状及未来发展构想

续表

信息资源生产主体	信息资源生产基本要素（指标）	记录形式	使用权限	更新频率
住建部门	12. 居民家庭拥有的各类房产因拆迁等引起的资金赔付、房屋赔偿、安置补偿等	实物	公开	即时
	13. 居民家庭购置各类房屋缴纳的天然气初装费、暖气初装费、有线电视初装费、网络铺设费、公共维修资金、车位费等，以及代收的物业管理费及其他支付费用	实物	公开	即时
	14. 居民个人公积金提取及使用情况	实物	公开	即时
	居民家庭与子女共同或分开居住情况	非实物	公开	即时
农业部门	15. 农业用地（主要为农村地区）类型、面积，以及归属与使用方式	实物	半公开	即时
	16. 农用地种植种子（苗）、农药、肥料等投入，以及土地人均（家庭）收入指数（标准）	实物	公开	即时
	17. 居民家庭（主要为农村地区）拥有的大型农用机械等工具品牌、数量、购买价格及经营范围、经营属性、经营价值等	实物	公开	即时
畜牧部门	18. 居民家庭（主要为农村地区）牲畜养殖种类、数量、经济收入等状况	实物	公开	即时
民政部门	家庭成员婚姻登记、变化日期及原因等状况	非实物	半公开	即时
	居民家庭抚养不能辨认自己行为或不能完全辨认自己行为的无民事行为能力人或限制民事行为能力人，以及无劳动能力或无收入，不能独立生活的成年子女情况	非实物	公开	即时
	居民家庭认定的特困户、低保户、五保户、孤儿、烈士、单亲（离异或单方死亡）、残障家庭类型，以及失业下岗、家庭产业经营破产等	非实物	公开	即时
	居民家庭成员有工伤、车祸、伤残、精神障碍、重大疾病等特殊情况认定	非实物	公开	即时
	居民家庭赡养老人人数及责任分担状况	非实物	公开	即时
	19. 居民家庭因各类自然灾害或突发事故而造成的各类财产损失	实物	公开	即时
	20. 对重大疾病患者、退伍军人及其他符合条件的家庭或个人发放的各类补助等	实物	公开	即时
人口与计生部门	居民家庭各成员生育、出生状况（日期、地址、当事人及相关记录等）	非实物	公开	即时

续表

信息资源生产主体	信息资源生产基本要素（指标）	记录形式	使用权限	更新频率
教育部门	居民（从学前教育到后期各个阶段）接受的全日制与非全日制教育情况（起止年限、培养层次、学校名称、学历、学位、学籍、专业等）	非实物	半公开	即时
	居民家庭接受义务教育及非义务教育子女情况	非实物	公开	即时
	居民个人及子女海外留学情况（类别、起始时间、留学学校及专业等）	非实物	公开	即时
人社保障部门	居民就业、失业，及其接受职业培训等信息	非实物	公开	即时
	居民专业技术资格类别及其职称等级	非实物	公开	即时
	21. "五险一金"（养老保险、医疗保险、失业保险、工伤保险和生育保险；住房公积金）居民个人及单位缴纳比例及金额	实物	半公开	即时
	22. 在职在编人员、进城务工人员及其他居民工资收入分配、福利发放等待遇	实物	公开	即时
	23. 居民个人因患病长期治疗费用情况	实物	公开	即时
	24. 居民个人医疗保险报销额度等	实物	公开	即时
人事部门	企事业等在职人员（主要为城镇户口）工作日期、工作单位、单位性质、职业身份、职称职务、学历类型、学历学位、毕业院校与系别专业、政治面貌，以及工作经历、表彰奖惩等	非实物	公开	即时
	企事业等在编人员在职及离退休等基本信息	非实物	公开	即时
	25. 居民个人兼任企业社团名称、职务，以及领取酬薪等信息	实物	公开	即时
	26. 企事业等在职人员发放工资、津贴、补贴、奖金，以其他福利等各类收入信息	实物	公开	周期
	居民家庭成员海外留学或工作情况（类别、起始时间、留学学校及专业或工作服务机构等）	非实物	公开	即时
财政部门	27. 居民因任职或受雇而取得的所有工资、薪金、奖金、年终加薪、劳动分红、津贴、补贴以及与任职或受雇有关的其他所得情况	实物	公开	周期
	28. 居民个人所得税适用税率及缴纳金额等情况	实物	公开	周期
	29. 居民个人或家庭因遭受自然灾害或突发事件而接受的生活救助等财政性各类补助资金	实物	公开	周期

第八章 我国高校家庭经济困难学生认定工作实践现状及未来发展构想

续表

信息资源生产主体	信息资源生产基本要素（指标）	记录形式	使用权限	更新频率
财政部门	30. 为烈军属、复员退伍军人、残疾军人及其家属等提供发放的抚恤金、优待金、补助金等财政性资金	实物	公开	周期
	31. 居民家庭因超生而缴纳的社会抚养费及其他必须缴纳的家庭支出费用	实物	公开	周期
工商部门	居民个人及家庭注册个体工商户、个人独资企业或合伙企业情况	非实物	公开	周期
	32. 经批准开业并领取营业执照，从事工业、手工业、建筑业、交通运输业、饮食业、服务业、修理业及其他行业的个体工商户或个人独资企业所有生产、经营所得收入；经批准并取得营业执照，从事办学、医疗、咨询以及其他有偿服务活动的个体工商户取得的所得收入；其他个人从事个体工商业生产、经营取得的所得收入等	实物	公开	周期
	33. 居民个人承包经营、承租经营以及转包、转租取得的所得情况	实物	公开	周期
	34. 居民个人在经营、生产等环节过程中，需要缴纳或承担的费用支出等情况	实物	公开	周期
	35. 居民个人或团体在饭店、宾馆等消费的餐饮及住宿等费用	实物	公开	周期
	36. 各培训机构组织举办的技能辅导、特长培训等收费标准，及居民个人缴纳培训费用	实物	公开	周期
	37. 居民个人在淘宝网等电子商务平台发生的零售交易消费信息	实物	公开	周期
	38. 居民家庭购买手扶拖拉机、三轮农用运输车等农机品牌、价格、时间及享受免征增值税情况	实物	公开	周期
	39. 居民家庭购买两轮、三轮、四轮电瓶车等交通工具品牌、价格等	实物	公开	周期
税务部门	40. 居民个人从事设计、安装、制图、医疗、法律、会计、讲学、新闻、翻译、书画、影视、录音、演出、展览、技术服务、代办服务以及其他劳务取得的劳务报酬所得情况	实物	公开	周期
	41. 居民个人因其作品以图书、报纸形式出版、发表而取得的稿酬所得情况	实物	公开	周期

续表

信息资源生产主体	信息资源生产基本要素（指标）	记录形式	使用权限	更新频率
税务部门	42. 居民个人提供专利权、著作权、商标权、非专利技术以及其他特许权的使用权取得的所得情况	实物	公开	周期
	43. 居民个人拥有债权、股权而取得的利息、股息、红利所得情况	实物	公开	周期
	44. 居民个人出租建筑物、土地使用权、机器设备车船以及其他财产取得的财产租赁所得	实物	公开	周期
	45. 居民个人转让有价证券、股权、建筑物、土地使用权、机器设备、车船以及其他自有财产给他人或单位而取得的财产转让所得	实物	公开	周期
	46. 居民个人得奖、中奖、中彩以及其他偶然性质、非经常性的偶然所得	实物	公开	周期
	47. 单位或部门在年终总结、各种庆典、业务往来及其他活动等中发放给个人的现金、实物或有价证券等各类其他所得	实物	公开	周期
	48. 居民个人因其他各类合法正常所得而缴纳的个人所得税情况	实物	公开	周期
	49. 居民个人缴纳的车辆购置税、车船使用税，以及缴纳的其他税款情况	实物	公开	周期
国防部门	居民参军入伍服役及其状况	非实物	半公开	周期
	官兵级别、职务、军龄、军衔等级等	非实物	不公开	周期
	50. 官兵工资、补贴、津贴等各类待遇收入	实物	半公开	周期
组织部门	居民个人组织发展及政审情况	非实物	公开	周期
	居民个人接受行政处分或被党纪、政纪处分情况	非实物	公开	周期
银监部门	监督与管理银行业各金融机构的居民个人资金、基金等流通及使用信息	非实物	不公开	周期
	即时记载各系统、各单位或个人查询居民存款等金融资产信息记录	非实物	不公开	周期
司法部门	居民接受刑罚、犯罪改造、劳动教养等情况	非实物	半公开	即时
交通运输部门	居民家庭拥有客货运输等车船工具及其监测与维修，以及个人驾驶培训、技术等级等信息	非实物	公开	即时
	51. 居民自有客货运输等车船工具购买价格、品牌、数量及经营属性、经营范围、经营价值等	实物	公开	即时

第八章 我国高校家庭经济困难学生认定工作实践现状及未来发展构想

续表

信息资源生产主体	信息资源生产基本要素（指标）	记录形式	使用权限	更新频率
交通运输部门	52. 居民家庭自有商用车或私家车正常使用发生的燃料费、过路费、维修费、保养费、检测费等	实物	公开	即时
	53. 居民个人乘坐火车、客车、轮船及飞机等各类交通工具次数、票价等	实物	公开	即时
旅游管理部门	54. 居民个人或通过旅游公司等方式到旅游景点发生的门票、导游费、过路费、住宿费、交通费、餐费等	实物	公开	即时

注：仅对"记录形式"为"实物"的资源信息基本要素进行了标注，如"1"至"54"，而对"记录形式"为"非实物"的信息要素未再标注。

2. "非政府型平台"建设的主要框架

基于我国现行的行业分类及其职能，非政府型平台是以各行各业单位信息系统中的业务数据为重要来源，主要包含金融、医疗卫生、学校、理财、保险、证券、商业等各个与居民生存、生活等息息相关并具有或需要有大数据基础的服务行业领域。"非政府型平台"建设信息资源生产构成核心主体及其基本要素需求情况见表8—12。

表8—12　"非政府型平台"建设信息资源生产构成核心主体
及其基本要素一览表

信息资源生产主体	信息资源生产基本要素（指标）	记录形式	使用权限	更新频率
金融机构	55. 离退休人员、在职在编人员、进城务工人员及其他居民工资收入分配、福利发放等	实物	半公开	周期
	56. 中央银行、政策性银行、商业银行、村镇银行，非银行金融机构，以及我国境内开办的外资、侨资、中外合资金融机构等居民个人存款余额、转账划拨等资金流动信息	实物	不公开	周期
	57. 办理居民个人自营、信用、抵押、担保等各类商业贷款及用途、期限、本息偿还等信息	实物	半公开	周期
	58. 在校学生办理国家助学贷款额度、年限等	实物	公开	即时
	金融机构居民个人各类贷款还款履约评价	非实物	半公开	即时
	人民银行系统记录的个人信用评估报告及信用等级情况	非实物	半公开	即时

续表

信息资源生产主体	信息资源生产基本要素（指标）	记录形式	使用权限	更新频率
医疗卫生机构	59. 包含乡村诊所、卫生室等在内的各级各类医院接受居民诊治、保健情况及其年治疗费用等记录	实物	半公开	即时
	60. 医院以外的其他医疗卫生机构诊治居民信息	实物	半公开	即时
	居民个人身体健康体检等综合状况测评及认定	非实物	公开	即时
	居民个人（主要为农村户口）拥有劳动力等级认定	非实物	公开	即时
学校机构	学生接受各个全日制教育背景（起止年限、学历层次、所学专业、学籍过程、学位授予情况等）	非实物	公开	即时
	学生在校政治面貌、职务发展变化，荣誉奖励、违纪处罚、诚信表现，以及思想政治方面、生活作风方面评价等	非实物	公开	即时
	学生在校外语、计算机应用水平，以及主修、辅修与选修科目及成绩等	非实物	公开	即时
	学生管理部门对学生日常消费、娱乐休闲场所、不良嗜好及高档消费情况调查认定结果及评价	非实物	公开	即时
	学生参加主要的实践活动、兼职工作、个人成果及学术科研获奖等	非实物	公开	即时
	61. 经物价、教育等部门核准并同意向学生收取的学费，以及住宿费、教材费、课本资料费、服装费、水电费、选课费、补考费、学籍异动费等各项代收费标准	实物	公开	即时
	62. 学生申请并获得的各类奖助学金、国家助学贷款、勤工助学、补助、减免、社会资助，以及贷款代偿学费补偿等（标准、额度及期限）	实物	公开	即时
	63. 校园卡月均消费情况	实物	公开	即时
	64. 学生参加技能培训、资格等级考试、接受继续教育等需要缴纳的报名费、培训费、教材费、考试费等各类收费信息	实物	公开	即时
	65. 学生自身拥有电脑、手机、照相机，以及校内交通工具等大额学习与生活日用品生产品牌、购买价格等	实物	公开	即时
	66. 学生因创业、打工、兼职等各类间接收入	实物	公开	即时
	67. 学生在服装、娱乐、健身、旅游等其他个人方面发生的消费支出	实物	公开	即时
	学校医疗部门对学生查体结果及健康状况评定	非实物	公开	即时

第八章 我国高校家庭经济困难学生认定工作实践现状及未来发展构想

续表

信息资源生产主体	信息资源生产基本要素（指标）	记录形式	使用权限	更新频率
残联组织	对有残疾的居民认定的残疾类别、致残原因及残疾等级认定信息	非实物	公开	即时
证券公司	68. 居民个人购买并持有的股票（包括股权激励）与其他有价证券、期货等金融产品的名称、品种、数量、净值（占用保证金）、市值及交易等，以及获得的股息和红利等	实物	不公开	周期
理财公司	69. 居民个人投资或以其他方式持有的基金、投资型保险等金融理财产品情况（名称、品种、份额、数量、净值或持仓占用保证金、可用资金等）	实物	不公开	周期
理财公司	70. 居民个人投资非上市公司或企业名称、经营范围、注册资金及认缴出资额、出资比例等，以及经营盈亏、分红或获利等情况	实物	不公开	周期
保险机构	71. 居民个人购买的车辆等财产，以及人身、责任等各类保险费用及承保兑现信息	实物	公开	即时
通信部门	72. 居民个人拥有的手机数量、手机卡激活日期及年（月、季）均产生通信费用	实物	公开	即时
电业部门	73. 居民家庭及各类商业用房用电购置及消费	实物	公开	即时
水政部门	74. 居民家庭及各类商业用房用水购置及消费	实物	公开	即时
中石油部门	75. 居民家庭及各类商业用房天然气购置及消费	实物	公开	即时
中石油部门	76. 居民家庭私家车及各类运营车辆消费石油等燃料数量、市场价值等	实物	公开	即时
电商行业	77. 居民个人、家庭，以及在校学生在淘宝网等电子商务平台发生的个人零售交易信息（如交易日期、购物品牌、商品价格，以及消费金额、年度消费额度等）	实物	半公开	周期
商业机构	78. 百货商场、大型超市、购物中心等商业零售行业出售居民个人家电、家具、电脑、摄像机、照相机、手机、服饰及其他家居生活用品等品牌、销售价格等	实物	半公开	即时
服务行业	79. 居民个人或团体在饭店、酒店等场所餐饮方面消费费用	实物	半公开	即时
服务行业	80. 居民个人或团体在宾馆等场所用于住宿及其他支付费用	实物	半公开	即时
公共事业领域	81. 居民家庭缴纳的包含公共交通、邮政、电信、热力、供电、供气等在内的公共事业费用支出	实物	公开	即时

续表

信息资源生产主体	信息资源生产基本要素（指标）	记录形式	使用权限	更新频率
慈善机构	82. 居民个人或家庭向社会捐赠实物名称及数量、价值、资金及数额，以及遗产捐献等	实物	公开	即时
其他行业	83. 居民用于生活费、购物等消费支出	实物	半公开	即时
	84. 居民用于人情往来、保健等消费支出	实物	半公开	即时
	85. 居民个人或家庭用于旅游、健身等娱乐消费	实物	半公开	即时

注：仅对"记录形式"为"实物"的资源信息基本要素进行了标注，如"55"至"85"，而对"记录形式"为"非实物"的信息要素未再标注。

（三）"互联网＋综合信息平台"资源信息的分类

在创建的"互联网＋综合信息平台"中所涵盖的资源信息基本包含了居民个人从幼儿到老年各个阶段中成长、生活、学习、工作、发展、交往、医疗等各方面信息，以及居民家庭类型、构成、财产、资产、收入、消费、投资等各方面信息。根据资源信息的来源、用途及其性质，可将"实物"家庭及个人资源信息分为财产类、资产类、收入类、支出类四大类（A—D类别）及所包含的25种类型（A01—D25类型）（根据高校家庭经济困难学生精准认定工作的需要，本章不再对"非实物"家庭及个人资源信息进行分类）。"政府型平台"与"非政府型平台"建设实物资源信息分类情况及其涵盖的信息资源生产基本要素所对应项数情况见表8—13。

表8—13　"互联网＋综合信息平台"实物资源信息分类及其涵盖信息项数一览表

类别	类型	信息的来源及用途或性质	涵盖信息项数
A 财产类	A01. 金融性财产	个人及家庭拥有的现金、存款及有价证券等	56、68
	A02. 有形财产	个人及家庭拥有的房屋、土地、宅基地等，以及大型农机具、机动车辆、非生活必需的高值物品等	6、7、9、10、15、17
	A03. 无形财产	个人著作权、专利权等	42
B 资产类	B04. 固定资产	通过现金流入等方式带来金融财富	3、10、11、17
	B05. 资源性资产	对个人有用途或有使用价值的物质	4、15

第八章 我国高校家庭经济困难学生认定工作实践现状及未来发展构想

续表

类别	类型	信息的来源及用途或性质	涵盖信息项数
C 收入类	C06. 工薪性收入	从事主要职业及第二职业、其他兼职和零星劳动等各种体力劳动收入	22、25、26、27、50、55、66
	C07. 创造性收入	发挥个人特长、爱好或利用自身技能、技术等各类脑力劳动型收入	40、41
	C08. 经营性收入	家庭从事生产经营活动扣除生产成本及税金后所得净收入	18、32、33
	C09. 财产资产性收入	因拥有财产或资产所有权或使用权而获得收入	12、16、43、44、45、56、57、68、69、70
	C10. 转移性收入	国家、单位及团体对个人各种转移支付及个人间的收入转移等	14、20、24、26、30、71
	C11. 奖励补助性收入	政府、学校及社会对在校学生发放的各类奖励性或补助性收入	62
	C12. 保障性收入	上级或集体为改善个人生活发放的保障性收入	29
	C13. 福利性收入（偶然性收入）	非个人努力而获得其他收益收入	2、46、47
D 支出类	D14. 财产资产性支出	因生活需要或发展而用于购置财产及资产等费用	7、8、9、10、11、17、38、51
	D15. 投资型支出（生产成本支出）	因生产、经营需要而用于各项成本费用	16、34、51
	D16. 生活保障性固定支出	因生活、生存需要而必须支出费用	13、21、28、63、73、74、75、83
	D17. 生活保障性非固定支出	在生活过程中用于医疗等"弹性系数"较大的不固定费用开支	23、39、59、60
	D18. 行政性支出	由政府相关行政机构或职能部门规定收取的政策性开支费用	31、48、49、81
	D19. 消费性支出	因生活、学习需要或纯消费支出	6、35、37、52、53、65、72、76、79、83
	D20. 保健娱乐性支出	在保健、娱乐、游玩等方面消费	5、54、67、80、84、85
	D21. 人力资本性支出	接受教育、职业培训等方面费用	36、58、61、64

续表

类别	类型	信息的来源及用途或性质	涵盖信息项数
D 支出类	D22. 积累性支出	需要一定积蓄或属于高档消费、资金数额较大方面的开支	38、39、77、78
	D23. 负债性支出	因支出超出个人能力而造成负债等	1
	D24. 公益性支出	出于奉献爱心、资助他人，以及参加慈善捐助等活动支出费用与实物	82
	D25. 突发性支出（不确定性支出）	因不可预测或突遭事故等造成的各类损失开支费用	19

注：本表"涵盖信息项数"分别与表8—11"政府型平台"建设信息资源生产基本要素项数、表8—12"非政府型平台"建设信息资源生产基本要素项数一一对应。

（四）"互联网＋综合信息平台"资源信息的记录载体

在全面分析掌握"综合信息平台"主要内容及相关资源信息分类的基础上，科学确定"综合信息平台"所含资源信息的记录载体并合理设计其功能是充分发挥创建"互联网＋综合信息平台"工作的重要环节之一。结合全国各行业信息化建设现状及经验，以及我国社会治理实现精细化的需要，应由中央"综合信息管理组织"作为实施主体，为全国居民开发使用"中华人民共和国居民社会保障卡"，或"中华人民共和国居民综合信息卡"（以下简称"居民信息卡"，正在接受各阶段教育的在校学生称之为"教育保障卡"），即指为迎合未来社会治理发展趋势需求，利用现代信息技术，能够存储社会每位居民从出生到死亡整个人生阶段各个时期的个人基本信息、学习经历、职业发展、薪酬收入、健康状况及家庭成员、经济财产等"政府型平台"与"非政府型平台"所有资源信息要素在内的各类信息，集身份证、学生证、工作证、资格证等证件信息，以及各类金融卡、证券卡、社保卡、医疗卡等卡件信息于一体，具有持卡个人信息查询、持卡身份识别验证、持卡患病就医保健、持卡衣食住行消费、持卡学历经历变化、持卡受助奖励表彰、持卡资格认证登记、持卡薪酬领取分配、持卡金融业务办理、持卡家庭经济评定等各项业务功能，实现居民出生成长、生活生存、能力发展、生产经营、收支分配及家庭状况等的专用多功能智能卡，从而切实加快推动我国居民社会保障体系可持续发展模式的历史性变革。我国"居民信息卡"基本构成及其主要功能设

第八章 我国高校家庭经济困难学生认定工作实践现状及未来发展构想

计（学生专区）分别见表8—14和表8—15。

表8—14　　　　　我国"居民信息卡"基本构成一览表

项目	主要内容
管理机构	中央、省级及地级等三级"综合信息管理组织"
发行机关	生源所属地省级"综合信息管理组织"
联合银行	由省级"综合信息管理组织"确定
持卡对象	我国内地所有居民，一人一卡，专门专用
规格尺寸	长度85.6mm，宽度54mm，厚度0.9mm（规格与身份证规格基本一致）
制材类型	由多层聚酯材料复合而成（类似于"居民身份证"或"军人保障卡"制作材料）；单页卡式证件；其类型为非接触芯片、银行磁条合一卡
身份识别	人脸和指纹合二为一进行身份识别验证，由生源地公安部门负责定期采集建库
关联账号（保障账号）	以公安部门编辑的二代身份证号码（18位）作为唯一信息卡识别码，并作为金融机构银行卡、能源部门加油卡等资金流通消费卡件的永久关联主账号（相应的所属行业业务卡件账号作为子账号）
卡面内容	正面：卡件名称、持卡人姓名、性别、照片、民族、出生日期、籍贯、关联账号、证件签发机关、单位标识、客服热线、核发日期，以及国徽、背景图案、防伪标志等
	背面：联合发卡银行名称、发卡银行标识、箭头、电话银行号码、网上银行网址、非接触芯片、一维条码、二维条码、持卡人签名区、有效期限、必要的使用须知或注意事项，以及主题彩色花纹等
	卡内：镶嵌非接触芯片和射频线圈
涵盖信息	包含"综合信息平台"中的"政府型平台"与"非政府型平台"内的所有文字、图像、音像等资源信息要素
	以居民为主体，对包含家庭成员在内的家庭财产资产类、收入支出类等实物资源信息进行分类统计及对比
信息容量	根据实际需要及技术水平，信息卡存储容量至少160G或其他更大容量
主要用途	用于居民个人基本信息、学习教育、职业发展、就医保健、日常消费、薪酬分配、个体经营、财产统计、经济评定等各类登记，以及相关查询等
卡件合并	对居民个体诸多有效证件及功能进行合并，如出生证、身份证、学生证、工作证、上岗证、暂住证、医疗证、健康证、银行卡，以及火化证、安葬证等多个独立证件进行合并为一
有效期限	根据不同年龄段确定有效期限，16周岁以下有效期为8年（含2个有效期）；16周岁至61周岁有效期为15年（含3个有效期）；61周岁以上有效期为终身。出生时限期内印发，死亡后限期内上交销毁

续表

项目	主要内容
系统升级	以1—2年为周期，由居民个人经脸部和指纹双向验证识别后，通过专门单独设备进行信息卡系统升级，对卡内信息及时更新完善
安全性能	对信息卡中的所有资源信息根据公开权限和安全保密规定，严格按照程序进行采集、传递、保存和使用，做到专门制作、专人管理、专盘存储、专机处理、专室操作等

表8—15 **我国"居民信息卡"主要功能设计（学生专区）一览表**

功能类型	主要功能
学生身份识别功能	对在校接受教育的学生身份能够自动识别，并按"学生身份"享受相关特别政策，同时根据需要及时进行相关统计、处理等
金融业务优惠功能	信息卡与中国银行、中国工商银行、中国建设银行、中国农业银行、中国邮政储蓄五大银行或其他商业银行资金自动互转，并优先确保信息卡关联主账号资金结余
	对学生在一定累计额度内跨行转账、异地存取款等享受无手续费优惠政策，同时免收账户管理费等
	学生就学期间，各项费用缴纳、资金到账、贷款偿还等提供手机信息、电子邮件等免费提醒与警示业务
助学贷款管理功能	专门承担国家助学贷款发放与本息回收，且信息卡扣除贷款本息比支付其他方面消费有"绝对优先权"，即信息卡上的结余资金首先用于偿还贷款本息。一是优先缴费，由金融机构或管理部门将助学贷款本金直接划拨至信息卡关联主账号后，由所在学校（高校）合作银行第一时间通过转账至学校专用账户，待学校扣除相关费用且卡内资金有剩余时，学生方可支取使用。二是优先还款，对进入助学贷款还款期的毕业大学生，助学贷款本息回收银行或管理机构通过信息卡关联主账号优先自动回收，即在第一时间内直接从信息卡中足额扣除当期应还助学贷款本息，直至偿还贷款结束，避免学生因忘记或恶意拖欠贷款本息现象发生
专项资金服务功能	学生在校期间获得的各类奖助学金，由上级财政部门通过学校合作银行第一时间直接发放到学生信息卡关联主账号中，由学生自主支配，避免学校挪用、推迟发放等现象发生
	学生需要缴纳的学杂费、军训服装费、补考费等费用，无论储存任何金融机构，由学校所合作银行直接从信息卡余额中扣除
	学生毕业后入伍参军、基层就业等学费补偿贷款代偿，由学生所在单位归属财政部门通过金融机构直接划入信息卡，减少就读学校转拨等环节，提高划拨效率
	根据学生家庭经济状况，自动测算学生在校基本（标准）生活费用，且对超出正常生活消费水平的支出项目能够及时提供手机信息提醒服务等

续表

功能类型	主要功能
自主查询完善功能	借助"综合信息平台"互联网，学生或父母通过登录信息卡关联主账号和密码；或者，借助各金融机构 ATM 等电子化服务设备，通过学生脸部和指纹共同识别，可以随时随地查询学生各类资金到位、助学贷款偿还等详细情况
	各级"综合信息管理组织"、助学贷款经办行及其他金融机构，以及学生就读学校或所在工作单位，根据各自权限和查看范围，通过设置单独的管理账户和密码，登录互联网查看持卡学生的各类资金到位，以及助学贷款偿还等信息，并根据需要及时对数据进行采集和维护

（五）"互联网 + 综合信息平台"建设的基本原则

党和国家极为重视"网络"，更是重视"网络安全和信息化工作"，2014 年 2 月，中央网络安全和信息化领导小组宣告成立，由国家主席习近平亲自担任组长，充分体现了我国最高层全面加强网络和信息化建设顶层设计的意志，显示了国家在保障网络安全及推动信息化发展的决心。党的十八大以来，特别是 2015 年 10 月十八届五中全会召开后，国家加速网络和信息化建设进程，从 2015 年 12 月习近平出席世界互联网大会并发表主旨演讲，到 2016 年 2 月习近平主持召开党的新闻舆论工作座谈会并发表重要阐述，再到 2016 年 4 月习近平主持召开网络安全和信息化工作座谈会并发表重要讲话等一系列重大会议安排部署，为我国全面推进并加快网络与信息化建设步伐提供了强大的政治保证和组织保障。同时，我国已拥有并稳步日益提高的云计算平台所提供的计算能力与联网计算设备服务技术，特别是新一轮信息革命技术浪潮推动了我国互联网建设与国际产业界的紧密、深度合作，不仅为我国的云计算产业发展提供了持续的创新动力，也为我国网络与信息化建设提供了先进的技术保障，更为我国建设"互联网 + 综合信息平台"创造了难得的发展机遇和良好的舆论氛围。结合我国互联网与信息化建设现状、技术水平及发展需要，"互联网 + 综合信息平台"建设须遵循以下八大基本原则：

1. "统一性"原则

平台建设是党和政府按照"创新、协调、绿色、开放、共享"的国家经济社会发展理念，为推动我国当前和今后一个时期的网络与信息化建设的需要而进行的一项服务性政府决策，由中央财政全额提供平台基本建设专项经费及各类统计专门经费，所有资源信息生产主体、责任主体及其他任何单位或个人必须贯彻执行并认真落实上级的统一领导、统一管理、统一规划、统一建设、统一协调，而不是由各单位或个人自行进行系统创建，以便杜绝人力物力的浪费及重复建设或系统平台成为信息孤岛。

2. "全程性"原则

平台所包含公共及个人资源信息覆盖到个人成长过程中的各个阶段，资源信息来源主体涉及各行各业，为确保建设的顺利进行特别是信息的完整性，各资源信息生产主体即相关单位、相关部门及相关行业需各负其责，无论在时间上，还是在空间上，都需要对居民个人或居民家庭实施全程、全时、全方位准确管理，并有效地保持信息生产主体与个人或家庭两者之间的及时互动，不断增强资源信息的精确度和真实性，从而达到"需求为导向，边建设边使用，边管理边完善"的目的。

3. "整体性"原则

平台建设资源信息的来源客体是居民个人或家庭，无论对于个人个体，还是家庭个体，在客观上都是一个最基本的资源信息统计单元，只有保持统计单元的整体性，才能实现每个统计单元内的所有信息要素有机地整合在一起，从而保障平台建设的全面性及实效性。

4. "一致性"原则

对于平台建设所含"实物"及"非实物"资源信息，无论来源于行政部门，还是来源于其他服务行业，或者在时间上、空间上如何迁移变化，平台汇集的个人或家庭所有信息都需要保持一致，特别是在汇集的实物资源信息如房产面积、位置、交易价格及各类工资报酬收入等主要以数据或量化方式记录统计的资源信息更要完全符合，而不得发生同信息统计单元内的资源信息在不同生产主体中存在差异性或非等值性。

5. "持续型"原则

无论是"即时"资源信息，还是"周期"资源信息，居民个人及家庭的所有资源信息都是息息相关、持续变化的，且随着时间的延续，每个统计单元的信息都是按照从早到晚、从前到后、从下到上的顺序"动态"扩展的，特别是在我国社会经济水平发展速度不断加快的前景下，信息平台建设坚持持续良好发展，将对推动全国国民经济和社会信息化建设、实现全社会的信息化工程具有特别的重要意义。

6. "客观性"原则

平台建设的核心问题是保障各类资源信息的准确性、真实性、及时性以及统计数据公开发布的公平性和透明度，准确、真实、及时的统计数据信息是整个平台的生命，为此，要通过全面推行居民职业发展实名登记认证制（含财产、资产、收入、消费等生产生活等各方面）、强化协调各行各业最基层单位或部门统计工作、制定实施各类资源信息统计标准、建立健全各系统居民收入支出经济指标核算体系、组织开展区域合作与统一核定及管理、创建实行居民家庭经济状况定期监管与适度发布制度、规范指导地区与部门之间的信息资源数据库及网络平台建设的运行规则或基本标准等措施，才能确保平台所涵盖资源信息的数据精准、内容真实、资料可靠、统计及时，切实增强并凸显平台建设及运行的客观性。

7. "安全性"原则

平台建设及使用过程中，信息安全及网络安全是管理与维护中的难点和重点，充分、全面、彻底地对平台的安全漏洞和安全威胁进行分析、检测、防护和应急恢复是确保信息平台安全系统的必要前提条件，为此，对于平台创建、应用及完善各个环节中，应坚持"安全第一"原则，通过着力统筹规划网络平台的安全策略、强化网络安全的管理措施等重点保护整个平台网络安全，通过全面推行单位或个人网络登录时时跟踪、建立完善录入信息符合度识别与鉴别机制等重点保护整个平台应用安全，通过逐步实施部门或个人信息查询与访问身份电子认证体制、安全管理授权与责任认定追责体系等重点保护整个平台共享安全，同时，对"公开"、"不公开"、"半公开"不同类型资源信息尝试实行并提高保密级别程度，从而为不同需求用户提供全面、可选的安全服务，不仅提高平台系统的整体安全性能，更能够合法保护公共与个人信息及其隐私。

8. "共享性"原则

"共享性是信息最重要、最本质的特征"，综合信息平台作为全国组织规格最高、建设容量最大、覆盖类型最全、服务用户最广的信息大平台，不仅是全国政务管理与服务信息的"集合体"，更是居民个人经济与社会信息的"聚集地"，只有加强并坚持"共享性"原则，通过利用云计算、物联网、移动互联网、大数据管理等新技术，不断改善平台信息共享基础设施及相关技术条件建设，进一步明确"公开"、"半公开"及"不公开"各类资源信息共享的范围、权限与方式，逐步制定完善各系统、各区域、各行业及个人共享平台信息标准规范体系，全面推行跨部门、跨地区、跨层级相关单位或个人平台信息共享长效机制等，才能高效利用信息化手段多渠道快速准确地获取和运用平台所需各类信息资源，才能充分利用好互联网技术共享优质信息，才能切实推进个人发展与经济社会要求各类数据信息的有效对接,才能完全实现大数据时代下社会异构系统间各类数据信息的无缝衔接,从而充分发挥国家信息化、网络化促进服务性、智囊性政府建设的重要作用。

除此之外,综合信息平台还应遵循实用性、普遍性、集成性,以及系统性等原则。同时,综合信息平台作为我国信息化建设的重要组成部分,平台项目的创建及其水平更是衡量我国综合国力的重要标志,为此,应迎合我国经济社会发展的现实需要,在平台建设项目建议、可行性研究、总体设计、长期规划等环节上尽早纳入日程,以切实推进我国公共与个人信息资源管理与服务平台的实施,切实发挥"互联网+"在助推脱贫攻坚中的作用,推进"精准扶贫、精准脱贫",进而为我国不断完善社会救助体系,全面提升社会管理科学化水平、优化配置各类资源、促进经济持续健康发展、保障我国第三步战略目标的顺利实现提供强大动力。

三 高校家庭经济困难学生实施"互联网+精准认定"的主要途径

我国公共与个人信息资源管理与服务平台的创建,为全国普通高校实施家庭经济困难学生精准认定提供了可靠依据,为全面推进家庭经济困难大学生精准资助打下坚实基础。结合综合信息平台建设的基本框架及高校管理体制现状,应从我国普通高校学生家庭经济状况认定组织机构、平台建设、评价指标、认定程序,以及保障措施等各个环节进行完善(全国"综合信息平台"创建及家庭经济状况认定等环节适用于包含所有接受义务教育、非义务教育的在校大、中、小学生在内的任何居民个体,根据论述需要,本章居民个人及家庭仅指普通高校家庭经济困难学生及其家庭,下同)。

(一)普通高校学生家庭经济"互联网+精准认定"新模式构建主要思路

我国普通高校学生家庭经济"互联网+精准认定"新模式构建的主要思路是,坚决落实中央"精准扶贫、精准脱贫"基本方略和习近平总书记"扶贫先扶智"思想,真正发挥政府在普通高校家庭经济困难学生认定工作中作为第一客观主体的主要作用,紧紧围绕"立德树人"根本任务,以统筹建立"精准资助"工作机制为抓手,以创建全国"综合信息平台"为依托,通过借助互联网技术及信息化建设,全面聚合普通高校学生家庭经济各类资源信息数据,科学预算学生家庭生活收入及支出消费状况,合理核算学生接受教育成本及资助需求,精确实施学生家庭经济

第八章 我国高校家庭经济困难学生认定工作实践现状及未来发展构想

状况等级划分,并在精准评估学生家庭承担教育成本能力的基础上,依托各级教育资助部门、各高校资助机构对不同家庭经济困难学生实行精准资助,全面实现普通高校"家庭经济困难学生资助全覆盖",切实开创我国高等教育学生资助事业新局面。

（二）普通高校学生家庭经济"互联网+精准认定"工作组织机构

为保障全国普通高校学生家庭经济状况精准认定工作的顺利实施,中央"综合信息管理组织"作为全国公共与个人信息管理及服务的最高层行政机构,在前期平台建设过程中已对公共与个人信息资源进行汇集、审查的基础上,还需要对学生个人及家庭"实物"资源信息进行整合分类、对学生家庭生活经济状况组织预算、对学生接受教育成本展开核算,以及对学生家庭经济状况等级开展认定等环节,为此,中央"综合信息管理组织"应下设"家庭与个人信息数据聚合中心"、"家庭与个人经济状况核算中心"、"家庭与个人教育成本预算中心"、"家庭与个人经济等级评定中心"、"家庭与个人救助需求评估中心"、"家庭与个人精准救助落实中心"、"家庭与个人信息开发拓展中心"等七大执行直属部门（分别简称"数据聚合中心"、"经济核算中心"、"成本预算中心"、"等级评定中心"、"需求评估中心"、"救助落实中心"、"开发拓展中心"），以及网络服务、技术保障等其他管理或服务机构。按照各中心各自职责及具体情况,需要同步建设"信息数据聚合平台"、"经济状况核算平台"、"教育成本预算平台"、"经济等级评定平台"、"救助需求评估平台"、"精准救助落实平台"、"信息开发拓展平台"等七大工作平台,以便解决好"如何精准开展"、"怎样精准开展"的问题。七大执行直属部门及相应七大工作平台建设与主要功能情况见表8—16。

表8—16　"互联网+精准认定"组织机构执行直属部门及其
平台建设与功能情况一览表

直属部门	工作平台	主要任务及功能
1. 数据聚合中心	信息数据聚合平台	对"综合信息平台"含有的居民个人（特指高校学生,下同）及家庭所有信息以"实物"、"非实物"等关键词进行分类整理,并生成关键词列表页、详情页等,特别是对"实物"资源信息数量、价值等能够进行最快、最准、最全统计,汇总,又能适当对相关信息资源进行延伸,达到并满足各需求主体对所需信息数据的需要;通过将任何学生或其家庭相近与相关信息进行关联,使其变成一个有机统一体,既实现信息精准定位又提高信息相关性

续表

直属部门	工作平台	主要任务及功能
2. 经济核算中心	经济状况核算平台	以"综合信息平台"为依据，以学生所在家庭为统计单元，全面核算家庭财产、收入、支出等经济状况，如家庭拥有的全部动产、不动产等财产状况；各成员可支配收入情况；家庭衣食住行等各项生活消费支出情况；以及其他影响家庭经济状况核算的指标数据等
3. 成本预算中心	教育成本预算平台	对家庭子女接受每个阶段教育的各项开支即"家庭个人教育成本"进行预算①，主要包括学费，住宿费、培训费等学杂费，以及学生标准生活费用开支等
4. 等级评定中心	经济等级评定平台	结合学生家庭经济状况核算情况，确定家庭特定时间段的剩余收入（可支配收入），并根据家庭收入及净资产等相关标准科学划分学生家庭经济情况认定等级；确定家庭承担子女接受高等教育成本能力
5. 需求评估中心	救助需求评估平台	对比家庭特定时间段的剩余收入与学生个人教育成本需求的差值，对不具有承担子女接受高等教育成本能力的家庭，合理确定学生救助实际需求
6. 救助落实中心	精准救助落实平台	按照学生救助需求总量及具体用途，全面优化调整学生个人救助申请方案；确定学生救助总量并决定救助方案，监督指导学生个人救助方案的落实
7. 开发拓展中心	信息开发拓展平台	根据社会经济发展，对家庭经济状况及学生救助实施情况定期进行整理完善，以保障其他平台建设的时效性；结合各方使用主体需求，不断开发各个平台软硬件建设并拓展其功能

（三）普通高校学生家庭经济"互联网+精准认定"评价指标体系

家庭经济评价指标是实施普通高校学生家庭经济"互联网+精准认定"新模式的主要构成要素，创建标准规范、科学合理的学生家庭经济评价指标体系是确保高校学生家庭经济"互联网+精准认定"工作有效运行和持续改进的重要保证。根据我国社会管理体制及高校管理体系，应对学生家庭经济评价指标体系内的家庭成员（SFM）、家庭年收入（FETI）、家庭年支出（FSTE）、家庭标准生活费（FSCL）、学生标准生活费（SSCL），以及家庭经济困难等级（FEDS）、学生接受教育标准成本（SESC）、家庭教育成本承受能力指数（FCECI）、学生教育所需资助额度（SENFF）等19个评价指标进行全面准确地统筹规划、明确细化，以消除不同区域间、不同学校间的差异性，从而为全国高校实施家庭经济困难学生精准认定提供重要依据。我国普通高校学生家庭经济评价指标体系构成及其评定标准见表8—17。

---

① 钟晓琳：《中国城市家庭教育成本研究评述》，《少年儿童研究》2011年第20期。

第八章　我国高校家庭经济困难学生认定工作实践现状及未来发展构想

表8—17　**我国普通高校学生家庭经济评价指标体系构成及其评定标准一览表**

评价指标	指标界定	主要评定标准与内涵
家庭成员（SFM）	具有法定赡养、扶养、抚养关系并共同生活的所有家庭人员（含户籍迁出的由家庭供养的在校就读学生等）	以学生为评价单元，其家庭成员包含父母、兄弟姊妹、夫妻，共同生活的祖父母、外祖父母，由父母赡养并长期共同生活的具有血缘关系、姻亲关系或法律上的继、养关系的其他家庭成员等，而不含现役义务兵、已婚并脱离家庭、独立生活的，离家出走、失踪一定年限的，以及处在服刑、劳动教养的家庭人员。对于在福利院成长的孤儿，或完全脱离家庭、独立生活、家庭不提供任何经济来源的学生等，不再统计其家庭成员，即家庭成员按学生自身计算
家庭自然人口数（FNPI）	与学生父母共同生活的家庭成员人口数	由学生父母立户，并与其长期共同生活的祖父母、外祖父母，以及未婚的兄弟姊妹等。（对于已婚的兄弟姊妹，无论是否共同生活，皆不计算在内。）
家庭净资产（FNA）	学生家庭总资产减去总负债额度的余额，也成为"家庭资产净值"	总资产包含家庭成员名下的房产（按成本价而非市场价计）、存款、股票和债券的投资净值、家电家具、保险单的现金价值、专利等无形资产的估计价值等；总负债指家庭成员因房贷、车贷、信用卡透支等各种欠款，以及因治病等原因发生的外债等债务
家庭年收入（FETI）	学生家庭所有成员一年（年度）内取得的全部可支配收入	包含"综合信息平台"实物资源信息中的"C06 工薪性收入"至"C13 福利性收入"。主要包括父母，共同生活的祖父母、外祖父母，未婚的兄弟姊妹等，其中：祖父母与外祖父母收入除以各自生养子女数后计入家庭收入，未婚的兄弟姊妹收入乘以30%后计入家庭收入（比例一般控制在20%—40%范围内）。原则上曾祖父母、外曾祖父母，无论是否与父母共同生活，其收入不再计算在内
家庭年支出（FSTE）	家庭所有成员一年（年度）内衣食住行等全部消费支出	包含"综合信息平台"实物资源信息中的"D14 财产资产性支出"至"D25 突发性支出"
家庭年可支配收入（FDTI）	家庭年收入扣除向政府必须缴纳的个人所得税等各种直接税及非商业性费用等后剩余的可以用来自由支配收入	FDTI = FETI – FSTE。与家庭年纯收入相比，年可支配收入是国民收入分配的最终结果，包括了再分配的收入；在指标性质上，是一个收入分配指标。经过国家几次改革，家庭可支配收入调查内容与家庭纯收入内容基本接轨，两者数值差别并不大
家庭年纯收入（FRTI）	家庭年收入扣除家庭生产、经营成本，以及相关必需的费用后的剩余额度	与家庭年可支配收入相比，年纯收入没有包括在分配收入指标内，反映的是家庭成员初次分配的结果；在数额上，是家庭年可支配收入减去所有支出后的数据；在指标性质上，是一个效益核算指标

续表

评价指标	指标界定	主要评定标准与内涵
家庭人均年收入（FAPI）	学生家庭所有成员年收入人均额度	家庭成员年收入总和除以家庭成员所有人数总数（按"家庭经济人口指数"计），即：FAPI = FETI/FEPI。（其中成员含未成年的孩子及未有收入的老人等，下同。）
家庭人均年可支配收入（PCDI）	学生家庭成员个人年可支配收入的平均值	家庭年可支配收入除以家庭成员所有人数总数（按"家庭经济人口指数"计），即：PCDI = FDTI/FEPI；往往被认为是家庭消费开支的最重要的决定性因素，因而常被用来衡量一个国家生活水平的变化情况
家庭人均年纯收入（GFNI）	学生家庭成员个人年纯收入的平均值	家庭年纯收入除以家庭成员所有人数总数（按"家庭经济人口指数"计），即：GFNI = FRTI/FEPI
家庭人均净资产（FANA）	家庭净资产成员个人平均值	家庭净资产除以家庭成员所有人数总数（按"家庭经济人口指数"计），即：FANA = FNA/FEPI
家庭消费支出指数（FCSI）	家庭一年内各类生活消费开支占家庭收入的比例	FCSI = FSTE/FETI。（家庭消费支出指数反映家庭整体的实际生活消费水平，其范围在0%—100%；家庭生活水平越低，指数越大，随家庭生活的富裕而降低；类似于恩格尔系数。）
家庭标准生活费用（FSCL）	根据家庭消费支出指数及当地城乡居民最低生活保障标准，确定家庭成员正常生活所需的标准费用	家庭成员每月标准生活费 = ｛(100% - 上年家庭消费支出指数)/上年全国恩格尔系数｝× 当年所属行政区域（市、县或区）制定的当地城乡居民每月最低生活保障标准。（据《时事报告》公开数据，我国2015年恩格尔系数为30.6%。）①
学生标准生活费用（SSCL）	根据家庭经济水平状况（主要依据家庭消费支出指数）及学校所在地城乡居民最低生活保障标准，确定学生在校正常生活所需的标准费用	学生在校每月标准生活费 = ｛(100% - 上年家庭消费支出指数)/上年全国恩格尔系数｝× 当年就读学校所属行政区域（市、县或区）制定的当地城乡居民每月最低生活保障标准。（学生在校每月平均生活消费应是确定学生标准生活费用的可靠依据，但由于存在学生在校生活消费的不确定性及学校统计的不完整性等多重客观因素，故不再以学生在校每月平均生活消费作为确定学生标准生活费用的依据。）
学生接受教育标准成本（SESC）	各个学习阶段学生在校接受教育需要缴纳并由家庭完全承担的各项费用	学生在校接受教育需要家庭必须支付的学杂费、住宿费、培训费、交通费、生活费及其他费用，即所谓的"教育个人成本"
家庭经济贫富类型（FEWT）	家庭经济状况贫富程度及划分类型	根据家庭净资产（FNA）及家庭年收入（FETI）确认家庭经济状况贫富程度及其类型

---

① 时事报告：《6.9%的经济增速怎么看》，http://www.ssbgzzs.com/sy/ssbg/201602/t20160218_3153980.shtml，2016-02-18。

第八章 我国高校家庭经济困难学生认定工作实践现状及未来发展构想

续表

评价指标	指标界定	主要评定标准与内涵
家庭经济困难等级（FEDS）	家庭经济状况困难程度及其等级划分	对家庭年可支配收入（FDTI）无法满足家庭年支出（FETI）、无法达到学生标准生活费用（SSCL）需求，以及不具备承担教育能力的家庭确定经济困难程度并划分其等级
家庭教育成本承受能力指数（FCECI）	家庭年收入扣除家庭年支出、家庭成员生活费后剩余收入与学生接受教育标准成本的比例	FCECI = {FETI − FSTE − FSCL × (FNPI − @)} / (SESC × @)。当家庭年剩余收入额度与学生接受教育标准成本基本持平时，FCECI = 1；当家庭年剩余收入额度无法满足学生接受教育标准成本时，FCECI < 1，且最小值为 0；当家庭年剩余收入额度超过学生接受教育标准成本时，FCECI > 1，且随着家庭经济富裕水平的提高而增大。（对于处于非高等教育阶段家庭子女的接受教育标准成本，统一计算在家庭年支出内；@ 为同一家庭内接受高等教育学生人数。下同。）
学生教育所需资助额度（SENFF）	家庭年剩余收入额度与学生接受教育标准成本之间的差额	SENFF = SESC × @ − {FETI − FSTE − FSCL × (FNPI − @)}。（仅当家庭年剩余收入额度小于学生接受教育标准成本时，即 FCECI 小于 1 的情况下。）

（四）普通高校"互联网 + 精准认定"学生家庭经济类型及等级划分

基于创建的全国"综合信息平台"，以及健全的学生家庭经济评价指标体系，为实现全国普通高校家庭经济困难学生精准认定，还需要对居民家庭经济贫富类型及家庭经济困难等级进行划分。根据近十年来，我国城乡居民年收入水平、家庭收入差距及其财产不平等程度，特别是我国东、中、西部市场经济发达程度差别，以及城乡经济发展的不平衡等实际状况，我国居民家庭经济贫富类型可分为超富家庭、特富家庭、富豪家庭等7 个类型，具体划分标准及其主要分布情况分别见表 8—18 和表 8—19。

表 8—18　　**我国居民家庭经济贫富类型划分标准一览表**　　（单位：万元）

类型划分	划分标准		家庭年收入额度（2014 年）	
	家庭年收入（FETI）	家庭净资产（FNA）	北京市	济南市
超富家庭	100 × EAV 以上	20 × FETI 以上	800 以上	480 以上
特富家庭	50 × EAV—100 × EAV	5 × FETI—15 × FETI	400—800	240—480
富豪家庭	20 × EAV—50 × EAV	5 × FETI—15 × FETI	160—400	95—240
富裕家庭	10 × EAV—20 × EAV	5 × FETI—15 × FETI	80—160	47—95
中产家庭	5 × EAV—10 × EAV	5 × FETI—15 × FETI	40—80	24—47

续表

类型划分	划分标准		家庭年收入额度（2014年）	
	家庭年收入（FETI）	家庭净资产（FNA）	北京市	济南市
小康家庭	2×EAV—5×EAV	5×FETI—15×FETI	15—40	10—24
困难家庭	2×EAV以下	5×FETI以下	15以下	10以下

注：1. EAV为省级或地级行政区调查统计的城镇单位在岗职工平均工资（又称"社会平均工资"，指所属行政区内企业、事业、机关单位的职工在一定时期内平均每人所得的货币工资额，由单位工资总额除以年内或季度内平均职工人数得出）。北京市2014年EAV为77560元，其中月平均工资为6463元；济南市2014年EAV为47400元，其中月平均工资为3949元。

2. 以家庭当年收入（FETI）为基数，并以累积一定年限（原则上为5—15年）的年收入额度作为家庭净资产总量标准（FNA），与家庭年收入共同作为家庭贫富等级划分的主要依据。

表8—19　**我国相关居民经济贫富类型家庭主要分布情况一览表**

家庭类型（FEWT）	主要覆盖范围及区域分布
超富家庭	民营企业家、银行家；房地产行业、IT产业、新兴创业行业等高管、CEO；娱乐圈明星、体育界明星等。主要分布在我国一、二线城市，东部三线城市，以及中西部部分省会城市等，以北京、上海、广州等城市，以及广东、浙江、江苏等省份居多
特富家庭	国企高管、民营企业家、银行家；新兴创业行业等高管、CEO；娱乐圈明星、体育界明星；仅次于超富家庭等。主要分布在我国一、二线城市，东部三、四线城市，以及中西部省会城市等
富豪家庭	省部级及以上官员家庭；私营企业家；外资高管、国企主管；娱乐圈、体育界名人；仅次于特富家庭等。主要分布在我国一、二、三线城市，部分四线城市，以及地级及以上城市等
富裕家庭	厅局级及以上官员家庭；高级职称家庭、高学历家庭；国企或外资高级白领、资深蓝领；中小型企业主、工商业创办者；仅次于富豪家庭等。主要分布在我国一、二、三、四线城市，部分五线城市，以及县级及以上城市等
中产家庭	县处级及以上干部家庭；中级职称家庭；有一定积蓄的城市居民家庭；有一定技术的工人家庭；从事服务行业创办者；仅次于富裕家庭等。主要分布在我国一线至五线城市，以及富裕乡镇、各区域中心等
小康家庭	乡科级及以上家庭；普通工薪家庭；从事低端服务行业家庭；仅次于中产家庭等。主要分布在全国各中小城市，以及乡村等
困难家庭	落后山区、乡村及偏远地区家庭；普通工人家庭及城镇居民家庭；高中及以下学历家庭；劳动力为主家庭等。主要分布在东部小城镇、农村，以及中西部等

注：我国城市等级划分参考《2015年新中国城市等级划分表》，不含港澳台地区城市。

第八章　我国高校家庭经济困难学生认定工作实践现状及未来发展构想

在科学划分并确定居民家庭经济贫富类型基础上，根据家庭标准生活费用、学生标准生活费用，以及学生接受教育标准成本、家庭教育成本承受能力指数等相关家庭经济评价指标，我国普通高校学生经济困难家庭可分为特困家庭、困难家庭、贫困家庭、贫穷家庭及突困家庭等五个等级，具体等级划分标准及其性质见表8—20。

表8—20　**我国普通高校学生家庭经济困难等级划分标准一览表**

划分等级	困难等级（FEDS）	经济困难性质	家庭成本承受能力指数（FCECI）	划分标准与依据
特困家庭	Ⅰ	持续困难性	FCECI = 0	家庭年收入1万元以下，或家庭年可支配收入几乎为零；家庭无任何经济来源或生活来源，基本无力承担学生在校期间的任何费用。主要为烈士子女、孤儿、优抚家庭子女、成员患有绝症家庭等
困难家庭	Ⅱ	持续困难性	$0 \leq FCECI \leq 0.5$	家庭年收入扣除家庭年支出、家庭成员生活费（按标准生活费计）后略有剩余，但仅能承担学生接受教育标准成本的一小部分费用。主要为老少边远地区家庭、落后地区农村家庭、下岗或失业职工家庭、单亲家庭、成员患有重大疾病家庭、遭遇自然灾害家庭等
贫困家庭	Ⅲ	持续困难性	$0.5 \leq FCECI \leq 1$	家庭年收入扣除家庭年支出、家庭成员生活费后有剩余收入，可以能够承担学生接受教育标准成本的一大部分费用，而无法承担全部费用。主要为农村家庭、父母一方残疾或丧失劳动力家庭、多子女上学家庭、收入来源单一且收入低家庭及其他比较困难情形家庭等
贫穷家庭	Ⅳ	持续困难性	$1 \leq FCECI \leq 2$	家庭年收入扣除家庭年支出、家庭成员生活费及学生接受教育标准成本后略有剩余，但一般不高于所在行政区上年度在岗职工平均工资的两倍。主要为欠发达地区乡村家庭、收入低且不稳定家庭、多子女且子女无经济收入家庭、赡养老人任务重家庭及其他一般困难情形家庭等
突困家庭	Ⅴ	临时困难性	$0 \leq FCECI \leq 2$	原非困难家庭经济类型，但自家独创企业因种种因素突然破产导致负债，或家庭突遭重大灾害、特大变故致使家庭经济收支严重不平衡，无力承担学生接受教育标准成本的家庭等

通过分析我国普通高校学生家庭经济困难等级划分标准，开展大学生

家庭经济"互联网+精准认定"主要是依据家庭教育成本承受能力指数，即对比家庭可支配收入与学生接受教育标准成本来组织实施的。因此，基于全国"综合信息平台"实施普通高校家庭经济困难学生"互联网+精准认定"法也可称为"家庭教育成本承受能力指数"指标认定法，或"家庭可支配收入与学生接受教育标准成本组合"比较认定法，或"家庭经济收支综合指标"量化认定法。

（五）普通高校家庭经济困难学生"互联网+精准认定"工作流程

普通高校家庭经济困难学生精准认定是大学生资助整体工作的首要环节，也是后期开展精准资助工作的关键环节。科学建立健全学生家庭经济评价指标体系，合理划分确定学生家庭经济类型及其等级，全面采集掌握学生及其家庭各类资源信息，为开展家庭经济困难学生精准认定打下坚实基础。在创建实施"互联网+综合信息平台"的大背景下，我国普通高校家庭经济困难学生精准认定工作实施流程见表8—21。

表8—21　我国普通高校家庭经济困难学生精准认定工作实施流程一览表

实施步骤	实施时段	实施主体	实施主要内容
确定家庭经济贫富类型	每一年至两年为周期	县级学生资助管理部门	经地级"综合信息管理组织"授权并在其职责和权限范围内，对"综合信息平台"内各个阶段所有在校学生家庭的年收入、年支出，家庭净资产、家庭标准生活费用等经济评价指标进行汇总核算后，按照"居民家庭经济贫富类型划分标准"确定每位学生家庭经济贫富类型
计算学生接受教育成本	学生确定录取至入学报到期间	高校学生资助管理部门	经与学校所属上级教育部门同级的"综合信息管理组织"授权并在其职责和权限范围内，通过"综合信息平台"发布各类录取学生需要缴纳的学杂费、住宿费及其他学习与生活费用
		县级学生资助管理部门	1. 根据学生家庭消费支出指数及学校所在地城乡居民最低生活保障标准，并结合学生家庭经济贫富类型，计算本辖区内所有录取学生在校标准生活费用（按学年或年度计算）； 2. 根据学生家庭与学校距离计算交通费等； 3. 根据学生到校接受教育需要缴纳的学杂费、住宿费、交通费、标准生活费及其他费用等，确定学生每年（学年）接受教育标准成本； 4. 在一定范围内适时公示并通知学生家庭

第八章 我国高校家庭经济困难学生认定工作实践现状及未来发展构想

续表

实施步骤	实施时段	实施主体	实施主要内容
确定家庭承担成本能力	计算学生接受教育成本后	县级学生资助管理部门	1. 根据家庭年剩余收入与学生接受教育成本需求,计算家庭教育成本承担能力指数,确认学生家庭承担学生接受教育经费能力整体状况; 2. 结合"普通高校学生家庭经济困难等级划分标准"确定学生家庭经济困难等级,通过"综合信息平台"进行信息完善并上报
计算学生资助基本需求	确定家庭承担成本能力后	县级学生资助管理部门	1. 根据学生家庭承担教育成本能力(家庭能够承担支付学生学习生活所必需费用)与学生(仅对确认为Ⅰ—Ⅴ等级的家庭经济困难学生)接受教育成本两者差额核算学生资助基本需求; 2. 通知学生通过"综合信息平台"限时提出学年资助申请项目及额度等
		高校学生资助管理部门	学校根据学生家庭承担成本能力与学生接受教育成本同步核算学生资助基本需求
		县级以及学校资助部门	县级学生资助管理部门、高校学生资助管理部门结合学生资助需求申请,通过"综合信息平台"对双方核算出的学生资助基本需求进行对比,并根据学生家庭经济状况进行调整修正
配比组合学生资助方案	学生报到入学前	高校上级教育资助管理部门	1. 结合各个学校年度内能够掌握分配的各类资助资源、核算确定的各个学生资助需求,以及各项资助措施项目用途性质,系统形成与学生当年(学年)自身资助需求基本等额、资助方案的"资助夹"; 2. 通知学生根据自身家庭实际,对系统内的学年个人资助方案进行调整申请; 3. 在学校提供的资助项目和资助总额度规模内,对每个学生资助方案进行二次优化调整,达到学生个体最佳组合资助方案; 4. 通过"综合信息平台"适时适当公布
组织实施组合资助方案	学生报到入学前至入学后	县级学生资助管理部门	根据学生组合资助方案,组织可支配的各类资助资源对学生入学前资助项目进行实施
		助学贷款办理金融机构	1. 根据学生组合资助方案中助学贷款项目额度需求申请,通知并组织学生进行身份验证、办理贷款确认等手续; 2. 待学生入学注册后,通过"教育保障卡"足额发放助学贷款至学校专项账号
		高校学生资助管理部门	1. 根据学生组合资助方案,利用学校统筹支配的财政、学校、社会等资助资源,通过"教育保障卡"对学生入学后资助项目组织实施; 2. 对学生实施到位的所有资助项目通过"综合信息平台"及时进行补登完善,并公布学生学年资助方案具体落实情况

续表

实施步骤	实施时段	实施主体	实施主要内容
开展方案资助效果评估	组合资助方案周期实施工作结束后	高校学生资助管理部门	1. 组织学生就个体组合资助方案中接受资助资金的使用、支配情况等进行学年（或年度）总结，并通过系统按时提交个人资助报告； 2. 结合学校资助进展总体情况，定期（一般以学年或年度为周期）对学生个体资助组合方案实施效果进行评估，并以此为基础形成学生个体组合资助方案执行报告； 3. 根据学生个人资助报告及学校个体组合资助方案执行报告，结合学生家庭经济贫富类型、困难等级调整等家庭状况变化，及时调整完善次年学生资助基本需求，并形成次年学生组合资助方案，以便下一学年及时组织实施

普通高校家庭经济困难学生资助工作作为我国促进教育公平的重要内容，也是我国城乡社会救助体系的重要组成部分。特别是2016年3月召开的"两会"上，国家主席习近平多次强调，要把脱贫攻坚作为"十三五"时期的头等大事来抓，要求坚持运用科学有效程序落实精准扶贫，做到精准识别、精准帮扶、精准管理。为此，我国应顺应全面建设小康社会、提前基本实现现代化的趋势和要求，认真贯彻落实以人为本的科学发展观，在稳步推进社会保障体系和各项社会救助制度建设过程中，全面加速"互联网+综合信息平台"建设、积极推进居民家庭经济贫富类型及困难等级划分、科学规范高校家庭经济困难学生精准认定工作流程，对于创建实施高校学生精准资助体系，以及健全完善我国社会精准救助体系都具有重大的现实意义和深远的历史意义。总之，通过建立我国普通高校家庭经济困难学生"互联网+精准认定"模式，将有力推动我国教育事业大发展，并充分发挥教育扶贫在"推进精准扶贫、精准脱贫"中的基础性、先导性和根本性作用，从而逐步促进教育公平，逐步消除社会贫困，逐步改善民生，最终实现全国人民共同富裕。

附录　聊城大学家庭经济困难学生资助政策体系建设及实践

聊城大学是山东省属综合性大学。多年来，聊城大学认真贯彻落实国家资助政策，紧紧围绕"不让一个学生因家庭经济困难而辍学"的资助工作目标；牢固树立"服务家庭经济困难学生为本，物质上帮助学生，精神上培育学生，能力上锻炼学生"的资助工作理念；严格按照"信息化建设，目标化管理，项目化运作，问题式研究，精准化管理，发展型资助"的工作思路；建立健全了以国家助学贷款、勤工助学为主，以奖学金、助学金、困难补助、学费减免、"绿色通道"为重点，以积极争取社会资助为辅助，以家庭经济困难学生教育及资助理论研究为特色的全方位资助育人服务体系，有效地帮助家庭经济困难学生顺利完成学业，推动了和谐校园建设，促进了学生成长、成人、成才、成功，取得了良好效果。

由于学校地处经济欠发达的鲁西地区，绝大多数学生来自农村，家庭经济困难学生比例一直较高。自2006年7月，学校在全省高校率先成立"聊城大学学生资助管理中心"，至今十余年间，聊城大学坚持走学生资助工作创新发展、精准发展、特色发展之路，先后创新资助模式，实施了红、绿、蓝"三卡制"；创建了全省首个场所独立的贫困生档案室；组织国家助学贷款毕业生持续开展了"七个一"诚信教育工程活动；较早研发了集困难学生认定、勤工助学、助学贷款等为一体的《聊城大学家庭经济困难学生信息管理系统》；最早推进并实行了家庭经济困难学生量化认定指标体系；成立了以孤儿学生群体帮扶为中心的"馨家园"工作室、以青年志愿服务为中心的"春雨工作室"和"雷锋精神培育工作室"；启动实施了以家庭经济困难学生就业创业为中心的"百项工程建设"项目；以及搭建了"微心愿"帮扶平台等，切实确保了每一位在校家庭经济困难学生应助尽助、应贷尽贷。多年来，在上级部门的大力指导下，在学校党委、行政的正确领导下，经过全校师生的共同努力，聊城大学探索创建了独具特色的"12345"精准资助"聊大模式"，在历年山东省学生资助管理部门组织专家组对全省高校学生资助工作全面督查考核及绩效评比中，聊城大学连续多年获得全省高校考评总分第一名的好成绩，校学生资助管理中心曾获"第二届'助学政策，助我成才'征文活动优秀组织奖"、"'全国普通高等学校毕业生预征工作'先进集体"等多项国家级荣誉称号，学校学生资助工作始终保持省内领先水平。

附录一 聊城大学家庭经济困难学生资助政策体系的创建与发展历程

聊城大学是鲁西唯一一所省属综合性大学，学校坐落于风光秀丽的国家级历史文化名城——素有"江北水城"之称的聊城市。1970年8月山东师范学院迁至聊城办学，1974年8月山东师范学院聊城分院建立，1981年7月经国务院批准更名为聊城师范学院，2002年2月经教育部批准更名为聊城大学。历年来，学校高度重视资助工作，大力加强组织建设，建立健全规章制度，积极推进精准认定，足额保障资金投入，注重创新资助模式，全面开展精细宣传，充分发挥育人功能，不断提升资助管理水平及服务能力，逐步建立健全了较为完善的家庭经济困难学生资助政策体系，努力开创了学校家庭经济困难学生资助工作新局面。

一 学校总体概况

学校占地近3000亩，校舍面积75余万平方米，教学科研仪器设备总值3.35亿元，馆藏纸质图书263.3万册，电子图书资料4.7万余GB；建有设施齐全的教学楼、实验楼、图书馆、体育场馆、校史馆、博物馆等设施。2007年教育部本科教学工作水平评估成绩优秀，2015年顺利通过本科教学工作审核评估。2012年学校被确定为山东省首批应用型人才培养特色名校立项建设单位。学校拥有硕士、学士学位授予权和开展同等学力人员申请硕士学位、教育硕士等专业学位培养资格。

截至2016年1月，学校设有25个学院、88个本科专业，本科专业涵盖哲学、经济学、法学、教育学、文学、历史学、理学、工学、农学、管理学、艺术学、医学等12大学科门类，拥有17个一级学科硕士学位授权点，93个二级学科硕士学位授权点，5个硕士专业学位授权点，34个硕士专业学位授权领域，全日制在校本专科学生30749人。学校坚持以教学为中心，不断深化"因材施教、分类培养"人才培养模式改革；积极构建学生自主选择、多样化发展的专业平台，全面提高教育教学质量；校园环境优雅，湖光山色，四季常青，是读书治学的理想场所；教学相长、学风浓厚，享有"学在聊大"的美誉。自建校以来，学校共培养了16万余名毕业生。

在历届学校党委、行政的正确领导下，学校立足山东，侧重鲁西，辐射中原，面向全国，全面贯彻党和国家教育方针，秉承"敬业、博学、求实、创新"的校训，发扬"崇教、尚学、敦厚、奋进"的聊大精神，以区域经济社会发展需求为导向，围绕立德树人这一根本任务，坚持办学兴校以教师为本、教育教学以学生为本、学校管理以服务为本的办学理念，坚持"质量立校、人才强校、学术兴校、特色亮校、开放活校"的发展战略，解放思想，改革创新，学术水平、服务社会能力、国家合作与交流，以及国际化办学水平不断提升，全面推进转型发展、内涵发展、质量发展、特色发展，努力把学校建设成为国内一流地方综合性大学。

学校学生工作作为学校中心工作的重要组成部分，全校各级学团组织和广大学团干部，结合《国家中长期教育改革和发展规划纲要（2010—2020年）》要求，全面贯彻落实中央16号文件精神，坚持以中国特色社会主义理论体系和社会主义核心价值体系为指导，以学生全面发展为目标，不断探索大学生思想政治教育工作新途径、新措施；积极培育与践行社会主义核心价值观，着力培养学生社会责任感、创新精神和实践能力；努力构建思政育人、文化育人、专业育人、实践育人的"四位一体"德育体系；在思想教育、日常管理、基层组织建设、学风建设、心理健康教育与咨询、家庭经济困难学生资助、宿舍管理、事务服务等方面都作出了积极贡献，取得了显著成绩。特别是在大学生志愿服务西部计划工作方面，依托聊城优秀德育资源，完善政策措施，形成了"宣传发动、招募选拔、教育培训、跟踪调查、就业创业服务"等5个环节紧紧相扣、精细扎实的西部计划工作模式，构建了具有聊城大学特色的西部计划工作长效机制，产生了西部计划的"聊大现象"，自2003—2015年底，全校共有8000多名毕业生踊跃报名参加西部计划，760名优秀大学生志愿者光荣入选，参与人数连续多年均居全国高校首位，其中80%以上申请延长服务期，200 余人服务期满后选择扎根西部，有 230 多人次荣获省级奖励，成为西部基层的骨干力量，"弘扬孔繁森精神，到西部建功立业"已成为聊大学子的青春选择，西部计划优秀群体已成为学校立德树人成果的重要体现。同时，学校在国防生培养、龙舟队建设上皆取得骄人成绩，自 2003 年 6 月，聊城大学与济南军区政治部签订《为军队培养干部协议书》，同年开始从 2002 级在校学生中选拔国防生，学校着眼部队任职需求，率先在依托培养高校中实行军政训练学分制改革，精心打造融科学知识、军事素养与人文精神于一体的独特的国防生培养方案，逐步形成了"1335"国防生培养模式，截至 2015 年 12 月底，1093 名国防生顺利毕业，并全部选择到部队建功立业，其做法经验被中央电视台、中央人民广播电台等 20 余家军内外新闻媒体广泛报道；自 2002 年学校成立龙舟队以来，龙舟队秉承"齐心协力、敢为人先、同舟共济、奋发有为"的拼搏精神和"吃苦耐劳、勇攀高峰、攻城拔寨、无坚不摧"的顽强意志，在国际、国内重大赛事中取得了优异成绩，仅 2015 年度参加国家级以上比赛多达 17 场，获奖 87 项，获得金牌 35 枚、银牌 21 枚、铜牌 11 枚，男女队双双获得中华龙舟大赛年度总冠军，为学校赢得了一系列奖励和荣誉，成为聊城大学一张亮丽的名片，其龙舟精神激励着"聊大人"在各项改革发展事业中攻坚克难、拼搏进取。

二 学校学生资助工作发展历程

自 20 世纪 90 年代中期，普通高校实行收费制度后，作为一所地方高校，聊城大学开始出现大量贫困生，且有逐年增加的趋势，为了保证学生不因家庭经济贫困而辍学，学校采取多种措施和渠道全力做好济困助学工作，实施至今已有二十余年的发展历史。根据学校学生资助工作在不同时期资助措施的创新与完善，聊城大学学生资助工作发展历程可分为创建发展学生资助政策体系、健全完善学生资助政策体系、构建实施精准学生资助体系（或称之为"学生资助模式转型阶段"、"学生资助育人提升阶段"）等三个阶段。

（一）创建发展学生资助政策体系阶段（20 世纪 90 年代中期—2004 年 8 月）

随着学校招生规模、地区范围的不断扩大，加上高校收费制度改革、企业职工下岗等问题的出现，学校来自贫困地区的学生比例不断提高，在校贫困生的绝对人数不断增加,"特困生"比例也不断上升。1993 年 11 月,为做好学校生活特别困难学生的资助工作,根据山东省教委、财政厅有关通知精神,学校制定下发《聊城师范学院关于对生活特别困难学生进行资助的意见》(聊师院发〔1993〕114 号),首次明确对父母双亡、父母均丧失劳动能力、家庭遭受特大自然灾害或其他重大损失,而导致难以维持正常学习、生活的国家计划内招收的"特困生"进行分级资助,除免除一级"特困生"当学年学杂费和住宿费外,对于所有一级、二级"特困生"全部享受院、系两级特别困难补助,其中每学年院补助 240 元、系补助 120 元,并在不影响正常学习的前提下,优先安排其参加校内勤工助学活动,以弥补学习和生活费用的不足,同时规定各系等有关部门要加大对"特困生"教育工作,要求其在生活上不搞攀比,勤俭节约,艰苦奋斗。作为学校初期下发的规范开展贫困生资助工作的正式文件之一,为后期健全完善学生资助政策体系打下基础。

为鼓励和帮助家庭经济困难学生克服困难,1997 年 11 月,学校下发《聊城师范学院经济困难学生资助基金管理规定》(聊师院发〔1997〕126 号),决定建立经济困难学生资助基金,其来源于国家拨发的学生困难补助、专项困难补助、院拨学生困难补助及基金增值等,主要用于发放特困生困难补助、优秀特困生奖学金等;同年 12 月,学校制定实施《关于设立学生勤工助学岗的实施意见》(聊师院发〔1997〕125 号),决定在校内设立大学生勤工助学岗位,对设岗原则、人员选聘、岗位管理、聘任考核、上岗报酬等进行了规范,并成立学校大学生勤工助学工作领导小组,负责勤工助学岗的组织领导工作,依据不同情况核定每月劳动报酬从 60 元至 100 元不等,同时,全校统一设立勤工助学岗位 56 人,1999 年增至 238 人,2001 年增加到 550 人,而到 2004 年增加到 1600 余个;学校设岗单位由最初的 4 个增至 32 个,先后有几千人次参加了勤工助学,在很大程度上缓解了上岗学生的经济困难压力,受到了广大师生的一致好评。1998 年 11 月,学校制定《聊城师范学院学生奖学金评定条例》(聊师院发〔1998〕120 号),除对奖学金的标准、等级及评定比例规定外,还对国家计划招收的全日制在校生均享受伙食费、肉副食补贴等生活补贴发放标准与发放方式进行了明确,并正式设立"困难补助基金",用于家庭经济困难学生生活补助发放。1999 年 10 月,学校设立专门的学生资助管理机构,决定在学生工作处增设劳动实践与勤工助学管理科,并配备专职工作人员，专门负责家庭经济困难学生资助及其管理工作；同年，学校正式设立"勤工助学基金"，用于勤工助学报酬发放，同时，学校下发《关于评定"聊师英才奖学金"的意见》（聊师院发〔1999〕144号），决定在原学校评定奖学金基础上，按在校生1%的比例按每人每次1000元，评选奖励学习成绩特别突出的学生。2000年学校正式设立"学生奖助基金"，用于学生奖助学金评选发放，并根据上级文件精神，决定从当年起，从学生学费中提取23%设立"三项基金"，并对学生奖助基金、勤工助学基金、困难补助基金所占比例进行了科学分配，由学校财务部门负责管理、学校资助部门负责支配，直至2004年，学校严格按照规定从学生学费的23%足额、及时提取并使用"三项基金"。

为贯彻落实国家助学贷款有关政策，学校自1999年开始试点，积极采取有效措施来推动国家助学贷款工作的开展。2001年，学校加强国家助学贷款工作领导，成立了由分管院领导任组长、学生工作处和财务处及有关部门负责人为成员的国家助学贷款管理领导小组，并增设国家助学贷款管理办公室，挂靠在学生工作处，具体落实国家助学贷款工作的审批等工作；确定学校所在地聊城市东昌府区农行为学生办理国家助学贷款业务的指定商业银行，并签订了国家助学贷款管理协议；同年9月，学校下发有关学生申请国家助学贷款暂行管理办法，对申请条件、办理程序、本息偿还等进行了明确规定，全面启动了家庭经济困难学生助学贷款工作，成为山东省首批开展助学贷款工作的高校之一，随后学校对首批提出贷款申请的1100余名学生资格进行了审核，确定贷款合同金额420余万元。经过规范国家助学贷款程序、制作贷款申请样本、加强诚信专项教育、加大贷款本息偿还力度、指定院系贷款负责专职人员、注重贷款政策宣传效果等措施，学校国家助学贷款工作进展顺利，逐渐成为资助贫困大学生的主要措施，为众多家庭经济困难学生解决了学费和生活费问题。截至2004年6月，学校累计开展五批国家助学贷款，审查申请机制下国家助学贷款学生近1600人，共为520名学生办理发放校园地助学贷款447.48万元，其中在校学生欠息人数为零、按时偿还贷款利息人数比例为100%，已毕业贷款学生按时偿还贷款本息人数比例高达98%以上。

此外，学校不断加大贫困学生资助力度，对符合条件的烈士子女、孤儿学生进行了学费减免；调整"特困生"补助发放方式，自2004年起，按每生每年60元划拨专项困难资助经费到各学院，由学院根据学生家庭经济困难程度自主核实发放，仅 2004 年度学校发放专项困难资助经费累计近 150 万元；积极筹集社会资金，拓宽资助渠道，如"路克士"济困助学金、"中国大学生跨世纪发展基金·恒安济困助学金"、中国移动通信优秀高考特困生奖学金等，仅 2004 年度就筹集高唐兰山集团等社会资助金近 20 万元；每年度多名家庭经济困难学生获得"山东教育报刊社优秀特困生奖学金"、"朝阳助学"山东省高校优秀特困生、"校级优秀特困生"等荣誉称号并受到物质奖励。同时，注重加强家庭经济困难学生主题教育，2004 年学校制定关于加强大学生诚信教育的实施意见，实行学生诚信档案管理有关规定，全方位、多角度地开展诚信教育活动，并自 2003 级在校本专科学生起全部试行使用《诚信档案》，及时记录不按期偿还国家助学贷款本息、恶意欠费等重大不诚信行为。学校通过多种方式为贫困生解决实际困难，逐步形成了"奖、贷、助、补、减、免"等为一体的多元化的学生资助政策体系。

（二）健全完善学生资助政策体系阶段（2004 年 9 月—2011 年 5 月）

为适应高等教育收费制度改革的需要，鼓励经济困难学生刻苦学习，帮助其顺利完成学业，根据国家、山东省有关文件精神，2004 年 9 月，学校制定并下发《关于进一步加强经济困难学生资助工作的意见》（聊大校发〔2004〕126 号），正式成立经济困难学生资助工作领导小组，决定进一步加强经济困难学生资助工作，以保证资助困难学生工作的深入和持久开展，同时要求坚持"公开、公平、公正"的原则，进一步采取并完善"奖、贷、助、补、减"为主的多元化资助措施，在评选各类奖学金的基础上，按照学生数 1% 的比例评定"优秀特困生"，以鼓励那些勤奋好学，积极上进，表现突出的经济困难学生，奖金数额每人次 1000 元，学院还可自主评定"院级优秀特困生"，比例及数额自行确定；首次建立国家助学贷款风险补偿专项资金，积极加强对学生的诚信教育，降低失信学生的道德风险，以保证国家助学贷款工作的健康运行；科学增设新的勤工助学岗，使上岗学生人数达到或超过全校总人数的 10%，每人每月报酬由原来的 90 元增加到 120—180 元；明确按每年每生 60 元划拨至学院的专项困难资助经费使用情况作为年终学生工作评价的重要内容，以保证各学院专项经费足额用于资助经济困难学生；对于符合资格的烈士子女、福利院孤儿，学校一次性减免其当年在校学习期间的学费、住宿费；鼓励各学院多种渠道积极筹集社会资金，建立各种形式的扶贫基金，以用于资助经济困难学生或减免经济困难学生的学费。学校出台专门的关于加强经济困难学生资助工作的意见，并根据上级政策的调整，于 2005 年、2010 年起，分别按学费收入的 10%、事业收入的 5% 足额提取 3 项基金并使用专项资助经费，为后期完善各项资助措施，以及学校学生资助政策体系的健全提供制度保障和经费保障。

1. 根据学校总体部署，学校进一步健全完善奖助学金、国家助学贷款等各项资助制度措施。2004 年 9 月，学校修订和制定了有关学生奖学金、英才奖学金、优秀学生等管理规定与评选办法，以促进学生在德、智、体、美等方面全面发展，并鼓励其刻苦学习，奋发向上；同时，学校修订完善《学生勤工助学管理规定》，对勤工助学工作的领导与管理、设置原则与岗位类别、上岗申请与审批、考核与报酬等进行了规范。2006 年 12 月，学校资助管理部门下发《有关毕业生国家助学贷款代偿资助暂行办法》，以引导鼓励广大毕业生面向基层就业，减轻其家庭还款负担。2007 年 4—8 月，学校资助管理部门分别制定下发有关家庭经济困难学生学费减免、社会资助、"绿色通道"等实施办法，以确保相关资助措施的顺利实施；同年 12 月，根据上级文件精神，学校分别制定实施国家奖学金、省政府奖学金、国家励志奖学金、国家助学金等管理实施办法，对奖励资助标准、申请条件、评选程序、资金管理等进行了详细规定，以更好地发挥奖学金的激励功能，以及助学金的资助作用。

自山东省分别于 2005 年 1 月、2009 年 2 月先后实施生源地国家助学贷款（经办银行为信用社）、生源地信用助学贷款（放贷银行为国家开发银行）新机制以后，学校规范并完善生源地国家助学贷款程序，制作贷款申请样本、讲解课件 PPT，科学编排申请贷款学生号码，创建申请贷款学生数据库，利用大学生事务服务中心资助窗口集中办理贷款手续。积极推行银校合作，自 2006 年 1 月起，每年寒暑假期间，学校组织专职人员分批到省内各地市、县、乡生源地助学贷款经办社进行助学贷款工作调研，认真听取银行经办人员的意见和建议，分析助学贷款本息逾期原因，配合银行做好拖欠贷款本息催交工作；2009 年利用近半年的时间，自行统计并编制印发了山东省内 17 地市及其 163 个县（市、区）信用社联系方式，方便了学院、学生与生源地助学贷款经办社沟通联系，提高助学贷款工作效率；严格组织每届贷款毕业生与信用社签订还款计划确认书，并及时取得每个贷款毕业生的家庭详细住址、家庭电话等有效联系方式，以便学生能够按时与学院老师和经办银行联系，并自2007年起，组织所有贷款毕业生开展"七个一"诚信教育工程活动，即举行一场诚信报告会、观看一次《贷款助学，信用助人》宣传教育专题片、签订一项诚信还款承诺书、开展一次诚信还款签名活动、发放一封"致贷款毕业生的信"、评定一笔爱心送行资助金、举办"慈心一日捐"等活动，截至2016年7月，已连续成功组织每年贷款毕业生开展十届"七个一"诚信教育工程活动；对于上级每次助学贷款政策调整，学校与助学贷款经办机构积极沟通，并对具体申请程序等及时进行了修订完善，切实推进了全校家庭经济困难学生助学贷款工作，并取得了显著成绩。截至2011年上半年，学校学生成功申请并获得助学贷款总额度突破1亿元，国家助学贷款累计到账资金高达10060.13万元，受助学生15347人次，其中信用社办理生源地国家助学贷款金额及贷款学生人次分别为6989.93万元、9395人次，县级资助管理机构审核、国家开发银行发放生源地信用助学贷款金额及贷款学生人次分别为2622.71万元、5432人次，到账金额占省下达额度比例高达99.8%以上，每年成功办理贷款学生人数占实际申请贷款学生总人数比例超过98%，基本完全实现在校家庭经济困难学生"应贷尽贷"的工作目标，真正发挥了国家助学贷款在高校多元化资助体系中的主要渠道。在全省100余所办理生源地助学贷款高校中，办理贷款学生人数、贷款金额及成功率均居首位，为此，在2005—2010年山东省教育厅实施"国家助学贷款以奖代补中央专项资金"政策期间，开展的5次评比奖励工作中，学校每次皆以最高额度位居榜首，奖励总金额高达780万元，所获奖励资金学校又全部用于国家助学贷款风险补偿金等专项工作，促进了学校国家助学贷款工作的良性健康运转。

学校认真落实专项困难补助、"绿色通道"等其他资助措施。坚持足额划拨发放专项困难补助经费，引导并鼓励学院重点做好家庭突发变故、身患疾病经济困难学生的资助工作，对每人及时发放200—5000元的临时困难补助；自2006年7月起，学校利用每年寒暑假，坚持开展经济困难学生家庭走访慰问，为每个家庭送去500—2000元不等的慰问金及食用油等慰问品，特别在2009年开展的"千名辅导员访千家"活动中，全校105名辅导员冒严寒、顶冽风，踏遍山东、河南、河北3省19地市，深入到148个困难学生家庭进行家访活动，行程总计7万余里，使贫寒学子及家庭真切感受到了学校领导老师带去的浓浓真情；学校注重外省籍经济困难学生资助工作,在未开展非山东籍家庭经济困难学生国家助学贷款工作的情况下,2007年初专门制定并下发了《聊城大学关于做好外省籍在校贫困学生资助工作的通知》等文件,由各学院在勤工助学、专项困难资助、社会救助等方面优先考虑安排,确保各学年每位学生所获得各项资助金达到一定数额,切实解决外省籍学生的实际困难;每年除夕夜、元宵夜,学校免费为留校住宿家庭经济困难学生提供丰盛晚餐,学校领导定期到宿舍走访看望家庭经济困难学生;每年中秋节之夜,学校坚持举办"天上月明人间圆"为主题的中秋节送温暖师生座谈会,为家庭经济困难学生代表发放月饼等慰问品;学校及时做好灾区学生的帮扶救助工作,2008年5月汶川地震、2010年4月玉树地震发生后,学校及时掌握震区学生家庭受灾情况,通过优先安排受灾家庭经济困难学生开展勤工助学活动、及时启动落实专项困难补助与紧急救助基金、对家庭房屋受损严重的学生发放200—2000元不等的紧急生活补助等措施,确保第一时间为他们提供帮助。自2007年起,学校实施并不断完善"绿色通道"制度,为确保每年考入聊大的新生顺利入学,在学校、学院新生报到接待处统一设立"绿色通道"入学办理窗口,对考入学校且家庭经济困难的大一新生,一律先办理入学手续,然后再根据学校、学院核实后的实际情况,分别采取相应措施予以资助,绝不将任何一个经济困难学生拒之门外或置之不理,2007—2011年5年间,学校共有1015名新生受惠于"绿色通道"的落实而顺利入学。学校对烈士子女、福利院孤儿统一组织办理学费减免审批手续,并在学生公寓楼统一安置经济实用、低价位的床铺近2000张,专门提供给家庭经济困难学生,同时按在校生人数5%的比例,为家庭经济困难学生免费办理医疗保险手续。

除此之外,学校努力发动校内外团体和个人多方力量,不断拓宽资助渠道。学校积极争取社会资金,自2005年10月起,聊城移动分公司在聊城大学建立"爱心助学站",每年捐资6万元,并将在学校新入网用户每年6个月市话费的20%纳入爱心助学站基金,专门用于家庭经济困难学生的资助;自2005年12月起,中国网通聊城分公司在聊城大学设立"阳光之翼"助学金,提供20万—30万元用于对家庭经济困难学生的救助;自2006年10月起,聊城市公安局在学校开展"人民公安资助百名学生帮扶活动",每年为在校困难学生捐款5万元;仅2006—2010年期间,学校争取东阿阿胶集团、华夏银行等几十家单位社会资助金近200万元。学校积极弘扬"奉献、友爱、互助、进步"的时代精神，发扬乐于助人的社会风尚，积极号召全体师生员工踊跃捐款，在 2005 年下半年学校开展的保持共产党员先进性教育活动中，通过党员"一帮一"主题实践活动，全校有 1123 名教工党员捐款 34 万余元，全部直接发放给家庭经济困难学生；2007 年 11 月、2008 年 3 月学校全体师生为身患重病的在校同学捐款 28.2 万余元；汶川地震、玉树地震发生后，学校师生及时为灾区奉献爱心，多次捐款、捐献抗震赈灾"特殊党费"累计 180 余万元，为灾区人民送去战胜灾难、重建家园的希望和力量；同时，在山东省教育厅每年开展的"爱心一日捐"活动中，学校教职工都纷纷奉献爱心；学校大学生事务服务中心自 2008 年成立"爱心超市"起，本着"一切为了学生，为了学生一切"的工作理念，每年定期与学校工会部门联合开展"暖冬行动"、爱心捐助等活动中，收到学校教职工、在校生和校友捐赠的衣物、书籍、生活用品等，经整理分类，除灰、消毒处理后全部免费提供给在校家庭经济困难学生，为广大困难学生搭建了一个关爱他人、奉献爱心的平台，用真诚和行动谱写了"慈善"这一古老话题的新篇章。各学院也充分发挥工作的主动性和创造性，纷纷成立爱心基金，以帮助更多的经济困难学生，自 2005 年 11 月底至 2010 年 12 月底 5 年期间，全校 24 个学院中先后有 20 个学院成立家庭经济困难学生爱心基金 23 个，每年都有千余名获奖受助学生进行义捐，捐助金额几十万元，并全部用于其他家庭经济困难学生的再次资助；同时，学院结合自身实际，不断健全完善各有特色的贫困生资助工作体系，如环境与规划学院成立的"爱心捐助室"，通过"爱心漂流"机制使爱心物品在同学之间流动，文学院实施的"麦田计划"每年对募集到的图书和衣物等物品及时送到聊城市、云南省等贫困地区小学的学生手中，体育学院组建的"爱心桥"定期组织优秀困难学生到敬老院提供身体保健等爱心帮扶；数学科学学院实施的"一天一个希望，一元一分力量"阳光工程将汇集到在校学生每月生活费用结余用于资助其他更困难学生等，无不体现聊大学子热心参与社会公益事业，弘扬爱心，关注社会，并从中认识和实现自身社会价值的优良作风。学生组织也积极展开行动，进一步发挥学生组织互助服务的自觉性，学校学生会勤工助学部、调研部以及学校学生社团爱心社等学生组织每年定期开展校内贫困生调查活动，及时了解掌握在校贫困学生人数比例、困难程度等状况，以便更好地开展各种方式的资助活动；2004 年 3 月成立的聊城大学学生家政服务中心，下设秘书处、宣传组、市场组、财务组、后勤处等各部门，主要组织品学兼优的困难学生开展短期培训，并为其提供家教、家庭钟点工为主的多种形式的帮扶服务，截至2010年底，已有近600家客户进行登记，并与华奥化工有限公司、银桥乳业、水城商机报社等近150家公司建立了良好的长期合作关系，每年为在校困难学生提供助学岗位近2000个，极大地拓宽了校外兼职渠道，丰富了勤工助学锻炼岗位。

2. 在完善学生资助政策体系过程中，学校努力构建家庭经济困难学生认定新模式。自2004年9月起，学校首次开展家庭经济困难学生认定工作；2006年10月，学校在全省普通高校率先规范家庭经济困难学生认定工作，正式起草、制定了《聊城大学贫困学生认定与管理办法》，对建立贫困生三级认定组织和认定工作程序等作了详细规定和要求，当年对2006级1828名家庭经济困难学生进行了认定，建立书面、电子注册档案；2007年12月，学校重新修订下发了《聊城大学家庭经济困难学生认定工作实施办法》（聊大校发〔2007〕128号），建立校资助认定工作领导小组、校资助管理中心认定办公室、院资助认定工作小组、年级（或专业）认定评议小组等四级认定组织，成立了23个院级认定工作小组、106个年级（或专业）认定评议工作小组，对学校25389名在校本专科学生中的6083名家庭经济困难学生进行了注册认定，其中认定特别困难学生（三档）、一般困难学生（二档）、普通困难学生（一档），人数分别为1776人、2284人、2023人，占全校认定困难学生总人数的比例分别为29.2%、37.55%、33.25%。2004—2010年7年间，学校认定家庭经济困难学生高达5万人次，不定期地通过信件、实地走访、电话回访等形式对认定后的经济困难学生的家庭情况进行核实，并对受助学生进行及时的跟踪回访、问卷调查。同时，为做好家庭经济困难学生信息登记注册管理，2008年7月，学校整合空间资源，组建独立的家庭经济困难学生档案室，明确档案室工作职责等相关管理规定，规范困难学生档案整理，专门汇集存放家庭经济困难学生认定、各类助学奖学金推优评选、国家助学贷款等各类学生信息档案，截至2010年12月底，学校贫困生档案室建立各类学生资助工作信息档案近240册，注册学生48000余人次。

3. 学校注重学生资助工作组织和队伍建设。2006年7月，学校加强学生资助工作机构建设，成立"聊城大学学生资助管理中心"，隶属于聊城大学学生工作处，下设劳动实践与勤工助学管理科、国家助学贷款管理办公室；按照上级规定比例，配足配齐学校学生资助机构专职人员，由学生工作处主要负责人直接担任学生资助管理中心主任，以确保学生资助工作的执行力度；自 2004 年 5 月起，学校从全校 20 个学院（含东昌学院）中各选派一名责任心强、学历层次高的专职辅导员确定为国家助学贷款与贫困生资助工作专职辅导员，长期具体负责本学院国家助学贷款与贫困生资助工作，为学校宿舍管理、心理健康教育、共青团等各项学生工作中最早确定专职辅导员的专项学生工作，为后期学校学生资助工作辅导员职业化打下基础，截至 2011 年初，全校学生资助工作专职人员 30 人，其中校学生资助管理中心专职工作人员 6 人、各学院学生资助工作专职辅导员 24 人；35 周岁以下年龄人员 22 人，占学生资助专职人员的 73.33%；持续从事资助工作超过六年以上人员 24 人，占学生资助专职人员的 80%；拥有硕士研究生及其以上学历人员 23 人，占学生资助专职人员的 76.67%；高级职称人员 4 人、中级职称人员 19 人，分别占学生资助专职人员的 13.33%、63.33%。学校每年定期举办国家助学贷款信息采集系统、国家大学生资助政策等培训班，优先选派参加省级和国家级各类辅导员培训研讨班，以提高专职人员的整体管理水平；实施学生资助专职人员例会制度，每期就开展的国家助学贷款与学生资助工作编制专题会议纪要并印发至各学院，自 2004 年 6 月起至 2016 年 5 月底，学校共编写下发 173 期学生资助工作会议纪要，内容多达 122 万字，并将每年度会议纪要编印成册，供各学院学习参考使用。同时，落实专职人员待遇，加强硬件建设，为各学院资助专职辅导员较早、统一配备网络计算机、打印机、移动硬盘等，为其创造良好的工作环境；开辟资助专职辅导员等学工系统干部职称评定系列，允许资助等专职辅导员职务、职称两条道路发展，既稳定资助工作队伍，又大大激发了工作人员对理论学习、工作研究的热情和积极性，对学校资助工作的顺利开展和工作创新起到积极的推动作用。

4. 为促进学生资助政策的贯彻落实，学校不断加大资助政策及资助工作的宣传力度。自 2006 年 5 月起，学校创建了助学贷款工作专用网站，就机构介绍、政策解读、贷款流程、疑难解答、贷款查询、诚信教育等栏目进行精心设计、科学规划，并于 2008 年 12 月底将其更新、完善为学生资助工作网站，及时发布各项资助政策及各种资助信息，让学生第一时间了解资助政策；各学院也先后自行创建了各具特色的助学贷款网站、学生资助工作网站，一方面方便学生对有关政策、贷款情况的查询；另一方面由此加强国家助学贷款及学生资助工作的宣传力度。自 2007 年起，学校每年组织新生举办"学生资助政策咨询会"，面对面地接受学生的咨询，并现场解答；编印《聊城大学学生资助政策问答 150 题》《聊城大学生源地信用助学贷款政策解答》《聊城大学优秀贫困学生先进事迹选》《感恩·励志·成才》《聊城大学国家奖助学金、省政府奖学金获奖学生风采录》等十余种宣传册（读本），下发到学院进行张贴，并组织困难学生进行学习；制定《聊城大学新生资助必读》《学校资助手册》，与《新生录取通知书》一同邮寄至每位新生，解除困难新生入学后顾之忧；开通 4 部新生救助咨询热线电话，并延长开通时间，为在校家庭经济困难学生、特别是录取新生提供全方位服务；定期编印《聊城大学学生资助工作简报》，大力宣传上级资助新政策，并及时报送至省学生资助管理中心等有关部门。同时，学校实施学生资助工作政策上墙制度，利用校电视台、校广播台、校报、校园网等媒体和悬挂条幅、发放宣传册、召开主题班会等形式广泛宣传学校、上级部门有关资助政策和优秀贫困生事迹，让学生熟知各种资助政策，并通过典型人物事迹受到教育和激励。山东省电视台、山东卫视等多家媒体对学校学生资助工作进行专题采访和报道。每年学校上报山东省资助中心信息材料数量，以及被山东省资助工作简报和资助网选用材料数量均居全省高校前列。此外，学校借助"助学政策，助我成才"主题活动，进一步提升国家资助政策宣传效果，自 2007 年 12 月，教育部、全国学生资助管理中心、中国青年报社联合组织首届"助学政策，助我成才"系列报道暨征文活动起，学校每年积极组织在校家庭经济困难学生踊跃参加，多名学生作品荣获国家优秀奖、纪念奖，学校荣获全国第二届"助学政策，助我成才"系列报道暨征文活动优秀组织奖，并受邀参加了颁奖大会，一名辅导员荣获全国第三届"助学政策，助我成才"系列报道暨征文活动"优秀助学教师"，并作为获奖教师代表在大会上发言；学校自 2008 年起，连续多年开展分别以"感恩，自强，责任"、"一诺千金，诚信做人"等为主题的"助学政策，助我成才"征文活动，每届活动引起了广大同学广泛关注，参与热情高涨，纷纷畅谈对国家资助政策的理解和体会，抒发对党和政府的感激之情，在反映学校学子自强不息、立志成才、敢于担当、感恩报国的精神风貌，宣传表彰在国家资助政策帮助下成长成才的优秀大学生先进事迹的同时，也切实把"助学政策，助我成才"主题宣传活动落到实处，进一步彰显国家资助家庭经济困难学生政策的主导作用和影响力。

  5. 在做好家庭经济困难学生资助工作的同时，学校坚持资助与育人相结合，不断加强对贫困生的主题教育，全面强化资助育人效果。一是突出爱国励志教育，每年通过定期召开经济困难学生座谈会、励志成才研讨会、举办优秀家庭经济困难学生先进事迹报告会、组织家庭经济困难学生开展"我与祖国共奋进"主题团日活动等方式，广泛开展贫困生自强自立、艰苦奋斗及理想信念教育，以引导贫困生面对现实，正确认识和对待贫困，进而树立健康向上的人生观和价值观。二是突出诚信教育，加强全国"个人征信系统"宣传工作，在学生贷款不同时段每年邀请中国建设银行济南分行、中国人民银行济南分行征信管理处等有关负责人定期举办"个人征信系统"、"珍爱信用记录，享受幸福人生"大学生信用教育专题讲座和报告会；有针对性地组织新生、应届毕业生、贷款学生开展"七个一"诚信教育工程等专项教育活动；在全省高校率先实施《诚信档案》制度，综合反映学生在校期间学习、经济、生活（品行）、择（毕）业等方面诚信信息情况，不断规范学生诚信教育工作管理；在学校充分利用网络、校报等媒体宣传诚信教育的同时，各学院结合专业特色，利用报告会、座谈会、辩论赛、讲座、集体宣誓、万人签名、诚信考风等多种形式，积极开展诚信主题教育活动，形成人人讲诚信、事事讲诚信、时时讲诚信的良好氛围。三是突出感恩教育，充分利用地方德育资源优势，特别是结合学校所在地聊城市涌现出来的当代领导干部的楷模——孔繁森、人民满意的检察官——白云、2004年"感动中国"年度人物——徐本禹等先进典型楷模，全方位、多角度地做好感恩教育工作，培养学生感恩社会、及时还贷、发奋学习、乐观向上的精神风貌；每年定期向广大贫困生发起"感恩长怀于心，践诺长驻于行"倡议，引导接受资助的同学，不辜负党、政府和学校的关怀，珍惜身边的教育资源和大家的关爱，努力成才，积极反哺和回报社会，涌现出大批先进典型，部分学院先后成立感恩服务队、感恩实践团等学生组织，在聊城水城老年公寓、特教中心、孤儿院等建立了德育基地，并长期开展服务活动，截至2010年底，全校在全国各地共建爱心教育基地100余个，帮贫助困近5000人次，捐献资金及物品合计人民币近30万元，以此培养贫困生的爱心与感恩之情。四是突出心理健康教育，每年以举办的"我健康，我咨询；我咨询，我健康"为主题"5·25"心理健康宣传周为时机，学校资助管理部门与心理健康咨询教育部门联合组织困难学生开展心理咨询讲座、心理健康教育调查等活动，及时发现并排除困难学生心理健康问题；加强在校学生典型事例宣传，通过宣传自立自强优秀贫困生，以树立良好的导向，使贫困生从榜样的身上得到启迪，使其以健康和上进的心态去面对人生的逆境和挑战。此外，学校不定期组织家庭经济困难学生就恋爱观教育、人际关系教育、挫折教育、"三观"教育、社会适应教育等专题教育进行加强。为确保各项教育取得实效，学校在强化大学生思想政治教育工作模式创新过程中，于2009年初，组织全校一线专职辅导员分为20余个专题组，依据家庭经济困难学生、学习困难学生等各类学生的思想道德成长、变化规律及专业特点，制定实施《聊城大学大学生思想政治教育实施大纲》（第二课堂），从大学一年级、二年级、三年级、四年级及贯穿各年级等五大教育模块，分别含有国防教育、诚信教育、文明修身教育、感恩教育、心理健康教育、创新创业教育等40个专题，有层次、分重点地明确了不同阶段的专题教育目标、教育要点、教育形式和载体等内容，不但规范了工作内容，形成工作特色，也有效加强第一课堂和第二课堂紧密衔接，增强了主题教育工作的针对性和实效性。同时，在资助家庭经济困难学生过程中，学校以丰富的教育载体，灵活、高效的教育方式，不断推进完善贫困生资助育人服务体系，切实激发其发奋学习、努力成才的热情，培养出一大批品学兼优的家庭经济困难优秀学生，如"家贫志坚，执着追求"、中国红十字会中华骨髓数据库造血干细胞志愿捐献者、第四届山东省高校十大优秀学生赵杰峰；"爱与拼搏荐青春"、"山东移动全省优秀贫困大学生"特等奖学金获得者、第五届山东省高校十大优秀学生厉成晓；父母早逝、家徒四壁、在福利院长大，被誉为"福利院里飞出的金凤凰"、受原山东省委书记吴官正接见的安哲芳；自立自强、永不服输，身患骨癌，却没有被病魔吓倒、精神不垮的优秀特困学生郝磊；努力吸收周围的伟大来使自己更先进，努力贡献自己的优秀来使周围更优越，始终以一名共产党员的标准严格要求自己，荣获国家一级奖学金优秀特困学生曹茜；"继父患癌留钱为女读书，女请假'逼'父住院手术"，见证了"留住亲情、留住爱心"的永恒主题，她与继父之间的深挚感情感动了齐鲁大地的优秀特困学生刘阿丽；主动申请休学一年到贵州接替徐本禹支教、为西部山区教育事业贡献力量，被团中央授予"中国青年志愿服务"铜奖、获"感动山东2006年度人物"提名奖的陈之海等典型代表，充分展示了学校资助育人工作显著成效,《中国青年报》、"中国教育新闻网" 等国家媒体多次对学校资助育人工作进行了专题介绍与报道。

6. 学校坚持"创新、实践、锻炼、提高"的资助工作理念,不断探索资助工作新方法、新途径、新举措。一是学校较早制定实施资助工作督察督办及绩效考评机制,不断推进并提高学院学生资助工作管理与服务水平,自 2006 年 5 月起,学校建立国家助学贷款工作巡回督察、督办机制及国家助学贷款月报表制度,并利用一周的时间,组织相关人员分成五组对全校 23 个学院开展 2005 年度学生资助工作实地绩效考核评比,首次对全校 8 个国家助学贷款与贫困生资助工作先进集体、11 名国家助学贷款与贫困生资助工作先进工作者进行表彰;2007 年 9 月、2008 年 6 月,学校分别制定、修订《聊城大学国家助学贷款与贫困生资助工作考核细则》《聊城大学学生资助工作绩效考评计分办法》,从制度建设、国家助学贷款、奖助学金评审、主题教育等 11 个方面对各个院系资助工作落实情况进行绩效考评,并于 2009 年 3 月,进一步修订完善《聊城大学学生资助工作绩效考评实施方案》;每年通过定期到学院实地督察、督办和学院统计报表相结合等多种方式对学院资助工作总体落实情况进行督办检查和考核评比,在全省高校率先创建了较为健全的学生资助工作绩效考核体系,有效地促进了全校及各个学院资助工作的规范、高效开展。二是学校自 2008 年起,在全校范围内实施家庭经济困难学生资助红、绿、蓝"三卡制",其中红卡,即"爱心超市"红卡,对于大学生事务服务中心"爱心超市"每年接受的校内外个人及社会团体捐款生活、学习用品等物品,特困生可持红卡采取无登记、无记名形式到"爱心超市"随时领取;绿卡,即"励志助学"绿卡,对于学校联系并确定的校内外合作各大经营网点,贫困生可持绿卡购买物品时享受优惠活动,仅此一项,每年为学生节约生活经费开支几十余万元;蓝卡,即"贫困生发展"蓝卡,通过学校并与学校合作的省内各企事业单位,为贫困生提供锻炼实践岗位,以此培养、提高学生专业技能,并为学生提供发展基金或生活经费资助,学生可持卡上岗实践,实施至今,每年近千名家庭经济困难学生利用课余时间得到上岗锻炼。三是学校注重提升困难学生创新创业能力,努力创建和完善带薪实践、带薪实习、就业"三位一体"的教育培养体系,自 2007 年底起,学校加强贫困生创新创业基地建设,组织学生利用寒暑假走向"创新创业基地"进行实践、实习、创业活动,学生通过实地参加工厂、企业学习生产技术和管理知识，不仅加强综合知识的运用，锻炼了动脑、动手能力，也为其积累工作经验、提高综合素质、促进成长成才、创业就业创造条件，同时也为企事业单位选用人才搭建平台，实施近十年来，学校逐渐探索并形成了带薪实践、带薪实习、就业"三位一体"的创新创业培养模式。四是学校施行本科生导师制，为贫困生学涯导航，学校坚持"用爱心倾注，从细微着手"工作宗旨，自2006年开始实行本科生导师制，由导师对学生进行学涯规划辅导、思想导航、生活上指导、帮扶，同时，每周不定期深入学生班级、宿舍，了解贫困生思想、学习、生活状况，对出现的问题有针对性地进行指导，并给予及时帮助，帮助贫困生树立正确的人生观、世界观、价值观，促使贫困生以健康的心态度过大学生活，顺利完成学业。五是学校加强贫困生工作理论研究，2005年12月，经山东省委高校工委批准，在学校建立"山东省高校贫困生工作研究基地"，学校以基地为依托，成立了项目课题组，配备了专门办公场所和办公设备，先后到中国海洋大学、青岛大学等高校进行了问卷调查；截至2010年底，成功申报贫困生研究课题14项，其中省级课题3项，在省级以上刊物上发表论文近40篇；2008年9月顺利出版《高校贫困生工作》一书，该书以高校贫困生工作为主题，选题新颖，重视学科交叉研究，尤其重视经济学视角下的贫困生工作研究，其中，通过艺术干预手段提升贫困生抗贫能力研究，在国内相关研究领域内尚属前列。

（三）构建实施精准学生资助体系阶段（2011年6月至今）

分别以2011年6月开始实施学生资助政策"精细化宣传工程"、2011年9月开始实行家庭经济困难学生指标量化精确认定为标志，学校牢固树立"精准"资助创新理念，重点突出"精准"资助管理服务，持续提升"精准"资助工作科学发展，积极促进学校资助工作育人作用最大化，逐步推进家庭经济困难学生精准资助体系的健全与实施，学校顺利实现从"保障性资助"模式到"发展性资助"模式的大转型。

1. 以新常态为引领，努力实现各项资助工作提速增效大发展

"十二五"期间，特别是党的十八大召开后，学校深入贯彻落实中央和山东省有关加强高等院校家庭经济困难学生资助工作决策部署，遵循"规范、务实、高效、发展"的资助工作机制，践行"不让一个学生因家庭经济困难而辍学"的资助工作承诺，坚持资助与育人同步发展，推动学校学生资助工作水平与育人效果双提高，实现学校学生资助工作总体大

发展。

（1）学校加大学生资助政策执行力度，切实解决学生家庭经济困难，彻底实现"应补尽补"、"应助尽助"。自 2011 年 9 月，学校首次开展家庭经济困难学生指标量化精准认定起，学校每年科学认定、精准确定家庭经济困难学生资助对象，通过科学评选、及时发放各类奖助学金；严格审查、积极组织国家助学贷款申请审批；全面落实国家民族政策，加大对新疆籍等少数民族贫困学生的资助；按比例提取并足额发放专项困难补助；主动加强校企合作与联系，逐年拓宽社会资助筹措途径，如 2014 年山东泉林有限公司一次性出资 100 万元，在学校设立"泉林奖助学金"，学校优秀校友、时任山东工艺美术学院党委书记于茂阳教授一次性个人出资 20 万元，在学校设立专业奖学金等措施，进一步完善家庭经济困难学生认定及奖、贷、助、补、减、免与"绿色通道"于一体的多元化资助体系。2011—2015 年期间，每年学校发放各类奖助学金、国家助学贷款等资助经费累计 5300 余万元，其中每年学校提取并支出各项资助经费 1200 余万元，与往年相比，学校资助经费总额度、学生个人资助力度及资助学生覆盖面大大增强。

（2）学校坚持育人为本，不断丰富教育载体，努力构建家庭经济困难学生"全方位"教育培养体系，充分发挥资助育人效果最大化。学校注重将资助育人功能贯穿各个过程，并逐步成为学校育人工作中不可或缺的重要一环，坚持勤工助学与素质提升相结合，努力拓宽校内外勤工助学渠道，搭建学生成长平台，注重设置办公室助理等素质提升类助学岗位，使学生在获得劳动报酬、减轻经济压力的同时，在岗位上锻炼能力，提升素质，增强自尊自信；坚持济困助学与教育引导相结合，将"育人"内化到资助工作之中，通过组织贷款毕业生开展一系列主题活动，培养贷款学生诚信做人意识；坚持组织开展造血干细胞志愿捐献报名及采集工作，充分展示学生无私奉献、治病救人的良好精神风貌；坚持举办素质拓展周等一系列竞赛活动，促进学生自信、自强、自爱，推动学生励志成才、感恩回馈；坚持组织优秀特困学生赴红色革命教育基地，接受革命思想洗礼，以此培养学生艰苦奋斗、英勇顽强、不怕困难的革命精神。同时，学校坚持开展各类评选推优表彰活动，充分展现学校优秀贫困大学生的风采，营造良好的育人氛围，培养了一大批优秀贫困学子，2012 年，身残志坚，性格乐观开朗，心态积极阳光，顽强地与病魔作斗争，并通过学习来充实自己精神世界的数学科学学院 2011 级会计专业学生李阳获得"2012 年度全国大学生自强之星"提名奖；同年，不离不弃、背着患病母亲上大学、用自己的双手为母亲撑起一片天空的数学科学学院 2012 级会计专业学生郑忠伟被评为"山东省十大慈孝之星"；2008 届毕业国防生刘瑞栋，牢记军人使命，自觉锤炼战斗精神，苦练打赢本领，以过硬的素质和优良的作风，被总参谋部、总政治部、总后勤部、总装备部评为 2013 年度全军"爱军精武标兵"，等等。此外，学校还一直注重困难学生精神培养，使暖流源源不断涌入学子心底，使其更懂感恩、知回报，自大学生志愿服务西部计划实施 13 年来，全校共有 760 名优秀学生入选，其中家庭经济困难学生多达 147 人，他们中有 80% 以上申请延期服务或服务期满后选择扎根西部地区工作，意愿用余下的青春继续为西部地区奉献、为国家发展努力。

学校不断注重锻炼学生能力提升，进一步夯实困难学生综合素质，逐步树立"助学、助心，更要助力学子专业技能提升"资助育人工作导向，坚持帮助贫困学子磨硬本领、逐梦未来。自 2012 年起，学校积极探索并努力打造"项目申报+团队组建+教师指导+答辩展示+评奖资助+成果分享"社会实践育人模式，每年划拨 8 万元社会实践专项经费，以困难学生群体为主要参与对象，组织开展国家政策宣讲、科技支农帮扶、教育关爱服务等活动，仅 2013—2014 学年，全校 3000 余名家庭经济困难学生积极报名参加，整体社会调研和锻炼实践活动能力大大提升。持续完善"平台+项目+团队+实践"创新创业体系，以健全完善家庭经济困难学生带薪实践、带薪实习、就业创业"三位一体"指导、培养体系为基础，以创新创业学院和校团委就业创业大讲堂为平台，按照项目驱动方式，投入经费支持，强化就业创业指导，大力鼓励困难学子开展创新创业活动，截至 2016 年初，学校已对 116 项学生项目团队进行资助，为广大家庭经济困难、心怀创新创业之志的青年学生提供了丰富的实践锻炼舞台，并为其铺平了通往希望与成功的道路。

（3）学校进一步提升资助工作理论研究，着力促进资助工作实践探索持续创新发展。为确保物质解困的公平性、合理性，精神指导的实效性、针对性，能力帮扶的全面性、科学性，学校以 2013 年申报并成功获批的全省首批 8 个"名师工作室"之一的"唐玉琴工作室"为引领，以山东省高校贫困生研究基地、山东省慈善文化研究基地、德耀齐鲁示范基地、山东高校辅导员名师工作室"三地一室"为平台,加强资助理论研究和实践探索。每年学校发表学生资助政策体系研究、资助工作育人功能研究等各类论文几十余篇,仅2013—2014学年,学校资助工作专职人员获得教育部科研立项两项、全国高校辅导员精品项目1项、省级立项7项,由学校学生资助管理中心主要负责人唐玉琴教授、张乐方教授主编的《高校家庭经济困难学生的多维透视》一书被教育部列入2014年全国高校德育成果文库,并获省级及以上科研成果奖励8项;2015年,山东省教育厅将最初由聊城大学研发的"家庭经济困难学生认定系统"推向全省高校;2016年初,由山东省学生资助管理中心、山东省教育会计学会学生资助管理分会联合开展的2015年全省高校学生资助工作优秀科研成果评选中,学校有8项成果荣获全省学生资助工作优秀成果奖,获奖数量及比例均为全省高校首位。学校通过以资助工作理论研究促工作实践,推动资助工作出亮点,亮点工作出特色,特色工作出品牌,形成了资助、育人、理论研究协同发展、同步提高的资助工作格局,为全面促进学生健康成长、维护社会和校园稳定作出较大的贡献。

2. 以"精准资助"为抓手,努力提高资助工作成效

"扶贫之事,必做于精;资助之事,必做于准",学校进一步注重强调资助目标、政策宣传、管理服务、规章制度、绩效考核等工作精准化的落实,把复杂的工作简单化,把简单的工作流程化,把流程的工作定量化,把定量的工作信息化。

(1) 持续加大资助政策宣传力度。学校不断创新工作方法,通过全方位、多层次、多形式的宣传,在全校营造良好氛围,为推进资助工作扎实开展提供有力保障。一是加大学校学生资助网站建设完善力度,及时发布各种资助信息、政策咨询及学院亮点信息,让学生第一时间了解资助政策;丰富宣传载体,积极发挥学院的宣传主体作用,通过开设第二课堂、举办资助政策讲座,认真宣讲上级学生资助政策,仅2015年度各学院举办资助政策宣传专题讲座、报告等93场。二是重点做好每年新生资助政策宣传工作,通过联合招生部门做好各类资助政策宣传材料邮寄,保障新生资助服务热线数量及延长开通时间等措施,做到新生"无缝隙"资助政策宣传,及时消除新生入学后学习生活后顾之忧,每年仅接听新生及家长资助政策咨询电话近千次。三是丰富载体,提高资助政策宣传实效,自2011年6月实施首届学生资助政策"精细化宣传工程"起,每年坚持组

织实施学生资助政策"精细化宣传工程",为每位申请办理国家助学贷款在校学生发放《国家开发银行生源地信用助学贷款学生须知》《国家开发银行生源地信用助学贷款"支付宝"使用说明》《国家开发银行生源地助学贷款常见问题及解答》,为每位入伍服义务兵役应届毕业生印发《应届毕业生入伍服义务兵役学费补偿国家助学贷款代偿手册》,为每位贷款毕业生印制《国家开发银行生源地信用助学贷款毕业生还款必读》《国家开发银行生源地信用助学贷款学生须知》等材料,并组织所有相关学生集中进行培训学习,2011—2016年举办的学生资助政策"精细化宣传工程"中,印制下发各类资助单项宣传学习材料3.4万余册,让各类学生切实掌握相关资助政策,实现资助政策宣传"全覆盖",使资助政策进一步深入人心,为扎实推进各项资助政策和贯彻落实各项措施打下坚实基础。

(2)进一步细化目标任务管理。为进一步推进学校内涵发展,全面加强现代大学制度建设,2012年3月,学校制定下发目标管理考核办法并全面启动实施任务目标工作后,学校学生资助管理部门在全校率先实行学生资助工作目标任务精准化,坚持资助工作各项目标任务贯彻与落实过程中的"精"和"准",在实践中不断注重提升资助工作有效性和实用性,一是分解任务,制定工作流程,学校资助管理部门制定实施学院学生资助工作年度任务目标,每年年初及时下发至各学院并监督贯彻落实;先后设计制定《生源地信用助学贷款业务流程图》《学生勤工助学上岗申请流程》等20余项,让学生一目了然,以便有效办理各项资助项目的申请手续,通过纵向抓延伸,横向抓覆盖,切实履行学校资助部门和专职人员各自职责。二是制订方案,打造工作特色,学校先后制订学生诚信教育、资助服务、贫困生心理健康教育等近60个专项工作方案,并联合学校相关职能部门、各学院协调组织实施;注重与各学院专业相结合,积极鼓励学院依托专业优势不断打造各具特色的资助工作品牌,如环境与规划学院设立的"爱心图书漂流室"、物理科学与信息工程学院创立的"知心姐姐"心理健康工作室、美术学院创建的"美·益角"基金等。三是加强督导,确保工作实效,加大过程督察、调度力度,通过召开学生资助专职人员例会,组织资助工作专题调研会、调度会等,对各项资助工作贯彻落实情况定期进行督导检查,及时督促学院各项任务的组织实施,每年年终重点做好学生资助工作年度任务目标专项检查工作。实施至今,学校持续坚持从目标定位着眼,从量化分解、明确责任、严格时限入手,推行资助工作目标任务精准化模式，确保全校各项资助工作目标任务推得动、落得实、抓得好。

（3）坚持推进规章制度精细化。健全完善的学生资助政策体系是实施精准化管理的重要基础，学校坚持将健全完善学生资助政策体系纳入年度学校学生资助工作重要内容，通过精细校院职责任务及年度目标，精确校院两级责任权限及划分，优化各项程序流程等，不断建立健全学校、院系、班级等多级学生资助工作运行体制和机制，全面提升学校学生资助工作的制度化、规范化、科学化水平。截至 2016 年初，学校制定实施学生资助有关办法细则、条例方案等规章制度近 200 项，仅 2014—2015 年度学校制定、修订有关学生资助规章制度 32 项，从物质资助到精神帮扶、从主题教育到素质拓展、从实习锻炼到创新创业、从实践探索到理论研究、从年度评比到绩效考核。较为完善的学生资助政策体系，确保全校资助工作高效有序、持续稳健运行。

（4）探索健全精细化管理服务模式。学校积极倡导学生资助工作精细化管理服务，不断注重资助管理工作全过程的"细"和"严"，以"精益求精、追求完美"为精神内涵，强调以标准化、数据化、系统化手段为基础，注重落实细节管理，努力实现资助管理服务工作效益最大化和最优化。一是学校紧紧围绕学生资助工作目标任务、难点重点，改进学生奖助学金发放与使用、国家助学贷款申请与偿还、社会资助筹集数量与质量、主题教育开展与效果等单项工作组织实施方案及推优评选标准，并以此为基础，进一步建立健全学生资助工作目标管理评估指标体系，2011 年至今，学校先后三次修订、完善《聊城大学学院学生资助工作量化考核体系》，不断优化学院学生资助工作目标管理测评模块和机制，全面启动实施并形成二级学院学生资助工作综合量化新格局。二是切实提高学生资助工作的实效性和明晰性，坚持以家庭经济困难学生的需求为出发点，充分尊重并发挥学生的主体地位，为困难学生的成长成才创造、拓展多项服务体系，自 2012 年起，学校学生工作部门每年利用回收变卖宿舍区废旧自行车等费用购置新自行车，免费提供给当年家庭经济困难新生使用，为其学习生活提供交通便利，五年来，累计发放"爱心单车"近三百辆；自 2013 年起，每年 5 月份组织开展为期一个月的"诚信感恩活动月"，通过举办"诚信伴我成长"主题征文比赛、"我诚信，我快乐"主题演讲比赛、"书写诚信感恩，绘出青春色彩"主题书画比赛、诚信感恩微视频比赛、诚信感恩创意 Logo 设计比赛、"诚信做人，感恩社会，勇担责任"主题知识竞赛、诚信感恩微信互动等活动，切实提升学生自身诚信、感恩意识，彰显各项活动育人效果；自 2014 年 6 月起，学校实施家庭经济困难学生"创新创业百项工程"计划，每年组织在校家庭经济困难学生申请志愿服务工程、创新创业工程、调研项目工程三大主题系列计划，并每年坚持从学生困难补助经费中划出 3 万元作为工程专项经费，待项目结项或活动结束后以每项 500—1000 元资助标准一次性直接划拨到学生个人银行账户，同时，对计划开展卓有成效、表现突出，或项目成果被采用、广泛推广，在公开发行正式刊物上发表文章或正规出版社出版书籍的家庭经济特别困难学生，学校给予一定的物质奖励，通过专题立项、项目资助等，不断提高家庭经济困难学生专业技能、实践能力及其群体的综合素质，最终实现困难学生从受助向自助再到助人的自我跨越与提升；自 2015 年 4 月起，学校组织在校 60 余名孤儿学生成立"馨家园工作室"，通过实施开学必访、寒暑假前必访、逢年过节必访、生病住院必访、发生意外必访"五必访行动"，采取多问一声、多看一眼、多帮一把、多引导一次"四多"办法，赠送每位孤儿学生一部智能手机，搭建"微心愿"资助平台，随时接受孤儿学生的救助请求，建立 QQ 群和微信群，搭建师生交流平台，为孤儿学生及时提供学业、心理、就业、考研指导，以及定期开展情感教育、独立生活教育等措施，深化家庭经济困难学生资助帮扶工作，有效促进孤儿学生健康成长；2015 年 12 月，学校联合聊城市团委、聊城市北极星青年就业指导志愿者协会组织高年级在校家庭经济困难学生实施训练营计划，通过举办报告会、座谈会等十余场系列活动，让企业家、专家学者向学生面对面地讲授职业生涯规划、求职面试技巧，并与学生分享个人成长、求职、工作体会与经验，通过拓展训练、模拟面试、参观实习、职场体验等实战演练，有效帮助高年级困难学生转变就业观念、端正就业态度、增强就业技能、扩大就业选择，通过拓展多种管理服务体系，全面促进资助育人工作全面、协调与可持续发展。三是学校坚持资助工作重心下移，不断加强与家庭经济困难学生的紧密联系，切实深入实际、真正走进基层、保证接触学生个体，做到知情、解忧、暖心，2013 年 1 月学校下发实施关于加强校领导和机关干部联系学生班级制度建设的实施意见至今，每年全体校领导与 120 余名机关干部积极组织开展联系班级活动，致力于服务家庭经济困难学生等群体，通过举办专项教育活动、组织主题班会、开展"一对一"帮扶指导等，真正走进学生班级、走近学生身边，及时帮助并解决困难学生在个人生活、职业困惑、学业困难等方面存在的困难与问题；大力推进资助工作进公寓、进社团模式创新，组织各学院通过开展一名高年级学生干部或学生党员帮扶指导一名低年级困难学生、组织班级资助一名经济困难学生等措施，为全校资助工作增添新的生机与活动，努力推进学校帮扶机制不断取得新成效。

（5）努力构建精准绩效考核体系。学校积极促进资助工作绩效考核精准化管理，注重考核工作的细节和过程，以及考核结果的精确和准确，通过采取"定目标、定任务、定时限、定责任、定考核、定奖惩"六定措施，建立"组织管理、公开承诺、动态考核、信息化管理和奖惩激励"五项机制，做到资助工作绩效考核管理"事前精心谋划、事中精细控制、事后跟踪问效"，有力推进资助工作可持续发展。一是加强组织建设，2012年底，学校学生资助管理工作部门健全学生资助工作目标绩效考核组织管理机制，成立专门的资助工作精准化管理领导小组，单独组建校、院两级学生资助工作精准化管理办公室，为全面推进资助工作绩效考核精准化管理提供组织保障。二是细化绩效考核管理措施，完善日常考核动态机制，自2013年以来，学校以组织建设和制度建设为基，以年度目标任务为纲，以实现资助工作绩效考核精准化为目的，建立资助工作常态化动态考评考核机制，通过实施学院资助工作落实情况月报制度、每学期资助工作中期检查、单项资助经费管理及使用对比公示等一系列措施，实现资助工作日常考核动态化管理；重点推进全校二级学院整体资助工作能力水平与服务效果双提升，通过依托学院承办学校主题教育活动、组织全校资助系统专题培训会、举办资助工作流动例会、展示资助工作成果与特色亮点，以及学校不定期利用微信公众号开展学院资助工作学生满意度调查等，努力提高各个学院资助工作的主动性、创造性，确保各项资助工作精准化服务落到实处。三是科学完善绩效考核指标体系，不断修订健全《聊城大学二级学院学生资助工作绩效量化考核指标体系》，体系共有13个一级指标、24个二级指标、78个二级自评观测点，每年坚持对学校20余个学院进行学生资助工作年度绩效量化考核，对包含工作机制、制度建设、经费使用、学生认定等10个大项内容全面展开评估检查，实施至今，绩效量化指标体系不仅成为学院学生资助工作的蓝本和总抓手，也成为衡量学院学生资助工作能力和水平的重要参考依据。

党的十七大以来，学校党委、行政高度重视家庭经济困难学生资助工作，始终把资助家庭经济困难学生工作作为加强大学生思想政治教育工作、促进学校和谐稳定发展的大事来抓，采取各种办法和多项措施帮助家庭经济困难学生顺利完成学业，逐步建立健全以政府投入为主、学校拨款为辅，其他多渠道共同帮扶的家庭经济困难学生精准资助政策体系，实现了资助政策"全覆盖"。在2009年5月、2012年7月、2015年9月由山东省学生资助管理中心组织专家组对全省学生资助工作先后开展的全面督查检查中，学校均以考评总成绩第一的好成绩荣获"山东省学生资助工作先进单位"，并先后荣获"全国普通高等学校毕业生预征工作先进集体"、"全国'助学政策，助我成才'征文活动优秀组织奖"等多项全国高校学生资助专项活动评比先进单位荣誉称号，得到上级领导的高度肯定及社会的广泛反响。

附录二　聊城大学家庭经济困难学生资助政策贯彻实施情况

根据上级文件要求，聊城大学先后从学校学费收入23%、学费收入10%、事业收入5%足额提取三项基金作为资助经费，专项用于学校学生奖励、资助工作，以及校内奖助学金、学费减免、勤工助学、校内无息借款、特殊困难补助等各个方面，为健全完善学生资助政策体系，以及确保学生资助政策贯彻落实提供坚实的经费保障，从经费上基本保障了"不让一个学生因家庭经济困难而辍学"。

一　学校执行学生资助政策总体情况

在完善学生资助政策体系过程中，各项资助经费投入力度不断加大，特别是自2007年国务院下发《关于建立健全普通高校家庭经济困难学生资助政策体系意见》起，财政投入等各项资助总金额及资助学生比例逐年扩大。据统计，2006—2015年十年间，学校各项资助经费落实情况、资助学生数情况，以及资助政策总体执行情况分别见附表1、附表2、附表3。

附表1　2006—2015年聊城大学学生资助经费执行落实情况（单位：万元；%）

年度	经费发放总金额	上级财政投入 金额	比例	学校提取支出 金额	比例	银行发放贷款 金额	比例	社会筹集 金额	比例
2006	4046.1	262.4	6.5	1773	43.8	1959.4	48.4	51.3	1.3
2007	4560.2	1260.2	27.6	1776	38.9	1487.5	32.6	36.5	0.8
2008	4035.9	1370.5	34.0	1451	36.0	1196.2	29.6	18.2	0.5
2009	4268.6	1319.6	30.9	1317	30.9	1590	37.2	42	1.0
2010	4673	1528.4	32.7	1202	25.7	1910.8	40.9	31.8	0.7
2011	5334.7	1655.6	31.0	1205	22.6	2427.7	45.5	46.4	0.9
2012	5404.6	1692.4	31.3	1228.7	22.7	2432.9	45.0	50.6	0.9
2013	5712.5	1774.5	31.1	1231.3	21.6	2643.7	46.3	63	1.1
2014	5626.1	1924.6	34.2	1128.2	20.1	2446.5	43.5	126.8	2.3
2015	5466.4	1957	35.8	1029.2	18.8	2372.4	43.4	107.8	2.0
小计	49128.1	14745.2	30.0	13341.4	27.2	20467.1	41.7	574.4	1.2

注：1. 上级财政投入含中央财政及省级财政两部分。

2. 学校提取支出为各类学生奖励、资助资金，含国家助学贷款风险补偿金、在校师范生生活补助等。

3. 银行发放贷款含生源地国家助学贷款（信用社出资）及生源地信用助学贷款（国开行出资），包括当年初次申贷资金及往年续贷资金（下同）。

4. 社会筹集含各年度实物捐赠折合后资金。

5. 各类资助统计仅含在校本专科学生，不含研究生学生（下同）。

附表2　2006—2015年聊城大学资助学生人数及比例情况（单位：人次；%）

年度	资助学生总数	财政经费资助 学生数	比例	学校经费资助 学生数	比例	银行贷款资助 学生数	比例	社会筹集资助 学生数	比例
2006	18712	1749	9.3	12688	67.8	3780	20.2	495	2.6
2007	21210	4844	22.8	12066	56.9	3760	17.7	540	2.5
2008	24127	8695	36.0	12287	50.9	2885	12.0	260	1.1
2009	28650	8500	29.7	16020	55.9	3600	12.6	530	1.8
2010	25118	4475	17.8	16346	65.1	3837	15.3	460	1.8
2011	30248	8076	26.7	16801	55.5	4651	15.4	720	2.4

续表

年度	资助学生总数	各项经费资助学生数及其所占资助总数比例							
		财政经费资助		学校经费资助		银行贷款资助		社会筹集资助	
		学生数	比例	学生数	比例	学生数	比例	学生数	比例
2012	43371	4956	11.4	32869	75.8	4681	10.8	865	2.0
2013	45659	5211	11.4	34445	75.4	4953	10.8	1050	2.3
2014	28903	5542	19.2	17499	60.5	4332	15.0	1530	5.3
2015	23036	5650	24.5	12303	53.4	3923	17.0	1160	5.0
小计	289034	57698	20.0	183324	63.4	40402	14.0	7610	2.6

注：1. 由于学校奖助学金评选办法的完善调整，2011—2015 年度学校经费资助学生数有较大差异。

2. 学校资助学生数含享受生活补助的师范生人数。

附表3　2006—2015 年聊城大学学生资助政策总体执行对比情况

（单位：人；元；%）

年度	在校学生总数	资助学生人均金额	全校学生受助人均金额	资助学生数占在校学生总数比例	资助总额度比上年增幅	资助学生数比上年增幅
2006	27139	2162.3	1490.9	68.9	8.9	9.6
2007	25389	2150.0	1796.1	83.5	12.7	13.3
2008	24526	1672.8	1645.6	98.4	11.5（-）	13.8
2009	26718	1489.9	1597.6	107.2	5.8	18.8
2010	28794	1860.4	1622.9	87.2	9.5	12.3（-）
2011	32082	1763.7	1662.8	94.3	14.2	20.4
2012	31883	1246.1	1695.1	136.0	1.3	43.4
2013	32279	1251.1	1769.7	141.5	5.7	5.3
2014	31690	1946.5	1775.4	91.2	1.5（-）	36.7（-）
2015	30749	2373.0	1777.7	74.9	2.8（-）	20.3（-）

注：1. 资助学生人均金额＝当年经费发放总金额/当年资助学生总数。

2. 全校学生受助人均金额＝当年经费发放总金额/当年在校本专科学生总数。

3. 标有"（-）"为当年执行幅度比上年执行幅度有所下降。

在资助经费总投入上，十年间，学校发放各类资助资金近5亿元，从2006年4046.1万元增长至2015年的5466.4万元，增幅35.1%；除2008年等个别年份外，资助经费逐年增加，其中2007年、2011年资助经费比上年增幅高达12%以上。在各类资助经费投入上，银行办理发放国家助学贷款累计2亿余元，占资助经费总投入的41.7%；每年贷款金额占当年资助总额度高达40%以上，其中2013年学校到账助学贷款金额超过2600万元，充分发挥国家助学贷款在学生资助政策体系中的主体地位。中央及省级财政总投入累计近1.5亿元，占资助经费总投入的30%；投入金额逐年增加，且自2008年起，每年财政投入金额占当年资助总额度超过30%，积极发挥上级财政投入在学生资助政策体系中的第二大主体地位。学校提取并支出资助经费累计1.3亿余元，占资助经费总投入的27.2%；每年支出学校提取经费金额占当年资助总额度比例虽逐年减少，但学校支出提取经费额度一直保持较高水平，努力发挥学校资助经费投入在学生资助政策体系中的重要作用。而社会筹集资金总额度虽仅有574.4万元，仅占资助经费总投入的1.2%；每年社会筹集资助金额占当年资助总额度比例不超过2%，但作为学生资助政策体系中辅助措施，发挥了不可低估的重大作用。

在资助学生覆盖面上，十年间，学校各类奖助学金、国家助学贷款、专项困难补助等各项奖励、资助学生近29万人次，每年资助学生数占在校学生总数的65%以上，其中2013年资助学生数高达4.5万人次，基本覆盖到每位在校家庭经济困难学生。在各项经费资助覆盖面上，学校提取经费资助学生比例最高，累计资助学生18.3万人次，占资助学生总数的63.4%；资助学生数分别为上级财政投入经费、银行发放国家助学贷款资助学生数的3.18倍、4.54倍。其次是上级财政经费资助学生数相对较高，累计资助近5.8万人次，占资助学生总数的20%；资助学生数为银行发放国家助学贷款资助学生数的1.43倍。银行发放国家助学贷款资助学生数较为稳定，累计资助4万余人次，占资助学生总数的14%。而社会筹集资金资助学生数最少，累计资助学生数仅为7610人次，占资助学生总数的2.6%，但每年资助学生数逐年有明显增加的趋势。

在资助政策总体执行力度上，学校资助力度一直保持着较高水平，除由于学校奖助学金评选制度的调整，个别年份资助额度及资助学生数有较大幅度变动外，每年学校资助经费总额度及资助学生数逐年都明显增加，其中2007年、2011年学校发放资助经费比上年增幅都超过10%；2011年、2012年学校资助学生数比上年增幅都超过20%。在人均资助额度上，无论是全校学生人均资助金额，还是资助学生人均金额，每年资助力度相对稳定，每人每年资助平均金额一般都在 1500 元以上，极大地减轻了家庭经济困难学生学习生活等经济压力。

二 学校各项资助措施执行情况

（一）各年度奖学金实施进展情况

2006—2015 年十年间，学校各类奖学金奖励 15.6 万人次，分别占资助学生人数、在校学生总人数的 53.8%、53.4%；奖励总金额 10290.8 万元，占资助总金额的 20.9%；在校生、资助学生每年人均奖励金额分别 353.3 元、356 元。其中，上级政府利用财政资金设立的国家奖学金、省政府奖学金、国家励志奖学金、省政府励志奖学金共奖励学生 8845 人次，分别占奖励学生人数、资助学生人数、在校学生总人数的 56.7‰、30.6‰、30.4‰；奖励金额 4564.4 万元，分别占奖励总金额、资助总金额的 44.4%、9.3%；且自 2007 年起，上级财政资金投入奖励经费相对稳定，每年在校生人均奖励金额与资助学生人均奖励金额相差不大。学校各类奖学金奖励学生情况分别见附表 4、附表 5、附表 6。

附表 4　2006—2015 年聊城大学各类奖学金奖励学生数与金额情况

（单位：万元；人次）

年度	国家奖学金 金额	国家奖学金 学生数	省政府奖学金 金额	省政府奖学金 学生数	国家励志奖学金 金额	国家励志奖学金 学生数	省政府励志奖学金 金额	省政府励志奖学金 学生数	学校奖学金 金额	学校奖学金 学生数
2006	27.2	68	20.4	68	—	—	—	—	300.5	7524
2007	42.4	53	13.8	23	418.5	837	—	—	411.5	10013
2008	38.4	48	13.8	23	399.5	799	—	—	512.2	11192
2009	46.4	58	11.4	19	403	806	—	—	613.4	12049
2010	42.4	53	10.8	18	387.5	775	—	—	677.1	12869
2011	40	50	10.8	18	386.5	773	—	—	745.3	13693
2012	44	55	11.4	19	431	862	—	—	771.9	29256
2013	44	55	12.6	21	453.5	907	—	—	754.5	30475
2014	44.8	56	12	20	469	938	101	202	578.6	12078
2015	42.4	53	11.4	19	477.5	955	97	194	361.4	7580
小计	412	549	128.4	248	3826	7652	198	396	5726.4	146729

注：学校奖学金仅含在校师范生及非师范生评选发放的奖学金，不含"优秀特困生"等其他奖学金。

附表5　　2006—2015年聊城大学各类奖学金总体实施情况

(单位：人次；%；万元；元)

年度	奖学金奖励人数	奖励人数占资助学生总数比例	奖励人数占在校生总数比例	奖学金奖励金额	奖励金额占资助总金额比例	在校生人均奖励金额	资助学生人均奖励金额
2006	7660	40.9	28.2	348.1	8.6	128.3	186.0
2007	10926	51.5	43.0	886.2	19.4	349.0	417.8
2008	12062	50.0	49.2	963.9	23.9	393.0	399.5
2009	12932	45.1	48.4	1074.2	25.2	402.1	374.9
2010	13715	54.6	47.3	1117.8	23.9	388.2	445.0
2011	14534	48.0	45.3	1182.6	22.2	368.6	391.0
2012	30192	69.6	94.7	1258.3	23.3	394.7	290.1
2013	31458	68.9	97.5	1264.6	22.1	391.8	277.0
2014	13294	46.0	42.0	1205.4	21.4	380.4	417.1
2015	8801	38.2	28.6	989.7	18.1	321.9	429.6
小计	155574	53.8	53.4	10290.8	20.9	353.3	356.0

附表6　　2006—2015年聊城大学落实上级财政资金执行奖学金情况

(单位：人次；‰；万元；元)

年度	奖学金奖励人数	奖励人数占资助学生总数比例	奖励人数占在校生总数比例	奖学金奖励金额	奖励金额占资助总金额比例	在校生人均奖励金额	资助学生人均奖励金额
2006	136	7.3	5.0	47.6	11.8	17.5	25.4
2007	913	43.0	36.0	474.7	104.1	187.0	223.8
2008	870	36.1	35.5	451.7	111.9	184.2	187.2
2009	883	30.8	33.0	460.8	108.0	172.5	160.8
2010	846	33.7	29.4	440.7	94.3	153.1	175.5
2011	841	27.8	26.2	437.3	82.0	136.3	144.6
2012	936	21.6	29.4	486.4	90.0	152.6	112.1
2013	983	21.5	30.5	510.1	89.3	158.0	111.7
2014	1216	42.1	38.4	626.8	111.4	197.8	216.9
2015	1221	53.0	39.7	628.3	114.9	204.3	272.7
小计	8845	30.6	30.4	4564.4	92.9	156.7	157.9

注：上级财政执行奖学金项目指中央财政及省财政拨款评选发放的国家奖学金、省政府奖学金、国家励志奖学金、省政府励志奖学金，不含"山东教育报刊社优秀特困生奖学金"、"朝阳助学""银光基金山东省高校优秀特困生奖学金"等。

（二）各年度国家助学金实施进展情况

2006—2015年期间，由中央财政与省级财政共同分担评选的国家助学金共资助金额9798.7万元，占资助总金额的19.9%，其中2015年资助金额比2006年增加1120.3万元，增加5.4倍；资助金额占资助总金额的比例由2006年的5.2%增加至2015年的24.3%。国家助学金资助学生37432人次，占资助学生总数的13%，占在校学生总数的12.9%；而资助人数占当年资助学生总人数、占在校生总数的比例由2006年的8.4%、5.8%分别提高至2015年的19.2%、14.4%。国家助学金资助学生人均资助金额2617.7元，于2007年、2010年两次上调资助标准；在校生人均资助金额336.4元，在校生人均资助金额由2006年的76.8元增加至2015年的432.1元。学校实施国家助学金相关情况见附表7。

附表7　2006—2015年聊城大学国家助学金资助学生实施情况

（单位：万元；%；人次；元）

年度	资助金额	资助金额占资助总金额比例	资助人数	资助人数占资助总人数比例	资助人数占在校生总数比例	资助学生人均资助金额	在校生人均资助金额
2006	208.4	5.2	1577	8.4	5.8	1321.5	76.8
2007	781.8	17.1	3909	18.4	15.4	2000	307.9
2008	799.5	19.8	3997	16.6	16.3	2000.3	326
2009	752.4	17.6	3762	13.1	14.1	2000	281.6
2010	1084.7	23.2	3614	14.4	12.6	3001.4	376.7
2011	1083	20.3	3610	11.9	11.3	3000	337.6
2012	1206	22.3	4020	9.3	12.6	3000	378.3
2013	1256.4	22	4188	9.2	13	3000	389.2
2014	1297.8	23.1	4326	15	13.7	3000	409.5
2015	1328.7	24.3	4429	19.2	14.4	3000	432.1
小计	9798.7	19.9	37432	13	12.9	2617.7	336.4

注：2016年度含省政府助学金资助部分，其中资助金额56.3万元，资助学生563名。

（三）各年度国家助学贷款实施进展情况

2006—2015年期间，学校先后实施生源地国家助学贷款及生源地信用助学贷款，累计发放学生40402人次，发放贷款金额20467.1万元,贷款学生人均资助金额、在校学生人均贷款金额分别为5065.9元、702.7元,其中,2006—2008年以生源地国家助学贷款为主,由农村信用社为12263名在校学生审批办理贷款5466.2万元,贷款人数及金额分别占学校同期贷款总人数及总金额的30.4%、26.7%;2009—2015年以生源地信用助学贷款为主,由国家开发银行为28139名在校学生审批办理贷款15000.9万元,贷款人数及金额分别占学校同期贷款总人数及总金额的69.6%、73.3%。十年期间,学校共有14592名贷款毕业生顺利毕业,贷款毕业生人数占在校毕业生总人数的20.5%,其中,生源地国家助学贷款毕业生6959人,生源地信用助学贷款毕业生7633人,分别占贷款毕业生总人数的47.7%、52.3%。学校分年度国家助学贷款实施情况及贷款毕业生人数对比情况分别见附表8、附表9。

附表8　　2006—2015年聊城大学国家助学贷款实施情况

(单位:万元;人;%;元)

年度	生源地国家助学贷款 金额	生源地国家助学贷款 人数	生源地信用助学贷款 金额	生源地信用助学贷款 人数	贷款总金额	贷款总人数	资助学生人均贷款金额	在校学生人均贷款金额
2006	1959.4	3780	—	—	1959.4	3780	5183.6	722
2007	1487.5	3760	—	—	1487.5	3760	3956.1	585.9
2008	1196.2	2885	—	—	1196.2	2885	4146.3	487.7
2009	636	1382	954	2218	1590	3600	4416.7	595.1
2010	187.1	456	1723.7	3381	1910.8	3837	4979.9	663.6
2011	—	—	2427.7	4651	2427.7	4651	5219.7	756.7
2012	—	—	2432.9	4681	2432.9	4681	5197.4	763.1
2013	—	—	2643.7	4953	2643.7	4953	5337.6	819
2014	—	—	2446.5	4332	2446.5	4332	5647.5	772
2015	—	—	2372.4	3923	2372.4	3923	6047.4	771.5
小计	5466.2	12263	15000.9	28139	20467.1	40402	5065.9	702.7

附表9　2006—2015年聊城大学国家助学贷款毕业生人数对比情况

(单位：人；%)

年度	当年毕业生总数	当年毕业贷款人数	生源地国家助学贷款毕业生人数及占比 人数	生源地国家助学贷款毕业生人数及占比 占贷款毕业总数比例	生源地信用助学贷款毕业生人数及占比 人数	生源地信用助学贷款毕业生人数及占比 占贷款毕业总数比例	当年毕业贷款人数占当年毕业学生总数比例
2006	5659	570	570	100	—	0	10.1
2007	8895	1584	1584	100	—	0	17.8
2008	8336	1559	1559	100	—	0	18.7
2009	7378	1045	1045	100	—	0	14.2
2010	7586	1367	1367	100	—	0	18
2011	5174	1159	784	67.6	375	32.4	22.4
2012	5982	1358	38	2.8	1320	97.2	22.7
2013	7217	1773	12	0.7	1761	99.3	24.6
2014	7160	1921	—	0	1921	100	26.8
2015	7898	2256	—	0	2256	100	28.6
小计	71285	14592	6959	47.7	7633	52.3	20.5

（四）各年度勤工助学实施进展情况

聊城大学利用学校自有提取资助经费，通过增加校内勤工助学设岗数量、提高勤工助学岗位报酬标准、强化勤工助学实践锻炼能力、规范勤工助学综合管理等，努力推动校内勤工助学工作，全校勤工助学上岗学生数量及发放报酬逐年加大。2006—2015年十年间，学校设置校内勤工助学岗位20747个，设岗数量占在校学生总数的9.4%，虽后期由于学校资助项目措施调整，校内设岗比例有所下降，但各年度设岗比例一直保持在7%以上；其中，固定岗位数量、临时岗位数量分别为19557个、1190个，分别占设岗总数的94.3%、5.7%；累计发放勤工助学酬薪21.79万人次，发放金额2564.5万元，其勤工助学资助学生金额占学校提取支出资助专项经费的19.2%。学校分年度校内勤工助学实施情况见附表10。

附表10　　2006—2015年聊城大学校内勤工助学实施情况

(单位：人；%；万元；万人次)

年度	在校学生数	校内设岗数量 固定岗位数量	校内设岗数量 临时岗位数量	校内设岗数量 岗位总数	岗位数量占在校学生数比例	酬薪发放金额	资助金额占学校提取支出经费比例	上岗资助学生人次
2006	21480	2205	—	2205	10.3	264.6	14.9	2.42
2007	16494	1996	—	1996	12.1	301.7	17.0	2.34
2008	16190	1826	34	1860	11.5	310	21.4	2.14
2009	19340	2060	68	2128	11	220.6	16.8	2.03
2010	21208	2263	154	2417	11.4	229.1	19.1	2.48
2011	26908	2716	98	2814	10.5	222.7	18.5	2.59
2012	25901	1690	165	1855	7.2	241.4	19.6	1.95
2013	25062	1586	198	1784	7.1	238	19.3	1.87
2014	24530	1642	246	1888	7.7	236.4	21.0	2.01
2015	22851	1573	227	1800	7.9	300	29.1	1.96
小计	219964	19557	1190	20747	9.4	2564.5	19.2	21.79

注：1. 在校学生数不含当年毕业本专科学生数。

2. 临时岗位指上岗次数不超过十次，或设岗期限少于四个月的校内非固定勤工助学岗位（不含寒、暑假期间校内固定勤工助学岗位）。

3. 根据山东省有关文件要求（鲁教财字〔2008〕32号、鲁教财字〔2012〕45号），学校校内固定勤工助学岗位设岗数量须达到在校生人数的5%以上。

4. 上岗资助学生人次按学校财务部门每月发放勤工助学报酬学生人数统计。

（五）各年度专项困难补助实施进展情况

2006—2015年十年间，学校共发放各类专项困难补助3883.8万元，占学校累计资助总金额的7.9%，其中上级财政经费发放地震重灾区学生特别补助、困难学生伙食补助、困难学生秋季临时补贴等328.5万元，学校专项困难补助经费发放1172.8万元，学校校内师范生生活专项补助发放2382.5万元；仅上级财政经费与学校专项困难补助经费资助学生达31186人次，占累计资助学生总人数的10.8%，其中学校专项困难补助经费资助学生近2万人次。学校分年度专项困难补助实施情况见附表11。

附表11　　2006—2015年聊城大学专项困难补助实施情况

(单位：万元；人；%)

年度	补助发放总金额及总人数		上级拨款经费资助情况		学校专项困难补助经费资助情况		学校师范生生活专项补助发放金额	发放金额占学校资助经费总额度比例
	金额	人数	金额	人数	金额	人数		
2006	1034.3	2774	—	—	164.3	2774	870	25.6
2007	863.2	1848	—	—	83.2	1848	780	18.9
2008	622.5	4715	116.8	3815	45.7	900	460	15.4
2009	344.1	5677	103.4	3840	42.3	1837	198.4	8.1
2010	181.2	1450	—	—	107.1	1450	74.1	3.9
2011	196.1	4822	108.3	3610	87.8	1212		3.7
2012	121	1701			121	1701		2.2
2013	139.7	2053			139.7	2053		2.4
2014	207.9	3496			207.9	3496		3.7
2015	173.8	2650			173.8	2650		3.3
小计	3883.8	31186	328.5	11265	1172.8	19921	2382.5	7.9

注：1. 上级拨款经费指省级财政发放的地震重灾区学生特别补助、困难学生伙食补助、困难学生秋季临时补贴。

2. 学校专项困难补助经费指学校按统一标准划拨至各学院，并由各学院自行评定发放的特别困难生活补助、临时困难生活补贴等。

3. 自2011年起，学校不再发放师范生生活专项补助。

（六）各年度其他资助措施实施进展情况

除此之外，2006—2015年十年间，学校积极贯彻落实其他各项资助措施，累计资助28627人次，发放资金1967.5万元，分别占学校资助学生总数、资助总金额的9.9%、4%。其中通过"绿色通道"入学的家庭经济困难学生4130人，占本专科新生报到实际总人数的6%以上；学费补偿国家助学贷款代偿学生人数及发放金额分别为594人、743.9万元；累计为符合减免条件的227名家庭特困学生减免学费75.7万元；利用学校"爱心助学金"、"爱心银行"先后为600名学生发放校内无息借款61.6万元；按照学校规定比例，推荐评选出2054名"优秀特困生"，为其发放奖学金205.4万元。同时，学校通过新生入学资助、"绿色通道"新生生活用品礼包、经济困难学生家庭走访慰问、"中秋节"外省籍学生资助、春节留校困难学生资助、少数民族学生补助、困难学生毕业求职补贴等其他项目，资助学生21022人次，发放资助金额高达880.9万元。学校分年度其他资助措施实施情况见附表12。

附表12 2006—2015年聊城大学其他资助措施实施情况 （单位：万元；人）

年度	"绿色通道"人数	学费补偿贷款代偿 金额	学费补偿贷款代偿 人数	学费减免 金额	学费减免 人数	校内无息借款 金额	校内无息借款 人数	校内优秀特困生奖学金 金额	校内优秀特困生奖学金 人数	其他项目 金额	其他项目 人数
2006	123	6.6	6	5.7	17	1.3	22	18	180	21.6	808
2007	192	25.8	25	4.8	12	2.6	46	20.5	205	53.1	1506
2008	251	14.7	12	7.6	20	0.8	15	19.5	195	72.4	1867
2009	109	147.2	91	8.6	23	10.2	106	17.4	174	85.8	1980
2010	157	55.1	35	12.7	36	6.9	77	17.7	177	65.3	1751
2011	306	66.3	56	6.4	19	3.4	31	20.6	206	94.7	2364
2012	512	99.6	82	7.1	26	14.6	123	22.2	222	116.9	2496
2013	731	72.1	68	4.9	16	9.7	81	22.7	227	129.4	3063
2014	648	124.2	102	9.7	33	5.8	53	23.5	235	106.5	2385
2015	1101	132.3	117	8.2	25	6.3	46	23.3	233	135.2	2802
小计	4130	743.9	594	75.7	227	61.6	600	205.4	2054	880.9	21022

注：1. 学费补偿贷款代偿含到中西部地区和艰苦边远地区基层单位就业的学校毕业生、应征入伍服义务兵役应届毕业生及在校生、退役士兵自愿复学或入学就读等所有符合审批资格的学费补偿和国家助学贷款代偿，统计金额与人数不含后期学生漏报、补报部分。

2. 学费减免费用以学校借助筹集的社会资助而创建的"爱心助学金"基金支付为主。

3. 校内无息借款，前期主要来源于学校"爱心助学金"基金，后期主要来源于学校"爱心银行"（于2014年10月，由学校大学生事务服务中心与学校资助管理中心联合创办，为家庭经济困难学生和突发事件的学生提供无息贷款；启动资金20万元由山东泉林纸业有限责任公司提供，其资金来源于社会企事业单位或爱心人士捐助、学校师生自愿无息存钱、从学校困难经费中提取资金三方面）。

2006—2015年期间，正是我国"十一五"、"十二五"经济社会快速发展时期，在中央财政及省级财政不断加大资助资金投入过程中，聊城大学也逐年提高资助经费投入力度，十年间，学校足额提取校内资助专项经费10123.2万元，实际支出校内各项资助经费13340.5万元，学校实际支出校内资助经费总额比提取校内资助专项经费超出3217.3万元（超支部分从2006年前往年结余部分支出），为顺利开展实施学生资助政策体系提供强大的经费保障。

附录三 聊城大学家庭经济困难学生资助政策体系建设的主要做法及经验

聊城大学高度重视学生资助工作，从促进教育公平、推进和谐校园建设的高度来开展资助工作，紧紧围绕学生资助精准扶贫，始终坚持"以贫困生群体为主，不让一个学生因家庭经济困难而辍学"这个中心，不断建立健全家庭经济困难学生精准资助政策体系，全力推动落实各项资助政策措施，同时也探索并创建了具有聊大特色的"12345"精准资助"聊大模式"。

一 "12345"精准资助"聊大模式"主要内容

（一）遵循一个总体思路

学校立足工作实际，坚持以人为本、以育人为导向，以学生全面发展为目标；

遵循"规范、科学、务实、高效"的资助工作机制；践行"不让一个学生因家庭经济困难而辍学"的资助工作承诺；全面贯彻"以服务家庭经济困难学生为本，物质上帮助学生，精神上培育学生，能力上锻炼学生，全面实现资助育人目标"的资助工作理念；坚持基础工作出实效，重点工作出亮点，特色工作出品牌，总体工作争一流，努力构建科学认定、经济资助、精神激励、成长助推等多元化精准服务型资助育人体系；稳步推动学生资助工作科学性、创新性、持续性发展，不断开创全校学生资助工作新局面。

（二）加强两项根本保障

1. 不断加强学生资助工作队伍建设，努力提高队伍整体素质和管理水平，为学生资助工作顺利开展提供强大的人力保障。一是始终注重学校学生资助工作组织建设，严格按照上级规定比例，配足配齐学校学生资助机构专职人员，由学校学生工作部门主要负责人直接担任学生资助管理中心主任，以确保学校学生资助工作的执行力度；二是坚持实施院系学生资助工作专职辅导员制度，自2004年5月，学校从全校各个学院首次选派国家助学贷款与贫困生资助工作专职辅导员至今，学校不断充实并稳定学生资助工作专职辅导员队伍，切实提高开展学生资助工作的针对性和有效性，并为全校专职辅导员职业化、专业化打下基础；三是高度重视学生资助专职辅导员培养与培训工作，将其纳入学校师资培训规划和人才培养计划，每年定期开展资助工作队伍轮训，通过实施专职辅导员"国、省、校、院"四级培训制度，使其享受专任教师培养同等待遇；四是积极落实干部待遇，自2006年7月，学校制定下发有关大学生思想政治教育（专职辅导员）系列专业技术岗位竞聘实施意见，开辟了学生资助等专职辅导员职称评定系列，允许其职务、职称两条道路发展至今，在历年职称评定、职务晋升上，学校坚持优先照顾业绩突出、工作踏实专职辅导员，大大激发了专职辅导员对理论学习、工作研究的热情和积极性，稳定了资助工作队伍，并为学校资助工作的顺利开展和工作创新起到积极的推动作用。

2. 不断强化责任意识，全面提升各类资助经费保障水平，为学生资助政策贯彻落实提供坚强的资金保障。一是学校严格按照上级要求，及时从学校学费或事业收入中足额提取三项基金等专项资助经费；二是加强财政拨款、学校提取、社会筹集等各类资助经费使用管理，严格按照奖励资助规定标准，不折不扣地全部发放到位，坚决做到不截留、不挪用、不乱用；三是加大资助经费督促检查力度，严格组织开展财务过程监督和内部审计制度，做到专款专用，充分发挥资助资金使用最大效益。多年来，学校坚持做到资助经费足额提取到位、预算准确到位、全额发放到位、监督管理到位，进一步确保了学校家庭经济困难学生资助政策措施的顺利开展。同时，学校不断加强资助工作专职辅导员办公硬件建设，定期为其更换配置网络计算机、打印机等办公设备，积极营造良好的学生资助工作环境和办公条件。

（三）健全三大资助体系

学校坚持把建立健全资助服务体系作为学生工作的重要内容，积极探索，开拓创新，不断加强多元化资助体系、主题教育体系、创新培养体系三大体系建设，全力推进学生资助工作上水平、上台阶。

1. 进一步完善"奖、贷、助、补、减、'绿色通道'"于一体的多元化资助体系。一是遵循"公开、公平、公正"原则，做好国家奖助学金等各类奖助学金、生活补助评优推荐及发放工作，每年在评选过程中强化宣传关、入口关、评审关、公示关、监督关"五关口"，严格申请审批手续，设立处长举报邮箱，专门接受师生监督，激励学生争先创优、勤劳进取，努力实现困难学生"应补尽补"。二是全面推进国家助学贷款工作，学校通过不断完善贷款申请程序，细化贷款环节，统一印发、邮寄助学贷款回执单，降低学生贷款办理成本，制作生源地信用助学贷款申请手续样本等措施，及时解决学生申贷手续办理中的困难与问题，进一步提高申贷成功率，实现"应贷尽贷"的工作目标，充分发挥国家助学贷款在高校多元化资助体系中的主要渠道。三是不断拓宽勤工助学渠道，加强勤工助学岗位管理，学校坚持完善校内勤工助学固定岗位的设置、职责及考核管理，使岗位设置更加合理、职责更加明确；结合物价不断上涨等现状，对假期聘任学生适时提高学生报酬；学校积极与社会各企事业单位联系，设置诸如市场调查、产品促销等与专业结合度较高的工作岗位，同时，学校每年定期开展勤工助学先进个人评选活动，进一步调动了广大勤工助学学生的积极性，培养了学生自立自强、艰苦奋斗的优良作风。四是充分利用各种资源，争取社会资助，依托大学生事务服务中心成立的"爱心超市"，定期组织全校师生及社会各界进行爱心捐款捐物，并全部用于资助在校困难学生；通过"创业就业大讲堂"，定期邀请优秀成功校友举办事迹报告会，以现身说教，激励家庭经济困难学生成长、成才。五是多措并举，扎扎实实做好其他救助帮扶工作，坚持做好校内专项困难补助、新生入学"绿色通道"、学费减免、毕业生学费补偿国家助学贷款代偿等工作。多年来，学校逐年扩大受益学生覆盖面，每年受奖励、资助学生人数占全校学生人数比例均在50%以上，做到困难学生"应补尽补"，为他们顺利完成学业创造良好的学习和生活环境。

2. 建立和完善诚信教育、感恩教育、励志成才教育、心理健康教育等主题教育体系。充分利用学校教育资源优势，积极开展困难学生主题教育活动，充分发挥资助与育人双重作用。一是每年坚持开展贷款毕业生"'七个一'诚信教育工程"主题活动，并组织百名辅导员开展贷款毕业生宿舍走访座谈活动，全方位、多角度地开展诚信教育活动，培养贷款学生诚信做人的意识。二是定期开展感恩、励志成才主题教育活动，通过编印国家奖助学金、省政府奖学金获奖学生风采录，开展以"感恩自强，七彩成长"为主题的"七彩之星"评选表彰活动，组织困难学生听取优秀学生事迹讲座，举办"助学政策，助我成才"征文评选活动等，充分展现学校优秀贫困大学生的风采，有效培养了贫困大学生的感恩回报、励志成才意识，使感恩教育、励志教育不断深入人心。三是每年积极开展困难学生等特殊群体心理健康咨询与教育活动，以及资助政策宣传与主题教育活动月；组织优秀特困学生远赴红色教育基地参观学习，深深体验中国共产党人为了中华民族的解放和民族独立，前仆后继、奋勇斗争的革命精神。通过丰富主题教育载体，进一步加强资助工作育人阵地建设，实现从资助到育人的转变，为困难学生营造自由、平等、民主的轻松氛围和环境，增强了学生强烈的自立、自强、感恩意识和社会责任感。

3. 创建和完善带薪实习、带薪实践、带薪实训等创业培养体系。学校注重加强困难学生创业实践能力，在省内多家企事业单位建立贫困生创业基地，组织学生利用寒暑假走向"创业基地"进行实践、实习、创业活动，学生在得到资助的同时，到工厂、企业实地学习生产技术和管理知识，加强了综合知识的运用，锻炼了动脑、动手能力，为其积累工作经验、提高综合素质、促进成长成才、创业就业创造条件，同时也为企事业单位选用人才搭建平台，探索出带薪实习、带薪实践、带薪实训"三位一体"的创业培养模式。

（四）搭建四个服务平台

学校积极搭建网络信息等四大平台建设，为困难学生成长发展提供全方位的人性化服务。

1. 努力搭建网络信息服务平台

一是实施贫困生跟踪服务制度，及时发现、解决家庭经济困难学生在思想、学习、生活中出现的困难和问题，学校建立学生资助工作专职辅导员博客圈、QQ群、飞信群、微信公众号；学院建立贷款学生校友录；联合移动公司开发短信群发软件，定期统计贷款学生联系方式，在每个月月初对贷款、欠费欠款等情况进行温馨提示。二是及时完善、更新学校、学院两级学生资助网站建设，定期发布各种资助信息、政策咨询及学院亮点信息，让学生第一时间了解资助政策。三是借助新生入学教育等，大范围举办"学生资助政策咨询会"，面对面地接受学生现场咨询，并当场解答；坚持编写学生资助政策问答150题、生源地信用助学贷款政策解答等近十种宣传册（读本），下发到学院进行张贴，并组织困难学生进行学习。四是每年坚持印制新生资助必读，与《学校资助手册》等随入学通知书一同邮寄，解除困难新生入学后顾之忧。五是持续开通四部新生救助咨询热线电话，并延长开通时间，为在校家庭经济困难学生，特别是录取新生提供全方位服务。

2. 全力搭建日常事务服务平台

充分利用大学生事务服务中心"学生资助"窗口开展日常资助服务工作。一是开展勤工助学、助学贷款、困难学生资助等咨询与服务工作，每天全时接待来访学生对资助政策的解答，并负责各类资助申请材料的发放及回收工作，极大地方便了广大困难学生的日常资助手续办理。二是凭借实施的红、绿、蓝"三卡制"，定期组织特困生持红卡采取无登记、无记名形式到"爱心超市"随时领取爱心礼包；积极联系校内外各大经营网点，对持有"励志助学"绿卡的贫困生购买物品开展最大优惠活动；不断加强与省内各企事业单位联系，为贫困生寻找创新创业机会，扩大"贫困生创新创业"蓝卡使用范围，既从经济上帮助了学生，又培养了学生艰苦奋斗和勤俭节约的优良品质。

3. 竭力搭建文化关怀服务平台

一是学校坚持将社会主义核心价值观融入思想政治教育工作全过程，以第一课堂、通识教育等为抓手，组织开展多种形式的爱国主义教育、理想信念教育、改革创新教育、道德品质教育、民主法治教育、形势政策教育、国情教育、革命传统教育等，切实提高广大家庭经济困难学生的思想水平、文化内涵、人文素养、创新意识和气质品格。二是坚持开办"聊大讲坛"，每周至少邀请一名教授、博士或外聘专家学者为困难学生作学术讲座和专题报告，使校内学术论坛、沙龙和各类学术研讨活动常态化、规范化，引领学术前沿、开阔广大学生理论视野。三是积极开展"书香校园文化建设工程"，进一步营造多读书、读好书、好读书浓厚的校园文化氛围，使阅读经典成为学生的日常行为习惯，引导学生在读书中立志、明理、成才，促进学生专业素质、人文素养和综合素质的提高，努力改善学生德、智、体、美全面发展的良好育人环境。四是定期开展实施"校园文化精品活动工程"，以主题教育、大学生科技文化艺术节、大学生专业实践、社会实践、志愿服务、"高雅艺术进校园"等活动为主要载体，组织开展丰富多彩的课外文化活动，不断提高活动的吸引力、感染力和实效性，积极鼓励和引导广大家庭经济困难学生参与社会文化建设和群众文化活动，促进学生成长成才，竭力为学生提供了一个内容丰富、形式多样的文化关怀服务平台。

4. 着力搭建素质拓展服务平台

学校充分利用国防生素质拓展基地、大学生心理健康教育与咨询中心等阵地，不断加强对家庭经济困难学生的心理素质、身体素质等综合素质的培养，让参与学生在实践中体验团结协作、鼓励支持的重要性，并学会正确认识困难、克服困难，全面提高自身能力。此外，学校定期举办"学工论坛"、"辅导员论坛"、"舍长论坛"、"栖凤林论坛"等活动，针对学生的热点、难点、焦点和疑点问题，广泛开展教育交流活动，培养学生自尊、自立、诚信、坚强、乐观心态。同时，学校借助部分学院建立的模拟法庭等十余个校内实训基地，专门组织开展以家庭经济困难学生为主体的实训活动，通过学生的实践操作、现场模拟及切身体会等方式，让学生强化对专业技能的理解和消融，使学生在活动中、实践中、感悟中进一步提高自我认知，进一步增强自身多方能力的培育和养成，并不断明确个人的责任和理想。

（五）实行五类精准管理

1. 实施规章制度精准化

学校始终注重完善家庭经济困难学生资助规章制度，坚持将建立健全学生资助政策体系纳入年度学校学生资助工作重要内容，通过精细校院职责任务及年度目标，精确校院两级责任权限及划分，优化各项程序流程等，不断建立健全学校、院系、班级等多级学生资助工作运行体制和机制，全面提升学校学生资助工作制度的精准化水平。多年来，学校先后起草制定、修订完善学生资助措施、主题教育、资助育人、评比推优、绩效考核等有关办法细则、条例方案近200项，较为完善的学生资助政策体系，确保全校资助工作高效有序、持续稳健运行。

2. 推进政策宣传精准化

学校始终重视并不断加大学生资助政策宣传力度，通过全方位、多层次、多形式的宣传，积极推进政策宣传精准化进程，确保国家及学校各项资助政策学生人人皆知、深入人心。一是学校不断丰富宣传载体，切实提高资助政策宣传实效，利用校园广播、展板、宣传单等传统媒体的同时，积极探索并实施校内室外视频、微信公众号等新兴媒体，以图文并茂、以图解文等方式，时时做好资助政策的重大意义及主要内容宣传工作，以及学校资助工作动态报道。二是细化宣传内容，自2011年起至今，学校每年坚持组织实施学生资助政策"精细化宣传工程"，针对申请国家奖助学金学生、办理国家助学贷款学生，以及入伍服义务兵役应届毕业生等各类学生，专门制定下发单独的宣传学习手册，组织所有相关学生集中进行辅导学习，让其切实掌握相关资助政策，并根据自身实际及需求，按时做好申请资助手续的具体办理，切实推进资助政策措施的贯彻落实。三是重点做好每年新生资助政策宣传工作，通过联合招生部门做好各类资助政策宣传材料邮寄，保障新生资助服务热线数量及延长开通时间等措施，做到新生"无缝隙"资助政策宣传，及时消除新生入学后学习生活后顾之忧。四是着力加大学校、院系学生资助网站建设完善力度，及时发布各种资助信息、政策咨询及工作亮点信息，让学生第一时间了解资助政策，特别是积极发挥院系的宣传主体地位，通过开设第二课堂、举办资助政策讲座，认真宣讲上级学生资助政策，每年各学院举办资助政策宣传专题讲座、报告近百场。五是借助寒暑假期间学校走访经济困难学生家庭、困难学生家长电话回访等时机，努力做好各项资助政策的宣传工作，真正将学生资助政策宣传到千家万户，以提高社会知晓度和满意度。

3. 推行目标任务精准化

学校不断提高实施资助工作目标任务精准化管理的重要性和必要性，自2012年以来，学校学生资助管理部门在全校率先实行学生资助工作目标任务精准化，坚持资助工作各项目标任务贯彻与落实过程中的"精"和"准"，在实践中不断注重提高资助工作目标的精准度。一是制订方案，打造工作特色，学校先后制订学生诚信教育、资助服务等近60个专项资助工作方案，并联合学校相关职能部门、各学院协调组织实施，确保各项工作真正落到实处。二是分解任务，明确目标，学校资助管理部门制定实施学院学生资助工作年度任务目标，每年年初及时下发至各学院并监督贯彻落实。三是规范流程，细化具体操作程序，学校先后设计制定各类奖助学金、国家助学贷款、勤工助学等各项资助项目申请流程图，让学生一目了然，以便有效办理各项资助项目的申请手续。四是注重与各学院专业相结合，组织各学院制定符合本单位工作实际的学期、学年资助工作计划目标，并积极鼓励相关学院依托专业优势不断打造各具特色的资助工作品牌。五是加强督导，确保工作实效，学校不断加大过程督查及调度力度，通过定期召开学生资助专职人员例会，组织资助工作专题调研会、调度会等，对各项资助工作贯彻落实情况不定期进行督导检查，及时督促学院各项任务的组织实施,每年年终重点做好学生资助工作年度任务目标专项检查工作。

4. 实行管理服务精准化

学校坚持以"精益求精、追求完美"为精神内涵,积极倡导学生资助工作精准化管理服务,努力实现资助管理服务工作效益最大化和最优化。一是学校坚持以家庭经济困难学生的需求为出发点,充分尊重并发挥学生的主体地位,切实为困难学生的成长成才创造、拓展精准化管理服务体系,不断提高学生资助工作的实效性和明晰性,通过每年利用回收变卖宿舍区废旧自行车费用购置新自行车,免费提供给当年家庭经济困难新生;坚持组织以"诚信伴我成长"主题征文、"我诚信,我快乐"主题演讲、"书写诚信感恩,绘出青春色彩"主题书画等比赛为主要内容的"诚信感恩活动月";实施包含志愿服务工程、创新创业工程、调研项目工程等三大主题系列计划在内的家庭经济困难学生"创新创业百项工程"计划,以及实施在校家庭经济困难学生训练营计划、组织在校孤儿学生成立"馨家园工作室"等其他服务项目措施,全面深化家庭经济困难学生资助帮扶工作,全面促进资助育人工作、全面协调与可持续发展。二是学校围绕构建多元化精准管理服务体系,坚持资助工作重心下移,不断加强与家庭经济困难学生的紧密联系,切实深入实际、真正走进基层、保证接触学生个体,做到知情、解忧、暖心,每年坚持组织全体校领导与机关处级干部积极开展联系班级活动,通过举办专项教育活动、组织主题班会、开展"一对一"帮扶指导等,致力于家庭经济困难学生群体的管理与服务,真正走进学生班级、走近学生身边,及时帮助并解决困难学生在个人生活、学业、职业等方面存在的困难与问题。三是重点推进全校二级学院整体资助工作能力水平与服务效果双提升,通过依托学院承办学校主题教育活动、组织全校资助系统专题培训会、举办资助工作流动例会、展示资助工作成果与特色亮点,以及学校不定期利用微信公众号开展学院资助工作学生满意度调查等,努力提高各个学院资助工作的主动性、创造性,确保各项资助工作精准化服务落到实处。四是大力推进资助工作进公寓、进社团模式创新,组织相关学院通过开展一名高年级学生干部或学生党员帮扶指导一名低年级困难学生、组织班级资助一名经济困难学生等措施,为全校资助工作增添新的生机与活力,努力推进学校帮扶机制不断取得新成效。

5. 促进绩效考核精准化

学校始终注重资助工作绩效考核工作的细节和过程，通过采取"定目标、定任务、定时限、定责任、定考核、定奖惩"六定措施，建立"组织管理、公开承诺、动态考核、信息化管理和奖惩激励"五项机制，努力提高绩效考核结果的精准度，有效促进资助工作绩效考核精准化管理。一是不断加强绩效考核工作组织建设，自2012年起，学校成立专门的资助工作精准化管理领导小组，单独组建校、院两级学生资助工作精准化管理办公室，为全面推进资助工作绩效考核精准化管理提供组织保障。二是细化绩效考核管理措施，完善日常考核动态机制，自2013年起，学校以组织建设和制度建设为基，以年度目标任务为纲，以实现资助工作绩效考核精准化为目的，建立资助工作常态化动态考评考核机制，通过实施学院资助工作落实情况月报制度、每学期资助工作中期检查、单项资助经费管理及使用对比公示等一系列措施，实现资助工作日常考核动态化管理。三是科学完善绩效考核指标体系，不断修订健全学校二级学院学生资助工作绩效量化考核指标体系，每年坚持对全校20余个学院进行学生资助工作年度绩效量化考核，对包含工作机制、制度建设、经费使用、学生认定等十个大项内容全面展开评估检查。

二 聊城大学资助工作亮点与特色

（一）熔铸"崇教、尚学，敦厚、奋进"聊大精神，锻造"敬业乐群、笃实创新"的优良品格

多年来，聊城大学贫困学子勤奋学习、刻苦钻研，追求真知、发奋成才，以坚强乐观的态度面对生活，以不懈努力锻炼、磨炼自我，以感恩奉献的情怀融入社会，用实际行动诠释着自强不息、勇于担当、吃苦耐劳的优秀品质。2014年，"雷锋义工队"被评为第十届中国青年志愿者优秀组织奖、首届中国青年志愿服务项目大赛银奖。"阳光之翼"关爱残疾女童项目入选全国首批100个青年志愿者助残"阳光行动"示范项目。贫困学子踊跃响应党和国家的号召，怀着到西部地区建功立业的坚定信念和满腔热情，积极投身西部地区开展志愿服务活动、就业创业。自大学生志愿服务西部计划实施以来的14年中，全校共有10000余名毕业生报名，866名优秀学生入选，其中家庭经济困难学生近200人，参与人数居全国高校首位，产生了西部计划的"聊大现象"。教育部、团中央领导多次来校视察，学校多次

在国家级会议上介绍经验。全国大学生自强之星提名奖获得者、会计学专业2011级学生李阳身残志坚,用自己瘦小的身体演绎了"向日葵"般的人生,以她的事迹拍摄的微电影《向阳花开》,获得全国校园微电影大赛一等奖。2012年背着瘫痪母亲求学的郑忠伟,用双手为自己和母亲撑起一片天空,被评为"山东省十大慈孝之星",中央电视台以"背着妈妈上学的优秀大学生"为题进行了报道。国防生刘瑞栋,牢记军人使命,自觉锤炼战斗精神,苦练打赢本领,以过硬的素质和优良的作风荣获全军"爱军精武标兵",成为新时代聊大学子爱岗敬业、奋发成才的代表。

(二)以山东高校辅导员名师工作室为引领,创建辅导员协同创新社区,促进资助工作特色化、队伍建设的职业化、专业化、专家化

2013年,山东省委高校工委在全省高校开展了"十百工程"建设,聊城大学"唐玉琴工作室"成功入选首批8个工作室之一。工作室以家庭经济困难学生为主要研究方向,围绕家庭经济困难学生的思想、心理、学业、就业等问题,邀请校内外专家、学者和成功人士举办"专家讲座"8场,邀请全省高校学生资助工作专家举办"名师访谈录"2场,邀请优秀和骨干资助工作人员举办"名师茶座"7场。学校以名师工作室为引领,不断挖掘和培育全校学生资助工作特色,创建"辅导员协同创新社区"。社区下设包括提升学生创新创业创造能力的"三创"工作室、孤儿学生群体的"馨家园"工作室、"爱心导航"工作室、学风建设工作室、升级教育工作室、"向阳花"大学生心理健康教育与指导工作室、雷锋精神培育工作室等12个专项工作室,通过课题研究和实践创新,有力地推动了全校学生资助工作创新发展,推动了资助工作队伍的职业化、专业化、专家化。仅2013—2014学年,工作室课题立项高达22项,撰写学生资助工作案例多达136个。1人被评为全国优秀教育工作者和全国高校优秀辅导员;7人被评为全省高校骨干辅导员、优秀辅导员等。教育部思政司司长冯刚、山东省委高校工委副书记黄琦等领导亲莅学校,对如何加强工作室建设等提出宝贵指导意见。在2016年1月,由山东省委高校工委和教育部高校辅导员培训与研修基地(山东大学)组织的山东高校辅导员名师工作室届内考核中,通过工作汇报、答辩和专家考核,共评出A类(优秀)工作室3个,B类(良好)工作室5个,其中聊城大学山东高校辅导员名师工作室"唐玉琴工作室"考核成绩为A类。

(三) 细化标准，规范程序，在全省高校较早构建家庭经济困难学生精准认定体系

学校积极探索家庭经济困难学生精准认定方式方法。于2009年在全省普通高校率先推出家庭经济困难学生量化认定办法，经过多年的修订和完善，目前形成系统、科学、规范的家庭经济困难学生认定指标体系。《认定体系》包括家庭所在地属性、家庭经济状况等7个一级指标，46个二级指标，认定过程分为7个步骤。量化认定体系的实施，大大提高了学生认定工作的精准度。一是填补了"漏洞"，大大降低人为因素的影响；二是量化标准，去除了学生思想上的"包袱"；三是过滤了"伪证"，认定结果更加精准、公平。2015年，根据山东省资助管理中心的工作部署和要求，聊城大学与其他兄弟院校共同研发了《山东省高校家庭经济困难学生科学认定信息系统》，并在全省高校推广使用。该系统按照定性与定量相结合的原则，对学生家庭经济状况、学业成绩、日常表现等进行综合评价，认定程序更加科学、认定结果更加精准，学生认同度和满意度高。通过探索构建精准家庭经济困难学生认定体系，为有效、公平、合理地分配使用资助资金、帮助家庭经济困难学生完成学业、维护社会公平、构建和谐社会发挥了重要作用。

(四) 以"三地一室"为平台，加强资助理论研究，促进资助工作持续创新发展

学校以现有的山东省辅导员名师工作室、山东省高校贫困生研究基地、山东省慈善文化研究基地、德耀齐鲁示范基地"三地一室"为平台，积极开展资助工作理论研究和实践探索。一是加强团队建设，根据学生学业、思想、心理、就业创业等，全校设立了17个科研团队，按照学校要求，每位资助辅导员至少参加其中一个团队，进行协同研究。二是实行导师制，聘请有关学科带头人、科研部门负责人等任导师，加强对资助专职辅导员科研工作的指导、科研立项和优秀成果申报工作的审查。三是构建多元化的科研资金支持机制，除国家、省级科研立项资金支持外，学校每年从学生工作经费中划拨专项经费作为科研经费进行匹配，为资助专职辅导员开展资助理论研究提供经费保障，大大提高了学校资助人员队伍整体理论研究水平，并取得较大成绩。截至2016年8月底，学校学生资助专职辅导员获得教育部科研立项三项，全国高校辅导员精品项目一项，省级立项十余项；有关资助理论研究著作六部、中文核心论文30余篇，其中

撰写的《高校家庭经济困难学生的多维透视》一书,被教育部列入2014年全国高校德育成果文库;获省级及以上科研成果奖励十余项。此外,学校以理论研究促工作创新,形成了"四驱动"大学生科技创新能力提升模式、"五卡"贴心服务、"三全"机制引领学风、"六姐妹爱心基金"为依托践行当代革命军人核心价值观、博史读书会等近20项创新工作项目。

三 聊城大学资助工作今后努力方向及工作重点

学校经过十几年的探索与创新,初步形成了具有聊大特色的学生资助工作模式,资助管理水平有了大幅度提高,但与国家和山东省发展性、精准性资助工作要求还存在一定差距。面对新形势、新任务、新要求,学校将坚决落实中央"精准扶贫、精准脱贫"基本方略和习近平总书记"扶贫先扶智"思想,扎实推进全校家庭经济困难学生资助工作,进一步创新人才培养模式,精准认定,科学管理,不断建立完善精准家庭经济困难学生资助体系,全面提升学生资助工作质量和水平。

(一) 加强资助工作队伍建设,不断提高学生资助工作水平

着力提高全校学生资助专职辅导员队伍建设的整体素质,坚持"高标准"原则选聘优秀辅导员或毕业生专职从事资助工作,通过轮训、研讨等形式,全面提升资助队伍综合能力;依托《聊城大学大学生思想政治教育实施大纲》和《聊城大学大学生升级教育方案》,加强对家庭经济困难学生的思想政治教育和专业教育,实现素质、能力双促进、双提高;结合各学院工作实际,最大化地发挥"山东高校辅导员名师工作室"和"辅导员协同创新社区"的带动作用,打造具有聊大特色的家庭经济困难学生指导与服务体系;进一步拓展家庭经济困难学生就业指导、学业指导、心理健康教育与咨询服务、资助服务等工作服务范围,不断丰富指导与服务内容,改进工作方式方法,提高服务质量;通过校园网络、电视、报刊等平台,总结推广先进典型和经验;建立和完善有效的评价机制,实行动态量化评估标准,将评估结果与激励机制结合起来。

(二) 全面拓展多元化资助渠道,不断优化资助模式

坚持足额支付上级财政拨款、学校提取经费外,通过筹资、筹智、筹力等方式,进一步拓宽社会资助渠道,不断优化资助模式。主动加强与企业、爱心人士、有关部门和优秀校友等联系与沟通,为家庭经济困难学生

争取更多的社会资金资助，帮助学生顺利完成学业；积极邀请优秀校友、企业负责人、校内优秀教师、成功人士等进校为家庭经济困难学生做讲座、论坛，努力提高学生的创新创业能力、社会核心竞争力；充分利用校内外人力资源，通过百项工程建设、校内外勤工助学、校外实践、顶岗实习、挂职锻炼等多种方式、多条渠道加强对家庭经济困难学生的资助与教育，通过资助模式的优化，让每个贫困学子经济上受资助、精神上受教育、能力上得到提高。

（三）进一步完善资助协同育人机制，不断提高指导学生、服务学生的积极性和主动性

加快完善校内协同育人机制步伐，进一步完善专业教师、思想政治理论课教师和资助辅导员队伍的协同育人机制，共同推进学生资助工作有效、有序开展；构建和完善校、院、系三级家庭经济困难学生指导帮扶机制，明确各自职责与目标，相互配合、协同工作；加强针对家庭经济困难创新创业等教育工作，完善政策保障体系，明确目标任务、工作内容和具体措施，细化教育工作的知识、能力、素质要求；结合专业特点、人才培养定位和发展性资助的目标要求，把家庭经济困难学生综合素质及能力的培养与专业教育有机融合，贯穿人才培养全过程；加大针对在校家庭经济困难学生创新创业训练计划项目、科技创新基金项目、创新创业大赛和学科竞赛活动经费支持力度；探索实施产学研合作育人机制，把校企产学研合作育人作为提高家庭经济困难学生实践创新能力的重要途径，开展"订单式"人才培养，校企共同制订培养方案；加强与当地所在政府部门和企业的合作，优化人才培养模式，加强卓越人才培养模式创新，逐步建立起多方配合、多措并举、协同攻关的推进机制。

（四）加快信息化平台建设，不断提升资助工作效率

党的十八大报告中明确把"信息化水平大幅提升"纳入全面建成小康社会的目标之一，提高学生资助工作信息化水平势在必行。通过搭建一个信息化平台、培育一支信息化管理队伍和建立一项信息化管理长效机制，加强学生资助工作信息化管理，提升资助效率。利用学生工作处微信等平台，集宣传、教育和管理于一体，及时发布资助政策、文件、通知，扩大宣传面，增加宣传效果；完善网上教育平台，开展资助专职辅导员微课、微博大赛，实现优质教育资源共享；完善网上认定平台，提高认定工作效率和认定精准度；完善家庭经济困难学生信息化管理平台，通过动态

信息档案建设，提高学生奖助管理精准度；完善网上师生互动平台，随时接受师生对学生资助工作的监督，征求意见和建议；建立资助工作信息化长效机制，实现资助信息管理常态化。

2015年7月初，全国学生资助管理中心分别组织召开的中央部属高校学生资助工作研讨会和全国省级学生资助工作研讨会上，全面总结了往年资助工作新经验，分析了资助工作新形势，找准了资助工作新问题，为今后特别是"十三五"期间，全国高校学生资助工作发展指明了方向，对我国普通院校研究做好学生资助工作规划提供了重要参考。聊城大学将继续坚持秉承"聊大精神"，发扬"聊大传统"，与时俱进、开拓创新，全面深入贯彻落实全国学生资助管理中心对普通高校学生资助工作的部署要求，在完善资助政策体系、优化资助方式，实现"精准资助"的同时，努力拓展资助育人功能，全过程融入"立德树人"，不折不扣把中央精神落实到每位家庭经济困难学生，让学生及家长切实享受到政府和社会对他们的关心和爱护，全面促进教育均衡，努力实现教育公平。

参考文献

一 著作类

[1] 舒新城：《中国近代教育史资料》，人民教育出版社1981年版。

[2] 《中国教育年鉴》编辑部：《中国教育年鉴（1949—1981）》，中国大百科全书出版社1984年版。

[3] 李友芝等：《中国近现代师范教育史资料》，北京师范学院出版社1984年版。

[4] 孟明义等：《高等教育发展战略简论》，社会科学文献出版社1987年版。

[5] 李佳林：《中国现代教育史》，吉林教育出版社1991年版。

[6] 国家教委高校学生司：《高等学校学籍学历管理规定选编》，北京师范大学出版社1994年版。

[7] 赵中建：《高等学校的学生贷款——国际比较研究》，四川教育出版社1996年版。

[8] 顾杏元：《中国贫困农村医疗保健制度研究》，百家出版社1996年版。

[9] 李华兴：《民国教育史》，上海教育出版社1997年版。

[10] 张秉铎、唐钧：《城市居民最低生活保障制度研究》，江苏人民出版社1997年版。

[11] 邢克超：《共性与个性——国际高等教育改革比较研究》，人民教育出版社1997年版。

[12] 时正新等：《中国农村社会保障》，中国社会出版社1997年版。

[13] 唐钧：《中国城市居民贫困县研究》，上海社会科学院出版社1998年版。

[14] 张民选：《理想与抉择——大学生资助政策国家比较》，人民教育出版社 1998 年版。

[15] 关信平：《中国城市贫困问题研究》，湖南人民出版社 1999 年版。

[16] [美] 丹尼斯·C. 缪勒：《公共选择理论》，中国社会科学出版社 1999 年版。

[17] 钟鸣、王逸：《两级鸿沟——当代中国的贫富阶层》，中国经济出版社 1999 年版。

[18] 陈端计：《中国经济转型中的城镇贫困问题研究》，经济科学出版社 1999 年版。

[19] 吕学静：《各国社会保障制度》，经济管理出版社 2000 年版。

[20] 杨冠琼：《当代美国社会保障制度》，法律出版社 2000 年版。

[21] 孙光德、董克用：《社会保障概论》，中国人民大学出版社 2000 年版。

[22] 多吉才让：《中国最低生活保障制度研究与实践》，人民出版社 2001 年版。

[23] 李学举：《跨世纪的中国民政事业》（文献卷），中国社会出版社 2002 年版。

[24] 潘慧斌、张冠增：《台湾地区高等教育纵览》，学林出版社 2002 年版。

[25] 李从松：《中国大学贫困生研究——贫困与贫困生现象的经济分析》，湖北人民出版社 2003 年版。

[26] 马经：《助学贷款国家比较与中国实践》，中国金融出版社 2003 年版。

[27] 洪大用：《城市居民最低生活保障制度的最新进展》，中国人民大学出版社 2003 年版。

[28] 杨周复：《高等学校学生资助政策研究》，高等教育出版社 2003 年版。

[29] 朱家存：《教育均衡发展政策研究》，中国社会科学出版社 2003 年版。

[30] 李从松：《中国大学贫困生研究》，湖北人民出版社 2003 年版。

[31] [德] 弗兰茨-克萨韦尔·考夫曼：《社会福利国家面临的挑战》，王学东译，商务印书馆 2004 年版。

[32] 宋卓平：《残疾人社会保障研究》，广东人民出版社2004年版。
[33] 李彦昌：《城市贫困与社会救助研究》，北京大学出版社2004年版。
[34] 沈立人：《中国弱势群体》，民主与建设出版社2005年版。
[35] 孙祁祥：《中国社会保障制度研究》，中国金融出版社2005年版。
[36] 周秋光、曾桂林：《中国慈善简史》，人民出版社2005年版。
[37] 王军：《中国转型时期公共财政》，人民出版社2006年版。
[38] 俞思念：《社会主义现代化与文化创新》，人民出版社2006年版。
[39] 梁金霞：《大学生思想政治教育热点问题研究》，山东大学出版社2006年版。
[40] 蒋国河：《教育获得的城乡差异》，知识产权出版社2007年版。
[41] 李文长：《弱势群体高等教育权益研究：理念、政策与制度》，人民教育出版社2007年版。
[42] 杨克瑞：《战后美国联邦政府大学生资助政策研究》，北京师范大学出版社2008年版。
[43] 靳希斌：《中国教育经济学理论与实践》，四川教育出版社2008年版。
[44] 沈勇：《教育服务管理——基于学生满意的视角》，知识产权出版社2008年版。
[45] 董云川、张建新：《高等教育机会与社会阶层》，科学出版社2008年版。
[46] 王昌松：《高校贫困生工作》，泰山出版社2008年版。
[47] 林刚等：《高等教育成本研究》，中国人民大学出版社2008年版。
[48] 龚刚敏：《我国高等教育供求矛盾与公共政策——基于财政学视角的分析》，中国财政经济出版社2009年版。
[49] 冯涛：《国家助学贷款制度研究》，上海社会科学院出版社2009年版。
[50] 张亲培等：《公共政策与社会公正》，吉林人民出版社2009年版。
[51] 王蓉：《公共教育解释》，中国财政经济出版社2009年版。
[52] 何齐宗：《当代教育理论》，中国社会科学出版社2009年版。
[53] 桂富强：《高校贫困生发展性资助理念及管理体系研究》，西南交通大学出版社2009年版。
[54] 徐国兴：《在效率与公平之间——大学生资助体系中政府定位的中

日比较》，上海教育出版社2009年版。

[55] 甘剑锋：《和谐社会构建中高校贫困生问题研究》，黄河水利出版社2010年版。

[56] 李军、杜继勇、李海东：《金融学基础》，清华大学出版社2010年版。

[57] 赵明吉：《高校家庭经济困难学生问题研究》，山东大学出版社2010年版。

[58] 熊波：《机会均等视角下的高等教育成本分担机制研究》，华中师范大学出版社2010年版。

[59] 十八大报告文件起草组：《十八大报告辅导读本》，国家行政学院出版社2012年版。

[60] 胡锦涛：《坚定不移沿着中国特色社会主义道路前进为全面建设小康社会而奋斗——在中国共产党第十八次全国代表大会上的报告》，人民出版社2012年版。

[61] 龚群等：《当代西方伦理思想研究》，北京大学出版社2013年版。

[62] 陈万柏：《思想政治教育学原理》，中国人民大学出版社2013年版。

[63] 维克托·迈尔-舍恩伯格、肯尼斯·库克耶：《大数据时代：生活、工作与思维的大变革》，浙江人民出版社2013年版。

[64] 杨国洪：《大学生资助体系的国际比较与借鉴》，中山大学出版社2013年版。

[65] 冯刚、沈壮海：《思想政治教育发展报告（2013）》，高等教育出版社2013年版。

[66]《中国扶贫开发年鉴》编委会：《中国扶贫开发年鉴（2012）》，中国财政经济出版社2013年版。

[67] 刘旭东：《美国联邦政府高等教育财政资助发展研究》，河北大学出版社2013年版。

[68] 国务院新闻办公室、中央文献研究室、中国外文局：《习近平谈治国理政》，外文出版社2014年版。

[69] 罗洪铁、周琪：《思想政治教育学理论的形成和发展研究》，中国文史出版社2014年版。

[70] 中共中央宣传部：《习近平总书记系列重要讲话读本》，学习出版社2014年版。

[71] 王世忠：《大学生资助政策执行效果评估研究》，中国社会科学出版社 2014 年版。

[72] 齐征：《天津市大学贫困生教育资助研究》，天津古籍出版社 2014 年版。

[73] 沈东华：《高校贫困生资助体系运行机制研究》，中国矿业大学出版社 2014 年版。

[74] 张琦、黄承伟：《完善扶贫脱贫机制研究》，经济科学出版社 2015 年版。

[75] 王义桅：《"一带一路"机遇与挑战》，人民出版社 2015 年版。

[76] 赵贵臣：《中国大学生资助体系德育功能研究》，人民出版社 2015 年版。

[77] 唐玉琴、张乐方：《高校家庭经济困难学生的多维透视》，中国书籍出版社 2015 年版。

[78] 王世忠：《民族院校贫困大学生资助政策体系研究》，中国社会科学出版社 2015 年版。

[79] 李合亮：《解构与诠释：思想政治教育的基本问题研究》，人民出版社 2015 年版。

[80] 梁国平、胥海军、杨驰：《高校资助育人的探索与实践》，西南交通大学出版社 2015 年版。

[81] 林崇德：《21 世纪学生发展核心素养研究》，北京师范大学出版社 2016 年版。

[82] 郑治：《政府工作报告》，人民出版社 2016 年版。

[83] 左涛：《国家助学贷款资产证券化模式研究与实践》，台海出版社 2016 年版。

[84] 吴建章：《高校贫困生问题研究》，山东人民出版社 2016 年版。

[85] 李华锋等：《英国工党理论与实践专题研究》，人民出版社 2016 年版。

[86] 王蓉、魏建国：《中国教育财政政策咨询报告（2010—2015）》，教育科学出版社 2015 年版。

二 论文类

[1] 张民选：《美国大学生资助政策研究》，《高等教育研究》1997 年第

6 期。

[2] 钟宇平、陆根书:《成本分担:中国高等教育财政的另类选择》,《上海高教研究》1997 年第 12 期。

[3] 闵维方:《论高等教育成本补偿政策的理论基础》,《北京大学学报》(哲学社会科学版) 1998 年第 2 期。

[4] 陈晓宇、闵维方:《成本补偿对高等教育机会均等的影响》,《教育与经济》1999 年第 3 期。

[5] 丁小浩:《对中国高等院校不同家庭收入学生群体的调查报告》,《清华大学教育研究》2000 年第 2 期。

[6] 刘晓欢、周松华:《民办教育怎么办》,《教育与管理》2000 年第 8 期。

[7] 杨爱民:《建立大学生信用档案,推进国家助学贷款》,《中国高等教育》2002 年第 18 期。

[8] 郑勇:《高校贫困生成因与援助方式选择》,《南京政治学院学报》2003 年第 2 期。

[9] 陈巴特尔、沈红:《高校收费条件下蒙古族贫困生助学贷款的调查研究》,《民族教育研究》2003 年第 1 期。

[10] 丁小浩:《居民家庭高等教育开支及其挤占效应研究》,《北京大学教育评论》2003 年第 1 期。

[11] 张建奇:《1983 年以来我国大学生资助的演变》,《现代大学教育》2003 年第 1 期。

[12] 杨德广、张兴:《关于高等教育公平与效率的思考》,《北京大学教育评论》2003 年第 1 期。

[13] 房欲飞:《克林顿及其政府的大学生资助政策论述》,《比较教育发展》2003 年第 6 期。

[14] 孟东军、张美凤、顾玉林:《我国高校社会捐赠管理比较研究》,《高等工程教育研究》2003 年第 2 期。

[15] 薛浩:《高校勤工助学工作的育人功能》,《江苏高教》2004 年第 2 期。

[16] 刘志娟:《从国家助学贷款看建立信用档案的必要性》,《档案学研究》2004 年第 1 期。

[17] 岳昌君:《教育对个人收入差异的影响》,《经济学》(季刊) 2004

年第 3 期。
[18] 詹鑫：《英国高校改革：学生资助与教育参与》，《比较教育研究》2004 年第 4 期。
[19] 安·马莉：《美国助学贷款的经验及其对中国的启示》，《北京大学教育评论》2004 年第 1 期。
[20] 李文利：《美国、加拿大高校学生贷款研究》，《比较教育研究》2004 年第 10 期。
[21] 陈柳：《少数民族贫困大学生资助政策研究》，《理工高教研究》2005 年第 12 期。
[22] 熊志忠：《教育成本分担制与国内外高校学生资助政策的比较研究》，《高教研究》2005 年第 4 期。
[23] 李慧勤：《高校经济困难学生资助政策实证研究》，《经济研究参考》2005 年第 5 期。
[24] 刘海波：《高校学费——贷款资助政策体系的问题与改进研究》，《中国高教研究》2005 年第 10 期。
[25] 彭强、马洪波：《高等教育发展基金若干问题探析》，《中国成人教育》2005 年第 12 期。
[26] 李文长、刘亚荣：《国家助学贷款的现状及政策分析》，《高等教育研究》2005 年第 5 期。
[27] 刘崇献：《以外汇储备设立"中国教育银行"》，《经济导刊》2006 年第 1 期。
[28] 李文利等：《高等教育学生资助和助学贷款的国际比较与中国政策探究》，《中国教育财政科学》2006 年第 6 期。
[29] 朱军：《贫困大学生心理健康教育问题研究》，《教育与职业》2006 年第 18 期。
[30] 黄进、徐锐：《高校学生资助体系的现状考察和出路》，《探究教育与职业》2006 年第 36 期。
[31] 王强、施杰：《当前高校贫困学生资助体系的政策与思考》，《江苏高教》2006 年第 4 期。
[32] 丁小浩：《规模扩大与高等教育入学机会均等化》，《北京大学教育评论》2006 年第 2 期。
[33] 高晓清：《苏格兰入学、学费及资助政策新动态》，《现代大学教

育》2006 年第 4 期。

[34] 苟人民：《从城乡入学机会看高等教育公平》，《教育发展研究》2006 年第 5 期。

[35] 李莹：《教育政策评价的发展脉络及启示》，《中国高等教育评估》2006 年第 2 期。

[36] 左玉珍：《我国贫困大学生问题研究述评》，《黑龙江教育》（高教研究与评估）2006 年第 9 期。

[37] 潘建军、谢革利：《美国大学生多元化资助方式评析》，《北京教育学院学报》2006 年第 3 期。

[38] 郝大海：《中国城市教育分层研究（1949—2003）》，《中国社会科学》2007 年第 6 期。

[39] 王嘉：《新时期高校德育工作的新形势及其发展的战略思考》，《前沿》2007 年第 9 期。

[40] 刘增辉、贺美英：《捐赠应成为高校经费重要来源》，《教育与职业》2007 年第 10 期。

[41] 杨东平：《对我国教育公平问题的认识和思考》，《教育发展研究》2008 年第 8 期。

[42] 孙涛、沈红：《基于家庭经济状况调查的高校贫困生认定——国际比较的视角》，《外国教育研究》2008 年第 10 期。

[43] 王蓉：《办人民满意的学校——一个关于中小学校的民众满意度调查》，《北京大学教育评论》2008 年第 4 期。

[44] 徐国兴：《我国大学生资助政策力度的实证分析——以 H 大学为例》，《教师教育研究》2008 年第 2 期。

[45] 杨庆实：《浅谈我国助学贷款可持续健康发展策略》，《山东商业职业技术学院学报》2008 年第 6 期。

[46] 杨庆实：《高校贫困生管理信息系统的开发及实现》，《网络财富》2008 年第 9 期。

[47] 杨钋：《高校学生资助影响因素的多水平分析》，《教育学报》2009 年第 6 期。

[48] 张雷：《对经济困难大学生生活资助体系的思考》，《黑龙江科技信息》2010 年第 35 期。

[49] 余梦、周婷：《完善贫困大学生资助体系的几点思考》，《网络财

富》2010 年第 3 期。

[50] 杨慧敏：《美国联邦政府大学生资助政策及其启示》，《中国社会科学文摘》2010 年第 3 期。

[51] 余秀兰：《60 年的探索：建国以来我国大学生资助政策探析》，《北京大学教育评论》2010 年第 1 期。

[52] 徐国兴：《日本大学生海外留学资助制度与政策研究》，《比较教育研究》2010 年第 10 期。

[53] 周琴：《新的资助政策体系下大学生的思想教育》，《黑河学刊》2010 年第 1 期。

[54] 杨慧敏：《美国联邦政府大学生资助政策发展述评》，《高等教育》2010 年第 1 期。

[55] 夏书亮：《基于国际经验的关于我国大学生资助体系的思考》，《工会论坛》2010 年第 1 期。

[56] 别向红：《高校贫困大学生资助方式存在的问题及应对措施》，《科教新报》2010 年第 33 期。

[57] 张正武：《国外资助贫困大学生的经验及其启示：基于英、日、美三国资助模式的比较研究》，《人民论坛》2010 年第 20 期。

[58] 杨钋、魏易：《中美地方政府大学生资助比较研究》，《教育发展研究》2010 年第 21 期。

[59] 杨少瑕：《大学生资助工作在"三能"人才培养中的成效研究》，《成人教育》2010 年第 10 期。

[60] 刘珊红、杨庆实：《高校贫困生思想政治教育存在的问题及解决对策》，《工会论坛》2010 年第 9 期。

[61] 丁小浩、梁彦：《中国高等教育入学机会均等化程度的变化》，《高等教育研究》2010 年第 2 期。

[62] 陈万柏、康立芳：《贫困大学生"资助"与"教育"相结合的思考》，《学校党建与思想教育》2011 年第 19 期。

[63] 张小慧：《贫困大学生资助体系创新研究》，《现代商贸工业》2011 年第 15 期。

[64] 刘景：《美国联邦大学生贷款资助体系研究》，《价值工程》2011 年第 21 期。

[65] 刘新文：《建立健全资助贫困大学生长效机制》，《教育与职业》

2011年第10期。

[66] 包玉山：《浅析对高校贫困大学生提出新资助政策的思考》，《长春理工大学学报》2011年第9期。

[67] 高蕾：《高等学校大学生资助体系的现状研究》，《大家》2011年第15期。

[68] 覃奠仁：《我国大学生资助制度的特点及理念分析》，《教育与职业》2011年第12期。

[69] 余梦：《美国大学生"资助包"制度的理念及启示》，《黑龙江科技信息》2011年第19期。

[70] 孙德刚：《利用贫困大学生资助活动，开展资助育人工作》，《教育探索》2011年第10期。

[71] 王新国、张红：《当前形势下加强大学生资助工作的对策》，《学校党建与思想教育》2011年第2期。

[72] 李红海、阎国华：《资助体系运行中大学生心理问题研究》，《思想理论教育》2012年第19期。

[73] 卢秋菊：《完善大学生资助体系的若干思考》，《中国外资》2012年第16期。

[74] 夏越新：《诚信文化助推国家助学贷款工作良性运行：以河南农业大学为例》，《学校党建与思想教育》2012年第32期。

[75] 周俊勇：《生源地国家助学贷款运行现状、问题与对策：以山东省邹平县为例》，《经济研究导刊》2012年第31期。

[76] 贺强：《关于高校学生欠费问题的思考》，《经济研究导刊》2012年第31期。

[77] 李静：《助学贷款中违约问题的成因及化解》，《学校党建与思想教育》2012年第21期。

[78] 杜琼：《心理资助视角下的高校资助体系改革》，《教书育人》2012年第21期。

[79] 张立英：《勤工助学在当代大学生成才教育中的作用》，《教育教学论坛》2012年第39期。

[80] 丁媛媛、刘巧玲：《勤工助学体系完善与育人功能发挥的思考》，《教育与职业》2012年第36期。

[81] 王品、刘勇：《浅谈高校贫困资助工作的育人功能》，《科技信息》

2012 年第 36 期。

[82] 郝菲菲：《高校勤工助学的发展及功能研究》，《教育理论与实践》2012 年第 33 期。

[83] 李娅：《勤工助学在高职图书馆管理工作的意义及作用》，《城市建设理论研究》2013 年第 32 期。

[84] 王焰、杨滨旭：《大学生资助与育人相结合工作的研究与实践》，《黑龙江科技信息》2013 年第 33 期。

[85] 周红燕、王乐生：《美国高校资助政策及对中国的启示》，《中国成人教育》2013 年第 18 期。

[86] 洪书生：《国家助学贷款政策实施中大学生诚信机制构建研究》，《科教导刊》2013 年第 31 期。

[87] 赵小平：《浅谈国家助学贷款本息回收的策略》，《中国科教创新导刊》2013 年第 31 期。

[88] 何卫华：《探析高校学生勤工助学与毕业生就业的因果关系》，《经济视野》2013 年第 22 期。

[89] 李姗霖：《日本大学生资助政策研究》，《学园》2013 年第 35 期。

[90] 王焰、杨滨旭：《大学生资助与育人相结合工作的研究与实践》，《黑龙江科技信息》2013 年第 33 期。

[91] 李雪丽：《新加坡大学生资助政策的形成及启示》，《科学导报》2013 年第 18 期。

[92] 刘翠航：《美国大学生资助状况及特点》，《中国高等教育》2013 年第 17 期。

[93] 杨莉：《国家助学贷款违约分析及对策思考》，《科教文汇》2013 年第 32 期。

[94] 黎安琪：《从高校角度看国家助学贷款风险防控的对策》，《学理论》2013 年第 32 期。

[95] 王凤仪：《浅析高校勤工助学对大学生成长的重要意义》，《课程教育研究》2013 年第 32 期。

[96] 万爽：《论高校资助育人过程中的学生情商培养》，《教书育人》2013 年第 36 期。

[97] 李鹏：《高校资助育人管理探析》，《教育观察》2013 年第 34 期。

[98] 于超美、叶威惠、郑培晨：《基于量化评估的家庭经济困难学生认

定体系的建立》,《高校辅导员》2013 年第 3 期。

[99] 李少阳、王志伟等:《家庭经济困难学生认定指标体系的构建》,《高校辅导员》2013 年第 4 期。

[100] 胡伶、范国睿:《从关注过程、结果导向到"共享领导":教育政策监测与评估的理论模型构建》,《教育发展研究》2013 年第 4 期。

[101] 王丽萍、姜土生:《高校辅导员队伍专业化、职业化、专家化建设的内涵与逻辑》,《思想政治工作研究》2013 年第 6 期。

[102] 马彦周、高艳丽、江广长:《大学生发展型资助体系构建研究》,《学校党建与思想教育》2013 年第 15 期。

[103] 彭友:《基于发展性资助视角下的贫困生资助体系构建》,《中国校外教育》2013 年第 1 期。

[104] 陈冲、杨延圣:《中国梦引领下的中国特色高校校园文化建设》,《思想政治工作研究》2013 年第 8 期。

[105] 杨庆实:《浅谈国家助学贷款多渠道融资体制的构建》,《网友世界》2014 年第 13 期。

[106] 余鸣娇、何群艳、许刚:《高校家庭经济困难学生认定指标体系的数学模型研究》,《湖北大学学报》2014 年第 6 期。

[107] 胡勇:《高校家庭经济困难学生认定的问题与思考——以南京师范大学为例》,《太原城市职业技术学院学报》2014 年第 3 期。

[108] 牛磊磊:《激励经济困难学生的新视角:资助与自助的结合》,《南方论刊》2014 年第 11 期。

[109] 孙弘羊、孙利:《采取有效措施加强大学生诚信建设》,《法制与社会》2014 年第 5 期。

[110] 金东海、蔺海沣:《师范生免费教育制度建设:现实困境与实践路径》,《教育理论与实践》2014 年第 10 期。

[111] 皇甫倩、王后雄:《提高免费师范生教师专业发展的思考》,《教师教育论坛》2014 年第 6 期。

[112] 胡亚辉、祁超:《师范生免费教育出现的不足及解决思路》,《华中师范大学学报》(人文社会科学版) 2014 年第 2 期。

[113] 潘小春:《首届免费师范生就业政策实施情况研究》,《教育理论与实践》2014 年第 1 期。

[114] 张兆林:《非物质文化遗产领域的行业协会研究》,《美术观察》2015年第4期。

[115] 张福友:《关于普通高校学生精准资助工作的理路》,《黑龙江高教研究》2015年第11期。

[116] 农李巧:《民族院校家庭经济困难学生资助工作策略研究》,《教育观察》2015年第10期。

[117] 查方勇:《高校家庭经济困难学生认定工作优化探讨》,《陕西教育》2015年第3期。

[118] 习近平:《在精准施策上出实招、在精准推进上下实功、在精准落地上见实效》,《中华英才》2015年第24期。

[119] 潘邦飞:《影响高校助学精准化因素分析与应对策略》,《高教学刊》2015年第5期。

[120] 李霞:《基于发展理念的我国高校资助育人工作研究述评》,《价值工程》2015年第7期。

[121] 刘东胜:《新媒体在高校资助育人工作中的作用》,《南京理工大学学报》2015年第4期。

[122] 曲绍卫、范晓婷、曲垠姣:《高校大学生资助管理绩效评估研究——基于中央直属120所高校的实证分析》,《教育研究》2015年第8期。

[123] 曲绍卫、纪效珲、范晓婷、曲垠姣:《我国省级高校大学生资助工作绩效评价研究——基于全国36个省级参评单位的实证分析》,《中国高等教育》2015年第1期。

[124] 宁家骏:《"互联网+"行动计划的实施背景、内涵及主要内容》,《电子政务》2015年第6期。

[125] 欧阳日辉:《从"+互联网"到"互联网+"——技术革命如何孕育新型经济社会形态》,《人民论坛·学术前沿》2015年第10期。

[126] 阮素妍:《浅谈民办高职院校大学生资助工作之做好受助学生的可持续教育》,《高教学刊》2015年第22期。

[127] 牛磊磊:《"大学生资助—自助"体系构建理念与路径的双重变革》,《教育与职业》2015年第22期。

[128] 于甜、成宏涛:《优化大学生资助体系建设的实践与思考》,《学校

党建与思想教育》2015 年第 20 期。

[129] 冯尊武：《民办院校"90 后"经济困难大学生发展性资助构建研究》，《时代教育》2015 年第 19 期。

[130] 黎媛、张启荣：《中、美、日大学生资助体系分析研究》，《中国校外教育》（高教）2015 年第 13 期。

[131] 刘毅佳：《高校辅导员在大学生资助工作中的角色定位》，《青年与社会》2015 年第 11 期。

[132] 赵贵臣：《大学生资助结构优化策略构建》，《国家教育行政学院学报》2015 年第 11 期。

[133] 杨庆实：《新形势下师范生免费教育存在的主要问题及对策》，《山东工会论坛》2016 年第 2 期。

[134] 张丽、王晓鹏、暴晓彤、迟瑞娟、杨柳：《高校家庭经济困难学生认定方法的研究——基于中国海洋大学的案例分析》，《高教学刊》2016 年第 2 期。

[135] 张楠：《"精准扶贫"视角下的高校资助育人工作》，《科技视界》2016 年第 20 期。

[136] 王欣：《高校精准资助育人机制的创新思考》，《长江丛刊》2016 年第 14 期。

[137] 谢浩然：《辅导员在高校"精准资助"中的角色定位及角色扮演》，《法制与社会》2016 年第 22 期。

[138] 谢浩然：《美国联邦政府学生资助体系对我国高校"精准资助"的借鉴价值》，《法制与社会》2016 年第 20 期。

[139] 徐登伟、褚必海：《高校大学生资助制度的回顾、发展及思考》，《中国成人教育》2016 年第 10 期。

[140] 邢彪、李雄平、段元媛：《国家助学贷款中有关大学生诚信问题的探讨》，《当代经济》2016 年第 20 期。

[141] 程敏：《贫困大学生经济资助与心理援助相结合的路径研究》，《教育教学论坛》2016 年第 33 期。

[142] 齐清、宋伟：《全面发展视域下大学生资助育人体系的构建》，《教育教学论坛》2016 年第 23 期。

[143] 赖巧玲：《高等学校经济困难大学生资助政策问题与解决策略研究》，《时代金融》2016 年第 21 期。

[144] 付舒涵、高晓琴：《对生源地信用助学贷款违约情况分析及对策研究——以江苏省南京市某高校为例》，《科教文汇》2016年第16期。

[145] 熊丙奇：《帮助贫困大学生，该怎样使用大数据？》，《中国大学生就业》2016年第16期。

[146] 李建、张乐丹：《浅析生源地信用贷款》，《教育现代化》2016年第20期。

[147] 杨晓慧：《关于新时期高校学生精准资助工作的思考》，《中国高等教育》2016年第9期。

[148] 武立勋、胡象明：《高校家庭经济困难学生资助政策实施效果研究——基于对北京部分高校本科毕业生的调查分析》，《国家教育行政学院学报》2016年第2期。

[149] 张远航：《论高校家庭经济困难学生的"精准资助"》，《思想理论教育》2016年第1期。

[150] 王瑞琪、陈汉澄：《大学生资助体系诚信观结构探究——以广东高校资助认定体系研究项目为例》，《产业与科技论坛》2016年第18期。

[151] 孙晓东：《浅谈高校女大学生资助教育工作的对策》，《求知导刊》2016年第16期。

[152] 李华锋：《科尔宾向左转》，《中国社会科学报》2016年4月28日。

后 记

我于 2000 年大学毕业后留校工作，自 2001 年初至今，先后在学生资助、宿舍管理、共青团等岗位从事一线辅导员工作，其中在学校学生资助管理部门具体负责学生资助工作 8 年。8 个春夏秋冬的轮回，2900 多个日夜的交替，时间犹如白驹过隙一般飞逝而过，看似云淡风轻、淡墨无痕，却在我的心里留下了暖暖的回忆和感悟，在我的人生道路上刻上了挥之不去的烙印。学生资助于我，是职业，更是志业。后虽离开资助工作岗位，但缘于对资助工作的留恋与热爱，一直痴迷于从事学生资助工作研究。

追溯起来，我开展本研究最早起意于由《中国青年报》《中国教师报》主办，全国学生资助管理中心等为指导单位并联合组织开展的两届"助学政策 助我成才"征文评选活动。在第二届评选活动中，由于聊城大学领导重视、措施得力、效果显著，学校与中国地质大学（北京）等 10 所学校和 4 个省级学生资助管理中心被评为优秀组织奖，并被邀请参加 2009 年 4 月底在陕西师范大学举行的颁奖仪式，我与其他代表参加颁奖会并听取了与会领导的重要讲话，尤其是时任全国学生资助管理中心主任崔邦焱同志出席颁奖仪式并在讲话中明确指出："全国高校学生资助工作仍需加强理论研究……，以便通过理论研究促进工作实践。"在第三届评选活动中，我被评为优秀"助学"教师，应邀参加 2010 年 5 月底在湖北师范学院举行的颁奖典礼，并有幸作为获奖教师代表发言，教育部副部长郝平同志出席颁奖仪式并在讲话中指出："希望广大资助工作者们在不断增强使命感和责任感，落实好国家基本教育政策过程中要注重提高理论水平和工作水平……"同时，在 2009 年 5 月中旬，在山东省教育厅、财政厅组织开展的全省普通高校学生资助绩效考评复查工作中，我被抽调并作为检查小组成员到省内近 10 所高校进行实地复查时发现，大部分高校在开展资助工作中普遍注重工作实践而忽略理论研究，整体理论研究水平亟待提高。鉴于以上种种现状并受此启发，我决定就高校学生资助政策体系作为理论框架展开研究。

我着手本研究正式开始于 2011 年初，原本计划利用 4 年时间，即到 2014 年底完成，但由于部分数据难以查询、诸多具体事务工作缠身、研究章节不断调整丰富等种种原因，致使研究进程大大推迟，到 2016 年初才完成初稿，并至 2016 年国庆节期间完成整个研究的完善与修改。在本研究过程中，为了不耽误本职工作，且由于学生工作性质也决定了在上班时间内也无法静心思考和梳理，我的写作一般不占用工作日上班时间，而是大部分安排在晚间、周末及寒暑假进行，可以说近 6 年的研究都是采用的"白+黑"、"5+2"、"9+3"模式，即平时工作日内下午下班后进行至少 1 小时写作，坚持到 7 点才离开办公室，每周 7 天内一般拿出 4—5 个晚上在家写作，直到深夜 12 点再上床休息；每周末只要全家没有集体行动或特殊安排，哪怕只有 1 小时时间就在家或到办公室进行写作；每年的寒暑假期间，是我写作时间最充足、思路最清晰的时光，一般都是按上下班时间在办公室进行研究。写作期间，由于部分内容写作难度大、身心劳累等，很多次食不甘味、寝难安枕，甚至一度难以为继，想到放弃，但当看到书桌上一摞摞的资助调查资料，眼前总是浮现等待资助的青年学子的眼神。就是这样，凭着与困难学生、资助工作惺惺相惜的深厚情感，我不断调整好心态和状态，选择了一路坚持、一路耕耘！

回首过去 6 年的探索时光，我孜孜以求，埋头书案，经年累月，寒来暑往，虽然在研究中经受了很多孤寂、惶恐，但也承受了方方面面很多的关爱和关怀，看着手中的书稿，感激之情油然而生。

首先感谢全国学生资助管理中心吕杰同志，以及山东省学生资助管理中心李敏、王本峰、于倩同志的大力帮助，他们在相关资料的收集中提供了诸多便利。

衷心感谢山东师范大学、曲阜师范大学等省内部分高校学生资助管理中心老师及同学，以及参与问卷调查的省内部分县市区学生资助教育管理中心同志，他们在我开展问卷调查过程中，给予了积极的帮助。

真心感谢在工作中、生活中，特别是在写作过程中给予我帮助与指导的聊城大学的各位领导、老师，使我顺利完成本书的撰写。

真诚感谢本书引用文献的所有署名或未署名的作者，本书参考了很多论著和资料，并引用了一些专家学者的观点。

特别感谢山东省高校工委副巡视员刘欣堂书记，以及中国青年报社原副社长谢湘老师，能在百忙之中，欣然为本书作序。

最后要感谢我的家人给我的支持和鼓励，特别是我的妻子高锐和女儿杨宜宜，妻子承担了全部家务和育女的责任，生活上给予全力支持，工作单位距离家虽然较远，但每天下班回到家无论多晚，总是做好饭菜等我从办公室回家，可以说我研究中的所有过程都离不开她的大力支持。女儿乖巧懂事，下午放学后独自到我办公室陪我写作，每天基本都是坚持学习很晚，再陪同我一起回家，特别是自她2013年上小学至今，每年的寒暑假基本都是陪我在办公室一起度过，她学习、我写作，我们相互监督、相互激励，给我太多太多的工作动力和精神支撑。

本书为教育部人文社会科学研究课题"我国普通高校精准学生资助政策体系理论与实践研究"（高校思想政治工作专项，16JDSZ3020）与山东省教育厅全省高等学校人文社科项目课题"我国普通高校家庭经济困难学生精准资助政策体系理论与实践研究"（J16YA30）成果，为山东高校辅导员名师工作室"唐玉琴工作室"阶段性成果、聊城大学出版基金资助成果。在出版过程中，中国社会科学出版社编审田文主任给予大力的支持与帮助，在此深表谢意。

本书的出版算是对我从事资助工作研究以来的总结，但我深深感到其中的不足，尤其在理论提炼上还不够充分、不够深入，在此，敬请各位专家、学者和同人多多批评指正。

杨庆实
2016年10月10日